Hinter dem Sachregister befindet sich ein ausführliches Verzeichnis der

Guttentagschen Sammlung

Deutscher Reichs- und Preußischer Gesetze

— Textausgaben mit Anmerkungen; Taschenformat —,

die alle wichtigeren Gesetze in unbedingt zuverlässigem Abdruck und mit mustergültiger Erläuterung wiedergibt.

Guttentagsche Sammlung
Nr. 155 Deutscher Reichsgesetze Nr. 155
Textausgaben mit Anmerkungen und Sachregister.

Das

Reichsknappschaftsgesetz

in der Fassung der Bekanntmachung vom 1. Juli 1926

nebst Einführungsgesetz
zum Gesetz vom 23. Juni 1923.

Erläutert von

Max Reuß,
Wirkl. Geheimem Oberbergrat,
Professor, Dr. Jng. e. h.,
Ministerialdirigent i. R.
in Berlin.

und

Dr. Fritz Hense,
Oberbergrat a. D.,
Knappschaftsdirektor
in Bochum.

Zweite Auflage

Berlin und Leipzig 1927.
Walter de Gruyter & Co.
vormals G. J. Göschen'sche Verlagshandlung — J. Guttentag, Verlagsbuchhandlung — Georg Reimer — Karl J. Trübner — Veit & Comp.

Vorwort
zur zweiten Auflage.

Die erste Auflage dieses Werkes ist alsbald nach Erlaß des Reichsknappschaftsgesetzes vom 23. Juni 1923 erschienen. Sie war schon längere Zeit vergriffen. Die Verfasser glaubten jedoch, einer Neubearbeitung nicht nähertreten zu sollen, solange Erörterungen über eine Aenderung des Reichsknappschaftsgesetzes schwebten. Die im Sommer 1925 dem Reichstag vorgelegte Novelle ist nach sehr eingehenden und langwierigen Beratungen erst im Juni d. J. verabschiedet worden. Auf einigen Gebieten bringt sie eine völlige Umgestaltung des Knappschaftswesens. Dadurch wurde auch eine weitgehende Umarbeitung des Kommentars erforderlich. Dieser ist die neue Fassung des Reichsknappschaftsgesetzes vom 1. Juli 1926 zu Grunde gelegt. Bei Erläuterung der Einzelvorschriften ist auf die Darstellung des Zusammenhanges mit dem früheren preußischen Recht und dem alten Reichsknappschaftsgesetz Gewicht gelegt. Schrifttum und Rechtsprechung sind in weitem Umfange berücksichtigt. Auch konnten Richtlinien über die Auslegung neuer Vorschriften, die von der Reichsknappschaft aufgestellt sind, während des Druckes noch verwertet werden.

Für den Abdruck des Einführungsgesetzes zum Gesetz vom 23. Juni 1923 war bestimmend, daß ein Teil der Einführungsvorschriften nicht nur geschichtliche Bedeutung hat, sondern in der Gegenwart noch fortwirkt, und daß auch die Knappschaftsnovelle das Einführungsgesetz an einigen Stellen berührt; die Bemerkungen zum Einführungsgesetz sind jedoch wesentlich gekürzt worden.

Das beigegebene ausführliche Sachregister ist für die erste und zweite Auflage von dem Vorsteher der Rechtsabteilung der Ruhrknappschaft, Herrn Dringenberg in Bochum, aufgestellt worden. Auch an dieser Stelle sei der Dank für seine Mitwirkung ausgesprochen.

Berlin im August 1926. Bochum im August 1926.

Reuß. Hense.

Inhaltsverzeichnis.

Abkürzungen.

a. a. O.	=	am angegebenen Orte.
Abs.	=	Absatz.
a. F.	=	alte Fassung.
Angest.Ang.	=	Angestellten-Angelegenheiten.
AN.	=	Amtliche Nachrichten des Reichsversicherungsamts.
Anerk.Geb.	=	Anerkennungsgebühr.
AngPK.	=	Angestelltenpensionskasse.
Anm.	=	Anmerkung.
AP.	=	Alterspension.
Arb.Ang.	=	Arbeiter-Angelegenheiten.
Art.	=	Artikel.
Aussch.	=	Ausschuß.
AV.	=	Angestelltenversicherung.
AVG.	=	Angestelltenversicherungsgesetz vom 28. Mai 1924.
AVN.	=	Die Angestelltenversicherung. Amtliche Nachrichten der Reichsversicherungsanstalt für Angestellte.
Begr.	=	Begründung.
Bek.	=	Bekanntmachung.
Ber.	=	Bericht.
Ber.Nov.	=	Bericht des 9. Ausschusses (Soziale Angelegenheiten) des Reichstags über den Entwurf eines Gesetzes über Abänderung des Reichsknappschaftsgesetzes, Nr. 2301

		der Drucksachen des Reichstags, III. Wahlperiode, 1924 bis 1926.
Ber.RKG.	=	Bericht des Reichstagsausschusses für soziale Angelegenheiten über den Entwurf eines Reichsknappschaftsgesetzes, Nr. 5908 der Drucksachen des Reichstags, I. Wahlperiode, 1920 bis 1923.
bes. KrK.	=	besondere Krankenkasse.
BRG.	=	Betriebsrätegesetz.
Bezkn.	=	Bezirksknappschaft.
BezKB.	=	Bezirksknappschaftsverein.
BGB.	=	Bürgerliches Gesetzbuch.
E.	=	Entscheidung.
EG.	=	Einführungsgesetz zum Reichsknappschaftsgesetz.
Entw.	=	Entwurf.
Entw.Nov.	=	Entwurf eines Gesetzes über Abänderung des Reichsknappschaftsgesetzes, Nr. 1246 der Drucksachen des Reichstags, III. Wahlperiode 1924 bis 1925.
Entw.RKG.	=	Entwurf eines Reichsknappschaftsgesetzes, Nr. 4394 der Drucksachen des Reichstags, I. Wahlperiode, 1920 bis 1922.
Erl.	=	Erlaß.
ff.	=	folgende.
G. oder Ges.		Gesetz.
g. F.	=	gegebenenfalls.
GewO.	=	Gewerbeordnung.
GS.	=	Preußische Gesetzsammlung.
HMBl.	=	Ministerialblatt der Handels- und Gewerbeverwaltung.
i. d. F.	=	in der Fassung.

JP.	=	Invalidenpension.
JR.	=	Invalidenrente.
JV.	=	Invaliden- und Hinterbliebenenversicherung.
KG.	=	Kindergeld.
Kn.	=	Knappschaft.
kn.	=	knappschaftlich.
KnV.	=	Knappschaftsverein.
Kompaß	=	Amtliches Organ der Knappschaftsberufsgenossenschaft usw.
KOVA.	=	Knappschaftsoberversicherungsamt.
KrK.	=	Krankenkasse.
KrV.	=	Krankenversicherung.
LVAnstalt	=	Landesversicherungsanstalt.
Nr.	=	Nummer.
Nov.	=	Novelle.
OSchG. f. A.	=	Oberschiedsgericht für Angestelltenversicherung.
OSchG. i. K.	=	Preußisches Oberschiedsgericht in Knappschaftsangelegenheiten.
OVA.	=	Oberversicherungsamt.
PK.	=	Pensionskasse.
PV.	=	Pensionsversicherung.
RA.	=	Rentenausschuß der Angestelltenversicherung.
RAM.	=	Reichsarbeitsminister.
RekBesch.	=	Rekursbescheid.
RGBl.	=	Reichsgesetzblatt.
RKG.	=	Reichsknappschaftsgesetz.
Rkn.	=	Reichsknappschaft.
RKV.	=	Reichsknappschaftsverein.
RT.	=	Reichstag.
RVA.	=	Reichsversicherungsamt.
RVAnstalt	=	Reichsversicherungsanstalt für Angestellte.

RVG.	=	Reichsversorgungsgesetz vom 12. Mai 1920 in neuester Fassung.
RVO.	=	Reichsversicherungsordnung.
RWR.	=	Vorläufiger Reichswirtschaftsrat.
Sten.Ber.	=	Stenographische Berichte.
TZul.	=	Teuerungszulage.
UR.	=	Unfallrente.
UV.	=	Unfallversicherung.
V.	=	Versicherung.
VA.	=	Versicherungsamt.
Ver.	=	Verordnung.
vgl.	=	vergleiche.
VMBl.	=	Amtsblatt und Halbmonatsschrift des Preußischen Ministeriums für Volkswohlfahrt.
WG.	=	Waisengeld.
WP.	=	Witwenpension.
Z. f. B.	=	Zeitschrift für Bergrecht.

Schlüssel für die Paragraphen des alten und neuen Reichsknappschaftsgesetzes.

Altes G.	Neues G.	Altes G.	Neues G.	Altes G.	Neues G.
1	1	31	—	61	93
2	2	32	40	62	94
3	6	33	41, 81	63	96
4	7	34	41, 42	64	96
5	8	35	83	65	97
6	9	36	84	66	98
7	11	37	83, 85	67	101
8	12	38	99	68	101
9	13	39	45	69	102
10	14	40	46	70	103
11	15	41	—	71	—
12	17	42	47	72	—
13	18	43	48	73	—
14	20, 24	44	—	74	—
15	25	45	72	75	68
16	26	46	76	76	105
17	27	47	76	77	107, 108
18	204	48	78	78	111
19	28	49	80	79	—
20	49	50	81	80	—
21	—	51	82	81	—
22	—	52	86	82	—
23	31	53	87	83	112
24	34	54	87	84	113
25	35	55	88	85	114
26	36	56	89	86	115
27	79	57	47, 48	87	116
28	38	58	88	88	—
29	73	59	90	89	118
30	74	60	91	90	119

Altes G.	Neues G.	Altes G.	Neues G.	Altes G.	Neues G.
91	120	126	162	161	—
92	121	127	163, 164	162	198
93	123	128	—	163	199
94	124	129	165	164	200
95	125	130	166	165	201
96	126	131	167	166	202
97	130	132	168	167	203
98	131	133	169, 170	168	212
99	132	134	171	169	213
100	—	135	172	170	214
101	135	136	—	171	215
102	136	137	174	172	216
103	137	138	175	173	217
104	138	139	176	174	218
105	139	140	177	175	219
106	140	141	178	176	220
107	—	142	179	177	221
108	141	143	180	178	222
109	142	144	181	179	223
110	143	145	182	180	224
111	144	146	183	181	225
112	146	147	185	182	226
113	147	148	186	183	227
114	149	149	187	184	228
115	150	150	188	185	229
116	151	151	189	186	230
117	153	152	190	187	231
118	155	153	191	188	232
119	—	154	192	189	233
120	156	155	193	190	234
121	157	156	—	191	235
122	158	157	194	192	236
123	160	158	195	193	237
124	—	159	196	194	238
125	161	160	197		

Nachtrag

zur zweiten Auflage

von

Reuß-Hense, Reichsknappschaftsgesetz

(Guttentagsche Sammlung
Deutscher Reichsgesetze Nr. 155)

Gesetz über Wahlen nach der Reichsversicherungsordnung, dem Angestelltenversicherungsgesetz und dem Reichsknappschaftsgesetze.

Vom 8. April 1927 (RGBl. I S. 95).

C. Änderungen des Reichsknappschaftsgesetzes.

Artikel 1

Im § 146 Abs. 2 fallen im Satze 1 die Worte „auf die Dauer von vier Jahren" und die Sätze 2 und 3 weg.

Artikel 2

Im § 167 fällt Abs. 5 weg.

Artikel 3

Im § 168 Abs. 2 erhält Satz 2 folgende Fassung:

Die Vorschriften des § 167 Abs. 4 gelten entsprechend.

Artikel 4

Hinter § 184 wird eingefügt:

IVa. Wahlzeit und Wahlvornahme.

§ 184a

Die Wahlzeit der Inhaber eines Ehrenamts dauert fünf Jahre. Sie endet ohne Rücksicht auf den Zeitpunkt der Durchführung der Wahlen jeweils mit dem Schlusse des fünften Kalenderjahrs. Die Gewählten bleiben nach Ablauf der Wahlzeit im Amte, bis ihre Nachfolger eintreten. Wiederwahl ist zulässig.

§ 184b

(1) Die Wahl der Ältesten (§§ 167, 168) ist vor dem Schlusse der laufenden Wahlzeit durchzuführen.

(2) Die Wahlen zu den übrigen Ehrenämtern sind nach Beendigung der Wahlzeit unverzüglich vorzunehmen.

D. Übergangs- und Schlußvorschriften.

Artikel 1

(1) Die Amtsdauer der jetzigen Inhaber der Ehrenämter der Reichsversicherungsordnung, des Angestelltenversicherungsgesetzes läuft bis zum Schlusse des Jahres 1927. Die Wahlzeit der erstmals nach diesem Gesetze neu zu wählenden Vertreter endet mit dem Schlusse des Jahres 1932.

(2) Die Amtsdauer der Inhaber der Ehrenämter auf Grund des Reichsknappschaftsgesetzes läuft bis zum Schlusse des Jahres 1928. Die Wahlzeit der dann erstmals nach diesem Gesetze neu zu wählenden Vertreter endet mit dem Schlusse des Jahres 1932.

Artikel 2

Unmittelbare Wahlen, die mit Wirkung vom 1. Januar 1926 oder die seit diesem Tage stattgefunden haben, brauchen nicht wiederholt zu werden. Das gleiche gilt für mittelbare Wahlen, die im Anschluß an solche unmittelbaren Wahlen durchgeführt sind. Die Wahlzeit endet mit dem Schlusse des Jahres 1932.

Artikel 3

Artikel VIII Abs. 2 des Gesetzes über Änderungen der Wahlen nach der Reichsversicherungsordnung vom 13. April 1922 (Reichsgesetzblatt I S. 455) tritt außer Kraft.

Einleitung.

Das Reichsknappschaftsgesetz vom 23. Juni 1923 hat nur kurzen Bestand gehabt. Nach einer Geltungsdauer von 2 ½ Jahren ist es am 1. Juli 1926 durch ein wesentlich erweitertes und verändertes Gesetz abgelöst worden. Wichtige Grundsätze des alten Gesetzes sind aber in das neue übergegangen. Ein Rückblick auf die Entstehung des alten Gesetzes und die Gründe für Schaffung eines Reichsknappschaftsvereins erscheint daher angebracht.

Aufgabe der Knappschaftsvereine war von alters her, den im Bergbau beschäftigten Arbeitern, die besonderen Gefahren für Gesundheit und Leben und durch die Schwere der Arbeit einer erhöhten Abnutzung der Körperkräfte ausgesetzt sind, im Falle der Krankheit eine ausreichende Krankenunterstützung und im Falle der Unfähigkeit zur Berufsarbeit eine laufende Invalidenunterstützung zu gewähren, außerdem im Falle des Todes für die Hinterbliebenen zu sorgen. Bis zum Erlaß des Reichsknappschaftsgesetzes war das Knappschaftswesen landesgesetzlich geregelt. Im allgemeinen bestanden für die Gewährung knappschaftlicher Leistungen einheitliche Grundsätze. Die landesgesetzliche Regelung zeigte aber manche Verschiedenheiten im einzelnen und ließ einen einheitlichen Aufbau des Knappschaftswesens vermissen. Innerhalb der Länder bestand eine große Zahl von Knappschaftsvereinen und besonderen knappschaftlichen Krankenkassen mit zum Teil erheblich voneinander abweichenden Leistungen. Durch die von der Landesgesetzgebung begünstigte und von den Aufsichtsbehörden mit Nachdruck betriebene Verschmelzung kleinerer Vereine ist die Zahl im Laufe der Jahre zurückgegangen; immerhin waren Ende 1921 noch 53 Knappschaftsvereine mit einer größeren Zahl besonderer Krankenkassen vorhanden. Im Verhältnis dieser Knappschaftsvereine zueinander bestand keine Freizügigkeit: die Bergarbeiter, die in einen anderen Bezirk abwanderten, waren vielmehr der Gefahr des Verlustes der erworbenen Ansprüche ausgesetzt. Die Landesgesetzgebung hatte sich die Erhaltung der Anwartschaften bereits angelegen sein lassen. Es fehlte aber an einer gesetzlichen Regelung der Freizügigkeit für das Reichsgebiet.

Weiterhin ließ die finanzielle Sicherheit der knappschaftlichen Leistungen zu wünschen übrig. Die in dieser Hinsicht durch Landesgesetz geschaffenen Einrichtungen wurden nicht als ausreichend angesehen. Die Bergarbeiter wünschten unmittelbare persönliche Versicherung bei einem einheitlichen Versicherungsträger, der das ganze Reichsgebiet umfaßt und das gesamte Versicherungswagnis ohne jede Beschränkung übernimmt.

Schließlich waren in den Landesgesetzen das Verfahren bei Inanspruchnahme der knappschaftlichen Leistungen und der Rechtsmittelzug nicht einheitlich geregelt.

Zur Beseitigung dieser Mängel wurde von den Bergarbeitern die Schaffung eines Reichsknappschaftsvereins angestrebt. Nachdem die Reichsverfassung vom 11. August 1919 die Gesetzgebung über die Versicherung der Arbeiter und Angestellten sowie über den Bergbau dem Reich zugewiesen und damit den Weg für eine reichsgesetzliche Regelung des Knappschaftswesens geöffnet hatte, ist der Allgemeine Deutsche Knappschaftsverband, eine freie Vereinigung fast sämtlicher deutschen Knappschaftsvereine, in Vorarbeiten für den Erlaß eines Reichsknappschaftsgesetzes eingetreten. Er ging dabei von der Auffassung aus, daß von dem Recht des Reiches auf Gesetzgebung Gebrauch zu machen und dem Wunsche der Bergarbeiter nach einer einheitlichen Versicherung durch Bildung eines Reichsknappschaftsvereins zu entsprechen sei, ohne etwa die Neuordnung des Knappschaftswesens von dem vorherigen Erlaß eines Reichsberggesetzes abhängig zu machen. Ein vom Knappschaftsverband eingesetzter Ausschuß aus der gleichen Zahl von Arbeitgebern und Arbeitnehmern des Bergbaues (14er Ausschuß) hat in ständiger Fühlungnahme mit Vertretern der Reichs- und Staatsbehörden den Entwurf eines Knappschaftsgesetzes nebst Begründung und den vorläufigen Entwurf einer Satzung des zu bildenden Reichsknappschaftsvereins ausgearbeitet. Die Entwürfe sind einer Generalversammlung des Allgemeinen Deutschen Knappschaftsverbandes am 19. September 1921 in Freiburg unterbreitet und grundsätzlich von Arbeitgebern wie Arbeitnehmern gutgeheißen worden. Nach Erledigung einiger an den Ausschuß zurückgewiesener Einzelfragen ist der Entwurf unter dem 14. Dezember 1921 der Reichsregierung vorgelegt worden. Diese hat den Gesetzentwurf nebst Begründung mit einigen unwesentlichen Aenderungen als Regierungsvorlage übernommen und dem Reichstag zur verfassungsmäßigen Beschlußfassung unterbreitet (Nr. 4394 der Amtlichen Drucksachen des Reichstags, I. Wahlperiode 1920/22). Gleichzeitig ist der Entwurf gemäß Artikel 165 Absatz 4 der Reichsverfassung vom 11. August 1919 dem Vorläufigen Reichswirtschaftsrat zur Begutachtung vorgelegt worden.

Der Reichstag überwies in der Plenarsitzung vom

31. Mai 1922 den Gesetzentwurf dem Ausschuß für soziale Angelegenheiten zur Vorberatung, deren Aufnahme sich jedoch verzögerte. In der Zwischenzeit wurde der Entwurf vom Vorläufigen Reichswirtschaftsrat behandelt; dieser gelangte nach eingehender Beratung zu einem einmütigen Votum. Der Bericht des Reichswirtschaftsrats ist mit Schreiben des Reichsarbeitsministers vom 13. November 1922 dem Reichstag übersandt worden (Nr. 5249 der Drucksachen des Reichstags).

Der Sozialpolitische Ausschuß des Reichstags begann die Beratungen am 10. November 1922 mit einer allgemeinen Aussprache. Dabei ergab sich, daß Abgeordnete großer Parteien die im 14er-Ausschuß und im Vorläufigen Reichswirtschaftsrat zwischen Vertretern der Arbeitgeber und Arbeitnehmer getroffenen Vereinbarungen nicht für verbindlich erachteten. Ein am 14. November 1922 eingesetzter Unterausschuß versuchte ohne Erfolg, eine Einigung über den Gesetzentwurf zu erzielen. Infolge politischer Vorgänge und namentlich infolge der Besetzung des Ruhrgebiets durch die Franzosen wurden die Beratungen erst am 12. April 1923 wieder aufgenommen. Der Ausschuß hat die Vorlage in drei Lesungen erledigt und hierüber einen schriftlichen Bericht erstattet (Nr. 5908 der Drucksachen des Reichstags). Das Plenum des Reichstags hat in den Sitzungen vom 11. und 12. Juni in zweiter und dritter Lesung über den Gesetzentwurf beraten und ihn im wesentlichen in der von dem Ausschuß vorgeschlagenen Fassung endgültig angenommen. Unter dem 23. Juni 1923 ist das Reichsknappschaftsgesetz vollzogen, in der am 4. Juli 1923 ausgegebenen Nummer 47 des Reichsgesetzblatts (Teil I S. 431) veröffentlicht worden und mit dem 1. Januar 1924 in Kraft getreten.

Die Grundgedanken — die auch die Novelle im

allgemeinen unberührt gelassen hat — sind folgende:
1. Beseitigung der früheren Zersplitterung des Knappschaftswesens durch Schaffung eines einzigen Trägers der knappschaftlichen Versicherung, der an Stelle der früheren Einzelvereine tritt;
2. Herstellung voller Freizügigkeit der Knappschaftsmitglieder innerhalb des Reichsgebiets und Verhütung jeder Beeinträchtigung knappschaftlicher Rechte bei Beschäftigungswechsel zwischen den verschiedenen Bergbaubezirken;
3. zeitliche und örtliche Verteilung des Versicherungswagnisses durch den einheitlichen Reichsknappschaftsverein und durch eine versicherungstechnisch einwandfreie Berechnung der Beiträge;
4. Vereinheitlichung der Leistungen und Beiträge bei gleichzeitiger Erhöhung der Leistungen und Vereinheitlichung der Gesetzgebung und Rechtsprechung.

Zur Erreichung dieser Ziele wird ein das gesamte Reichsgebiet umfassender Reichsknappschaftsverein gebildet, der, unter der Aufsicht des Reichsarbeitsministers stehend, seine Verhältnisse durch eine Satzung regelt und durch gewählte Organe sich selbst verwaltet. Der Reichsknappschaftsverein gewährt seine Leistungen nach den Grundsätzen der Versicherung; der Gedanke einer allgemeinen Volksfürsorge hat in das Gesetz keinen Eingang gefunden. Gegenstand der Versicherung sind außer der Krankenversicherung und Pensionsversicherung auch die reichsgesetzliche Invalidenversicherung und die Angestelltenversicherung. Alle knappschaftlich beschäftigten Personen genügen also der sozialen Versicherung durch die Zugehörigkeit zum Reichsknappschaftsverein. Nur die Unfallversicherung bleibt, wie bisher, der Knappschafts-Berufsgenossenschaft vorbehalten. Die Abgrenzung des Kreises der knappschaftlichen Betriebe beruht auf dem Gedanken, daß die mit bergmännischer Arbeit — ohne Rücksicht auf die Art des zu gewinnenden Stoffes — beschäftigten Personen erhöhten gesundheitlichen Gefahren ausgesetzt sind und deshalb auf erweiterten Versicherungsschutz Anspruch haben. Die Sicherheit des Anspruchs wird dadurch gegewährleistet, daß der Reichsknappschaftsverein alle Bergbau- und sonstigen knappschaftlichen Betriebe innerhalb des Reichsgebiets umfaßt, wodurch eine breite und tragfähige Grundlage für das im übrigen nach versicherungstechnischen Grundsätzen abzuschätzende Versicherungswagnis geschaffen wird.

Die Leistungen der Krankenversicherung, der Invalidenversicherung und der Angestelltenversichernng werden im wesentlichen nach den Bestimmungen der betreffenden Reichsgesetze gewährt; auch für die Aufbringung der Mittel gelten im allgemeinen die Vorschriften dieser Gesetze. Dagegen ist die Pensionsversicherung (der Arbeiter und Angestellten) im Reichsknappschaftsgesetz selbst näher geregelt. Für die Leistungen dieser Versicherung sollte das Gesetz nach der Absicht des Entwurfs nur einen Rahmen bilden, dessen Ausfüllung der Satzung überlassen blieb. Der Reichstag hat sich jedoch, den Gedanken der Selbstverwaltung schon damals stark einschränkend, auf den Standpunkt gestellt, daß den Versicherten ein Mindestmaß von Leistungen im Gesetz selbst zu gewährleisten sei. Demgemäß hat das Reichsknappschaftsgesetz die Gewährung der sog. Alterspension vorgeschrieben für Mitglieder, die das fünfzigste Lebensjahr vollendet, fünfundzwanzig Dienstjahre zurückgelegt, während dieser Zeit mindestens fünfzehn Jahre wesentlich bergmännische Arbeit verrichtet haben und keine gleichwertige Lohnarbeit mehr verrichten. Ferner hat es einen festen Maßstab für die Berechnung der Pensionen in der Arbeiterabteilung und in der Angestellenabteilung mit der Vorschrift eingeführt, daß die Bezüge nach fünfundzwanzig Dienstjahren mindestens vierzig vom Hundert des in Betracht kommenden durchschnittlichen Hauerlohns oder des durchschnittlichen Gehalts eines revierführenden Steigers ausmachen müssen. Schließlich hat es noch vorgeschrieben, daß die Empfänger einer Invalidenpension für Kinder unter achtzehn Jahren ein Kindergeld erhalten.

Bei der Vielgestaltigkeit der Aufgaben des Reichsknappschaftsvereins kann dieser der Mitwirkung örtlicher Stellen nicht entbehren. Das Gesetz sieht deshalb als Unterabteilungen des Reichsknappschaftsvereins Bezirksknappschaftsvereine vor, die als Organe des Reichsknappschaftsvereins bei Durchführung der Pensionsversicherung, der Invalidenversicherung und der Angestelltenversicherung dienen, während ihnen hinsichtlich der Krankenversicherung eine größere Selbständigkeit eingeräumt ist.

Verfassung und Verwaltung des Reichsknappschaftsvereins und der Bezirksknappschaftsvereine sind auf dem Grundsatz der Selbstverwaltung und der seit Jahrhunderten bewährten Mitwirkung besonderer Vertreter der Versicherten, der Knappschaftsältesten, aufgebaut, zu denen als Vertreter der Angestellten sog. Angestelltenälteste hinzukommen.

Das so gestaltete Reichsknappschaftsgesetz bedeutete zweifellos einen erheblichen Fortschritt des Knappschaftswesens. Wenn aber schon in der Einleitung zur ersten Auflage (S. 22) der Zweifel angedeutet wurde, ob hinsichtlich der Durchführbarkeit Meinungsübereinstimmung bestehen würde, so hat die Entwicklung der Dinge nur zu bald die Berechtigung dieses Zweifels ergeben. Das Inkrafttreten des RKG. fiel in die Zeit des schlimmsten Währungsverfalls und des größten Tiefstandes der deutschen

Wirtschaft. Da war erklärlich, daß Arbeitgeber und Arbeitnehmer über das tragbare Maß von Versicherungsleistungen verschiedener Meinung waren. In der auf Grund des Einführungsgesetzes einberufenen sog. Gründungsversammlung kam eine Einigung über eine Satzung und die Wahl eines vorläufigen Vorstandes des Reichsknappschaftsvereins nicht zustande. Infolgedessen mußte der Reichsarbeitsminister eine sog. Zwangssatzung erlassen und gleichzeitig einen vorläufigen Vorstand bestellen. Die Zwangssatzung beschränkte sich in der Hauptsache auf die Regelung der inneren Verwaltung des Reichsknappschaftsvereins und der Bezirksknappschaftsvereine (Verwaltungsordnung). Für die Leistungen (Versicherungsordnung) sah sie lediglich das gesetzlich festgelegte Mindestmaß vor; sie bestimmte u. a., daß Mehrleistungen der Krankenversicherung der Genehmigung des Vorstandes des Reichsknappschaftsvereins bedürfen. Im vorläufigen Vorstand wurde jedoch eine Verständigung über freiwillige Leistungen, namentlich über die bis zum 1. Januar 1924 bei den meisten Vereinen über die gesetzlichen Regelleistungen hinaus gewährte sog. Familienhilfe, nicht erzielt; die Arbeitgeber vertraten den Standpunkt, daß sie in Anbetracht der starken Belastung durch die Pensionsversicherung Forderungen, die über die gesetzlichen Pflichtleistungen hinausgehen, ablehnen müßten. Infolgedessen wurde seit dem 1. Januar 1924 die sog. Familienhilfe nicht mehr gewährt, was viele Bergarbeiterfamilien in Not gebracht und den Gesundheitszustand der Bevölkerung allgemein nachteilig beeinflußt hat. Auf der anderen Seite zeigte sich ein außerordentliches Anschwellen der Leistungen der Pensionsversicherung. Namentlich die sog. Alterspension wurde in einem wider Erwarten großen Umfange in Anspruch genommen. So bildete sich der Zustand heraus, daß auf dem Gebiete der Krankenkassenleistungen eine Unterversicherung bestand, während sich die Pensionsversicherung mit ihren weitgehenden Leistungen, insbesondere die Altersversicherung, teilweise als Ueberversicherung darstellte.

Diese Verhältnisse bedingten einen Eingriff der Gesetzgebung. Rein äußerlich wäre eine Aenderung des Reichsknappschaftsgesetzes auch schon deshalb nicht zu umgehen gewesen, weil, wie in den anderen Versicherungsgesetzen, der noch aus den Zeiten des Währungsverfalls stammende Begriff der Teuerungszulage (§ 31 des alten Gesetzes) beseitigt werden mußte. Die Reichsregierung legte unter dem 23. Juli 1925 den Entwurf eines Gesetzes über Abänderung des Reichsknappschaftsgesetzes vor (Nr. 1246 der Reichstagsdrucksachen. III. Wahlperiode 1924/25). Als Ziel der Neuregelung wurde in der allgemeinen Begründung angegeben, daß ein Ausgleich zwischen den sozialen Bedürfnissen der Bergarbeiter und ihrer Familien einerseits und den berechtigten wirtschaftlichen Notwendigkeiten des Bergbaues andererseits herbeigeführt werden solle (a. a. O. S. 11). Die Mittel für die als notwendig und dringlich bezeichnete Einführung der Familienhilfe sollten nach der Absicht des Entwurfs durch Herabminderung „einzelner, hinsichtlich des Ausmaßes entbehrlicher Leistungen aus der knappschaftlichen Pensionsversicherung“ freigemacht werden (a. a. O.). Im einzelnen schlug der Entwurf vor, die Invalidenpension aus Grundbetrag und Steigerungsbeträgen zu berechnen und beim Zusammentreffen mit Invalidenrente den Grundbetrag aus der Pensionsversicherung ruhen zu lassen. Bei der Alterspension sah der Entwurf eine Erschwerung der Voraussetzungen und eine Ermäßigung des Betrages vor, indem er das Lebensalter vom 50. auf das 55. Jahr herauf- und die Höhe von 100 auf 60 % der Invalidenpension herabsetzte und außerdem die Gewährung der Alterspension von der Aufgabe der Lohnarbeit in knappschaftlich versicherten Betrieben abhängig machte. Weiter enthielt der Entwurf Kürzungsbestimmungen für den Fall der Häufung von Renten und die Beseitigung der seit dem 1. Januar 1924 bestehenden Doppelversicherung der Angestellten. Hinsichtlich der Höhe der Leistungen hielt er — abgesehen von der bereits erwähnten Herabsetzung der Alterspension — daran fest, daß nach 360 Beitragsmonaten (25 Dienstjahren) die Invalidenpension der Arbeiter-Pensionskasse 40 v. H. des Hauerdurchschnittslohns und das Ruhegeld der Angestellten-Pensionskasse 40 v. H. des Endbetrages der in Betracht kommenden Gehaltsklasse ausmachen sollen.

Der Entwurf der Novelle ist sowohl im vorläufigen Reichswirtschaftsrat wie im Reichstag außerordentlich eingehend beraten worden. Ein einmütiges Votum des vorläufigen Reichswirtschaftsrats wie bei dem ersten Gesetz ist nicht zustande gekommen. Der vom Sozialpolitischen Ausschuß des Reichswirtschaftsrats erstattete Bericht vom 21. Januar 1926 (Nr. 1777 der Drucksachen des Reichstags) gibt den Gang der Verhandlungen unter Hervorhebung der gestellten Anträge wieder. Bemerkenswert aus dem Bericht sind folgende Ausführungen: „Beitrags- und Rentenleistung stehen in einem starken Mißverhältnis. Die vielen Stillegungen von Bergbaubetrieben und die starke Inanspruchnahme der knappschaftlichen Alterspension vergrößern unaufhaltsam die Zahl der Rentenbezieher auf der einen Seite, verringern aber ebenso unaufhaltsam die Zahl der Beitragszahler auf der anderen Seite, so daß der Zusammenbruch des gesamten deutschen Knappschaftswesens scheinbar in greifbare Nähe gerückt ist, wenn nicht schnellstens eine einsichtsvolle und opferbereite Gemeinschaftsarbeit aller beteiligten Kreise zu einer Stabilisierung des knappschaftlichen Versicherungswesens führt." Trotz dieser düsteren Schilderung ist ein Antrag der Arbeitgebervertreter, zur Erreichung einer ins Gewicht fallenden Entlastung den Pensionsbetrag auf etwa die Höhe der Vorkriegszeit mit einem Zuschlag von 50 % herabzusetzen, mit 17 gegen 12 Stimmen abgelehnt worden. Der Ausschuß hat zur Erzielung von Ersparnissen demgegenüber vorgeschlagen, ein Lohnklassensystem einzuführen und die Berechnung der Renten aus Steigerungsbeträgen derart vorzunehmen, daß nach 25 Dienstjahren 37,5 v. H. des Endbetrages der jeweiligen Lohnklasse erreicht werden. Dabei sollte „im Falle der Bewilligung eines Reichszuschusses" dieser bei der Berechnung in Ansatz gebracht und auf die Rente angerechnet werden. Während dieser Vorschlag auf eine, wenn auch geringe Entlastung abzielte, wurde entgegen den Vorschlägen des Entwurfs die Beibehaltung der Alterspension unter den bisherigen Voraussetzungen und ihre Ausdehnung auf Tagesarbeiter bei 55 Lebensjahren mit der Maßgabe gefordert, daß sie in beiden Fällen 80 v. H. der erdienten knappschaftlichen Invalidenpension betragen solle. In den übrigen wesentlichen Punkten hat der Vorläufige Reichswirtschaftsrat die unveränderte Annahme der Regierungsvorlage empfohlen.

Der 9. Ausschuß des Reichstages (Soziale Angelegenheiten) hat den Entwurf in nicht weniger als 37 Sitzungen beraten und einen (ohne die Zusammenstellung der Ausschußbeschlüsse) 183 Druckseiten starken Bericht über seine Verhandlungen erstattet (Reichstagsdrucksache Nr. 2307). Im Verlaufe der Beratungen hat der Ausschuß die Vorlage der Regierung derartig umgestaltet, daß ein völlig neues Gesetz daraus geworden ist. Abgesehen von der Familienhilfe, die durch Gewährung der halben Arzneikosten über den Rahmen des Entwurfs ausgedehnt wurde, und von der Beseitigung der Doppelversicherung der Angestellten sind alle wesentlichen Vorschläge des Entwurfs durch neue Vorschriften ersetzt und dabei zum Teil in ihr Gegenteil verkehrt worden. So ist die sog. Alterspension nicht nur unter Ablehnung der Regierungsvorlage im wesentlichen unverändert beibehalten, sondern es ist über das bisherige Gesetz hinausgehend noch die Möglichkeit ihrer Ausdehnung auf Tagesarbeiter und auf technische Angestellte geschaffen worden. Der Ausschuß hat weiterhin Gebiete in seine Beratung einbezogen, die durch den Entwurf der Novelle an sich nicht berührt waren. Das gilt u. a. von der Einführung von Familienzuschlägen zum Krankengeld und eines erhöhten Hausgeldes bei Krankenhauspflege. Geradezu grundstürzend sind die Beschlüsse, die der Ausschuß auf dem Gebiete der Organisation und der Lastenverteilung gefaßt hat. Die Parität in den Knappschaftsorganen, die Jahrzehnte hindurch bestanden hat, wurde aufgehoben und die ausschlaggebende Stellung mit 3/5 der Stimmen den Vertretern der Versicherten eingeräumt. Entsprechend sind die Beiträge in der Krankenversicherung und Pensionsversicherung mit 3/5 zu Lasten der Arbeitnehmer und 2/5 zu Lasten der Arbeitnehmer verteilt. Weiter hat der Ausschuß eine scharfe Trennung zwischen Arbeitern und Angestellten, die in der Pensionsversicherung bereits bestand, auch für die Krankenversicherung und in der Zusammensetzung der knappschaftlichen Organe beschlossen. Dieser Punkt hat zu lebhaften Erörterungen noch in den Plenarverhandlungen geführt, während die Beschlüsse über die Leistungen und die anderweitige Organisation von den Mehrheitsparteien des

Ausschusses trotz Auseinandergehens der Meinungen im einzelnen mit ziemlicher Einmütigkeit gefaßt worden waren. In der Sitzung des Plenums vom 22. Juni 1926 ist der Entwurf nach den Vorschlägen des Ausschusses mit einigen nicht unwesentlichen Aenderungen angenommen worden. Bei namentlicher Abstimmung haben 319 Abgeordnete mit ja und 57 Abgeordnete mit nein gestimmt. Der Reichsrat hat in der Sitzung vom 24. Juni 1926 trotz ernster Bedenken, die namentlich hinsichtlich der finanziellen Auswirkungen geäußert wurden, dem Gesetz mit 43 gegen 24 Stimmen die Zustimmung gegeben. Das Gesetz ist unter dem 25. Juni 1926 vollzogen und in der am 28. Juni 1926 ausgegebenen Nummer 28 des Reichsgesetzblatt (Teil I S. 291) veröffentlicht worden. Auf Grund der Ermächtigung nach Art. 20, den Wortlaut des Reichsknappschaftsgesetzes in der gültigen Fassung unter fortlaufender Bezeichnung der Paragraphen nach redaktioneller Ueberprüfung zu veröffentlichen, hat der Reichsarbeitsminister die neue Fassung mit dem Datum des 1. Juli 1926 in Nr. 45 des Reichsgesetzblattes vom 13. Juli 1926 (Teil I S. 369) bekannt gemacht. Das Gesetz vom 1. Juli 1926 tritt damit an die Stelle des früheren Gesetzes vom 23. Juni 1923.

Die große Mehrheit der Stimmen des Reichstags für das Gesetz hat überrascht und dürfte auch über die Erwartungen der Arbeitnehmer hinausgegangen sein. In der Bewertung des Abstimmungsergebnisses gehen die Ansichten stark auseinander. Die Freunde des Entwurfs meinen, daß es der Wille der großen Mehrheit des Reichstags war, den Bergarbeitern eine Versicherung zu geben, die der Schwere des aufreibenden und gefährlichen Berufs entspricht. Die Gegner erblicken in der Aufhebung der Parität eine scharfe Kampfansage der Arbeitnehmer gegen die Arbeitgeber, die den Arbeitsfrieden gefährden müsse, und sie behaupten, daß ein großer Teil der Abgeordneten entgegen ihrer inneren Ueberzeugung aus rein politischen Erwägungen unter Hintanstellung der Interessen der Wirtschaft für das Gesetz gestimmt habe. Wo die Wahrheit liegt, ist schwer zu erforschen. Mögen diejenigen Recht behalten, die von dem neuen Gesetz eine Befriedigung der Verhältnisse im Bergbau und eine günstige Weiterentwicklung des Knappschaftswesens erhoffen!

Reichsknappschaftsgesetz

in der Fassung der Bekanntmachung
vom 1. Juli 1926
(RGBl. I S. 369 ff.).

Erster Abschnitt.
Umfang der Versicherung.

§ 1.[1])

(Abs. 1.) Arbeitnehmer[2]) (männliche und weibliche)[3]) in[4]) knappschaftlichen Betrieben[5]) unterliegen[6]) der Versicherung nach diesem Gesetze.[7])

(Abs. 2.) Arbeitnehmer sind Arbeiter[8]) sowie Angestellte im Sinne des § 1 des Angestelltenversicherungsgesetzes[9]), die ausschließlich oder überwiegend für den technischen, wirtschaftlichen oder kaufmännischen Betrieb eines oder mehrerer knappschaftlicher Betriebe beschäftigt sind.[10/11])

§ 1 Entw.

1) § 1 umschreibt den Kreis der Personen, die der besonderen Vers. nach dem RKG. unterliegen. Diese Sonderversicherung hat einen ausgesprochen berufsständischen Charakter und geht über die allgemeine Vers., wie sie in den Reichsversicherungsgesetzen (§§ 165 bis 177, 537 bis 554, 1226 bis 1244 RVO., §§ 1 bis 22 AVG.) geregelt ist, hinaus. Sie entspringt dem Gedanken, daß Arbeiter und Angestellte im Bergbau und in ähnlichen Betrieben besonderen Gefahren für Gesundheit und Leben und einer außergewöhnlichen Abnutzung der Arbeitskräfte ausgesetzt sind, und daß es daher berechtigt ist, ihnen einen erhöhten Versicherungsschutz zuzuwenden. (Begr. zum

RKG. S. 31.) Der Gedanke der bergmännischen Sonderversicherung ist mehrfach von Anhängern einer allgemeinen Volksfürsorge beanstandet worden. Die Sonderversicherung ist jedoch erhalten geblieben, wenn auch die scharfen Anforderungen, die früher an die Zugehörigkeit zu einem Knappschaftsverein gestellt wurden, gemildert sind.

Die Begr. zum RKG. (S. 37) stellte eine „Anleitung über den Kreis der nach dem RKG. versicherten Personen" — nach dem Muster der für die Reichsversicherung erlassenen Anleitungen — in Aussicht; bisher ist eine solche Anleitung nicht ergangen. Ein bei Beratung des RKG. zu § 2 im RT.Ausschuß gestellter Antrag, nach dem Vorgang in § 1 Abs. 4 AVG. durch den RAM. einen gesetzlichen Katalog der kn. Betriebe aufstellen zu lassen, woraus sich zugleich der Kreis der versicherten Personen ergeben würde, ist zurückgezogen, nachdem ausgeführt war, daß infolge langjähriger Praxis feststehe, was bergmännisch sei. (Ber. S. 3.)

2) Der Ausdruck „Arbeitnehmer" umfaßt „Arbeiter" und „Angestellte" im Sinne der Reichsversicherung. Nicht besonders erwähnt sind die Lehrlinge. Inwieweit diese den einzelnen Versicherungszweigen unterliegen, ist bei den einschlägigen Vorschriften erörtert. Vgl. für die KrV. Anm. 3 zu § 15, für die PV. Anm. 6c Abs. 6 zu § 28, für die IVers. Anm. 1 zu § 101.

3) „Das Geschlecht begründet grundsätzlich keinen Unterschied für die versicherungsrechtliche Behandlung; nur sind in der Pensionskasse, aus der eine umfassende Hinterbliebenenfürsorge gewährt wird, die Beiträge und Leistungen für weibliche Mitglieder niedriger zu bemessen als für männliche." (Begr. zum RKG. S. 31.)

4) Das Wörtchen „in" ist nicht zu eng, d. h. nicht in rein örtlichem Sinne auszulegen. Angestellte können der Kn.-Vers. unterliegen, auch wenn sie nicht unmittelbar in einem kn. Betriebe tätig sind. Vgl. unten Anm. 10.

5) Der durch RKG. eingeführte Begriff „knappschaftlicher Betrieb" findet sich nur noch in den §§ 1 und 2. (Vgl. Anm.

2, 3 zu § 2.) Im übrigen spricht das G. von „knappschaftlich versicherten" Betrieben. Wegen der Bedeutung dieses veränderten Begriffs vgl. Anm. 2 zu § 9.

6) Die Versicherung nach dem RKG. ist im Grundsatz Zwangsversicherung; sie erfaßt die betroffenen Personen unmittelbar kraft Gesetzes. Die V. tritt durchweg mit Aufnahme der Beschäftigung in einem kn. Betrieb ein. Das gilt jetzt auch für die PV.; die früher (vgl. § 27 Pr. Kn. Ges. v. 17. 6. 12, §§ 19, 20 RKG. a. F.) vorgeschriebene Erfüllung gewisser Voraussetzungen hinsichtlich des Lebensalters bezw. der Gesundheit ist fortgefallen. Vgl. §§ 28, 49, u. Anm. 6 zu § 28.

Freiwillige Versicherung war nach dem RKG. zulässig in der KrV., IVers. und AV. Durch die Nov. (vgl. § 77) ist die Fortsetzung der Mitgliedschaft auch in der PV. und bei Angestellten (vgl. § 53) der freiw. Eintritt zugelassen.

7) Wegen der allgemeinen Bedeutung der Worte „Versicherung nach diesem Gesetz" s. Anm. 1; die Versicherungszweige im einzelnen sind im § 3 bezeichnet.

8) Der Begriff „Arbeiter" im versicherungsrechtlichen Sinne steht fest; er bezeichnet Personen, die als lediglich ausführende Hilfskräfte hauptsächlich ihre körperliche Arbeitskraft zur Verfügung stellen, und umfaßt auch Gesellen und Gehilfen (z. B. in Werkstätten über Tage).

9) Den Begriff „Angestellte" hat die Nov. durch Bezugnahme auf § 1 AVG. schärfer umgrenzt als das ursprüngliche Gesetz. Vgl. im übrigen Anm. 10 und Anm. 4 zu § 49.

10) „Der Kreis der (kn. versicherten) Angestellten ist in Anlehnung an § 9 Abs. 2 des preuß. Ges. vom 17. Juni 1912 dahin bestimmt, daß auch die für den wirtschaftlichen oder kaufmännischen Betrieb eines oder mehrerer kn. Werke tätigen Angestellten zu den kn. versicherten Personen gehören. Damit soll in Uebereinstimmung mit der neueren Rechtsprechung des OSchG. i. K. und des RVA. klargestellt werden, daß Gewinnung und Verwertung der Erzeugnisse kn. Betriebe eine wirtschaftliche Einheit bilden, und daß zum Betrieb jede Tätigkeit gerechnet werden muß, ohne die der auf Verwertung der Er-

zeugnisse gerichtete Endzweck nicht erreicht werden könnte." (Begr. zum RKG. S. 37.) Demnach unterliegen auch die kaufmännischen Angestellten größerer Bergwerksgesellschaften und Gewerkschaften der Vers. nach dem RKG. Nach einer — nicht veröffentlichten — Entsch. des RVA. vom 7. November 1924 bietet das Ges. keine Unterlage, Ausnahmen zuzulassen für Fälle, in denen die Hauptverwaltung von dem von der Gewerkschaft eingerichteten Bergbaubetriebe und der eigentlichen Grubenverwaltung räumlich getrennt ist. Ein bei Beratung der Nov. gestellter Antrag, den § 2a (§ 3 d. G.) auch für Hauptverwaltungen kn. Betriebe gelten zu lassen, soweit sie räumlich vom Orte des Betriebes entfernt liegen, ist abgelehnt worden. (Ber. Nov. S. 7/8.)

Der kn. Vers. unterliegen nicht die Angestellten der Knappschafts-Berufsgenossenschaft sowie der Kohlensyndikate und ähnlicher Einrichtungen. (Begr. zum RKG. S. 37.) Insoweit Syndikatsbeamte früher kn. versichert waren, ist durch Art. 22 des EG. die Fortsetzung der kn. Vers. ermöglicht.

11) Zu den Arbeitnehmern im Sinne des § 1 gehören nicht Angestellte und Arbeiter in Diensten der Rkn., der Bezkn. und der bes. KrK. Deren Rechtsverhältnisse sind im 9. Abschnitt unter V (§§ 185 bis 188) besonders geregelt.

§ 2 [1])

(Abs. 1.) Knappschaftliche Betriebe [2]) sind alle Betriebe, in denen Mineralien oder ähnliche Stoffe [3]) bergmännisch gewonnen werden. [4]) Salinen [5]) und die Betriebe der Industrie der Steine und Erden, [6]) soweit sie nicht überwiegend unterirdisch betrieben werden, sind keine knappschaftlichen Betriebe, wenn sie nicht unter Abs. 2 fallen.

(Abs. 2.) [7]) Knappschaftliche Betriebe sind auch Betriebsanstalten oder Gewerbsanlagen, [8]) die als Nebenbetriebe [9]) eines knappschaftlichen Betriebs mit diesem räumlich und betrieblich zusammenhängen.

(Abs. 3.)[10]) Gewerbsanlagen, die mit knappschaftlichen Betrieben verwaltungsmäßig und betrieblich zusammenhängen, ohne daß die Voraussetzungen des Abs. 2 vorliegen, können[11]) auf gemeinschaftlichen Antrag der berechtigten Arbeitgeber und der Mehrheit der berechtigten[12]) Arbeitnehmer mit Genehmigung der Reichsknappschaft[13]) in diese aufgenommen werden, wenn zwischen den Betriebsanlagen regelmäßiger Wechsel des größeren Teiles der Arbeitnehmerschaft stattfindet.[14])

(Abs. 4.)[15]) Ob ein Betrieb knappschaftlich ist, entscheidet bei Zweifeln der Reichsarbeitsminister nach Anhören der zuständigen obersten Landesbehörde und der Reichsknappschaft. Die Entscheidung ist für die Feststellung des Versicherungsverhältnisses einzelner Arbeitnehmer bei Streit hierüber bindend.[16])

§ 2 Entw.

1) § 2 hat die jetzige Fassung durch die Nov. erhalten. Abs. 1 und 2 umschreiben den Kreis der dem Knappschaftszwang unterliegenden Betriebe, die das G. als „knappschaftliche Betriebe" bezeichnet. Abs. 3 sieht für gewisse Anlagen eine Knappschaftsberechtigung vor. Abs. 4 endlich bestimmt, wie Zweifel über die Knappschaftspflicht gelöst werden. Die durch die Nov. neu eingeführte Befreiung von der Knappschaftspflicht ist in den §§ 3, 4 geregelt.

2) Abweichend von den Landesgesetzen, die durchweg als Begriffsmerkmal der kn. Vers. die Beschäftigung auf den Landesberggesetzen unterworfenen und bergbehördlich beaufsichtigten Bergwerken, Aufbereitungsanstalten, Betriebsanstalten usw. bezeichneten, bestimmt das RKG. den Begriff des kn. Betriebes selbständig und stellt als entscheidendes Merkmal die Verrichtung bergmännischer Arbeit auf. Die Begr. zum RKG. (S. 35) bemerkt dazu folgendes:

„Weder die Einzelaufzählung der sog. regalen Mineralien

in den Berggesetzen der einzelnen Länder und der hieraus abzuleitende Begriff des Bergwerks noch die Regelung der Behördenzuständigkeit können geeignete Unterlagen für die Begründung der Knappschaftspflicht bilden. Wie auf anderen Rechtsgebieten, so besteht auch auf dem des Bergrechts innerhalb Deutschlands eine außerordentliche Buntscheckigkeit. Die Berggesetze der einzelnen Länder gehen vor allem in der Bezeichnung der verleihbaren, der Verfügung des Grundeigentümers entzogenen Mineralien auseinander; auch innerhalb desselben Landes, z. B. Preußen, bestehen noch örtliche Besonderheiten. Infolge dieser Zersplitterung ist der Begriff „Bergwerk“ außerordentlich unbestimmt und schwankend; er steht mangels einer Definition weder für die Reichsgesetzgebung fest, noch ist der Landesgesetzgebung ein einheitlicher Sprachgebrauch zu entnehmen. Ebenso ist die Behördenzuständigkeit sehr verschieden geregelt; z. B. ist die Aufsicht über Steinbrüche und Gräbereien in dem einen Lande der Bergbehörde, in dem andern der Gewerbepolizei übertragen. Die dringend wünschenswerte Vereinheitlichung des Rechtszustandes auf diesem Gebiete kann nur durch das künftige Reichsberggesetz herbeigeführt werden. Dieses abzuwarten, ist aber nicht angängig. Es bleibt auch ungewiß, ob das Reichsberggesetz die Aufsicht über den Bergbau einheitlich regeln und diese nicht etwa den Ländern belassen wird. Die Aufsicht über den RKV. kann aber nur einheitlich für das ganze Reich von einer Reichsbehörde ausgeübt werden.“

3) „Als knappschaftliche Betriebe sind grundsätzlich alle Betriebe anzusprechen, in denen bergmännische Arbeit verrichtet wird. Diese Arbeit erschöpft sich nicht in der Gewinnung von verleihbaren Mineralien im engeren Sinne, wenn auch der Bergbau auf Steinkohle, Braunkohle, Steinsalz und Erze den wesentlichsten und vornehmsten Gegenstand der bergmännischen Tätigkeit bildet. Neben den Mineralien kommen Stoffe ähnlicher Art in Betracht, die früher wenig oder gar nicht Gegenstand des Bergbaues waren, denen aber jetzt infolge des durch den Krieg hervorgerufenen Mangels an Rohstoffen erhebliche wirtschaftliche Bedeutung zukommt.“ (Begr. zum RKG. S. 36.)

Als Stoffe dieser Art sind in der Begr. angeführt Platin, ölhaltige Schiefer, phosphorhaltige Mineralien, Chrom, Wolfram, Molybdän, Strontianit, Schwerspat, Flußspat, Alabaster, Karbid, Bitumen, Graphit, Ton, Bernstein, Erdöl, Petroleum. Diese Aufzählung ist nicht erschöpfend. In Betracht kommen z. B. noch Bauxit, Kaolin, Asphaltstein. Betriebe zur Gewinnung aller bezeichneter Stoffe sind nur dann kn. Betriebe, wenn sie nicht unter die Ausnahmevorschrift, betreffend Betriebe der Industrie der Steine und Erden, fallen oder wenn sie nicht befreit werden.

4) Der Begriff „bergmännische Gewinnung" wird in der Wissenschaft dahin erläutert, daß Mineralien usw. aus einer Fundstätte nach bergtechnischen Regeln, d. h. nach einem dem Stande der Bergwissenschaft entsprechenden Betriebsplane und den zur Sicherung des inneren Baues, der Oberfläche und der Arbeiter durch Theorie, Praxis und Gesetz vorgeschriebenen Grundsätzen gewonnen werden. (Begr. zum RKG. S. 36.) Diese Begriffsbestimmung ist auf Schürfarbeiten (vgl. § 3a des Preuß. Berggeſ.) nicht anwendbar.

Bei Beratung der Nov. im RT.-Ausschuß ist vorgeschlagen worden, den Begriff „bergmännische Gewinnung" im G. selbst zu erläutern. Der Vorschlag ist jedoch auf Bedenken gestoßen; die Auslegung bleibt wie bisher der Verwaltungsübung und Rechtsprechung überlassen. (Ber. S. 8.) Beachtenswerte Gesichtspunkte für die Auslegung des Begriffs bezüglich einzelner Stoffe sind in Gutachten enthalten, die der RKV. auf Grund des § 2 Abs. 3 in früherer Fassung dem RAM. erstattet hat. Als Gesichtspunkte für die Annahme bergmännischer Gewinnung sind hier u. a. angeführt: das Treiben von Strecken, Bewetterung mit Ventilatoren, Verwendung von Bohrmaschinen, die mit Druckluft betrieben werden, bergpolizeiliche Beaufsichtigung, Führung des Betriebs auf Grund eines von der Bergbehörde genehmigten Betriebsplanes. Weitere Anhaltspunkte können aus der Entscheidung des RVA. vom 20. November 1924, IIa Kn. 110/24, AN. 1925 S. 99 Z. 2845, betreffend den Begriff der wesentlichen bergmännischen Arbeiten im Sinne des § 26 RKG. a. F., entnommen werden. Sind die Arbeiter infolge der Eigenart des Betriebs (Nässe, Wetterzug, Staubentwicklung) besonderen Schädigungen ihrer Gesundheit und einer vorzeitigen Abnutzung ihrer Arbeitskraft ausgesetzt, so wird unbedenklich bergmännische Gewinnung angenommen werden können.

5) Salinen, die betrieblich selbständig sind, gehören nicht zu den kn. Betrieben. Dieser Ausschluß ist ausdrücklich ausgesprochen, weil Zweifel darüber möglich sind, ob nicht die Gewinnung von Sole durch Pumpbetrieb als bergmännische Gewinnung anzusehen ist. (Begr. zum RKG. S. 36.) Der Ausschluß bezieht sich nur auf neu entstehende Salinen. Die bei Inkrafttreten des RKG. vorhandenen Salinen konnten die kn. Vers. nach Maßgabe der Art. 17 bis 21 EG. fortsetzen.

6) Der Begriff der „Industrie der Steine und Erden" ist weder im RKG. noch in anderen Gesetzen näher erläutert. Der Ausdruck kommt u. a. in der Satzung für die Zentralarbeitsgemeinschaft der industriellen und gewerblichen Arbeitgeber und Arbeitnehmer Deutschlands vom 12. Dezember 1919 vor, wo im § 4 „Bergbau" und „Industrie der Steine und Erden" nebeneinander erwähnt sind, ohne daß ersichtlich wäre, wie sich die Betriebe gegeneinander abgrenzen. Die Zugehörigkeit zur Steinbruchsberufsgenossenschaft oder Ziegeleiberufsgenossenschaft bildet kein entscheidendes Merkmal, denn der Industriegruppe der Steine und Erden werden wirtschaftlich auch die Betriebe der Glasindustrie und der keramischen Industrie zugezählt, die anderen Berufsgenossenschaften angehören. Einen gewissen Anhalt bietet die amtliche gewerbliche Betriebsstatistik.

Die Einbeziehung dieser Betriebe in die kn. Vers. ist schon bei Beratung des Entw. des RKG. im Vorl. Reichswirtschaftsrat und im Reichstag stark umstritten gewesen. Der Entw. ging davon aus, daß die Tatsache bergmännischer Gewinnung, d. i. die Verrichtung bergmännischer Arbeit zur Gewinnung eines Stoffes für die Begründung der Knappschaftspflicht entscheidend sei, nicht dagegen die Art des zu gewinnenden Stoffes. (Vgl. Begr. zum RKG. S. 36.) Demgemäß sollten die Betriebe der Steine und Erden nur ausnahmsweise der kn. Vers. unterstellt werden, nämlich dann, wenn es sich um wirklich bergmännische Betriebe handelt. Die Ausschüsse haben die Regierungsvorlage angenommen. (Näheres über die Ausschußverhandlungen s. erste Aufl. S. 30.) Im Plenum des RT. ist jedoch ein Antrag, die Betriebe der Industrie der Steine und Erden von der Knappschaftspflicht auszuschließen, „soweit sie nicht unterirdisch betrieben werden", durch Zufallsmehrheit angenommen worden.

Diese Aenderung hat entgegen der Absicht der Antragsteller zu einer Ausdehnung der Vers. über den vom Entw. gewollten Umfang hinaus geführt. Alsbald nach Inkrafttreten des RKG. setzten daher Bestrebungen ein, die kn. Vers. der Betriebe Steine und Erden wieder zu beseitigen. Namentlich von der unterirdisch betriebenen Schieferindustrie wurde geltend gemacht, daß sie gegenüber der nicht der Knappschaft angehörenden Thüringischen Schieferindustrie existenzunfähig werde. Der Entw. der Nov. lehnte ein Eingehen auf diese Wünsche mit folgender Begründung (S. 17) ab: „Dem wiederholten Antrag aus dem Kreise der Arbeitgeber in der Industrie der Steine und Erden, sämtliche Betriebe dieser Art von der Versicherung nach dem Reichsknappschaftsgesetz auszunehmen, glaubte der Entwurf zur Zeit nicht entsprechen zu sollen. Es ist zuzugeben, daß die Schieferindustrie am Rhein, die ihre Erzeugnisse unterirdisch gewinnt, im Nachteil ist gegenüber der Thüringischen Schieferindustrie, die den Schiefer im Tagbau bricht. Allein es handelt sich wohl weniger um die Lasten aus der knappschaftlichen Pensionsversicherung, die für das Daniederliegen der rheinischen Schieferindustrie verantwortlich sein sollen, als um eine Absatzkrise, die infolge der hohen Transportkosten der Reichsbahn entstanden ist. Zum Teil gehören die rheinischen Schiefergruben schon seit vielen Jahren zur Knappschaft. Die Arbeiterschaft würde die Einbuße, die ihr durch den Wegfall der knappschaftlichen Versicherung entstehen würde, durch Forderungen höherer Löhne, die ihnen Ersparnisse für die Zeit der Berufsunfähigkeit oder des Todes ermöglichen, auszugleichen suchen; ferner müßten die bereits entstandenen Pensionslasten von den Betrieben übernommen werden, da es nicht angängig ist, die knappschaftlich versicherten Personen und ihre Arbeitgeber zu Beiträgen heranzuziehen für Versicherungsfälle aus ausgeschiedenen Betrieben."

Bei Beratung der Nov. hat sich jedoch sowohl im RWR. wie im RT. die Ueberzeugung durchgesetzt, daß gewissen Betrieben der Steine und Erden im Interesse der Erhaltung ihrer Existenzfähigkeit die Befreiung von der kn. Vers. zugestanden werden müsse. Dabei ist erwogen, daß vielfach auch die Arbeitnehmer keinen Wert auf die kn. Vers. legen, namentlich die über Tage beschäftigten, die von der sog. Alterspension ausgeschlossen sind. Der RWR. hat nach sehr eingehenden Verhandlungen vorgeschlagen, durch Streichung der Worte „soweit sie nicht unterirdisch betrieben werden" im § 2 Abs. 1 klarzustellen, daß die Betriebe Steine und Erden grundsätzlich keine kn. Betriebe sind und nur als Nebenbetriebe kn. Hauptbetriebe der Vers. unterworfen sein würden. In den Uebergangsbestimmungen sollte vorgesehen werden, daß Betriebe, die nach dem RKG. oder bereits nach älteren landesrechtlichen Vorschriften knappschaftspflichtig waren, vom RKV. aus der kn. Vers. zu entlassen sind, sobald zwischen ihnen und dem RKV. über die beiderseitigen Verpflichtungen aus dem bisherigen Versicherungsverhältnis eine Regelung getroffen ist. Die ausscheidenden Betriebe sollten für die in ihrem Dienste erworbenen Ansprüche und Anwartschaften dem RKV. eine angemessene Entschädigung leisten.

Der RTAusschuß hat es für richtiger gehalten, den § 2 Abs. 1 bis auf die Einschaltung des Wortes „überwiegend" unverändert zu lassen, und die Möglichkeit einer Befreiung von der Knappschaftspflicht in besonderen Paragraphen zu behandeln. Das Schwergewicht der Frage ist damit in die §§ 4 und 5 verlegt (vgl. Anm. 1 zu § 4 und zu § 5).

Die Rechtslage bleibt hiernach — vorbehaltlich der neugeschaffenen Befreiungsmöglichkeit — wie unter der Herrschaft des früheren Gesetzes folgende:

Knappschaftspflichtig sind

1. überwiegend unterirdische Betriebe; dazu können gehören z. B. Ton- und Graphitgruben, Betriebe auf Schwerspat, Speckstein, Flußspat, Feldspat, Kreide und Ocker, die linksrheinischen Dachschieferbrüche, die ausnahmslos unterirdisch betrieben werden, (die linksrheinischen Traßbrüche sind ausnahmslos und die Basaltlavabrüche durchweg oberirdisch);
2. Betriebe, die nicht selbständig, sondern Nebenbetriebe kn. Betriebe im Sinne des § 2 Abs. 2 sind.

Bei Zweifeln darüber, ob ein Betrieb zur Industriegruppe „Steine und Erden" gehört und ob letzterenfalls die Voraussetzungen zu 1 oder 2 vorliegen, entscheidet nach § 2 Abs. 4 der RAM. Ueber den Begriff des „überwiegend" unterirdischen Betriebes ist aus dem G. und den Materialien nichts Sicheres zu entnehmen. Im RTAusschuß ist bei Beratung der Nov. ausgeführt worden, daß man dem Ausscheiden ohne weiteres zustimmen könne, wenn ein Werk nur einen kleinen Teil der Arbeiter unterirdisch beschäftige (Ber. S. 3), daß dagegen ein Ausscheiden nicht gerechtfertigt sei, wenn Betriebe vielleicht zu 20 bis 30 v. H. Untertagsbetriebe seien (Ber. S. 6). [Nach dem allgemeinen Sprachgebrauch bedeutet „überwiegend" 51 v. H.]

Nicht zu den unterirdischen Betrieben gehören die Kalkwerke in Rüdersdorf. Für diese war durch den oben erwähnten Zufallsbeschluß bei Verabschiedung des RKG. die durch Jahrhunderte überlieferte kn. Vers. aufgehoben. Ob sie auf Grund der Vorschriften im Art. 17 EG. hätte fortgesetzt werden können, erschien fraglich. Jedenfalls sind Zweifel darüber entstanden, ob die Kalkwerke den „Betriebsanstalten oder Gewerbsanlagen" im Sinne des Art. 17 zuzuzählen sind, weil der dort angezogene § 2 Abs. 2 von Nebenbetrieben kn. Betriebe spricht, während die Kalkwerke keine Nebenbetriebe, sondern selbständige Betriebe sind. Die gleichen Zweifel bestanden bezüglich anderer selbständiger Steinbruchbetriebe, die bisher knappschaftspflichtig waren. Um diese Zweifel einwandfrei zu lösen, ist das auf einem Initiativantrag der Mehrheitsparteien des RT. beruhende

Gesetz zur Abänderung des EG. zum RKG. vom 23. Juni 1923 (RGBl. I S. 466) ergangen, nach dessen Art. 1 im Art. 17 Satz 1 des EG. die Worte „nicht unter § 2 Abs. 2 des Reichsknappschaftsgesetzes fallen" und das Wort „aber" wegfallen. In der so geänderten Fassung bezieht sich Art. 17 zweifelsfrei auf alle selbständigen bisher knappschaftspflichtigen Betriebe der Industrie der Steine und Erden; die Fortsetzung der kn. Vers. für diese Betriebe ist also allgemein ermöglicht.

7) Auch der Kreis der sog. „Nebenanlagen" ist durch das RKG. neu bestimmt. Die früher übliche Unterscheidung von Aufbereitungsanstalten, zu einem Bergwerk gehörigen Betriebsanstalten und Gewerbsanlagen, die nicht unter Aufsicht der Bergbehörde stehen, mit einem Bergwerk aber verbunden sind (vgl. Begr. zum RKG. S. 36), hat zu vielen Unklarheiten geführt und ist deshalb beseitigt. Die Begr. a. a. O. sagt dazu:

„Die bisherige Unterscheidung von Aufbereitungsanstalten, Betriebsanstalten und Gewerbsanlagen kann schon deshalb nicht beibehalten werden, weil die Unterstellung unter das Berggesetz und die Zuständigkeit der Aufsichtsbehörden als Merkmale der Knappschaftspflicht ausscheiden. Für die Einbeziehung von Nebenanlagen in die kn. Vers. müssen vielmehr praktische Gesichtspunkte, insbesondere die Bedürfnisse des Betriebes, als entscheidend angesehen werden. Hiernach empfiehlt es sich, den kn. Betrieben solche Betriebsanstalten oder Gewerbsanlagen zuzuzählen, die als Nebenbetriebe eines kn. Betriebes mit diesem räumlich und betrieblich zusammenhängen. Die „räumliche und betriebliche" Verbindung weist schärfer als z. B. die (früher übliche) Unterscheidung von mechanischer und chemischer Aufbereitung auf die Zusammengehörigkeit von Haupt- und Nebenbetrieb hin. Für die Beurteilung der Zusammengehörigkeit, die im Einzelfalle unter sachgemäßer Berücksichtigung aller jeweilig vorliegenden Verhältnisse festzustellen ist, kann der Austausch der Arbeiterschaft innerhalb der Betriebe ein beachtenswerter Anhaltspunkt sein. Sind Arbeiter, vielleicht in derselben Schicht, sowohl im Hauptbetriebe wie im Nebenbetriebe beschäftigt, würde es unvernünftig sein, sie wegen eines Teiles ihrer Tätigkeit von der kn. Vers. auszuschließen. Auch wenn ein Austausch von Arbeitern zwischen den Betrieben nur von Zeit zu Zeit erfolgt, ist es für sie von Vorteil, daß sie ständig in der kn. Vers. bleiben und nicht mit der Arbeit den Versicherungsträger wechseln. Als andere Umstände für die Beurteilung des räumlichen und betrieblichen Zusammenhanges kommen die örtliche Lage der Betriebe zueinander, gemeinsame Betriebseinrichtungen, gemeinsame Versorgung mit Dampf und Elektrizität u. a. mehr in Betracht."

8) Betriebe, die unter § 2 Abs. 2 fallen können, sind z. B. Kokereien mit Nebenproduktengewinnung, Ziegeleien, Paraffin- und Mineralölfabriken, chemische Fabriken der Kaliindustrie, Hütten als Nebenbetriebe eines kn. Hauptbetriebes, Salinen und Salzschmelzanlagen, die mit einem Salzbergwerk in Verbindung stehen und dessen Erzeugnisse aufbereiten, Grubenanschlußbahnen und sonstige Anlagen ähnlicher Art. Eine erschöpfende Aufzählung kann nicht gegeben werden, weil es auf Beurteilung der im Einzelfall vorliegenden tatsächlichen Verhältnisse ankommt, die nach den in der Begr. angegebenen allgemeinen Gesichtspunkten zu würdigen sind. Bei Zweifeln entscheidet der RAM. nach § 2 Abs. 4.

9) Der Begriff „Nebenbetrieb" ist im G. nicht erläutert. In Anlehnung an die Auslegung des § 1 Abs. 3 des Preuß. KnG. vom 17. Juni 1912 wird man aber als Nebenbetriebe nur solche Anlagen ansehen dürfen, die im Zusammenhang mit dem Hauptbetrieb als verwandtes Unternehmen von demselben Besitzer betrieben werden. (Vgl. Ber. RKG. S. 3, auch unten Anm. 14.)

10) Der dem § 1 Abs. 3 des Preuß. KnG. vom 17. Juni 1912 nachgebildete Abs. 3 (Knappschaftsberechtigung) soll angeblichen besonderen Bedürfnissen des Braunkohlengebietes Rechnung tragen. Regierungsseitig war bei Beratung des RKG. die Vorschrift bekämpft worden, weil damit entgegen der Absicht des Entw., die Knappschaftspflicht von dem Willen der Arbeitgeber und Arbeitnehmer unabhängig zu machen, Willkür und Zufall in die Abgrenzung der kn. Betriebe hineingetragen

würden. (Ber. S. 2/3.) Von der Bestimmung ist, soweit bekannt geworden, nur selten Gebrauch gemacht.

11) Eine Verpflichtung der Rkn., dem Antrage zu entsprechen, besteht nicht. Anrufung der Entscheidung des RAM. nach Abs. 4 im Falle der Ablehnung ist nicht zulässig; denn Abs. 4 wird nach seiner Wortfassung nur auf kn. Betriebe im Sinne des § 2 Abs. 1 und 2 bezogen werden dürfen, also auf knappschaftspflichtige, während es sich hier um Knappschaftsberechtigung handelt. Allenfalls könnte bei wiederholter Ablehnung die Entscheidung des RAM. auf Grund des § 155 Abs. 3 herbeigeführt werden, wenn geltend gemacht werden kann, daß die Entscheidung von erheblicher Wichtigkeit für die Rkn. ist.

12) Der Ausdruck „berechtigt" ist nicht ganz klar. Gemeint ist offenbar, daß im Falle der Aufnahme in die Rkn. sämtliche Arbeitnehmer der betreffenden Anlage der Vers. nach dem RKG. unterliegen sollen und damit knappschaftlich „berechtigt" werden. Der Antrag ist demgemäß vom Arbeitgeber und von der Mehrheit der im Falle der Aufnahme bei der Knappschaft versicherten Arbeitnehmer zu stellen.

13) Die frühere Bezeichnung „Reichsknappschaftsverein" ist im ganzen Ges. durch „Reichsknappschaft" ersetzt.

Die Genehmigung erteilt der Vorstand der RKn., der mit einfacher Stimmenmehrheit beschließt (§ 155 Abs. 1).

14) Es muß sich dabei um zusammenhängende Betriebe des gleichen Besitzers handeln. (Vgl. Erklärung des Regierungsvertreters im Ausschuß, Ber. RKG. S. 3.)

15) Abs. 4 (im ursprüngl. Ges. Abs. 3) regelt die Entscheidung über die Knappschaftspflicht eines Betriebes in Zweifelsfällen. „Mit der Möglichkeit, daß im Einzelfalle Zweifel darüber auftauchen, ob es sich um einen Stoff „ähnlicher Art" und um „bergmännische Gewinnung" handelt, muß gerechnet werden. Zur Sicherung einer einheitlichen Beurteilung ist vorgesehen, daß im Zweifel der RAM. entscheidet, ob ein Betrieb knappschaftlich ist oder nicht, und zwar nach Anhörung der zuständigen obersten Landesbehörde und des Reichsknapp-

schaftsrates. Diese Regelung bietet Gewähr dafür, daß die Entscheidung des RAM. nach sachlich richtigen Gesichtspunkten unter Verwertung der Erfahrungen der Bergbehörden sowie unter Berücksichtigung besonderer Verhältnisse in den einzelnen Ländern ergeht. Der RAM. ist nicht auf die Anhörung der bezeichneten Stellen beschränkt, er kann vielmehr auch Gutachten sonstiger Sachverständiger einfordern und überhaupt alle zur Vorbereitung der Entscheidung dienlichen Ermittelungen anstellen." (Begr. RKG. S. 36.) An die Stelle des Reichsknappschaftsrats ist die Rkn. getreten. Die im früheren Abs. 3 vorgesehene Anhörung der beteiligten wirtschaftlichen Vereinigungen von Arbeitgebern und Arbeitnehmern, die sich für eine beschleunigte Erledigung der Streitfälle als hinderlich erwiesen hatte, ist durch die Nov. beseitigt.

Die Entscheidung erstreckt sich auf alle Zweifelsfragen, die sich aus Abs. 1 und 2 ergeben können, namentlich auch darauf, ob ein Betrieb der Gruppe „Bergbau" oder „Steine und Erden" angehört, und letzterenfalls, ob die Knappschaftspflicht nach Abs. 2 begründet ist.

16) „Die Entscheidung des Reichsarbeitsministers darüber, ob ein Betrieb knappschaftlich ist, muß für die Feststellung des Versicherungsverhältnisses einzelner Arbeitnehmer dieses Betriebes maßgebend sein. Die zur Entscheidung über das Versicherungsverhältnis und zur Feststellung der Leistungen berufenen Stellen können also nicht etwa deshalb im Einzelfalle die kn. Vers. verneinen oder die Leistungen aberkennen, weil nach ihrer Auffassung die Beschäftigung in dem fraglichen Betriebe nicht die Vers. nach dem RKG. begründe. Ebenso sind im Streitverfahren die Spruchbehörden an die Entscheidung des RAM. gebunden." (Begr. RKG. S. 36.)

§ 3 (Neu).[1]

Der Reichsarbeitsminister kann[2] auf gemeinsamen Antrag des Arbeitgebers und der Mehrheit der berechtigten[3] Arbeitnehmer, die hierüber geheim abstimmen,[4] nach Anhörung der obersten Landesbehörde

und der Reichsknappschaft[5]) knappschaftlich versicherte[6]) Betriebe von geringem Umfange[7]) von der Versicherung nach diesem Gesetze[8]) befreien, wenn besondere Umstände die Befreiung rechtfertigen.[9])

§ 2 Abs. 4 Entw. d. Nov., § 2a der Ausschußbeschl.

1) Schon unter der Herrschaft des RKG. hatte der RKV. mit Genehmigung des RAM. die Befreiung kn. Betriebe geringen Umfanges zugelassen, wenn besondere Umstände für die Befreiung vorlagen. Nähere Angaben hierüber s. in der Zeitschrift „Die Knappschaft" (Berlin) Heft 1 vom Januar 1926. Die Nov. hat die Befreiungsmöglichkeit gesetzlich festgelegt. (Vgl. Begr. zu § 2 S. 14.) Aus Gründen der Zweckmäßigkeit ist die Vorschrift aus dem § 2 herausgenommen; sie erscheint jetzt als besonderer Paragraph im Zusammenhang mit den Vorschriften über Befreiung von Betrieben der Industrie Steine und Erden. Die Verpflichtung des Arbeitgebers, für laufende Pensionen und erworbene Anwartschaften Entschädigung zu leisten, ist in § 5 geregelt.

2) Vgl. hierzu Anm. 9 und die abweichende Fassung in § 5.

3) Berechtigte Arbeitnehmer sind diejenigen, die der Knappschaft bereits angehörten, oder, falls es sich um einen neu entstehenden Betrieb handelt, mangels Befreiung der Kn. angehören müßten.

4) Die geheime Abstimmung hat der RT.Ausschuß zur Sicherung der Freiheit der Entschließung für erforderlich gehalten.

5) Die Rkn. äußert sich durch den Vorstand (§ 151) oder einen besonders gebildeten Ausschuß.

6) Wegen des Begriffes „knappschaftlich versicherte Betriebe" vgl. Anm. 2 zu § 9. Von der Befreiungsmöglichkeit werden vorwiegend Betriebe Gebrauch machen, die der kn. Vers. schon angehört haben.

7) Für die Beurteilung des Umfangs sind von Bedeutung z. B. Zahl der Arbeitnehmer, räumliche Ausdehnung, Saisonbetrieb u. A. Auch Betriebe der Industrie Steine und Erden

können unter die Vorschrift fallen.

8) Im Falle der Befreiung richtet sich die Vers. der Arbeitnehmer des Betriebes nach den allgemeinen gesetzlichen Vorschriften.

9) Ueber das Vorliegen besonderer Umstände entscheidet der RAM. nach freiem Ermessen; er kann trotz des Nachweises besonderer Umstände die Befreiung ablehnen.

§ 4 (Neu). [1])

(Abs. 1.) Auf gemeinsamen [2]) Antrag des Arbeitgebers und der Mehrheit der berechtigten [3]) Arbeitnehmer, die hierüber geheim abstimmen, sind [4]) Betriebe der Industrie der Steine und Erden [5]) von der Versicherung nach diesem Gesetz zu befreien, [6]) wenn nicht besondere Umstände [7]) die Versicherung rechtfertigen.

(Abs. 2.) Ueber den Antrag entscheidet der Reichsarbeitsminister nach Anhörung der obersten Landesbehörde und der Reichsknappschaft. [8])

§ 2 b der Ausschußbeschl. Nov.

1) Die geschichtliche Entwicklung der Vorschriften über das Verhältnis der Industrie Steine und Erden zur Kn. ist in der Anm. 6 zu § 2 dargelegt. Nach der jetzigen, auf der Nov. beruhenden Fassung des G. (§ 2 Abs. 1 in Verbindung mit § 3) besteht für die an sich knappschaftspflichtigen Betriebe, d. h. solche, die überwiegend unterirdisch betrieben werden oder Nebenbetriebe eines kn. Hauptbetriebes sind, die kn. V. gesetzlich fort. Den Arbeitgebern und Arbeitnehmern ist aber die Möglichkeit eingeräumt, die Befreiung von der kn. V. zu beantragen. Dem Befreiungsantrage ist stattzugeben, wenn nicht besondere Umstände das Verbleiben in der kn. V. begründen und wenn ferner eine Verständigung über eine der RKn. zu gewährende angemessene Entschädigung für laufende Pensionen und für Anwartschaften der ausscheidenden Versicherten erzielt ist (vergl. Erklärung des Regierungsvertreters S. 5

des Aussch.Ber. über die Nov.). — Bei den sehr eingehenden Beratungen eines für die Frage eingesetzten Unterausschusses sind auch andere Möglichkeiten einer Lösung erwogen worden, namentlich eine Regelung nach dem Vorbilde des Art. 18 EG.; man hat diesen Weg jedoch nicht für gangbar erachtet, weil man mit Art. 18 üble Erfahrungen gemacht habe (a. a. O.).

2) Es muß eine übereinstimmende Willensmeinung der Arbeitgeber und Arbeitnehmer vorliegen. Ein bei der zweiten Lesung im RT.Ausschuß gestellter Antrag, das Antragsrecht nur den Arbeitnehmern einzuräumen, weil sie sonst unter starkem Druck der Arbeitgeber stehen würden, ist abgelehnt worden (a. a. O. S. 102). Es ist aber geheime Abstimmung der Arbeitnehmer vorgeschrieben, um die Freiheit ihrer Entschließung zu sichern.

3) Vergl. Anm. 3 zu § 3.

4) Abweichend von § 3 ist hier die Fassung imperativ, d. h. der RAM. muß dem Antrage entsprechen, wenn die oben unter Anm. 1 bezeichneten Voraussetzungen erfüllt sind.

5) Wegen des Begriffs s. Anm. 6 zu § 2. Die Befreiung ist zugelassen sowohl für Betriebe, die erst mit dem Inkrafttreten des RKG. am 1. Januar 1924 in die kn. V. eingetreten sind als auch für Betriebe, die auf Grund früherer landesgesetzlicher Bestimmungen (z. B. linksrheinische Traß- und Basaltlavabrüche) schon Jahrzehnte hindurch der Kn. angehört haben.

6) Für befreite Betriebe gelten hinsichtlich der V. die allgemeinen gesetzlichen Vorschriften. Eine Erstattung von Beiträgen zur PK. findet im Falle der Befreiung nicht statt, auch dann nicht, wenn Ansprüche mangels Erfüllung der Wartezeit noch nicht erworben sein sollten (Ber. S. 5). Die durch Befreiung aus der PK. ausscheidenden Mitglieder haben die Möglichkeit, durch Weiterversicherung nach § 77 die Wartezeit zu erfüllen und neue Ansprüche zu erwerben; falls die Wartezeit erfüllt ist, kommt auch Zahlung von Anerk.Geb. gemäß § 76 in Frage.

7) Besondere Umstände dieser Art können sein: langjährige Zugehörigkeit zur Kn. (Tongrube Klingenberg, Kalkwerke in Rüdersdorf) und der übereinstimmende Wunsch von Arbeitgebern und Arbeitnehmern, in der kn. V. zu bleiben. Auch die Unmöglichkeit der Gewährung einer angemessenen Entschädigung nach § 5 kann die Fortdauer der kn. V. begründen. Bei den Ausschußberatungen des RT. ist hervorgehoben, daß die Kn. die Betriebe nicht aus der Hand lassen soll, solange nicht die Deckungsfrage gelöst ist. (Ber. S. 5 und 7.)

8) Die RKn. äußert sich durch den Vorstand oder einen besonderen Ausschuß. (§§ 151, 156.)

§ 5 (Neu). [1])

(Abs. 1.) Für die nach den §§ 2,[2]) 3, 4 ausscheidenden Betriebe hat der Arbeitgeber eine angemessene Entschädigung[3]) für bereits laufende Pensionen ehemaliger Versicherter[4]) und für die in dem ausscheidenden Betrieb erworbenen Anwartschaften[5]) der Versicherten zu leisten.

(Abs. 2.) Der Reichsarbeitsminister bestimmt das Nähere; er kann für die Erstattungen Teilzahlungen[6]) zulassen.

1) In diesem Paragraph ist die besonders schwierige Frage der der Kn. beim Ausscheiden bisher versicherungspflichtiger Betriebe zu gewährenden Entschädigung geregelt. Im RWR. und im RT.Ausschuß bestand Uebereinstimmung darüber, daß die RKn. den Ausfall von rd. 1000 Beitragszahlern der Industrie Steine und Erden, deren jährliches Beitragsaufkommen rd. 1 Million RM. beträgt, nicht ohne Schadloshaltung erdulden könne, zumal angesichts der auch sonst beobachteten „Flucht" aus der Kn. und des Umstandes, daß die RKn. für seit dem 1. 1. 1924 ausgeschiedene Betriebe bereits 30—40 000 RM. monatlich aufzuwenden hat. Ueber das Maß der zu leistenden Entschädigung gingen aber die Ansichten erheblich auseinander. Hinsichtlich der erst seit dem 1. 1. 1924

in die knappschafliche V. einbezogenen Beriebe wurde die Auffassung vertreten, daß man sie ohne jede Entschädigung entlassen könne, weil die gesetzliche 3 jährige Wartezeit noch nicht abgelaufen sei und die Versicherten infolgedessen noch keine Ansprüche erworben hätten. Im übrigen wurde gefordert, daß der Arbeitgeber des zu befreienden Betriebes für laufende Pensionen an die aus der Belegschaft hervorgegangenen Pensionsempfänger (einschließlich der Hinterbliebenen) das Deckungskapital und für die von den ausscheidenden Versicherten erworbenen Anwartschaften eine angemessene Entschädigung zahlen müsse. Ein solcher Beschluß ist auch im RT.Aussch. gefaßt worden unter Ablehnung eines Antrages, wonach der Arbeitgeber berechtigt sein sollte, die von ihm abzuführenden Beträge zur Hälfte von den Arbeitnehmern des Betriebes wieder einzuziehen. (Ber. S. 103.) Nach versicherungstechnischer Berechnung würden sich die Kapitalwerte der laufenden Pensionen und der Anwartschaften für die insgesamt in Betracht kommenden 535 Betriebe der Industrie der Steine und Erden auf rd. 12 Millionen RM. belaufen. (Ber. S. 8.) Einen solchen Betrag aufzubringen dürften die Betriebe kaum in der Lage sein. Im Plenum des RT. ist denn auch die für die Arbeitgeber günstigere Fassung des G. beschlossen worden, die von der Erstattung des Kapitalwertes laufender Pensionen absieht; (eine ähnliche Anregung war bereits im Ausschuß „im Vertrauen auf das Arbeitsministerium und den Knappschaftsvorstand" gegeben worden. — Ber. S. 104). Was als „angemessene Entschädigung" zu betrachten ist, wird je nach Lage des Einzelfalles unter Berücksichtigung aller in Betracht zu ziehenden Umstände beurteilt werden müssen. Sache der Verhandlungen zwischen Betrieben, die auszuscheiden wünschen, und der RKn. wird es sein, hierüber eine Verständigung zu finden.

Sowohl im RWR. wie im RT. ist auch die Frage berührt worden, ob man Betriebe, insbesondere auch Bergbaubetriebe, die aus wirtschaftlichen Gründen stillgelegt werden, nach der Stillegung noch zur Deckung der Versicherungslasten heranziehen könne. Die Frage ist im RT.Ausschuß überwiegend verneint. (Ber. S. 3.) Jedenfalls sind Anträge nach dieser Richtung im RT.Ausschuß nicht gestellt worden, während der RWR. einen bezüglichen Antrag der Arbeitnehmervertreter angenommen hatte. (Vergl. Ber. des Sozialpolitischen Ausschusses des RWR. Reichstagsdrucksache Nr. 1777 S. 7.)

2) Durch die Anziehung des § 2 werden bisher versicherungspflichtige Betriebe der Steine und Erden, die nach § 2 Abs. 1 ausscheiden, weil sie nicht überwiegend unterirdisch betrieben werden, in die Entschädigungsverpflichtung mit einbezogen.

3) Ueber die Angemessenheit der Entschädigung entscheidet der RAM., nachdem er zuvor gemäß § 4 die Rkn. gehört hat.

4) Diese Fassung ist insofern zu eng, als Hinterbliebenenrenten (Witwenpensionen und Waisengeld) nicht erwähnt sind; diese Renten von der Berücksichtigung bei Bemessung der Entschädigung auszuschließen, ist zweifellos nicht die Absicht des Gesetzgebers gewesen.

5) Ueber den Begriff „Anwartschaft" im Sinne dieser Vorschriften hat sich ein Regierungsvertreter dahin geäußert, daß mit Rücksicht auf das z. Zt. bei der RKn. bestehende Umlageverfahren Anwartschaft nichts weiter sei, als die gesetzliche Zusage an den Versicherten, durch solidarische Haftung der Versicherten und ihrer Arbeitgeber eine bestimmte Pension zu erhalten. Darüber, daß bei Bemessung der Entschädigung für erworbene Anwartschaften sowohl die vor wie die nach dem 1. 1. 1924 entrichteten Beiträge zu berücksichtigen sind, hat im RT.-Ausschuß Uebereinstimmung bestanden. (Ber. S. 102/103.)

6) Falls der RAM. Teilzahlungen zuläßt, trägt die Rkn. das Wagnis, daß der ausscheidende Betrieb zahlungsunfähig wird, gegebenenfalls werden deshalb vom RAM. besondere Sicherungsmaßnahmen zu treffen sein.

Zweiter Abschnitt.

Gegenstand der Versicherung.

§ 6 [1]) (3) *)

Die Versicherung umfaßt [2]/[3]/[4])
die Krankenversicherung,
die Pensionsversicherung, [5])
die Invalidenversicherung und
die Angestelltenversicherung. [6])

§ 3 Entw.

1) Der § 6 zählt unter der Ueberschrift „Gegenstand der Versicherung“ die in der kn. V. zusammengefaßten Versicherungszweige auf. Durch die Nov. hat er eine von dem RKG. a. F. abweichende Fassung erhalten; sachlich ist an dem Inhalt, abgesehen von dem Fortfall der Doppelversicherung der Angestellten, nichts geändert.

2) Die Begr. zum RKG. (S. 31) führte aus:

„Den Gegenstand der Vers. bilden in erster Linie die kn. Leistungen im engeren Sinne, die aus der PK. des RKV. gewährt werden: Invalidenpensionen für den Fall der Berufsunfähigkeit und eine besondere Hinterbliebenenfürsorge, die über die Leistungen nach dem Vierten Buch der RVO. hinausgehen. Daneben sind freiwillige Leistungen zulässig.

Mit Rücksicht auf die Eigenart der Verhältnisse des Bergbaues, die sich u. a. in einer verhältnismäßig scharfen Abgrenzung des in Betracht kommenden Personenkreises gegenüber anderen Berufsgruppen ausdrückt, sowie ferner mit Rücksicht auf die zahlreichen Wechselbeziehungen der kn. Vers. mit den übrigen Versicherungen erscheint es angezeigt und notwendig, auch die KrV., die IVers. und die AV. in den Gegenstand der Vers. einzubeziehen. Nur die UV., die, aus der Haftpflicht der Unternehmer entstanden, ausschließlich zu deren Lasten geht und

---

*) Die in Klammern beigesetzten Zahlen beziehen sich überall auf die entsprechenden Paragraphen des RKG. vom 23. 6. 23.

damit eine Sonderstellung einnimmt, bleibt ausgeschlossen."

Mehrfache Anregungen, zur Vereinfachung des Verfahrens und zur Ersparung von Verwaltungskosten auch die UV. einzubeziehen, haben sich nicht zu gesetzgeberischen Vorschlägen verdichtet. Ein bei Beratung der Nov. im RT.Ausschuß gestellter Antrag auf Einbeziehung der UV. ist abgelehnt worden (Ber. S. 104).

3) Ueber die Terminologie des G. in der Bezeichnung der „Versicherten" bemerkt die Begr. zum RKG. S. 38:

„Der Umstand, daß in demselben Gesetz verschiedene Versicherungsarten behandelt werden, läßt es wünschenswert erscheinen, für die der Vers. unterliegenden Arbeitnehmer in ihren Beziehungen zu den verschiedenen Vers. einheitliche Benennungen einzuführen und diese im Gesetz und in der Satzung überall gleichmäßig anzuwenden. In Uebereinstimmung mit dem Sprachgebrauch der RVO. und des AVG. ist in allen Fällen, wo die Versicherten in ihrer Gesamtheit gemeint sind, oder wo die Beziehungen zur KrV., zur JVers. oder zur AV. in Frage kommen, der Ausdruck „Versicherte" gewählt; dabei wird nötigenfalls zwischen versicherten Arbeitern und versicherten Angestellten unterschieden. Der Ausdruck „Mitglieder" ist auf die beitragzahlenden Mitglieder der PK., sei es der Arbeiterabteilung oder Angestelltenabteilung, beschränkt." Die Nov. hat die Bezeichnungen „Arbeiterpensionskasse" und „Angestelltenpensionskasse" eingeführt. Vgl. §§ 28, 49. Wo als Berechtigte der Pensionskassen nicht nur beitragzahlende Mitglieder, sondern auch Anerkennungsgebührenzahler in Betracht kommen, spricht das G. nunmehr auch in Beziehung auf die PV. von „Versicherten".

4) Für das Verhältnis des G. zur allgemeinen Reichsversicherung sind folgende Ausführungen der Begr. zum RKG. (S. 38) von Bedeutung: „Die Leistungen der Arbeiterversicherung und der Angestelltenversicherung bedürfen keiner besonderen Regelung. Die Rechtsquellen hierfür bilden die RVO. und das AVG., deren Vorschriften für die Durchführung der Vers. schlechthin übernommen werden; insoweit genügen deshalb durch-

weg Verweisungen auf die bestehenden Gesetze. Dagegen regelt der Entwurf im einzelnen die Pensionsversicherung, für die das RKG. die alleinige gesetzliche Grundlage bilden soll. Demgemäß nehmen in dem Entwurf, außer den Vorschriften über die Verfassung des RKV., Verfahren usw., die Bestimmungen über die besonderen kn. Leistungen den breitesten Raum ein."

5) Die PV. umfaßt die der Arbeiter und der Angestellten (vgl. 5. Abschnitt §§ 28—100). Die Leistungen der PV. werden wie früher nach den Landesgesetzen in Pflichtleistungen und freiwillige Leistungen geschieden; die Pflichtleistungen sind in den §§ 34 bis 44, 56 bis 64, die freiwilligen Leistungen in den §§ 45 bis 48, 65 geregelt.

6) Die Nov. hat die früher bestehende Doppelversicherung der Angestellten beseitigt. Das ergibt sich zweifelsfrei aus der Streichung des früheren siebenten Abschnitts und anderer auf die AV. bezüglichen Vorschriften (z. B. §§ 107, 161 RKG. a. F.), aus der Begründung der Nov. Abschnitt IV des Allgemeinen Teils S. 14, aus § 50 und auch aus den Uebergangsvorschriften in den §§ 241, 247, 249. Es überrascht, daß in § 6 gleichwohl die AV. erwähnt wird. Das dürfte nur deshalb geschehen sein, weil in gewissen Fällen die Vorschriften des AVG. ergänzend Anwendung finden. Vgl. z. B. § 60 Abs. 4, §§ 66, 70, 249.

Dritter Abschnitt.

Träger der Versicherung.

§ 7 (4).[1]

Träger der Versicherung ist die Reichsknappschaft.[2])

§ 4 Entw.

1) Die Rkn. ist einheitlicher Träger der kn. Vers. für die Gesamtheit der Versicherten. Die Begr. zum RKG. (S. 31) beleuchtet die rechtliche Stellung wie folgt:

„Träger der Vers. soll dem Wunsche der Bergarbeiter entsprechend ein das ganze Reichsgebiet umfassender großer Knappschaftsverein, der Reichsknappschaftsverein, sein.

Dieser regelt seine Aufgaben und seine Verfassung durch eine von ihm zu erlassende Satzung."

„Der RKV. ist Träger des gesamten Versicherungswagnisses für sämtliche ihm nach dem Gesetz und der Satzung obliegenden Versicherungsleistungen. Auf dem Gebiete der kn. PV. übernimmt er nicht nur die Haftung für künftig neu entstehende Leistungen, sondern tritt als Rechtsnachfolger der bisherigen KnV. auch in deren Verpflichtungen gegenüber bereits vorhandenen Invaliden, Witwen und Waisen ein. Die bestehenden PK. sowie der Knappschaftliche Rückversicherungsverband müssen deshalb die Deckungskapitalien für die laufenden Pensionen (einschließlich der nach dem Tode der Knappschaftsinvaliden deren Hinterbliebenen zu gewährenden) in das Vermögen des RKV. überführen. Ist genügendes Deckungskapital nicht vorhanden, so ist der Fehlbetrag durch Zuschläge zu den allgemeinen gesetzlichen Beiträgen aufzubringen. Auch ein etwa vorhandener Vermögensüberschuß der bisherigen KnV. wird rechtlich — unter gewissen, später besonders zu erörternden Vorbehalten — Vermögen des RKV., da die bisherigen Einzelvereine als Versicherungsträger zu bestehen aufhören und in den RKV. aufgehen; eine Verwendung des vorhandenen Vermögens für andere Zwecke als die der gesetzlichen Vers. ist nach allgemeinen Grundsätzen unzulässig."

Die Voraussetzungen hinsichtlich der Vermögenslage, von denen die im Jahre 1922 verfaßte Begründung ausging, haben sich durch die inzwischen eingetretene Veränderung der Währungsverhältnisse wesentlich verschoben. In der Annahme, daß durch die Inflation sämtliche Vermögen entwertet seien, hat der vorl. Vorstand des RKV. zunächst — im Juni 1924 — beschlossen, auf die in Art. 31 Abs. 1 EG. vorgesehene versicherungstechnische Abgleichung zu verzichten und das am 31. 12. 23 vorhandene Barvermögen den bisherigen Knappschaftsvereinen entsprechend Art. 31 Abs. 3 EG. als Ueberschuß zur Verfügung zu stellen. Dieser Beschluß ist im September 1925 aufgehoben worden, nachdem die sog. Aufwertungsgesetze ergangen waren, und der Vorstand des RKV. den Umfang seiner Verpflichtungen klarer überblicken konnte, als dies zu Beginn des Jahres 1924 möglich war. Nach Beschluß vom 12. 9. 25 gehen die gesamten Vermögen der früheren Kn. Vereine, Krankenkassen usw. auf den RKV. über. Zur Begründung dieses Beschlusses ist angeführt, daß bei sämtlichen Knappschaftsvereinen ausnahmslos größere Schuldbeträge zur Deckung der am 1. 1. 1924 vorhandenen Lasten in den Pensionskassen vorhanden waren. (Rundschreiben Nr. 46 des RKV. Kompaß 25 S. 182.)

2) Ueber das Verhältnis zwischen Rkn. und Bezkn. im übrigen vgl. § 9 Anm. 3 und 5.

§ 8 (5). [1]

Die Reichsknappschaft [2] ist rechtsfähig. [3/4/5/6]

§ 5 Entw.

1) Die Vorschrift entspricht dem § 4 RVO., § 94 AVG.

2) Die Rechtsfähigkeit ist auf die Rkn. beschränkt; den Bezkn. ist keine Rechtspersönlichkeit beigelegt. Vgl. Anm. 3 zu § 9, Anm. 2 zu § 17.

3) D. h. die Rkn. kann unter ihrem Namen Rechte erwerben und Verbindlichkeiten eingehen, vor Gericht klagen und verklagt werden. Die früher für preußische KnV. geltende Beschränkung, daß sie im Gebiete des preußischen Allgemeinen Landrechts zum Erwerbe von Grundstücken je nach Höhe des Wertes der Genehmigung der Aufsichtsbehörde bedurften (vgl. KGBeschl. vom 28. März 1904 und 17. Mai 1906 — Z. f. B. Bd. 45 S. 486, Bd. 47 S. 556 —), ist fortgefallen, weil die Rechtsfähigkeit der Rkn. auf einem neben dem BGB. bestehenden Reichsgesetz beruht (Art. 7 § 1 Abs. 2 des preuß. Ausführungsgesetzes zum BGB. vom 20. September 1899, GS. S. 177). Zu beachten ist aber (vgl. § 142), daß nach § 27 d RVO. die Erwerbung von Grundstücken über einen vom RAM. festgesetzten Kaufpreis hinaus der Genehmigung der Aufsichtsbehörde (§§ 189, 190) bedarf. Eine solche Festsetzung ist bisher nicht ergangen. Wenn daraus in einer für die Grundbuchämter bestimmten Anweisung des Reichsministers der Justiz vom 28. 4. 25 die Folgerung gezogen ist, daß *bis* zu der Festsetzung einer Kaufpreisgrenze *jeder* Grundstücks-

erwerb der Genehmigung unterliegt, so ist diese Folgerung nicht überzeugend. (Vgl. auch Arbeiterversf. 1925 S. 367.) Wegen der Anlegung von Vermögen in Grundstücken vergl. § 142.

Ueber die Vertretung der Rkn. nach außen vgl. § 158 Abs. 1.

4) Die Rkn. haftet den Gläubigern mit ihrem ganzen Vermögen, g. F. auch für Fehlbeträge bei einer Bezkn. (Vgl. Anm. 4 zu § 17). Für eine ordnungsmäßige Finanzgebarung der Bezkn. ist aber Sorge getragen. Der Fall, daß die Beiträge zur KrK. die Leistungen nicht decken, ist in den §§ 123 bis 125, der Fall, daß die von den Bezkn. festzusetzenden Beitragszuschläge für die sog. Sonderlast unzureichend sind, im § 134 geregelt.

5) Der Gerichtsstand ist im § 10 geregelt.

6) Ueber Steuerpflicht und Portopflicht s. § 232.

§ 9 (6).

(Abs. 1.) Die Reichsknappschaft umfaßt sämtliche [1]) knappschaftlich versicherten [2]) Betriebe.

[3]) (Abs. 2.) Zur Durchführung der Versicherung errichtet [4]) die Reichsknappschaft Bezirksknappschaften [5/6]) und besondere Krankenkassen als Verwaltungsstellen [7]).

§ 6 Entw.

1) Außer den Fällen der §§ 3, 4 ist eine Befreiung ganzer Betriebe vom Knappschaftszwang nicht möglich. Jeder nicht befreite kn. Betrieb im Bereiche des Deutschen Reichs gehört ohne weiteres zur Rkn., und die in dem Betriebe beschäftigten Personen sind für alle Zweige der kn. Vers. bei der Rkn. zu versichern. Unter gewissen Voraussetzungen tritt für einzelne Beschäftigte oder für Gruppen von Beschäftigten Versicherungsfreiheit bezw. auf Antrag Befreiung von der Versicherungspflicht ein. Vgl. für die KrV. § 15 Abs. 2, 4, § 19, für die PV. §§ 29, 30, 52, für die JV. § 101 Abs. 2.

2) Der Begriff „knappschaftlich versicherter“ Betrieb ist durch

die Nov. eingeführt. Gegenüber dem Begriff „knappschaftlicher" Betrieb (vgl. Anm. 2, 3 zu § 2) ist er weiter, indem er an sich nicht kn. Betriebe umfaßt, die nach § 2 Abs. 3 in die Rkn. aufgenommen sind, enger, indem er die nach §§ 3, 4 befreiten Betriebe ausschließt; er bezieht sich also auf den tatsächlichen Zustand des Versichertseins.

3) Abs. 2 ist durch die Nov. neu gefaßt, um die Stellung der Bezkn. zur Rkn. innerhalb des G. (vgl. § 9 Abs. 1, RKG. a. F., § 13 n. F.) gleichmäßig zu bezeichnen. Rechtlich hat sich an dieser Stellung nichts geändert. In der Begr. zum RKG. (S. 31/32) ist diese Stellung wie folgt umschrieben:

„Der im allgemeinen (hinsichtlich der Einheit der Rechtspersönlichkeit und der Haftung für sämtliche Versicherungsleistungen) zur Durchführung kommende Grundsatz der Zentralisation erfährt gewisse Beschränkungen dadurch, daß es praktisch nicht möglich ist, die gesamte Leitung und Verwaltung des RKV. einschließlich der Festsetzung und Auszahlung der Leistungen und der Einziehung der Beiträge von einer Stelle aus vorzunehmen. Es müssen deshalb Untervereine gebildet werden, deren Mitwirkung sich der RKV. bei Erfüllung seiner Aufgaben bedient. Mit der Schaffung dieser Untervereine, die den Namen „Bezirksknappschaftsvereine" erhalten, werden zugleich bewährte Einrichtungen des bisherigen Rechtszustandes übernommen, die nicht nur zur Erleichterung des Geschäftsverkehrs beitragen, sondern vor allem auch den Belangen der Versicherten dienen. Verwaltungskörper, die den Versicherten örtlich nahestehen, sind mit deren Verhältnissen und Bedürfnissen besser vertraut als eine Zentralstelle, deren Sitz weitab liegt. Auch haben die Versicherten auf die Geschäftsführung örtlicher Stellen durch ihre gewählten Vertreter, die Knappschaftsältesten, einen unmittelbaren Einfluß, wie sie ihn in der Verwaltung eines Reichsvereins naturgemäß nicht haben können."

4) Ueber die Bildung der Bezkn. (früher Bezirksknappschaftsvereine) bestimmt nach § 11 Nr. 5 die von den Hauptversammlungen (§ 161), g. F. vom RAM. (vgl. § 253 Abs. 2) zu erlassende Satzung. Ueber die Bildung bes. KrK. entscheidet, so-

weit nicht bereits die Satzung bestimmt, unter Beachtung der Vorschriften des § 13 die Rkn., d. i. der Vorstand gemäß § 151 Abs. 2.

5) Die Aufgaben der Bezkn. für die verschiedenen Versicherungszweige ergeben sich aus dem G. Vergl. die Zusammenstellung bei § 13. Für die Durchführung dieser Aufgaben den Bezkn. selbständige Rechtspersönlichkeit beizulegen, hat der Entw. des RKG. mit folgender Begründung abgelehnt:

„Die Bezirksknappschaftsvereine sind nicht selbständige Versicherungsträger, sondern geschäftsführende Organe, Bezirksverwaltungsstellen des RKV. und als solche an die Satzung und die Weisungen des RKV. gebunden. Selbständige Rechtspersönlichkeit kann ihnen nicht beigelegt werden; ebenso können sie grundsätzlich kein von dem Vermögen des RKV. abgesondertes eigenes Vermögen besitzen. Es ist auch nicht angängig, sie für bestimmte Zwecke, etwa für die Durchführung der KrV., mit Rechtspersönlichkeit auszustatten. Für selbständige Träger eines Versicherungszweiges innerhalb des RKV. ist schon aus formellrechtlichen Gründen kein Raum. Aber auch zwingende sachliche Gründe stehen entgegen. Insbesondere darf die Einheitlichkeit der Haftung des RKV. für die Versicherungsleistungen nicht durchbrochen werden. Das Nebeneinanderbestehen mehrerer Versicherungsträger würde auch die Einheitlichkeit der Leistungen gefährden und zu einer Zersplitterung der Aufsicht führen. Schließlich könnten in dem Verhältnis der mehreren Versicherungsträger zueinander Meinungsverschiedenheiten oder gar Rechtsstreitigkeiten entstehen. Ein Aufbau des RKV., der eine solche Möglichkeit zuließe, ist abzulehnen." (Begr. RKG. S. 32.) Vgl. auch Anm. 2 zu § 17.

Näheres über das Verhältnis der Bezkn. zur Rkn. enthält das Rundschr. Nr. 36 des RKV. vom 26. 6. 25, abgedruckt in der Zeitschrift „Die Knappschaft" (Bochum) S. 250.

6) Ueber die Vertretung der Bezkn. nach außen und die Verbindlichkeit ihrer Erklärungen für die Rkn. s. § 182 Abs. 1, 2; Zahl und Abgrenzung der Bezkn. s. bei § 11 Anm. 6.

7) Die Worte „als Verwaltungsstellen" sind bei Beratung

der Nov. nach dem Vorgang des § 9 Abs. 1 RKG. a. F. angefügt. Die oben erläuterte Stellung zur RKn. wird dadurch nicht berührt.

§ 10 (Neu).

(Abs. 1.) Die [1]) Reichsknappschaft hat ihren Gerichtsstand am Sitze [2]) der Reichsknappschaft.

[3]) (Abs. 2.) Bei Streit zwischen der Reichsknappschaft und einem Dritten über Angelegenheiten einer Bezirksknappschaft oder einer besonderen Krankenkasse bestimmt sich der Gerichtsstand auch [3]) nach dem Sitze [4]) der Bezirksknappschaft oder der besonderen Krankenkasse.

§ 6 a Entw. d. Nov.

1) Abs. 1 bestimmt den allgemeinen Gerichtsstand der RKn. entsprechend dem § 17 der Zivilprozeßordnung. Für den dinglichen Gerichtsstand bleibt § 24 der Zivilprozeßordnung maßgebend.

2) Sitz der RKn. ist nach § 1 der bisherigen vom RAM. erlassenen Satzung Berlin.

3) Nach der in der Begr. zur Nov. (S. 15) ausgesprochenen Auffassung, daß bei Streitigkeiten der nicht rechtsfähigen BezKn. mit Dritten der Gerichtsstand Berlin zu unnötigen Opfern an Zeit und Geld führen würde, ging die Absicht der Nov. zunächst wohl dahin, für die Erledigung von Streit über Angelegenheiten, die den Geschäftsbereich einer BezKn. oder bes. KrK. berühren, die ausschließliche Zuständigkeit der Gerichte an deren Sitz zu bestimmen. Durch die Einschaltung des Wörtchens „auch" im RT.Ausschuß ist aber klargestellt, daß der Gerichtsstand nach Abs. 2 wahlweise neben dem Gerichtsstand Berlin zulässig ist. In einem Rechtsstreit mit der Süddeutschen Knappschaft z. B. kann der Kläger die Gerichte in München oder die Gerichte in Berlin anrufen. (Ber. Nov. S. 104.)

4) Der Sitz der BezKn. und bes. KrK. wird durch die Sondervorschriften (vgl. § 13) bestimmt.

§ 11 (7).

Die Reichsknappschaft erläßt eine Satzung [1]); sie bestimmt über

1. Sitz, Verfassung und Verwaltung [2]),
2. Art und Umfang der Leistungen [3]),
3. Aufbringung der Mittel [4]),
4. Zusammensetzung, Rechte und Pflichten der Organe [5]),
5. Errichtung der Bezirksknappschaften [6]) und besonderen Krankenkassen [7]) sowie deren Verfassung und Verwaltung [8]),
6. Ordnungs- und Zwangsstrafen [9]),
7. Art der Bekanntmachungen [10]),
8. Verfahren bei Satzungsänderungen [11]).

§ 7 Entw.

1) Das Satzungsrecht ist ein Ausfluß der Selbstverwaltung und besteht darin, daß die RKn. im Wege der eigenen Gesetzgebung (Autonomie) verbindliche Normen schafft. Auf die Satzung der RKn. trifft zu, was die Rechtsprechung für die früheren Knappschaftssatzungen festgelegt hat: sie ist eine besondere Norm des öffentlichen Rechts, die kraft gesetzlicher Vorschrift bindend die Grundsätze über die Rechte und Pflichten des Vereins und der Versicherten regelt. Vgl. OSchG. i. K. vom 24. August 1908 (Z. f. B. Bd. 49 S. 540), RGUrt. vom 16. Januar 1897 (Entsch. in Zivils. Bd. 38 S. 126). Auch die vom RAM. erlassene Satzung (Art. 6 EG.) ist für den Verein und die Versicherten rechtsverbindlich. Es ist Sache der Versicherten, sich über ihre in der Satzung festgelegten Rechte und Pflichten zu unterrichten, auch wenn ihnen kein Abdruck ausgehändigt werden sollte.

2) Verfassung und Verwaltung der RKn. sind in den Grundzügen bereits durch das G. geregelt (§§ 146 bis 164); der Satzung bleibt die weitere Ausgestaltung vorbehalten.

3) Hier war im RKG. a. F. in erster Linie an die Leistun-

stehende Verhältnisse nach Möglichkeit Rücksicht zu nehmen ist. Vor allem ist eine einfache und billige Verwaltung anzustreben, insbesondere für den Verkehr zwischen RKV. und Bezirksvereinen. Hieraus ergibt sich die Notwendigkeit, die Zahl der bestehenden Vereine zu verkleinern. Andererseits muß die Fühlung der Verwaltung mit den Versicherten, namentlich für die Durchführung der KrV., sowie die Uebersichtlichkeit gewahrt bleiben. Unter diesen Gesichtspunkten empfiehlt sich die Bildung territorial abgegrenzter Gebiete, die eine wirtschaftlich zusammengehörige Einheit bilden. Auf Anlehnung an die Sektionsbezirke der Knappschafts-Berufsgenossenschaften ist Bedacht zu nehmen; jedoch brauchen sich die Bezirke nicht zu decken. Auch Grenzen der Länder oder der Landesaufsichtsbehörden bilden kein Hindernis einer notwendig erscheinenden Zusammenlegung. In räumlich weit ausgedehnten Bezirken können für einzelne Werke besondere Krankenkassenverwaltungen gebildet und für die Bearbeitung der Pensionskassenangelegenheiten besondere Geschäftsausschußbezirke abgegrenzt werden. Die Abgrenzung der Bezirke nach den vorbezeichneten Gesichtspunkten bleibt der Satzung überlassen, um Aenderungen des Gesetzes bei künftig etwa notwendig werdenden Verschiebungen in den Grenzen zu vermeiden."

Nach § 15 der vom RAM. erlassenen sog. Zwangssatzung bestehen zur Zeit 16 Bezkn. Mit Rücksicht auf die hervorgetretene Leistungsunfähigkeit mehrerer kleinerer, der sog. notleidenden Vereine, die auch durch Einführung der Gemeinlast (§ 127) nicht behoben werden kann, wird bei der nach § 253 Abs. 2 zu beschließenden Satzungsänderung zu prüfen sein, ob die Zahl der Bezkn. zu beschränken sein wird.

7) Ueber die Bildung bes. KrK. kann die Satzung nur im Rahmen der gesetzlichen Vorschriften bestimmen, die starke Beschränkungen für die Zulassung enthalten. Näheres s. bei §§ 18 und 19.

8) Auch über Verfassung und Verwaltung der Bezkn. enthält das Ges. in den §§ 165 bis 182 zahlreiche Vorschriften. Die Satzung trifft im Rahmen dieser Vorschriften etwa er-

forderliche weitere Bestimmungen. Die Wahlordnung für die Wahl der Kn.Aeltesten erläßt abweichend von § 131 Abs. 1 RKG. a. F. die Rkn., d. i. der Abteilungsvorstand (§ 167 Abs. 1). Im übrigen werden Verfassung und Verwaltung der Bezkn. und bes. KrK. durch die von ihnen nach § 13 zu erlassenden Sondervorschriften geregelt, die auch den Sitz bestimmen.

9) Das G. sieht Ordnungsstrafen gegen Vorstandsmitglieder der Rkn. und der Bezkn. in den §§ 154, 174, Zwangsstrafen gegen Arbeitgeber und Versicherte im § 145 und gegen Vorstandsmitglieder der Rkn. im § 153 Abs. 2 vor. Darüber hinaus kann die Satzung über Ordnungsstrafen gegen Arbeitgeber wegen Nichterfüllung der ihnen obliegenden Verpflichtungen, z. B. wegen Verletzung der Meldepflicht nach § 15 Abs. 3 bestimmen. Hinsichtlich der Höhe der Ordnungs- und Zwangsstrafen ist die Verordnung über Vermögensstrafen und Bußen vom 6. 2. 24 i. d. F. der V. vom 12. 12. 24 (RGBl. I S. 779) für entsprechend anwendbar zu erachten; danach sind Strafen von 1 Reichsmark bis 1000 Reichsmark zulässig. Gegen Versicherte können Ordnungsstrafen durch die Satzung bestimmt werden wegen Zuwiderhandlungen gegen Satzung, Sondervorschriften, Vorstandsanordnungen, Krankenordnung usw. (vgl. § 40 der bisherigen Satzung). Durch Beschluß des vorl. Vorstandes des RKV. ist der Höchstbetrag der Ordnungsstrafe gegen Versicherte auf den 3fachen Betrag des täglichen Krankengeldes festgesetzt (Kompaß 1924 S. 28). Wegen Beitreibung der Geldstrafen vgl. § 143.

10) Vergl. hierzu §§ 158 Abs. 2, 182 Abs. 3.

11) Ueber Aenderungen der Satzung beschließen die Hauptversammlungen der Rkn. nach den Vorschriften des § 161.

§ 12 (8) [1]

Der Reichsarbeitsminister bestätigt [2] die Satzung und deren Aenderungen [3]. Die Bestätigung darf nur versagt werden, wenn die Satzung den gesetzlichen Vorschriften zuwiderläuft oder Bestimmungen enthält, welche mit den gesetzlichen Versicherungszwecken nicht im Zusammenhange stehen [4]/[5]).

§ 8 Entw.

1) Der frühere Abs. 1 des § 8 RKG. a. F. bestimmte, daß der RAM. die Aufsicht über den RKV. führte. Durch die Nov. ist der Abs. gestrichen, weil die Aufsicht zusammenhängend in den §§ 189, 190 geregelt ist. Aufsichtsbehörde ist weiterhin der RAM. Ihm obliegt demgemäß auch die Bestätigung der Satzung.

2) Erst mit der Bestätigung erlangen die Satzung und Satzungsänderungen Rechtsgültigkeit.

3) Für Satzungsänderungen gelten die gleichen Vorschriften wie für die Satzung selbst. Sie sind von den Hauptversammlungen der Rkn. nach den Vorschriften des § 161 zu beschließen. Rückwirkende Kraft kommt ihnen nicht zu, wofern sie sich nicht ausdrücklich rückwirkende Kraft beilegen.

4) Abweichend von § 1339 RVO., betr. Genehmigung der Satzungen der Landesversicherungsanstalten durch das RVA., erstreckt sich die Prüfung des RAM. nicht auf die Zweckmäßigkeit, sondern nur auf die Gesetzlichkeit der Satzungsbestimmungen. Zu den gesetzlichen Vorschriften, denen die Satzung nicht zuwiderlaufen darf, gehören außer denen des RKG. auch die sonstigen maßgebenden Gesetze, namentlich die Vorschriften des bürgerlichen Rechts und des öffentlichen Rechts (vgl. OSchG. i. K. vom 16. Mai 1916 — Z. f. B. Bd. 57 S. 490 —).

5) Durch die Bestätigung der Satzung werden in ihr etwa enthaltene gesetzwidrige Bestimmungen nicht rechtsverbindlich. Die Ungültigkeit kann sowohl von der Aufsichtsbehörde wie im Rechtswege geltend gemacht werden (vgl. für das frühere Recht RekBesch. vom 21. Januar 1894 — Z. f. B. Bd. 36 S. 404 —).

§ 13 (9) [1]).

(Abs. 1.) Die Bezirksknappschaften [2]) und die besonderen Krankenkassen [3]) erlassen über die ihnen übertragenen Aufgaben [4]) und über ihre Verwaltung [5])

Sondervorschriften[2]). Diese unterliegen der Genehmigung[3]) der Reichsknappschaft.

(Abs. 2.) Die Satzung bestimmt Näheres.

§ 9 Entw.

1) Der frühere Abs. 1 des § 9 RKG. a. F. ist mit Rücksicht auf die veränderte Fassung des § 9 n. F. gestrichen. Vgl. Anm. 7 zu § 9.

2) Wegen der Bedeutung und Aufgaben der Bezkn. im allgemeinen vgl. Anm. 3 zu § 9.

3) Die bes. KrK. erlassen Sondervorschriften, die sich natürlich nur auf die KrV. beziehen können, durch ihre Hauptversammlung (vgl. § 165 Abs. 2, § 183). Die Aufsichtsbefugnisse der Bezkn. gegenüber den bes. KrK. werden durch die Sondervorschriften der Bezkn. geregelt. (Begr. zum RKG. S. 41.) Beschwerden über die Geschäftsführung bes. KrK. gehen an die Bezkn. (§ 190 Abs. 2).

4) Die Aufgaben der Bezkn. auf den verschiedenen Versicherungsgebieten sind nachstehend zusammengestellt:

a) Krankenversicherung.

Bei Durchführung dieses Versicherungszweiges sind die Bezkn. und bes. KrK. im wesentlichen selbständig (vgl. § 17 und Anm. 1 dazu). Als Einzelaufgaben sind im G. erwähnt: Entscheidung über Befreiung von der Krankenversicherungspflicht (§ 15 Abs. 2), Regelung der An- und Abmeldung der Versicherten (§ 15 Abs. 3), Erhöhung der Grenze für Erstattung der Arzneikosten bei der Familienhilfe (§ 23 Abs. 1), Bestimmung von Mehrleistungen (§ 24), Festsetzung und Erhebung der Beiträge (§§ 120, 113), Verwaltung des Vermögens der KrK. (§ 142 Abs. 2), Feststellung und Auszahlung der Leistungen (§§ 191, 219), Entscheidung von Streit über Leistungen sowie über das Versicherungsverhältnis oder die Beiträge zur KrK. (§§ 192, 194).

b) Pensionsversicherung.

Die Bezkn. sind selbständig in der Gewährung freiwilliger Leistungen (§§ 45, 65) sowie in der Einführung der Alterspension für Tagesarbeiter in Betrieben des Steinkohlenbergbaues und für technische Angestellte (§§ 37, 59). Näheres darüber bestimmen die Sondervorschriften, die außerdem die Satzung hinsichtlich der Pflichtleistungen in einigen Punkten zu ergänzen haben. Von den sonstigen im G. bezeichneten Aufgaben sind die wichtigsten: Gewährung von Heilverfahren (§ 47), Berechnung und Festsetzung der Zuschläge für die Sonderlast (§ 128), Verwaltung des aus Zuschlägen für die Sonderlast angesammelten Vermögensteils (§ 142), Feststellung der Leistungen (§ 191) und Anweisung zur Auszahlung durch die Post, falls nicht die Bezkn. selbst zahlt (§§ 212, 219), Entscheidung von Streit über das Versicherungsverhältnis oder die Beiträge zur PK. (§ 194).

c) Invalidenversicherung.

Den Bezkn. obliegt die Entscheidung über Befreiung von der JVPflicht (vgl. Anm. 3 zu § 101), die Einziehung der Beiträge in der sich aus der RVO. ergebenden Höhe (§§ 113, 140), Feststellung der Leistungen (§§ 191, 197) und Auszahlung, gegebenenfalls Anweisung an die Post (§§ 212, 219), Entscheidung von Streit (§ 197).

5) Sondervorschriften über die Verwaltung sind nur zu erlassen, soweit diese nicht bereits durch das G. (§ 165) und durch die Satzung (vgl. § 11 Nr. 5) geregelt ist. Gegenstand der Sondervorschriften sind nach dem G. u. a.: Bestimmungen über den Zusammenschluß mit andern Bezkn. oder mit bes. KrK. (§ 14), Ordnung der Dienstobliegenheiten der Knappschaftsältesten und Angestelltenältesten (§ 167 Abs. 4, 168), nähere Bestimmungen über die Organe (Bezirksversammlungen, Abteilungsvorstände, Vorstand der Bezkn. (§§ 169, 172, 173, 182), Bestimmungen über Zusammensetzung und Tätigkeit der Ausschüsse (§ 180), über Form der Anordnungen des Bezirksvorstandes und der Bezirksverwaltung (§ 182 Abs. 3).

Weiterhin sind den Organen der Bezkn. allgemeine Verwaltungsaufgaben übertragen, und zwar

a) den Bezirksversammlungen: Wahl der Vertreter zu den Hauptversammlungen der Rkn., Erlaß und Aenderung der

Sondervorschriften, Wahl eines Ausschusses zur Prüfung und Abnahme der Krankenkassenjahresrechnung (§ 178);

b) den Abteilungsvorständen: Führung der Geschäfte in Arbeiter- bezw. Angestelltenangelegenheiten (§ 173), Anstellung leitender Angestellter (§ 175, Abs. 2 Nr. 3),

c) dem aus den Mitgliedern der Abteilungsvorstände gebildeten Vorstand: Besorgung der Geschäfte, die nicht durch Gesetz, Satzung oder Sondervorschriften den Abteilungsvorständen oder Bezirksversammlungen vorbehalten sind, wie Vorbereitung der Beschlußfassung über die Sondervorschriften, Ueberwachung der gesamten Geschäftsführung (§ 172), Verwaltung gemeinsamen Vermögens, Anstellung von Aerzten. Die Bezirksverwaltung ist nicht Organ der Bezkn.; sie hat die laufenden Geschäfte nach Gesetz Satzung und Sondervorschriften und etwaigen besonderen Anweisungen des Vorstandes (der Abteilungsvorstände) zu führen.

6) Das G. unterscheidet scharf zwischen „Satzung" und „Sondervorschriften". Die erste Bezeichnung gilt nur für die nach § 11, erstmalig nach Art. 5, 6 EG. zum RKG. vom 23. 6. 1923 bezw. § 253 Abs. 2 der Nov. erlassene Satzung der Rkn. Die „Satzung" in diesem Sinne enthält außer den Vorschriften über die Rkn. auch solche über die Bezkn. und bes. KrK., die allgemeine Gültigkeit haben, sie ist also insoweit für alle Bezkn. und bes. KrK. einheitlich. Sie bedarf aber der Ergänzung namentlich hinsichtlich der Verwaltung der Bezkn. und der ihnen zur selbständigen Erledigung übertragenen Aufgaben. Diese Ergänzung bilden die „Sondervorschriften". Jede Bezkn. bezw. jede bes. KrK. regelt innerhalb der durch das Ges. umschriebenen Zuständigkeit ihre Aufgaben und ihre Verwaltung selbständig. Die wichtigsten Gegenstände, die der Ordnung durch die Sondervorschriften bedürfen, ergeben sich aus der Zusammenstellung unter Nr. 4. Da sich die Sondervorschriften rechtlich wenn auch nicht als Bestandteil, so doch als notwendige Ergänzung der Satzung darstellen, sind die für letztere geltenden allge-

meinen Vorschriften auch auf sie anzuwenden; sie dürfen namentlich nicht den Gesetzen zuwiderlaufen oder Bestimmungen enthalten, die mit den gesetzlichen Zwecken der Vers. nicht in Zusammenhang stehen (§ 12). Hinsichtlich Verwendung der Krankenkassenmittel ist § 121 zu beachten.

7) Die Prüfung der Rkn. kann sich auch auf die Zweckmäßigkeit der Bestimmungen, namentlich unter dem Gesichtspunkt der Wahrung einer gewissen Einheitlichkeit in den freiwilligen Leistungen der Bezkn., erstrecken. Eine Bestätigung der Sondervorschriften durch den RAM. oder durch die im § 189 bezeichnete Landesbehörde ist nicht vorgesehen. Die Befugnis der Aufsichtsbehörde, eine Bezkn. zur Aenderung gesetzwidriger Bestimmungen anzuhalten, auch wenn sie von der Rkn. genehmigt sein sollten, folgt aber unbedenklich aus dem allgemeinen Aufsichtsrecht.

§ 14 (10) [1].

(Abs. 1.) Bezirksknappschaften oder besondere Krankenkassen können sich mit anderen Bezirksknappschaften oder besonderen Krankenkassen oder mit anderen gesetzlichen Krankenkassen (§ 225 Abs. 1 der Reichsversicherungsordnung) für bestimmte Zwecke der Krankenversicherung oder für sonstige Aufgaben der gesetzlichen Versicherung zusammenschließen [2].

(Abs. 2.) Näheres bestimmen die Satzung und die Sondervorschriften.

§ 10 Entw.

1) Ueber den Zweck der Vorschrift bemerkt die Begr. zum RKG. (S. 38):

„Nach dem Vorbilde der §§ 406 ff. der RVO. ist hier der Zusammenschluß mehrerer BezKV. oder bes. KrK. untereinander oder mit anderen gesetzlichen Krankenkassen zu gemeinsamer Durchführung ihrer Aufgaben vorgesehen. In erster Linie ist hierbei an die Aufgaben der KrV. gedacht. So kommt der gemeinsame Betrieb von Heilanstalten und Genesungsheimen, die Ueberwachung von Kranken nach einheitlichen Grundsätzen und dergl. mehr in Frage. Der Zusammenschluß kann aber auch der Erfüllung sonstiger Zwecke der gesetzlichen Vers. dienen, die über den Aufgabenkreis der KrV. hinausgehen (Wohlfahrtspflege, Regelung des Heilverfahrens und Krankheitsverhütung)".

2) Das Ges. denkt weniger an die Schaffung von Verbänden mit besonderer Organisation und eigener Vertretung als an lose Vereinigungen, ähnlich den Arbeitsgemeinschaften, wie sie in neuerer Zeit vielfach unter den sozialen Versicherungsträgern gebildet worden sind; die Regelung der gemeinsamen Aufgaben und der Beziehungen der beteiligten Kassen untereinander bleibt der freien Vereinbarung überlassen. Das Ges. sieht deshalb auch keine besondere Aufsicht vor. Die Rkn. und die Bezkn. können sich natürlich auch den provinziellen oder Landesarbeitsgemeinschaften der Berufsgenossenschaften, Landesversicherungsanstalten, Reichsversicherungsanstalt usw. anschließen, die sich auf freiwilliger Grundlage zur Bekämpfung der Volksseuchen und Erfüllung ähnlicher Aufgaben gebildet haben. Vgl. auch § 100 und Abschnitt C „Gesundheitsfürsorge in der Reichsversicherung" im Ges. vom 28. 7. 25 RGBl. I S. 157.

Vierter Abschnitt.

Krankenversicherung.

Vorbemerkung.

Der vierte Abschnitt in früherer Fassung enthielt keine ins einzelne gehende Regelung der KrV., sondern bestand überwiegend aus Verweisungen auf die RVO., deren Vorschriften über VPflicht und VBerechtigung sowie über Leistungen auch für die Durchführung der KrV. durch den RKV. bezw. BezKV. und bes. KrK. ohne weiteres anwendbar waren. Die Nov. hat in die kn. KrV. Pflichtleistungen eingeführt, die über die Regelleistungen nach der RVO. hinausgehen, und zwar Berücksichtigung des wirklichen Arbeitsentgelts für den Grundlohn (§ 21), Zuschläge zu dem Krankengeld bei Ehefrauen und Kindern (§ 22) und Familienhilfe (§ 23). Außerdem sind dem RKG.

eigentümlich die Vorschriften über die Errichtung bes. KrK. (§ 18) und eine von der RVO. abweichende Regelung der Arztfrage. Die gegenüber dem RKG. a. F. stark erweiterten Vorschriften über das Verhältnis zu Aerzten, Zahnärzten usw. sind jetzt in einen besonderen, den zwölften Abschnitt verwiesen. Auch die Vorschriften über Beiträge, Verfassung und Festsetzung der Leistungen der KrV., die gleichfalls zum Teil von der RVO. abweichen, sind in anderen Abschnitten enthalten.

Bezüglich der Leistungen stellt § 20 den Grundsatz auf, daß die Bezkn. oder die bes. KrK. die KrV. nach den Vorschriften der RVO. und des RKG. durchführen. Aus der Bezugnahme auf die RVO. ist zu folgern, daß für die Rkn. als Träger der KrV. die Vorschriften in Geltung bleiben, die in dem bisherigen, nach Art. 51 Nr. 19 EG. weggefallenen neunten Abschnitt des II. Buches der RVO. als auf kn. KrK. anwendbar ausdrücklich bezeichnet waren. Neben den in den §§ 25, 26 angezogenen §§ 219, 220, 222, 313 a RVO. und den auf die Genehmigung oder Zustimmung des OVA. (vgl. § 27) bezüglichen Vorschriften der RVO. bleiben daher weiterhin anwendbar insbesondere die §§ 206, 383 sowie die §§ 195 a, 197, 205 a, 205 c, 205 d, 211 bis 214, 221, 224, 313, 314 RVO. Aus dem Abschnitt über das Verhältnis zu Aerzten usw. gelten nach der Nov. (vgl. § 204) die §§ 370, 370 a, 372 u. 373, 375, 376 RVO. entsprechend. Die sonstigen Vorschriften des früheren neunten Abschnitts im II. Buch der RVO. sind teils in das RKG. übernommen, teils als entbehrlich fortgefallen.

§ 15 (11).

(Abs. 1.) Nach der Reichsversicherungsordnung richtet sich [1]), ob und für welche Arbeitnehmer [2/3]) die Beschäftigung in einem knappschaftlich versicherten Betriebe die Versicherungspflicht oder die Versicherungsberechtigung bei der Reichsknappschaft begründet. Unständige Arbeitnehmer (§ 441 der Reichsversicherungsordnung) werden nicht versichert [4])

(Abs. 2.) Die Befreiung von der Krankenversicherungspflicht[5]) regelt sich nach der Reichsversicherungsordnung; doch entscheidet im Falle des § 173 der Reichsversicherungsordnung an Stelle des Versicherungsamts (Beschlußausschuß) die Bezirksknappschaft oder die besondere Krankenkasse[6]).

(Abs. 3.)[7]) Die Arbeitgeber[8]) haben jeden von ihnen beschäftigten Arbeitnehmer, der gegen Krankheit versichert ist[9]), nach näherer Bestimmung der Satzung und der Sondervorschriften[10]) anzumelden und nach Beendigung der Beschäftigung wieder abzumelden.

[11]) (Abs. 4.) Die Versicherung bei einer Ersatzkasse (§§ 503 ff. der Reichsversicherungsordnung) gilt der Versicherung bei der Reichsknappschaft gleich[12]). Die Vorschriften der §§ 503 bis 525 der Reichsversicherungsordnung[13]) gelten mit der Maßgabe, daß die Ersatzkasse für die von der Mitgliedschaft bei der Reichsknappschaft Befreiten Anspruch auf den knappschaftlichen Beitragsanteil des Arbeitgebers hat, jedoch nicht über vier vom Hundert des Grundlohns hinaus.

§ 11 Entw.

1) Infolge der allgemeinen Bezugnahme auf die RVO. sind deren Vorschriften über Versicherungspflicht, Versicherungsfreiheit und Versicherungsberechtigung schlechthin anwendbar. Für Arbeitnehmer in kn. Betrieben, die nach §§ 165 ff. RVO. der KrV. unterliegen oder nach § 176 RVO. der Vers. freiwillig beitreten können, tritt ohne weiteres die Rkn. als Trägerin der KrV. ein. Vers. bei anderen gesetzlichen KrK. ist unzulässig; § 225 Abs. 2 RVO. in der durch Art. 51 Nr. 17 des EG. z. RKG. vom 23. 6. 1923 abgeänderten Fassung bestimmt, daß den KrK. im Sinne des § 225 Abs. 1 die Mitglieder des RKV. nicht angehören können. In dem RKG. a. F. war auch die Vers. bei Ersatzkassen als dem Grundgedanken der Zusammen-

fassung aller Versicherungszweige bei einem Versicherungsträger zuwiderlaufend ausgeschlossen. Vergl. hierzu erste Aufl. S. 58. Die Nov. hat jetzt jedoch die Vers. in Ersatzkassen allgemein zugelassen. (Vgl. Anm. 11.)

2) Die Versicherung der Betriebsbeamten, Werkmeister und anderer Angestellten in ähnlich gehobener Stellung richtet sich grundsätzlich nach den Vorschriften der §§ 165 bis 165 b RVO. Danach sind sie im allgemeinen versichert, wenn ihr regelmäßiger Jahresarbeitsverdienst an Entgelt nicht den vom RAM. nach § 165 a RVO. festgesetzten Betrag (zur Zeit 2700 RM. jährlich) übersteigt. Wer die maßgebende Verdienstgrenze überschreitet, scheidet erst mit dem ersten Tage des vierten Monats nach Ueberschreiten der Verdienstgrenze aus der Versicherungspflicht aus (§ 165 b RVO.). Ueber die Vorschriften der RVO. hinauszugehen und alle Angestellten kn. Betriebe ohne Rücksicht auf die Höhe des Jahresarbeitsverdienstes in die Pflichtversicherung gegen Krankheit einzubeziehen, hatte der Entw. des RKG. hauptsächlich deshalb abgelehnt, weil eine derartige Erweiterung der Zwangsversicherung auf den schärfsten Widerstand der Aerzte stoßen und ähnliche Wünsche auch in anderen Berufskreisen hervorrufen würde. (Begr. S. 39.) Bei Beratung der Nov. ist von vielen Seiten die Ausdehnung der KrV. auf alle Angestellten, die die Verdienstgrenze der AV. nicht überschreiten, gewünscht worden. Diesen Wünschen ist die Nov. mit der Vorschrift des jetzigen § 16 entgegengekommen. Näheres s. dort.

3) Lehrlinge (in Zechenwerkstätten, auf Büros und dergl.) sind schlechthin krankenversicherungspflichtig, auch wenn sie nicht gegen Entgelt beschäftigt sind (vgl. § 165 Abs. 2 RVO.), und ohne Rücksicht darauf, ob sie für den Beruf als Arbeiter oder als Angestellte ausgebildet werden. Insoweit Lehrlinge in kaufmännischen Zechenbüros als Handlungslehrlinge im Sinne des § 165 Abs. 1 Nr. 3 der RVO. anzusprechen sein sollten, sind sie nur dann versicherungspflichtig, wenn ihr regelmäßiger Jahresarbeitsverdienst nicht den nach § 165 a RVO. festgesetzten Betrag übersteigt. Die Vorschrift des § 174 Nr. 1 RVO.,

wonach Lehrlinge aller Art, solange sie im Betriebe ihrer Eltern beschäftigt sind, auf Antrag des Arbeitgebers von der Versicherungspflicht befreit werden, hat für kn. Betriebe keine Bedeutung.

4) Unständig Beschäftigte werden nicht bei der Rkn. versichert; für ihre V. gelten vielmehr, auch wenn sie in kn. Betrieben arbeiten, die §§ 441 ff. RVO. (Vgl. Begr. RKG. S. 39.)

5) Von den Vorschriften über Befreiung von der Krankenversicherungspflicht sind die §§ 174 und 175 für die RKn. ohne Bedeutung. Wichtig ist dagegen § 173 RVO., der die Befreiung der Invaliden und ausgesteuerten KrKMitglieder regelt. Er lautet im Abs. 1 und 2:

„Auf seinen Antrag wird von der Versicherungspflicht befreit, wer eine Invalidenrente bezieht oder dauernd invalide im Sinne des § 1255 Abs. 2 ist, solange der vorläufig unterstützungspflichtige Träger der Armenfürsorge einverstanden ist.

Auf seinen Antrag wird ferner befreit, wer die Leistungen seiner Kasse für die zulässige Höchstdauer bezogen hat und deshalb keinen Anspruch mehr auf die Leistungen der Krankenhilfe seitens dieser Krankenkasse hat, solange die Arbeitsunfähigkeit oder die Notwendigkeit der Heilbehandlung während der Fortdauer derselben Krankheit besteht."

Abs. 2 soll verhüten, daß noch arbeitsunfähig Ausgesteuerte nutzlos Krankenkassenbeiträge zahlen. Wer die Krankenhilfe für die gesetzliche Höchstdauer von 26 Wochen bezogen hat, kann nach § 183 RVO. bei fortdauernder Arbeitsunfähigkeit oder Heilbehandlungsbedürftigkeit keine neuen Ansprüche erwerben. Das gilt auch dann, wenn der noch arbeitsunfähig oder heilbehandlungsbedürftig Ausgesteuerte wegen eines anderen Leidens die Krankenhilfe begehren sollte. (Vgl. Entscheidung des RVA., Großer Senat, vom 18. 3. 20, AN. S. 319.)

Ueber Ersatzkassenmitglieder vgl. Anm. 11.

6) Abweichend von § 173 Abs. 3 RVO. ist hier bestimmt, daß nicht das Versicherungsamt — das in Angelegenheiten der

KrV. im allgemeinen keine Zuständigkeit hat und daher zweckmäßig auch nicht mit Befreiungsanträgen befaßt wird — entscheidet, sondern der Vorstand der Bezkn. oder der bes. KrK. In Uebereinstimmung mit dem früheren, nach Art. 51 Nr. 19 EG. fortgefallenen § 497 RVO. schrieb § 138 RKG. a. F. in Abs. 3 Nr. 1 für die Entscheidung über Befreiung von der Krankenversicherungspflicht getrennte Abstimmung in den Gruppen der Arbeitgeber und Versicherten und eine Mehrheit in beiden Gruppen vor. Durch die Nov. ist die getrennte Abstimmung beseitigt. Der Vorstand der Bezkn. bezw. der bes. KrK. beschließt jetzt mit einfacher Stimmenmehrheit nach § 175 Abs. 1 in Verbindung mit § 155 Abs. 1. Wird ein Befreiungsantrag abgelehnt, so sind in diesem Sonderfalle nicht §§ 175, 155 Abs. 3 RKG. a. F. anwendbar, vielmehr entscheidet, wie aus § 173 Abs. 3 RVO. in Verbindung mit § 200 RKG. gefolgert werden muß, das KOVA. endgültig.

7) Abs. 3 ist dem § 317 RVO. nachgebildet. Ueber die Meldepflicht vgl. ferner § 28 Satz 2, § 49 Satz 2, § 101 Abs. 3.

Die An- und Abmeldung hat auf das Versicherungsverhältnis bei der Rkn. und auf die Verpflichtung zur Gewährung der Krankenhilfeleistungen keinen maßgebenden Einfluß. Nach § 206 RVO. entsteht der Anspruch auf die Regelleistungen für die Versicherungspflichtigen mit dem Beginne der Mitgliedschaft; die Rechte der Versicherten einerseits und die Verpflichtung der Rkn. andererseits werden also lediglich durch die Tatsache der versicherungspflichtigen Beschäftigung begründet. Die Vorschriften über die An- und Abmeldung sind danach in der Hauptsache Ordnungsvorschriften, die das Einziehen der Beiträge für jedes versicherungspflichtige Beschäftigungsverhältnis ermöglichen sollen. Unterbleibt die Anmeldung, so kann von der Vorschrift des § 115 Gebrauch gemacht werden. Die Unterlassung der Anmeldung ist durch § 233 in Verbindung mit § 530 RVO. unter Strafe gestellt.

8) Der hier erstmalig erscheinende Ausdruck „Arbeitgeber" ist an Stelle der in den Landesgesetzen üblichen Bezeichnungen

Bergwerksbesitzer, Werksbesitzer, Bergwerksunternehmer und dergl. getreten. Arbeitgeber im Sinne der Sozialversicherung ist allgemein derjenige, dem der wirtschaftliche Ertrag der Arbeit zugute kommt und der die Aufwendungen für sie trägt; die rein juristische Begriffsbestimmung des Arbeitgebers als desjenigen, dem die Verfügungsmacht über die Arbeitskraft des Beschäftigten rechtlich zusteht, reicht für die Sozialversicherung nicht aus (vgl. Grundzüge der deutschen Sozialversicherung S. 27). Der Begriff Arbeitgeber im Sinne des RKG. setzt ferner die Beschäftigung von Arbeitnehmern in einem kn. versicherten Betriebe voraus (vgl. § 1). Arbeitgeber können entweder natürliche oder juristische Personen oder Gesellschaften sein, die kn. Anlagen betreiben. Die Vertretung der Gesellschaften richtet sich nach den hierfür maßgebenden allgemeinen gesetzlichen Vorschriften (Handelsgesetzbuch, Landesberggesetze) oder nach einschlägigen Sondervorschriften der Versicherungsgesetze. Vgl. z. B. §§ 536, 1493 RVO. Die Meldepflicht nach Abs. 3 kann auf Betriebsleiter oder andere Personen übertragen werden. (Vgl. § 534 Abs. 1 RVO., § 233 RKG.) Die Vertretung der Arbeitgeber in den kn. Organen ist im § 166 Abs. 3 geregelt.

9) Versicherungsberechtigte treten dadurch in die V. ein, daß sie ihren Beitritt bei der in der Satzung oder in den Sondervorschriften bezeichneten Stelle erklären. Das Recht des Beitritts kann von einer bestimmten Altersgrenze und von der Vorlegung eines ärztlichen Gesundheitszeugnisses abhängig gemacht werden (§ 176 Abs. 3 RVO.); auch ist es zulässig, für den Anspruch auf die Leistungen eine Wartezeit bis zu sechs Wochen vorzusehen (§ 207 RVO.).

10) In der Satzung oder den Sondervorschriften ist auch darüber Bestimmung zu treffen, ob bei kürzeren Arbeitsunterbrechungen die Meldung unterbleiben kann.

11) Die Frage der Zulassung von Ersatzkassen in der kn. V. ist stark umstritten gewesen. Bei Beratung des RKG. a. F. ist entsprechend der Auffassung des Entw. die Zulassung abgelehnt worden. (Näheres s. 1. Aufl. S. 58.) Nur für die

Uebergangszeit war im Art. 25 EG. nachgelassen, daß Angestellte, die am 1. 1. 1924 einer Ersatzkasse angehörten, auf Antrag von der Krankenversicherungspflicht beim RKV. befreit werden konnten, wenn der Antrag bis zum 30. Juni 1924 gestellt worden war. Der Entw. der Nov. sah die Zulassung von Ersatzkassen ohne Unterschied für Arbeiter und Angestellte vor, begründete sie aber ausschließlich mit Wünschen der Angestellten. (Begr. S. 17.) Eine Erschwerung der Zulassung bedeutete der Vorschlag des Entw. — der wohl durch Rücksichten auf die Verteilung der Beiträge bei den allgemeinen Krankenkassen beeinflußt war —, daß die Ersatzkasse für die von der Mitgliedschaft beim RKV. Befreiten nur Anspruch auf $^2/_3$ des Beitrags haben sollte, den der Arbeitgeber an den RKV. abzuführen hätte; es wären also nur $^2/_3$ von ½ des Gesamtbeitrags, z. B. bei 6% Beitrag $^2/_3$ von 3% = 2% abzuführen gewesen, der Arbeitgeber hätte also 1% oder $^1/_6$ des Gesamtbeitrags erspart. Trotz starken Widerstandes großer Parteien, die namentlich auf die Notwendigkeit der Zentralisation in der kn. KrV. hingewiesen haben, hat der RT.Ausschuß grundsätzlich die Ersatzkassen zugelassen. (Ber. S. 8/9, 104/105, 154). Im Plenum ist aber mit Rücksicht auf die anderweitige Verteilung der Beiträge die Vorschrift über den vom Arbeitgeber zu tragenden Beitragsteil in der G. gewordenen Form geändert worden. (Sten. Ber. S. 7394 und 7507.) Da nach § 117 vom Arbeitgeber $^2/_5$, vom Arbeitnehmer $^3/_5$ des KrK.-Beitrags zu tragen sind, würde die Abführung von 4% des Grundlohns den Arbeitgeber über Gebühr belasten, wenn der Gesamtbeitrag zur KrK. hinter 10% des Grundlohns zurückbleibt; gegebenenfalls wird also ein geringerer Hundertsatz des Grundlohns den kn. Beitragsanteil des Arbeitgebers bilden. — Einer Abwanderung günstiger Risiken (unter den Angestellten) in die Ersatzkassen wird es entgegenwirken, wenn auf Grund des § 16 die KrV. auf Angestellte mit einem Einkommen bis zu 6000 RM. ausgedehnt werden sollte.

12) Die Vorschrift gilt sowohl für Arbeiter wie für Ange-

stellte, die der KrV.-Pflicht unterliegen. Als Ersatzkassen kommen nach § 503 RVO. nur frühere Versicherungsvereine auf Gegenseitigkeit in Betracht, denen als eingeschriebenen Hilfskassen vor dem 1. April 1909 eine Bescheinigung nach § 75 a des Krankenversicherungsgesetzes erteilt worden ist, und die den sonstigen Voraussetzungen des § 503 RVO. genügen. Zur Zeit (nach dem Stande vom 1. Januar 1925) sind 64 vom RVA. auf Grund des § 514 Abs. 1 RVO. zugelassene Ersatzkassen vorhanden (vergl. das Verzeichnis im Handbuch der Reichsversicherung 1925/26). Für die Angestellten dürften hauptsächlich die Ersatzkassen der Angestellten-Gewerkschaften in Frage kommen. Als Arbeiterkassen sind von Bedeutung die Ziegler-Ersatzkassen für Ziegler aus Lippe, die im Sommer auf Zechen-Ziegeleien beschäftigt werden und im Winter in die Heimat zurückkehren. Neue Ersatzkassen können nicht gebildet werden. Die zugelassenen Ersatzkassen können auch nicht mit Wirkung für die Reichsversicherung ihren Wirkungskreis erweitern; bei Beschränkung auf einen bestimmten Beruf dürfen sie über diesen Beruf nicht hinausgehen (vergl. Erklärungen des Regierungsvertreters im RT.Ausschuß Ber. S. 105). Bei dieser Sachlage ist nicht anzunehmen, daß sich Arbeiter, abgesehen von den Zieglern, in größerem Umfange bei Ersatzkassen versichern werden.

13) Wichtig sind namentlich die §§ 517 ff. RVO., wonach versicherungspflichtige Mitglieder einer Ersatzkasse, die von dem Recht der Befreiung bei der gesetzlichen KrK. (Bezkn. oder bes. KrK.) Gebrauch machen wollen, dem Arbeitgeber eine von der Ersatzkasse ausgestellte Bescheinigung über die Zugehörigkeit zur Ersatzkasse vorzulegen haben. Nach § 519 RVO. hat der Arbeitgeber Beschäftigte, die ihm die Bescheinigung innerhalb der Meldefrist vorlegen, der KrK. (Bezkn. oder bes. KrK.) nicht zu melden. Die Vorschrift des § 520 RVO., wonach an sich die Ersatzkasse Anspruch auf den vollen Beitragsanteil des Arbeitgebers hat, ist in der schon erwähnten Weise geändert worden. Der Arbeitgeber des kn. versicherten Betriebes hat seinen Bei-

tragsanteil und zwar höchstens 4 % des Grundlohns unmittelbar an den Versicherten bei der Lohn- oder Gehaltszahlung abzuführen.

§ 16 (Neu).[1])

Die Satzung[2]) kann die Versicherungspflicht[3]) auf Angestellte erstrecken, deren Jahresarbeitsverdienst den nach § 165a der Reichsversicherungsordnung festgesetzten Betrag übersteigt und die der Angestelltenpensionskasse als versicherungspflichtige Mitglieder angehören. Gegenstand der Versicherung[4]) ist Krankenpflege, Krankenhauspflege, Wochenhilfe, Sterbegeld und Familienhilfe; die Beiträge[5]) sind entsprechend zu ermäßigen.

2) § 16 ist bei der zweiten Lesung im Plenum des RT. eingefügt worden. (Sten. Ber. zu § 11a S. 7394.) Schon in den Ausschußberatungen lag ein Antrag vor, für die Angestellten die Jahresarbeitsverdienstgrenze der KrV. (§ 165a RVO.) derjenigen in der PV. für Angestellte (vergl. § 1 Abs. 3, § 3 AVG.) gleichzustellen. Zur Begründung dieses Antrags ist u. a. auf einen entsprechenden Vorschlag des Vorl. RWR. (RT.Drucksache Nr. 1777 S. 4, 10) Bezug genommen. Gegen den Antrag, dessen Annahme im Ergebnis die Heraufsetzung der Verdienstgrenze der KrV. für kn. beschäftigte Angestellte von 2700 bis 6000 RM. bedeutet hätte, hat die Regierung vor allem eingewendet, daß Beiträge und Leistungen zu hoch würden, wenn man entsprechend den Aussch.-Beschl. für den Grundlohn zur Berechnung des Krankengeldes auch bei Angestellten den wirklichen Arbeitsverdienst bis zu 500 RM. monatlich zugrunde lege (Ber. S. 104/105). Dieses Bedenken ist durch die jetzige Fassung, die die Gewährung von Krankengeld ausschließt, beseitigt.

Die Möglichkeit der Ausdehnung der KrV. auf Angestellte, welche die Verdienstgrenze der AV. nicht überschreiten, dürfte sehr begrüßt werden, da die Angestellten nach früheren Satzungen durchweg Anspruch auf freie Kur und Arznei (aus der PK.)

hatten. Die Einbeziehung der Angestellten mit einem Einkommen bis zu 6000 RM. bedeutet auch eine Stärkung der für Angestellte nach § 17 Abs. 2 regelmäßig zu bildenden besonderen KrK.-Abteilung; eine nur aus krv.pflichtigen Angestellten gebildete KrK.-Abteilung einer Bezkn. würde in Anbetracht der in einem gewissen Umfange zu erwartenden Abwanderung günstiger Risiken in die Ersatzkassen kaum lebensfähig sein.

2) d. i. die von den Hauptversammlungen der Rkn. zu beschließende Satzung. Nach Erklärung des RAM. in der Plenarsitzung am 9. 6. 26 kann jedoch die Rkn., die die Satzung zu erlassen hat, ihre Vollmacht auch delegieren, etwa dadurch, daß sie Richtlinien erläßt, wonach auch die Sondervorschriften der Bezkn. derartige Bestimmungen treffen können. (Sten. Ber. S. 7394.)

3) Darunter wird die durch Zulassung von Ersatzkassen (§ 15 Abs. 4) eingeschränkte Vers.Pflicht zu verstehen sein.

4) Die Bestimmung des Umfanges der den nichtvers.-pflichtigen Angestellten zu gewährenden Leistungen bleibt der Satzung (den Sondervorschriften) überlassen. Die Gewährung von Krankengeld ist grundsätzlich ausgeschlossen. Auch einzelne der im § 16 bezeichneten Leistungen können ausgenommen werden, z. B. die Gewährung von Sterbegeld als Barleistung; entscheidend ist der Wille der beschließenden Stelle.

5) Die Höhe der Beiträge ist nach dem Umfange der Leistungen zu bemessen. Da Krankengeld nicht gewährt wird, werden die Beiträge im Verhältnis zu dem Einkommen regelmäßig niedriger sein als die der vers.-pflichtigen Mitglieder der KrK.

§ 17 (12).[1])

(Abs. 1.) Die Krankenversicherung wird im Auftrag der Reichsknappschaft durch die Bezirksknappschaften[2/3]) gewährt.

[4]) (Abs. 2.) Für Arbeiter und Angestellte ist je eine Abteilung zu bilden[5]). Die Festsetzung, Buchung und

Verwaltung der Beiträge für die beiden Abteilungen hat getrennt zu erfolgen[6]).

(Abs. 3.) Die Sondervorschriften[7]) können mit Zustimmung der Mehrheit in beiden Abteilungen bestimmen, daß die Krankenversicherung der Arbeiter und Angestellten gemeinsam durchgeführt wird.

(Abs. 4.) Die Reichsknappschaft[7]) kann beschließen, daß die Krankenversicherung der Angestellten gemeinsam für mehrere oder alle Bezirksknappschaften durchgeführt wird.

§ 12 Entw.

1) Ueber die Durchführung der KrV. bemerkte die allgemeine Begr. zum RKG. (S. 32):

„Im Rahmen des RKV. sollen die BezKV. auf dem Gebiete der KrV. im wesentlichen selbständig bleiben, weil eine Vereinheitlichung der KrV. mit Rücksicht auf die Eigenart ihrer Aufgaben und die Verschiedenheit der örtlichen Verhältnisse nicht angebracht erscheint." Die bes. Begr. (S. 39) hebt hervor, daß die BezKV. „mit den Versicherten in unmittelbarer Fühlung stehen und dadurch besonders geeignet sind, die Leistungen, namentlich Mehrleistungen, unter Berücksichtigung der örtlichen Verhältnisse und der Bedürfnisse der Versicherten festzusetzen. Die Leistungen bleiben rechtlich aber solche des RKV., was der Entwurf dahin zum Ausdruck bringt, daß die KrV. im Auftrage des RKV. durch die BezKV. gewährt wird. Die näheren Bestimmungen über Art und Höhe der Leistungen, Aufbringung der Mittel usw. werden in den Sondervorschriften getroffen, bei deren Erlaß die BezKV. selbständig sind. Daß diese Selbständigkeit durch eine unsachgemäße Handhabung der Befugnis des RKV., die Sondervorschriften zu genehmigen (§ 9 Abs. 2, jetzt § 13 Abs. 1), beeinträchtigt oder gar aufgehoben werden könnte, ist nicht zu besorgen." Nachdem Zuschläge zum Krankengeld und die sog. Familienhilfe durch die Nov. als gesetzliche Pflichtleistungen (vgl. §§ 22, 23) eingeführt sind, bedürfen diese

Leistungen einer Regelung durch Sondervorschriften nicht mehr. Wegen der jetzt noch in Frage kommenden Mehrleistungen vgl. § 24 und Anm. 2, 3 daselbst.

2) Wie schon zu § 9 Anm. 5 bemerkt wurde, ist den Bezkn. für die Durchführung ihrer Aufgaben, namentlich auch der der KrV., selbständige Rechtspersönlichkeit entgegen mehrfach geäußerten Wünschen nicht beigelegt. Vergl. hierzu die in der ersten Aufl. S. 62—64 abgedruckten Stellen der Begr. zum RKG. und des Rundschr. Nr. 36 des RAM. vom 26. 6. 25 (Die Knappschaft, Bochum, S. 250).

3) Daß § 17 sich auch auf bes. KrK. bezieht, folgt notwendig aus dem inneren Zusammenhang der §§ 9 Abs. 2, 13, 17 und 18.

4) Die Abs. 2 bis 4 sind durch die Nov. eingefügt, und zwar waren sie vom RT.Ausschuß zu § 83 RKG. a. F. (jetzt § 112) beschlossen worden, der von der Aufbringung der Mittel handelt. Auf Grund der Ermächtigung aus Art. 20 der Nov., Umstellungen vorzunehmen, sind die Vorschriften jetzt gehörigen Orts im § 17 untergebracht.

5) Die Bildung getrennter Abteilungen für Arbeiter und für Angestellte ist nach dem Vorgange bei den PK. als „praktisch" beschlossen worden trotz schärfsten Widerstandes großer Parteien. Die Gegner der Trennung haben insbesondere geltend gemacht, daß eine besondere Ang.-KrK. nicht lebensfähig sei, zumal nach Zulassung von Ersatzkassen, wohin die besten Risiken abwandern würden, und daß unter Umständen die Arb.-KrK. für die Deckung eines Defizits der Ang.-KrK. aufkommen müsse. Das erstangeführte Bedenken soll durch die Vorschriften im Abs. 3 und 4 ausgeräumt werden. In letzterer Hinsicht ist durch die Vorschrift des Abs. 2 Satz 2 Vorsorge getroffen, daß jede Abteilung ihre Leistungen selbst aufzubringen hat. Die Frage, wie zu verfahren ist, wenn eine Ang.-KrK. leistungsunfähig werden sollte, ob insbesondere die RKn. den Fehlbetrag zu decken hätte, und wie sie sich die hierfür erforderlichen Mittel beschaffen soll, ist bei den Ausschußberatungen nicht restlos ge-

klärt worden (vergl. die eingehenden Verhandlungen im RT.-Ausschuß Ber. S. 72 bis 74, 132 bis 134). Rechtlich haftet jedenfalls die Rkn. mit ihrem gesamten Vermögen, da sie Garantin sämtlicher nach dem RKG. zu gewährenden Leistungen ist.

6) Vergl. hierzu auch § 141.

7) Im Falle des Abs. 3 wird eine gemeinsame KrK. für Arbeiter und Angestellte innerhalb einer Bezkn., im Falle des Abs. 4 eine Reichs-KrK. für Angestellte oder eine gemeinsame Ang.-KrK. für mehrere Bezkn. gebildet.

§ 18 (13).[1])

[2]) (Abs. 1.) Innerhalb der Bezirksknappschaften können für knappschaftlich versicherte Betriebe, und zwar für jeden einzelnen Betrieb oder gruppenweise für mehrere Betriebe, besondere Krankenkassen errichtet werden, wenn die Einrichtung einer einzigen Krankenkasse für den ganzen Bezirk wegen besonderer wirtschaftlicher Bedingungen oder wegen der weiten Entfernung des Betriebs oder der Betriebe vom Sitze der Bezirksknappschaft erhebliche Schwierigkeiten verursachen würde[3]).

(Abs. 2.) Eine besondere Krankenkasse darf nur errichtet werden, wenn durch die Zahl der im Kassenbezirke regelmäßig beschäftigten Versicherten oder durch sonstige Umstände ihre dauernde Leistungsfähigkeit ausreichend sichergestellt erscheint und nicht die Leistungsfähigkeit der Bezirksknappschaft, soweit diese die Krankenversicherung gewährt, gefährdet wird[4]).

[5]) (Abs. 3.) Die Errichtung einer besonderen Krankenkasse bedarf der Zustimmung der Mehrheit der versicherten Betriebsangehörigen, die hierüber geheim abstimmen.

(Abs. 4.) Die satzungsmäßigen[6]) Leistungen einer

besonderen Krankenkasse müssen denen der maßgebenden Bezirksknappschaft mindestens gleichwertig¹) sein.

§ 13 Entw.

1) Der Entwurf des RKG. wollte bes. KrK. in weitem Umfange zulassen und begründete diesen Standpunkt wie folgt: „Kleinere Kassen sind an sich für die Durchführung der Aufgaben der KrV. besser geeignet als ganz große Gebilde, sofern ihre Leistungsfähigkeit und die Ordnungsmäßigkeit der Verwaltung gesichert sind. Im Bergbau hat man mit den bes. KrK. durchweg sehr günstige Erfahrungen gemacht. Innerhalb dieser Kassen besteht eine besonders enge Fühlung unter den Beteiligten, die den Versicherten letzten Endes in allen Beziehungen zum Vorteil gereicht. Die bes. KrK. können sich ferner bei der Führung der Geschäfte, insbesondere bei Auszahlung der Leistungen, der Mithilfe der Werke bedienen, wodurch erheblich an Verwaltungskosten gespart wird. In räumlich weit ausgedehnten Bezirken mit zerstreut liegenden Werken sind sie schlechthin unerläßlich." (Begr. S. 41.) Bei den Beratungen des RKG. im RT.Ausschuß ist von den Regierungsvertretern unter Anführung von Beispielen noch darauf besonders hingewiesen worden, daß innerhalb der räumlich weit ausgedehnten Bezirke der Bezkn. bei den einzelnen Betrieben die wirtschaftlichen, namentlich die Lohnverhältnisse derartig verschieden liegen können, daß eine völlige Gleichstellung hinsichtlich der Leistungen und Beiträge der KrV. nicht angebracht sei; die Bildung von Sektionen nach § 415 RVO. sei kein Aushilfsmittel; nur die Schaffung bes. KrK. ermögliche die Anpassung an die jeweilig bestehenden wirtschaftlichen Verhältnisse, und es sei zu besorgen, daß die dringend notwendige Zusammenlegung kleinerer Vereine zu Bezkn. sehr erschwert oder gar vereitelt werde, wenn man bes. KrK. überhaupt nicht oder nur in stark beschränktem Umfange zulasse. (Ber. RKG. S. 4.)

Gegen die bes. KrK. bestand jedoch sowohl im Vorl. RWR. wie im RT. starke Abneigung. Ueber die Verhandlungen des RWR. s. erste Aufl. S. 66/67.

Ein im Ausschuß des RT. gestellter Antrag, die bes. KrK. völlig zu beseitigen, hat keine Annahme gefunden. Der Ausschuß hat aber dem Abs. 1 eine veränderte Fassung gegeben und im Abs. 3 und 4 über den Entw. hinausgehende Bedingungen für die Zulassung von bes. KrK. aufgestellt, durch die ihre Bildung stark erschwert wird. (Ber. RKG. S. 3 bis 6.) Diese Erschwerungen sind durch die Nov. (veränderte Fassung des Abs. 3) zum Teil gemildert (vgl. Anm. 5).

2) Abs. 1 geht davon aus, daß die Einrichtung einer einzigen KrK. für die ganze Bezkn. die Regel bildet, und will Ausnahmen nur zulassen, wenn die im zweiten Halbsatz angegebenen besonderen Voraussetzungen vorliegen. Daraus ist zu folgern, daß es nicht mehr zulässig ist, den Bezirk einer Bezkn. ganz in bes. KrK. aufzuteilen.

3) Die hier aufgestellten Voraussetzungen für die Zulassung bes. KrK. decken sich im wesentlichen mit den Absichten des Entw. des RKG. Die Vorschrift, daß die Errichtung auch wegen besonderer wirtschaftlicher Bedingungen zulässig sein soll, wird aber in ihrer Wirkung durch Abs. 4 stark beeinträchtigt.

4) Die früher vorhandenen bes. KrK. haben nach Art. 8 EG. zum RKG. mit dem 31. Dezember 1923 zu bestehen aufgehört. Die Entschließung über Neu-Errichtung einer bes. KrK. liegt in erster Linie bei den Beteiligten, den Arbeitgebern und den der Vers. unterliegenden Arbeitnehmern; letztere stimmen nach Abs. 3 geheim ab. Die Beteiligten werden die Frage der Zweckmäßigkeit und des Bedürfnisses einer bes. KrK. nach den innerhalb der Bezkn. bestehenden besonderen Verhältnissen zu beurteilen haben. Voraussetzung der Zulassung ist vor Allem Sicherstellung der Leistungsfähigkeit, wobei außer der Mitgliederzahl noch sonstige für die Leistungsfähigkeit maßgebende Umstände in Betracht zu ziehen sind. Ferner muß die Bezkn. für die bei ihr verbleibenden Betriebe zur Durchführung der KrV. nach den gleichen Grundsätzen leistungsfähig bleiben (vgl. Begr. zum RKG. S. 41). Für die Entschließung des Arbeitgebers wird von Bedeutung sein, daß er nach §§ 123, 124

in gewissen Fällen zur Leistung von Vorschüssen bezw. Zuschüssen verpflichtet ist.

5) Der Entwurf des RKG. sah außer den in Anm. 4 bezeichneten Erfordernissen die Zustimmung des RKV. vor. Der RT.Ausschuß hatte weitergehend die Zustimmung der Mehrheit der versicherten Betriebsangehörigen gefordert und die Vorschrift über die Zustimmung des RKV. dahin verschärft, daß die Mehrheit der Arbeitgeber und die Mehrheit der Vertreter der Versicherten im Vorstand des RKV. zustimmen müssen, und zwar in getrennter Abstimmung nach § 118 Abs. 3 Nr. 1 a. F. Die Nov. hat das Erfordernis der Zustimmung der Mehrheit der Arbeitgeber und Arbeitnehmer im Vorstand der Kn. wieder beseitigt. (Vgl. Begr. zur Nov. S. 15, Ber. S. 9/10.) Bei Beratung der Nov. im RT.Ausschuß sind zwar Bedenken gegen die Lockerung der bisherigen Bestimmungen geäußert, der Ausschuß hat aber zugestimmt, nachdem von der Regierung ausgeführt war, daß bes. KrK. nach der Erfahrung namentlich in Süddeutschland unentbehrlich seien und daß die Kn. selbst die Gefahr der Zersplitterung abwenden könne. (Ber. Nov. S. 10.) Die Entscheidung über die Errichtung einer bes. KrK. hat, sofern nicht die Satzung darüber bestimmt, nach § 9 Abs. 2 der Vorstand der Kn.; für die Beschlußfassung gilt § 155.

Die Verhandlungen über Errichtung einer bes. KrK. nehmen danach folgenden Gang:

a) Erörterung über Zweckmäßigkeit der Errichtung zwischen den Betriebsangehörigen oder deren Vertretung und dem Arbeitgeber.

b) Geheime Abstimmung der versicherten Betriebsangehörigen. Die Gesamtheit der Versicherten stimmt ab; es genügt nicht etwa, wie nach § 245 RVO. bei Errichtung einer Betriebs-KrK. die Zustimmung des Betriebsrats. Zu den versicherten Betriebsangehörigen werden auch solche zu zählen sein, die der KrV. freiwillig beigetreten sind oder sie freiwillig fortsetzen.

c) Zustimmung des Vorstandes der Bezkn., der außer dem Ergebnis der Abstimmung zu b das Vorliegen der Voraussetzungen nach § 18 Abs. 1, 2 und 4 zu prüfen haben wird. Die Zustimmung des Bezirksvorstandes ist im G. nicht ausdrücklich erwähnt, ihre Notwendigkeit folgt aber aus der Stellung der bes. KrK. zur Bezkn. und daraus, daß die Bezkn. die Erhaltung ihrer eigenen Leistungsfähigkeit für die Durchführung der KrV. der bei ihr verbleibenden Betriebe nach Abs. 2 prüfen muß. Für die Beschlußfassung des Bezirksvorstandes gilt § 175.

d) Entscheidung des Vorstandes der Rkn. nach § 9 Abs. 2. Der Vorstand ist in seiner Entschließung frei, kann also auch bei Erfüllung aller Voraussetzungen die Bildung einer bes. KrK. ablehnen.

6) Der Ausdruck „satzungsmäßige" Leistungen ist nicht ganz zutreffend, da die KrKLeistungen nicht durch die Satzung, sondern durch die Sondervorschriften bestimmt werden.

7) Bei Prüfung der Gleichwertigkeit der Leistungen werden die im § 259 Abs. 2 RVO. hinsichtlich der Betriebs-KrK. und Innungs-KrK. bezeichneten Gesichtspunkte Beachtung finden können. Danach können Minderleistungen auf einem Gebiete durch Mehrleistungen auf einem anderen Gebiete ausgeglichen werden. Auch kommt es nicht darauf an, ob dieselbe einzelne Leistung, von den Regelleistungen abgesehen, bei beiden Kassen vorhanden ist, sondern es ist in erster Linie auf die Gesamheit der Leistungen zu sehen und diese nach Billigkeit rechnungsmäßig abzuwägen. § 259 Abs. 2 RVO. weist u. a. auch auf die Berücksichtigung des besonderen Mitgliederkreises der einzelnen Kassen hin, wobei vornehmlich an den Unterschied zwischen sog. Männerkassen und Kassen mit zahlreichen weiblichen Versicherten gedacht sein wird. Die Mitgliederkreise bei einer bes. KrK. und bei den Bezkn. werden sich aber im allgemeinen decken. Auch bei Beachtung der Gesichtspunkte der RVO. wird es daher kaum zulässig sein, daß etwa die bes. KrK. den Grundlohn niedriger festsetzt als die Bezkn., oder daß sie in ihren

Mehrleistungen hinter denen der Bezkn. zurückbleibt. Nur durch Abweichungen auf diesem Gebiete ist aber eine Berücksichtigung der Verschiedenheit wirtschaftlicher Verhältnisse möglich. Der Inhalt des Abs. 4 steht also in einem gewissen Widerspruch zu der Vorschrift des Abs. 1, wonach die Bildung bes. KrK. wegen besonderer wirtschaftlicher Bedingungen zulässig sein soll; die Forderung der Gleichwertigkeit der Leistungen bildet demnach ein starkes Hindernis für die Errichtung von bes. KrK.

§ 19 (Neu).[1])

(Abs. 1.) Hat ein Arbeitgeber vor dem 1. Januar 1924[2]) eine gemeinsame Betriebskrankenkasse für mehrere Betriebe[3]) errichtet, so kann er mit Zustimmung der Mehrheit der in den knappschaftlich versicherten Betrieben beschäftigten Versicherten[4]), die hierüber geheim abstimmen, beantragen, daß die Beschäftigten in der gemeinsamen Betriebskrankenkasse verbleiben[2]). Dem Antrag darf[5]) nur entsprochen werden, wenn besondere Umstände[6]) es rechtfertigen und wenn nicht die Leistungsfähigkeit der Bezirksknappschaft, soweit diese die Krankenversicherung gewährt, gefährdet wird[7]). Die Leistungen der Betriebskrankenkasse müssen denen der Bezirksknappschaft mindestens gleichwertig sein[7]).

(Abs. 2.) Ueber den Antrag entscheidet die Reichsknappschaft[8]).

§ 13a Entw. d. Nov.

1) Die Vorschrift ist durch die Nov. eingefügt, die endgültige Fassung hat sie durch die Beschlüsse des RT.-Ausschusses erhalten. Die Begründung zur Nov. Seite 15 bemerkt: „Die neue Vorschrift hat sich als notwendig erwiesen, weil vielfach gewerbliche Unternehmen mit einer eigenen Betriebs-KrK. kn. Betriebe mit wenigen Versicherten umfassen, deren Uebernahme in den Bez.-KV. bei der entfernten Lage des

Betriebs vom Sitze der Bezkn. für die Versicherten nachteilig sein würde. Für die in der gemeinsamen BetriebsKrK. verbleibenden Versicherten gelten deren Bestimmungen über die Beitragserhebung." Bei diesen Ausführungen ist an einen Einzelfall gedacht, und zwar an die zur Badischen Anilin- und Sodafabrik in Ludwigshafen gehörige Gipsgrube Neckarzimmern, die z. Zt. rd. 500 Arbeiter beschäftigt. Diese Grube wird rein bergmännisch betrieben und auch nach den neuen Vorschriften der §§ 3, 4 nicht aus der kn. V. ausscheiden können. Da die Durchführung der KrV. vom Sitze der Bezkn. (München) aus sehr schwierig sein würde, ist die Belegschaft auf ihren eigenen dringenden Wunsch mit Zustimmung der Bezkn. und der Rkn. bei der BetriebsKrK. der Badischen Anilin- und Sodafabrik verblieben, die u. a. Familienfürsorge gewährt. Dieser Zustand ist nunmehr unter Zurückstellung des Bedenkens, daß eine gesetzliche Regelung an sich nicht auf einen Einzelfall abgestellt werden soll, vom Gesetzgeber anerkannt worden. (Vgl. Ber. S. 10/11, 106).

2) Diese zeitliche Begrenzung ist vom RT.-Ausschuß eingefügt. Sie soll Neugründungen von BetriebsKrK. in der Zukunft verhüten. Aus der gleichen Erwägung ist ein bei den Ausschußberatungen gestellter Antrag, das Wort „verbleiben" zu ersetzen durch „versichert werden", abgelehnt worden (Ber. S. 106). Der ganze Paragraph hat demnach nur den Charakter einer Uebergangsvorschrift.

3) d. h. für kn. versicherte und für andere Betriebe.

4) Der RT.-Ausschuß hatte zunächst beschlossen, daß die Zahl der Beschäftigten nicht mehr als 600 betragen dürfe; diese Beschränkung hat man jedoch in der 2. Lesung mit Rücksicht auf die zahlreichen sonstigen Sicherungen fallen lassen. (Ber. S. 106.)

5) Die Vorschrift des Satzes 2 ist zwingend.

6) Als besondere Umstände dieser Art können in Betracht kommen: Abgelegenheit des Betriebes, Größe der Belegschaft, Leistungsfähigkeit des Unternehmens, Vorhandensein besonderer Einrichtungen der BetriebsKrK. für die Versicherten u. dergl.

7) Vergl. die entsprechenden Vorschriften im § 18 Abs. 2 und 4.

8) Die Rkn. muß bei ihrer Entscheidung die zwingenden Vorschriften des Abs. 1 beachten. Im übrigen gilt für die Beschlußfassung § 155.

§ 20 (14).[1])

Die Bezirksknappschaften und die besonderen Krankenkassen führen die Krankenversicherung nach den Vorschriften der Reichsversicherungsordnung[2]) und dieses Gesetzes[3]) durch.

§ 14 Entw., §§ 14, 14 b, 14 c Entw. d. Nov.

1) Der frühere § 14 ist durch die Nov. in die §§ 20 und 25 aufgelöst; der Abs. 3 ist in den Abs. 2 des § 24 übergegangen. Die Vorschriften über die Berechnung des Grundlohnes (§ 21), über Zuschläge zum Krankengeld (§ 22) und über Familienhilfe (§ 23) sind neu.

2) In den einschlägigen Vorschriften der RVO. (zweites Buch §§ 179 ff.) wird zwischen den gesetzlichen Pflichtleistungen sog. „Regelleistungen", und den durch die Satzung bestimmten „Mehrleistungen" unterschieden. An Stelle der Satzung treten bei Bezkn. und bes. KrK. die Sondervorschriften (§ 13 Abs. 1). Der Kreis der Pflichtleistungen ist durch die Nov. für die kn. KrV. gegenüber der RVO. erweitert. Ueber Mehrleistungen s. Anm. 2 zu § 24.

Die gesetzlichen Regelleistungen nach der RVO. sind folgende:

a) Krankerhilfe. Als Krankenhilfe wird nach § 182 RVO. gewährt Krankenpflege vom Beginn der Krankheit an; sie umfaßt ärztliche Behandlung und Versorgung mit Arznei sowie Brillen, Bruchbändern und anderen kleineren Heilmitteln. Von den Kosten für Arznei, Heil- und Stärkungsmittel haben die Versicherten in allen Fällen 10 v. H. selbst zu tragen. Der Reichsausschuß für Aerzte und KrK. setzt Ausnahmen fest (§ 182 a RVO.). Da die Rkn. nicht unter die Zuständigkeit des Reichsausschusses fällt, hat der Vorstand des RKV.

über die Ausnahmen bestimmt, und zwar dahin, daß die Ausnahmen zugelassen werden, die die Ruhr-Knappschaft gewährt. (Bericht über die Vorstandssitzung vom 17. 6. 25, Kompaß S. 133.) Nach den bei der Ruhr-Knappschaft geltenden Grundsätzen trägt die Knappschaft vorläufig die ganzen Kosten einer als „dringlich" bezeichneten Verordnung. Die Dringlichkeitsbescheinigung kann in folgenden Fällen erteilt werden:

1. bei der ersten ärztlichen Hilfe bei Erkrankungen infolge Unfalls,
2. wenn die Arznei notwendig ist zur schleunigen Abwendung einer Gefahr für Leben und Gesundheit,
3. wenn die Arznei notwendig ist zur schleunigen Verhütung von Ansteckung oder Uebertragung von Krankheiten,
4. bei Nachtverordnungen.

Ueber Arzneibehältnisse, die den Erkrankten ausgehändigt sind, kann die Kasse verfügen (§ 187 a RVO.). Die Krankenhilfe umfaßt ferner Krankengeld in Höhe des halben Grundlohnes für jeden Kalendertag, wenn die Krankheit den Versicherten arbeitsunfähig macht; es wird vom vierten Krankheitstage an, wenn aber die Arbeitsunfähigkeit erst später eintritt, vom Tage ihres Eintritts ab gewährt. Die Barleistungen der Kasse werden nach einem Grundlohn bemessen. Vgl. § 180 RVO. Ueber den Grundlohn in der kn. KrV. trifft der durch die Nov. eingefügte § 21 besondere Vorschriften, die von der RVO. in einigen Beziehungen abweichen.

Die Dauer der Krankenhilfe bestimmt sich nach § 183 RVO. An Stelle der Krankenpflege und des Krankengeldes kann die Kasse freie Kur und Verpflegung in einem Krankenhause (Krankenhauspflege) gewähren. Wegen der Zustimmung des Kranken hierzu vgl. § 184 RVO. Auf Krankenhauspflege besteht kein Rechtsanspruch, auch nicht in dringenden Fällen. Verurteilung der KrK. im Spruchverfahren ist daher ausgeschlossen (RVA. vom 16. Oktober 1914 und 12. Oktober 1915; AN. 14 S. 818, 16 S. 478). Wird Krankenhauspflege einem Versicherten gewährt, der bisher von seinem Arbeitsverdienst Angehörige ganz oder überwiegend unterhalten hat, so ist daneben ein Hausgeld für die Angehörigen im Betrage des halben Krankengeldes zu zahlen. Das Hausgeld kann unmittelbar an die Angehörigen ausgezahlt werden (§ 186 a. a. O.). Angehörige sind im allgemeinen Personen, die mit dem Versicherten im gesetzlichen Sinne verwandt oder verschwägert sind. Von diesem Grundsatz abweichend hat das RVA. auch uneheliche Kinder, wenn die Vaterschaft des Erkrankten festgestellt ist, als „Angehörige" im Sinne des § 1271 RVO. bezeichnet, denen unter den dort angegebenen Voraussetzungen ein Anspruch auf Hausgeld zusteht. (E. vom 2. 12. 25 Amtl. Nachr. des RVA. 1926 S. 15 Nr. 2933). Die „Arbeiter-Versorgung" — 1926 S. 191 — folgert aus dieser zunächst für die JVers. geltenden Entscheidung deren Anwendbarkeit auch für die KrV. hinsichtlich des Hausgeldes (§ 186 RVO.) und der Familienzuschläge zum Krankengeld (§ 191 RVO.). Vgl. aber auch die mit beachtlichen Gründen gestützte gegenteilige Meinung von Sonderhoff in der „Arbeiter-Versorgung" 1926 S. 214/16. Nicht zu den Angehörigen gehört die Verlobte, selbst dann nicht, wenn der Versicherte im Laufe seiner Erkrankung die Ehe mit ihr abgeschlossen hat. (Entsch. d. RVA. Knappschaftssenat vom 26. 6. 25 IIa Kn. 207/25.) Die Höhe des Hausgeldes ist im § 22 RKG. abweichend von der RVO. bestimmt.

Eine Kürzung des Krankengeldes bezw. Hausgeldes ist gesetzlich nur insofern vorgesehen, als die KrK., wenn ein Versicherter Krankengeld gleichzeitig aus einer anderen Versicherung erhält, ihre Leistung so weit zu kürzen hat, daß das gesamte Krankenkgeld des Mitgliedes den Durchschnittsbetrag seines täglichen Arbeitsverdienstes nicht übersteigt. Doch können die Sondervorschriften die Kürzung ganz oder teilweise ausschließen (§ 189 RVO.). Die Sondervorschriften können außerdem zum Schutze gegen ein übermäßiges Ausnutzen der Kassenmittel durch chronisch Kranke, namentlich solche Personen, die mehr invalide als krank sind, die im § 188 RVO. bezeichneten Einschränkungen des Umfangs und der Dauer der Krankenhilfe vorschreiben sowie in den Fällen des § 192 RVO. den Mitgliedern das Krankengeld ganz oder teilweise versagen.

b) Wochenhilfe. Hierfür sind die §§ 195a bis 199 RVO. i. d. F. des zweiten Ges. über Abänderung des zweiten Buches der RVO. vom 9. 7. 1926 — RGBl. I S. 407 — (in Kraft seit dem 1. 10. 26) maßgebend. Nach § 195a RVO. erhalten weibliche Versicherte, die in den letzten zwei Jahren vor der Niederkunft mindestens zehn Monate hindurch, im letzten Jahre vor der Niederkunft aber mindestens sechs Monate hindurch auf Grund der Reichsversicherung oder bei der Rkn. gegen Krankheit versichert gewesen sind, als Wochenhilfe

1. bei der Entbindung oder bei Schwangerschaftsbeschwerden Hebammenhilfe, Arznei und kleinere Heilmittel sowie, falls es erforderlich wird, ärztliche Behandlung,
2. einen einmaligen Beitrag zu den sonstigen Kosten der Entbindung und bei Schwangerschaftsbeschwerden in Höhe von 10 Reichsmark; findet eine Entbindung nicht statt, so sind als Beitrag zu den Kosten bei Schwangerschaftsbeschwerden 6 Reichsmark zu zahlen,
3. ein Wochengeld in Höhe des Krankengeldes, jedoch mindestens 50 Reichspfennig täglich, für vier Wochen vor und sechs zusammenhängende Wochen unmittelbar nach der Niederkunft,
4. solange sie ihre Neugeborenen stillen, ein Stillgeld in Höhe des halben Krankengeldes, jedoch mindestens 0,25 RM. täglich, bis zum Ablauf der zwölften Woche nach der Niederkunft. Der Vorstand kann einen Höchstbetrag für das tägliche Stillgeld festsetzen.

Die Dauer des Wochengeldbezuges vor der Entbindung wird auf zwei weitere Wochen erstreckt, wenn die Schwangere während dieser Zeit keine Beschäftigung gegen Entgelt ausübt und vom Arzt festgestellt wird, daß die Entbindung voraussichtlich innerhalb sechs Wochen stattfinden wird. Irrt sich der Arzt bei der Berechnung des Zeitpunkts der Entbindung, so hat die Schwangere gleichwohl Anspruch auf das Wochengeld von dem in dem ärztlichen Zeugnis angenommenen Zeitpunkt bis zur Entbindung.

Das Wochengeld für die Zeit vor der Entbindung wird jeweils sofort, nicht erst mit dem Tage der Entbindung fällig.

Neben dem Wochengelde für die Zeit nach der Entbindung wird kein Krankengeld gewährt; arbeitet die Wöchnerin gegen Entgelt, wird nur das halbe Wochengeld gezahlt. Wechselt die Wöchnerin während der Leistung der Wochenhilfe die Kassenzugehörigkeit, so bleibt die erstverpflichtete Kasse für die weitere Durchführung der Leistung zuständig. § 212 RVO. gilt hierbei nicht. Stirbt eine Wöchnerin bei der Entbindung oder während der Zeit der Unterstützungsberechtigung, so werden die noch verbleibenden Beträge an Wochen- und Stillgeld bis zum satzungsmäßigen Ende der Bezugszeit an denjenigen gezahlt, der für den Unterhalt des Kindes sorgt. Der Anspruch auf Wochenhilfe bleibt beim Vorliegen der übrigen Voraussetzungen auch dann bestehen, wenn die Versicherte wegen ihrer Schwangerschaft innerhalb sechs Wochen vor der Entbindung aus der Versicherung ausgeschieden ist.

Die Satzung kann den einmaligen Entbindungskostenbeitrag (§ 195 a Abs. 1 Nr. 2) von 10 Reichsmark bis auf 25 Reichsmark erhöhen, die Dauer des Wochengeldbezugs bis auf dreizehn Wochen und des Stillgeldbezugs bis auf sechsundzwanzig Wochen erweitern (§ 195 b Abs. 1). Nach § 196 RVO. kann die KrK. mit Zustimmung der Wöchnerin

1. an Stelle des Wochengeldes Kur und Verpflegung in einem Wöchnerinnenheim gewähren,
2. Hilfe und Wartung durch Hauspflegerinnen gewähren und dafür bis zur Hälfte des Wochengeldes abziehen.

c) Sterbegeld. Als Sterbegeld wird beim Tode eines Versicherten das 20 fache des Grundlohns gezahlt (§ 201 RVO.). Stirbt ein als Mitglied der Kasse Erkrankter binnen einem Jahre nach Ablauf der Krankenhilfe an derselben Krankheit, so wird das Sterbegeld gezahlt, wenn er bis zum Tode arbeitsunfähig gewesen ist (§ 202 RVO.). Die Auszahlung des Sterbegeldes erfolgt nach Vorschrift des § 203 a. a. O. Vom Sterbegeld der KrV. ist zu unterscheiden die Bestattungsbeihilfe aus der Pensionsvers. (§§ 34, 42, 56, 63).

d) Familienhilfe. d. i. hier abweichend von der Familienhilfe im Sinne des § 23 die gesetzlich vorgeschriebene Familienwochenhilfe. Nach § 205 a RVO. erhalten Wochenhilfe auch die Ehefrauen sowie solche Töchter, Stief- und Pflegetöchter der Versicherten, welche mit diesen in häuslicher Gemeinschaft leben, wenn

1. sie ihren gewöhnlichen Aufenthalt im Inland haben,
2. ihnen ein Anspruch auf Wochenhilfe nach § 195 a nicht zusteht, und
3. die Versicherten in den letzten zwei Jahren vor der Niederkunft mindestens zehn Monate, im letzten Jahre vor der Niederkunft aber mindestens sechs Monate hindurch auf Grund der Reichsversicherung oder bei der Rkn. gegen Krankheit versichert gewesen sind.

Als Wochenhilfe werden die im § 195 a Abs. 1 Nr. 1, 2, 3 und 4 bezeichneten Leistungen gewährt; dabei beträgt das Wochengeld 0,50 RM. und das Stillgeld 0,25 RM. täglich. § 195 a Abs. 3 gilt entsprechend.

Die Satzung oder die oberste Landesbehörde kann bestimmen, daß die Kassen bei Zahlung des Stillgeldes auf den Wert der regelmäßigen Inanspruchnahme von Mutterberatungsstellen, Säuglingsfürsorgestellen oder gleichartigen Einrichtungen hinweisen.

Die Familienwochenhilfe ist auch zu gewähren, wenn die Niederkunft innerhalb 9 Monaten nach dem Tode des Versicherten erfolgt (§ 205 a Abs. 5 RVO.). Dabei genügt es zur Erfüllung der Voraussetzungen des § 205 a Abs. 1 Nr. 3, daß das verstorbene Familienhaupt in den letzten zwei Jahren vor seinem Tode mindestens zehn Monate hindurch und im letzten Jahre vor seinem Tode mindestens sechs Monate hindurch gegen Krankheit versichert gewesen ist; die Zeiträume, innerhalb deren nach Abs. 1 Nr. 3 eine V. von bestimmter Mindestdauer bestanden haben muß, werden also nicht vom Zeitpunkt der Niederkunft, sondern vom Tode des Versicherten ab berechnet. (Entscheidung des RVA., Knappschaftssenat, vom 7. 11. 24, Kompaß 1925 S. 37.) Mit dieser Entscheidung ist die frühere Streitfrage, ob Familienangehörige eines Versicherten, die später als sechs Monate nach dem Tode des Familienhauptes entbunden werden, Familienwochenhilfe erhalten können, im bejahenden Sinne gelöst.

Zu den Aufwendungen nach § 205 a Abs. 3 erhalten die KrK. einen Reichszuschuß von 50 RM. für jeden Entbindungsfall.

3) In diesen Worten liegt der Hinweis auf die von der RVO. abweichenden Vorschriften der §§ 21 bis 23.

§ 21 (Neu) [1].

(Abs. 1.) Die baren Leistungen werden nach einem Grundlohn bemessen. Als Grundlohn gilt der auf den Kalendertag entfallende Teil des wirklichen Arbeitsentgelts [2]). Für die Berechnung ist die Woche zu sieben, der Monat zu dreißig und das Jahr zu dreihundertsechzig Tagen anzusetzen [3]).

[4]) (Abs. 2.) Die Bezirksknappschaft [5]) und die besondere Krankenkasse kann an Stelle des wirklichen Arbeitsentgelts den Grundlohn auch stufenweise unter Berücksichtigung des wirklichen Arbeitsentgelts des Versicherten festsetzen. Dabei ist der Grundlohn innerhalb jeder Lohnstufe auf die Mitte zwischen dem höchsten und dem niedrigsten Satze der Lohnstufe festzusetzen [6]). Die Festsetzung der Lohnstufe und des Grundlohns bedarf der Zustimmung der Aufsichtsbehörde [7]).

(Abs. 3.) Für Versicherungsberechtigte, für die sich hiernach kein Grundlohn ermitteln läßt, bestimmt ihn die Bezirksknappschaft oder die besondere Krankenkasse[8]).

(Abs. 4.) Aenderungen des Grundlohns wirken auf die Barleistungen spätestens vom Beginne der fünften, auf den Vorstandsbeschluß folgenden Kalenderwoche ab. Dies gilt auch für Versicherungsfälle, die bereits eingetreten sind[9]).

(Abs. 5.) Für die Berechnung des Grundlohns werden Zuschläge, die mit Rücksicht auf den Familienstand gezahlt werden (Frauen-, Kinderzuschläge), nicht angerechnet[10]).

1) Der durch die Nov. eingefügte § 21 regelt die Bemessung des Grundlohns abweichend von der RVO. Nach der RVO. können die KrK. das Grundlohn-System wählen, das den örtlichen und beruflichen Verhältnissen am besten entspricht, und zwar unterscheidet die RVO. 3 Systeme:

a) Lohnstufen. Es ist für jede Lohnstufe ein Grundlohn zu bestimmen, der auf der Mitte zwischen dem höchsten und niedrigsten Betrage der Lohnspanne liegt. Dieser Grundlohn ist für den innerhalb des Spielraums sich bewegenden wirklichen Arbeitsverdienst maßgebend, so daß nicht der wirkliche Arbeitsverdienst des einzelnen Versicherten, sondern ein nach oben oder unten abgerundeter Durchschnittsbetrag als Grundlohn berücksichtigt wird. Bei diesem System muß der Entgelt bis zu 5,00 RM. kalendertäglich, und er kann bis zur vollen Höhe des auf den Kalendertag entfallenden Arbeitsverdienstes berücksichtigt werden.

b) Mitgliederklassen. Hierbei wird der auf den Kalendertag entfallende Durchschnittsentgelt einer ganzen zu der betreffenden Klasse gehörenden Gruppe von Versicherten, nicht der Individuallohn eines einzelnen Versicherten, berücksichtigt.

c) Wirklicher Arbeitsverdienst. Der auf den Kalendertag entfallende Entgelt eines einzelnen Versicherten bildet den

Grundlohn. Der Entgelt muß, auch soweit er 5,00 RM. kalendertäglich übersteigt, berücksichtigt werden.

Das RKG. hat grundsätzlich die Berücksichtigung des vollen Arbeitsverdienstes vorgeschrieben. Maßgebend hierfür war die Absicht, den Bezkn., die bei der bisherigen Anwendung des Systems a) den Arbeitsverdienst über 5 Reichsmark hinaus berücksichtigen, das Zurückgehen auf den Satz von 5 RM. nach gesetzlicher Erhöhung des Krankengeldes durch Einführung der Familienzuschläge (§ 22) unmöglich zu machen. Die Regelung bedeutet eine Vorbelastung der Bezkn. und bes. KrK. gegenüber den sonstigen gesetzlichen Kassen der KrV. (§ 225 Abs. 1 RVO.), denn diese brauchen den Grundlohn nur bis 35 RM. wöchentlich zu berücksichtigen, während sich für kn. KrK. bei der vielfach erreichten Lohnhöhe von 8 RM. ein wöchentlicher Grundlohn von 56 RM. ergibt. Von diesem höheren Grundlohn sind auch die Beiträge zur Erwerbslosenfürsorge zu entrichten (vergl. Ausführungen des Regierungsvertreters im RT.Ausschuß Ber. S. 106/107).

2) Bei der Regelung nach Abs. 1 ist der „auf den Kalendertag entfallende" Individualverdienst des einzelnen Versicherten maßgebend. Es ist mithin der in einer Lohnperiode erzielte Entgelt durch die Zahl der in diese Lohnperiode fallenden Kalendertage zu teilen. Das kann, weil grundsätzlich der Zeitpunkt der Erkrankung für alle Ansprüche des Kranken maßgebend ist, von Nachteil sein, nämlich dann, wenn der Versicherte während der Dauer einer Arbeitsbeschränkung im Betriebe oder während eines Zeitraumes erkrankt, in dem aus zufälligen Umständen (z. B. verringerte Leistungsfähigkeit) sein Lohn niedrig steht. Zur Vermeidung von Härten in solchen Fällen wird von Schulz RVO. sechste Auflage Anm. 3 zu § 180 empfohlen, den wirklichen Arbeitsverdienst jedes Versicherten grundsätzlich nach einem Durchschnittssatz zu berechnen, etwa nach dem Durchschnitt des Verdienstes, den der betreffende Arbeiter in den letzten drei oder vier Wochen oder, wenn er noch nicht solange der Kasse angehörte, den ein gleichartiger

Arbeiter während dieser Zeit bezogen hat. Die Zugrundelegung des Individuallohnes ist für die Verhältnisse im Bergbau auch insofern unzweckmäßig, als bei dem auf vielen Zechen üblichen Abrechnungs- und Lohnsystem (Gedingelöhne und monatliche Entlöhnung) der Arbeitsverdienst des einzelnen Versicherten erst nach Verlauf einiger Wochen genau festgestellt werden kann, wodurch unter Umständen sich die Auszahlung der Barleistungen verzögert. Im allgemeinen dürfte deshalb das System der Lohnstufen nach Abs. 2 (System a der Anmerkung 1) den Vorzug verdienen, wobei zu empfehlen ist, nicht von dem Lohn unmittelbar vor der Erkrankung, sondern von dem Lohn der vorhergehenden abgeschlossenen und abgerechneten Lohnperiode auszugehen oder, falls der Versicherte zu der Zeit der Kasse noch nicht angehörte, den Lohn zugrunde zu legen, den ein gleichartiger Arbeiter während dieser Zeit bezogen hat.

3) Satz 3 entspricht dem zweiten Halbsatz im Satz 3 des § 180 Abs. 1 RVO.

4) Abs. 2 enthält eine Abwandlung des obenerwähnten Systems zu a) in dem Sinne, daß statt des Betrages von 5 RM. der wirkliche Arbeitsverdienst berücksichtigt werden muß. Die Lohnstufen sind so festzusetzen, daß der im Bereich einer Bezkn. tatsächlich — nicht nur in Ausnahmefällen — verdiente höchste Lohn von der obersten Lohnstufe erfaßt wird.

5) d. i. der zuständige Abteilungsvorstand, wofern nicht eine gemeinsame KrK. für Arbeiter und für vers.pflichtige Angestellte gebildet wird (§ 17 Abs. 3).

6) Diese Vorschrift ist aus dem § 2 der Ver. über den Grundlohn der KrV. vom 31.8.1923, RGBl. I S. 848, entnommen. Wie nach dieser Ver. werden kleine Abweichungen zur Vereinfachung der Berechnung für zulässig erachtet werden dürfen. Die Festsetzung des Grundlohns auf die Mitte zwischen dem höchsten und dem niedrigsten Satze der Lohnstufe hat zur Folge, daß der auf den Kalendertag entfallende Entgelt nicht immer in voller Höhe berücksichtigt werden kann. Beispiel: Der Grundlohn beträgt 7 RM. Die Lohnstufe reicht von 6,50 bis 7,50 RM.

Der tatsächliche Verdienst beträgt 7,25 RM. Maßgebend ist der Grundlohn von 7,00 RM. Demnach sind 0,25 RM. des tatsächlichen Lohnes nicht zu berücksichtigen.

7) Die Vorschrift entspricht dem § 180 Abs. 2 RVO. Welche Stelle als Aufsichtsbehörde zuständig ist, ergibt sich aus §§ 27, 189.

8) Vergl. § 180 Abs. 6 RVO.

9) Die dem § 180 Abs. 7 RVO. entsprechenden Vorschriften des Abs. 4 beziehen sich sowohl auf den Fall der Heraufsetzung (Anfügung neuer Lohnstufen) als auch auf den Fall der Herabsetzung des Grundlohnes (Abbau von Lohnstufen). Für den Fall der Herabsetzung ist § 211 RVO. zu beachten, wonach für Versicherungsfälle, die bereits eingetreten sind, durch Satzungsänderung die Leistungen wohl erhöht, nicht aber herabgesetzt werden können. Die Frage, ob mit Rücksicht auf § 211 RVO. sich die Herabsetzung des Grundlohnes auf schwebende Fälle nicht auswirken kann, ist durch die Rechtsprechung noch nicht geklärt. Der RAM. hat in einem Bescheide vom 11. Juni 1925 (Arbeiterversorgung 1925 S. 310) die Auffassung vertreten, daß Grundlohnänderungen eingetretene Versicherungsfälle nicht berühren. Im Gegensatz hierzu steht die Auffassung des Stadtrats H. v. Frankenberg, Braunschweig (Betriebskrankenkasse 1925, S. 133) und der Schriftleitung der „Deutschen Krankenkasse" (Jahrgang 1925 S. 408). Die Frankenberg'sche Auffassung ist von der Schriftleitung der Arbeiterversorgung abgelehnt worden (Arbeiterversorgung 1925, S. 367). Es wird sich eine Klärung der Frage im Instanzenwege empfehlen.

10) Hierin liegt eine Abweichung von der Reichsversicherungsordnung. Nach § 160 RVO. gehören zum „Entgelt" auch Bezüge, die der Versicherte, wenn auch nur gewohnheitsmäßig, statt des Gehalts oder Lohnes oder neben ihm von dem Arbeitgeber oder einem Dritten erhält. Bezüge solcher Art sind auch die sogenannten sozialen Zulagen (Frauen- und Kindergeld). Diese Zulagen sind daher nach der RVO. bei der Ermittelung des Grundlohnes anzurechnen. Außer Anrechnung bleiben sie

in der KrV. bei der Feststellung der die Versicherungspflicht (bei Angestellten) abschließenden Verdienstgrenze gemäß § 165 Abs. 2 Satz 2 RVO. Die von der RVO. abweichende Regelung des Abs. 5 beruht darauf, daß nach den in dem Bergbau bestehenden Tarifen vielfach der sogenannte Soziallohn (Hausstands- und Kindergeld) in Krankheitsfällen (durchweg vom Beginn der 3. bis zum Ablauf der 8. Woche) weitergezahlt wird, und nunmehr gesetzlich zu dem Krankengelde nach der Zahl der Familienangehörigen gestaffelte Zuschläge zu zahlen sind. Eine zweimalige Berücksichtigung des Familienstandes soll vermieden werden (Ausschuß-Ber. S. 14).

§ 22 (Neu). [1])

(Abs. 1.) Das Krankengeld beträgt fünfzig vom Hundert des Grundlohns [2]) für den Kalendertag [3]).

(Abs. 2.) Für die Ehefrau [4]) und für jedes Kind [5]) bis zum vollendeten fünfzehnten [6]) Lebensjahre erhält der Versicherte [7]) einen Zuschlag zum Krankengeld in Höhe von zehn vom Hundert des Krankengeldes [8]). Erhält das Kind nach [9]) Vollendung des fünfzehnten Lebensjahres Schul- oder Berufsausbildung [10]), so wird der Zuschlag gewährt, solange die Schul- oder Berufsausbildung dauert [11]) und der Versicherte das Kind überwiegend [12]) unterhält. Der Zuschlag wird für Kinder, die infolge körperlicher oder geistiger Gebrechen [13]) außerstande sind, sich selbst zu erhalten, gewährt, solange der Zustand dauert und der Versicherte das Kind überwiegend unterhält. Der Gesamtbetrag des Krankengeldes darf drei Viertel des Grundlohns nicht übersteigen.

[14]) (Abs. 3.) Als Kinder gelten:

1. die ehelichen Kinder,
2. die als ehelich erklärten Kinder,
3. die an Kindes Statt angenommenen Kinder,

4. die unehelichen Kinder eines männlich Versicherten, wenn seine Vaterschaft festgestellt ist [15]),
5. die unehelichen Kinder einer Versicherten,
6. die Stiefkinder [16]) und die Enkel [16]), wenn sie vor Eintritt des Versicherungsfalles von dem Versicherten überwiegend [12]) unterhalten worden sind [17]).

Für Stiefkinder und Enkel wird der Zuschlag nur gewährt, solange sie von dem Versicherten überwiegend [12]) unterhalten werden. Für jedes Kind wird der Zuschlag nur einmal gewährt [18]).

(Abs. 4.) Wird Krankenhauspflege [19]) einem Versicherten gewährt, der bisher von seinem Arbeitsverdienst Angehörige [20]) ganz oder überwiegend unterhalten hat [21]), so ist daneben ein Hausgeld für die Angehörigen zu zahlen. Das Hausgeld beträgt, falls nur ein solcher Angehöriger vorhanden ist, die Hälfte des Krankengeldes und steigt mit jedem weiteren Angehörigen um ein Zehntel des Krankengeldes bis zum Höchstbetrage des Mindestkrankengeldes [22]).

1) § 22 ist durch die Nov. eingefügt auf Grund von Beschlüssen des RT. In Anlehnung an § 191 Abs. 3 RVO. wird das Krankengeld für Verheiratete und Ledige sowie nach der Zahl der Kinder abgestuft, indem für die Ehefrau und für Kinder Zuschläge zum Krankengeld gewährt werden; der Gesamtbetrag des Krankengeldes einschließlich der Zuschläge darf jedoch entsprechend dem § 191 Abs. 1 RVO. drei Viertel des Grundlohns nicht übersteigen. Diese Regelung ist nach dem Ausschußbericht zunächst für die kn. V. als ein Ausgleich dafür gedacht, daß der sog. Unfallzuschuß (Erhöhung des Krankengeldes auf $^2/_3$ des maßgebenden Grundlohns vom Beginn der 5. Woche nach dem Unfall bis zum Ablauf der 13. Woche ge-

mäß § 573 RVO. a. F.) durch das Zweite Gesetz über Aenderungen in der Unfallversicherung vom 14. Juli 1925, RGBl. I S. 97, mit Wirkung vom 1. Januar 1926 ab aufgehoben worden ist. Im RT.Ausschuß war der Antrag gestellt worden, schlechthin, d. h. auch für Ledige, das Krankengeld auf ²/₃ des Grundlohns zu erhöhen. Diesen Antrag hat die Reichsregierung unter Hinweis auf die zu erwartende Verallgemeinerung und die sich dann ergebende Belastung der Krankenkassen, deren geldliche Lage ohnehin — namentlich infolge der starken Inanspruchnahme durch Erwerbslose — sehr ungünstig sei, lebhaft bekämpft; sie hat dabei der Behauptung widersprochen, daß bei Beratung des G. vom 14. Juli 1925 zugesagt sei, den Ledigen ²/₃ oder ³/₄ des Krankengeldes zu gewähren, vielmehr habe man schon damals darauf hingewiesen, daß es bei den Ledigen mit 50% Krankengeld sein Bewenden haben müsse (Ausschuß-Ber. S. 14). Der Ausschuß hat daraufhin den erwähnten Antrag abgelehnt, der Einführung von Familienzuschlägen aber zugestimmt trotz des wiederholten Hinweises der Regierung, daß man die Angelegenheit der Selbstverwaltung überlassen und bei Beratungen eines Spezialgesetzes keine Bindungen schaffen solle, die später auch bei Beratung der RVO. als Richtschnur dienen würden (a. a. O. S. 14).

Der § 22 hat dadurch noch allgemeine Bedeutung, daß er den Kreis der in der kn. Vers. zu berücksichtigenden Kinder abgrenzt. Diese Abgrenzung hat Bedeutung auch für die Gewährung von Familienhilfe, Waisengeld, Bestattungsbeihilfe und von Kindergeld (§§ 23, 34 56, 40, 61). Sie ist ferner durch G. vom 25. 6. 26 (RGBl. I S. 311) in das III. und IV. Buch der RVO. (§§ 559 b, 591, 1259, 1291) sowie in das AVG. (§§ 33, 58) übernommen. Im allgemeinen sind die neuen Vorschriften über „Kinder" den §§ 559 b und 591 RVO. i. d. F. d. G. vom 14. Juli 1925 nachgebildet; die Fassung ist jedoch in mehrfacher Beziehung verbessert.

Nach den Erfahrungen der Vergangenheit kann die Befürchtung nicht unterdrückt werden, daß die Erhöhung des Krankengeldes einen vermehrten Anreiz zum Krankfeiern oder jedenfalls zur Ausdehnung der Krankfeierzeit bieten wird. Wenn schon bisher seit Einführung der Krankengeldzahlung für Sonn- und Feiertage die Neigung der Krankfeiernden, sich in den letzten Tagen der Woche gesundschreiben zu lassen, sehr gering war, so wird das Hinauszögern der Gesundmeldung voraussichtlich noch zunehmen, nachdem das Krankengeld erhöht ist und z. B. für den Verheirateten mit 2 zu berücksichtigenden Kindern statt bisher 50% jetzt 65% des Grundlohnes beträgt. Bei Beibehaltung der sog. Beitragsdrittelung auf Grund des § 131 Abs. 2 werden die Krankfeiernden voraussichtlich auch versuchen, jeweils bis zum Ende einer Dekade zu feiern, um nicht von dem Verdienst für 2 oder 3 Schichten $^{1}/_{3}$ des Monatsbeitrags zur KK. abführen zu müssen, der nach aller Voraussicht sowohl absolut als auch infolge der anderweitigen Verteilung (§ 130) für den Arbeitnehmer beträchtlich in die Höhe gehen wird.

2) Die Vorschrift entspricht der Regel des § 182 Nr. 2 RVO. Nicht ausgeschlossen ist, daß das Krankengeld auch für Ledige im Wege einer durch Sondervorschriften einzuführenden Mehrleistung bis zu 75% des Grundlohns gemäß § 191 Abs. 1 RVO. erhöht wird.

3) Die sog. Karenztage sind zu beachten. Das ergibt sich zweifelsfrei aus § 20 RKG. im Zusammenhang mit § 182 RVO.

4) Abweichend von § 191 Abs. 3 Nr. 1 RVO. ist nicht allgemein vorausgesetzt, daß der Versicherte die Angehörigen bisher von seinem Arbeitsverdienste ganz oder überwiegend unterhalten hat. Nur bei Kindern, die nach Abs. 2 Satz 3 und 4 des § 22 nach Vollendung des 15. Lebensjahres zu berücksichtigen sind, und allgemein bei Stiefkindern und Enkeln hat das G. die Gewährung überwiegenden Unterhalts als Voraussetzung für den Krankengeldzuschlag aufgestellt. Häusliche Gemeinschaft wird abweichend von § 23 Abs. 2 in keinem Falle gefordert.

5) Welche Gruppe von Kindern unter diesen Sammelbegriff fallen, ist im Abs. 3 angegeben.

6) Diese Begrenzung ergibt sich aus der allgemeinen Erwägung, daß Kinder nach vollendetem 15. Lebensjahr für soziale Zuwendungen nicht mehr berücksichtigt werden sollen. Die Reichsregierung hat hierzu folgendes ausgeführt: „Für den Kinderzuschuß sei die Altersgrenze von 18 Jahren zu hoch gegriffen; das zeige sich auch auf anderen Gebieten der Versicherung. Die Ueberspannung, die darin liege, habe der Sozialversicherung schwere Angriffe gebracht; es sei nicht vertretbar, für Jugendliche, die schon im Erwerbe stünden und den Tariflohn erhielten, noch einen Kinderzuschuß zu gewähren. Das Reichsknappschaftsgesetz sei es gewesen, das im Sommer 1923 diese hohe Altersgrenze in die Arbeiterversicherung gebracht habe; die Berichtigung solle daher auch wieder vom Knappschaftsgesetz ausgehen." (Ausschußber. S. 107.) Ausnahmen sind nur für die Fälle der Schul- oder Berufsausbildung und zu Gunsten gebrechlicher Kinder zuzulassen. Für die Berechnung des Lebensalters sind, da das RKG. hierüber keine Vorschriften enthält, die Vorschriften des BGB. (§ 187 Abs. 2, § 188 Abs. 2) anzuwenden. Daraus ergibt sich, daß das Lebensalters eines z. B. am 1. 1. 1909 geborenen Kindes vom Beginn dieses Tages ab rechnet und das 15. Lebensjahr mit Ablauf des 31. 12. 23 vollendet war. (Entsch. d. RVA. vom 27. 5. 26 IIa Kn. 415/25—5.)

7) Anspruchsberechtigt ist der Versicherte, nicht etwa die Ehefrau oder das Kind.

8) 10 v. H. des Krankengeldes sind gleich 5 v. H. des Grundlohns; demnach beziehen

der Verheiratete ohne Kind	55 %	des	Grundlohns,
„ „ mit 1 Kind	60 %	„	„
„ „ „ 2 Kindern	65 %	„	„
„ „ „ 3 Kindern	70 %	„	„
„ „ „ 4 Kindern	75 %	„	„

Der Höchstbetrag von 75 % des Grundlohns wird also von dem Verheirateten mit 4 Kindern oder einem Witwer mit 5 Kindern erreicht.

9) Die Fassung „nach Vollendung des 15. Lebensjahres" dürfte gewählt sein, um gegenüber Entscheidungen der Spruchbehörden zu dem etwas abweichenden Wortlaut des § 559 b RVO. klarzustellen, daß ein Anspruch auch dann besteht, wenn die Berufsausbildung erst nach Vollendung des 15. Lebensjahres begonnen hat. Vgl. auch die inzwischen bekannt gewordene E. des RVA. vom 4. 5. 1926 AN. 295 Nr. 3216.

10) Der Begriff „Schul- oder Berufsausbildung" ist weiter als die Fassung „Berufsausbildung" in dem bisherigen § 559 a RVO, und wohl deshalb eingeführt, weil die Rechtsprechung zur Unfallvers. den Schulbesuch als allgemeine Ausbildung und nicht als Berufsausbildung bezeichnet hatte (vgl. Ausschußber., S. 108). Zur „Schulausbildung" zu rechnen ist der Besuch von Gymnasien und höheren Lehranstalten, Lehrerbildungsanstalten, Seminaren, Hochschulen usw., wenn der Schulbesuch die Zeit und Arbeitskraft des Kindes ganz oder überwiegend in Anspruch nimmt, so daß es nicht selbst erwerbstätig sein kann. Ob auch der Besuch von Mittelschulen und Handelsschulen darunter fällt, ist nach den besonderen Umständen des Einzelfalles zu beurteilen. Es wird auf den Ausbildungszweck und die Dauer des Schulbesuches ankommen. Z. B. wird der nur wenige Monate dauernde Besuch einer kaufmännischen Privatschule zwecks Erlernung von Stenographie und Maschinenschreiben nicht als Schulausbildung angesehen werden können. Der Begriff „Berufsausbildung" dürfte voraussetzen, daß es sich um Ausbildung für einen bestimmten Beruf, nicht nur um die Vorbildung zu irgend einem, noch nicht endgültig feststehenden Beruf handelt. Bei Lehrlingen kann trotz eines formalen Lehrverhältnisses die Annahme von Berufsausbildung zweifelhaft sein, wenn tatsächlich ein Lohn-Arbeitsverhältnis vorliegt (z. B. bei Zechen-Lehrlingen, die über Tage beschäftigt werden, weil sie das für Arbeit unter Tage bergpolizeilich vorgeschriebene Lebensalter noch nicht erreicht haben, und Tariflohn beziehen). Nicht unter den Begriff „Berufsausbildung" fällt der Besuch bergmännischer Pflicht-Fortbildungsschulen (vergl. § 87 des

Preußischen Berggesetzes) und die planmäßige Ausbildung zum Hauer nach bergpolizeilichen Vorschriften (vergl. z. B. Bergpolizei-Verordnung des Oberbergamts Dortmund vom 22. 12. 25 über die Befugnis zur Hauerarbeit und dazu ergangene Richtlinien betr. Aufstellung eines Ausbildungsplanes). Im übrigen kann auf die beamtenrechtlichen Bestimmungen des Reichsfinanzministeriums (Reichsbesoldungsblatt 1924, S. 245 Ziffer 180a und 180b) verwiesen werden.

11) Eine Beschränkung hinsichtlich des Lebensalters der Kinder ist hier nicht vorgesehen. (Abweichend §§ 34 Abs. 2, 40 Abs. 2.) Krankengeld-Zuschlag ist daher z. B. zu zahlen für einen 23jährigen Sohn auf der Universität, der von dem Versicherten überwiegend unterhalten wird.

12) Das Wort „überwiegend" ist hier und an anderen einschlägigen Stellen an Stelle des früheren gebräuchlichen Wortes „unentgeltlich" gesetzt, und zwar auf Beschluß des Plenums in dritter Lesung, nachdem zuvor das sog. Initiativgesetz (RGBl. I S. 311) die gleiche Aenderung gebracht hatte. (Vgl. Sten. Ber. über die Sitzungen vom 21. und 22. 6. 26 S. 7491 u. 7507.) Gründe der Aenderung sind nicht angegeben. Sie dürfte darauf beruhen, daß nach der früheren Fassung des § 1259 Abs. 2 Nr. 3, § 1291 Abs. 2 Nr. 3 RVO. (§§ 33, 58 AVG.) Zweifel entstanden waren, ob die „Unentgeltlichkeit" der Unterhaltsgewährung durch geringfügige Zuschüsse zu den Kosten des Unterhalts von anderer Seite aufgehoben wird. Vgl. hierzu Entsch. d. RVA. vom 28. 11. 25 AN. 26 S. 5 Nr. 2923. Nach der Entsch. des RVA. vom 12. 5. 25 (AN. S. 276 Nr. 2881) bedeutet „überwiegend", daß mindestens mehr als die Hälfte des Unterhalts bestritten wird.

13) Körperlich oder geistig Gebrechlichen wendet das G. aus sozialen Gründen besondere Fürsorge zu. Auch hier ist die Leistung vom Lebensalter unabhängig. Es kann und wird der Fall eintreten, daß 30 bis 40 jährige gebrechliche Personen als „Kinder" im Sinne des § 22 zu behandeln sind.

14) Abs. 3 umschreibt den Kreis der zu berücksichtigen-

den Kinder. Dieser Kreis war schon gegenüber dem früheren Rechtszustand, der uneheliche Kinder als berechtigt in der Sozialvers. nicht anerkannte, durch das RKG. a. F. (§§ 24, 32) und die entsprechend gefaßten Vorschriften der §§ 1259, 1291 RVO., §§ 33, 58 AVG. erheblich erweitert worden. Nach den Vorschriften des bürgerlichen Rechts stehen den ehelichen Kindern gleich die durch nachfolgende Ehe (§§ 1719 bis 1722 BGB.) oder durch Ehelichkeitserklärung (§§ 1723 bis 1736 BGB.) legitimierten unehelichen Kinder sowie die an Kindes Statt angenommenen (§§ 1741 ff. BGB.). Ferner sind uneheliche Kinder weiblicher Versicherter berechtigt, weil nach § 1705 BGB. das uneheliche Kind im Verhältnis zur Mutter die rechtliche Stellung des ehelichen Kindes hat. Die Sozialversicherung hat nach dem Vorgange des Reichsversorgungsgesetzes weitergehend Stiefkinder und Enkel sowie uneheliche Kinder in den Kreis der Berechtigten einbezogen.

15) Ziff. 4 ist dem § 41 Abs. 2 Nr. 4 des RVG. nachgebildet. Abweichend von diesem G. genügt nicht, daß die Vaterschaft glaubhaft gemacht ist, sie muß vielmehr festgestellt sein. In dieser Hinsicht ist berücksichtigt, daß die Bestimmungen des RVG. durch besondere Kriegsverhältnisse beeinflußt sind und auf kn. Verhältnisse nicht ohne weiteres übertragen werden können. Eine Glaubhaftmachung der Vaterschaft durch hinterlassene Briefe, Aussagen dritter Personen oder dergl. ist im allgemeinen nicht als ausreichend anzusehen. Auf der anderen Seite sind im Hinblick auf die besonderen Gefahren des bergmännischen Berufs an die Feststellung der Vaterschaft keine zu strengen Anforderungen zu stellen. Es wird demnach nicht erforderlich sein, daß der Vater nach § 1718 BGB. die Vaterschaft in einer öffentlichen Urkunde anerkannt hat oder zur Anerkennung der Vaterschaft gerichtlich verurteilt ist, vielmehr können auch andere Beweise genügen, z. B. glaubhafte Aussagen von Arbeitskameraden eines tödlich verunglückten Bergmannes, denen gegenüber sich der Verunglückte kurz vor dem Tode als Vater eines Kindes bezeichnet hat (vgl. Ber. RKG.

S. 15). A. M. Schulz RVO., 6. Auflage, Anm. 6 zu § 1259, KOVA. Dortmund in einer Entscheidung v. 20. 3. 1926 sowie Schulz-Hartmann AVG. in Anm. 2 zu § 33. Das RVA. hat unter dem 7. 10. 1924 und 24. 11. 1925 entschieden, daß die Feststellung der Vaterschaft für Waisenrenten unehelicher Kinder auch von den VBehörden der JV. bezw. AV. im Leistungsfeststellungsverfahren getroffen werden kann. Das Wort „feststellen" bedeutet nicht, daß die Vaterschaft des Verstorbenen nur in einem Verfahren außerhalb der VBehörden, insbesondere nur durch gerichtliches Urteil oder notarielle Urkunde festgestellt werden könne. (AN. 1925 Nr. 2915 S. 386 u. 1926 Nr. 2935 S. 204.) Die gleichen Grundsätze müssen hier für die Auslegung gelten.

Daraus, daß der Ehemann der Mutter nach § 1706 BGB. dem unehelichen Kinde seinen Namen erteilt, erlangt das uneheliche Kind nicht die rechtliche Stellung des ehelichen, jedoch wird es zulässig sein, neben anderen Beweisen auch die Namenserteilung für die Feststellung der Vaterschaft zu verwerten.

16) Die Berücksichtigung der Stiefkinder hat ebenfalls ein Vorbild im § 41 RVG., jedoch sind neben Stiefkindern nicht allgemein Pflegekinder, sondern nur Enkel zu berücksichtigen, die der Versicherte überwiegend unterhält. Stiefkinder sind die Kinder eines Ehegatten im Verhältnis zu dem anderen Ehegatten (vergl. § 1590 BGB.). Auch uneheliche Kinder der Ehefrau (eingebrachte Kinder) sind Stiefkinder im Rechtssinne, nicht aber die Abkömmlinge eingebrachter Kinder, sog. Stiefenkel. (RVA. v. 27. 2. 25 AN. S. 229 Nr. 2867.)

17) Eine bestimmte Dauer der Unterhaltsgewährung vor Eintritt des Versicherungsfalles wie im § 24 Abs. 2 RKG .a. F. (ein Jahr) ist nicht vorgeschrieben. Vgl. auch § 34 Anm. 18

18) Die Bestimmung soll Doppelleistungen, z. B. aus dem V.Verhältnis des Vaters, der sich um das Kind nicht kümmert, und des dem Kinde Unterhalt gewährenden Großvaters ausschließen.

19) Wegen des Begriffs „Krankenhauspflege“ vergl. § 184 RVO. und Anm. 2a zu § 20.

20) Zu den „Angehörigen“ werden im allgemeinen nur solche Familienmitglieder gerechnet, die in einem rechtlich anerkannten Verwandtschafts- oder Schwägerschaftsverhältnis zu dem Vers. stehen. Nach Entsch. des RVA. vom 2. 10. 25 (AN. 26 S. 15 Nr. 2433) zu § 1271 RVO. kann aber auch ein uneheliches Kind — vorausgesetzt, daß die Vaterschaft des Erzeugers feststeht — den Angehörigen zugezählt werden. Nach dieser Entscheidung werden uneheliche Kinder auch für das Hausgeld bei Krankenhauspflege zu berücksichtigen sein. S. Anm. 2a zu § 20.

21) Gewährung von Unterhalt ist, wie nach § 186 RVO., in allen Fällen Voraussetzung des Anspruchs auf Hausgeld.

22) Die Höhe des Hausgeldes ist in Anlehnung an § 194 Nr. 1 RVO., abweichend von § 186 RVO., gesetzlich dahin bestimmt, daß es je nach Zahl der zu berücksichtigenden Angehörigen 50 bis 100 % des Mindestkrankengeldes, d. h. des Krankengeldes für Ledige (§ 22 Abs. 1) beträgt. Der Höchstbetrag von 100 % wird bei 5 zu berücksichtigenden Angehörigen erreicht.

§ 23 (Neu). [1])

(Abs. 1.) Versicherten, die einer Bezirksknappschaft oder besonderen Krankenkasse mindestens drei Monate [2]) angehören, wird freie ärztliche Behandlung [3]) und Krankenhauspflege [4]) für ihre Ehefrauen und Kinder (§ 22) [5]), soweit diesen nicht selbst ein Anspruch auf Krankenpflege gegen einen Träger der reichsgesetzlichen Kranken- oder Unfallversicherung zusteht [6]), in demselben Umfange gewährt, in welchem die Versicherten diese Leistungen beanspruchen [7]). Daneben wird von den Kosten der Arznei die Hälfte erstattet. Die Sondervorschriften [8]) können bestimmen, daß von den Kosten der Arznei[9]) siebzig vom Hundert[10]) erstattet werden. In den Ausnahmefällen nach § 182 a Abs. 3 der Reichsversicherungsordnung[11]) hat die Bezirksknappschaft oder besondere Krankenkasse die vollen Arzneikosten zu tragen.

(Abs. 2.) [12]) Die Vorschriften des Abs. 1 gelten für uneheliche Kinder nur, wenn sie mit dem Versicherten in häuslicher Gemeinschaft leben.

§ 14 a Entw. d. Nov.

1) Der § 23 enthält eine der wichtigsten Neuerungen des Ges., nämlich die Einführung der sog. Familienhilfe als gesetzlicher Pflichtleistung für die Versicherten kn. Betriebe. Die Familienhilfe hat den eigentlichen Anlaß für die Einbringung der Knappschaftsnovelle geboten. Sie ist in dem Entw. d. Nov. S. 11 wie folgt begründet:

„Der Wert der Familienhilfe braucht nicht näher dargetan zu werden. Für ihre Einführung sprechen vor allem bevölkerungspolitische Gründe und der in der neueren sozialen Gesetzgebung bewußt hervorgekehrte Gesichtspunkt, daß den Versicherten in erster Linie Sachleistungen gewährt werden sollen. Die Bergarbeiter hatten früher durchweg die Familienhilfe und sahen diese Leistung als einen Teil ihres Lohnes an. Der Wunsch nach Wiedereinführung erscheint berechtigt, und die Erfüllung dieses Wunsches muß als dringlich bezeichnet werden. Berichte von Gemeinden und Fürsorgeärzten aus den wichtigsten Bergbaurevieren lassen erkennen, daß viele Bergleute selbst bei schwerer Krankheit in der Familie den Arzt nicht zuziehen, weil sie unter den gegenwärtigen Lohnverhältnissen die Kosten nicht aufzubringen vermögen, daß sich infolgedessen der Gesundheitszustand der Bergarbeiterbevölkerung verschlechtert und daß eine Ausbreitung ansteckender Krankheiten, namentlich der Tuberkulose, besorgt werden muß. Zwar treten in Fällen besonderer Not die Gemeinden oder sonstige Fürsorgeverbände ein, diese verlangen aber Erstattung ihrer Aufwendungen von dem unterstützten Bergarbeiter. An einigen Stellen sind die Bergarbeiter dazu übergegangen, selbst Familienkassen zu gründen, aus denen den Familien freie ärztliche Behandlung gewährt wird. Hierin kann aber nur ein unzureichender Notbehelf erblickt werden, da die Leistungen solcher Notkassen trotz hoher Beiträge hinter den Leistungen einer gesetzlich geregelten Familienhilfe zurückbleiben.

Die Frage, ob die Familienhilfe als gesetzliche Pflichtleistung aller Krankenkassen (vgl. § 225 Abs. 1 der Reichsversicherungsordnung) einschließlich des Reichsknappschaftsvereins eingeführt werden kann, ist zur Entscheidung noch nicht ganz reif.

Die Verhältnisse bei den einzelnen Kassenarten liegen verschieden; auch bietet die Regelung der Arztfrage noch Schwierigkeiten. Kann hiernach die Familienhilfe als eine allgemeine Regelleistung nach dem § 179 der Reichsversicherungsordnung im Augenblick noch nicht eingeführt werden, so nötigen die geschilderten Verhältnisse in den Bergarbeiterfamilien dazu, die Familienhilfe vorab zu einer gesetzlichen Pflichtleistung der knappschaftlichen Krankenversicherung zu erheben. Erleichtert wird die Einführung durch die einheitliche Organisation der Krankenkassen des Reichsknappschaftsvereins und durch die Möglichkeit, das Verhältnis zu den Aerzten von einer Stelle aus zu regeln (vgl. § 18 des Reichsknappschaftsgesetzes)."

Die gesetzliche Einführung der Familienhilfe ist allseits als bedeutsamer sozialer Fortschritt begrüßt worden. Meinungsverschiedenheiten haben nur über das Ausmaß der Leistungen, namentlich über die Frage der Gewährung freier Arznei, bestanden. Der Entw. der Nov. hatte die Versorgung mit Arznei sowie Zahnersatz ausschließen wollen. Der RT.Ausschuß hat dementgegen in erster Lesung „Gewährung von Krankenpflege nach § 182 Nr. 1 RVO." ohne jede Beschränkung beschlossen trotz eindringlicher Vorstellungen der Reichsregierung, daß die Versorgung der Familienangehörigen mit Arznei erfahrungsgemäß die KrK. außerordentlich stark belaste, und daß in Fällen ernster Krankheit regelmäßig Krankenhauspflege Platz greife, welche die Arzneiversorgung in sich schließe. In der zweiten Lesung ist dem besonders betonten Bedenken, daß ärztliche Behandlung ohne Bewilligung von Arznei nur bedingten Wert habe, weil die Versicherten vielfach die vom Arzt verordnete Arznei nicht bezahlen könnten, durch die in das G. übergegangene Kompromißfassung Rechnung getragen worden. Die Notwendigkeit einer Beteiligung der Versicherten an den Kosten der Arznei hat die Regierung außer mit dem Hinweis auf die Belastung der KrK. durch volle Arzneikosten hauptsächlich damit begründet, daß bei ambulanter Behandlung das Bedürfnis nach Stärkungsmitteln, wie Biomalz und dergl. bestände, und daß hier Mißbrauch verhütet werden müsse (Ber. S. 111).

2) Die hier vorgesehene Wartezeit von 3 Monaten ist, abweichend von § 208 Satz 1 RVO. — wonach die Satzung für den Anspruch auf Mehrleistungen eine Wartezeit von höchstens 6 Monaten nach dem Beitritt bestimmen kann —, zwingend. Ihre Einführung beruht auf Erfahrungen der Vergangenheit, wonach berufsfremde Personen (z. B. selbständige Handwerker) vorübergehend Bergarbeit aufnahmen und alsbald wieder abkehrten, nachdem sie die Leistungen der früheren freiwilligen, ohne Wartezeit gewährten Familienhilfe in oft erheblichem Umfange in Anspruch genommen hatten. Ob bei dem zwingenden Charakter der Wartezeit Satz 2 des § 208 RVO. in dem Sinne Anwendung finden kann, daß die 3monatige Wartezeit nicht für Mitglieder gilt, die binnen der letzten 12 Monate bereits für mindestens 6 Monate Anspruch auf Mehrleistungen einer KrK. oder der Rkn. gehabt haben, muß bezweifelt werden. Nach Erklärung des RAM. in der Plenarsitzung vom 9. 6. 1926 (sten. Ber. S. 7394) ist jedoch nicht notwendig, daß die 3 Monate bei ein und derselben Bezkn. zurückgelegt werden. Auch die Zeit bei einer anderen Bezkn., bei der der Betreffende vorher Mitglied war, ist anzurechnen, nicht dagegen die Mitgliedschaft bei einer Ortskrankenkasse, Betriebskrankenkasse usw.

3) Zur ärztlichen Behandlung (vergl. §§ 182, 122 RVO.) gehört auch fachärztliche Behandlung, namentlich von Zahn-

krankheiten, nicht jedoch die Gewährung von Zahnersatz. Auch die Lieferung von Brillen, Bruchbändern und anderen kleineren Heilmitteln ist regelmäßig ausgeschlossen, weil nach der endgültigen Fassung des G. nicht Krankenpflege im Rahmen des § 182 Nr. 1 RVO., sondern nur die im Abs. 1 ausdrücklich aufgeführten Leistungen zu gewähren sind.

4) Die Krankenhauspflege ist für die Angehörigen keine Pflichtleistung, wie auch der Versicherte keinen klagbaren Anspruch auf Krankenhauspflege hat (Ber. S. 110). Vergl. auch Anm. 2 a zu § 20.

5) Vergl. hierzu die Erläuterungen zu § 22, Anm. 14 bis 17.

6) Damit sind, wie nach § 205 b RVO., die bei der Bezkn. oder bei einer anderen Kasse selbst versicherten Ehefrauen und Kinder von den Familienhilfe-Leistungen aus der KrK.-Mitgliedschaft des Ehemannes oder Vaters ausgeschlossen. Sie haben auch nicht etwa ein Wahlrecht, vielmehr können sie Krankenpflege nur bei der Kasse in Anspruch nehmen, der sie selbst als Mitglieder angehören. Weibliche Versicherte, die der Bezkn. angehören, haben für ihre Kinder Anspruch auf die Leistungen der Familienhilfe. Wegen Krankenpflegeleistungen der UV. vgl. §§ 557 a, 558 ff. RVO.

7) Der Ausdruck „beanspruchen" kann hier hinsichtlich der Krankenhauspflege nicht in dem Sinne ausgelegt werden, daß den Familienangehörigen, abweichend von der für die KrK.-Mitglieder bestehenden Rechtslage (vergl. oben Anm. 4) ein Rechtsanspruch auf Krankenhauspflege eingeräumt werden sollte.

8) Die Sondervorschriften werden, vorbehaltlich der Genehmigung der Rkn. (§ 13) von den Bezirksversammlungen für Arbeiter- und für Angestelltensachen (§ 178) beschlossen, und zwar getrennt für die Abteilungen, wofern nicht nach § 17 Abs. 3 eine gemeinsame KrK. gebildet wird; für die Abstimmung gelten die §§ 179, 162. Bei bes. KrK. beschließt die Hauptversammlung (§ 183).

9) Zur Arzvei gehören regelmäßig nicht Nahrungs- und

Stärkungsmittel, wie Wein, Milch, Cognak und dergl. Solche Mittel werden nur ausnahmsweise, z. B. zur Beseitigung vorübergehender Schwächezustände oder aus sonstigen dringlichen Gründen, verordnet werden dürfen.

10) Ob entsprechend den allgemeinen Vorschriften der RVO. (vgl. § 205 b Nr. 1) dieser Satz auf 100 % erhöht werden kann, erscheint zweifelhaft. Im allgemeinen hat die lex specialis den Vorrang vor der lex generalis, so daß eine von dem RKG. als Spezialgesetz abweichende Festsetzung nicht zulässig sein dürfte. Die Frage wird bei der Aufstellung von Richtlinien für die Sondervorschriften (vgl. § 24 Satz 2) zu lösen sein.

11) Wegen der Ausnahmefälle nach § 182 a RVO. s. Anm. 2 a zu § 20.

12) Wo bisher Familienhilfe als freiwillige Mehrleistung gewährt worden ist, dürften die Kassensatzungen wohl allgemein den Anspruch an die Voraussetzung häuslicher Gemeinschaft, d. h. ein räumliches Zusammenleben mit dem Versicherten, geknüpft haben. Aus Abs. 2 muß für die kn. Familienhilfe gefolgert werden, daß bei Ehefrauen und Kindern — mit Ausnahme der unehelichen Kinder — häusliche Gemeinschaft nicht vorzuliegen braucht. Diese Regelung erscheint wenig befriedigend; es leuchtet nicht ein, weshalb z. B. die Ehefrau, die ihren Mann verlassen hat, zur Familienhilfe berechtigt sein soll, während für das bei Pflegeeltern untergebrachte uneheliche Kind einer Versicherten kein Anspruch besteht. Der Ber. des RT.Ausschusses (vergl. S. 109/110) gibt für die unterschiedliche Behandlung keine Aufklärung. Wegen Gewährung der Familienhilfe an Angehörige, die an Orten wohnen oder erkranken, für die kein Vertragsverhältnis mit Aerzten usw. besteht, vgl. § 25 Abs. 1 u. 2.

§ 24 (14 Abs. 2).[1]

(Abs. 1.) Die Bezirksknappschaften und die besonderen Krankenkassen können in ihren Sondervorschriften Mehrleistungen [2/3]) bestimmen.

(Abs. 2.) Die Satzung[1]) kann für die Gewährung von Mehrleistungen allgemeine Richtlinien aufstellen, die in den Sondervorschriften zu beachten sind[2]).

§ 14 Entw., § 14 b Entw. d. Nov.

1) § 24 entspricht inhaltlich dem § 14 Abs. 2 KVG. in früherer Fassung.

2) Die Bezkn. u. bes. KrK. sind in der Gewährung von Mehrleistungen, deren Kosten sie auch aufzubringen haben, grundsätzlich selbständig und im allgemeinen nur den Beschränkungen unterworfen, die sich aus der RVO. (vgl. § 179 Abs. 3) ergeben. Die Mehrleistungen finden aber, zumal nach Einführung neuer Pflichtleistungen, eine natürliche Grenze in der Höhe der Beiträge zur KrK. Nach § 122 darf schon der Beitrag zur Deckung der Regelleistungen 10 v. H. des Grundlohns nicht übersteigen; eine Beitragserhöhung über diese Grenze hinaus für Pflichtleistungen oder Mehrleistungen bedarf der Zustimmung der Arbeitgeber und der Versicherten (itio in partes). Für die Beschlußfassung über Mehrleistungen im übrigen gelten §§ 179, 162. Ein bei Beratung der Nov. im RT.Ausschuß gestellter Antrag, wonach Mehrleistungen, über die kein Beschluß zu Stande kommt, von den Versichertenvertretern allein sollen beschlossen werden können, ist abgelehnt worden, nachdem die Regierung darauf hingewiesen hatte, daß es sich hierbei um Einrichtungen ganz privaten Charakters handeln würde, die nicht in das G. hineingebracht werden könnten. (Ber. S. 18/19.)

Auf die durch die Satzung (bei den Bezkn. und bes. KrK. durch die Sondervorschriften) bestimmten Mehrleistungen haben die Versicherten durchweg einen Rechtsanspruch. Es ist aber zulässig, die Mehrleistungen durch die Satzung (Sondervorschriften) zeitlich zu beschränken, z. B. zu bestimmen, daß Mehrleistungen für Familienangehörige nur solange gewährt werden, als die Mitgliedschaft dauert. (OVG. vom 26. 2. 1898, ArbVers. S. 476). Nach § 208 RVO. kann bestimmt werden, daß der Anspruch auf Mehrleistungen erst nach einer Wartezeit von höchstens sechs Monaten nach dem Beitritt entsteht. Eine solche Bestimmung gilt nicht für Mitglieder, die binnen der letzten zwölf Monate bereits für sechs Monate Anspruch auf Mehrleistungen der KrV. gehabt haben.

Nach Einführung von Krankengeldzuschlägen und eines erhöhten Hausgeldes (§ 22) sowie der Familienhilfe (§ 23) als gesetzlicher Pflichtleistungen der kn. Vers. kommen als Mehrleistungen noch in Betracht:

a) Erweiterung der Krankenhilfe bis auf ein Jahr (§ 187 Nr. 1 RVO.);

b) Erhöhung des Krankengeldes (für Ledige) bis auf drei Viertel des Grundlohnes (§ 191 Abs. 1 RVO.);

c) Zubilligung des Krankengeldes schon vom ersten Tage der Arbeitsunfähigkeit an bei Krankheiten, die länger als eine Woche dauern, zum Tode führen oder durch Betriebsunfall verursacht worden sind, sowie mit Zustimmung der Aufsichtsbehörde (vgl. § 27 RKG.) auch bei anderen Krankheiten (§ 191 Abs. 2 RVO.);

d) Bewilligung von Zuschlägen zum Krankengeld für alle oder nur für die niedrigeren Lohnstufen in einem für alle gleich hohen oder für die niedrigeren von ihnen erhöhten Betrage (§ 191 Abs. 3 Nr. 2 RVO.);

e) Gestattung der Fürsorge für Genesende, namentlich durch Unterbringung in einem Genesungsheim, bis zur Dauer eines Jahres nach Ablauf der Krankenhilfe (§ 187 Nr. 2 RVO.);

f) Zubilligung von Hilfsmitteln gegen Verunstaltung und Verkrüppelung, die nach beendigtem Heilverfahren nötig sind, um die Arbeitsfähigkeit herzustellen oder zu erhalten (§ 187 Nr. 3 RVO.);

g) Vorsehung von Maßnahmen zur Verhütung von Erkrankungen der einzelnen Kassenmitglieder (§ 187 Nr. 4 RVO.);

h) Gewährung — mit Zustimmung des Versicherten — von Hilfe und Wartung durch Krankenpfleger, Krankenschwestern oder andere Pfleger, namentlich auch dann, wenn die Aufnahme des Kranken in ein Krankenhaus geboten, aber nicht ausführbar ist oder ein wichtiger Grund vorliegt, den Kranken in seinem Haushalt oder in seiner Familie zu belassen; die Sondervorschriften können gestatten, dafür bis zu einem Viertel des Krankengeldes abzuziehen (§ 185 RVO.). Kassen mit räumlich weit ausgedehnten Bezirken können Krankenschwestern als Pflegepersonen und als Gehilfinnen der Aerzte anstellen (§ 185 a RVO.);

i) gänzlicher oder teilweiser Ausschluß der im § 189 RVO. vorgeschribenen Kürzung (s. § 20 Anm. 2 unter a letzter Absatz);

k) Erhöhung der Barleistungen für eingetretene Versicherungsfälle entsprechend den Veränderungen des Geldwertes (§ 191 a RVO.);

l) Festsetzung eines Höchstbetrages für kleinere Heilmittel (mit Zustimmung der Aufsichtsbehörde, vgl. § 28 RKG.); Zubilligung anderer als kleinerer Heilmittel bei der Krankenpflege, insbesondere von Krankenkost oder eines Zuschusses hierfür; Zubilligung mindestens des halben Krankengeldbetrages an Versicherte, die freiwillig Mitglieder der Kasse bleiben, dann, wenn sie sich nicht im Bezirke der Kasse aufhalten (§ 193 RVO.);

m) Zubilligung eines Krankengeldes bis zur Hälfte des gesetzlichen Betrages neben der Krankenhauspflege an Versicherte, an die kein Hausgeld zu zahlen ist (§ 194 RVO.);

n) Erhöhung des einmaligen Entbindungkostenbeitrages (§ 195 a Abs. 1 Nr. 2) von 10 bis auf 25 RM., Erweiterung des Wochengeldbezuges bis auf 13 Wochen, des Stillgeldbezuges bis auf 26 Wochen und Erhöhung des Wochengeldes bis zur Höchstgrenze von drei Vierteln des Grundlohnes (§ 195 b RVO.);

o) Gewährung eines Schwangerengeldes in Höhe des Krankengeldes bis zur Gesamtdauer von sechs Wochen an Schwangere, die der Kasse mindestens sechs Monate angehören, bei Arbeitsunfähigkeit infolge der Schwangerschaft (§ 199 RVO.);

p) Erhöhung des Sterbegeldes bis zum 40 fachen des Grundlohnes (§ 204 RVO.);

q) Gewährung von Sterbegeld beim Tode des Ehegatten oder eines Kindes des Versicherten. Das Sterbegeld kann für den Ehegatten bis auf zwei Drittel, für ein Kind bis auf die Hälfte des Mitgliedersterbegeldes bemessen werden und ist um den Betrag des Sterbegeldes zu kürzen, auf das der Verstorbene selbst gesetzlich versichert war (§ 205 b Nr. 2 RVO.);

r) Befreiung von der Voraussetzung des gewöhnlichen Aufenthaltes im Inland bei Familienwochenhilfe (vgl. § 205 a Abs. 2 RVO.) mit Zustimmung der Aufsichtsbehörde (vgl. § 27 RKG.);

s) Erhöhung des Wochengeldes und des Stillgeldes für Ehefrauen, Töchter usw. bis auf die Hälfte des Krankengeldes der Versicherten (§ 205 a Abs. 4 RVO.).

Erwähnt sei in diesem Zusammenhang noch § 363 a RVO., wonach die Satzung mit Zustimmung des Oberversi.-Amtes (der Aufsichtsbehörde nach § 27 RKG.) den Vorstand ermächtigen kann, für Sozialrentner und Fürsorgeempfänger die Krankenpflege zu übernehmen, sofern der Kasse Ersatz der vollen Aufwendungen für den Einzelfall sowie eines angemessenen Teiles ihrer Verwaltungskosten gewährleistet wird.

3) Im § 14 Abs. 2 RKG. in früherer Fassung war neben Mehrleistungen abweichend von der RVO. (vgl. § 363) auch die Gewährung außerordentlicher Unterstützungen vorgesehen. Die Vorschrift ist durch die Nov. ohne nähere Begründung beseitigt.

4) d. i. die Satzung der Rkn.

5) In dieser Vorschrift liegt eine gewisse Beschränkung der Selbständigkeit der Bezkn. und bes. KrK., die aus nachstehenden Gründen für geboten erachtet worden ist:

„So berechtigt an sich das Bestreben der BezKV. sein mag, die KrV. zugunsten der Arbeiter und ihrer Familien nach Möglichkeit auszugestalten, muß doch verhütet werden, daß BezKV. sich in der Bewilligung von Mehrleistungen gegenseitig überbieten, weil hierdurch unter Umständen die Versorgung der verschiedenen Bergbaubezirke mit Arbeitskräften gestört werden kann, und weil es nicht angängig erscheint, daß in den dem RKV. angehörenden BezKV. Leistungen und Beiträge in der KrK. derart voneinander abweichen, daß die Einheitlichkeit des Knappschaftswesens auf diesem Gebiete tatsächlich aufgehoben wäre. Ein gewisser, die Mehrleistungen regelnder Einfluß des RKV. ist unabweisbar geboten." (Begr. zum RKG. S. 41/42.) Die bisherige vom RAM. erlassene Satzung hat im § 51 allgemein bestimmt, daß Mehrleistungen der Zustimmung des Vorstandes des RKV. bedürfen.

§ 25 (Neu). [1])

(Abs. 1.) Die Vorschriften der §§ 219, 220, 222 der Reichsversicherungsordnung [2]) gelten mit der Maßgabe [3]), daß die andere Krankenkasse eintritt, wenn Kranke [4]) außerhalb solcher Orte wohnen, auf die sich das Vertragsverhältnis der Bezirksknappschaften und besonderen Krankenkassen mit Aerzten und Apotheken erstreckt, oder wenn Versicherte oder Familienangehörige [5] / [6]) während eines vorübergehenden Aufenthalts außerhalb solcher Orte erkranken. Die Bezirksknappschaft oder besondere Kankenkasse kann mit den Ortskrankenkassen solcher Orte allgemeine Abmachungen treffen, [7]) die der Zustimmung der Reichsknappschaft [8]) bedürfen.

[9]) (Abs. 2.) Bei der Kostenerstatlung für die Familienhilfe nach § 222 der Reichsversicherungsordnung gelten drei Achtel des Ortslohnes für männliche Versicherte über einundzwanzig Jahre am Sitz der erstattungsberechtigten Krankenkasse [10]) als Ersatz der Kosten für die Krankenpflege. Bei Krankenhauspflege von Familienangehörigen gilt das gleiche für die Krankenpflege. [11])

[12]) (Abs. 3.) Auf Antrag der Bezirksknappschaft kann der Reichsarbeitsminister mit Zustimmung der Reichsknappschaft bestimmen, daß die Krankenversicherung der in kleineren und räumlich getrennten Betrieben beschäftigten Knappschaftsmitglieder im Namen und im Auftrag der Bezirksknappschaft durch die zuständige Ortskrankenkasse durchgeführt wird.

1) § 25 Abs. 1 enthält den bisherigen § 15 unter Ausdehnung auf Familienangehörige. In den Abs. 2 ist der wesentliche Inhalt des § 14 Abs. 3 a. F,. betr. Kostenerstattung für Familienhilfe übergegangen. Wegen Abs. 3 vgl. Anm. 12.

2) Die zitierten Paragraphen der RVO. beziehen sich auf die Versorgung von Kranken, die außerhalb der Kassenbezirke wohnen, und von Versicherten, die während eines vorübergehenden Aufenthalts außerhalb des Kassenbezirks erkranken. Im allgemeinen tritt hier die Ortskrankenkasse des Wohn- oder Aufenthaltsortes ein.

3) Die Regelung der RVO. kann nicht ohne weiteres für die kn. KrV. übernommen werden. Die Rkn. umfaßt räumlich das ganze Reichsgebiet. Verträge mit Aerzten und Apothekern bestehen aber im allgemeinen nur für Orte, wo sich der Sitz einer Bezkn. oder einer bes. KrK. befindet, oder wo Versicherte in größerer Zahl zusammen wohnen. Mangels einer scharfen räumlichen Abgrenzung von Kassenbezirken, wie sie bei den sonstigen KrK. üblich ist, bedarf es der in Abs. 1 Satz 1 gegebenen Klarstellung, weil sonst die Auffassung entstehen könnte, daß das Reichsgebiet den Kassenbezirk oder Kassenbereich im Sinne der §§ 219, 220 RVO. bilde, womit die Anwendung dieser Vorschriften gänzlich ausgeschlossen würde. Vgl. die entsprechende Regelung freier ärztlicher Behandlung und Arznei für Knappschaftsinvalide in §§ 43, 64 und der Krankenpflege als freiwilliger Pensionsleistung in §§ 46, 65.

4) Unter „Kranken" sind g. F. auch Familienangehörige zu verstehen, für die Anspruch auf Familienhilfe nach § 23 besteht.

5) Der Entw. des RKG., der Familienhilfe als Mehrleistung vorsah, hatte Familienangehörigen der Versicherten Krankenpflege nur an solchen Orten zugestehen wollen, für die ein Vertragsverhältnis der Kn. mit Aerzten oder Apothekern besteht, und zwar mit der Begründung, daß die KnVereine im allgemeinen freie ärztliche Behandlung nur durch angestellte Kassenärzte und freie Arznei nur durch Apotheken liefern, mit denen sie einen Vertrag haben. (Vgl. Begr. zum RKG. S. 41.) Diese Absicht ist vom RT.Ausschuß beanstandet, weil sie mit der in den grundsätzlichen Entscheidungen des RVA. vom 5. November 1920 und 4. Oktober 1921 (AN. 1921 S. 173 Nr. 2613 und S. 435 Nr. 2680) niedergelegten Rechtsauffassung über die Gleichberechtigung der Kassenmitglieder im Widerspruch stehe und weil es eine Härte bedeute, Versicherte, die infolge Wohnungsmangels für ihre Familienangehörigen keine Wohnung im Kassenbezirk finden können, von der Familienhilfe auszuschließen, obwohl sie gleiche Beiträge zu zahlen hätten wie Versicherte mit Familienangehörigen im Kassenbezirk. (Näheres s. erste Aufl. S. 80.) Der Ausschuß hat es für richtig erachtet, im Falle der Einführung der Familienhilfe den Familienangehörigen auch außerhalb des Kassenbezirks die Sachleistung der Krankenpflege und nicht etwa Barentschädigung zu gewähren, und hat demgemäß nach langen Erörterungen die dem Vorbilde der §§ 219, 220 RVO. entsprechende Regelung des § 14 Abs. 3 RKG. a. F. gewählt. Diese Regelung ist für die nunmehr Pflichtleistung gewordene Familienhilfe übernommen. Aus Gründen der Vereinfachung sind die §§ 14 Abs. 3 und 15 RKG. a. F. zusammengezogen.

6) Für den Anspruch auf Leistungen der Familienhilfe nach Art und Höhe sind nicht etwa die Satzungen der ersuchten Ortskrankenkasse, sondern die gesetzlichen Vorschriften (§ 23 RKG.) und etwaige ergänzende Sondervorschriften der ersuchenden Bezkn. maßgebend. Die Ortskrankenkasse darf die Leistungen nur im Rahmen dieser Vorschriften gewähren, auch wenn ihre eigene Satzung weitergehende Leistungen vorsehen sollte.

7) Satz 2 des Abs. 1 entspricht einem bei Beratung der Nov. ohne nähere Begründung eingebrachten Antrage. (Ber. S. 111.) Derartige Abmachungen werden sich vornehmlich auf die Versorgung der Kranken durch die Ortskrankenkassen beziehen. Aber auch Vereinbarungen über die Ersatzleistung nach Abs. 2 dürften zulässig sein. Sollte eine Ortskrankenkasse nach ihren Einrichtungen (Verträgen mit Aerzten usw.) nicht in der Lage sein einzutreten, so wird die Bezkn. außerhalb ihres Bezirks selbst leisten müssen, wobei sie auf Anwendung des § 2 der Gebührenordnung für approbierte Aerzte und Zahnärzte vom 1. 9. 24 Anspruch hat.

8) d. i. der Vorstand der Reichsknappschaft.

9) Abs. 2 bezieht sich nur auf die Kostenerstattung für die Familienhilfe (§ 23 RKG.). Handelt es sich um Ersatz für Leistungen an Versicherte der Bezkn., so gilt die allgemeine Regel des § 222 RVO.

10) Die Erstattung von Pauschbeträgen ist vorgesehen, um die Abrechnung zwischen den Ortskrankenkassen und Bezkn. zu vereinfachen. Der Ersatz für Krankenpflege ist nicht, wie in § 222 RVO., auf drei Achtel des Grundlohnes des Versicherten, sondern auf drei Achtel des gemäß §§ 149, 150 RVO. festgesetzten Ortslohnes für männliche Erwachsene über 21 Jahre am Sitz der Ortskrankenkasse bestimmt, weil die wirtschaftlichen Verhältnisse am Wohn- oder Aufenthaltsort der Familienangehörigen und nicht am Beschäftigungsort des Versicherten als für den Erstattungsanspruch maßgebend erachtet werden. Bei Beratung der Nov. im RT.Ausschuß ist beantragt worden, die Pauschalierung zu streichen und den Ortskrankenkassen vollen Ersatz zu leisten. Der Antrag ist jedoch abgelehnt (Ber. S. 19 zu § 14c). Die im Ausschuß geäußerten Bedenken hinsichtliche einer Benachteiligung der Ortskrankenkassen dürften nicht zutreffen. Der Pauschsatz von $^3/_8$ des Ortslohns für männliche Versicherte über 21 Jahre erscheint auch nach Einführung des gesetzlichen Beitrags zu den Arzneikosten (½) ausreichend, da er für berechtigte Kinder ohne Unterschied

des Alters, also auch für Säuglinge zu zahlen ist.

Durch die Pauschbeträge werden zugleich die den Ortskrankenkassen entstehenden Verwaltungskosten mit abgegolten. Zu den Verwaltungsaufgaben der Ortskrankenkassen wird auch die Kontrolle der krankfeiernden Angehörigen, namentlich hinsichtlich der Dauer der Krankenpflege, gehören, weil vom Sitz der BezKn. aus Ueberwachung nicht möglich ist.

11) Ein Pauschsatz für die Kosten des Unterhalts im Krankenhaus ist nicht vorgesehen. G. F. werden deshalb die tatsächlich entstandenen und nachgewiesenen Kosten zu erstatten sein.

12) Abs. 3 beruht auf Beschlüssen des Plenums zu § 13 RKG. a. F. (Sten. Ber. S. 7395 u. 7507); bei der redaktionellen Ueberprüfung gemäß Art. 20 d. Nov. ist die Vorschrift hierher übernommen. Eine Begründung ist nicht gegeben. Wünsche im Sinne der Vorschrift waren aber, namentlich aus Süddeutschland, schon bei Beratung des RKG. unter Hinweis auf die Zweckmäßigkeit geäußert worden. (Vgl. die ähnliche Vorschrift in § 19, die auch süddeutsche Verhältnisse betrifft.) Mißbräuchliche Anwendung ist nicht zu befürchten, da zahlreiche Sicherungen vorgesehen sind. Im Falle der Anwendung tritt die Ortskrankenkasse an die Stelle der BezKn., deren Beauftragte sie ist. Für die Durchführung der KrV. bleiben die Vorschriften des RKG. maßgebend.

§ 26 (16).

Die Vorschriften des § 313a der Reichsversicherungsordnung [1]) gelten mit der Maßgabe, daß an die Stelle des Kassenvorstandes [2]) die Verwaltung der Bezirksknappschaft oder besonderen Krankenkasse und an die Stelle des Versicherungsamts ein nach § 180 bestellter Ausschuß tritt. [3])

1) Die §§ 313 und 313a RVO. betreffen die freiwillige Weiterversf. in der KrK. Nach § 313a kann der Kassenvorstand die Versetzung des Weiterversicherten ohne seine Zustimmung in eine höhere Klasse oder Stufe anordnen, wenn dessen Bei-

träge in erheblichem Mißverhältnisse zu seinem Gesamteinkommen und zu den ihm im Krankheitsfalle zu gewährenden Leistungen stehen.

2) Kassenvorstand im Sinne des § 313a RVO. würde an sich der Vorstand der Rkn. sein. Da aber die Durchführung der KrV. allgemein den Bezkn. und bes. KrK. obliegt, ist ihnen, und zwar den Verwaltungen folgerichtig auch die Wahrnehmung der Aufgaben nach § 313a RVO. übertragen.

3) Gegen die Maßnahmen der Verwaltung ist entsprechend dem allgemeinen Aufbau des Verfahrens in Sachen der KrV. (vgl. §§ 191 Abs. 1, 192) die Beschwerde an einen nach § 180 bestellten Ausschuß gegeben, der endgültig entscheidet.

§ 27 (17).[1])

In den Fällen, in denen die Vorschriften der Reichsversicherungsordnung[2]) die Genehmigung oder Zustimmung des Oberversicherungsamts erfordern, tritt an die Stelle des Oberversicherungsamts die Aufsichtsbehörde.

1) § 27 hat durch die Nov. gegenüber dem § 17 a. F. eine erweiterte Fassung erhalten.

2) Nach § 324 RVO. sind die Satzungen der KrK. vom Oberversicherungsamt zu genehmigen. Abweichend davon ist im RKG. die Bestätigung der Satzung der Rkn. und die Prüfung der Sondervorschriften der Bezkn. und bes. KrK. der Aufsichtsbehörde übertragen (vgl. § 189). Dem entspricht, daß die Aufsichtsbehörde auch gewisse Obliegenheiten des Oberversicherungsamts übernimmt, die mit der Satzungsbestätigung in Zusammenhang stehen. Vgl. auch § 21 Abs. 2, § 204 Abs. 2 RKG.

In Betracht kommen hauptsächlich folgende Vorschriften der RVO.: § 176 Abs. 3, betr. Festsetzung einer Altersgrenze für den Beitritt zur KrK.

§ 187 Nr. 4, betr. Maßnahmen zur Verhütung von Erkrankungen der einzelnen Kassenmitglieder,

§ 191 Abs. 2, betr. Zubilligung des Krankengeldes vom ersten Tage an bei anderen Krankheiten als solchen, die länger als eine Woche dauern, zum Tode führen oder durch Betriebsunfall verursacht worden sind,

§ 191 Abs. 3 Nr. 2, betr. Bewilligung von Zuschlägen zum Krankengeld für alle oder für die niedrigeren Lohnstufen bis zur Höchstgrenze von ³/₄ des Grundlohns,

§ 191 a, betr. Erhöhung der Barleistungen entsprechend den Veränderungen des Geldwertes,

§ 193, betr. Festsetzung eines Höchstbetrages für kleinere Heilmittel und Bestimmung, daß bis zu dieser Höhe ein Zuschuß gewährt werden darf,

§ 195 b Abs. 2, betr. Bemessung des Wochengeldes über das Krankengeld hinaus bis zur Höchstgrenze von ³/₄ des Grundlohns,

§ 205 a Abs. 2, betr. Befreiung von der Voraussetzung des gewöhnlichen Aufenthalts im Inlande bei Familienwochenhilfe,

§ 215 Abs. 2, betr. Beschränkung der Kassenleistungen für nach § 168 RVO. versicherungsfreie Personen, die der KrV. freiwillig beitreten.

§ 313 Abs. 2, betr. Verlängerung der Fristen für Anzeige der Weiterversicherung,

§ 363 a, betr. Uebernahme der Krankenpflege für Sozialrentner und Fürsorgeempfänger.

Fünfter Abschnitt.

Pensionsversicherung.

Vorbemerkung.

Schon in dem Entw. des RKG. trug der fünfte Abschnitt die Ueberschrift „Pensionsversicherung der Arbeiter". Die Worte „der Arbeiter" wurden jedoch infolge anderweitigen Aufbaus der AV. im Rahmen des Gesamtgesetzes gestrichen. Aus den in der ersten Aufl. S. 88/89 angegebenen Gründen wurde für zweckmäßig erachtet, die AV. im RKV. ebenso aufzubauen wie die JVers., d. h. bei den Angestellten die AV. des AVG. ebenso neben die knappschaftliche Pensionsversicherung zu stellen, wie die IVers. nach der RVO. neben der Pensionsversicherung der Arbeiter steht, dagegen Angestellte, welche die gesundheitlichen Voraussetzungen für Aufnahme in die PK. nicht erfüllen, nur nach Maßgabe der AVG. zu versichern. Daher wurden die Vorschriften über die Pensionsversicherung der Arbeiter und der Angestellten in einen Abschnitt zusammengezogen, und die AV. des AVG. wurde in einem besonderen Abschnitt behandelt. Damit kam es zur Doppelversicherung der zur Aufnahme in die PK. geeigneten Angestellten. Die Doppelversicherung bedeutete einen über das Bedürfnis hinausgehenden Versicherungsschutz und belastete die Versicherten außerordentlich stark mit Beiträgen. Sie ist deshalb, durchweg in Uebereinstimmung mit den Wünschen der Angestellten, durch die Nov. beseitigt. Das G. kennt jetzt nur noch die PV., der alle Angestellten in kn. vers. Betrieben ohne Rücksicht auf Gesundheit angehören. (Näheres s. §§ 49, 50). Demgemäß ist der die „Angestelltenversicherung" betreffende Sonderabschnitt gefallen, und das G. unterscheidet wieder im 5. Abschnitt „Pensionsversicherung der Arbeiter" (Unterabschnitt A) und „Pensionsversicherung der Angestellten" (Unterabschnitt B).

Im übrigen hat die Nov. gegenüber dem RKG. a. F. folgende grundsätzliche Aenderungen gebracht:

1. Das sog. Gesundheitsattest als Voraussetzung für die Aufnahme in die PK. ist beseitigt.
2. Grundsätzlich sind alle Personen, die in kn. vers. Betrieben beschäftigt werden, beitragspflichtig zur PK., auch Empfänger von Invaliden- und Alterspension, sowie von Reichsinvalidenrente.
3. Das System der sog. gleitenden Rente ist beseitigt und durch ein Lohnklassensystem ersetzt.
4. Die Leistungen setzen sich nach dem Vorbilde der anderen Versicherungen aus Grundbetrag und Steigerungsbeträgen zusammen. Es ist klargestellt, daß die Anrechnung von Steigerungssätzen auch über das 25. Dienstjahr hinaus stattfindet. Der Grundbetrag ist gleich dem der IV. bzw.

AV.; er ruht beim Zusammentreffen mit Leistungen dieser Versicherungen.

5. Die Vorschriften über die sog. Alterspension sind ergänzt durch Kann-Vorschriften, deren Anwendung die Ausdehnung der Alterspension auf Tagesarbeiter ermöglicht. Die gleiche Ausdehnungsmöglichkeit besteht hinsichtlich des Altersruhegeldes für technische, nicht jedoch für kaufmännische Angestellte. In der Höhe der Alterspension bezw. des Altersruhegeldes tritt bei regelmäßiger Verrichtung von Lohnarbeit bezw. Angestelltentätigkeit eine Beschränkung ein.

6. Für Kinder wird ein Kinderzuschuß zur Invalidenpension oder zum Ruhegeld in Höhe des Kinderzuschusses zur reichsgesetzlichen Invalidenrente oder zum Ruhegeld des AV. gewährt.

7. Von wesentlicher Bedeutung für den Abschnitt „Pensionsversicherung" und seine gesamte Gestaltung ist schließlich noch die Trennung von Gemeinlast und Sonderlast. (Näheres hierüber vergl. §§ 127, 128.)

A. Pensionsversicherung der Arbeiter.

I. Versicherungspflicht.

§ 28 (19)[1].

Arbeiter[2]) in knappschaftlich versicherten[3]) Betrieben gehören[4]) der Arbeiterpensionskasse[5]) der Reichsknappschaft als Mitglieder[6]) an. Die Vorschrift des § 15 Abs. 3[7]) gilt entsprechend.

§ 16 Entw., § a Entw. d. Nov.

1) § 28 ist gegenüber dem früheren § 19 wesentlich gekürzt, da ein Teil der früheren Voraussetzungen für die Aufnahme in die PK. durch die Nov. fortgefallen ist.

2) Arbeiter im Sinne des § 28 sind auch Empfänger von Invaliden- oder Alterspensionen sowie von Reichsinvalidenrenten, die noch irgendwelche Arbeit in kn. vers. Betrieben verrichten (vgl. Anm. 1 zu § 29).

3) Wegen der Bedeutung dieses Begriffs vgl. Anm. 2 zu § 9.

4) Aus der Fassung „gehören an" im Zusammenhang mit der Ueberschrift „Versicherungspflicht" ergibt sich zweifelsfrei, daß die PV. der Arbeiter eine Zwangsversicherung ist: Alle Arbeiter in kn. vers. Betrieben werden kraft Gesetzes von der Versicherung erfaßt; eine Befreiung ist nur auf Antrag der Versicherungspflichtigen und nur in den Fällen der §§ 29, 30 möglich.

Freiwilliger Eintritt in die Vers. (Selbstversicherung) wie in der Angestelltenpensionskasse (vgl. § 53 RKG.) oder in der JV. (vgl. § 1243 RVO.) ist nicht zugelassen. Das RKG. a. F. kannte auch keine freiwillige Fortsetzung der Vers. (Weiterverſ.) in der Form, daß PK.-Mitglieder, die aus der kn. Beschäftigung ausgeschieden sind, nach dem Ausscheiden durch freiwillige Fortentrichtung des Mitglieder- und des Arbeitgeberbeitrages die in der PK. erworbenen Ansprüche steigern können. Die Begr. zum RKG. (S. 42) hatte die Zulassung der Weiterverſ. ausdrücklich abgelehnt, weil nach den Erfahrungen der Knappschaftsvereine, deren Satzung früher die freiwillige Fortsetzung der Mitgliedschaft zuließ, von der Fortsetzung namentlich Personen Gebrauch gemacht haben, die sich nach dem Ausscheiden aus der Bergarbeit einem anderen, wenig anstrengenden Beruf (z. B. als Gastwirt) zuwandten, und weil kein Anlaß vorliege, Personen, die in keinerlei Beziehungen mehr zum Bergbau stehen, als PK.-Mitglieder weiterzuführen. Die Nov. hat jedoch nach dem Vorbild der JV. und AV. die Weiterverſ. allgemein zugelassen. (Vgl. § 77.) Neben der Weiterverſ. besteht die Möglichkeit, die bis zum Ausscheiden erworbenen Ansprüche durch Zahlung von AnerkGeb. zu erhalten (§ 76).

5) Neben der Arbeiter-PK. steht die Angestellten-PK. (vergl. § 49). Die Rechnungsführung für beide Abteilungen war schon nach dem RKG. a. F. (§ 104) getrennt vorzunehmen, namentlich sind die Beiträge getrennt zu buchen. Der Gedanke der

Trennung der beiden Abteilungen ist in der Nov. noch schärfer betont worden, indem besondere Hauptversammlungen bezw. Bezirksversammlungen für Arbeiter und für Angestellte vorgeschrieben sowie innerhalb der Vorstände getrennte Abteilungen für Arbeiterangelegenheiten und für Angestelltenangelegenheiten zu bilden sind (vgl. §§ 146, 165).

6) Nach dem RKG. a. F. war die Mitgliedschaft in der PK. an die Erfüllung nachstehender Voraussetzungen geknüpft:

a) Verrichtung knappschaftlicher Arbeit. Unter diesem Begriff wurde jede auf die Gewinnung und Förderung von Mineralien oder ähnlichen Stoffen sowie auf ihre Verarbeitung und Verwertung, einschließlich des Absatzes, gerichtete Tätigkeit verstanden. Nach der neuen Fassung genügt schlechthin Arbeit in kn. vers. Betrieben. Es wird aber nicht als Absicht der G. zu unterstellen sein, daß auch Nebentätigkeiten einbezogen werden sollen, die mit dem Gegenstand des kn. Betriebes nicht im Zusammenhang stehen, wie Putz- und Reinigungsarbeiten in Werkstätten über Tage und in Büroräumen, das Verkaufen von Lebensmitteln in Kantinen, Konsumanstalten und dergleichen. (Der Satzungsausschuß der Rkn. hat Reinemache- und Putzfrauen unter Hinweis auf die Fassung des § 1 Abs. 2 für nicht knappschaftspflichtig erklärt.) Ebensowenig wird der PV. die Tätigkeit von Monteuren einer Maschinenfabrik unterliegen, die über oder unter Tage mit der Aufstellung einer Maschine oder mit sonstigen Installations- oder Montagearbeiten beschäftigt sind. (Auch für Unfälle solcher Monteure im Bergwerksbetriebe tritt nicht die Knappschaftsberufsgenossenschaft, sondern nach § 634 RVO. die Berufsgenossenschaft ein, der ihr Arbeitgeber angehört.)

Dagegen sind wie bisher die sog. Unternehmerarbeiter in Bergwerken der PV. unterworfen. Der Umstand, daß diese Arbeiter nicht unmittelbar im Dienste des Bergwerksbesitzers, sondern eines selbständigen Unternehmers stehen, der die Ausführung bestimmter Arbeiten im Grubenbetriebe übernommen hat, ist also ohne Bedeutung. (Vgl. Begr. zum Entw. RKG S. 43.)

b) Versicherung gegen Krankheit beim Reichsknappschaftsverein. Diese Voraussetzung mußte mit Rücksicht auf die Zulassung von Ersatzkassen der KrV. auch für Arbeiter (vgl. § 15 und Anm. 12 dazu) fallen. PV. und KrV. sind also jetzt voneinander unabhängig.

c) Gesundheitsnachweis. Das RKG. a. F. hatte in der Erwägung, daß für die Durchführung der bergmännischen Sonderversicherung eine Risikenauslese berechtigt und daß die Fernhaltung schwächlicher Personen von der schweren Bergarbeit für diese selbst nützlich und für die PK. in Anbetracht der kurzen Wartezeit eine notwendige Schutzmaßnahme sei (Begr. S. 43), an der Forderung des Gesundheitsnachweises auch gegenüber der im RT.Ausschuß vorgebrachten Einwendungen (Näheres s. 1. Aufl. S. 92/93) festgehalten.

Der Entw. der Nov. sah Beseitigung des Gesundheitsattestes trotz der zugegebenen Verschlechterung des Versicherungswagnisses vor, um zu erreichen, daß überall dieselben Personen, die nach der RVO. versichert sind, auch der Vers.Pflicht in der ArbeiterPK. unterliegen, wodurch die Verwaltung wesentlich vereinfacht werde. (Begr. S. 15.) Im Vorl. RWR. ist auf Grund eindringlicher Vorstellungen, namentlich aus Oberschlesien, von Arbeitgeberseite der Antrag gestellt worden, das Gesundheitszeugnis nach näherer Bestimmung der Satzung als Voraussetzung der Aufnahme in die Arbeiter-PK. wiederherzustellen; der Antrag ist jedoch mit 14 : 14 Stimmen abgelehnt worden (Ber. des Sozialpolitischen Ausschusses des RWR., Reichstagsdrucksache Nr. 1777 S. 21). Im RT.Ausschuß gestellte Anträge, das Gesundheitsattest beizubehalten oder die Einführung wenigstens durch die Sondervorschriften zuzulassen, sind gleichfalls abgelehnt, im wesentlichen mit der von Arbeitnehmerseite gegebenen Begründung, daß ein Attest für die Aufnahme in die KrK. und PK. genügen müsse, und daß es im finanziellen Interesse der RKn. liege, wenn sie mehr Beitragszahler bekomme; dabei ist angedeutet, daß die Arbeitgeber mit Vorliebe Nicht-PK.-Mitglieder beschäftigten, um Beiträge zu sparen (Ber. S. 28, 31). Die Vermehrung der Zahl der PKMitglieder durch den Fortfall des Gesundheitszeugnisses wird in der Tat nicht unbeträchtlich sein. In der Anlage 5 zum Ber. S. 182 ist angegeben, daß mit dem Inkrafttreten der Nov. die Arb.PK. sofort einen Zuwachs von 70 bis 80 000 Mitgliedern erhält, weil die Mitglieder der kn. KrK. (einschl. der Pensionäre) zugleich Mitglieder der PK. werden. In einer Aufstellung des RAM. über die Auswirkung der Ausschußbeschlüsse erster Lesung war in Uebereinstimmung mit der Begr. der Nov. besonders hervorgehoben, daß der Zuwachs von 70—80 000 PKMitgliedern zwar in den ersten 3 Jahren (kn. Wartezeit) die wirtschaftliche Lage der Rkn. erleichtere, dann aber das Risiko verschärfe. Die finanzielle Entlastung der Rkn. wird also nur eine vorübergehende sein.

Die nunmehrige Rechtslage ist folgende: Wer zur Arbeit in einem kn. vers. Betriebe zugelassen ist, wird damit ohne weiteres PKMitglied. Bergpolizeilich ist eine ärztliche Untersuchung vor Aufnahme der Bergarbeit nur in Sachsen vorgeschrieben (§ 153 der allgemeinen Bergpolizeivorschriften für Sachsen vom 2. 1. 1901 nebst Nachtrag vom 22. 11. 1908). In Preußen besteht lediglich die Vorschrift, daß mit einer Krankheit oder einem Gebrechen behaftete Personen, die infolge dieses Zustandes sich und andere gefährden können, nicht beschäftigt werden dürfen (vergl. z. B. § 338 der Bergpolizeiverordnung für den Oberbergamtsbezirk Dortmund vom 1. 1. 1911). Hiernach besteht die Möglichkeit, daß Personen, namentlich über Tage beschäftigte, in die PV. kommen, die überhaupt nicht ärztlich untersucht worden sind. Es wird sich empfehlen, durch Ordnungsvorschrift, etwa in der Satzung oder in den Sondervorschriften, die Beibringung eines sog. Anlege-Attestes anzuordnen, welches über den Gesundheitszustand im allgemeinen Aufschluß gibt und besondere Fragen hinsichtlich der PV. nicht zu enthalten braucht. Auf ein derartiges Anlege-Attest — welches auch für die Frage der Befreiung von der KrV.Pflicht von Bedeutung sein würde — legen die Knappschafts-Aerzte und die Aerzte der Knappschafts-Berufsgenossenschaft großen Wert, weil nach ihren Erfahrungen in Zweifelsfällen sehr häufig auf das Anlege-Attest zurückgegriffen werden muß. Daß auch der RT.Ausschuß das sog. Anlege-Attest nicht hat beseitigen wollen, ist aus der Ausführung eines Abgeordneten (Ber. S. 31) zu entnehmen, daß ein Attest „bei der Arbeitsaufnahme" für die Aufnahme in die KrK. und PK. ausreichend sein müsse.

Ob die Kosten eines durch Satzung vorgeschriebenen Anlegeattestes, wie bisher die des gesetzlichen Gesundheitszeugnisses — vergl. § 44 Abs. 2 Satz 2 der bisherigen Satzung des RKV. — von den Arbeitnehmern zu tragen sein werden, erscheint zweifelhaft. Diese Frage wird g. F. durch die Satzung (Sondervorschriften) mit zu lösen sein.

In früheren Landesgesetzen war noch eine untere Altersgrenze von 16 Jahren und eine obere Altersgrenze von 40 Jahren für die Aufnahme in die PK. vorgesehen. Diese Beschränkungen sind aber bereits im RKG. a. F. fortgefallen. Jugendliche Arbeiter, die nach Entlassung aus der Schule als Lehrling auf Zechen, Werkstätten oder in Büros Beschäftigung aufnehmen, werden also PKMitglieder, auch wenn sie das 14. Lebensjahr noch nicht vollendet haben sollten; bezüglich der Beschäftigung jugendlicher Arbeiter unter Tage bleiben natürlich die bergpolizeilichen Vorschriften maßgebend. Infolge gesetzlicher Festlegung der Wartezeit auf 36 Monate (§ 72) ist theoretisch denkbar, daß ein jugendlicher Arbeiter von noch nicht 17 Jahren Anspruch auf JP. hat, die sich aus dem Grundbetrag von 14 RM. und Steigerungssätzen für 3 Jahre zusammensetzen würde. Andererseits können auch Personen in vorgerücktem Alter noch PKMitglieder werden, was im Hinblick auf die Vorschrift des § 35 Nr. 1 nicht unbedenklich ist.

7) Vgl. Anm. 7 zu § 15. Auch die PV. beginnt mit

Aufnahme der versicherungspflichtigen Beschäftigung. Die Anmeldung hat auf die Entstehung des Versicherungsverhältnisses keinen Einfluß, ist aber aus Gründen der Ordnung vorgeschrieben und deshalb durch die Strafvorschrift im § 233 Abs. 2 in Verbindung mit § 1489 RVO. gesichert. Der § 22 RKG. a. F., wonach die Mitgliedschaft erlischt, wenn ein neu aufgenommenes Mitglied vor Ablauf eines Monats aus der kn. Beschäftigung ausscheidet und nicht innerhalb eines weiteren Monats kn. Beschäftigung wieder aufnimmt, ist durch die Nov. ohne nähere Begründung beseitigt.

§ 29 (Neu). [1])

(Abs. 1.) Auf ihren [2]) Antrag werden von der Versicherungspflicht befreit die im § 1235 Nr. 3, § 1237 Abs. 1, in den §§ 1238, 1239 der Reichsversicherungsordnung sowie die im § 12 Nr. 4, § 14 des Angestelltenversicherungsgesetzes [3]) bezeichneten Personen. Die Befreiung wirkt vom Eingang des Antrags [4]) an.

[5]) (Abs. 2.) Die Befreiung wird widerrufen, wenn die Voraussetzungen für die Befreiung nicht mehr vorliegen.

[6]) (Abs. 3.) Ueber die Befreiung und ihre Widerrufung entscheidet ein nach § 180 bestellter Ausschuß. Auf Beschwerde entscheidet das Knappschaftsoberversicherungsamt endgültig.

§ b Entw. d. Nov.

1) Der Entw. der Nov. erklärte u. a. die im § 13 AVG. bezeichneten Personen als vers.-frei. Danach wären die Empfänger einer JP., auch wenn sie noch in kn.vers. Betrieben arbeiten und den tarifmäßigen Lohn verdienen, kraft G. von der PV.Pflicht ausgenommen worden. Bei Beratung der Nov. im RT.Ausschuß haben sowohl Ausschußmitglieder wie Reichsregierung die Auffassung vertreten, daß es zweckmäßig, ja sogar notwendig sei, auch PEmpfänger zu kn. Beiträgen heranzuziehen. Ein Vertreter der Reichsregierung

hat erklärt: „Von den Empfängern einer Invaliden- oder Alterspension stünden noch rund 30 000 im bergbaulichen Dienste; sie seien beitragsfrei. Der Ausfall an Beiträgen, der durch die Beschäftigung von Rentenempfängern entstehe, enthalte eine Benachteiligung der Reichsknappschaft, aber auch eine gewisse Gefahr für die Lohnpolitik und eine geordnete Erwerbslosenfürsorge. Es sei daher zweckmäßig, alle Arbeiter in knappschaftlichen Betrieben zu den Beiträgen heranzuziehen, auch wenn sie schon Pension bezögen." (Ber. S. 31/32.) Mit dieser Auffassung hat man den bisherigen Grundsatz verlassen, daß nach Eintritt des V.Falls Beiträge zu der betreffenden V. nicht mehr entrichtet werden können. Die weitere Beitragsleistung ist aber nicht ohne Nutzen für die Pensionsempfänger, denn auf ihren Antrag werden durch Ergänzungsbescheid die entsprechenden Steigerungsbeträge festgesetzt, allerdings unter der Voraussetzung, daß erneut mindestens 12 Monatsbeiträge entrichtet worden sind (vgl. § 80 Abs. 4).

2) Also nur auf Antrag der im Abs. 1 bezeichneten Personen, nicht etwa auf Antrag der Arbeitgeber.

3) Von den hier angeführten Paragraphen beziehen sich § 1235 Nr. 3 RVO. und der gleichlautende § 12 Nr. 4 AVG. auf Personen, die zu ihrer wissenschaftlichen Ausbildung für den zukünftigen Beruf gegen Entgelt tätig sind, § 1238 auf Vers.-Pflichtige, die während oder nach der Zeit eines Hochschulunterrichts zur Ausbildung für ihren künftigen Beruf oder in einer Stellung beschäftigt werden, die den Uebergang zu einer der Hochschulbildung entsprechenden v.freien Beschäftigung bildet. Nach § 1237 Abs. 1 RVO. und dem inhaltlich entsprechenden § 14 AVG. wird auf seinen Antrag befreit, wem von dem Reiche, einem Lande, einem Gemeindeverbande, einer Gemeinde oder einem Träger der Reichsversicherung usw. Ruhegeld, Wartegeld oder ähnliche Bezüge bewilligt sind und daneben Anwartschaft auf Hinterbliebenenfürsorge gewährleistet ist. Unter diese Vorschrift können pensionierte Staats- oder Gemeindebeamte, Beamte von Landesversicherungsanstalten und dergl. fallen, die Lohnarbeit in kn. vers. Betrieben verrichten.

Der Abs. 2 des § 1237 RVO., wonach auf seinen Antrag von der V.Pflicht auch befreit werden kann, wer eine kn. Pension bezieht, ist als durch § 28 RKG. aufgehoben anzusehen, soweit Arbeit in kn. vers. Betrieben verrichtet wird. § 1239 RVO., der die Befreiung nicht berufsmäßiger Lohnarbeiter betrifft, hat für die kn. V. im allgemeinen keine Bedeutung.

4) Der Antrag ist bei der zuständigen Bezkn. zu stellen.

5) Die Abs. 3 und 4 sind den §§ 1240, 1241 RVO., §§ 15, 16 AVG. nachgebildet. An Stelle des Versicherungsamts tritt, wie überall, der Ausschuß, an Stelle des OVA. das KOVA.

§ 30 (Neu). [1])

(Abs. 1.) Auf ihren Antrag können von der Versicherungspflicht befreit werden Personen, denen von dem Reich, einem Land [2]) oder einem Gemeindeverband, einer Gemeinde oder einem Träger der Reichsversicherung [3]) Anwartschaft auf Ruhegeld im Mindestbetrage der Pension nach den Sätzen der Lohnklasse IV [3]) sowie auf Witwenrente nach den Sätzen der gleichen Lohnklasse [4]) und auf Waisenrente gewährleistet ist.

(Abs. 2.) Ob eine Anwartschaft als gewährleistet anzusehen ist, entscheidet der Reichsarbeitsminister. [5]/[6])

(Abs. 3.) Die Vorschriften des § 29 Abs. 3 gelten entsprechend.

(Abs. 4.) Die Vorschriften der §§ 1242 a bis 1242 c [7]) der Reichsversicherungsordnung finden entsprechende Anwendung.

1) Die Vorschrift ist dem § 1234 RVO. (§ 11 AVG.) nachgebildet mit der Abweichung, daß nicht V.Freiheit kraft G., sondern nur Befreiung auf Antrag eintritt. Sie ist durch die Nov. hauptsächlich zu dem Zwecke eingefügt, das V.Verhältnis der Angestellten der Preußischen Bergwerks- und Hütten-A.-G. (Preußag) in Berlin und der Bergwerks-A.-G. Recklinghausen, die zur Zeit ihrer Uebernahme in den Dienst der genannten Gesellschaften als planmäßige Angestellte angestellt waren, klar-

zustellen, insoweit nach ihrer derzeitigen Beschäftigung eine V. in der Arbeiterpensionskasse in Frage kommen sollte. Regelmäßig wird es sich um Angestellte handeln; für diese gilt § 52.

Nach einer Entscheidung des RVA., Knappschaftssenat, vom 12. 2. 25, Nr. 189/24/5, sind die Angestellten der Preußag (und der Bergwerks-A.-G.) nicht vers.-frei nach § 72 RKG. a. F. (§ 11 AVG.), weil sie nicht im Dienste eines Landes, sondern der genannten Gesellschaft beschäftigt sind, der allein die Verfügungsmacht über die Angestellten zusteht. Entsprechend einem Antrage der Bergwerks-A.-G. Recklinghausen hat das RVA. unter dem 27. 4. 1926 (IIa V. 40/26) auf Grund des § 17 AVG. entschieden, daß für die zur genannten Gesellschaft beurlaubten vers.pflichtigen Angestellten die §§ 11, 12 Nr. 1, 2, 14—16 AVG. gelten, wenn ihnen mindestens die im § 11 AVG. bezeichnete Anwartschaft gewährleistet ist. Die Feststellung über Gewährleistung dieser Anwartschaft bei Erfüllung bestimmter Voraussetzungen ist gemäß § 11 Abs. 3 AVG. von der obersten Verwaltungsbehörde, nämlich dem Minister für Handel und Gewerbe und dem Minister für Volkswohlfahrt, durch Erlaß vom 31. 5. 1926 getroffen. Auf Grund dieser Entscheidungen sind die Angestellten der genannten Gesellschaften von der AV. frei, nicht aber ohne weiteres von der PV., da sie nicht zu dem im § 20 Abs. 2 RKG. a. F. umschriebenen Personenkreis gehören. Die durch die Nov. neu eingefügten §§ 30, 52 bieten nunmehr die Möglichkeit der Befreiung von der PV.-Pflicht in der Arbeiter-PK. und in der Angestellten-PK.

2) Die Angestellten der zu 1 genannten Gesellschaften haben nach § 7 des Preuß. G., betr. Uebertragung der Verwaltung und Ausbeutung des staatlichen Bergwerksbesitzes an eine A.-G., vom 9. 10. 1923 (GS. S. 467) bezw. § 5 der Verordnung des Staatsministeriums zur Abänderung dieses Gesetzes vom 19. 1. 1924 (GS. S. 45) Anspruch auf Versorgungsbezüge aus der preußischen Staatskasse; die P.Anwartschaft ist also von einem „Land" im obigen Sinne gewährleistet.

3) Unter § 30 Abs. 1 fallen **nicht** Pensionsempfänger (ehemalige Versicherte) eines Vers.Trägers; vielmehr ist hier an Angestellte (Beschäftigte) in Diensten eines Vers.Trägers gedacht.

4) Abweichend von § 1234 RVO. sind nicht die Sätze der niedrigsten, sondern einer mittleren, nämlich der 4. Lohnklasse zugrunde gelegt (vergl. hierzu Ber. des RT.Ausschusses S. 155).

5) Die Entscheidung über Gewährleistung der Anwartschaft ist, abweichend von einem bei Beratung der Nov. zunächst gestellten Antrage, den Vorstand der Rkn. entscheiden zu lassen, aus Gründen der Zweckmäßigkeit dem RAM. vorbehalten, weil es sich z. B. um die Auslegung preußischer Pensionsvorschriften handeln könne (Ber. S. 155).

6) Mit dem Inkrafttreten der Nov. werden die zu 1 erwähnten Entscheidungen des RVA. und der obersten Verwaltungsbehörde, die sich nur auf die AV. beziehen, durch deren Beseitigung hinfällig. Es wird deshalb eine neue Entscheidung des RAM. herbeizuführen sein, der insbesondere auch das Vorhandensein von Anwartschaften nach den Sätzen der 4. Lohnklasse zu prüfen haben wird.

7) Die §§ 1242 a bis 1242 c RVO. betreffen den Uebertritt von einer vers.freien Beschäftigung in eine vers.pflichtige Beschäftigung und umgekehrt. Durch ihre entsprechende Anwendung soll das im RT.Ausschuß vorgebrachte Bedenken ausgeräumt werden, daß Personen, die von der PV.Pflicht befreit worden sind und später entlassen werden, nach ihrer Entlassung ohne jeden V.schutz bleiben (Ber. S. 155). Eintretendenfalls sind zu Gunsten von Personen, die aus der vers.-freien Beschäftigung ausscheiden, ohne daß ein P.Anspruch gegen den Arbeitgeber entsteht, für die Dauer der vers.freien Beschäftigung Beiträge der Lohnklasse zu entrichten, der sie im Falle ihrer V. angehört haben würden. Nach Maßgabe dieser Beitragsleistung entsteht Anspruch auf Leistungen der PV., gegebenenfalls sind Beiträge bis zum Eintritt des V.falls nachzuentrichten. Vergl. auch die im § 52 Abs. 4 angezogenen ent-

sprechenden Vorschriften der §§ 18 bis 20 AVG. Zur Durchführung dieser Vorschriften des AVG. sind vom Reichsarbeitsministerium unter dem 19. 4. 1924 Richtlinien veröffentlicht (Reichsarbeitsblatt 1924 Nr. 11 S. 204), die für den Bereich der PV. entsprechende Anwendung werden finden dürfen.

§ 31 (23).[1]

Der Reichsarbeitsminister bestimmt[2]), wieweit vorübergehende Dienstleistungen versicherungsfrei[3]) bleiben.

1) Die Vorschrift ist dem § 1232 RVO. nachgebildet und soll die Befreiung von Personen ermöglichen, die aus mehr zufälliger Veranlassung nur kurze Zeit eine an sich versicherungspflichtige Beschäftigung ausüben. U. a. ist an die sog. Werkstudenten gedacht, die während der Ferien in der Grube arbeiten, um Mittel für die Fortsetzung des Studiums zu verdienen. In solchen Fällen würden aus der Beitragsleistung voraussichtlich niemals Ansprüche erworben werden.

2) Bestimmungen des RAM. sind erlassen durch nachstehende Verordnung vom 22. 5. 24 (RGBl. I S. 560):

Auf Grund des § 23 des RKG. vom 23. 6. 23 (RGBl. I S. 431) wird bestimmt:

§ 1.

Von der Pensionsversicherung sind frei

1. vorübergehende Dienstleistungen, wenn sie

a) von Personen, die überhaupt berufsmäßig keine die Versicherungspflicht begründende Beschäftigung ausüben, nur gelegentlich, insbesondere zur gelegentlichen Aushilfe ausgeführt werden;

b) von Personen, die sonst berufsmäßig keine die Versicherungspflicht begründende Beschäftigung ausüben, zwar in regelmäßiger Wiederkehr, aber nur nebenher und gegen einen geringfügigen Entgelt ausgeübt werden. Als geringfügig gilt ein Entgelt, wenn er für den Lebensunterhalt während des Zeitraums, innerhalb dessen die Beschäftigung in regelmäßiger Wiederkehr ausgeübt wird, nicht wesentlich ist und zu den für diese Zeit zu zahlenden Versicherungsbeiträgen nicht im entsprechenden Verhältnis steht;

c) von Arbeitnehmern ohne Unterbrechung ihres anderweitigen ständigen Arbeits- oder Dienstverhältnisses nebenher, gelegentlich oder regelmäßig zur Aushilfe in knappschaftlichen Betrieben ausgeführt werden;

2. vorübergehende Dienstleistungen von Personen, die während der Zeit ihrer wissenschaftlichen Ausbildung gegen Entgelt tätig sind;

3. Dienstleistungen zur schleunigen Hilfe bei Unglücksfällen oder Verheerungen durch Naturereignisse oder zur schleunigen Beseitigung von Betriebs- oder Verkehrsstörungen, sofern diese Dienstleistungen nach ihrer Art die Dauer von einem Monat voraussichtlich nicht übersteigen werden.

§ 2.

Diese Verordnung tritt mit Wirkung vom 1. Januar 1924 ab in Kraft.

3) Nicht nur der Arbeitnehmer, sondern auch der Arbeitgeber ist von Zahlung der PKBeiträge frei.

II. Lohnklassen

Vorbemerkung.

Die Vorschriften dieses Unterabschnittes stellen die Berechnung der Leistungen auf eine vollständig neue Grundlage. Das RKG. a. F. hatte im § 31 zwei Grundsätze aufgestellt, die durch Erscheinungen der Inflation stark beeinflußt waren: die Ableitung der Pension vom Hauerdurchschnittslohn und das Gleiten der Rente. Die Anwendung dieser Grundsätze, die den bei Beratung des RKG. im Jahre 1923 bestehenden Verhältnissen entsprechen mochten, hat Ergebnisse gezeitigt, die nach Wiedereintritt einer stabilen Währung nicht gerechtfertigt erscheinen können. Vor allem läßt die Ableitung einer Einheitsrente vom Hauerdurchschnittslohn ein angemessenes Verhältnis zwischen Lohn und Pension einerseits und zwischen Lohn und Beitrag andererseits vermissen. Der Anteil der Hauer an der Gesamtbelegschaft ist in den einzelnen Bezirken sehr verschieden (z. B. an der Ruhr 47 v. H., in Oberschlesien 28 v. H.), bleibt aber überall hinter 50 v. H. zurück. Mehr als die Hälfte aller Mitglieder erhält also Pension von einem Lohn, den sie tatsächlich nicht beziehen. Infolgedessen wirkt sich das Verhältnis von Lohn und Pension ganz verschieden aus. In dem RT.-Ausschuß ist der Fall des Hofarbeiters der süddeutschen Knappschaft angeführt, der 75 RM. Lohn und nach 25 Dienstjahren 60 RM. JP. bezieht. Bei ihm macht die Pension 80 v. H., bei dem Hauer dagegen nur 40 v. H. des Lohnes aus. Auch das Verhältnis zwischen Lohn und Beitrag ist bei der Einheitsrente unbefriedigend. Der Einheitsbeitrag trifft naturgemäß den geringer entlohnten Tagesarbeiter ungleich schwerer als den Hauer, der den höchsten Lohn bezieht; dazu kommt, daß der Tagesarbeiter von der dem Hauer unter gewissen Voraussetzungen zustehenden AP. ausgeschlossen ist.

Weiterhin hat bei Anwendung des § 31 RKG. a. F. die Festsetzung des Hauerdurchschnittslohns in Bezirken, in denen mehrere Bergbauarten mit verschiedenen Lohnverhältnissen vorkommen oder innerhalb derselben Bergbauart die Löhne voneinander abweichen, große Schwierigkeiten verursacht. Die Anpassung an den jeweiligen Hauerlohn endlich (gleitende Rente) bringt ein für die Versicherten selbst unerwünschtes Moment der Unsicherheit hinsichtlich der Höhe der Bezüge, erschwert eine zuverlässige Berechnung der Beiträge und bedingt einen erheblichen Aufwand an Verwaltungsarbeit durch Umrechnung aller Pensionen bei jeder Lohnänderung. (Bei der Ruhr-Kn. z. B. sind die kn. Bezüge seit der Neufestsetzung am 1. 1. 24 dreimal umgerechnet worden.)

Während der Entw. der Nov. (§ g) an der alten Fassung des G. — abgesehen von Einführung eines Grundbetrages — durchweg festhielt, hat der Vorl. RWR. in Würdigung der geschilderten Verhältnisse vorgeschlagen, ein System von 5

Lohnklassen einzuführen, unter denen die Bezkn. 3 auswählen sollte (Ber. des Ausschusses, Reichstagsdrucksache 1777 S. 5). Im RT. fand der Gedanke der Lohnklassen allgemeine Zustimmung. Auch die Reichsregierung hat dringend empfohlen, den in den anderen V. für den Leistungs- und Beitragstarif bereits durchgeführten Grundsatz: „Gleiche Beiträge, gleiche Leistungen" auf die kn. V. zu übernehmen, damit jeder Arbeiter nach Maßgabe seines tatsächlichen Verdienstes „zahle und erhalte". (Ausschuß-Ber. S. 33).

Das Lohnklassensystem im Zusammenhang mit der Einführung von Steigerungsbeträgen, die nach Dienstaltern gestaffelt sind, bringt für die Zukunft eine Ermäßigung des Pensionsaufwandes und damit der Beitragslast. Während bisher jedes Dienstjahr gleichmäßig mit dem Steigerungssatz von 1,6 v. H. (40 : 25) des Hauerdurchschnittslohns angesetzt wurde, kommen bei dem künftigen Pensionär für die ersten Dienstjahre naturgemäß nur die seinem geringen Arbeitsverdienst und geringem Beitrag entsprechenden Steigerungssätze in Anrechnung, und ein Pensionär, der nicht der höchsten Lohnklasse angehört hat, kann niemals die Pension eines Hauers beziehen. Die Ersparnisse, die sich hieraus ergeben, sind beträchtlich; sie treten aber nur ganz allmählich in Erscheinung und werden sich voll erst nach 22 bis 25 Jahren, d. i. nach dem durchschnittlichen Invalidisierungsdienstalter auswirken.

Unvereinbar mit dem Lohnklassensystem ist ein Gleiten der Bezüge. Im RT.Ausschuß und im Plenum wiederholt gestellte Anträge, das Prinzip der gleitenden Rente mit dem Lohnklassensystem zu vereinigen, sind abgelehnt worden. Für den Fall einer wesentlichen Lohnveränderung in der Zukunft wird daher eine Anpassung der kn. Bezüge an den Lohn nur durch eine gesetzliche Aenderung der Lohnklassen zu erreichen sein.

Die Lohnklassen gelten nur für die Zeit nach dem 1. 7. 26, nicht bei Berechnung der am Tage des Inkrafttretens der Nov. laufenden Pensionen und Anwartschaften (vergl. §§ 243 bis 245).

§ 32 (Neu).

(Abs. 1.) Nach der Höhe des monatlichen Arbeitsverdienstes [1]) werden folgende Lohnklassen [2/3]) gebildet:

Lohnklasse	I	bis zu 75 RM. [4]),	
„	II	von mehr als 75	bis zu 100 RM.,
„	III	„ „ „ 100	„ „ 125 „
„	IV	„ „ „ 125	„ „ 150 „
„	V	„ „ „ 150	„ „ 175 „
„	VI	„ „ „ 175	„ „ 200 „
„	VII	„ „ „ 200 RM. [5])	

(Abs. 2.) [6]) Die Reichsknappschaft bestimmt das Nähere; sie kann für einzelne Gruppen von Versicherten die Zugehörigkeit zu den Lohnklassen bestimmen.

(Abs. 3.) Der Reichsarbeitsminister kann Lohnklassen an die bestehenden anfügen. [7])

1) Wegen Berechnung des monatlichen Arbeitsverdienstes vergl. § 33.

2) Gegen die Einführung von insgesamt 7 Lohnklassen ist im RT.Ausschuß das Bedenken geäußert, daß sie zuviel Verwaltungsarbeit verursachen werde. Demgegenüber ist auf Grund von Berechnungen für die einzelnen Bezirksvereine festgestellt, daß es nach der tatsächlichen Gestaltung der Löhne in jedem Revier nur 3, manchmal auch 2 oder 4 Lohnklassen geben wird (Ber. S. 29). Grundsätzlich war der Ausschuß der Meinung, daß die Einteilung der Lohnklassen tunlichst einfach und zweckmäßig zu gestalten sei. Zu diesem Zweck sind in der 2. Lesung die Bestimmungen des Abs. 2 aufgenommen (vergl. Anm. 6).

3) Eine Uebereinstimmung mit den Lohnklassen der JV. besteht in den unteren Stufen nicht. Bei Umrechnung des Wochentarifs des § 1245 RVO. in einen Monatstarif ergibt sich folgendes Bild:

Klasse	1	bis zu			26 RM.		
„	2	von	mehr	als	26	bis	52 RM.
„	3	„	„	„	52	„	78 „
„	4	„	„	„	78	„	104 „
„	5	„	„	„	104	„	130 „
„	6	„	„	„	130 RM.		

Hiernach fallen die Klassen 1 bis 3 der JV. im allgemeinen mit der Lohnklasse I der PV. zusammen. Es wird für zulässig erachtet werden dürfen, die Klassen 4 bis 6 möglichst mit den Lohnklassen II bis IV der PV. zusammenfallen zu lassen und trotz geringer Abweichungen die in Monatsbeträge umgerechneten Beiträge der Lohnklassen 4 bis 6 der JV. von den Versicherten der Lohnklassen II bis IV der PV. zu erheben. In den Lohnklassen V bis VII ist natürlich gleichfalls der Beitrag der Klasse 6 der JV. zu entrichten.

4) Eine so weit gehende Differenzierung in den unteren Lohnstufen wie bei der JV. ist nicht für erforderlich gehalten. Entgegen der ursprünglichen Absicht, nur 6 Lohnklassen zu bilden und die Lohnklasse I bis 100 RM. zu erstrecken, ist nachträglich jedoch die erste Lohnklasse (bis 75 RM.) gebildet, um jugendliche und weibliche Arbeiter entsprechend zu berücksichtigen (Ber. S. 32/33).

5) Als Endbetrag der Klasse VII gilt für Berechnung der Leistungen und Beiträge der Betrag von 225 RM. (§ 38 Abs. 3).

6) Abs. 2 ist dem Abs. 2 des § 1245 RVO. nachgebildet, mit der Abweichung, daß nicht der RAM., sondern die Rkn. das Nähere bestimmt. Satz 2 soll das Bedenken ausräumen, daß jede Aenderung des Verdienstes einen Wechsel der Lohnklasse nach sich ziehe, wodurch viel Verwaltungsarbeit verursacht und die Rentenfestsetzung erschwert würde. (Ber. S. 115 bis 117.) Nach der Absicht des Ausschusses gilt der Vorstand als ermächtigt, die Lohnklasseneinteilung und die Einstufung unter Berücksichtigung der Verhältnisse der einzelnen Bez.-Vereine so

vorzunehmen, daß Uebertragungen von einer Lohnklasse zu einer anderen auf ein Mindestmaß beschränkt bleiben. So wird der Vorstand z. B. bestimmen können, daß für die Einstufung der Arbeiter in die Lohnklassen nicht der tatsächliche, von dem einzelnen Arbeiter erzielte Lohn maßgebend ist, sondern der Gruppenlohn, d. i. der Lohn, der für die normale Arbeitsleistung der betreffenden Arbeitergruppe im allgemeinen entweder tariflich vereinbart oder ortsüblich ist. Im Falle einer solchen Regelung würden die einmal eingestuften Arbeiter ihre Lohnklasse nicht ändern, solange sie nicht endgültig oder für eine längere oder unbeschränkte Dauer zu einer Arbeit mit anderem Gruppenlohn übergehen. — Durch Beschluß vom 14. 7. 26 hat der Vorstand der Rkn. die Bezkn. bis auf weiteres bevollmächtigt, selbständig die Zugehörigkeit zu den Lohnklassen zu bestimmen.

7) Vergl. § 1245 Abs. 2 Satz 2 RVO., § 171 Abs. 2 Satz 2 AVG.

§ 33 (Neu).

Als monatlicher Arbeitsverdienst gilt das Fünfundzwanzigfache des durchschnittlichen Verdienstes für den vollen Arbeitstag.

Bei Auslegung dem strengen Wortsinne nach müßte § 33 dahin verstanden werden, daß der im Laufe eines Monats verdiente Lohn einschließlich Sozialzulagen durch die Zahl der verfahrenen Schichten geteilt und der so gefundene Durchschnittsverdienst mit 25 vervielfältigt wird. Ein derartiges Verfahren wäre außerordentlich umständlich und würde auch von den sonst üblichen Berechnungen (vergl. z. B. Bekanntmachung des RAM. über die Berechnung des wöchentlichen Arbeitsverdienstes in der JV. vom 14. 6. 24, RGBl. I S. 647) abweichen. Es wird deshalb eine freiere Auslegung Platz greifen dürfen, um die vom Gesetzgeber offenbar gewollte Beweglichkeit hinsichtlich der Einstufung in die Klassen (vergl. Anm. 6 zu § 32) nicht zu beeinträchtigen.

III. Pflichtleistungen.[1])

§ 34 (24)[2])

(Abs. 1.) Die Leistungen[3]) der Arbeiterpensionskasse[4]) sind

1. Invalidenpension[5]) für Knappschaftsinvaliden,
2. Witwenpension[6]) für die Witwen[7]) verstorbener Mitglieder und Knappschaftsinvaliden,
3. Waisengeld[8]) für Kinder (§ 22)[9]) verstorbener Mitglieder und Knappschaftsinvaliden,
4. freie ärztliche Behandlung und Arznei für Knappschaftsinvaliden[10]),
5. eine Beihilfe[11]) zu den Bestattungskosten der Knappschaftsinvaliden, ihrer Ehefrauen und Kinder (§ 22)[12]), sowie der Empfänger von Witwenpension und Waisengeld[13]), soweit[14]) nicht Sterbegeld der Kranken- oder Unfallversicherung gewährt wird.

(Abs. 2.) Erhält das Kind nach Vollendung des fünfzehnten[14]) Lebensjahres Schul- oder Berufsausbildung[15]), so wird das Waisengeld für deren Dauer gewährt, jedoch nicht über das vollendete einundzwanzigste Lebensjahr hinaus[16]). Ist das Kind bei[17]) Vollendung des fünfzehnten Lebensjahres infolge körperlicher oder geistiger Gebrechen außerstande, sich selbst zu erhalten, so wird das Waisengeld gewährt, solange der Zustand dauert.[18]) Für Stiefkinder und Enkel ist erforderlich und genügend, daß der Verstorbene sie unmittelbar vor seinem Tode überwiegend unterhalten hat.[19])

§ 18 Entw., § d Entw. d. Nov.

1) Die Pflichtleistungen bilden den Grundstock der Leistungen der PV. und sind auf Grund der Satzung bei sämtlichen

BezKn. gleichmäßig zu gewähren, vorbehaltlich der Verschiedenheit der Höhe der Leistungen nach Maßgabe der Zugehörigkeit zu den Lohnklassen des § 32. Zu den Pflichtleistungen gehört das Kindergeld, das einen Bestandteil der JP. bildet. Als Pflichtleistungen sind durch die Nov. neu eingeführt freie ärztliche Behandlung und Arznei für Kn.Invalide, sowie Beihilfe zu den Bestattungskosten der Empfänger von Witwenpension und Waisengeld. Im Gegensatz zu den Pflichtleistungen stehen freiwillige Leistungen (§§ 45, 46) und Heilverfahren (§ 47), die durch die Sondervorschriften der BezKn. geregelt werden.

2) Die im § 34 enthaltene Aufzählung der Pflichtleistungen ist erschöpfend. Andere Leistungen sind nur als freiwillige Leistungen zulässig. Die Gewährung von JP. an Unfallbeschädigte, die die Wartezeit in der PK. nicht erfüllt haben, wird nicht als zu den Aufgaben der PV. gehörig betrachtet. Sie war ursprünglich nur vorgesehen, um Unfallverletzten überhaupt eine Entschädigung zuwenden zu können. Diese Bedeutung ist durch die Unfallversicherung weggefallen; die Vorschrift im § 30 Abs. 3 des Preuß. KnG. vom 17. Juni 1912 ist daher nicht übernommen (vgl. Begr. zum RKG. S. 44).

3) Der im § 24 RKG. a. F. hinter dem Wort „Leistungen" stehende Relativsatz: „welche die Pensionskasse nach näherer Bestimmung der Satzung zu gewähren hat" ist fortgefallen, weil die Grundlagen für die Bemessung der Pflichtleistungen im G. selbst festgelegt sind, so daß für eine Regelung durch die Satzung im allgemeinen kein Raum mehr bleibt. Der Satzung ist nur noch überlassen, Näheres über die Bestattungsbeihilfe zu bestimmen und vom 1. 1. 30 ab den Steigerungsbetrag nach 25 Dienstj. evtl. zu erhöhen. Früher für zulässig erachtete Bestimmungen, wonach z. B. in gewissen Fällen die Witwenpension versagt werden konnte, sind nicht mehr statthaft, weil ein Eindringen in persönliche Verhältnisse der Bezugsberechtigten mit dem Grundgedanken der V., daß durch Beiträge ein Rechtsanspruch auf VLeistungen erworben wird, unvereinbar ist.

4) Wegen der Leistungen der Angestelltenpensionskasse vgl. § 56, der nach Ausbau und Inhalt dem § 34 durchweg entspricht.

5) IP. im Sinne dieser Vorschrift ist auch die sog. Alterspension (vgl. § 36). IP. als Leistung der PK. ist scharf zu unterscheiden von „Invalidenrente" im Sinne des § 1255 RVO. Die Empfänger einer IP. werden im Ges. als „Knappschaftsinvaliden" bezeichnet im Gegensatz zu „Invaliden" als den Empfängern der reichsgesetzlichen Invalidenrente. Abweichend von dem früheren Sprachgebrauch der meisten Kn.-Satzungen werden die KnInvaliden im allgemeinen nicht mehr als PKMitglieder betrachtet; sie haben daher auch nicht die aus der Mitgliedschaft bei der PK. fließenden allgemeinen Rechte, soweit sie ihnen nicht im G. ausdrücklich beigelegt sind. Vgl. z. B. § 167 Abs. 2, § 168, betr. Wahl zum Aeltesten. Insoweit aber Empfänger von IP. oder AP. in kn. vers. Betrieben noch arbeiten und PKBeiträge zu entrichten haben (vgl. Anm. 1 zu § 29), müssen sie auf Grund des § 28 als PKMitglieder behandelt werden.

6) Witwenpension ist zu unterscheiden von Witwenrente nach § 1258 RVO. Anspruch auf WP. hat, falls die Wartezeit erfüllt und die Anwartschaft erhalten ist, jede Witwe eines KnMitgliedes oder eines KnInvaliden oder Empfängers von AP., ohne daß in ihrer Person bestimmte Voraussetzungen erfüllt zu sein brauchen; sie braucht insbesondere nicht selbst berufsunfähig oder invalide zu sein. Dadurch unterscheidet sich die WP. wesentlich von der Witwenrente der RVO.

7) Unter „Witwe" ist eine ihres Ehemannes durch den Tod beraubte Ehefrau zu verstehen. Eine geschiedene Frau ist nicht mehr die Frau im rechtlichen Sinne; beim Ableben ihres geschiedenen Mannes ist sie daher auch nicht dessen Witwe. (E. des OSchG. i. K. vom 17. Dez. 1908, RL 86/08, Z. f. B. Bd. 50 S. 277, Kompaß 1909 S. 62; E. des RVA. Knappschaftssenats vom 3. 7. 24 — IIa Kn. 62/24 [*].)

Die rechtskräftige Abweisung des von dem KnMitgliede geltend gemachten Anspruchs auf IP. kann der die WP.

beanspruchenden Witwe des Mitglieds nicht entgegengehalten werden. Auch ist die WP. nicht als ein Teil der dem Ehemann der Witwe erwachsenden JP. anzusehen, welcher nach dem Tode des Ehemannes der Witwe zufällt; der Anspruch der Witwe ist vielmehr ein völlig selbständiger, in ihrer Person entstandener eigener Anspruch der Witwe. (E. des OSchG. vom 24. Aug. 1908, RL 29/08, Kompaß 1908 S. 308, Z. f. B. Bd. 49 S. 546.) Die Witwe eines Anerkennungsgebührenzahlers hat keinen Anspruch auf WP., wenn die Ehe erst nach dem Ausscheiden aus der kn. V. geschlossen ist. Vgl. Anm. zu § 76. Wegen der Abfindung wiederheiratender Witwen vgl. §§ 81 Abs. 3, 250 Abs. 2.

8) Der in der früheren Landesgesetzgebung gebrauchte Ausdruck „Erziehungsbeihilfe" ist ersetzt durch „Waisengeld", um Verwechselungen mit dem nach § 1291 RVO. für Reichsinvaliden und nach § 40 RKG. für KnJnvaliden zu zahlenden Kindergeld zu vermeiden. Auch ist der Ausdruck gewählt zur Unterscheidung von Waisen r e n t e nach § 1259 RVO., § 29 AVG.

9) Der Kreis der zu berücksichtigenden Kinder ist im Abs. 2 zum Teil abweichend von § 22 geregelt (vgl. Anm. 12).

10) Diese Leistung ist durch die Nov. eingeführt. Näheres s. bei §§ 43, 44.

11) Die aus der PK. zu gewährende Beihilfe zu den Bestattungskosten (früher Begräbnisbeihilfe) ist zu unterscheiden von dem Sterbegeld der KrV. (vgl. § 20 RKG., § 201 RVO.), und dem Sterbegeld der UV. (vgl. §§ 586, 930, 1065, 1508 RVO.).

Für den Fall, daß KnJnvaliden der KrK. angehört oder einen tödlichen Betriebsunfall erlitten haben, werden nicht mehrere Leistungen nebeneinander gewährt. Schon der Entw. des RKG. hatte Doppelleistungen durch die Vorschrift des § 70 Abs. 1 vermeiden wollen, wonach beim Zusammentreffen von PKLeistungen mit Leistungen der KrV. die kn. Leistung nur soweit ausgezahlt werden sollte, als sie den Anspruch aus der KrV. übersteigt. Der RT.Ausschuß hat den § 70 Abs. 1 gestrichen (Ber. S. 28), bei Beratung des § 18 des Entw. aber anerkannt, daß für eine Zahlung von Begräbnisbeihilfe neben Sterbegeld der KrK. — das sich auf das 20fache des Grundlohns beläuft und satzungsmäßig bis zum 40fachen des Grundlohns erhöht werden kann — kein ausreichendes Bedürfnis besteht (Ber. RKG. S. 14). Demensprechend bestimmte § 24 Abs. 1 Nr. 4 RKG. a. F., daß Begräbnisbeihilfe zu zahlen ist, „sofern nicht Sterbegeld der KrV. gezahlt wird". Die Satzung des RKV. i. d. F. vom 17. 12. 24 hat vom Wortlaut des Ges. abweichend in § 57 Zahlung des Unterschiedsbetrages vorgeschrieben, falls die Begräbnisbeihilfe höher ist als das Sterbegeld der KrV. Durch die neue Fassung („soweit" statt „sofern") ist klargestellt, daß g. F. immer nur der Unterschiedsbetrag zu zahlen ist.

12) Der Begriff „Kinder" deckt sich hier — abweichend von Ziffer 3 — völlig mit der Begriffsbestimmung des § 22. G. F. ist daher die Bestattungsbeihilfe für Kinder in Berufs- oder Schulausbildung und für Gebrechliche auch dann zu zahlen, wenn sie das 21. Lebensjahr überschritten haben (vgl. Anm. 11 zu § 22). Die Grenze von 21 Jahren fällt allgemein bei einmaligen Leistungen (Krankengeldzuschlag, Familienhilfe und Bestattungsbeihilfe) fort und ist nur für laufende Pensionsleistungen (Waisengeld und Kindergeld vgl. §§ 34, Abs. 2, 40 Abs. 2) vorgesehen.

13) Die früheren Landesgesetze sahen Begräbnisbeihilfe durchweg nur bei Knappschaftsinvaliden vor. Nach dem Vorgang im § 97 Nr. 4 des Sächsischen KnGes. vom 17. 6. 1914 hat das RKG. a. F. die Leistung ausgedehnt auf Ehefrauen, Witwen, Kinder und Waisen von Knappschaftsinvaliden; den Hinterbliebenen aktiver PK.-Mitglieder konnte Sterbegeld nur als freiwillige Leistung gemäß §§ 39 ff. RKG. a. F. gewährt werden. Diese Lücke ist nunmehr durch die Nov. ausgefüllt. Durch Einbeziehung der „Empfänger von Witwenpension und Waisengeld" ist klargestellt, daß auch für die Hinterbliebenen der während der aktiven Zugehörigkeit zur PK. verstorbenen Mitglieder der gesetzliche Anspruch auf Be-

stattungsbeihilfe besteht, (vgl. Ber. S. 33, 118). Die Höhe der Bestattungsbeihilfe ist im § 42 geregelt. — Durch die Uebergangsbestimmungen ist der Ausdehnung der Bestattungsbeihilfe auf die Hinterbliebenen von Knappschaftsinvaliden und von aktiven Mitgliedern Rückwirkung beigelegt. Vgl. § 250.

14) Wegen der Herabsetzung der Altersgrenze im allgemeinen vgl. Anm. 6 zu § 22. Ein geschichtlicher Rückblick ist lehrreich: Der Entw. des RKG. hatte übereinstimmend mit § 1259 RVO. (in früherer Fassung) Gewährung von Waisengeld in der Arbeiterabteilung bis zur Vollendung des 15. Lebensjahres vorgesehen (Begr. S. 44). Im RT. wurde mit Rücksicht auf die Zusammenziehung der PV. für Arbeiter und Angestellte im RKG. a. F. zur Vermeidung unterschiedlicher Behandlung von Arbeiterwaisen und Angestelltenwaisen die Ausdehnung der Bezugsberechtigung bis zum 18. Lebensjahre gefordert. Das Bedenken, daß sich die erwerbstätigen Waisen zum Teil schon in guten Einkommensverhältnissen befinden und daß der Betrag des Waisengeldes neben dem Lohn wirtschaftlich stark zurücktrete, wurde nicht für durchschlagend erachtet; der von Ausschußmitgliedern aufgenommene Vorschlag des Vorl. RWR., Waisengeld bis zum 18. Lebensjahr nur bei erwerbsunfähigen oder in Berufsausbildung befindlichen Kindern zu zahlen, wurde demgemäß abgelehnt. Auch der Gedanke, die Waisenrente im Falle der Erwerbstätigkeit des Empfängers fortfallen oder ruhen zu lassen, fand keine Berücksichtigung, vielmehr hat der Ausschuß das 18. Lebensjahr ohne Beschränkungen als Grenze festgesetzt und für gebrechliche Kinder die Bezugsdauer bis zum 21. Lebensjahr erstreckt (Ber. S. 14/15). Dieser Regelung wurden die RVO. und das AVG. durch G. vom 13. Juli 1923 (RGBl. I S. 636) angepaßt. Demnach bildete die Gewährung von Waisengeld oder Waisenrente bis zum 18. Lebensjahr (vgl. auch § 41 Reichsversorgungsgesetz) die gesetzliche Regel, die nur noch durch die Zahlung der Unfallwaisenrente bis zum 15. Lebensjahre (§ 588 RVO. a. F.) durchbrochen wurde. Damit hatte die Gesetzgebung den früheren Standpunkt

verlassen, daß der Bezug von Waisengeld im allgemeinen mit der Vollendung des 15. Lebensjahres als dem regelmäßigen Zeitpunkt des Eintritts in eine erwerbstätige Beschäftigung wegfallen soll, und gleichzeitig den Grundsatz preisgegeben, daß nicht versichert sein kann, wer die Leistungen einer Vers. empfängt.

Die neueste Gesetzgebung ist zu den alten Grundsätzen zurückgekehrt. Wieder von der kn. Vers. ausgehend ist für die gesamte Versicherungsgesetzgebung der Grundsatz aufgestellt, daß für Kinder über 15 Jahre soziale Leistungen außer in Ausnahmefällen nicht zu gewähren. Vergl. G. zur Aenderung der RVO. und des AVG. vom 25. 6. 26 RGBl. I S. 311.) Da die neuen Vorschriften mit dem 1. 7. 26 in Kraft treten, müßte Waisengeld für Kinder zwischen 15 und 18 Jahren an sich mit dem 1. 7. 26 fortfallen. Im Abs. 2 des § 251 ist aber bestimmt, daß die am 30. 6. 26 noch laufenden Leistungen an Kindergeld und Waisengeld erst mit dem 1. 10. 26 wegfallen.

Für den Uebergang vom früheren Recht zum RKG. a. F. (1923/24) sind vom Vorstand des RKV. ohne Anerkennung einer rechtlichen Verpflichtung zur Gewährung von Leistungen über das G. hinaus folgende Grundsätze aufgestellt worden, die sich an Vorschläge des RVA. zu dem G. vom 13. 7. 23 (RGBl. S. 636), betr. Zahlung von Kinderzuschüssen und Waisenrenten, anschließen:

a) Der Versicherungsfall ist vor dem 1. 1. 24 eingetreten. Zahlung erfolgt — einerlei ob die Rentenfestsetzung vor oder nach dem 1. 1. 24 vorgenommen wird — bis zur Vollendung des 18. Lebensjahres für alle Berechtigten (ehelichen Kinder, alte und neue Kategorie der Gleichgestellten) mit alleiniger Ausnahme der Fälle, in denen das 15. Lebensjahr vor dem 1. 1. 24 bereits vollendet war.

b) Der Versicherungsfall ist nach dem 1. 1. 24 eingetreten. Zahlung erfolgt an alle Berechtigten in allen Fällen bis zur Vollendung des 18. Lebensjahres. Die

Ausnahme zu a) greift nicht Platz, d. h. die Bewilligung erfolgt ohne Rücksicht darauf, ob das 15. Lebensjahr vor dem 1. 1. 24 oder aber erst später vollendet worden ist.

c) Die Versicherungsleistung bei den Neu-Gleichgestellten kann frühestens mit dem 1. 1. 24 beginnen.

Diese Grundsätze bleiben bis 1. 10. 26 in Geltung.

15) Vergl. hierzu Anm. 10 zu § 22.

16) Diese Einschränkung hinsichtlich des Lebensalters findet sich gleichlautend in den §§ 34, 56 RKG. und in den §§ 559 b, 591, 1259, 1291 RVO., §§ 33, 58 AVG. i. d. F. des sog. Initiativgesetzes (vergl. auch oben Anm. 12).

17) Die Gebrechlichkeit muß „bei" Vollendung des 15. Lebensjahres bestehen. Tritt sie erst später ein, so besteht kein Anspruch auf Waisengeld. Wegen des abweichenden Wortlauts im § 40, betr. Kindergeld, vgl. Anm. 7 zu § 40.

18) Hier fehlt jede zeitliche Beschränkung hinsichtlich des Lebensalters, auch die Voraussetzung der Gewährung von Unterhalt durch den Versicherten. Den Gebrechlichen ist also Waisengeld aus dem V.Verhältnis des Vaters oder der Mutter gegebenenfalls bis zum Lebensende zu zahlen.

19) Der letzte Satz bedeutet eine starke Milderung der früheren Vorschrift, wonach den ehelichen Kindern gleichgestellt waren „die Stiefkinder und die Enkel, die der Verstorbene unmittelbar vor seinem Tode mindestens ein Jahr lang unentgeltlich unterhalten hat". Die Aenderung ist in der zweiten Lesung im Plenum beschlossen worden (vergl. sten. Ber. über die Sitzung vom 9. 6. 26 S. 7404), anscheinend im Zusammenhang mit der Aenderung der in Anm. 16 bezeichneten Bestimmungen der RVO. und des AVG. durch das Initiativgesetz. (Der Wortlaut ist nicht völlig gleichlautend. In der RVO. und dem AVG. fehlt an den einschlägigen Stellen das Wort „unmittelbar" vor „vor seinem Tode".) Durch die jetzige Fassung wird zugleich der frühere Zweifel behoben, ob der Re-

lativsatz: „die der Verstorbene . . . . ." nur auf Enkel oder auch auf Stiefkinder zu beziehen war.

1 Invalidenpension.

§ 35 (25).

Invalidenpension erhält,

1. wer das Alter von fünfundsechzig Jahren vollendet hat[1]) oder dauernd[2]) berufsunfähig[3]/[4]) ist,

2.[5]) wer nicht dauernd[6]) berufsunfähig ist, aber nach Wegfall des Krankengeldes[7]) noch berufsunfähig ist, für die weitere Dauer der Berufsunfähigkeit.[8]/[9])

§ 19 Entw., § e Entw. d. Nov.

1) Die Worte „das Alter von 65 J. vollendet hat oder" sind nach dem Vorgang des § 1255 Abs. 1 RVO. durch die Nov. eingefügt worden, hauptsächlich wohl um den Tagesarbeitern die Erlangung der JP. zu erleichtern. Es handelt sich dabei nicht um die Alterspension nach § 36; denn diese AltersP. im engeren Sinne ist an die Erfüllung besonderer Wartezeiten geknüpft, während zur Erlangung der JP. nach § 35 Nr. 1 außer der Vollendung des 65. Lebensjahres die Erfüllung der allgemeinen dreijährigen Wartezeit nach § 72 Abs. 1 genügt. Im RWR. ist von Arbeitgeberseite die Vorschrift bekämpft worden (vgl. Ber. Ver. S. 12). Auch im RT.Ausschuß ist darauf hingewiesen, daß es eine Bevorzugung berufsfremder Personen bedeute, wenn sie in vorgerücktem Alter nach Arbeitsaufnahme in kn. vers. Betrieben durch kurze Mitgliedschaft und geringe Beiträge Anspruch auf Pension erwerben können, während die eigentlichen Alterspensionäre eine 25jährige Mitgliedschaft nachweisen müßten. Diese Erwägungen haben aber nicht zur Ablehnung des Vorschlags der Vorlage, sondern nur zur Ablehnung eines Antrags auf Herabsetzung der Altersgrenze von 65 auf 60 Jahre geführt (Ber. S. 34/35).

Für die Angestellten vgl. die entsprechende Vorschrift im § 57 Abs. 1.

2) „Daß die Invalidenpension auf Lebenszeit gewährt wird, ist abweichend von den Landesgesetzen in Anbetracht der Möglichkeit der Entziehung (vgl. § 88) nicht ausgesprochen. . . . Eine Angabe über die Dauer des Pensionsbezuges ist als entbehrlich fortgelassen; die Invalidenpension wird bis zur etwaigen Entziehung und, falls keine wesentliche Veränderung in den Verhältnissen des Pensionsempfängers eintritt, bis zum Tode gewährt." (Ber. zum RKG. S. 44.)

3) Der Begriff der „Berufsunfähigkeit" ist im Ges. nicht bestimmt. „Vielmehr soll die Auslegung, wie bisher, der Rechtsprechung überlassen bleiben, die zweckmäßig an die vom Preußischen OSchG. i. K. in zahlreichen Entscheidungen herausgebildeten Grundsätze anknüpfen wird. Nach diesen Grundsätzen ist Unfähigkeit zur (eigentlich bergmännischen) Berufsarbeit die Unfähigkeit zur Verrichtung einer jeden der wesentlichen bergmännischen Arbeiten unter Tage oder einer diesen wesentlichen bergmännischen Arbeiten gleichwertigen Arbeit auf Bergwerken. Bei Anwendung dieser Grundsätze hat die Entscheidung über den Eintritt der Berufsunfähigkeit im allgemeinen keine Schwierigkeiten bereitet. Gleichwohl empfiehlt es sich nicht, diese oder eine ähnliche Begriffsbestimmung in das Gesetz zu übernehmen. Schon nach den bisherigen Erfahrungen hat der Begriff der wesentlichen bergmännischen und der gleichwertigen Arbeiten je nach der Entwickelung des Bergbaues und der Ausgestaltung der Arbeitsmethoden geschwankt. Bei der Vielgestaltigkeit würde eine starre gesetzliche Definition nicht alle Fälle der Wirklichkeit erschöpfen können und die Rechtsprechung in unerwünschter Weise einengen." (Begr. a. a. O.) *Wesentliche bergmännische* Arbeiten sind nach der Rechtsprechung des OSchG., der sich der Knappschaftssenat des RVA. durchweg angeschlossen hat, die des Hauers, Schleppers, Reparatur- oder Zimmerhauers. *Gleichwertige* Arbeiten leisten nach der Rechtsprechung u. a. Schießmeister, Förderaufseher, Wetterkontrolleure, Abnehmer oder Aufschieber am Schacht, Wärter einer wichtigen Maschine. Das

RVA. hat als gleichwertige Arbeit die Tätigkeit eines Wäschearbeiters, nicht dagegen die eines Kauenwärters und Schaltraumwärters anerkannt. (E. vom 25. 11. 25, 18. 12. 25 und 15. 4. 26 IIa Kn. 536/25[5], 210/25[5] und 826/25[5].) Im Kokereibetriebe ist die Tätigkeit als Ofenpinseler der Arbeit eines Koksladers, Koksziehers, Kokslöschers annähernd gleichwertig. (E. vom 9. 7. 25 IIa Kn. 329/25[5]).

Aus der Rechtsprechung des OSchG. i. K. seien noch folgende Entsch. angeführt:

Ist ein PKMitglied zu den wesentlichen bergmännischen Arbeiten nicht mehr fähig, so liegt Berufsunfähigkeit nur dann **nicht** vor,

a) wenn das Mitglied entweder zu so häufig auf Bergwerken vorkommenden, den wesentlichen bergmännischen Arbeiten gleichwertigen Arbeiten oder zu so vielen Arten derartiger Arbeiten noch fähig ist, daß die Beschränkung der Arbeitsfähigkeit des Mitglieds in ihrem wirtschaftlichen Erfolge nicht dem Verluste der Fähigkeit zur Verrichtung der auf Bergwerken vorkommenden Arbeiten als gleichwertig anzusehen ist,

b) wenn das Mitglied eine, wenn auch nur vereinzelt auf Bergwerken vorkommende gleichartige Arbeit tatsächlich dauernd verrichtet oder ihm doch die greifbare Möglichkeit zu solcher Verrichtung gegeben ist. (Entsch. vom 24. Nov. 1910, Z. f. B. 52 S. 284, Kompaß 1911, S. 57.)

Die Gesamteinbuße an Erwerbsfähigkeit deckt sich nicht mit der Summe der Prozentsätze der Erwerbsunfähigkeit, die infolge einzelner verschiedener körperlicher Gebrechen vorhanden sind. (Entsch. vom 7. Juli 1909, RL 78/09.)

Die Frage, ob Unfähigkeit zur Berufsarbeit vorliegt, ist lediglich auf Grund der körperlichen Verhältnisse des Mitglieds zu entscheiden. Dabei kommt es auf eine prozentuale Feststellung der Erwerbsbeschränkung nicht an. (RVA. KnSenat v. 6. 3. 23 Nr. 6/25[5].) Außerhalb der Person des Mitgliedes liegende Umstände, z. B. Mangel an Gelegenheit zur Ausübung bergmännischer Tätigkeit, können nicht in Betracht kommen. (Entsch. OSchG. vom 22. April 1909, Z. f. B. Bd. 50 S. 615, Kompaß 1909 S. 207; Entsch. des RVA., Knappschaftssenats, vom 3. 7. 24 — IIa Kn. 62/24*.)

Die tatsächliche Leistung der Berufsarbeit beweist nicht unter allen Umständen die körperliche Fähigkeit dazu im Sinne der gesetzlichen Bestimmungen. (Entsch. vom 24. Nov. 1910, RL 210/10.) Verrichtet jedoch ein Mann jahrelang die schwersten bergmännischen Arbeiten, ohne daß er jemals infolge eines tatsächlich bestehenden Leidens darin irgendwie behindert worden wäre, so ist Unfähigkeit zur Berufsarbeit trotz gegenteiliger ärztlicher Beurteilung nicht anzunehmen. (Entsch. vom 15. Febr. 1911, RL 189/10.)

Als Zeitpunkt des Eintritts der Berufsunfähigkeit ist nicht der Zeitpunkt anzusehen, in welchem der körperliche Zustand einer Person als ein solcher zuerst erkannt oder erkennbar geworden ist, der dauernd die Fähigkeit des Betreffenden zur Berufsarbeit ausschließt, sondern der Zeitpunkt, von dem ab, objektiv betrachtet, die Arbeitsfähigkeit des Betreffenden aus einer die dauernde Arbeitsunfähigkeit bedingenden Ursache aufgehoben gewesen ist. (Entsch. vom 16. Dez. 1908, Z. f. B. Bd. 50 S. 272, Kompaß 1909 S. 60.)

Bei Streitigkeiten über die Fähigkeit zur Berufsarbeit ist das Gericht nicht auf die Beurteilung des Zustandes des Klägers zur Zeit des angefochtenen Bescheides beschränkt, es hat vielmehr den Zustand in der Zeit von der Erhebung des Anspruchs an bis zum Erlasse des Urteils zu beurteilen. (Entsch. vom 16. Febr. 1910, Kompaß 1910 S .127, Z. f. B. 51 S. 638.)

Die Krankheit des Augenzitterns schließt die Fähigkeit zur dauernden Verrichtung der auf Bergwerken vorkommenden Arbeiten über Tage dann nicht aus, wenn sie nur in einem solchen Grade vorhanden ist, daß das Augenzittern bei herabgesetzter oder künstlicher Beleuchtung beim Blick geradeaus nicht auszulösen ist, und daß es, durch Blick nach oben ausgelöst, sofort verschwindet, wenn der Blick wieder geradeaus gerichtet wird. (Entsch. vom 29. Mai 1913, Kompaß S. 188.)

Die Praxis hat beim Augenzittern nicht überall an den strengen Grundsätzen der Rechtsprechung festgehalten. Z. B. ist für die Ruhr-Knappschaft angeordnet, daß Berufsunfähigkeit schlechthin anzunehmen ist, wenn das Augenzittern Unfähigkeit zur Verrichtung der wesentlichen bergmännischen oder der gleichwertigen Arbeiten unter Tage bedingt; in diesem Falle soll nicht mehr geprüft werden, ob der Augenzitterer etwa die eine oder andere gleichwertige Arbeit über Tage noch verrichten kann. Vgl. „Die Knappschaft" (Bochum) 1925 S. 426. — In den gesetzgebenden Körperschaften ist mehrfach erwogen worden, ob das Augenzittern als gewerbliche Berufskrankheit nach den Vorschriften der UV. zu entschädigen sei. Die auf Grund des § 547 RVO. ergangene Verordnung vom 12. 5. 25 RGBl. I S. 69 über Ausdehnung der UV. auf gewerbliche Berufskrankheiten — zu denen u. a. die Wurmkrankheit der Bergarbeiter und die Schneeberger Lungenkrankheit (im sächsischen Erzbergbau) zählen — hat jedoch von Einbeziehung des Augenzitterns abgesehen.

Das RVA. hat sich u. a. mit der Frage beschäftigt, welche Bedeutung einem Berufswechsel für die Beurteilung der Berufsunfähigkeit zukommt, und ist zu dem Ergebnis gelangt, daß der frühere Empfänger einer JP., der wegen Unfähigkeit zur Verrichtung wesentlicher oder gleichwertiger bergmännischer Arbeiten invalidisiert war, nach Uebergang zu einer anderen Beschäftigung im Bergwerksbetriebe aber auf seinen Antrag oder mit seiner Einwilligung reaktiviert wurde, nicht erneut die JP. in Anspruch nehmen kann, so lange er der neuen Beschäftigung nachzugehen in der Lage ist. Diese Auffassung ist in mehreren Entscheidungen eingehend begründet. Nach einer Entscheidung vom 1. 10. 25, IIa Kn. 291/25[s], ist mit Rücksicht auf die Vielgestaltigkeit der auf Bergwerken vorkommenden Arbeiten für ausgeschlossen zu erachten, daß unter „Berufsunfähigkeit" lediglich die Unfähigkeit zur Verrichtung der wesentlichen oder der gleichwertigen Arbeiten zu verstehen ist. Denn dann würden alle Arbeitnehmer der sonstigen auf Bergwerken vorkommenden Arbeiten niemals Anspruch auf JP. erwerben können. Ferner können nicht Berufsunfähigkeit bezüglich der wesentlichen und gleichwertigen Arbeiten und Berufsfähigkeit bezüglich der sonstigen Arbeiten in dem Sinne nebeneinander bestehen, daß die Pensionsberechtigung wegen der ersteren und die PK.Mitgliedschaft wegen der letzteren gleichzeitig möglich wären. Vielmehr schließt der Bezug der Pension wegen Berufsunfähigkeit zu wesentlichen bergmännischen und gleichwertigen Arbeiten notwendig die Mitgliedschaft wegen der Verrichtung von sonstigen Arbeiten in Bergwerken — die das RVA. als kn. Arbeit bezeichnet — aus und umgekehrt. In einer anderen Entscheidung vom 28. 5. 26, IIa Kn. 719/25[3], sind diese Grundsätze wie folgt formuliert:

„Die Berufsunfähigkeit nach früherem wie nach jetzigem Recht bedeutet nicht lediglich die Unfähigkeit zur Verrichtung wesentlicher bergmännischer oder ihr gleichwertiger auf Bergwerken vorkommender Arbeiten, sondern die Unfähigkeit zu einer Arbeit, welche die V. bei der PK. begründet. Wer, weil er solche kn. Arbeit verrichtet und den satzungsmäßigen gesundheitlichen Voraussetzungen für ihre Verrichtung entspricht, die aktive PK.Mitgliedschaft besitzt, kann nicht gleichzeitig berechtigt sein, die JP. zu beziehen, mag er auch, bevor er auf Grund der jetzt verrichteten kn. Arbeit die aktive Mitgliedschaft erwarb, die JP. deshalb zu Recht bezogen haben, weil er zu einer früher verrichteten kn. Arbeit berufsunfähig geworden war."

Die Begriffe „wesentlich bergmännische" und „gleichwertige" Arbeiten im Sinne der angeführten Entscheidungen decken sich nicht ohne weiteres mit den gleichlautenden Begriffen in den Vorschriften des § 36 über die Alterspension. Diese Entscheidungen können daher für die Auslegung des § 36 nur in beschränktem Maße verwertet werden.

4) Bei Feststellung der Berufsunfähigkeit ist die Mitwirkung des Arztes wesentlich. Die Frage ist jedoch keine rein ärztliche, vielmehr greifen medizinische, wirtschaftliche und rechtliche Erwägungen ineinander (vgl. Anm. 3).

5) Die Vorschriften der Nr. 2 waren im § 25 a. F. dem § 1255 Abs. 3 RVO. und § 30 Abs. 2 AVG. nachgebildet (vgl. hierzu 1. Aufl. Anm. 4 zu § 25); durch die Nov. sind sie aber

von diesen Vorschriften abweichend gestaltet worden.

Auch bei vorübergehender Berufsunfähigkeit ist Voraussetzung des Anspruchs auf JP. Unfähigkeit zur Verrichtung wesentlicher oder gleichwertiger bergmännischer Arbeiten. Das wird von den Versicherten oft verkannt. Sie vermeinen, Anspruch auf JP. auch dann zu haben, wenn sie nach Ablauf von 26 Wochen noch arbeitsunfähig im Sinne der KrV. sind. Die Begriffe „arbeitsunfähig" und „berufsunfähig" decken sich aber nicht. Arbeitsunfähigkeit im Sinne der KrV. liegt vor, wenn ein KrK.Mitglied infolge von Krankheit nicht mehr oder doch nur mit der Gefahr, seinen Zustand zu verschlimmern, die bisher von ihm ausgeübte Erwerbstätigkeit verrichten kann, z. B. der aktive Hauer nicht mehr seine Hauerarbeit. Kann aber der Hauer noch gleichwertige Arbeit unter oder über Tage verrichten, so ist er nach der oben gegebenen Erläuterung noch nicht berufsunfähig, wenn er auch nach Ablauf von 26 Wochen noch arbeitsunfähig sein mag. Auf einer Verkennung dieses Unterschieds beruhte auch ein bei der ersten Lesung der Nov. im RT.Ausschuß gestellter Antrag, die Ziffer 2 dahin zu fassen, daß JP. erhält, wer nicht dauernd berufsunfähig ist, aber nach Wegfall des Krankengeldes noch berufs- oder arbeitsunfähig ist, für die weitere Dauer der Berufsunfähigkeit. Zur Begründung wurde u. a. geltend gemacht, daß der nach 26 Wochen Arbeitsunfähige auch berufsunfähig sei, weil die Arbeitsunfähigkeit an sich einen größeren Grad der Erwerbsunfähigkeit darstelle als der Begriff Berufsinvalidität. Die Regierung hat demgegenüber ausgeführt, daß die erwähnte Unterscheidung zwangsläufig aus der Rechtsprechung folge, und daß es nicht angehe, mit „Arbeitsunfähigkeit" als dem Versicherungsfall der Krankenversicherung die Gewährung einer Pensionsleistung zu begründen; jedoch könne in geeigneten Fällen die Gewährung des Krankengeldes über die 26. Woche hinaus in Frage kommen. Gleichwohl ist der Antrag in erster Lesung angenommen (Ber. S. 34). In der zweiten Lesung ist der Antrag nicht weiter verfolgt, weil infolge einer Aenderung der Praxis der Kn.Vereine es nicht mehr vorkomme, daß ein arbeitsunfähiger Versicherter nach 26 Wochen ohne jeden Bezug von Krankengeld oder Rente bleibe (Ber. S. 118). Jedoch sind aus der alten Fassung die Worte „mindestens sechsundzwanzig Wochen ununterbrochen berufsunfähig gewesen ist oder" gestrichen worden. — Die in den Ausschußberatungen erwähnte Aenderung der Praxis der Kn.Vereine besteht darin, daß in geeigneten Fällen zur Vermeidung von Härten nach Ablauf von 26 Wochen an Arbeitsunfähige, deren Berufsunfähigkeit noch nicht feststeht, Krankengeld gemäß § 187 Nr. 1 RVO. bis zur Dauer eines Jahres weitergezahlt wird.

Nach der nunmehrigen Fassung des G. bleibt der oben dargelegte Unterschied zwischen Arbeitsunfähigkeit und Berufsunfähigkeit bestehen. Eine wesentliche Abweichung von der RVO. und dem AVG. besteht darin, daß eine 26wöchige Dauer der Berufsunfähigkeit nicht Voraussetzung des Versicherungsanspruchs ist. Gründe dieser Abweichung sind nicht ersichtlich. Für die bisherige Uebung hatte der Wegfall des Krankengeldes — wobei an die kürzere Krankengeldbezugsdauer bei chronisch Kranken nach Maßgabe des § 188 RVO. gedacht war (vergl. Anm. 2a zu § 20) — keine Bedeutung, weil Satzungsbestimmungen nach § 188 RVO. nicht erlassen sind. Wenn jetzt das G. schlechthin bestimmt, daß Pension „nach Wegfall des Krankengeldes für die weitere Dauer der Berufsunfähigkeit" zu gewähren ist, so folgt daraus, daß die Zahlung der Pension vor Ablauf der 26. Woche beginnen kann, ferner aber auch, daß an der bisherigen Auffassung, der Begriff „Berufsunfähigkeit" setze einen Zustand von einer gewissen Dauer (26 Wochen) voraus, nicht unter allen Umständen festzuhalten ist. Ist ein Erkrankter, z. B. ein Tagesarbeiter, der im Hauptberuf Hauer war, nach Ablauf von 4 Wochen berufsunfähig, ohne arbeitsunfähig zu sein, so ist die Zahlung des Krankengeldes von der 5. Woche ab einzustellen. JP. ist nach § 80 vom ersten des Monats zu zahlen, in den der Ablauf der 4. Woche fällt, und zwar so lange, als vorübergehende Berufsunfähigkeit vorliegt. Fällt diese fort, so ist die Pension nach § 88 zu entziehen. Hiernach ist in besonderen Fällen möglich, daß Pension für einen kürzeren

Zeitraum als 26 Wochen gewährt wird. Im allgemeinen ist aber entsprechend der bisherigen Uebung Berufsunfähigkeit nur dann anzunehmen, wenn der die Berufsfähigkeit aufhebende Zustand voraussichtlich längere Zeit anhalten wird.

6) Nicht dauernde oder vorübergehende Berufsunfähigkeit ist im Anschluß an die Rechtsprechung des RVA. betr. Invalidität im Sinne der JVers. (AN. 96 S. 358, Rev.E. 521) anzunehmen, wenn der sie bedingende Zustand nach vernünftigem menschlichen Ermessen in absehbarer Zeit Aussicht auf Beseitigung oder wesentliche Besserung bietet; eine unbestimmte Möglichkeit der Besserung kommt nicht in Betracht. Abgesehen von der Besserungsmöglichkeit ist der Begriff der vorübergehenden Berufsunfähigkeit derselbe wie der der dauernden. Die Praxis billigt im allgemeinen bei einem voraussichtlich länger als ein Jahr anhaltenden krankhaften Zustand die Pension für dauernde Berufsunfähigkeit zu. Vgl. „Die Knappschaft" (Bochum) 1925 S. 214, 496.

Vorübergehende Berufsunfähigkeit kann in dauernde übergehen. Für die Beurteilung des Uebergangs ist es notwendig, das gesamte Krankheitsbild, wie es sich dem nachträglichen Beurteiler zeigt, zu betrachten. Lassen sich nicht zwei Krankheitsphasen unterscheiden, die durch besondere, die zunächst vorhandene Aussicht auf Besserung ausschließende Umstände getrennt sind, so wird die Berufsunfähigkeit vom Beginne der Krankheit an als dauernd anzusehen sein. (Vgl. die Rechtsprechung des RVA. über vorübergehende und dauernde Invalidität, AN. 93 S. 123 Nr. 273 und „Die Knappschaft" (Bochum) 1925 S. 128—131.)

7) d. h. nach Wegfall des Anspruchs auf Krankengeld. Der Krankengeldanspruch ist an sich von dem Pensionsanspruch unabhängig und nach den Grundsätzen der KrV. zu beurteilen. Krankengeld ist daher bei „Arbeitsunfähigkeit" im krankenversicherungsrechtlichen Sinne für 26 Wochen zu zahlen, auch wenn Berufsunfähigkeit neben Arbeitsunfähigkeit schon im Laufe der 26 Wochen einsetzt. Der Umstand, daß KrV. und PV. bei demselben VersTräger vereinigt sind, berechtigt diesen nicht, an die Stelle des Krankengeldes die JP. zu setzen, so lange der An-

spruch auf Krankengeld nach den hierfür maßgebenden Vorschriften begründet ist.

8) Bei vorübergehender Berufsunfähigkeit kann der Wegfall des Krankengeldes als Vers.fall angesehen werden. Hinsichtlich des Beginns der Pensionszahlung stehen aber dauernde und vorübergehende Berufsunfähigkeit gleich. Denn nach § 80 Abs. 1 beginnt der Anspruch auf Zahlung der JP. ohne Rücksicht auf die Art der Berufsunfähigkeit mit dem ersten des Monats, in welchem die Voraussetzungen der §§ 35, 57 vorliegen, frühestens jedoch mit dem ersten Tage des Monats, in welchem das Krankengeld wegfällt. Da die Pension stets für volle Monate zu zahlen ist, kann der Fall eintreten, daß Krankengeld und JP. nahezu für einen vollen Monat nebeneinander laufen, z. B. wenn das Krankengeld erst mit dem Monatsletzten wegfällt. Der bisherige Zustand, daß beim Uebergang zur Invalidität Krankengeld und JP. unter Umständen bis zu 26 Wochen nebeneinander zu zahlen ist, ist durch die Vorschrift des § 80 Abs. 1 beseitigt.

9) Eine Neufestsetzung der Pension bei Uebergang von vorübergehender in dauernde Berufsunfähigkeit kommt nicht in Frage. Infolge der Vorschrift, daß die Pension erst nach Wegfall des Krankengeldes beginnt, sind bei der Berechnung stets die vor dem Pensionsbeginn liegenden Krankfeierzeiten mit Steigerungssätzen nach § 73 Abs. 2 zu berücksichtigen. Der früher denkbare Fall, daß bei einer im Rechtsverfahren erstrittenen Anerkennung dauernder Berufsunfähigkeit die zunächst für vorübergehende Berufsunfähigkeit berechnete Pension durch Absetzung von Steigerungsbeträgen für die Krankfeierzeit umzurechnen war, kann nicht mehr eintreten. Es bedarf daher auch keiner ausdrücklichen Vorschrift wie im § 1255 Abs. 3 RVO., daß eine für vorübergehende Invalidität bewilligte Rente bei Umwandlung in die Dauerrente nicht geändert wird.

§ 36 (26). [1])

Berufsunfähigkeit [2/3]) wird auf Antrag [4]) auch dann als vorhanden angesehen, wenn der Antragsteller das fünfzigste Lebensjahr vollendet, dreihundert Beitragsmonate[9]) zurückgelegt, während dieser Zeit mindestens einhundertachtzig Beitragsmonate[9]) wesentliche bergmännische Arbeiten[7]) verrichtet hat[8]) und keine gleichwertige Lohnarbeit mehr verrichtet[9/10]) (Alterspension). Eine Lohnarbeit[11]) gilt dann als gleichwertig[12]), wenn sie nach der Entlohnung[13]) der höchstgelohnten Arbeit[14]) entspricht, die der Berechtigte während seiner Dienstzeit nicht nur vorübergehend[15]) verrichtet hat.

§ 20 Entw. §§ n bis p Entw. d. Nov.

1) § 36 handelt von der sog. Alterspension, die durch das RKG. a. F. neu eingeführt ist und durch die Nov. im Wesentlichen unverändert erhalten wird.

Die Alterspension ist eine alte Forderung der Bergarbeiter. Diese haben den Wunsch, daß ihnen nach Erreichung eines bestimmten Lebens- und Dienstalters die Beibringung eines ärztlichen Zeugnisses zum Nachweis der Berufsunfähigkeit erlassen wird, weil der Eintritt der Bergfertigkeit nach allgemeinen Erfahrungen unterstellt werden müsse, und sie wollen gegen eine Entziehung der Pension, wie sie im Falle wesentlicher Veränderung der Verhältnisse bei der JP. vorgeschrieben ist, gesichert sein.

Die Begr. des RKG. a. F. enthielt eine Gegenüberstellung der Gründe für und wider die Alterspension. Sie erkannte den Wunsch der Bergarbeiter im allgemeinen an, erachtete es aber für bedenklich, die AP. unterschiedslos allen im Bergbau beschäftigten Personen einschl. der Arbeitnehmer über Tage und der Büroangestellten zu gewähren und wollte deshalb die Entscheidung über Einführung der AP. einschl. Festsetzung der Altersgrenze der Satzung überlassen. Der RWR. und der Reichstag haben demgegenüber den Standpunkt eingenommen, daß die Alterspension für die mit eigentlicher Bergarbeit beschäftigten Personen als Pflichtleistung im G. selbst bestimmt werden müsse. (Näheres s. erste Aufl.

S. 123/25.) Dementsprechend ist § 26 RKG. a. F. so gefaßt worden, daß bei Erfüllung gewisser Voraussetzungen ein Rechtsanspruch auf die Alterspension besteht.

Nach Inkrafttreten des RKG. ist die AP. in einem wider Erwarten großen Umfange in Anspruch genommen worden. Auch hochbetagte PK.Mitglieder, die den Nachweis der Berufsunfähigkeit durch ärztliche Bescheinigung ohne Schwierigkeit hätten führen können, haben aus nicht ganz aufgeklärten Gründen die AP. statt der JP. begehrt. In Beilage I zu Anlage 2 des Ausschußberichtes (Reichstagsdrucksache Nr. 2307 S. 175) ist die Zahl der Alterspensionen auf 33 258 angegeben. Davon entfällt der weitaus größte Teil, rd. ⅘, auf die Ruhr-Knappschaft. Der Entw. der Nov. wollte den angestrebten Ausgleich zwischen den sozialen Bedürfnissen der Bergarbeiter und ihrer Familien (Familienhilfe) einerseits und den berechtigten wirtschaftlichen Notwendigkeiten des Bergbaues andererseits vornehmlich durch Einschränkungen bei der AP. herbeiführen. Die Begr. S. 16 bemerkt: „Der Entwurf verschärft die Bedingungen für den Erwerb der AP., indem er das Alter, nach dessen Vollendung die Pension beantragt werden kann, auf das 55. Lebensjahr, das auch in der ausländischen Gesetzgebung als Mindestalter vorgeschrieben ist, hinaufsetzt, die Pension selbst in einem geringeren Betrag als bisher gewährt und den Bezug an die Bedingung knüpft, daß die Lohnarbeit in kn. Betrieben aufgegeben wird." Die aus diesen Maßnahmen erwartete Ersparnis berechnete der Entwurf an anderer Stelle (S. 12) auf rd. 15. Millionen RM. Der Entw. sah ferner eine scharfe Scheidung zwischen JP. und AP. vor, indem er diese Leistungen in verschiedenen Abschnitten behandelte und die Alterspensionäre von Kindergeld und freier ärztlicher Behandlung und Arznei ausschloß.

Die Absichten des Entw. sind jedoch nicht durchgeführt, sondern im Verlaufe der Beratungen geradezu in ihr Gegenteil verkehrt worden. Der RWR. hat nach eingehenden Verhandlungen die unveränderte Beibehaltung der AP. mit der Maßgabe vorgeschlagen, daß sich die Altersgrenze auf 55 Jahre erhöht, soweit Versicherte 180 Monate wesentliche bergmännische Arbeit nicht nachweisen können. Die Rente sollte in jedem Fall 80 v. H. der erdienten kn. JP. betragen, wobei zu beachten ist, daß der RWR. eine Ermäßigung der Pension nach 25 Dienstjahren von 40 auf 37,5 v. H. des Hauerlohns vorgeschlagen hat (Reichstagsdrucksache Nr. 1777 S. 5). Die im RT.Ausschuß gestellten Anträge bewegten sich in ähnlicher Richtung. Die Heraufsetzung der Altersgrenze für Untertagearbeiter auf 55 Jahre wurde als untragbar bezeichnet, weil die veränderte Betriebsweise im Bergbau (Gesteinsstaubverfahren) sowie die Gestaltung des zukünftigen Belegschaftsersatzes in einigen Jahren voraussichtlich dazu führen würde, das Alter zum Bezuge der AP. sogar auf 45 Jahre herabzusetzen. Daneben wurde die Ausdehnung der AP. auf Tagesarbeiter, die das 55. Lebensjahr vollendet haben, bei im übrigen gleichen Voraussetzungen gefordert. Zur Begründung wurde angeführt, daß es ein unhaltbarer Zustand sei, die verschiedenen Gruppen der Arbeiter zwar zu gleichen Beiträgen heranzuziehen, ihnen aber nicht die gleichen Leistungen zu gewähren. Auch wurde darauf hingewiesen, daß der Entw. den Angestellten mit 60 Jahren Anspruch auf Altersrente einräume, daß aber die Angestellten im Bergbau eine durchschnittlich um 5 Jahre längere Lebensdauer hätten als die Arbeiter, sodaß es konsequent sei, für die Arbeiter die Rente mit 55 Jahren zu gewähren. Der Vorschlag endlich, die AP. an die Bedingung der Aufgabe der Lohnarbeit in kn. Betrieben zu knüpfen, wurde abgelehnt, weil die Alterspensionäre durchweg besonders erfahrene Bergleute seien, auf die nicht verzichtet werden könne (Ber. S. 70), und weil in mehreren Bezirken die Alterspensionäre außerhalb des Bergbaues keine Arbeit finden, von der AP. allein aber den Lebensunterhalt nicht bestreiten könnten. Nur einer Herabsetzung der AP. bei Pensionären, die noch regelmäßig Lohnarbeit verrichten, und zwar auf 75 v. H. statt, wie der Entw. allgemein vorgeschlagen hatte, 60 v. H. der JP. wurde zugestimmt.

Die Reichsregierung hat zunächst an ihrer Vorlage festgehalten und unter Hinweis auf das bei der Volkszählung von 1911 ermittelte Lebensalter der Arbeiter im allgemeinen, auf die Zahl der nach der amtlichen preußischen Statistik im preußischen Bergbau noch beschäftigten Bergarbeiter von 50 und mehr Jahren sowie auf die Summe der von Alterspensionären nach Vollendung von 25 Dienstjahren noch tatsächlich entrichteten Beiträge der Annahme widersprochen, als ob im Durchschnitt der Bergarbeiter mit 50 Jahren berufsunfähig sei. Vielmehr müsse grundsätzlich an der Grenze von 55 Jahren festgehalten werden. Es ließe sich aber erwägen, durch Sondervorschrift die Grenze auf 50 Jahre herabzusetzen. Außerdem empfehle sich, die Belastung aus der AP. als Sonderlast dem betreffenden Bezkn. aufzuerlegen und in Rücksichtnahme auf die von der AP. ausgeschlossenen Arbeitergruppen einen Zusatzbeitrag von solchen Arbeitern zu erheben, deren Tätigkeit den Anspruch auf AP. begründe. Besonders lebhaft hat die Regierung gegen eine gesetzliche Festlegung der AP. für Tagesarbeiter (und kaufmännische Angestellte) Einspruch erhoben: Das deutsche Volk sei nicht so wohlhabend, daß es bei 55 Lebens- und 25 Dienstjahren Pensionen gewähren könne. Die Verallgemeinerung der AP. bringe für den Bergbau Lasten, die gar nicht abzuschätzen seien, und könne für die allgemeine JV. und AV. unübersehbare, ihren Bestand gefährdende Folgen nach sich ziehen. Geringeren Bedenken würde es unterliegen, je nach den Verhältnissen gewisse Arbeiten der wesentlichen bergmännischen Arbeit gleichzustellen, sei es durch die kn. Organe im Wege der Selbstverwaltung, sei es — wofür die Ausdehnung der UV. auf gewerbliche Berufskrankheiten einen gewissen Vorgang biete — durch den RAM. mit Zustimmung des Reichsrats.

Gegenüber diesen Ausführungen haben große Parteien des Reichstags an der Forderung der AP. für die Tagesarbeiter festgehalten. Nach sehr eingehenden und schwierigen Verhandlungen ist in der dritten Lesung des Ausschusses ein Kompromiß zustande gekommen, wonach die AP. für Untertagearbeiter im wesentlichen unverändert bleibt und für

Tagesarbeiter, unter erschwerten Voraussetzungen, im Steinkohlenbergbau durch die Sondervorschriften und in anderen Betrieben durch den RAM. mit Zustimmung des Reichsrats eingeführt werden kann. (Vergl. Ausschuß-Ber. S. 43 bis 47, 119 bis 122, 155 bis 157). Diese Lösung bedeutet eine vollständige Preisgabe des Regierungsentwurfs. Die Reichsregierung hat auch zugegeben, daß sie eine „Niederlage erlitten habe", weil die Altersrente noch erweitert sei für Arbeiter über Tage und technische Angestellte über Tage (a. a. O. S. 157).

In äußerlicher Hinsicht ist noch zu bemerken, daß die Behandlung der JP. und AP. in getrennten Abschnitten abgelehnt und die alte Anordnung der Vorschriften beibehalten ist.

2) Die Alterspension erscheint nach Anordnung und Reihenfolge der Paragraphen nicht als eine besondere Leistung für sich, sondern als Unterart der JP., wenn auch jetzt, abweichend vom § 26 a. F., das Wort Alterspension in Klammern dem ersten Satz angehängt ist. Für ihren rechtlichen Charakter trifft noch zu, was die Begr. zum RKG. S. 45 ausführte: „Die sog. Alterspension ist keine neue Versicherungsleistung, keine Altersrente im gesetzlichen Sinne, sondern eine Abart der JP. Den Versicherungsfall bildet auch bei ihr der vermutete Eintritt der Berufsunfähigkeit und nicht etwa die Erreichung eines bestimmten Lebens- und Dienstalters. Lebens- und Dienstalter werden gewissermaßen als Beweismittel berücksichtigt, indem sie eine durch Gegenbeweis nicht widerlegbare Vermutung für den Eintritt der Berufsunfähigkeit begründen." In einer grundsätzlichen Entscheidung vom 23. 4. 25 (AN. S. 281 Nr. 2884) hat sich das RVA. über das Wesen der AP. wie folgt ausgesprochen: „Durch die Vorschrift des § 26 RKG. ist ..... nicht eine von der JP. des § 25 RKG. begrifflich verschiedene AP. geschaffen worden; vielmehr stellt auch die Pension nach § 26 eine JP., d. h. eine Pension wegen Eintritts der Berufsunfähigkeit dar, nur daß hier der Eintritt der Berufsunfähigkeit beim Vorliegen bestimmter Voraussetzungen unter Ausschluß des Gegenbeweises vermutet wird, während § 25 den tatsächlichen Ein-

tritt der Berufsunfähigkeit voraussetzt." Diese Ausführungen gelten auch für das jetzige G.

3) Die Empfänger der sog. Alterspension sind, obwohl sie nicht berufsunfähig sind, als „Knappschaftsinvaliden" im gesetzlichen Sinne zu betrachten. Vorschriften, die allgemein für Knappschaftsinvaliden gelten (z. B. über Gewährung von Bestattungsbeihilfe, über Kindergeld, über Gewährung freier ärztlicher Behandlung, über die Wählbarkeit zum Aeltestenamt — § 167 Abs. 2 —), gelten daher auch für Empfänger der Alterspension. Ueber die Höhe der AP., ihren Beginn und ihren Wegfall verhalten sich die besonderen Vorschriften der §§ 38, 80 Abs. 3, 88 Abs. 2. Wegen der Aufbringung der Mittel vgl. § 128 (Sonderlast) und § 129 (Zusatzbeitrag).

4) Durch die Einfügung der Worte „auf Antrag" ist der nach der alten Fassung bestehende Zweifel, ob die Bewilligung der AP. von der Stellung eines Antrags abhängig ist, in bejahendem Sinne gelöst. Wegen der Bedeutung des Antrags für das bisherige Recht vergl. die erwähnte Entscheidung des RVA. vom 23. 4. 25, die schon zum Ausdruck brachte, daß zur Gewährung der Pension nach § 26 a. F. ein Pensionierungsantrag des Vers. erforderlich ist. Für das neue Recht stellt § 80 Abs. 3 fest, daß der Anspruch auf Zahlung der AP. mit dem ersten des Monats beginnt, in welchem der Antrag gestellt wird.

5) Die „dreihundert Beitragsmonate" sind an die Stelle der früheren „fünfundzwanzig Dienstjahre" gesetzt. Dadurch ist außer Zweifel gerückt, was das RVA. schon in der grundsätzlichen Entscheidung vom 16. 10. 25 (AN. S. 388 Nr. 2918) ausgesprochen hatte, daß als Dienstjahre im Sinne des § 26 RKG. nur PK.Mitgliedsjahre in Frage kommen, während deren Beiträge entrichtet sind, und nicht schlechthin Jahre bergmännischer Arbeit. Zeiten, in denen sog. minderberechtigte Mitglieder Beiträge gezahlt haben, können nur angerechnet werden, wenn sie nach den maßgeblichen früheren Vorschriften für die Berechnung der Leistungen anrechnungsfähig waren

(RVA. vom 13. 11. 25 II a Kn. 393/25 [5]). Nach weiteren Entscheidungen des RVA. vom 29. 1. 26 (II a Kn. 216/24 [5]) und 16. 4 26 (II a Kn. 25/25 [5]) sind von der Berücksichtigung ausgeschlossen PK.Mitgliedszeiten, hinsichtlich deren die Anwartschaft erloschen ist, und Zeiten der Berufsunfähigkeit, in denen die Mitgliedschaft lediglich wegen Bezuges der JP. nicht erlosch.

An das Wort „Beitragsmonate" knüpft der Zweifel an, ob Krankfeierzeiten nach § 73 Abs. 2 anzurechnen sind. In der erwähnten Entscheidung vom 16. 10. 25 ist die 25 jährige Mitgliedschaft als eine Wartezeit im gesetzestechnischen Sinne aufgefaßt und beiläufig bemerkt, daß der die Wartezeit betreffende § 45 RKG. a. F. eine sich aus dem Inhalt des § 26 ergebende Berichtigung zu erfahren haben werde. Da aber die Vorschriften über die allgemeine Wartezeit im § 72 Abs. 1 gegenüber dem bisherigen Recht unverändert geblieben sind, wird es nicht angängig sein, die „dreihundert Beitragsmonate" an dieser Stelle als eine Wartezeit aufzufassen, auf die Krankheitsmonate nach § 73 Abs. 2 nicht anzurechnen wären.

6) Die Worte „hundertachtzig Beitragsmonate" ersetzen die in dem § 26 a. F. vorgesehenen „fünfzehn Jahre". Abweichend von Anm. 5 wird hier eine Anrechnung von Krankheitsmonaten nicht zulässig sein, weil die Absicht des Gesetzes zweifelsfrei erkennbar ist, daß während eines Zeitraums von 180 Beitragsmonaten wesentliche bergmännische Arbeit tatsächlich verrichtet worden ist.

7) Der nur an dieser Stelle vorkommende und nicht näher erläuterte Begriff „wesentliche bergmännische Arbeiten" ist der Rechtsprechung über die Berufsunfähigkeit (vergl. Anm. 3 zu § 35 und die dort zitierten Entscheidungen) entlehnt. Arbeiten dieser Art sind zweifelsfrei im Steinkohlenbergbau die des Vollhauers, Lehrhauers, Gedinge-Schleppers, Schieß- und Bohrmeisters, Wettermannes, Reparatur- oder Zimmerhauers, Schleppers im Schichtlohn, Abnehmers, Bremsers, Schachtaufsehers, Schachtanschlägers, Schachthilfsanschlägers, Schachtabnehmers und Schachtschleppers, Förderaufsehers unter Tage,

Grubenschlossers, Berieselers und Rohrlegers, Spülmeisters, Spülers und Spülrohrlegers, Rutschenverlegers, im Braunkohlenbergbau die eines Häuers, Lehrhäuers, Zimmerhäuers und eines Fördermannes unter Tage.

Im übrigen hat die Auslegung des Begriffs zu vielen Meinungsverschiedenheiten und Streitverfahren, auch zu einer Kritik der Rechtsprechung bei Beratung der Knappschafts-Nov. (vergl. Ausschuß-Ber. S. 44) geführt. Es wäre zu begrüßen gewesen, wenn die Nov. eine andere Fassung gefunden hätte. Der RT.Ausschuß hat aber an der Voraussetzung der Verrichtung wesentlicher bergmännischer Arbeit für den Regelfall der AP. festgehalten. Die bisherige, sehr umfangreiche Rechtsprechung zu § 26 RKG. a. F. behält demnach auch für die Zukunft Bedeutung.

Der Knappschaftssenat des RVA. hat sich in der grundsätzlichen Entscheidung vom 20. November 1924 (AN. 1925, S. 99 Nr. 2845) dahin ausgesprochen, daß die Grundsätze der früheren Rechtsprechung über „wesentliche bergmännische" und „gleichwertige" Arbeit ihre Bedeutung behalten für die Auslegung des Begriffs „Berufsunfähigkeit" nach § 25 RKG. a. F., daß sie aber zur Auslegung des § 26 nicht ohne weiteres verwertet werden können, daß vielmehr die Frage, welche Arbeiten als „wesentliche bergmännische" Arbeiten im Sinne des § 26 RKG. anzusehen sind, selbständig aus dem Zwecke und der Bedeutung dieser Vorschrift heraus beantwortet werden müsse. Unter eingehender Würdigung der Entstehungsgeschichte des § 26, insbesondere des in der Begründung des Entw. hervorgehobenen Gesichtspunktes, daß die sog. Alterspension in Anerkennung der besonders schweren Bergarbeit gewährt werden soll, sowie des Inhalts der Verhandlungen des Vorläufigen RWR. und des RT.Ausschusses ist das RVA. zu folgender Stellungnahme gelangt:

„Bei der Beurteilung der Frage, welche Arbeiten als wesentliche bergmännische Arbeiten im Sinne des § 26 RKG. anzusehen sind, kann nicht das allein entscheidende Gewicht darauf gelegt werden, ob es sich um Arbeiten unter oder über Tage handelt, vielmehr müssen nach der Bedeutung und dem besonderen Zwecke dieser Vorschrift als wesentliche bergmännische Arbeiten alle diejenigen Arbeiten auf Bergwerken angesehen werden, die infolge der eigenartigen Natur des Bergbaues mit besonderen Gefahren für die Gesundheit verknüpft sind oder eine vorzeitige Abnutzung der Arbeitskraft zur Folge haben. Es bedarf daher in jedem Falle, gleichviel ob es sich um eine Tätigkeit unter oder über Tage handelt, der besonderen Prüfung, ob auf sie die genannten Voraussetzungen zutreffen, und nur bei Feststellung dieser Voraussetzungen ist die Anerkennung der Tätigkeit als wesentliche bergmännische Arbeit im Sinne des § 26 RKG. gerechtfertigt."

Von diesem Leitsatz aus sind folgende Tätigkeiten als wesentliche bergmännische Arbeiten anerkannt: Anschläger am Hauptförderschacht unter Tage (E. vom 5. 12. 24, IIa Kn. 119/24[6]), Grubenschlosser unter Tage, der hauptsächlich mit Instandhaltung des unterirdischen Seilbahnbetriebes beschäftigt ist (E. vom 17. 12. 24, IIa Kn. 120/24[6]), Fuhrmann unter Tage, dessen Tätigkeit der eines Schleppers gleichzustellen ist, und Stallmeister unter Tage, der nebenher noch andere bergmännische Arbeit verrichtet (E. vom 14. 5. 25 und 24. 5. 1925, IIa Kn. 228/25[6] und 180/25), Rohrleger unter Tage, der in der Hauptsache mit dem Einbauen und der Unterhaltung des Berieselungs- und Druckluftrohrnetzes beschäftigt ist und Rohre und Armaturstücke zu den einzelnen Arbeitsstellen zu schaffen hat (E. vom 25. 5. 25, IIa Kn. 237/25[6]), Führer einer elektrischen Lokomotive unter Tage, dessen Arbeitsfeld sich nicht nur auf die Hauptförderstrecken erstreckt, sondern weit in die Sohlenstrecken hinein bis in die Nähe der Abbaubetriebe reicht (E. vom 10. 12. 25, IIa Kn. 694/25[6]).

In der Rechtsprechung der KOV.-Ae. sind als berechtigt u. a. anerkannt der Förderaufseher im Bau unter

Tage, der vorwiegend eigentliche bergmännische Arbeiten verrichtet. Der Förderaufseher unter Tage der Reparaturen in den Strecken, Gleisreparaturen, Aufräumen kleiner Brüche besorgt, der Schlosser- und Schachtreparaturarbeiter, der Wärter der Dampfwasserhaltung auf einer 430 Meter-Sohle und der elektrischen Hochdruck-Zentrifugalpumpe.

Dagegen verrichten keine wesentlichen bergmännischen Arbeiten: Tagesarbeiter und Maschinist in der Wäsche (E. vom 20. 11. 1924, IIa Kn. 117/24[5]), Wärter im Zechenkesselhause (E. vom 5. 12. 1924, IIa Kn. 121/24[5]), Anschläger über Tage an der Hängebank (E. vom 4. 12. 1924, IIa Kn. 232/25[5]), Kokerei-Oberassistent (E. vom 4. 12. 1924), Heilgehilfe (E. vom 26. 3. 1925, IIa Kn. 19/25[5]), Zuschläger und Schmied in der Reparaturwerkstatt über Tage (E. vom 28. 5. 1925, IIa Kn. 160/25[5], Klauber (E. vom 13. 2. 25, IIa Kn. 222/24[5]), Wiegemeister und Rangiermeister über Tage (E. vom 6. 3. 25, IIa Kn. 204/25[5]), Drahtseilarbeiter (E. vom 6. 3. 25, IIa Kn. 6/25), Heizer über Tage, (E. vom 26. 6. 25, IIa Kn. 293/25[5]), Fahrmeister über Tage in Hauptförderschächten (E. vom 10. 7. 25, IIa Kn. 348/25[5]), Schaltraumwärter (E. vom 18. 12. 25, IIa Kn. 516/25[5]), Schürer und Aufschieber und Abzieher am Hauptförderschacht über Tage sowie Hilfsanschläger (E. vom 18. 12. 25, IIa Kn. 661/25[5]), Flammenofenschmelzer in einem kn. Hüttenbetrieb (E. vom 17. 12. 25, IIa Kn. 505/25[5]), Arbeiter in der Maurerkolonne und Abraumarbeiter im Braunkohlenbetrieb (E. vom 4. 12. 24, IIa Kn. 124/25[5]), Kippmeister im Abraumbetrieb (E. vom 12. 11. 25, IIa Kn. 247/25[5]), Grubenkutscher (E. vom 2. 7. 25, IIa Kn. 322/25[5]), Maschinenwärter unter Tage (E. vom 20. 11. 24, IIa Kn. 105/24[5]), Pumpenwärter unter Tage, wenn ihm große abgeschlossene, gut erleuchtete Räume zur Verfügung stehen (E. vom 26. 3. 25, IIa Kn. 164/25[*]), Grubenmaurer unter Tage außer in Ausnahmefällen (E. vom 26. 3. 25, IIa Kn. 27/25[*]). (Ein großer Teil der vorstehend angeführten Entsch. des RVA. ist bei Wißmann: Das Reichsknappschaftsgesetz in der Praxis abgedruckt.)

Nach der Rechtsprechung der KOV.-Ae. verrichten keine wesentliche bergmännische Arbeit:
Tagesarbeiter-Verwieger, Reparaturarbeiter an den Benzollokomotiven, Stallknecht in der Grube, Brikettarbeiter, Wäschearbeiter und Kohlenverwieger, im Braunkohlenbergbau der Rollochhauer im Tagebau.

Noch nicht endgültig geklärt ist, ob der Maschinist an der Fördermaschine und der Anschläger über Tage wesentliche bergmännische Arbeit verrichten. Hier liegen Gutachten von Sachverständigen vor, die sich widersprechen.

Aus der vorstehenden Zusammenstellung ergibt sich, daß im Steinkohlenbergbau bisher Arbeiten über Tage noch nicht als zum Bezuge der AP. berechtigend anerkannt sind. Für den Braunkohlenbergbau, den Erzbergbau und den Kalibergbau dürfte das gleiche gelten.

Zu erwähnen bleibt noch, daß Anerkennungsgebührenzahler, die vor dem 1. 1. 24 die Bergarbeit aufgegeben haben, ohne Rücksicht auf die von ihnen früher verrichtete Tätigkeit zum Bezuge der AP. nicht berechtigt sind (E. des RVA. vom 6. 11. 24, AN. 25 S. 36 Nr. 2837).

8) Wird die Alterspension beantragt, so obliegt nach allgemeinen Grundsätzen dem Antragsteller die Beweislast für die Erfüllung der Voraussetzungen des Anspruchs, namentlich also auch dafür, daß 180 Beitragsmonate lang wesentliche bergmännische Arbeiten verrichtet sind. Dieser Nachweis wird für die Vergangenheit durch Bescheinigungen des Arbeitgebers oder durch das Zeugnis von Vorgesetzten, Arbeitskameraden des Antragstellers oder sonstigen unterrichteten Personen zu

führen sein. In Zukunft wird der Nachweis durch die Entrichtung des Zusatzbeitrags nach § 129 erbracht.

9) Die Bestimmung, daß der Empfänger einer AP. keine gleichwertige Arbeit mehr verrichten darf, war bereits in dem Entw. des RKG. a. F. enthalten, dessen Begr. (S. 45) u. a. folgendes anführte: „Es ist Absicht des Entw., die Empfänger der Alterspension dem Bergbau für die Verrichtung leichter Arbeiten möglichst zu erhalten, indem er bei Uebergang zu gleichwertiger Lohnarbeit den Verlust der Alterspension eintreten läßt. Gleichwertige Lohnarbeit ist Arbeit in anderen Betrieben, die entweder gleich schwer ist wie wesentliche bergmännische Arbeit oder in der gleich hohe Löhne verdient werden." Hier war der Begriff der „gleichwertigen" Arbeit bereits anders aufgefaßt als im Sinne der Rechtsprechung über kn. Invalidität. Bei der Beratung im RT.Ausschuß ist von Regierungsseite erklärt worden, daß die Frage, was „gleichwertige Lohnarbeit" im Sinne des § 26 zu bedeuten hat, nicht im gleichen Sinne wie bisher bei der Invaliditätsfrage beantwortet werden muß, sondern selbständig aus dem Zwecke und der Bedeutung des § 26. Z. B. werde ein bisher als Hauer beschäftigter Arbeiter, bei dem die sonstigen Voraussetzungen des § 26 vorliegen, dann zum Bezuge der „Alterspension" berechtigt sein, wenn er nicht mehr die Arbeiten eines Hauers, sondern die geringer entlohnten Arbeiten eines Schichtlöhners verrichtet (Ber. RKG. S. 18).

10) Die Bestimmung bezieht sich auf Lohnarbeit sowohl in kn. wie in nicht kn. versicherten Betrieben. Mehrfach geäußerte Befürchtungen, daß die Berücksichtigung von Lohnarbeit außerhalb des Bergbaus die Inanspruchnahme der AP. stark erschwere, jedenfalls für die Versicherten ungünstig sei, erscheinen nicht begründet. Bei Beratung der Nov. ist darauf hingewiesen, daß der in nicht kn. Betrieben verdiente Lohn nur schwer festzustellen und deshalb eine Entziehung der AP. wegen Aufnahme gleichwertiger Lohnarbeit in anderen Betrieben nach § 88 Abs. 2 nur selten durchführbar ist. (Vgl.

Ausschußber. S. 122). Eine Milderung der Vorschrift hat der Ausschuß abgelehnt. Die Erörterungen über diese Frage haben vielmehr sogar den Anlaß gegeben, die Kürzungsvorschrift des § 39 auf Betriebe schlechthin, also auch nicht kn. versicherte, auszudehnen. Im übrigen hat die Nov. die Vorschriften über die gleichwertige Arbeit unverändert gelassen.

11) Nur Lohnarbeit kommt in Betracht. Ein durch andere Tätigkeit (z. B. durch den Betrieb eines Geschäfts, durch den Betrieb eines Gewerbes, einer Gastwirtschaft und dergl.) erzieltes Einkommen schließt den Anspruch auf AP. nicht aus, selbst wenn das Einkommen den früheren Lohn überschreiten sollte.

12) Auch der Begriff der „gleichwertigen Arbeiten" im Sinne des § 26 a. F. hat die Rechtsprechung stark beschäftigt. In der Praxis der Kn.V. war der Grundsatz aufgestellt worden, daß eine Lohnarbeit so lange als gleichwertig gelten könne, als der in ihr verdiente Lohn nicht um 5% hinter der Entlöhnung der zu vergleichenden höchstgelohnten Arbeit zurückbleibt. Diesen Grundsatz hat die Rechtsprechung im allgemeinen anerkannt. Nach der grundsätzlichen Entscheidung des RVA. vom 25. 6. 25 (AN. S. 283 Nr. 2885) wird die Annahme der Gleichwertigkeit einer Lohnarbeit durch unbedeutende, wirtschaftlich nicht ins Gewicht fallende Lohnunterschiede nicht ausgeschlossen. In einer späteren Entscheidung vom 4. 9. 25 (abgedruckt in der „Knappschaft" Bochum S. 24) hat der Knappschaftssenat eine Differenz von 25 Pfg. im täglichen Schichtlohn, die noch nicht 5% ausmacht, für unwesentlich erachtet. Mit dieser Rechtsprechung des RVA. dürfte nicht vereinbar sein, daß nach der im „Kompaß" 1925 S. 201 veröffentlichten Entscheidung eines KOVA. einem im Schichtlohn beschäftigten Zimmerhauer trotz eines Lohnunterschiedes von 171,00—135,00 = 36,00 RM. monatlich die AP. mit der Begründung verweigert ist, daß seine Arbeit als Zimmerhauer der früher von ihm im Gedinge ausgeführten Hauerarbeit gleichwertig sei. Das gleiche gilt für die bei Beratung der Knappschafts-Nov. im RT.Ausschuß (Ber. S. 120) erwähnten

Urteile eines KOVA., wonach gleichwertige Lohnarbeit schon nicht mehr vorliegen solle, wenn die Differenz nur 1% betrage. Die Rechtsprechung des RVA. zwingt andererseits aber auch nicht zu der Folgerung, daß ein Lohnunterschied von mehr als 5% unter allen Umständen die Gleichwertigkeit der Arbeit aufhebe. Die bisherige Verwaltungspraxis ist sehr wohlwollend gewesen, und das starke Anschwellen der AP. wird nicht zuletzt auf die weitherzige Auslegung des Begriffs „Gleichwertigkeit" zurückgeführt. In Würdigung des von der Reichsregierung bei Beratung der Nov. vorgebrachten Bedenkens, die AP. unter den bisherigen Voraussetzungen führe beim Zusammentreffen mit Lohn zu Ergebnissen, die nicht vertretbar seien (Ber. S. 120), wird daher die bisherige Verwaltungsübung einer Nachprüfung unterzogen werden müssen. Auch bei Anwendung der einschränkenden Vorschriften der Nov. — Ermäßigung der AP. auf 75% und Heranziehung der im Bergbau beschäftigten APensionäre zu PKBeiträgen — können AP. und Lohn eine Höhe erreichen, die, zumal bei der Gewährung von Kindergeld, den Lohn aktiver Arbeiter im Bergbau bei gleichem Familienstande erheblich überschreitet.

13) Bei Bewertung der Lohnarbeit sind zufällige Umstände, die in besonderen Arbeitsbedingungen oder in der Person eines einzelnen Pensionsempfängers begründet sind, außer acht zu lassen. So ist nach der oben erwähnten Entscheidung des RVA. vom 4. 9. 25 ein durch Verfahren von Ueberschichten erzielter höherer Lohn nicht zu berücksichtigen. Ferner haben V.Pflicht oder V.Freiheit des Pensionsempfängers mit der Bewertung der Lohnarbeit nichts zu tun (E. des RVA. vom 19. 11. 25, II a Kn. 585/25 [5]).

14) Die höchstgelohnte Arbeit wird durch Einsichtnahme in die Lohntarife, erforderlichenfalls durch besondere Ermittelungen festzustellen sein.

15) Der Ausdruck „nicht nur vorübergehend" kommt auch sonst im G. (vergl. z. B. § 73 Abs. 2) vor und steht im Gegensatz zu „überwiegend". Nach der Verwaltungspraxis gilt als

nicht nur vorübergehend diejenige höchstgelohnte Arbeit, welche der Berechtigte während seiner Dienstzeit mindestens 5 Jahre lang verrichtet hat. Dieser Auffassung hat sich die Rechtsprechung nicht ganz angeschlossen. Das RVA. hat in einer Entscheidung vom 19. 11. 25 (abgedruckt in der „Knappschaft" Bochum S. 209) bei einem Registrator, der ehedem rd. 10 Jahre Schlepper, Lehrhauer und Hauer und 4½ Jahre Reviersteiger gewesen war, die Steigertätigkeit, die das Ziel und den Abschluß der bergbaulichen Tätigkeit gebildet habe, als maßgeblich für die Beurteilung der Gleichwertigkeit angesehen und den Grundsatz aufgestellt, daß als nicht nur vorübergehend verrichtet im Sinne des § 26 RKG. eine Lohnarbeit dann gilt, wenn sie während einer im Verhältnis zu der gesamten Pensionsdienstzeit des Versicherten nennenswerten Zeit ausgeübt worden ist und einen wesentlichen Teil seines Arbeitslebens während dieser Zeit gebildet hat.

§ 37 (Neu).[1]

(Abs. 1.) Für die Versicherten[2]) in Betrieben des Steinkohlenbergbaues[3]) können die Sondervorschriften[4]) bestimmen[5]), daß Berufsunfähigkeit auf Antrag auch dann als vorhanden angesehen wird, wenn der Antragsteller das fünfundfünfzigste Lebensjahr vollendet, dreihundertsechzig Beitragsmonate in knappschaftlich versicherten Betrieben des Steinkohlenbergbaues[6]) zurückgelegt hat und keine gleichwertige Lohnarbeit[7]) mehr verrichtet.

(Abs. 2.) Für Versicherte in Betrieben anderer Art kann auf Antrag der Reichsknappschaft oder einer Bezirksknappschaft[8]) der Reichsarbeitsminister mit Zustimmung des Reichsrats[9]) bestimmen[5]), daß Berufsunfähigkeit auf Antrag auch dann als vorhanden angesehen wird, wenn der Antragsteller das fünfundfünfzigste Lebensjahr vollendet, dreihundertsechzig Beitragsmonate in knappschaftlich versicherten Betrieben[10]) zurückgelegt hat und keine gleichwertige Lohnarbeit[7]) mehr verrichtet.

(Abs. 3.) Die Bestimmungen nach Abs. 1 und 2 können auf Gruppen von Versicherten[11]) beschränkt werden.

1) Der § 37 stellt den Versuch eines Ausgleichs zwischen den stark widerstreitenden Meinungen über die AP. für Tagesarbeiter dar (vergl. Anm. 1 zu § 36). Wie jedem Kompromiß haften auch dieser Lösung Mängel an. Vor allem sind Gründe für die unterschiedliche Behandlung des Steinkohlenbergbaues und der übrigen Bergbauarten nicht ersichtlich. Bei der Beratung im RT.Ausschuß ist ohne Widerspruch ausgeführt worden, daß dem Steinkohlenbergbau andere Bergbauarten, z. B. der Blei-, Zinkerzbergbau an Gefährlichkeit und inbezug auf Schädigung der Gesundheit nicht nachständen (Ber. S. 156). Auch im Plenum ist in 2. und 3. Lesung bemängelt, daß mit der Vorschrift zweierlei Recht geschaffen und die Bergarbeiter in zwei Gruppen geteilt würden (sten. Ber. über die Sitzungen vom 7., 21. und 22. 6. 26 S. 7344, 7492 und 7513). Im Ausschuß ist ferner das Bedenken geäußert, daß die Vorschrift ein Sonderrecht für die Bergarbeiter über Tage gegenüber den Arbeitern anderer Berufe begründe. Dazu ist von anderer Seite bemerkt worden, daß man abwarten müsse, wie sich die Selbstverwaltung unter der Mehrheit der Versicherten bewähre (Ber. a. a. O.). In der Tat sind die Selbstverwaltungsorgane im Bereiche des Steinkohlenbergbaues vor eine außerordentlich verantwortungsvolle Entscheidung gestellt. Sie werden sich nicht verhehlen dürfen, daß die Einführung der AP. für Tagesarbeiter mit 55 Jahren durch Sondervorschriften — ganz abgesehen von der Beitragsbelastung der Arbeitgeber und Arbeitnehmer — starke Rückwirkungen auf die allgemeine JV. und AV. ausüben wird.

Im Aufbau lehnt sich § 37 eng an die Vorschriften über

die gesetzliche AP. (§ 36) an; die Voraussetzungen sind jedoch verschärft: 55 Lebensjahre (statt 50) und 360 Beitragsmonate (statt 300).

2) Unter „Versicherten" sind nicht nur Tagesarbeiter zu verstehen, wenn auch in erster Linie an diese gedacht ist. Dazu gehören auch die Arbeitergruppen unter Tage, die bisher von der AP. ausgeschlossen waren, wie Maschinenwärter, Maurer, Grubenkutscher u. a. (vergl. die Zusammenstellung in Anm. 7 zu § 36). Der Kreis der zu berücksichtigenden Mitglieder ist g. F. durch die Sondervorschriften abzugrenzen, die in dieser Beziehung durch gesetzliche Vorschriften — abgesehen von der Festsetzung des Zusatzbeitrags nach § 129 — nicht eingeengt sind (vergl. auch Anm. 11).

3) Zu den Betrieben des Steinkohlenbergbaues gehören auch Nebenbetriebe im Sinne des § 2 Abs. 2.

4) Die Sondervorschriften werden nach § 178 Nr. 2 von der Bezirksversammlung für Arbeiterangelegenheiten erlassen. Die Beschlußfassung erfolgt mit einfacher Stimmenmehrheit (§§ 179, 162); die Arbeiter mit $^3/_5$ der Stimmen können also den Ausschlag geben.

5) Für die durch Sondervorschriften oder durch den RAM. eingeführte AP. gelten durchweg die gleichen Vorschriften wie für die gesetzliche AP., insbesondere § 39.

6) Nur Beitragsmonate in kn. vers. Betrieben des Steinkohlenbergbaues werden berücksichtigt. Beitragsmonate in anderen Betrieben sind nicht anzurechnen. Es besteht also kein Anspruch, wenn ein Mitglied z. B. 330 Beitragsmonate im Steinkohlenbergbau und 30 Monate in einem anderen Betriebe zurückgelegt hat.

7) Für den Begriff der gleichwertigen Arbeit gilt das in Anm. 9, 10 zu § 36 Gesagte.

8) Für die Stellung des Antrags ist mangels anderer Vorschrift der Abteilungsvorstand für Arbeiterangelegenheiten der RKn. oder der Bezkn. zuständig. Für die Beschlußfassungen dieser Organe gelten die §§ 175, 155.

9) Die Zustimmung des Reichsrats dürfte hier vorgesehen sein, weil gerade bei Erweiterung der AP. eine Ueberschreitung der nach § 133 vom RAM. mit Zustimmung des Reichsrats festzusetzenden Grenzen in Frage kommen kann (vergl. Anm. zu § 133).

10) Hier kommen kn. vers. Betriebe schlechthin in Frage. Bei einem in der Braunkohle beschäftigten Mitgliede sind also g. F. auch Beitragsmonate im Steinkohlenbergbau zu berücksichtigen.

11) Der Ausschußbericht enthält nichts darüber, wie die Bildung von Gruppen gedacht ist. Sie wird nach verschiedenen Gesichtspunkten erfolgen können, in erster Linie nach der Art der Beschäftigung, indem die Sondervorschriften bestimmen, daß z. B. Fördermaschinisten, Anschläger über Tage, Koksarbeiter oder andere Arbeitergruppen bei Erfüllung der Voraussetzungen des § 37 die AP. erhalten. Zulässig wird aber auch die Abgrenzung von Gruppen durch Erleichterung der Voraussetzungen des § 36 für die gesetzliche AP. sein, z. B. eine Regelung dahin, daß AP. bei Erfüllung der übrigen Voraussetzungen auch erhält, wer wesentliche bergmännische Arbeit nicht 180, sondern nur 120 oder 60 Beitragsmonate hindurch verrichtet hat.

§ 38 (28).

(Abs. 1.) Die Invalidenpension besteht aus einem Grundbetrag [1]) und aus Steigerungsbeträgen.

(Abs. 2.) Der Grundbetrag wird in der gleichen Höhe gewährt, in der er für die reichsgesetzliche Invalidenversicherung festgesetzt ist. [2])

(Abs. 3.) [3]) Der Steigerungsbetrag wird in Hundertteilen des Endbetrags jeder Lohnklasse gewährt, in welcher das Mitglied Beiträge entrichtet hat [4]); dabei gilt als Endbetrag der Lohnklasse VII der Betrag von 225 Reichsmark. Für die nachgewiesenen ersten sechzig Beitragsmonate wird der Steigerungsbetrag auf ½ vom

Hundert, für die weiteren sechzig Beitragsmonate auf 1 vom Hundert[5]), für die weiteren einhundertachtzig Beitragsmonate auf 1,85 vom Hundert[6]) festgesetzt. Für die übrigen Beitragsmonate[7]) wird der Steigerungsbetrag auf ½ vom Hundert festgesetzt; die Satzung kann ihn bis auf 1 vom Hundert erhöhen, jedoch nicht vor dem 1. Januar 1930.[8])

§ g Entw. d. Nov.

1) Während das RKG. a. F. eine Unterscheidung zwischen Grundbetrag und Steigerungsbeträgen abgelehnt hatte (vergl. 1. Aufl. S. 131), hat die Nov., dem Vorgang der übrigen V. folgend, den Grundbetrag in die kn. V. eingeführt. Der Entw. d. Nov. S. 12 begründet die Neuerung wie folgt: „Als zweite Maßnahme zur Erzielung von Ersparnissen in der PV. (neben Einschränkung der AP.) ist eine anderweite Berechnung der JPensionen in Vorschlag gebracht. Während bisher eine Berechnung dieser Pensionen nur nach Steigerungsbeträgen vorgeschrieben war, sieht der Entw. eine Berechnung nach Grundbeträgen und Steigerungsbeträgen vor. Damit wird zunächst eine Verbesserung der Bezüge der nach wenigen Dienstjahren berufsunfähig gewordenen Versicherten erreicht; im übrigen soll an der Höhe der JP. nach 25 Dienstjahren nichts geändert werden, dagegen wird nun die Steigerung der Pension über das 25. Dienstjahr hinaus, die bisher wegen des Widerstandes der Arbeitgeber in der Hauptversammlung des RKV. nicht möglich war, gesetzlich geregelt. Die Einführung des Grundbetrags ermöglicht auch die Uebertragung eines Grundsatzes, der bei den Wanderversicherten in der J- und AV. (§ 1290 a RVO., § 57 AVG.) bereits Geltung erlangt hat, auf die kn. PV. In Zukunft wird für das Arbeitsleben des Versicherten der Grundbetrag nur einmal gezahlt. Es wird also vorausgesetzt, daß in jeder Rentenleistung aus der Reichs-V. der Grundbetrag ganz oder zum Teil enthalten ist. Der RKV. soll nach dem Entw. den Grundbetrag nur insoweit aufbringen, als er nicht von anderen V.zweigen zu tragen ist."

Der Vorl. RWR. hat sich gegen den Grundbetrag ausgesprochen. Sein Vorschlag ging dahin, die Renten aus der Summe der einzelnen monatlichen Steigerungsbeträge zu errechnen und den einzelnen monatlichen Steigerungsbetrag so festzusetzen, daß er $^1/_{12}$ von 1,5 v. H. des Endsatzes der jeweiligen Lohnklasse entspricht (in 25 Dienstjahren 25 × 1,5 v. H. = 37,5 v. H.). (Vgl. Ausschußber. RT.Drucksache 1777 S. 5). Der Reichstag hat sich jedoch für den Grundbetrag entschieden. Damit ist in der ganzen RentenV. ein klarer und übersichtlicher Aufbau der Rentenleistungen erreicht. Wie in der JV. und AV. werden die Pensionen der kn. V. in Grundbetrag und Steigerungsbeträge zerlegt; dazu tritt g. F. Kindergeld. Dieser neue Aufbau ermöglicht und vereinfacht zugleich die Kürzung der Pensionen beim Zusammentreffen mit anderen Vers.Leistungen.

2) Der Grundbetrag der JR. beträgt gegenwärtig für alle Lohnklassen jährlich 168 RM. oder monatlich 14 RM. (vergl. § 1288 RVO.).

3) Um die Steigerungsbeträge ist im Reichstag ein lebhafter Kampf geführt worden. Uebereinstimmung bestand im allgemeinen nur darin, daß die JP. nach 25 Dienstjahren, wie bisher, rd. 40 % des Lohnes ausmachen, und daß der Steigerungssatz nach Dienstaltern gestaffelt werden solle. Für die ersten Dienstjahre wurde mit Rücksicht auf den Grundbetrag ein geringer Steigerungsbetrag für ausreichend gehalten. Im übrigen sind die Steigerungssätze so berechnet, daß bei 25 Dienstjahren rd. 40 % des Lohnes erreicht werden. Der nach 25 Jahren anzusetzende Steigerungsbetrag war besonders heftig umstritten. Die Regierung hielt einen Steigerungssatz von $^1/_4$ v. H. für ausreichend, weil sonst die Leistungen in höheren Dienstjahren, namentlich beim Hinzutreten von JR., eine nicht vertretbare Höhe erreichen und die Beiträge zu stark anschwellen würden. Sie hat darauf hingewiesen, daß die JV. als Steigerungsbetrag 0,8 und die AV. 0,6 v. H. des Endbetrages der Lohnstufe oder Lohnklasse gewähre, und daß der Durchschnitt der Steigerungsbeträge für die

ersten 25 Jahre diese Sätze bereits überschreite. Auch müsse, wenn bei 25 Dienstjahren 40 v. H. des Endlohns der Lohnklasse gewährt werden, in diesen Hundertsatz ein angemessener Teil des Kinderzuschusses eingerechnet werden und zwar 1½ Kinderzuschuß, weil bei 25 bis 30 Dienstjahren auf 2 Bergleute im Durchschnitt 3 Kinder entfielen (Ber. S. 36). Trotzdem ist in 1. und 2. Lesung ein Steigerungssatz von 1 v. H. beschlossen, nachdem sogar ein Steigerungssatz von 1,4 v. H. mit der Begründung gefordert worden war, daß ein ausreichender Steigerungssatz als Anreiz zur Weiterarbeit nach 25 Dienstjahren gegeben werden müsse (a. a. O. S. 38). In der 3. Lesung ist schließlich nach sehr schwierigen Verhandlungen eine Einigung dahin zustande gekommen, daß der Steigerungssatz nach 300 Beitragsmonaten ½ v. H. beträgt, und daß die Satzung ihn bis auf 1 v. H. erhöhen kann, jedoch nicht vor dem 1. 1. 1930.

4) Außer den durch Beiträge gedeckten Zeiten sind bei Berechnung der Leistungen K r a n k f e i e r zeiten nach näherer Vorschrift des § 73 Abs. 2 anzurechnen.

5) Die Steigerungsbeträge für die ersten 60 Beitragsmonate mit ½ v. H. und für die weiteren 60 Beitragsmonate mit 1 v. H. sind des Grundbetrages wegen niedrig gehalten. Die Wirkung ist, daß in Bezirken mit dem höchsten Hauerdurchschnittslohn gegenüber dem bisherigen Zustande die Pension durch den Grundbetrag im allgemeinen nur bis zum 7. oder 8. Dienstjahre erhöht wird, während für die folgenden Dienstjahre die Leistungen etwas hinter den bisherigen Bezügen zurückbleiben. Der vom 121. Beitragsmonat (11. Dienstjahre) ab einsetzende höhere Steigerungsbetrag von 1,85 v. H. wirkt sich nur allmählich aus, so daß erst etwa bei 16 Dienstjahren die Höhe der bisherigen Bezüge wieder erreicht wird. Bei Vereinen mit geringem Hauerlohn dürfte die Einführung des Grundbetrags eine Erhöhung der Pensionen für sämtliche Dienstaltersklassen zur Folge haben.

6) Der Satz von 1,85 v. H. ist unter dem Gesichtspunkt errechnet, daß bei einem Versicherten, der die ersten 60 Bei-

tragsmonate in Lohnklasse I, die zweiten 60 in Lohnklasse IV und die folgenden 180 Beitragsmonate in Lohnklasse VII zurückgelegt hat, die JP. nach 25 Jahren 40 v. H. des Endbetrages der Gehaltsklasse VII abzüglich des Kindergeldes für ½ Kind betragen soll (90,00 — 3,75 = 86,25 RM. monatlich). Die von der Regierung gewünschte Einrechnung von 1½ Kindergeld ist im Ausschuß mit der Begründung abgelehnt worden, daß ein großer Teil der Kn.Pensionäre zugleich Reichsrentner sei und das Kindergeld aus der Reichs-JV. erhalte (Ber. S. 38). Die Pension nach 25 Jahren wird künftig schon in der absoluten Höhe über die gegenwärtig gezahlte Höchstpension von 80,50 RM. monatlich hinausgehen, was sich daraus erklärt, daß bei Anrechnung von 180 Beitragsmonaten in der Lohnklasse VII der über dem gegenwärtigen höchsten Hauerdurchschnittslohn liegende Betrag von 225 RM. zu Grunde gelegt wird; dabei mag dahingestellt bleiben, ob die Annahmen über den Werdegang des Hauers (je 60 Beitragsmonate in den Klassen I und IV) der Wirklichkeit entsprechen. Zu der Pension tritt noch Kindergeld hinzu, wodurch die Pension bei 25 Dienstjahren gegenüber dem bisherigen Rechtszustande eine weitere Aufbesserung erfährt. — Bei Umrechnung der laufenden Pensionen nach den Uebergangsvorschriften der §§ 243, 244 stellt sich die Pension bis 25 Dienstjahren in Lohnklasse VI auf 84,50 RM., in Klasse V auf 75,69 RM., in Klasse IV auf 66,88 RM. monatlich. Dazu kommt g. F. Kindergeld.

7) Aus der Festsetzung eines besonderen Steigerungssatzes nach 300 Beitragsmonaten, d. i. vom Beginn des 26. Dienstjahres ab, ergibt sich zweifelsfrei, was auch bisher schon Rechtens war (vergl. E. des Kn.Senats vom 12. 2. 25, abgedruckt in der „Knappschaft", Bochum, S. 133; s. auch AN. 1925 S. 174), daß Dienstzeiten auch nach 25 Dienstjahren anzurechnen sind.

8) Der Bericht läßt nicht erkennen, aus welchem Grunde der Termin des 1. 1. 1930 gewählt ist. Vermutlich ist bei den

Kompromißverhandlungen erwogen, daß bis dahin schon eine gewisse Ersparnis aus der Einführung des Lohnklassensystems eintreten werde. Diese Ersparnis kann aber nur gering sein, wie sich aus der Vorbemerkung vor § 32 ergibt. Bei der künftigen Entschließung über die Erhöhung des Steigerungssatzes durch die Satzung ist die Vorschrift des § 133 zu beachten.

§ 39 (Neu).[1])

Solange Empfänger von Pensionen nach den §§ 36, 37[2]) noch regelmäßige[3]) Lohnarbeit[4]) in Betrieben[5]) verrichten, erhalten sie nur fünfundsiebzig vom Hundert[6]) der erdienten Invalidenpension.[7])

1) Die Vorschrift ist (als g [1]) durch die Nov. nach Beschlüssen des RT.-Ausschusses in 2. und 3. Lesung eingefügt. Sie soll den Anreiz zur Inanspruchnahme der AP. mindern, aber auch verhüten, daß Bergarbeiter nach Verlassen der Grubenarbeit mit 100% der AP. den Arbeitern in anderen Berufen Konkurrenz machen. (Vergl. Ausschußber. S. 122/23).

2) Die Empfänger der gesetzlichen und der durch Sondervorschriften oder durch den RAM. eingeführten AP. werden in dieser wie in anderen Beziehungen gleich behandelt.

3) Gelegentliche Verrichtung von Lohnarbeit bleibt außer Betracht.

4) Es kann sich nur um Lohnarbeit handeln, die nicht „gleichwertig" im Sinne der §§ 36, 37 ist. Denn gleichwertige Lohnarbeit schließt die AP. aus. (§§ 36, 37, 88 Abs. 2).

5) Das sind sowohl kn. vers. wie nicht kn. vers. Betriebe (vgl. Anm. 1). Die Tatsache der Verrichtung regelmäßiger Lohnarbeit in anderen Betrieben wird von den Kn.Verwaltungen nicht leicht festzustellen sein. Wird die Aufnahme solcher Arbeit vermutet, wird bei der zuständigen KrK. oder Landesversicherungsanstalt Nachfrage zu halten sein.

6) Die Herabsetzung auf 75% ist ohne förmliches Verfahren von der Kn.Verwaltung zu verfügen, und zwar vom ersten Tage des auf die Arbeitsaufnahme folgenden Tages ab.

Die Rückforderung zu Unrecht bezahlter Beiträge ist in das Ermessen der Verwaltung gestellt (vgl. § 88 Abs. 2).

7) Die Frage, ob auch das nach § 40 zur AP. hinzutretende KG. der Kürzung unterliegt, ist mangels einer ausdrücklichen Vorschrift zweifelhaft. An sich ist das KG. ein Bestandteil der JP. oder AP. und folgt deren rechtlichen Schicksalen, wofern nicht, wie z. B. im § 42 Abs. 2, das KG. besonders ausgenommen ist (vergl. Anm. 4 zu § 40). Andererseits können der Umstand, daß der von dem KG. handelnde § 40 seine Stellung hinter § 39 hat, und die sonst nicht übliche Einschaltung des Wortes „erdienten" vor „Invalidenpension" auf die Absicht des G. hindeuten, daß sich die Kürzung nur auf die Pension ohne KG. beziehen soll. Die Frage wird durch die Rechtsprechung zu klären sein.

§ 40 (32).[1])

(Abs. 1.) Die Empfänger einer Invalidenpension[2]) erhalten für Kinder (§ 22)[3]) ein Kindergeld[4]) in der Höhe des Kinderzuschusses zu der reichsgesetzlichen Invalidenrente.[5])

(Abs. 2.) Erhält das Kind nach Vollendung des fünfzehnten Lebensjahres Schul- oder Berufsausbildung, so wird das Kindergeld bis zum vollendeten einundzwanzigsten Lebensjahre gewährt, solange die Schul- oder Berufsausbildung dauert und der Pensionsempfänger das Kind überwiegend unterhält.[6]) Das Kindergeld wird für Kinder, die infolge körperlicher oder geistiger Gebrechen außerstande sind, sich selbst zu erhalten,[7]) gewährt, solange der Zustand dauert und der Pensionsempfänger das Kind überwiegend unterhält.[6])

(Abs. 3.) Für jedes Kind wird das Kindergeld nur einmal gewährt.[8])

(Abs. 4.) Erhält der Pensionsempfänger für ein Kind, dem er Unterhalt schuldet, Kindergeld und erfüllt

er nachweisbar die Unterhaltsverbindlichkeit nicht, so kann das Kindergeld demjenigen unmittelbar überwiesen werden, der dem Kinde den Unterhalt gewährt.¹)

§ 27 Entw., § m Entw. d. Nov.

1) Die Gewährung eines zur JP. hinzutretenden Kindergeldes war schon im RKG. a. F. als Pflichtleistung bestimmt. Die Vorschriften über das KG. sind durch die Nov. jedoch wesentlich umgestaltet worden.

Der Entw. d. RKG. hatte die Entscheidung über Einführung des KG. der Satzung überlassen wollen. Die Begr. anerkannte die hohe soziale Bedeutung dieser Leistung, wies andererseits aber auch auf gewisse Bedenken hin, die ihrer Einführung entgegenstehen, namentlich auf die Durchbrechung des Grundsatzes der Gewährung gleicher Leistungen bei gleichen Beiträgen, die nach Erfahrungen aus der Vergangenheit Unzufriedenheit bei kinderlosen Knappschaftsinvaliden hervorrufen könne; sie verneinte ferner ein zwingendes Bedürfnis für das Kindergeld bei Knappschaftsinvaliden, die noch arbeiten, weil diese den sog. Soziallohn (Hausstandsgeld und Kindergeld) erhalten, und ebenso bei Knappschaftsinvaliden, die gleichzeitig die JR. der RVO. beziehen, weil zu dieser ein Kinderzuschuß bereits nach § 1291 RVO. hinzutrete (vgl. die eingehenden Darlegungen S. 49, 50 der Begr.). RWR. und Reichstag haben jedoch unter Betonung des sozialen Zweckes die Einführung des Kindergeldes als gesetzlicher Pflichtleistung gefordert. Dementsprechend bestimmte § 32 RKG. a. F., daß Empfänger einer JP. für Kinder unter 18 Jahren — entsprechend der früheren Altersgrenze bei Kindern — ein KG. erhalten. Durch die sog. Zwangssatzung (§§ 53, 59 Abs. 1) ist das KG. auf 10 v. H. der erdienten JP. ohne TZul., d. h. der Steigerungsbeträge nach § 28 RKG. a. F., festgesetzt. Nach Vorstandsbeschluß der Rkn. werden Steigerungsbeträge nur für die Zeit nach dem 1. 1. 24 ausgesondert, und zwar für die frühere Klasse III der Arb.Abt. 0,25 RM. je Beitrag und Jahr. Infolge dieser Regelung konnte den am 1. 1. 1924 vorhandenen Invaliden, deren Leistungen ganz als TZul. galten, KG. überhaupt nicht gezahlt werden, und für Kn.-Invalide, die seit dem 1. 1. 24 in Zugang gekommen sind, betrug das KG. nur wenige Pfennige. Diese starke Beschränkung des KG. hat Unzufriedenheit erregt und auch zu einer Anfechtung der Vorschrift des § 59 Abs. 1 der Satzung, daß TZul. nicht gewährt werde, geführt. Das RVA. hat jedoch entschieden, daß die angeführte Satzungsvorschrift dem G. nicht widerspricht. Der Entw. der Nov. sah, dem Wunsche nach Berücksichtigung des Familienstandes weit entgegenkommend, ein KG. in der Höhe des Kinderzuschusses zur reichsgesetzlichen JR. bis zum vollendeten 18. Lebensjahre vor; jedoch sollten Kinder, die einen Arbeitsverdienst von mindestens einer Reichsmark für den Arbeitstag beziehen, unberücksichtigt bleiben, weil der Kinderzuschuß nicht eine Leistung an das Kind, sondern an den Empfänger der JP. darstelle, und diesem nicht eine Erhöhung seiner Bezüge dann gegeben werden soll, wenn das Kind verdient (Begr. S. 14). Bei den Ausschußberatungen 1. Lesung ist dieser einschränkende Zusatz gestrichen (Ber. S. 42). Im weiteren Verlauf der Beratungen ist dann die Abgrenzung der zu berücksichtigenden Kinder in gleicher Weise wie bei dem Waisengeld beschlossen worden.

Das KG. tritt auch zur laufenden JP. hinzu. Das ergibt sich zwar nicht unmittelbar aus § 243 Abs. 1, wo nur von einer „Berechnung" der am 1. 7. 26 laufenden Leistungen der Arb.PK. die Rede ist, muß aber als Absicht des G. unterstellt werden, weil in allen Berechnungen über die Kn.Nov. der Kinderzuschuß zu laufenden Pensionen eingesetzt ist. In der Anl. 5 zum Aussch.Ber. (RT.Drucksache Nr. 2307) ist unter III der Aufwand für Kinderzuschuß nach den Aussch.Beschl. auf 15 Millionen RM. angegeben; diese Angabe kann nicht nur auf neu nach dem 1. 7. 26 in Zugang kommende, sondern muß auf laufende Pensionen mitbezogen werden. Vgl. auch Ber. S. 100.

Das KG. ist jetzt in der PV., JV. und AV. gleich hoch (7,50 RM. monatlich). In der JVers. bestand bisher die aus dem Ges. vom 28. 7. 25 (RGBl. I S. 157) folgende Ungleichheit, daß für Kinder der vor dem 1. 8. 25 invalidisierten Reichsrentner nur 3,00 RM. zu zahlen waren; diese Ungleichheit ist durch das sog. Initiativgesetz beseitigt, nach dessen Art. 19 für die Zeit nach dem Inkrafttreten (1. 7. 26) alle Ansprüche ohne Rücksicht auf die Zeit ihrer Entstehung den neuen Vorschriften unterliegen. In der UV. beträgt das KG. 10 v. H. der URente.

2) Empfänger einer JP. im Sinne dieser Vorschrift sind auch Alterspensionäre. Ein im RT.-Ausschuß gestellter Antrag, die Empfänger einer Altersrente von dem KG. auszuschließen, ist abgelehnt worden (Ber. S. 124).

3) Das Zitat „§ 22" deckt sich hier inhaltlich nicht mit dem gleichen Zitat an anderen Stellen (vergl. z. B. § 23 Abs. 1, § 34 Abs. 1 Nr. 5). Es bezieht sich hier nur auf den Abs. 3 des § 22, da hinsichtlich der Bezugsdauer für Kinder in Berufs- oder Schulausbildung oder für Gebrechliche im § 40 Abs. 2 besondere, vom § 22 Abs. 2 abweichende Vorschriften getroffen sind. Vgl. auch Anm. 12 zu § 34.

4) Das KG. ist eine gesetzliche Leistung, auf die ein Rechtsanspruch besteht. Es bildet einen Bestandteil der JP. und unterliegt den gleichen Grundsätzen wie diese. Der Ausdruck „Invalidenpension" schließt demnach auch das KG. ein, wenn nicht das G. etwas Besonderes bestimmt (vergl. z. B. § 42 Abs. 2).

5) Der Kinderzuschuß zur reichsgesetzlichen JR. beträgt 90,00 RM. jährlich (§ 1291 Abs. 1 RVO.).

6) Die Bestimmungen des Abs. 2 decken sich inhaltlich im allgemeinen mit denen des § 34 Abs. 2 für das Waisengeld. Jedoch kommt als weitere Voraussetzung noch hinzu, daß der Pensionsempfänger das Kind überwiegend unterhält.

7) Abweichend vom Wortlaut des § 34 Abs. 2 ist nicht ausdrücklich Voraussetzung, daß Gebrechlichkeit „bei" Vollendung des 15. Lebensjahres vorliegt. Gleiche Handhabung der Vorschriften wird sich jedoch empfehlen, weil auch das Kindergeld grundsätzlich auf das 15. Lebensjahr beschränkt ist.

8) Die Absätze 3 und 4 beruhen auf Beschlüssen des Plenums in 2. Lesung (sten. Ber. 7406). Abs. 3 bezieht sich auf den Fall, daß Anspruch auf KG. aus mehreren P.Versicherungen besteht, z. B. aus der V. des Stiefvaters und der selbstversicherten Mutter, die JP. bezieht. Daß KG. neben (dem gleich hohen) Kinderzuschuß zur reichsgesetzlichen JR. ruht und neben dem Kinderzuschuß zur URente nur mit dem etwaigen Mehrbetrage zu zahlen ist, ergibt sich aus § 106 Abs. 2.

9) Das KG. soll demjenigen zukommen, der das Kind tatsächlich unterhält. Nur das KG., nicht die JP., wird überwiesen, wofern nicht etwa der Fall des § 91 Abs. 2 vorliegt. Der rechtliche Charakter des KG. als Bestandteil der JP. wird durch die Ueberweisung nicht berührt.

Die frühere Vorschrift des § 32 Abs. 3, daß für uneheliche Kinder, die das 16. Lebensjahr vollendet haben, das KG. nur gewährt wird, so lange der Kn.Invalide sie unterhält, ist jetzt entbehrlich, weil das KG. im allgemeinen vor Ablauf der gesetzlichen Unterhaltspflicht (bis zum vollendeten 16. Lebensjahre nach § 1708 BGB.) wegfällt.

2. Witwenpension, Waisengeld, Bestattungsbeihilfe.

§ 41 (33, 34) [1]

(Abs. 1.) Die Witwenpension beträgt sechs Zehntel, das Waisengeld für jede Waise zwei Zehntel der nach § 38 [2]) zu berechnenden Invalidenpension.

(Abs. 2.) [3]) Die Gesamtbezüge der Hinterbliebenen dürfen achtzig vom Hundert des durchschnittlichen Verdienstes [4]) der höchsten Lohngruppe [5]), welcher der Versicherte angehört hat, nicht übersteigen, sonst werden sie gleichmäßig [6]) gekürzt. Beim Ausscheiden eines Hinterbliebenen erhöhen sich die Leistungen bis zum zulässigen Höchstbetrage.

§§ 28, 29 Entw., § q Entw. d. Nov.

1) § 41 hat die jetzige Fassung durch die Nov. erhalten. Nach §§ 33, 34 RKG. a. F. war die WP. in Hundertteilen der IP. (mit TZul.), das WG. in Hundertteilen der IP. oder in festen Sätzen zu bestimmen. Die Zwangssatzung hat die WP. für Arbeiter und Angestellte gleichmäßig auf $^5/_{10}$, das WG. auf $^2/_{10}$ festgesetzt. Durch die Nov. sind diese Sätze geändert. Da in der Ang.PK. die Sätze nicht hinter denen des § 59 AVG. ($^6/_{10}$ für die Witwe und $^5/_{10}$ für die Waise) zurückbleiben konnten, sind diese für die Ang.PK. übernommen (§ 62 Abs. 1), und es ist für zweckmäßig erachtet worden, auch die WP. der Arb.PK. auf $^6/_{10}$ (bisher $^5/_{10}$) festzusetzen, zumal auch bei der reichsgesetzlichen Witwenrente nach § 1292 RVO. der Anteil der VAnstalt $^6/_{10}$ des Grundbetrages und der Steigerungssätze der IR. beträgt; für das WG. verbleibt es dagegen bei dem bisherigen Satz von $^2/_{10}$ (in der Ang.PK. $^5/_{10}$).

Die im § 33 RKG. a. F. enthaltenen Vorschriften über die Abfindung der wiederheiratenden Witwe sind in den Abschnitt „Gemeinsame Vorschriften" verwiesen, ebenso die §§ 33 bis 37, betreffend die Fälle von Verschollenheit und vorsätzlicher Herbeiführung des Todes des Mitglieds oder des Kn.-Invaliden (vergl. §§ 81 Abs. 2, 83 bis 85).

2) Nach § 38 setzt sich die IP. aus Grundbetrag und Steigerungssätzen zusammen. Für die WP. sind demnach neben den Steigerungssätzen $^6/_{10}$ des Grundbetrages der IP. — $14 \times {}^6/_{10} = 8{,}40$ RM. monatlich — anzusetzen. Dieser Anteil an dem Grundbetrag ist gleich dem der reichsgesetzlichen Witwenrente (§ 1292 RVO.). Beim WG. beträgt der Anteil des Grundbetrages 14 RM. : 5 = 2,80 RM., bei der reichsgesetzlichen Waisenrente 14 RM. : 2 = 7,00 RM., ein Unterschied, der für die Anwendung der Ruhensvorschriften von Bedeutung ist (vgl. § 106 Abs. 1, § 107 Abs. 2 RKG., § 1311 RVO.).

3) Die Vorschrift des Abs. 2 ist durch Ausschußbeschluß 3. Lesung eingefügt. Sie schließt sich an § 595 RVO. an — wonach Unfallrenten der Hinterbliebenen zusammen $^4/_5$ des Jahresarbeitsverdienstes nicht übersteigen dürfen — und ist mit ähnlichem Wortlaut durch das sog. Initiativgesetz in die

§§ 1262 RVO. und 35a AVG. übernommen. Die bezeichneten Vorschriften setzen das Höchstmaß der Bezüge aus einer V. fest. Der Grundgedanke, daß Sozialbezüge 80 v. H. des Jahresarbeitsverdienstes nicht übersteigen dürfen, gilt aber auch beim Zusammentreffen mehrerer V.Leistungen (vergl. hierzu § 108 Abs. 2 RKG., § 1311b Abs. 2 RVO., § 71c Abs. 2 AVG. in neuester Fassung).

4) Nicht der Individualverdienst des verstorbenen Mitglieds, sondern der Durchschnittsverdienst der Lohngruppe, der das Mitglied angehört hat, ist zu Grunde zu legen, und zwar der Bruttoverdienst, nicht der nach Abzug der Kn.Gefälle, Steuern usw. verbleibende Nettoverdienst.

5) Das ganze Arbeitsleben ist in Betracht zu ziehen. Ein im RT.Ausschuß in 3. Lesung gestellter Antrag, nur die letzten 10 Jahre vor dem Tode bezw. der Invalidisierung zu berücksichtigen, ist abgelehnt worden mit der Begründung, daß gerade in den letzten Jahren vor der Pensionierung der Arbeiter oft weniger verdiene (Ber. S. 158).

6) Die Kürzung verteilt sich gleichmäßig auf WP. und WG.

§ 42 (34) [1]

(Abs. 1.) Die Bestattungsbeihilfe ist in einem Vielfachen der Pension [2]) zu bemessen. [3])

(Abs. 2.) Sie beträgt beim Tode eines Knappschaftsinvaliden mindestens [4]) den dreifachen Monatsbetrag seiner Invalidenpension ohne Kindergeld [5]), beim Tode einer Ehefrau oder der Empfängerin einer Witwenpension [6]) sechzig [7]) vom Hundert, beim Tode eines Kindes oder des Empfängers eines Waisengeldes [6]) zwanzig [7]) vom Hundert des Mindestbetrags der Bestattungsbeihilfe für den Invaliden. [8])

(Abs. 3.) Die Satzung bestimmt das Nähere; sie kann feste Sätze vorschreiben.

§ 28 Entw. § r Entw. d. Nov.

1) Nach § 34 RKG. a. F. war die Bestattungsbeihilfe in Hundertteilen der JP. oder in festen Sätzen zu bemessen. Die Zwangssatzung hat in den §§ 57 und 59 als Beihilfe festgesetzt

den dreifachen Monatsbetrag der JP. beim Tode eines Kn.Invaliden,

den dreifachen Monatsbetrag der Witwenpension beim Tode der Ehefrau oder der Witwe eines Kn.Invaliden,

den dreifachen Monatsbetrag des Waisengeldes beim Tode eines Kindes oder einer Waise eines Kn.Invaliden,

überall zuzüglich der Teuerungszulage.

Die Nov. hat diese Regelung mit einigen Aenderungen, die in den nachstehenden Anm. erläutert sind, übernommen. Die endgültige Fassung ist bei der zweiten Lesung im Plenum festgelegt (sten. Ber. S. 7406).

2) Hierunter ist, wie sich aus Abs. 2 ergibt, die JP., nicht Witwenpension oder Waisengeld zu verstehen.

3) Die imperative Form findet eine Einschränkung durch Abs. 3; danach kann die Satzung feste Sätze vorschreiben.

4) Die Satzung kann über die Mindestsätze hinausgehen.

5) Das Kindergeld, das an sich einen Bestandteil der JP. bildet, ist hier wohl deshalb ausgeschlossen, weil auch für Ehefrauen (Witwen) und Kinder die Bestattungsbeihilfe von der JP. abgeleitet wird.

6) Empfänger von Witwenpension und Waisengeld sind die Hinterbliebenen der verstorbenen Aktiven.

7) d. i. der gleiche Hundertsatz wie im § 41 Abs. 1.

8) Hierin liegt eine Abweichung von der früheren Berechnungsart (vgl. Anm. 1), die bei Frauen und Kindern von der Witwenpension bzw. vom Waisengeld ausging.

3. Freie ärztliche Behandlung und Arznei für Knappschaftsinvaliden.[1])

§ 43 (Neu).

(Abs. 1.) Knappschaftsinvaliden[2]) erhalten freie ärztliche Behandlung und Arznei[3]) von der Bezirks-

knappschaft, in deren Bezirk sie wohnen[4/5]), und zwar höchstens in dem Umfang[6]), in welchem die Bezirksknappschaft sie den gegen Krankheit Versicherten gewährt.

(Abs. 2.) Die Vorschriften des § 25 Abs. 1 gelten entsprechend.[7])

§ s Entw. d. Nov.

1) Freie ärztliche Behandlung und Arznei für Kn.Invaliden sind als Pflichtleistung der PV. durch die Nov. mit folgender Begr. (S. 11) neu eingeführt: „Auch diese Leistungen waren als satzungsmäßig zulässig (vgl. für Preußen § 13 Abs. 3 des Preußischen KnG. vom 17. 6. 12) bis zum 1. 1. 24 bei fast allen KnV. eingeführt; sie werden auch heute noch unter dem Gesichtspunkt eines wohlerworbenen Rechtes solchen Kn.Invaliden gewährt, die unter der Herrschaft älterer Satzungen pensioniert worden sind. Der Entw. führt insoweit die wünschenswerte Uebereinstimmung der Rechtslage für die nach früherem Rechte und nach dem RKG. Pensionierten herbei." Der Entw. hatte die Absicht, Alterspensionäre von der Gewährung freier Kur und Arznei auszuschließen. Durch die Aufhebung der begrifflichen Unterscheidung zwischen AP. und IP. ist jedoch auch dieser Unterschied hinfällig geworden. Alterspensionäre, die noch Mitglieder einer gesetzlichen KrK. sind, haben keinen Anspruch aus § 43. Der Anspruch gegen einen Träger der reichsgesetzlichen Kranken- oder UV. ist der primäre (§ 44).

Die Nov. hat der neuen Vorschrift nicht ausdrücklich Rückwirkung beigelegt. Es wird aber nach der vorangeführten Begr. als Absicht des G. unterstellt werden müssen, daß auch die vor dem 1. 1. 24 oder in der Zeit vom 1. 1. 24 bis 1. 7. 26 in Zugang gekommenen Invaliden nach § 43 berechtigt sein sollen.

2) Dazu gehören auch Empfänger von AP.

3) Der Entw. sah, im Widerspruch zur Ueberschrift des § s die Gewährung von „Krankenpflege" vor. Der Begriff „freie ärztliche Behandlung und Arznei" ist enger; er umfaßt ins-

besondere nicht Versorgung mit Brillen, Bruchbändern und anderen kleineren Heilmitteln (vergl. § 182 RVO.). Insoweit die vor dem 1. 1. 24 pensionierten Invaliden nach früheren Satzungen Anspruch auf kleinere Heilmittel hatten, soll es nach einem Vorschlage des Satzungsausschusses der Kn. hierbei verbleiben. Dringend erwünscht ist, die Gewährung der kleineren Heilmittel an die Invaliden ohne Rücksicht auf den Zeitpunkt des Eintritts der Berufsunfähigkeit durch die Satzung einheitlich und gleichmäßig zu regeln.

Bei den Beratungen im Vorl. RWR. und im RT.-Ausschuß ist die Einräumung eines Rechtsanspruchs auf Krankenhauspflege für die berechtigten Invaliden gefordert worden, weil es ein unerträglicher Zustand sei, daß über die Frage, ob ein Erkrankter dem Krankenhause überwiesen werden soll, der jeweilige Kassenvorstand zu entscheiden habe. Die Forderung ist jedoch abgelehnt unter Hinweis darauf, daß die Kn.Invaliden die ihnen zustehenden Leistungen nach den Bestimmungen des § 184 RVO. erhalten (Ber. S. 49). Die Kn.Invaliden haben demnach ebensowenig einen Rechtsanspruch auf Krankenhausbehandlung wie aktive Mitglieder der KrK. (vergl. Anm. 2a zu § 20).

4) Danach ist schlechthin der Wohnsitz entscheidend. Ohne Belang ist, ob der Berechtigte bei der betreffenden Bezkn. oder bei einer anderen Bezkn. versichert gewesen ist.

5) Der Fall, daß Berechtigte außerhalb solcher Orte wohnen, für die ein Vertragsverhältnis mit Aerzten oder Apothekern besteht, ist im Abs. 2 geregelt.

6) Für den Umfang sind auch die Vorschriften über die zeitliche Unterstützungsdauer bestimmend; regelmäßig wird daher nicht länger als für 26 Wochen geleistet werden dürfen.

7) § 25 Abs. 1 findet außer den unter 5 erwähnten Fällen Anwendung bei Berechtigten, die während eines vorübergehenden Aufenthalts außerhalb der Vertragsorte erkranken. Der der OrtsKrK. zu gewährende Ersatz bestimmt sich nach § 222 RVO.; § 25 Abs. 2 RKG. findet keine Anwendung.

§ 44 (Neu).[1])

Berechtigte haben keinen Anspruch auf freie ärztliche Behandlung und Arznei, soweit ihnen ein solcher Anspruch gegen einen Träger der reichsgesetzlichen Kranken-[2]) oder Unfallversicherung[3]) zusteht.

1) Vergl. die ähnliche Vorschrift im § 23 Abs. 1.

2) Empfänger von JP. oder AP., die noch der kn. KrK., einer sonstigen gesetzlichen KrK. oder einer Ersatzkasse nach § 15 Abs. 4 angehören, weil sie noch regelmäßig Lohnarbeit verrichten, sind von den Leistungen ausgeschlossen. Für nicht mehr beschäftigte Kn.Invaliden wird die freiwillige Fortsetzung der KrV. im allgemeinen nur wegen der Familienhilfe (§ 23) von Vorteil sein, da sie selbst freie Kur und Arznei bereits aus der PK. erhalten. Jedoch ermöglicht die Entrichtung freiwilliger Beiträge zur KrV. die Erlangung oder Beibehaltung des Aeltestenamts (vergl. § 167 Abs. 2). Die Rkn. hat empfohlen, Knappschaftsälteste, die Invaliden sind und nach § 167 Abs. 2 sich freiwillig in der KrK. versichern, in die niedrigste Lohnstufe der KrK. einzureihen.

3) Vergl. Anm. zu § 23.

IV. Freiwillige Leistungen.

§ 45 (39)[1])

(Abs. 1.) Ueber freiwillige Leistungen[2]) kann die Satzung bestimmen.[3])

(Abs. 2.) Die Satzung kann für die Gewährung freiwilliger Leistungen allgemeine Richtlinien[4]) aufstellen.

(Abs. 3.) Näheres bestimmen die Sondervorschriften.[5]/[6])

(Abs. 4.) Die Vorschrift des § 44 gilt entsprechend.[7])

§ 31 Entw. §§ t, v Entw. d. Nov.

1) Die Abs. 1 bis 3 des § 45 entsprechen im allgemeinen dem bisherigen Ges. Abs. 4 ersetzt den bisherigen § 41 Abs. 2.

2) Die „freiwilligen Leistungen" stehen im Gegensatz zu den „Pflichtleistungen" der PV. (vgl. Anm. 1 zu § 34). Sie sind nicht für die ganze Rkn. einheitlich, vielmehr werden Art und Umfang für jede Bezkn. durch deren Sondervorschriften bestimmt; dabei sind jedoch allgemeine Richtlinien, welche die Satzung der Rkn. aufstellt, zu beachten (vgl. § 61 der bisherigen Satzung). Die Aufwendungen für die freiwilligen Leistungen gehen zu Lasten der Bezkn.; nach § 128 Abs. 1 Nr. 4 gehören freiwillige Leistungen zur Sonderlast, die Kosten sind daher durch Zuschläge zu den sonstigen Beiträgen zu decken.

3) Ueber Art und Gegenstand freiwilliger Leistungen äußert sich die Begr. zum RKG. (S. 50) wie folgt:

„Als freiwillige Leistungen der PK. werden nach den gegenwärtigen KnSatzungen hauptsächlich freie Kur und Arznei für KnInvaliden (jetzt Pflichtleistung nach § 43) und deren Angehörige sowie für Witwen und Waisen gewährt. Diese Leistungen stehen ihrer Natur nach mit den Aufgaben der KrV. in engem Zusammenhang. Es erscheint deshalb angebracht, die Grundsätze für die Durchführung der KrV. auf die Gewährung freiwilliger PKLeistungen zu übertragen. Demgemäß sind die Bezkn. auch in der Bewilligung solcher Leistungen im wesentlichen selbständig mit der Maßgabe, daß sie die entstehenden Kosten durch Zuschläge zu den sonstigen Beiträgen zu decken haben."

Als freiwillige Leistungen sind nicht zulässig:

a) Außerordentliche Unterstützungen. „Derartige einmalige Leistungen, die lediglich das Bedürfnis eines Einzelfalles berücksichtigen und mehr das Gepräge einer Wohltat tragen, sind mit dem Grundgedanken einer auf Leistung und Gegenleistung aufgebauten V. nicht vereinbar; es würde auch kaum möglich sein, die aus der Gewährung außerordentlicher Unterstützungen entstehende Belastung versicherungstechnisch einwandfrei zu berechnen und in den Beiträgen mitzuerfassen. Gegenüber dieser grundsätzlichen Auffassung kann der zugunsten der Unterstützungen angeführte Gesichtspunkt, daß sie ein geeignetes Mittel seien, die Starrheit der satzungsmäßigen Leistungen auszugleichen, um so weniger als ausschlaggebend anerkannt werden, als die Gewährung außerordentlicher Unterstützungen aus dem KrK.-Vermögen der Bezkn. zugelassen ist." (Begr. RKG. S. 51.)

b) Erstattung von PKBeiträgen bei Aufgabe der Arbeit vor Erfüllung der Wartezeit zugunsten weiblicher Mitglieder der Arbeiterpensionskasse, die sich verheiraten, oder in sonstigen Fällen. „In dem Wesen einer jeden V. ist begründet, daß ein Teil der Versicherungsnehmer Beiträge leistet, von denen er keine Vorteile hat. Dieser Risikenausgleich ist für die Leistungsfähigkeit des Versicherungsträgers von erheblicher Bedeutung; die Ausschaltung der günstigen Risiken würde ganz wesentlich auf die Höhe der Beiträge zurückwirken. Die neuen Versicherungsgesetze haben denn auch durchweg die Beitragserstattung grundsätzlich ausgeschlossen; sie besteht nur noch in der AV. bei Todesfällen weiblicher Angestellter und beim Ausscheiden weiblicher Versicherter aus der versicherungspflichtigen Beschäftigung infolge Heirat." (Begr. RKG. a. a. O.) Wegen der Beitragserstattung bei weiblichen Mitgliedern der Ang.PK. vgl. §§ 65 und 66.

c) Auch das Bedürfnis für Einführung einer Witwerpension nach dem Vorbilde der Witwerrente im § 1260 RVO. ist mit Rücksicht auf den verhältnismäßig geringen Umfang der Beschäftigung weiblicher Personen in kn. Betrieben verneint (vgl. Begr. a. a. O.).

4) „Entsprechend den Vorschriften über die KrV. ist auch hier vorgesehen, daß die Satzung Richtlinien für die Gewährung freiwilliger Leistungen aufstellen kann. Damit ist dem RKV. — der bei der Nichtbeachtung der Richtlinien in den Sondervorschriften die vorgeschriebene Genehmigung versagen könnte — die zur Wahrung der Einheitlichkeit gebotene Einflußnahme auf die Gestaltung der freiwilligen PKLeistungen nach Umfang, Art und Höhe eingeräumt." (Begr. RKG. S. 51.)

5) Außer über die Höhe der Zuschläge zu den allgemeinen

Beiträgen werden die Sondervorschriften über die Rechnungsführung nach § 141 und die Vermögensverwaltung nach § 142 Abs. 2 Bestimmung zu treffen haben.

6) Der Ausdruck „freiwillige" Leistungen ist nicht dahin zu verstehen, daß die Entscheidung über Gewährung oder Nichtgewährung im Einzelfalle stets in das freie Ermessen der Bezkn. gestellt wäre. Sehen die Sondervorschriften z. B. die Gewährung freier Kur und Arznei an Angehörige von KnInvaliden vor, so haben diese bei Erfüllung der aufgestellten Voraussetzungen einen Rechtsanspruch darauf. Ueber die Unterbringung in Krankenhäusern, über die Bewilligung von Badekuren an Angehörige der KnInvaliden und dergl. wird dagegen von Fall zu Fall zu entscheiden sein. Maßgebend für die Beurteilung, ob auf eine freiwillige Leistung ein Rechtsanspruch besteht oder nicht, ist die Fassung der Sondervorschriften.

7) d. h. auch hier geht der Anspruch gegen eine KrK. oder eine Berufsgenossenschaft vor.

§ 46 (40).[1]

(Abs. 1.) Der Anspruch auf freiwillige Leistungen richtet sich nach den Sondervorschriften der Bezirksknappschaft, der das Mitglied zuletzt angehört hat.[2])

(Abs. 2.) Sachleistungen, namentlich Krankenpflege und Familienhilfe[3]), erhalten die Berechtigten von der Bezirksknappschaft, in deren Bezirk sie wohnen[4]), und zwar höchstens in dem Umfang, in dem diese ihren Mitgliedern Sachleistungen gewährt. Die Vorschriften des § 25 gelten entsprechend.[5])

§ u Entw. d. Nov.

1) § 46 regelt die Gewährung freiwilliger Leistungen in den Sonderfällen, daß das Mitglied, auf dessen Versicherung der Anspruch beruht, mehreren Bezkn. angehört hat, oder daß die Berechtigten aus dem Bereich der Bezkn. verziehen. Für diese Fälle führte die Begr. zum RKG. (S. 51) folgendes aus:

„Hinsichtlich der freiwilligen PKLeistungen ist die Durchführung einer völligen Freizügigkeit, wie bei den Pflichtleistungen, nicht möglich, zumal die Bezkn. die Kosten durch Zuschläge selbst aufzubringen haben; je nach dem Umfang der freiwilligen Leistungen wird die Höhe der Zuschläge verschieden sein. Die Frage, ob und inwieweit der durch besondere Zuschlagsbeiträge erworbene Anspruch auf freiwillige Leistungen einer Bezkn. durch die Verlegung des Wohnsitzes berührt wird, ist aber für die Berechtigten wesentlich und hat erhebliche praktische Bedeutung. . . . Um einfache Verhältnisse zu schaffen . ., bestimmt der Entwurf, daß sich der Anspruch auf freiwillige PKLeistungen nach den Sondervorschriften derjenigen Bezkn. richtet, der das Mitglied zuletzt angehört hat, und daß Sachleistungen den Berechtigten von der Bezkn. gewährt werden, in deren Bezirk sie wohnen, und zwar höchstens in dem Umfange wie den Pensionsempfängern dieser Knappschaft. Damit wird erreicht, daß alle im Bereich einer Bezkn. wohnenden Berechtigten gleich behandelt werden, soweit ihr Anspruch überhaupt reicht. Nicht ausgeschlossen ist, daß Bezkn. durch ihre Sondervorschriften für die Gewährung von Sachleistungen ein Gegenseitigkeitsverhältnis untereinander vereinbaren."

2) Diese Vorschrift gilt schlechthin, also auch für den Fall, daß die freiwilligen Leistungen einer Bezkn. der das Mitglied früher angehörte, über die der letzten Bezkn. erheblich hinausgehen sollten. Für Sachleistungen vgl. Abs. 2.

3) Krankenpflege und Familienhilfe kommen hier nur als freiwillige Leistungen der PV. (z. B. für Angehörige von Kn.-Invaliden oder aktiven PKMitgliedern) in Betracht. Nicht gemeint ist die gesetzliche Familienhilfe der KrV. nach § 23.

4) Die hiernach zur Leistung verpflichtete Bezkn. hat gegenüber der Bezkn., der das Mitglied, auf deren V. der Anspruch beruht, angehörte, keinen Ersatzanspruch, obwohl die verpflichtete Knappschaft keine Gegenleistung des Mitglieds in Form von Beitragszuschlägen erhalten hat. Das kann unter Umständen eine starke Belastung solcher Knappschaften bedeuten, die in der Gewährung freiwilliger Leistungen sehr weit gehen sollten. Die

Einräumung eines gesetzlichen Ersatzanspruchs im Verhältnis der Bezkn. zueinander würde aber mit dem Grundgedanken der Rkn. unvereinbar sein. Nicht ausgeschlossen ist, daß Bezkn., die ein Gegenseitigkeitsverhältnis vereinbaren, auch über die wechselseitige Erstattung von Mehraufwendungen Vereinbarungen treffen.

5) Auch für die freiw. Leistungen der PV. hat g. F. die Ortskrankenkasse einzutreten. Für den Ersatzanspruch gelten nicht die allgemeinen Vorschriften der RVO. (§ 222), sondern die im § 25 Abs. 2 RKG. festgelegten besonderen Pauschsätze, da § 25 seinem ganzen Umfange nach gilt, während z. B. in § 43 Abs. 2 nur der Abs. 1 des § 25 angezogen ist.

V. Heilverfahren. [1/2])

§ 47 (42, 57).

(Abs. 1) Um die infolge einer Erkrankung [3]) drohende Berufsunfähigkeit eines Mitglieds abzuwenden, kann [4]) die Bezirksknappschaft ein Heilverfahren [5]) einleiten.

(Abs. 2.) Das gleiche gilt, wenn zu erwarten ist, daß ein Heilverfahren den Knappschaftsinvaliden wieder berufsfähig macht. [6])

(Abs. 3.) Die Satzung bestimmt das Nähere [7]) sie kann allgemeine Richtlinien aufstellen. [8])

§§ 34, 36, 48 Abs. 1 Entw., § w Entw. d. Nov.

1) In dem Unterabschnitt „Heilverfahren" sind die einschlägigen Vorschriften durch die Nov. zusammengefaßt und einheitlich geordnet. U. a. ist der bisherige § 57, der unter den „Allgemeinen Vorschriften" stand, hierher übernommen.

2) Die früheren Landesgesetze enthielten durchweg keine Vorschriften über Heilverfahren. In Anbetracht der großen Bedeutung, die gerade diesem Zweige der sozialen Fürsorge zukommt, hat das RKG. ihn in die Aufgaben der kn. Vers. einbezogen. Ein Heilverfahren kann gewährt werden entweder zur

Abwendung drohender Berufsunfähigkeit oder zur Beseitigung bereits eingetretener Berufsunfähigkeit. In beiden Beziehungen schließen sich die Vorschriften eng an die RVO. (§§ 1269 bis 1272, 1305, 1306) an.

2) Außer Berufsunfähigkeit kann infolge einer Erkrankung auch Invalidität im Sinne der RVO. drohen, und zu deren Abwendung kann die Rkn. als Träger der JVers. ein Heilverfahren nach den Vorschriften der RVO. einleiten. Aus der Doppelstellung der Rkn. sind jedoch Schwierigkeiten für die Praxis nicht zu erwarten. „Die Grenzen der Berufsunfähigkeit im Sinne des Entwurfes und der Invalidität im Sinne der RVO. können im Einzelfalle allerdings flüssig sein. Nach der Erfahrung läßt sich auf Grund der ärztlichen Begutachtung im allgemeinen aber mit ausreichender Sicherheit beurteilen, ob nur Berufsunfähigkeit oder ob auch Invalidität droht. Nur in letzteren Fällen ist ein Heilverfahren zu Lasten der JVers. zu gewähren, während die Kosten von Heilverfahren zur Abwendung drohender Berufsunfähigkeit aus dem von den Bezkn. selbständig verwalteten Vermögensteil zu bestreiten sind. Sollte eine Bezkn., um das von ihr selbst verwaltete Vermögen zu schonen, in einem außergewöhnlichen, den Durchschnitt erheblich übersteigenden Maße Heilverfahren auf Kosten der Rkn. (Invalidenvers.) bewilligen, so wird einem solchen Mißbrauch durch geeignete Maßnahmen der Rkn. entgegengetreten werden können." (Begr. RKG. S. 52).

4) Die Uebernahme eines Heilverfahrens im Rahmen der durch die Satzung getroffenen Bestimmungen ist nur ein Recht, nicht eine Pflicht der Bezkn. Ablehnung erfolgt durch formlosen Bescheid. Gegen den ablehnenden Bescheid ist nur die allgemeine Aufsichtsbeschwerde nach § 189 gegeben. In dem allgemeinen Aufsichtsrecht ist jedoch nicht die Befugnis enthalten, die Entschließung der Bezkn. sachlich zu ändern; die Aufsichtsbehörde kann nur die nochmalige Prüfung eines abgelehnten Antrags veranlassen und auf möglichste Beschleunigung der Entscheidung hinwirken. — Die von der Rkn. oder

von Bezkn. errichteten oder unterhaltenen Genesungsheime, Heil- und Pflegeanstalten unterstehen der Aufsichtsbehörde (§ 189 RKG. in Verbindung mit § 34 RVO.).

5) Welche Maßnahmen zur Erzielung des Heilerfolgs im einzelnen Falle zu ergreifen sind, steht im pflichtmäßigen Ermessen der entscheidenden Bezirksverwaltung. Anspruch auf Gewährung einer Badekur, auf Ueberweisung in ein bestimmtes Bad oder dergl. besteht nicht.

6) Abs. 2 regelt die Uebernahme von Heilverfahren für Pensionsempfänger. Ist der Knappschaftsinvalide gleichzeitig invalide im Sinne der RVO., so kann die Rkn. zur Wiederherstellung der Erwerbsfähigkeit auch als Trägerin der JV. ein Heilverfahren einleiten. Ferner können Heilverfahren an KnInvalide, die noch KrKMitglieder sind, auf Kosten der KrV. gewährt werden. Mit Rücksicht auf diese verschiedenen Möglichkeiten ist bei Beratung des RKG. ein Antrag, nach dem Vorgange des § 8 Abs. 4 Reichsversorgungsgesetz Heilverfahren auch „zur Behebung körperlicher Beschwerden" vorzusehen, nicht weiter verfolgt worden (Ber. RKG. S. 26).

7) Die Satzung wird u. a. in Anlehnung an § 1271 RVO. darüber Bestimmung zu treffen haben, welches Hausgeld während eines Heilverfahrens den Angehörigen zu zahlen ist, ob die JP. für die Dauer des Heilverfahrens ganz oder teilweise versagt werden soll und dergl. Außerhalb der Satzung kann die Rkn. mit KrKVerbänden, mit Landesversicherungsanstalten und der RVAnstalt für Angestellte Abkommen über die Gewährung von Heilverfahren treffen, wie sie unter den Vers.Trägern schon bisher vielfach bestehen (vgl. AN. 20 S. 295, AVN. 14 S. 204, 21 S. 121). Vgl. für das bisherige Recht §§ 62 bis 66 der Zwangssatzung.

8) Die Kosten für Heilverfahren gehören gesetzlich zur Sonderlast der Bezkn.

§ 48 (43, 57).[1]

Entzieht sich ein Erkrankter oder ein Knappschaftsinvalide ohne gesetzlichen oder sonst triftigen[2]) Grund

dem Heilverfahren, und wäre durch das Heilverfahren [3]) die Berufsunfähigkeit des Erkrankten voraussichtlich verhütet oder bei Knappschaftsinvaliden die Berufsfähigkeit voraussichtlich wiederhergestellt worden, so kann die Invalidenpension auf Zeit ganz oder teilweise [4]) versagt [5]) werden, wenn der Erkrankte oder der Knappschaftsinvalide auf die Folge hingewiesen worden ist.

§§ 35, 48 Abs. 2 Entw., § X Entw. d. Nov.

1) § 48 ist durch Zusammenziehung des § 43 mit § 57 Abs. 2 RKG. a. F. entstanden. Nicht übernommen ist aus § 57 Abs. 2, daß auch einem KnInvaliden, der sich ohne Grund einer Nachuntersuchung oder Beobachtung im Krankenhause entzieht, die JP. entzogen werden kann. Gründe dieser Aenderung, die auch eine Abweichung von den einschlägigen Vorschriften der RVO. (§ 1306) bedeutet, sind nicht erkennbar. Vgl. im übrigen §§ 1272 RVO., § 45 AVG.

2) Ob ein triftiger Grund vorliegt, ist nach Lage des einzelnen Falles zu beurteilen. Als triftiger Grund wird z. B. anzuerkennen sein, daß nach ärztlichem Gutachten von einem Heilverfahren keine wesentliche Besserung zu erwarten ist.

3) Der Erkrankte oder der Knappschaftsinvalide ist nicht verpflichtet, operative Maßnahmen zu dulden, die in den Bestand oder die Unversehrtheit des Körpers eingreifen oder, wie jede die Chloroformierung erheischende Operation, nicht ohne Lebensgefahr vorgenommen werden können (vgl. Rechtsprechung des RVA. für die JVers., AN. 93 S. 68 Nr. 224).

4) Ueber die Bemessung des Grades und der Dauer der Versagung ist von Fall zu Fall zu entscheiden. Die Zeitdauer der Versagung ist im Rechtszuge nachzuprüfen. Nach Ablauf der für die Versagung festgesetzten Zeit tritt der Berechtigte ohne weiteres wieder in den Genuß der Pension.

5) Ueber die Versagung entscheidet nach § 193 Abs. 1 die Bezirksverwaltung durch anfechtbaren Bescheid; dieser unterliegt mit seinem ganzen Inhalt der Nachprüfung durch den Ausschuß (§ 180) und das KOVA. (§ 195).

B. Pensionsversicherung der Angestellten.

Vorbemerkung.

Die V. der Bergbauangestellten ist zahlreichen Wandlungen unterworfen gewesen. Durch die Landes-KnG. wurden die Angestellten zum Teil überhaupt nicht erfaßt. Demgemäß waren nach Inkrafttreten der AV. die Bergbauangestellten zum Teil bei der RVAnstalt für Angestellte, zum Teil dagegen bei landesgesetzlich bestehenden KnV. versichert, die als Ersatzkassen im Sinne der AV. zugelassen waren. Das RKG. vom 23. 6. 23 hat die Bergbauangestellten in den Bereich der kn. V. einbezogen, aber getrennte Gruppen von kn. berechtigten und kn. nichtberechtigten Angestellten eingeführt, deren Beiträge und Leistungen verschieden bemessen waren. Die Nov. hat diesen Unterschied beseitigt und alle Bergbauangestellten ohne Rücksicht auf Gesundheitszustand einheitlich der kn. PV. unterstellt.

Ueber die Einbeziehung der V. der Bergbauangestellten in die Aufgaben der Rkn. enthielt der Entw. des RKG. folgende allgemeine Ausführungen, die auch heute noch von Bedeutung sind:

„In den bisherigen Landesgesetzen war die Vers. der Bergbauangestellten nicht gesetzlich vorgeschrieben, sondern den einzelnen KnV. oder der Reichsgesetzgebung überlassen. Infolgedessen zeigt die AV. im Bergbau ein buntscheckiges Bild. Eine Reihe von KnV. ist als Ersatzkassen der AV. zugelassen, ein Teil hat Zuschußkassen errichtet, andere wieder Zulagekassen, und ein großer Teil schließlich hat die AV. schlechthin der RVAnstalt für Angestellte überlassen. Auch die KnV., die Ersatzkassen sind, umfassen in der Regel nicht sämtliche Angestellte, sondern nur diejenigen, die bestimmten Erfordernissen bezüglich des Alters und der Gesundheit genügen. Die Angestellten, die diese Voraussetzungen nicht erfüllen, fallen der RVAnstalt für Angestellte anheim. Die Ersatzkassenvers. ist auch nicht eine selbständige Vers. der Angestellten, sondern in weitestem Maße abhängig von der RVAnstalt. Der kn. Ersatzkasse gehört der Angestellte nur solange an, als er im Bergbau beschäftigt ist.

Scheidet er hier aus, so muß er zur RVAnstalt übertreten, und die für ihn angesammelten Rücklagen müssen an diese abgeführt werden. Für die Wandermitglieder fällt somit das Vermögen immer der RVAnstalt anheim. Die Abführung des angesammelten Vermögens muß selbst dann erfolgen, wenn ein Angestellter zwischen mehreren kn. Ersatzkassen wechselt. Diese Einrichtung hat sich schlecht bewährt. In dem Entw. ist nun eine grundsätzliche Aenderung vorgesehen. Das RKG. soll alle Versicherungszweige der Bergarbeiter einheitlich regeln und im RKV. zusammenfassen. Entsprechend diesem Grundgedanken soll auch die gesamte Vers. der Bergbauangestellten gestaltet werden.

Der RKV. soll der Träger der AV. der Bergbauangestellten werden und nicht mehr in Abhängigkeit von der RVAnstalt stehen, er soll vielmehr als vollkommen selbständiger Versicherungsträger gleichwertig neben dieser aufgebaut werden. Auch darin, daß die KnV. als Ersatzkassen nicht alle Angestellten, sondern nur solche Versicherte aufnehmen, die gewisse Voraussetzungen bezüglich des Alters und der Gesundheit erfüllen, soll ein Wandel geschaffen werden. Der RKV. wird sämtliche Angestellte ohne Auswahl und Berücksichtigung des versicherungstechnischen Wagnisses versichern. Das macht eine Scheidung der Angestellten in zwei Klassen erforderlich. Angestellte, die bestimmte Voraussetzungen nicht erfüllen, sollen zwar Mitglieder des RKV. sein, aber nur die Leistungen nach dem AVG. erhalten und die dort vorgeschriebenen Beiträge zahlen. Im G. werden sie als kn. nicht berechtigte Angestellte bezeichnet. Die Angestellten dagegen, welche den Erfordernissen an Lebensalter und Gesundheit genügen — im G. als „knappschaftlich berechtigte Angestellte" bezeichnet —, erhalten sog. kn. Leistungen." (Begr. RKG. S. 55.)

Diese Absichten des Entw. wurden im RKG. a. F. durchweg verwirklicht, obwohl die PV. für Arbeiter und Angestellte in einem Abschnitt (§§ 19 ff.) zusammengezogen war. Der Unterschied zwischen „kn. berechtigten" und „kn. nichtberechtigten" Angestellten bestand darin, daß die ersteren die im Abschnitt

„Pensionsversicherung“ geordneten Leistungen der PK. und daneben die Leistungen der AV. nach den Vorschriften des AVG. erhielten, während die letzteren auf die Leistungen des AVG. beschränkt blieben. Entsprechend der hiernach bestehenden Doppelvers. der kn. berechtigten Angestellten hatten diese auch doppelte Beiträge zu leisten.

In Uebereinstimmung mit den Wünschen der überwiegenden Mehrheit der Angestellten ist die Doppelvers. durch die Nov. beseitigt worden. Die Beseitigung wurde dadurch erleichtert, daß die Nov. auf das Gesundheitsattest als Voraussetzung für die Aufnahme in die PV. verzichtete; damit fiel die Trennung zwischen den kn. berechtigten und kn. nichtberechtigten Angestellten, und es war der Weg für eine einheitliche V. aller Angestellten ohne Unterschied des V.Wagnisses geöffnet. Der Entw. der Nov. (S. 14) begründet die Neuregelung wie folgt: „Neben sonstigen Aenderungen ..... sieht der Entwurf eine grundlegende Aenderung der Versicherung vor. Der verschiedenartige Ausbau der reichsgesetzlichen Angestelltenversicherung und der knappschaftlichen Pensionsversicherung zwang dazu, für die Angestellten im Bergbau eine Doppelversicherung zu schaffen, die den Rentenempfängern zwar höhere Leistungen als die nach dem Angestelltenversicherungsgesetze vorgesehenen gewährte, dafür aber die Versicherten ungebührlich mit Beiträgen belastete. Da das Versicherungswagnis in beiden Versicherungszweigen dasselbe ist, nämlich die Fürsorge für den Fall der Berufsunfähigkeit und des Todes, kann unbedenklich die knappschaftliche Pensionsversicherung für die Angestellten als Ersatz für die Angestelltenversicherung eintreten, was bei der Versicherung der Arbeiter wegen des verschiedenen Wagnisses gegenüber dem, das die Invalidenversicherung deckt, nicht angängig ist.“ (Vgl. auch die Ausführungen des Regierungsvertreters bei Beratung der Nov. Ber. S. 49.) An anderer Stelle (S. 15) bemerkt die Begr., daß der Entw. die PV. der Angestellten völlig von derjenigen der Arbeiter trennt, indem er zwei besondere Pensions kassen — nicht, wie bisher, zwei Abteilungen innerhalb einer einheitlichen PK. — vorsieht. Im einzelnen ist die PV. der Angestellten im wesentlichen der PV. der Arbeiter nachgebildet. Dabei ist erwogen, daß den im Bergbau beschäftigten Angestellten mindestens der gleiche Versicherungsschutz wie den übrigen Angestellten gesichert sein soll (Begr. S. 16). Bei der Beratung im RT.Ausschuß ist die Frage aufgeworfen, ob die völlige Loslösung der kn. vers. Angestellten von der allgemeinen AV. notwendig sei, oder ob man nicht die ungünstigen Auswirkungen der Doppelvers. dadurch beheben könne, daß man die allgemeine AV. als Grundlage der Vers. auch für die Angestellten der kn. Betriebe belasse und die kn. Vers. als Zusatzvers. gewähre (Ber. S. 50). Der Ausschuß hat sich jedoch für den in der Reg.-Vorlage bezeichneten Weg entschieden. Zum Teil entsprechen die Vorschriften in dem nachfolgenden Abschnitt wörtlich den für die ArbPK. geltenden Vorschriften, so daß der Eindruck der Wiederholung entsteht. Schärfer als im RKG. a. F. wird im § 50 des neuen G. zum Ausdruck gebracht, daß die PV. der in kn. versicherten Betrieben beschäftigten Angestellten an die Stelle der reichsgesetzlichen AV. tritt. Die Beteiligung bei der Angest.PK. begründet demnach ohne weiteres Befreiung von der VPflicht nach dem AVG., was bei einer Neuredigierung des AVG. auch in diesem zum Ausdruck zu bringen sein wird Der frühere siebente Abschnitt und andere auf die AV. bezügliche Vorschriften des alten G. sind gestrichen. An die frühere Doppelvers. erinnern noch die §§ 66 und 249. Im übrigen muß die Doppelvers. als mit Rückwirkung vom 1. 1. 24 aufgehoben angesehen werden.

I. Versicherungspflicht.[1])

§ 49[2]) (§ 20 Abs. 1).

In knappschaftlich versicherten Betrieben[3]) beschäftigte Angestellte (§ 1 des Angestelltenversicherungsgesetzes)[4]), die der Versicherungspflicht nach dem Angestelltenversicherungsgesetz unterliegen[5]), gehören der Angestelltenpensionskasse[6]) der Reichsknappschaft als

Mitglieder an.[4]) Die Vorschrift des § 15 Abs. 3 gilt entsprechend.[5])

§ y Entw. d. Nov.

1) Abweichend vom RKG. a. F. (vgl. erste Aufl. Anm. 5 zu § 20) ist durch die Nov. im § 53 unter gewissen Voraussetzungen der freiw. Eintritt in die Vers. bei der Angest.PK. (Selbstversicherung) und im § 77 die freiw. Fortsetzung der Mitgliedschaft (Weiterversicherung) zugelassen.

2) Der § 49 entspricht im allgemeinen dem bisherigen § 20 Abs. 1. Jedoch ist, wie in der ArbPK., die Erfüllung gesundheitlicher Voraussetzungen nicht mehr Vorbedingung der Mitgliedschaft. Ferner ist infolge der Zulassung von Ersatzkassen der KrV. (§ 15 Abs. 4) die Bestimmung gestrichen, daß der KrVerspflicht unterliegende Angestellte Mitglieder der PK. nur werden, wenn sie beim RKV. gegen Krankheit versichert sind. Die jetzige Fassung beruht auf Beschlüssen des RT.Ausschusses (Ber. S. 125/126).

3) Wegen der Bedeutung dieses Begriffes vgl. Anm. 2 zu § 9.

4) Die Einfügung dieses Zitats ist vom RT.Ausschuß beschlossen worden, um außer Zweifel zu stellen, daß die dem AVG. zu entnehmende Definition des Begriffes „Angestellter" auch für die PV. der Angestellten kn. versicherter Betriebe gilt (Ber. S. 126). Demgemäß ist von der PV. ausgeschlossen, wer nicht Angestellten-Eigenschaft im Sinne des AVG. hat. Der Begriff des „Angestellten" ist in der bisherigen Rechtsprechung dahin erläutert, daß der Angestellte durch den allgemeinen sozialen Typus seiner Stellung, durch die Höhe seiner Bezüge oder die sonstige rechtliche Ausgestaltung seines Dienstverhältnisses, insbesondere durch die mit besonderer Verantwortung und Selbständigkeit umgebene Art seiner Tätigkeit oder durch Aufsichts- und Anordnungsbefugnisse gegenüber anderen Personen aus dem Kreise der eigentlichen handarbeitenden Bevölkerungsklasse herausgehoben wird. Der Kommentar zum AVG. von Schulz-Hartmann gibt auf S. 33 folgende Begriffsbestimmung:

„Angestellter ist, wer als Arbeitnehmer überwiegend Denkarbeit leistet. Der Denkarbeit gleichgestellt ist sonstige kaufmännische und Büroarbeit mit der Maßgabe des § 1 Abs. 1 Nr. 3 AVG. und andere nach der Verkehrsanschauung als Angestelltenarbeit geltende Arbeit.“ In weiteren eingehenden Darlegungen S. 34 ff. behandelt der Kommentar die wichtigsten Gruppen der Angestellten.

Auf Grund des § 1 Abs. 4 AVG. hat der RAM. die Bestimmung von Berufsgruppen der AV. (sog. Berufskatalog) vom 8. 3. 24 (RGBl. I S. 274, 410) erlassen. Aus diesem Katalog kommen für die kn. versicherten Angestellten namentlich die Gruppen A. II Bergbau, A. V Industrie der Steine und Erden und B. Büroangestellte in Betracht. Zu den Angestellten im Bergbau gehören, abgesehen von den Gruppen der Betriebsführer, Ingenieure, Maschinenmeister usw., deren Angestellteneigenschaft schon bisher nicht zweifelhaft war, folgende Gruppen: 4. Fahrhäuer, Oberhäuer, Feldes-, Maschinen-, Förder-, Schießaufseher, Lampen-, Schachtmeister oder unter einer ähnlichen Bezeichnung als Aufsichtspersonen Tätige, sofern sie nach der Verkehrsanschauung als Angestellte gelten, 5. Fördermaschinisten, sofern sie wegen der Größe ihrer Verantwortung, vornehmlich bei Beschäftigung auf Steinkohlenbergwerken, nach der Verkehrsanschauung als Angestellte gelten, 6. Markenkontrolleure, Wiege-, Wagemeister, Verwieger oder Verwiegeaufseher, sofern sie bei ihrer Tätigkeit schriftliche Arbeiten in größerem Umfang zu erledigen haben. Da für die Gruppen 4 und 5 der Verkehrsanschauung maßgebende Bedeutung beigelegt ist, kann auch in Zukunft die Angestelltenschaft von in kn. versicherten Betrieben tätigen Personen zweifelhaft sein. Anhaltspunkte für die Beurteilung in Zweifelsfällen ergeben die zahlreichen Entscheidungen der kn. Spruchstellen und der der AV., aus denen folgende hervorgehoben sein mögen:

Nicht zu den Angestellten im Sinne des AVG. oder den Werksbeamten im Sinne des ABG. gehören Förderaufseher, die unter Aufsicht des Steigers und Obersteigers das

Bedienungspersonal bei der Förderung zu beaufsichtigen haben (OSchG. f. A. vom 9. Mai 1917, AVN. 17 S. 189); Schießmeister oder Schießaufseher (KOVA. Dortmund vom 23. 6. 22 Sp. L. 47/22); Markenkontrolleure oder Markenausgeber, die außer dem Ausgeben und Einnehmen der Marken, Pförtnerdiensten usw. keine schriftlichen Arbeiten in erheblichem Umfange auszuführen haben (RA. vom 4. Febr. 1921, OSchG. f. A. vom 30. Juni 1921, B 195/20); Rottenführer, denen die Instandhaltung der Geleise einer Zechenbahn obliegt (RA. vom 22. April 1921, B 3711/20, und vom 21. Jan. 1922, B 171 R/21); Lokomotivführer einer Hütten- oder Zechenbahn, wenn die Lokomotive nicht die Geleise der Staatsbahn, sondern nur Zechengeleise befährt, und verkehrsreiche Strecken nicht oder in nicht erheblichem Umfange gekreuzt werden (OSchG. f. A. vom 13. Jan. 1921, RA. vom 9. Juni 1921, B 4470/20, und vom 31. März 1922, G/21 (vgl. hierzu auch Gruppe XVII Verkehrswesen des Berufskatalogs); Rangiermeister, die mit dem ihnen zugeteilten Rangier- und Lokomotivpersonal den Wagenverschiebedienst zu regeln haben und die hierfür erforderlichen Anweisungen dem Personal erteilen (OSchG. f. A. vom 30. Nov. 1922, P 106/22); Lampenmeister (RA. vom 16. Juni 1921, B 40 L/21, und vom 23. Juni 1921, B 3720/20); Maurerpoliere im Baubetriebe einer Schachtanlage (RA. vom 6. Juli 1921, B 42 N/21); Maschinisten bei der Kompressormaschine (RA. vom 14. Sept. 1921, B 89 Sch/21); Tafelführer, denen das Anschreiben und Melden der geförderten Kohlen aus den einzelnen Betriebspunkten obliegt (RA. vom 14. Sept. 1921, B 3998/20); Dachdecker im Baubetriebe einer Zeche (RA. vom 14. Sept. 1921, B 93 W/21); Brüllenkontrolleure (RA. vom 24. Sept. 1921, B 55 G/21); Hilfswaschmeister (RA. vom 24. Sept. 1921, E 38 St/21); Elektriker (RA. vom 18. Okt. 1921, B 34 A/21); Vorarbeiter in einer Zechenschlosserei (RA. vom 3. Nov. 1921, B 51 T/21); Gehilfen auf dem

Schichtmeisterbüro (RA. vom 26. Nov. 1921, B 98 Sch/21); Vorarbeiter bei der Bergetransportbrücke (RA. vom 29. Nov. 1921, B 224 B/21); Holzaufseher (RA. vom 31. Dez. 1921, B 29 T 21); Aufseher in einer Zechenschmiede und Schlosserei (RA. vom 9. Jan. 1922, B 163 B/21); Platzmeister auf dem Zechenplatze (RA. vom 30. Jan. 1921, B 143 R/21); Oberheizer im Kesselbetriebe (RA. vom 16. Juni 1920, AVN. 21 S. 14, und vom 10. Febr. 1922 B 95 F/21); Kassenboten (OSchG. i. K. vom 21. Febr. 1922, Kompaß S. 166); Feuerwehrmänner (KOVA. Dortmund vom. 30. März 1922, P 4/22). Die Auffassung, daß der Zechenfeuerwehrmann in der Regel kein Angestellter ist, hat der Knappschaftssenat des RVA. durch Entscheidung vom 12. 2. 25, abgedruckt in „Knappschaft" (Bochum) 1925 S. 154, bestätigt.

Dagegen sind Angestellte im Sinne des AVG. Markenkontrolleure, die außer dem Ausgeben und Einnehmen der Marken schriftliche Arbeiten in erheblichem Umfange, namentlich für statistische Zwecke, auszuführen haben (OSchG. f. A. vom 30. Juni 1921, AVN. 22 S. 46); Bahnhofsaufseher und Rangiermeister einer Zechenbahn (RA. B 22 P/20); Maschinenaufseher, denen 100 Arbeiter und ein umfangreicher Maschinenpark unterstellt sind und selbständige Anleitung und Ueberwachung der Arbeiter obliegt, auch wenn sie dem Betriebsführer und Maschinensteiger unterstehen (OSchG. f. A. vom 11. Mai 1921, AVN. 22 S. 5); Fördermaschinisten (RA. vom 12. Aug. 1916, B 3216/16), abweichend aber OSchG. i. K. vom 17. Sept. 1914, RLP 190/14), sowie RA. vom 16. Juni 1920 (AVN. 21 S. 15) für den Fall, daß dem Fördermaschinisten Personal nicht unterstellt ist, während er selbst dem Obermaschinisten untersteht und bei Ausbesserungsarbeiten körperlich mithilft.

Bei Streit über die Angestellteneigenschaft entschied nach bisherigem Recht (§ 161 Abs. 2 RKG. a. F.) in erster Instanz ein nach § 143 bestellter Ausschuß, in der Beschwerdeinstanz das

KOVA. und im Falle der Abgabe zur grundsätzlichen Entscheidung an das RVA. der bei diesem gebildete Senat für AV. Vergl. hierzu die E. des RVA. vom 25. 3. 26, AN. 1926, S. 260 Nr. 295. Nachdem § 161 Abs. 2 RKG. a. F. gestrichen ist, kann die Entscheidung jetzt nur noch im Rahmen eines Streites über das VVerhältnis oder die Beiträge zur PV. in dem durch die §§ 194, 195 geordneten Verfahren getroffen werden. Vgl. auch Anm. 3 zu § 194.

5) In Uebereinstimmung mit § 20 RKG. a. F. ist die Mitgliedschaft auf Angestellte beschränkt, die der VPflicht nach dem AVG. unterliegen. Demnach sind zunächst Angestellte, welche die nach § 3 AVG. vom RAM. festgesetzte Jahresarbeitsverdienstgrenze (zur Zeit 6000 RM.) überschreiten, von der Vers. ausgeschlossen, vorbehaltlich des Rechts der Selbstvers. nach § 53, wofern das 40. Lebensjahr nicht überschritten ist. Bei Beratung der Nov. im RT.Ausschuß ist unter Hinweis auf den Fortfall der Einkommensgrenze für Angestellte in der UV. die Ausdehnung der PVers.Pflicht auf alle Angestellte ohne Unterschied des Einkommens gefordert worden. Die Forderung ist abgelehnt mit der Begründung, daß in der allgemeinen AV. die Verhältnisse hinsichtlich der Gehaltsgrenze von 6000 RM. nicht genügend geklärt seien, und daß die Möglichkeit der freiwilligen Weitervers. bei Anfügung weiterer Gehaltsklassen bestehe (Ber. S. 50—52, 125/126). In der schon durch das RKG. a. F. eingeführten Beschränkung der Vers.Pflicht nach der Höhe des Einkommens liegt eine Aenderung des früheren Rechtszustandes, wonach z. B. in Preußen sämtliche Werksbeamte ohne Rücksicht auf die Verdiensthöhe berechtigt waren, der PK. als Mitglieder beizutreten (§ 27 Abs. 2 Preuß. KnG. vom 17. Juni 1912). Beamte, die auf Grund der früheren Vorschriften von dem Beitrittsrecht Gebrauch gemacht haben, auch wenn sie die Verdienstgrenze überschritten haben sollten, werden aber weiterhin als Mitglieder der Kn. geführt mit der Maßgabe, daß sie neben den eigenen Beiträgen auch die der Arbeitgeber zu entrichten haben, so lange sie nicht

in Anbetracht ihres Verdienstes versicherungspflichtig werden (vgl. Art. 34 ES.).

Weiter unterliegen der VPflicht nicht solche Angestellten, die beim Eintritt in die vers.pflichtige Beschäftigung das Alter von 60 Jahren bereits vollendet hatten (vergl. § 1 Abs. 3 AVG.). Hierin liegt eine Abweichung von den Vorschriften über die PV. der Arbeiter (§ 28), in der schlechthin alle „Arbeiter" in kn. versicherten Betrieben, also auch solche, die bei Aufnahme der Arbeit bereits über 60 Jahre alt sein sollten, beitragspflichtig sind. Schließlich sind Empfänger von kn. Ruhegeld oder Ruhegeld der AV. nach § 13 AVG. vers.frei. Ruhegeldempfänger können daher, abweichend von den Kn.-Invaliden der ArbPK. (vergl. Anm. 2 zu § 28) zu PK.Beiträgen nicht herangezogen werden.

6) Die Angest.PK. ist getrennt von der Arb.PK. zu verwalten (vergl. §§ 138, 141); die Verwaltung obliegt den besonderen Organen für Angest.Angelegenheiten (vergl. §§ 152, 162, 173, 179).

7) Soweit die Voraussetzungen des § 49 und keine Befreiungsgründe nach §§ 51, 52 vorliegen, sind alle Angestellten in kn. versicherten Betrieben Pflichtmitglieder der Angest.PK.

8) Die frühere Vorschrift des § 20 Abs. 4 über die sog. Nachversicherung ist in die Nov. nicht übernommen, während das AVG. im § 3 Abs. 2 und die RVO. im § 165 b die Nachversicherung noch vorschreiben.

9) Vergl. Anm. 7 zu § 15 und die Strafvorschrift im § 233 RKG. in Verbindung mit § 1489 RVO.

§ 50 [1]) (Neu).

(Abs. 1.) Die Reichsknappschaft führt für die Mitglieder der Angestelltenpensionskasse die reichsgesetzliche Angestelltenversicherung durch. [2])

(Abs. 2.) Die Pensionsversicherung der in knappschaftlich versicherten Betrieben beschäftigten Angestellten bei der Angestelltenpensionskasse tritt an die Stelle der reichsgesetzlichen Angestelltenversicherung.[3])

§ rr Entw. der Nov.

1) Der § 50 beruht auf Beschlüssen zweiter Lesung des RT.Ausschusses (Ber. S. 127 und § rr der Aussch.Beschl.). Bei der Neuredigierung des G. ist auf Grund der Befugnis, Umstellung vorzunehmen, der Paragraph an eine andere Stelle gerückt, und die vom RT.Ausschuß beschlossene besondere Ueberschrift „Träger der Versicherung" ist fortgefallen.

2) Die Rkn. steht als Trägerin der PV. der Angestellten in kn. versicherten Betrieben gleichberechtigt neben der RV.-Anstalt für Angestellte. Sie ist nicht etwa Ersatzkasse im Sinne des AVG., was sich auch daraus ergibt, daß das RKG. an einzelnen Stellen, z. B. § 69 Abs. 1, § 109 Abs. 2, Ersatzkassen ausdrücklich neben der Rkn. erwähnt. Auf die Rkn. finden daher die §§ 363, 374 AVG. über die Ersatzkassen keine Anwendung.

3) Vgl. Vorbem. vor § 49 letzter Absatz.

§ 51 [1]) (Neu).

Die Vorschriften der §§ 29, 31 gelten.[2])

§ z Entw. d. Nov.

1) Die Vorschrift beruht auf Beschlüssen erster Lesung des RT.Ausschusses (Ber. S. 52).

2) Vgl. die Anm. zu §§ 29 und 31.

§ 52 [1]) (Neu).

(Abs. 1.) Auf ihren Antrag können von der Versicherungspflicht befreit werden Personen[2]), denen von dem Reich, einem Land oder einem Gemeindeverband, einer Gemeinde oder einem Träger der Reichsversicherung Anwartschaft auf Ruhegeld und Hinterbliebenenrente im Mindestbetrage der Leistungen nach den Sätzen der Gehaltsklasse D[3]) gewährleistet ist.

(Abs. 2.) Ob eine Anwartschaft als gewährleistet

anzusehen ist, entscheidet der Reichsarbeitsminister.

(Abs. 3.) Die Vorschriften des § 29 Abs. 3 gelten entsprechend.

(Abs. 4.) Die Vorschriften der §§ 18 bis 20 des Angestelltenversicherungsgesetzes finden entsprechende Anwendung.[4])

1) Der § 52 beruht auf Beschlüssen des RT.Aussch. 3. Lesung (Ber. S. 154/55, § z 1 der Aussch.-Beschl.). Er entspricht dem § 30.

2) Unter „Personen" sind hier, wie in § 30, nur die in Diensten des Reichs usw. Beschäftigten, nicht z. B. Ruhegeldempfänger der RVAnst. zu verstehen (vgl. Anm. 3 zu § 30).

3) Gehaltsklasse D — nach § 54 von 200 bis 300 RM. — ist bei Bekanntm. der neuen Gesetzesfassung an die Stelle der vom RT. beschlossenen Gehaltsklasse IV gesetzt worden. Die frühere Gehaltsklasse IV, die auf Grund des § 52 Abs. 2 der bisherigen Satzung in der Ang.Abt. der PK. gebildet war, umfaßte die Angestellten mit einem monatlichen Arbeitsverdienst von 300 bis 400 RM. Hier liegt eine Unstimmigkeit vor, die zu klären sein wird.

4) Vgl. Anm. zu § 30.

II. Selbstversicherung.[1])

§ 53[2]) (Neu).

(Abs. 1.) Zum freiwilligen Eintritt[3]) in die Versicherung bei der Angestelltenpensionskasse (Selbstversicherung) sind bis zum vollendeten vierzigsten Lebensjahre[4]) solche Angestellte in knappschaftlich versicherten Betrieben berechtigt, deren Jahresarbeitsverdienst die für die Versicherungspflicht festgesetzte Grenze[5]) übersteigt.

(Abs. 2.) Sie können, wenn die Voraussetzungen für ihre Selbstversicherung wegfallen, die Selbstversicherung fortsetzen.[6])

§ bb Entw. d. Nov.

1) Neben der Selbstversicherung kennt das G. die freiwillige Fortsetzung der Mitgliedschaft in der Ang.PK. in den Fällen des § 77.

2) Der § 53 ist nach dem Vorgang des § 1243 RVO., § 22 AVG. durch die Nov. eingefügt; Abs. 2 beruht auf einem Beschluß der Vollsitzung vom 9. 6. 26 (Sten. Ber. S. 7407). Die Einführung der Selbstvers. ist nicht ausdrücklich begründet; sie dürfte auf der allgemeinen Erwägung beruhen, daß die PV. der Angestellten kn. vers. Betriebe einen vollen Ersatz der AV. bieten soll und daher auch deren allgemeine Grundsätze übernehmen muß.

3) Der freiw. Eintritt erfolgt durch Abgabe einer entsprechenden Willenserklärung. Der Selbstversicherte hat die seinem Arbeitsverdienst entsprechenden vollen Beiträge (Arbeitgeber- und Versicherten-Anteil) zu entrichten. Entsprechend dem § 185 Abs. 2 AVG. i. d. F. der Nov. vom 28. 7. 25 wird angenommen werden müssen, daß Beiträge nicht unter der dem jeweiligen Einkommen entsprechenden Gehaltsklasse entrichtet werden dürfen. Regelmäßig werden daher die Gehaltsklassen G und H in Betracht kommen. — Die Wartezeit beträgt nach § 72 Abs. 3 stets 100 Beitragsmonate.

4) Nach Vollendung des 40. Lebensjahres ist Selbstvers. auch dann nicht zulässig, wenn vorher Pflichtvers. bestanden hat (vgl. AN. 1909 S. 428 Nr. 1377).

5) Nach der Ver. v. 23. 4. 25 (RGBl. I S. 51) beträgt die Grenze zur Zeit 6000 RM.

6) Im Falle der Fortsetzung der Selbstvers. gilt für die Beitragsentrichtung das in Anm. 3 Gesagte. Vers. in einer niedrigeren Gehaltsklasse ist nicht zulässig.

III. Gehalts- und Beitragsklassen.

§ 54 [1] (Neu).

(Abs. 1.) Nach der Höhe des monatlichen Arbeitsentgelts werden folgende Gehaltsklassen gebildet:

Gehaltsklasse	A	. . . .	bis zu	50	RM.
„	B	von mehr als 50	„ „	100	„
„	C	„ „ „ 100	„ „	200	„
„	D	„ „ „ 200	„ „	300	„
„	E	„ „ „ 300	„ „	400	„
„	F	„ „ „ 400 RM.[2])			

(Abs. 2.)[3]) Die Reichsknappschaft[4]) bestimmt das Nähere; sie kann für einzelne Gruppen von Versicherten die Zugehörigkeit zu den Gehaltsklassen bestimmen.

(Abs. 3.) Der Reichsarbeitsminister kann Gehaltsklassen an die bestehenden anfügen.[5])

§ ee Entw. d. Nov.

1) Die §§ 54, 55 mit der Ueberschrift „Gehalts- und Beitragsklassen", die der Ueberschrift „Lohnklassen" vor § 32 im Abschnitt „Pensionsversicherung der Arbeiter" entspricht, sind durch Beschluß der Vollsitzung des RT. vom 9. 6. 26 eingeschaltet (sten. Ber. S. 7407). Der Entw. der Nov. enthielt im § ee Abs. 3 lediglich die Bestimmung, daß die Steigerungsbeträge nach Gehaltsklassen festgesetzt werden und sich die Gehaltsklassen nach denen der reichsgesetzlichen AV. richten. Durch den erwähnten Beschluß sind aus § 171 Abs. 1 AVG. die Gehaltsklassen der AV. unverändert übernommen. Im RT.Ausschuß hat die Reichsregierung gegenüber Vorschlägen auf eine andere Gestaltung der Gehaltsklassen darauf hingewiesen, daß eine Verschiedenheit der Lohnklassen in der AV. und in der kn. V. bei den Wanderversicherten zu Unstimmigkeiten führen könnte. Sie hat ferner ausgeführt, daß bei Beibehaltung der gleichen Gehaltsklassen die Rente in der allgemeinen AV. nach 25 Dienstjahren 115 RM., dagegen in der kn. V. 200 RM. betrage, woraus man folgern müsse, daß Wartezeit und Steigerungsbeträge in der kn. PV. günstiger seien als in der allgemeinen AV. (Ber. S. 49).

Auch für die PV. der Angestellten ist die Beibehaltung der sog. gleitenden Rente nachdrücklich gefordert worden (vergl.

die sehr eingehenden Verhandlungen S. 54, 57, 127 des Ber.). Zur Begründung ist u. a. angeführt, daß ebenso wichtig wie die Steigerung der Rente bei Gehaltserhöhungen auch die Ermäßigung der Rente bei zurückgehenden Gehältern sei (a. a. O. S. 56). Die Forderung ist jedoch abgelehnt, nachdem die Regierung ausgeführt hatte, daß nach allgemeiner Behauptung der Friedensreallohn noch nicht erreicht sei, und daß eine Aenderung der Renten unbedingt dem Gesetzgeber überlassen bleiben müsse.

2) Als Endbetrag der Gehaltsklasse F gilt für Berechnung der Beiträge und Leistungen der Betrag von 500 RM.

3) Abs. 2 entspricht dem Abs. 2 des § 32 (vergl. Anm. 6 daselbst).

4) Das ist mangels abweichender Bestimmung der Abteilungsvorstand für Angest.Angelegenheiten (§ 152).

5) Vergl. § 32 Abs. 3 RKG., § 171 Abs. 2 Satz 2 AVG.

§ 55 [1]) (Neu).

Für freiwillige Beitragsentrichtung [2]) werden die Beitragsklassen G und H gebildet.

1) Der § 55 ist dem § 171 a AVG. i. d. F. der Nov. vom 28. 7. 25 nachgebildet. Vergl. auch § 172 a und 185 Abs. 2 AVG.

2) Als freiwillige Beitragsleistung gilt hier nur die Selbstversicherung nach § 53, nicht die freiwillige Fortsetzung der Mitgliedschaft in der Angest.PK. nach § 77 (vergl. hierzu Anm. 3 zu § 77).

IV. Pflichtleistungen. [1])

§ 56 [2]) (Neu).

(Abs. 1.) Die Leistungen der Angestelltenpensionskasse sind:

1. Ruhegeld für berufsunfähige Mitglieder,
2. Witwenpension für die Witwen verstorbener Mitglieder und Ruhegeldempfänger,
3. Waisengeld für Kinder (§ 22) verstorbener Mit-

glieder und Ruhegeldempfänger,

4. freie ärztliche Behandlung und Arznei für Ruhegeldempfänger,
5. eine Beihilfe zu den Bestattungskosten der Ruhegeldempfänger, ihrer Ehefrauen und Kinder (§ 22) sowie der Empfänger von Witwenpension und Waisengeld, soweit nicht Sterbegeld der Kranken- oder Unfallversicherung gewährt wird.

(Abs. 2.) Die Vorschriften des § 34 Abs. 2 gelten.

§ cc Entw. d. Nov.

1) Die Ueberschrift „Pflichtleistungen" ist bei der Neu-Fassung an Stelle der Ueberschrift „Gegenstand der Versicherung" vor § ff der Nov. vom 25. 6. 26 gesetzt, offenbar, um im äußern Aufbau des Abschnittes B (PV. der Angestellten) dem Abschnitt A zu folgen und den Unterschied gegenüber den „Freiwilligen Leistungen" (vgl. § 65) hervortreten zu lassen.

2) § 56 schließt sich in der Anordnung und nach seinem Inhalt ganz an § 34 an, nur daß das Wort „Knappschaftsinvaliden" überall durch „Ruhegeldempfänger" entsprechend dem Sprachgebrauch der AV. (vgl. §§ 23 ff. AVG.) ersetzt ist. Der Ausdruck „Ruhegeldempfänger" schließt die Empfänger von Altersruhegeld (§ 58) ein. Auf die Anm. zu § 34 kann überall verwiesen werden.

1. Ruhegeld.

Die Bezeichnung „Ruhegeld" ist an Stelle der früher auch in der Angest.Abt. der PK. üblichen Bezeichnung „Invalidenpension" getreten und in dem ganzen G. einheitlich durchgeführt. Demgemäß heißen die früheren sog. Angestellten-Invaliden jetzt Ruhegeldempfänger — vergl. z. B. § 56 Abs. 1 Nr. 2 bis 5, §§ 61, 64 —.

§ 57 [1]) (Neu).

(Abs. 1.) [2]) Ruhegeld erhält der Versicherte, der das Alter von fünfundsechzig Jahren vollendet hat oder durch körperliche Gebrechen oder wegen Schwäche seiner körperlichen und geistigen Kräfte zur Ausübung seines Berufs [3]) dauernd unfähig ist. Berufsunfähigkeit ist dann anzunehmen, wenn seine Arbeitsfähigkeit auf weniger als die Hälfte derjenigen eines körperlich und geistig gesunden Versicherten von ähnlicher Ausbildung und gleichwertigen Kenntnissen und Fähigkeiten herabgesunken ist.

(Abs. 2.) [4]) Ruhegeld erhält auch der Versicherte, der nicht dauernd berufsunfähig ist, aber während sechsundzwanzig Wochen ununterbrochen berufsunfähig gewesen ist, für die weitere Dauer der Berufsunfähigkeit.

(Abs. 3.) Bei den technischen Angestellten [5]) ist die Berufsunfähigkeit nach den gleichen Grundsätzen [6]) zu beurteilen wie bei vergleichbaren Arbeitergruppen.

§ dd Entw. d. Nov.

1) Die endgültige Fassung hat § 57 in der Vollsitzung des RT. vom 9. 6. 26 erhalten (sten. Ber. S. 7407 zu § dd). Der Entw. der Nov. enthielt im § dd den Vorschlag, daß Ruhegeld erhält, wer die Voraussetzungen der §§ 24, 30 AVG. erfüllt hat. Dazu wurde im RT.Ausschuß ausgeführt, daß die Uebernahme des Begriffs „Berufsunfähigkeit" aus der AV. eine wesentliche Verschlechterung der Rechtslage für die Bergbauangestellten gegenüber den Bergarbeitern bedeuten würde. Man könne dem technischen Personal des Bergbaues, das eine ganz besondere Ausbildung erfahren habe, nicht zumuten, nach Eintritt der Berufsunfähigkeit im Bergbau zu anderen Berufen überzugehen. Deshalb müßten die für die kn. Invalidisierung von Arbeitern geltenden Grundsätze auf die Bergbauangestellten übertragen werden. Von der Reichsregierung ist diese Auffassung bezüglich der technischen Angestellten als richtig anerkannt und im allgemeinen zugegeben, daß ein berufsunfähiger Steiger nicht auf Tätigkeiten außerhalb des Bergbaues ver-

wiesen werden kann; hinsichtlich der kaufmännischen Angestellten dagegen wurde die Begriffsbestimmung der AV. für ausreichend erachtet. Der Ausschuß hat darauf beschlossen, daß bei den technischen Angestellten für die Annahme der Berufsunfähigkeit die Grundsätze des § e Entw. (§ 35 des G.) gelten sollen (Ber. S. 53). Anerkannt wurde, daß diese Fassung nicht sehr glücklich sei. Deshalb hat man nach einer besseren Fassung gesucht und diese in dem jetzigen Abs. 3 des § 57 zu finden geglaubt. Die Herausgebung der „technischen" Angestellten aus den übrigen Angestellten leidet jedoch unter dem Mangel, daß dieser Begriff nicht in klarer Weise abgegrenzt ist.

2) Abs. 1 entspricht wörtlich dem § 30 Abs. 1 AVG.

3) Nach der E. des RVA. vom 30. 1. 25 (AN. S. 226 Nr. 2856) ist unter „Beruf" im Sinne des § 30 Abs. 1 AVG. nicht nur die von dem Versicherten ausgeübte Tätigkeit, sondern eine Gruppe von Tätigkeiten zu verstehen; die Umstände des Falles entscheiden, wie die Berufsgruppe abzugrenzen ist (vergl. auch E. vom 17. 12. 24, AN. 1925 S. 228 Nr. 2866). Die Grundsätze dieser Entscheidung müssen auch für die Auslegung des § 57 Abs. 1 gelten. Ein nicht „technischer" Angestellter eines kn. versicherten Betriebes muß sich also auf Tätigkeiten außerhalb kn. versicherter Betriebe verweisen lassen, die innerhalb der für ihn in Betracht kommenden Gruppe von Tätigkeiten liegen.

4) Abs. 2 entspricht wörtlich dem § 30 Abs. 2 AVG. Abweichend von § 35 Nr. 2 RKG. ist hier Voraussetzung der Annahme vorübergehender Berufsunfähigkeit, daß der Versicherte während 26 Wochen ununterbrochen berufsunfähig gewesen ist. Ein innerer Grund für die unterschiedliche Behandlung der Arbeiter und Angestellten in dieser Beziehung ist nicht ohne weiteres erkennbar; er könnte allenfalls darin gefunden werden, daß die Angestellten zum großen Teil nicht der KrV. unterliegen und daher nicht für die Dauer von 26 Wochen zum Bezuge von Krankengeld berechtigt sind. Zu beachten ist jedoch, daß die Angestellten nach den bestehenden Tarifverträgen durch-

weg Anspruch auf Gehalt oder eine dem Krankengeld ähnliche Entschädigung gleichfalls für die Dauer von 26 Wochen haben. Wie in der Arb.Abt. sind bei Berechnung der Leistungen Zeiten nachgewiesener Berufsunfähigkeit auf Grund des § 73 Abs. 2 mit vollen Steigerungsbeträgen der Gehaltsklasse anzurechnen, der der Versicherte vor der Krankheit zuletzt angehört hat.

5) Für die Auslegung des der Gesetzessprache an sich fremden Begriffs „technischer Angestellter“ können die bestehenden Tarifverträge einen Anhalt bieten. Der Tarifvertrag für technische Angestellte im rheinisch-westf. Steinkohlenbergbau führt unter den Hauptgruppen: Grubenbetrieb, Tagesbetrieb, Kokerei- und Nebenproduktenbetrieb die einzelnen Kategorien der technischen Angestellten auf und zählt ihnen z. B. Markscheidergehilfen, Zeichner und Laboranten zu.

6) Hier sind offenbar die in der Anm. 3 zu § 35 wiedergegebenen Grundsätze über die Begriffe der wesentlichen und der gleichwertigen bergmännischen Arbeit gemeint, die sich in der Rechtsprechung des OSchG. mit Bezug auf den Hauerberuf herausgebildet haben. Bei entsprechender Anwendung dieser Grundsätze würde ein Steiger solange nicht als berufsunfähig angesehen werden können, als er noch eine dem Steigerberuf gleichwertige Tätigkeit im Bergbau verrichten kann. In der früheren Rechtsprechung des OSchG. sind die Tätigkeiten eines Platzaufsehers, Holzsteigers, Magazinverwalters und ähnliche als gleichwertig bezeichnet worden. Nach Entsch. der OSchG. vom 15. 2. 1910 RL 182/09 ist die Arbeit eines Schichtmeisters, wenn auch nicht völlig gleich besoldet, dennoch der eines Reviersteigers gleichwertig. Da die bezeichneten Tätigkeiten, abgesehen von der des Schichtmeisters nur in beschränktem Umfange auf Bergwerken vorkommen, kann bei Anwendung der in der Entscheidung des OSchG. vom 24. 11. 10 (Kompaß 1911 S. 57) aufgestellten Gesichtspunkte (vgl. Anm. 3a zu § 35) zweifelhaft sein, ob es zulässig ist, einen Steiger auf solche Tätigkeiten zu verweisen. Nicht gleichwertig

ist nach Entsch. d. OSchG. vom 7. 10. 19 RL 81/19 die Arbeit eines Platzaufsehers oder Magazinverwalters der Betriebsführer-Tätigkeit. Das RVA. hat sich bisher noch wenig mit der Frage der „gleichwertigen" Tätigkeiten für Angestellte befaßt. Bekannt geworden ist die Entscheidung des Kn.-Senats vom 4. 12. 24, Kompaß 1925 S. 59, wonach die Berufsunfähigkeit eines ehemaligen Betriebsführers nicht dadurch aufgehoben wird, daß er die Tätigkeit eines Hauers in einem Braunkohlenbergwerk auszuüben vermag.

§ 58 [1]) (Neu).

(Abs. 1.) [2]) Berufsunfähigkeit wird auf Antrag auch dann als vorhanden angesehen, wenn der Antragsteller das fünfzigste Lebensjahr vollendet, dreihundert Beitragsmonate zurückgelegt, während dieser Zeit mindestens einhundertachtzig Monate wesentliche bergmännische Arbeiten [3]) verrichtet hat und keine gleichwertige Lohnarbeit [3]) mehr verrichtet (Altersruhegeld). Eine Lohnarbeit gilt dann als gleichwertig, wenn sie nach der Entlohnung der höchstgelohnten Arbeit [3]) entspricht, die der Berechtigte während seiner Dienstzeit nicht nur vorübergehend verrichtet hat.

(Abs. 2.) [4]) Die Vorschriften des § 39 gelten.

§ ii Entw. d. Nov.

1) Der § 58 hat seine Fassung durch die Beschlüsse des RTAussch. erhalten. (Vgl. Ber. S. 57, 126, 155—157, § dd [1] der Aussch.beschl.)

Wie die AP. der Arbeiter ist auch das Altersruhegeld der Angestellten stark umkämpft worden. Der § ii des Entw. der Nov. sah Altersruhegeld im Abs. 1 für alle Angestellte, also einschließlich der kaufmännischen, bei 60 Lebensjahren und 360 Beitragsmonaten, im Abs. 2 für Angestellte, die während 180 Beitragsmonaten wesentliche bergmännische Arbeiten verrichtet haben, also für technische Angestellte, bei 55 Lebensjahren und 300 Beitragsmonaten (wie in der Arb.PK.) vor. Das in diesem Vorschlag liegende Entgegenkommen gegenüber den kaufmännischen Angestellten ist zunächst bei Erörterungen über die AP. der Arbeiter stark zur Begründung der AP. für Tagesarbeiter bei 55 Jahren verwertet worden, indem geltend gemacht wurde, daß die Angestellten im Bergbau eine durchschnittlich um 5 Jahre längere Lebensdauer und längere Dienstzeit hätten als die Arbeiter (Ber. S. 46). Nachdem der Ausschuß in erster Lesung beschlossen hatte, die AP. für Tagesarbeiter bei 55 Lebensjahren und 25 Dienstjahren einzuführen, wurde von der Reichsregierung geltend gemacht, daß die AP. mit 55 Jahren unmöglich auf das kaufmännische Personal in den kn. Betrieben ausgedehnt werden könne, weil der kaufmännische Angestellte nicht mit 55 Jahren berufsunfähig sei (Ber. S. 50). Im übrigen hat im Ausschuß unter Vorlegung statistischen Materials über das durchschnittliche Lebensalter und durchschnittliche Invalidisierungs-Dienstalter der Arbeiter und Angestellten eine sehr eingehende Aussprache darüber stattgefunden, ob eine höhere Altersgrenze bei den Beamten allgemein am Platze sei. Im Verlaufe der Beratungen wurde u. a. geltend gemacht, daß die Rentenbezugsdauer bei den Beamten kürzer sei als bei Arbeitern, woraus gefolgert werden müsse, daß die Tätigkeit des Angestellten ebenso aufreibend sei wie die des Arbeiters. Darauf wurde eine Fassung beschlossen, die sich an die Vorschläge für die AP. der Tagesarbeiter anschloß; bei Angestellten, deren Tätigkeit nicht als unter den Begriff der wesentlichen bergmännischen Arbeiten fallend betrachtet wird, also auch bei den kaufmännischen, sollte die Vollendung von 55 Lebensjahren den Anspruch auf Altersruhegeld begründen (§ dd [1] der Aussch.-Beschl.). In der dritten Ausschußlesung ist nach weiteren eingehenden Verhandlungen eine Kompromißlösung zustande gekommen, wonach die Vorschriften über das Altersruhegeld mit denen über die AP. gleichlauten, und über die gesetzlichen Vorschriften hinaus das Altersruhegeld auf technische Angestellte im Steinkohlenbergbau durch die Sondervorschriften, in anderen Betrieben durch den RAM. mit Zustimmung des Reichsrats ausgedehnt werden kann. (Ber. S. 155).

2) Abs. 1 entspricht bis auf das Wort „Altersruhegeld" statt „Alterspension" wörtlich dem § 36. Auf die Anm. zu § 36 wird verwiesen.

3) Die Ausdrücke „Lohnarbeit" und „höchstgelohnte Arbeit" sind in Beziehung auf Angestellte nicht ganz zutreffend. Der Sinn des G. ist aber klar.

Der Begriff der „wesentlichen bergmännischen Arbeiten" ist im allgemeinen nach den gleichen Grundsätzen wie bei Arbeitern zu beurteilen. Schwierigkeiten in der Abgrenzung des Begriffes, die für den Braunkohlenbergbau befürchtet werden (vgl. Ber. S. 57), werden durch die Rechtsprechung zu klären sein.

In der bisherigen Verwaltungsübung der Bezirksknappschaften ist anerkannt, daß außer Betriebsführern, Steigern und sonstigen vorwiegend unter Tage beschäftigten Angestellten sog. Markscheidergehilfen I. Klasse, die in erheblichem Umfange Betriebspunkte unter Tage befahren, wesentl. bergm. Arbeit im Sinne des § 26 RKG. a. F. verrichten.

4) Vgl. Anm. 2 bis 7 zu § 39.

§ 59 [1]) (Neu).

Die Vorschriften der §§ 37 [2]), 39 [3]) gelten entsprechend für technische Angestellte. [4])

1) Die Vorschrift beruht auf Beschlüssen des RT.Ausschusses dritter Lesung (Ber. S. 155, § dd [2] der Aussch.-Beschl.).

2) Vergl. Anm. 1 zu § 58 und Anm. 1 zu § 37. Ein Grund für die unterschiedliche Behandlung von Steinkohle und Betrieben anderer Art ist auch bei den Angestellten nicht erkennbar.

3) Die entsprechende Anwendung des § 39 bedeutet, daß unter den dort bezeichneten Voraussetzungen gesetzliches Altersruhegeld (§ 58) sowie Altersruhegeld, das auf Grund von Sondervorschriften oder von Bestimmungen des RAM. bezogen wird, um 25% zu kürzen sind; ob die Kürzung sich auch auf das Kindergeld erstreckt, ist zweifelhaft. (Vgl. Anm. 7 zu § 39).

4) Wegen des Begriffs „technische Angestellte" vergl. Anm. 5 zu § 57. Kaufmännische Angestellte sind vom „Altersruhegeld" überhaupt ausgeschlossen; wofern nicht vorher Berufsunfähigkeit eintritt, erhalten sie „Ruhegeld" auf Grund des § 57 Abs. 1 nach Vollendung des 65. Lebensjahres. Die endgültige gesetzliche Regelung ist also hinter den Vorschlägen des Entw. im § ii zurückgeblieben, worauf im RT.Ausschuß (Ber. S. 56) und im Plenum (vergl. z. B. sten. Ber. S. 7493) wiederholt hingewiesen worden ist.

§ 60 [1]) (Neu).

(Abs. 1.) Das Ruhegeld besteht aus einem Grundbetrag und aus Steigerungsbeträgen.

(Abs. 2.) Der Grundbetrag wird in der gleichen Höhe gewährt, in der er für die reichsgesetzliche Angestelltenversicherung festgesetzt ist. [2])

(Abs. 3.) Der Steigerungsbetrag wird in Hundertteilen des Endbetrages jeder Gehalts- (Beitrags-) klasse gewährt, in welcher das Mitglied Beiträge entrichtet hat. Als Endbetrag der Gehaltsklasse F gilt der Betrag von 500, der Beitragsklasse G der Betrag von 625 und der Beitragsklasse H der Betrag von 750 Reichsmark. Für die nachgewiesenen ersten sechzig Beitragsmonate wird der Steigerungsbetrag auf ½ vom Hundert, für die weiteren sechzig Beitragsmonate auf 1 vom Hundert, für die weiteren einhundertachtzig Beitragsmonate auf 1,85 vom Hundert festgesetzt [3]); für die übrigen Beitragsmonate wird der Steigerungsbetrag auf ½ vom Hundert festgesetzt; die Satzung kann ihn bis auf 1 vom Hundert erhöhen, jedoch nicht vor dem 1. Januar 1930. [4])

(Abs. 4.) [5]) Erreicht das nach Abs. 2, 3 berechnete Ruhegeld nicht den Betrag, der nach den Vorschriften des Angestelltenversicherungsgesetzes zu gewähren wäre, so ist das Ruhegeld auf diesen Betrag zu erhöhen.

§ ee Entw. d. Nov.

1) Der § 60 hat seine Fassung durch Beschlüsse des RT.Ausschusses und zwar Abs. 3 letzter Satz in dritter Lesung erhalten (Ber. S. 55, 126, 157). Die Fassung (Abs. 1 bis 3) schließt sich völlig an § 38 an. Um die Höhe und Staffelung der Steigerungsbeträge (Abs. 3) ist auch hier, wie in der Arb.PK., heftig gekämpft worden. Die Regierungsvorlage wollte im § ee Abs. 3 die Steigerungsbeträge so bemessen, daß nach 300 Beitragsmonaten Grundbetrag und Steigerungsbeträge ein Ruhegeld in Höhe von 40 v. H. des Endgehalts der Gehaltsklasse ergeben, und für jeden weiteren Beitragsmonat einen Steigerungsbetrag in Höhe von 1,2 v. H. des Endgehalts der Gehaltsklasse zubilligen. Gegenüber Anträgen auf Einführung einheitlicher, nicht nach Dienstaltersklassen abgestufter Steigerungsbeträge sowie auf Erhöhung des Hundertsatzes nach 300 Beitragsmonaten von 1,2 auf 1,6 hat im RT.Ausschuß die Regierung ausgeführt, daß die Schlüsselzahl von 1,6, die durch die 40%ige Rente bei 25 Dienstjahren entstanden sei, nach Einführung des Grundbetrages der AV. mit 40,00 RM. monatlich keinesfalls zu Grunde gelegt werden könne, daß sogar gegen Uebernahme der in der Arb.PK. beschlossenen Steigerungsbeträge Bedenken beständen, weil bei Anwendung dieser Steigerungssätze die Rente nach 25 Dienstjahren nicht 40 v. H., wie in der Arb.PK., sondern 43 v. H. betrage (Ber. S. 55). Der Ausschuß hat jedoch Steigerungsbeträge in gleicher Höhe und gleicher Abstufung wie in der Arb.PK. beschlossen (Ber. S. 55, 126). In dritter Lesung ist gleichfalls der Steigerungssatz nach 25 Jahren auf ½ v. H. festgesetzt mit der Maßgabe, daß ihn die Satzung vom 1. 1. 30 ab bis auf 1 v. H. erhöhen kann (Ber. S. 157, zu § ee Abs. 3).

Steigerungsbeträge für Zeiten vor dem 1. 7. 26 sind nach den besonderen Vorschriften der §§ 247, 248 zu berechnen.

2) Der Grundbetrag ist nach § 56 Abs. 1 AVG. für alle

Gehaltsklassen 480 RM. jährlich oder 40 RM. monatlich.

3) Die von der Reichsregierung aufgestellte Berechnung, wonach Grundbetrag und Steigerungsbeträge nach Ablauf von 25 Dienstjahren 43 v. H. des Gehalts ausmachen (vergl. Anm. 1), gilt nur für den Fall ausschließlicher V. in der Angest.PK. Bei technischen Angestellten, die aus dem Arbeiterstande hervorgehen, ermäßigt sich der Hundertsatz dadurch, daß für die Arbeiterdienstjahre die Steigerungsbeträge der Arb.PK. anzusetzen sind. Unterstellt man z. B. bei einem Steiger folgende Laufbahn:

vom 14.—16. J. Beschäftigung über Tage,
vom 16.—18 J. Beschäftigung unter Tage als Bremser usw. und Schlepper,
vom 18.—20. J. Bergvorschule und Beschäftigung als Schlepper im Gedinge und Lehrhauer,
vom 20.—21. J. Lehrhauertätigkeit,
vom 21.—23. J. Besuch der Bergschule und nebenher Beschäftigung als Hauer,
vom 23.—27. J. Hilfssteiger,
vom 27.—39. J. Reviersteiger,

so berechnen sich die Bezüge an Pension bezw. Ruhegeld unter Beachtung der Vorschrift des § 67 Abs. 2 Satz 3 wie folgt:

2 Jahre Lohnkl. I	zu je	½ %	von 900	=	9,00 RM,
2 Jahre Lohnkl. III	zu je	½ %	von 1500	=	15,00 RM,
1 Jahr Lohnkl. VI	zu	½ %	von 2400	=	12,00 RM,
2 Jahre Lohnkl. VI	zu je	1 %	von 2400	=	48,00 RM,
2 Jahre Lohnkl. VII	zu je	1 %	von 2700	=	54,00 RM,
1 Jahr Gehaltskl. D	zu	1 %	von 3600	=	36,00 RM,
3 Jahre Gehaltskl. D	zu je	1,85%	von 3600	=	199,80 RM,
12 Jahre Gehaltskl. E	zu je	1,85%	von 4800	=	1065,60 RM,
25 Jahre oder 300 Beitragsmonate					1439,40 RM,
+ Grundbetrag von					480,00 RM,
				Sa. jährlich	1919,40 RM,
				oder monatlich	159,95 RM,

das sind nicht ganz 40% von 400 RM. (Endbetrag der Gehaltsklasse E).

4) Vergl. hierzu Anm. 8 zu § 38.

5) Die Bestimmung des Abs. 4 ist ein Ausfluß des Grundsatzes, daß den kn. versicherten Angestellten mindestens der gleiche Versicherungsschutz gesichert sein soll wie den übrigen Angestellten (Begr. zur Nov. S. 16). Im allgemeinen werden die kn. Leistungen nicht hinter denen der AV. zurückbleiben. In dem zu 3 angeführten Beispiel würden sich, wenn das Mitglied der Arb.PK. nach 9 Arbeiterjahren zur RVAnstalt übertritt, unter Beachtung der Vorschriften im § 70 Abs. 1, § 106 Abs. 1 die Gesamtleistungen wie folgt berechnen:

Steigerungsbeträge für Arbeiterdienstjahre	138,00 RM.
4 J. Gehaltskl. D 12 RM. × 48 = 576 RM.	
× 0,15 =	86,40 RM.
12 J. Geh.-Kl. E 16 RM. × 144 = 2304 RM.	
× 0,15 =	345,60 RM.
+ Grundbetrag	480,00 RM.
	1050,00 RM.
	jährl. oder 87,50 RM. monatl.

§ 61 (Neu).

Die Empfänger eines Ruhegeldes erhalten für Kinder (§ 22)[1]) ein Kindergeld in Höhe des Kinderzuschusses[2]) zum Ruhegeld aus der reichsgesetzlichen Angestelltenversicherung. Die Vorschriften des § 40 Abs. 2 bis 4 gelten entsprechend.[3])

§ hh Entw. d. Nov.

1) Das Zitat bezieht sich hier wie im § 40 Abs. 1 nur auf § 22 Abs. 3. Für Kinder in Schul- oder Berufsausbildung und für Gebrechliche gelten nach Satz 2 die besonderen Vorschriften des § 40 Abs. 2 entsprechend (Bezugsdauer bis zum vollendeten 21. Lebensjahre bezw. bei Gebrechlichen ohne Beschränkung des Lebensalters).

2) Nach § 58 AVG. i. d. F. der Nov. vom 28. 7. 25 be-

trägt der Kinderzuschuß wie in der IV. 90 RM. jährlich. Wegen des Ruhens des Kindergeldes neben Kinderzulage oder Kinderzuschuß aus einer anderen V. vgl. § 106 Abs. 2.

3) Vgl. Anm. zu § 40.

2. Witwenpension, Waisengeld, Bestattungsbeihilfe.

§ 62 (Neu).

(Abs. 1.) Die Witwenpension beträgt sechs Zehntel [1]), das Waisengeld für jede Waise fünf Zehntel [2]) des nach § 60 zu berechnenden Ruhegeldes.

(Abs. 2.) Die Vorschriften des § 41 Abs. 2 gelten entsprechend. [3])

§ mm Entw. d. Nov.

1) Die Witwenpension ist gleich hoch wie in der Arb.PK. (vgl. § 41 Abs. 1).

2) Abweichend von der Arb.PK. ist das Waisengeld entsprechend dem § 59 AVG. auf $^{5}/_{10}$ des Ruhegeldes festgesetzt.

3) Der Grundsatz, daß die Bezüge der Hinterbliebenen aus einer Vers. 80 v. H. des höchsten Durchschnittsverdienstes des Vers. nicht übersteigen dürfen, hat allgemeine Geltung (vgl. Anm. 3 zu § 41). Er war deshalb für die PV. der Angestellten zu übernehmen und gilt auf Grund des sog. Initiativges. vom 25. 6. 26 (RGBl. I S. 311) jetzt auch für die allgemeine AV. (Abschnitt B § 35 a), während bisher im AVG. eine die Gesamtbezüge nach § 59 beschränkende Vorschrift gefehlt hatte.

§ 63 [1]) (Neu).

Für die Bestattungsbeihilfe gelten die Vorschriften des § 42 entsprechend. [2])

§ nn Entw. d. Nov.

1) Die Fassung ist in der Vollsitzung des RT. vom 9. 6. 26 beschlossen (Sten. Ber. S. 7407).

2) Vgl. Anm. zu § 42.

3. Freie ärztliche Behandlung und Arznei für Ruhegeldempfänger.

§ 64[1]) (Neu).

Ruhegeldempfänger[2]) erhalten freie ärztliche Behandlung und Arznei von der Bezirksknappschaft, in deren Bezirk sie wohnen, und zwar höchstens in dem Umfang, in welchem die Bezirksknappschaft sie den gegen Krankheit Versicherten gewährt. Die Vorschriften des § 25 Abs. 1, § 44[3]) gelten entsprechend.

§ oo Entw. d. Nov.

1) § 64 entspricht im Satz 1 völlig dem § 43. Auf die dortigen Anm. wird verwiesen.

2) Dazu gehören auch Empfänger von Altersruhegeld nach § 58 oder § 59.

3) Vgl. Anm. zu § 44.

V. Freiwillige Leistungen, Heilverfahren.

§ 65 (Neu).

Die Vorschriften der §§ 45 bis 48[1]/[2]) gelten entsprechend.

§ pp Entw. d. Nov.

1) Wegen freiw. Leistungen vgl. Anm. 2, 3 zu § 45.

2) In der Gewährung von Heilverfahren wird die Rkn. nicht hinter den Aufwendungen der RVAnst. zurückbleiben dürfen, wenn die kn. PV. der Angestellten eine vollwertige Ersatzversicherung sein soll. Die Gewährung von Hausgeld wird unter Beachtung der Vorschriften des § 44 AVG. zu regeln sein (vgl. § 68 der bisherigen Satzung).

VI. Sonstige Vorschriften.

§ 66[1]) (Neu).

Soweit nach dem Angestelltenversicherungsgesetze

Leistungen zu gewähren sind, die über die nach diesem Gesetze vorgeschriebenen hinausgehen, bewendet es bei den Vorschriften des Angestelltenversicherungsgesetzes.[2])

§ qq Entw. d. Nov.

1) Die Vorschrift ist aus dem Entw. der Nov. unverändert übernommen. Der Sinn ist nicht ganz klar, namentlich gibt der Ausdruck „bewendet es" zu Zweifeln Anlaß. Gemeint ist wohl, daß Vorschriften des AVG. ergänzend Anwendung finden, insoweit dieses G. Leistungen vorschreibt, die der Art nach im RKG. nicht vorgesehen sind. Auf die Höhe des Ruhegeldes (und der Hinterbliebenenbezüge) kann die Vorschrift nicht bezogen werden, da hierüber bereits § 60 Abs. 4 im Zusammenhang mit § 62 Abs. 1 befindet.

2) Um über die Bedeutung der Vorschrift Klarheit zu gewinnen, sei im nachstehenden ein Ueberblick über die Leistungen der AV. nach dem AVG. in neuester Fassung gegeben:

Gegenstand der Vers. ist der Anspruch auf Gewährung von Ruhegeld und Hinterbliebenenrenten.

A. Laufende Barleistungen.

1. Ruhegeld erhält, wer die Berufsunfähigkeit oder das gesetzliche Alter von 65 Jahren nachweist sowie die Wartezeit (im allgemeinen 120 Beitragsmonate) erfüllt und die Anwartschaft aufrechterhalten hat (§§ 24, 30). Das Ruhegeld besteht aus Grund- und Steigerungsbetrag. (Näheres s. § 56.)

2. Witwenrente erhält die Witwe nach dem Tode ihres versicherten Ehemannes (§ 32). Bezüglich der Höhe s. § 59.

3. Waisenrente erhalten nach dem Tode des Versicherten seine Kinder bis zum vollendeten 15. Lebensjahre. (Näheres s. § 33.)

4. Witwerrente nach näherer Vorschrift der §§ 34, 59.

5. Zusatzsteigerungen nach § 56 Abs. 2.

B. Einmalige Leistungen.

1. Beitragserstattung (als Abfindung) beim Tode einer

weiblichen Versicherten in Höhe der Hälfte der für sie vom 1. 1. 24 bis zu ihrem Tode entrichteten Beiträge (§ 61).

2. Beitragserstattung beim Ausscheiden einer weiblichen Versicherten aus der versicherungspflichtigen Beschäftigung binnen 3 Jahren nach der Verheiratung oder durch Eintritt in eine Schwesternschaft. Erstattet wird die Hälfte der für die Versicherte vom 1. 1. 24 bis zu dem Ausscheiden geleisteten Beiträge (§ 62).

3. Abfindung der Witwe im Falle ihrer Wiederverheiratung in Höhe des dreifachen Betrages ihrer Jahresrente (§ 63).

4. Beitragserstattung innerhalb eines Jahres nach dem Tode des Versicherten. Voraussetzung ist, daß der Versicherungsfall innerhalb der ersten 15 Jahre nach dem 1. Jan. 1913 eintritt, ohne daß ein Anspruch auf Leistungen nach dem AVG. oder aus der JVers. geltend gemacht werden kann. Der Anspruch beträgt vier Zehntel der für den Verstorbenen seit dem 1. 1. 1924 entrichteten Beiträge (§ 385).

C. Ersatzleistungen.

1. Trunksüchtigen, die nicht entmündigt sind, können ganz oder teilweise Sachleistungen gewährt werden (§§ 51, 52).

2. Unterbringung in einem Invaliden- oder Waisenhaus oder einer ähnlichen Anstalt (§ 50).

3. Zahlung einer Abfindung an den berechtigten Ausländer, der sich gewöhnlich im Ausland aufhält, in Höhe des Kapitalwertes der Bezüge (§ 76).

D. Freiwillige Leistungen.

1. Laufende Barleistungen.

a) Die RVAnst. braucht Ruhegeld und Renten nicht zurückfordern, die sie vor rechtskräftiger Entscheidung nach dem Gesetze zahlen mußte (§ 309).

b) Neufeststellung von Leistungen, die mit Unrecht abgelehnt, entzogen, wegen Ruhens oder aus sonstigen Gründen eingestellt oder zu niedrig festgestellt worden sind (§ 308).

2. Sachleistungen.

a) Gewährung eines Heilverfahrens für Ruhegeldempfänger zur Abwendung drohender Berufsunfähigkeit oder zur Wiederherstellung der Berufsfähigkeit (§ 41).

b) Gewährung von Hausgeld an die Angehörigen eines Versicherten bei Unterbringung in einer Heilanstalt (§ 44).

3. Allgemeine Maßnahmen zur Verhütung des Eintritts vorzeitiger Berufsunfähigkeit oder zur Hebung der gesundheitlichen Verhältnisse der vers. Bevölkerung (§ 49 a).

Sämtliche vorangeführten Leistungen mit Ausnahme der völlig bedeutungslosen Witwerrente (A 4), der Beitragserstattung an weibliche Versicherte (B 1 und 2) und der Beitragserstattung in der Uebergangszeit nach B 4 sind als gesetzliche Leistungen auch der PV. vorgeschrieben.

In folgenden Beziehungen gehen die Leistungen der PV. über die der AV. hinaus:

a) Die Wartezeit ist kürzer (vgl. § 72 RKG., § 53 AVG.).

b) Die Leistungen der PV. sind der Art nach umfassender als die der AV. Zu den der AV. entsprechenden Leistungen kommen als weitere, in der AV. nicht vorgesehene Leistungen hinzu: Bestattungsbeihilfe nach § 56 Abs. 1 Nr. 4, Altersruhegeld nach §§ 58, 59 und freiwillige Leistungen nach § 65; als freiwillieg Leistungen kommen in Betracht z. B. freie Kur und Arznei (oder nur eine dieser Leistungen), evtl. Krankenhauspflege und Heilverfahren für Angehörige und Hinterbliebene von Ruhegeldempfängern, Bestattungsbeihilfe für Angehörige und Hinterbliebene aktiver Mitglieder der Ang.PK. usw.

Bei einem Vergleich der Leistungen im ganzen ergibt sich zweifelsfrei, daß die kn. PV. der Angestellten die günstigere ist. Die Nichtgewährung der Beitragserstattung an weibliche Versicherte könnte also durch die Mehrleistungen der PV. als ausgeglichen angesehen werden. Infolge der ausdrücklichen Vorschrift des § 66 wird aber gleichwohl unter den Voraussetzungen der §§ 61, 62 AVG. die Beitragserstattung zu gewähren sein. In Betracht kommen jedoch nur solche Beiträge zur Ang.PK., die nach dem 1. Juli 1926 entrichtet sind, da sich § 66 keine rückwirkende Kraft beigelegt hat. Für Zeiten vor dem 1. Juli 1926 sind g. F. nur Beiträge zur AV. zu erstatten, die auf Grund der §§ 71 ff., 107 RKG. a. F. gezahlt worden sind. Aus der Fassung „bewendet es bei den Vorschriften des Angestelltenversicherungsgesetzes" wird zu folgern sein, daß für die Beitragserstattung nach Umfang und Höhe die Vorschriften des AVG. maßgebend bleiben. Demgemäß sind ½, nicht etwa ³/₅ der Beiträge zu erstatten, die im Falle der V. des betreffenden PK.Mitgliedes bei der RV.Anstalt nach dem Jahresarbeitsverdienst zu zahlen gewesen wären.

C. Wanderversicherung.

Vorbemerkung.

Der Abschnitt über die Wanderversicherung ist durch die Nov. eingefügt. Er regelt die wechselseitigen Beziehungen

- der PV. der Arbeiter und PV. der Angestellten im § 67,
- der PV. der Angestellten und der AV. sowie der JV. hinsichtlich Erhaltung der Anwartschaften im § 68,
- der PV. und der AV. hinsichtlich der Wartezeit im § 69,
- der PV. und der AV. hinsichtlich Berechnung der Leistungen im § 70,
- der PV. und der JV. hinsichtlich Berechnung der Leistungen im § 71.

Aus dieser Uebersicht ergibt sich, daß die Vorschriften nicht nur für die PV. der Angestellten sondern auch für andere Vers.Zweige Bedeutung haben. Sie sind deshalb, während sie in der Nov. vom 25. 6. 26 als §§ tt bis xx in einem Unterabschnitt des Abschnitts B erschienen, bei der Neufassung zu Recht als besonderer Abschnitt C neben die Abschnitte A (PV. der Arbeiter) und B (PV. der Angestellten) gestellt worden. Im einzelnen beruhen die Vorschriften auf Beschlüssen erster und zweiter Lesung des RT.Ausschusses, denen sehr eingehende Verhandlungen eines Unterausschusses vorausgegangen waren (vergl. Ber. S. 60—64, 127, §§ rr¹ bis rr⁴ der Aussch.Beschl.). Bei den Ausschußberatungen ist eine weitgehende Einigung über die Behandlung der Wanderversicherten erzielt worden. Keine Uebereinstimmung bestand hinsichtlich der Anrechnung von Beiträgen zur ArbPK. beim Uebertritt in ein Angestelltenverhältnis außerhalb des Bergbaues, hinsichtlich der Erhaltung von Anwartschaften aus der PV. durch Beitragsentrichtung zur JV. und hinsichtlich der Anrechnung der in der ArbPK. zurückgelegten Dienstzeiten bei Uebertritt zur AV. Die Regierung hat ihren Standpunkt allgemein dahin dargelegt, daß die wertvollere Beitragszeit Ersatz für eine minder wertvolle Beitragszeit darstelle, aber nicht umgekehrt. Wollte man z. B. Beitragszeiten der JV. auf die kn. Wartezeit anrechnen, so würde das die plötzliche Erfüllung einer großen Zahl von Anwartschaften und eine ungeheuere Belastung der Kn. bedeuten. Auch beim Uebergang von der AV. zur PV. würde durch volle Anrechnung der in der AV. zurückgelegten Beitragszeiten der Zustand eintreten, daß bei einem an 3jährige Mitgliedschaft bei der AV. sich anschließenden Uebertritt zur PK. die Wartezeit erfüllt werde, wenn der Uebertretende nur ganz kurze Zeit Mitglied der Kn.PK. sei.

§ 67 [1]) (Neu).

(Abs. 1.) Für den Anspruch auf Leistungen aus der Angestelltenpensionskasse wird die Zeit der Mitgliedschaft bei der Arbeiterpensionskasse angerechnet und umgekehrt. [2])

(Abs. 2.) [3]) Der Berechtigte erhält die Leistungen aus der Pensionskasse, der der Versicherte beim Eintritt des Versicherungsfalls angehört hat. Hat der Versicherte für mindestens sechsunddreißig Beitragsmonate Beiträge zur Angestelltenpensionskasse entrichtet, so gilt bei Berechnung der Leistungen der Grundbetrag dieser Kasse. [4]) Die in der Arbeiter- und Angestelltenpensionskasse zurückgelegten Beitragszeiten gelten bei der Errechnung der Steigerungsbeträge als einheitliche Beitragszeit.[5])

1) § 67 behandelt den Fall, daß innerhalb der kn. V. ein Arbeiter Angestellter wird oder umgekehrt.

2) Die wechselseitige Anrechnung der Mitgliedschaftszeiten bezieht sich auf die Erfüllung der Wartezeit und die Erhaltung der Anwartschaft. Ueber die Berechnung der Leistungen verhält sich Abs. 2.

3) Grundsatz des Abs. 2 ist, daß die Steigerungsbeträge aus beiden Versicherungen gewährt werden und der Grundbetrag aus der PK., welcher der Versicherte beim Eintritt des Versicherungsfalles angehört.

4) Satz 2 enthält eine Erweiterung des zu 3 angegebenen Grundsatzes hinsichtlich des Grundbetrages. Die Fassung ist nicht ganz klar. Folgende Auslegung wird Platz greifen müssen: Der Grundbetrag von 40 RM. ist stets zu zahlen, wenn der Angestellte zur Zeit des Eintritts des Versicherungsfalls der Angest.PK. angehörte. Gehörte er zuletzt vor dem Eintritt des Versicherungsfalls der Arb.PK. an, dann ist der Grundbetrag von 40 RM. zu gewähren, wenn er ein Dienstalter von mehr als 36 Monaten in der AngPK. erworben hat. Beträgt das Gesamtdienstalter in diesem Falle mehr als 36 Monate, das Angest.Dienstalter für sich genommen aber weniger, so ist der Grundbetrag der Arb.PK. von 14 RM. in Ansatz zu bringen.

5) Bei der Berechnung der Steigerungsbeträge für die Angest.PK. ist also nicht etwa ohne Rücksicht auf Arbeiterdienstjahre die gesetzliche Reihenfolge der Steigerungsbeträge zu beachten, indem überall mit 0,5% begonnen wird, vielmehr sind die Hundertsätze durchgehend zu rechnen. Sind 10 Arbeiterdienstjahre und 15 Angestelltendienstjahre nachgewiesen, so sind die Arbeiterdienstjahre zu je 5 mit 0,5 und 1%, die Angestelltendienstjahre mit 1,85% und nicht etwa zu je 5 mit 0,5, 1 und 1,85% anzusetzen. Auf eine möglichst günstige Bewertung der Angestelltendienstjahre zielt folgender Beschluß des Vorstandes der Rkn. vom 14. Juli 1926 hin: „Sind Dienstjahre

in der Arbeiter- und Angestelltenabteilung zurückgelegt, so werden bei der Festsetzung zunächst die Angestelltendienstjahre bis zum Höchstsatz von 15 Jahren mit einem Steigerungssatz von 1,85% und die weiteren Jahre mit 1% bezw. 0,5% zu berechnen sein, wobei die Angestelltenjahre den Vorrang haben." Dieser Beschluß ist dahin aufzufassen, daß im Rahmen der gesetzlichen Reihenfolge der prozentualen Steigerungen die Angestelltendienstjahre die auf die gesamte Dienstzeit entfallenden geldlich höchsten Steigerungsbeträge zunächst erschöpfen sollen; nur insoweit haben die Angestelltendienstjahre vor den Arbeiterdienstjahren den Vorrang.

§ 68 [1]) (75 Abs. 1).

(Abs. 1.) Für die Erhaltung der Anwartschaft aus der Angestelltenversicherung gelten die Zeiten, für die der Versicherte Beiträge zur Angestelltenpensionskasse entrichtet hat; das gleiche gilt im umgekehrten Falle.

(Abs. 2.) Die Beiträge zur Angestelltenpensionskasse gelten auch als Beiträge im Sinne der §§ 1280, 1281 Nr. 2, 1283 der Reichsversicherungsordnung. [2])

1) In Uebereinstimmung mit dem bisherigen § 75 Abs. 1 begründet Abs. 1 ein unbeschränktes Gegenseitigkeitsverhältnis zwischen AV. und PV. der Angestellten hinsichtlich der Erhaltung von Anwartschaften. Im Falle des Ausscheidens aus der kn. vers. Tätigkeit kann die Anwartschaft in der PV. außer durch Beitragsentrichtung zur AV. auch durch Zahlung von Anerk.Geb. nach § 76 erhalten werden. Die Zahlung der Anerk.Geb. bewirkt aber nicht zugleich die Erhaltung der Anwartschaft aus den zur Reichsanstalt oder zu einer Ersatzkasse geleisteten Beiträgen, wie sich aus dem Inhalt des § 76 und daraus ergibt, daß das AVG. die Zahlung von Anerk.Geb. nicht kennt. Wanderversicherten, die ehemals bei der Reichsanstalt versichert waren, ist daher g. F. zu empfehlen, von der Weiterversicherung Gebrauch zu machen.

2) Die Entrichtung von Beiträgen zur PV. der Angestellten hindert den Verlust von Anwartschaften der JV. Insoweit ist die PV. der Angestellten der allgemeinen AV. gleichgestellt. Nicht übernommen ist dagegen die Vorschrift des § 170 Abs. 4 AVG., wonach als Beitragszeiten in bezug auf das Erlöschen und das Wiederaufleben der Anwartschaft auch die Wochen gelten, für die Beiträge in der JV. entrichtet sind. Ein bisher kn. vers. Angestellter, der nach dem Ausscheiden aus der Ang.PK. versicherungspflichtige Arbeit im Sinne der JV. außerhalb eines kn. vers. Betriebes aufnehmen sollte, muß also entweder zur Erhaltung der Ansprüche an die AngPK. die V. freiwillig fortsetzen oder wenigstens Anerk.Geb. zahlen.

§ 69 (75 Abs. 2).

(Abs. 1.)[1]) Tritt ein Versicherter der Arbeiter- oder Angestelltenpensionskasse zur Reichsversicherungsanstalt für Angestellte oder zu einer zugelassenen Ersatzkasse (§§ 363 ff. des Angestelltenversicherungsgesetzes) über, so wird die bei der Reichsknappschaft zurückgelegte Beitragszeit auf die Wartezeit nach dem Angestelltenversicherungsgesetz angerechnet.

(Abs. 2.)[2]) Umgekehrt gilt dies mit der Maßgabe, daß je vier Monate, für die vor dem Uebertritte Beiträge zur Angestelltenversicherung entrichtet sind, als ein Beitragsmonat bei der Angestelltenpensionskasse gelten.[3])

1) Abs. 1 übernimmt den schon im bisherigen § 75 Abs. 2 ausgesprochenen Grundsatz, daß die Zeit der Mitgliedschaft bei der RKn. auf die Wartezeit nach dem AVG. anrechnet.

2) Das bisherige G. hatte es abgelehnt, Dienstzeiten, die lediglich in der AV. zurückgelegt sind, für die Erfüllung der Wartezeit der PV. anzurechnen, weil die Leistungen der PV. über die der AV. hinausgehen (s. erste Auflage Anm. 3 zu § 75). Auch bei Beratung der Nov. in der ersten Ausschußlesung hat ein Regierungsvertreter ausgeführt, daß beim Uebertritt aus

der AV. in die PV. Rente erst gewährt werden kann, wenn der Betreffende 3 Jahre Mitglied der PK. gewesen sei; sei die Wartezeit weder in der PK. noch in der AV. erfüllt, so würde irgend ein Rentenbezug nicht in Betracht kommen (Ber. S. 62). Der RT.Ausschuß hat sich jedoch dieser strengen Auslegung nicht angeschlossen. Er hat zwar davon abgesehen, die schlechtere Beitragszeit (zur AV.) der wertvolleren (zur PV.) gleichzustellen, aber einer Umrechnung von 4 Beitragsmonaten der AV. in einen Beitragsmonat der PV. zugestimmt (Ber. S. 62). Danach ist die kn. Wartezeit z. B. erfüllt, wenn ein Angestellter, der bei der Reichsanstalt 8 Jahre = 96 Beitragsmonate versichert war, noch 1 Jahr = 12 Beitragsmonate der Ang.PK. angehört, denn sein Gesamtdienstalter beträgt dann 96 : 4 = 24 + 12 Beitragsmonate = 36 Monate. Im RT.Ausschuß ist die Auffassung vertreten, daß auch im umgekehrten Falle (beim Uebertritt von der PV. zur AV.) die Beitragszeit in der PV. eine entsprechende Bewertung erfahren müsse, indem je ein Beitragsmonat in der Ang.PK. = 3 Beitragsmonaten in der AV. gesetzt werde. Ein dahingehender Antrag ist aber abgelehnt worden (Ber. S. 64).

3. Der Fall, daß ein Mitglied der ArbPK. Angestellter außerhalb eines kn. vers. Betriebes wird, also zur Reichsanstalt oder einer Ersatzkasse übertritt, ist im G. nicht besonders geregelt. In einem solchen Fall hört die PV. auf; die erworbenen Ansprüche könnten durch Zahlung von Anerk.Geb. erhalten werden, auch ist freiwillige Fortsetzung der Mitgliedschaft in der ArbPK. zulässig. Die IV. geht in die AV. über. Für die gegenseitige Anrechnung von Beitragszeiten im Verhältnis von IV. zur AV. gelten die Vorschriften der RVO. (§ 1254 a) und des AVG. (§ 27). Ein im RT.Ausschuß gestellter Antrag, in diesem Falle die Beitragszeiten in der ArbPK. auf die Wartezeit der AV. anzurechnen, hat keine Zustimmung gefunden (Ber. S. 62).

§ 70 [1]) (Neu).

Ist die Wartezeit nach dem Reichsknappschaftsgesetz erfüllt und werden Beitragsmonate bei der reichsgesetzlichen Angestelltenversicherung nachgewiesen, so treten zu den Leistungen nach dem Reichsknappschaftsgesetze [2]) die Steigerungsbeträge nach dem Angestelltenversicherungsgesetz. [3]) Ist die Wartezeit nach dem Angestelltenversicherungsgesetze, nicht aber nach dem Reichsknappschaftsgesetz erfüllt, so treten zu den Leistungen nach dem Angestelltenversicherungsgesetze für die in der Angestelltenpensionskasse zurückgelegten Beitragsmonate die Steigerungsbeträge, die nach dem § 56 des Angestelltenversicherungsgesetzes zu gewähren sind. [4])

1) § 70 regelt die Berechnung der Versicherungsleistungen bei Wanderversicherten, die nach dem RKG. und dem AVG. versichert waren, in Anlehnung an § 1254 a RVO. dahin, daß, wenn die Wartezeit in einer V. erfüllt ist, neben dem Grundbetrag die Steigerungsbeträge aus beiden Versicherungen zu gewähren sind. Der Fall, daß beide Wartezeiten erfüllt sind, ist nicht besonders geregelt; die Behandlung ergibt sich aus den allgemeinen Vorschriften, insbesondere ist § 106 zu beachten.

2) Die Leistungen aus dem RKG. berechnen sich nach den allgemeinen Vorschriften. Gehörte der Versicherte sowohl der ArbPK. wie der AngPK. an, so gilt § 67.

3) Das gilt auch, wenn die Wartezeit der AV. nicht erfüllt ist.

4) Die Steigerungsbeträge der AngPK. werden in diesem Falle nicht nach § 38 RKG., sondern nach § 56 AVG. gewährt, d. h. es sind 15 % der für die Zeit nach dem 1. 1. 24 entrichteten gültigen Beiträge anzusetzen. Diese Abweichung von der sonstigen Regel ist nicht besonders begründet; sie wird darauf beruhen, daß in Fällen dieser Art die Leistung aus der AV. die überwiegende sein wird und die Anwendung der gestaffelten Steigerungssätze nach § 38 Schwierigkeiten bieten würde.

§ 71 [1]) (Neu).

(Abs. 1.) Ist die Wartezeit nach dem Reichsknappschaftsgesetze, nicht aber in der Invalidenversicherung erfüllt, so treten zu den Leistungen nach dem Reichsknappschaftsgesetze [2]) die Steigerungsbeträge der Invalidenversicherung. [3])

(Abs. 2.) Ist die Wartezeit der Invalidenversicherung, nicht aber nach dem Reichsknappschaftsgesetz erfüllt, so treten zu den Leistungen der Invalidenversicherung für die in der Arbeiterpensionskasse [4]) zurückgelegten Beitragsmonate die Steigerungsbeträge nach dem Reichsknappschaftsgesetze. [5]) [6])

1) Da die Vorschrift im Abschnitt „Wanderversicherung" steht, hat sie nicht auf die große Masse der Arbeiter Bezug, die ausschließlich in kn. vers. Betrieben tätig sind und außer der PV. auch der JV. unterliegen, sondern sie gilt für Arbeiter, deren Tätigkeit zwischen kn. vers. Betrieben und anderen Betrieben gewechselt hat.

2) Voraussetzung für Festsetzung der kn. Leistungen ist, daß g. F. Anerk.Geb. zur Erhaltung der Ansprüche nach § 76 gezahlt sind. Beiträge zur JV. hindern den Anwartschaftsverlust nicht (vergl. hierüber Anm. 7 zu § 76).

3) Die Anrechnung von Steigerungsbeträgen der JV. kommt erst in Frage, wenn die allgemeinen Voraussetzungen des Vierten Buches der RVO. erfüllt sind, bei einem Kn.Invaliden mithin, wenn Invalidität im Sinne des § 1255 RVO. eingetreten oder das 65. Lebensjahr vollendet ist.

4) Die in der AngPK. zurückgelegten Beitragsmonate werden also nicht angerechnet, ein Grund mehr, für den in Anm. 2 zu § 68 behandelten Fall die Fortsetzung der PV. zur Erhaltung und Steigerung der Ansprüche zu empfehlen.

5) Für die Berechnung gilt § 38.

6) Sind beide Wartezeiten erfüllt, so erhält der Versicherte beide Leistungen nebeneinander mit der Maßgabe, daß der

Grundbetrag zur JP. nach § 77 Abs. 1 und g. F. Kindergeld nach § 77 Abs. 2 zu ruhen haben.

D. Gemeinsame Vorschriften.

Vorbemerkung.

Die für die PV. der Arbeiter und der Angestellten gemeinsamen Vorschriften sind durchweg den Vorschriften des vierten Buches der RVO. über die JVers. und des AVG. angepaßt.

§ 72 [1]) (45).

(Abs. 1.) Die Leistungen aus der Pensionsversicherung werden nach einer Wartezeit von sechsunddreißig Monaten gewährt, für welche Beiträge entrichtet sind. [2])

(Abs. 2.) Sind weniger als vierundzwanzig Beiträge auf Grund der Versicherungspflicht entrichtet, so beträgt die Wartezeit sechzig Beitragsmonate. [3])

[4]) (Abs. 3.) Im Falle der Selbstversicherung beträgt die Wartezeit stets einhundert Beitragsmonate.

§ 37 Entw., § ss Entw. d. Nov.

1) Der Entw. des RKG. wollte nach dem Vorgang der meisten Landesgesetze die Festsetzung der Wartezeit der Satzung überlassen und sah nur eine Höchstdauer vor, die nach den Vorbildern des § 1278 Nr. 1 RVO., § 101 Abs. 1 des Sächsischen KnG. vom 17. Juni 1914 auf 48 Monate bemessen war (Begr. RKG. S. 52). In Uebereinstimmung mit einem Vorschlag des Vorl. RWR. hat jedoch der RT.Ausschuß die Wartezeit im Ges. selbst, und zwar mit 36 Monaten, festgelegt. (Ber. RKG. S. 24.) Die Nov. hat diese Wartezeit für die Pflichtvers. übernommen und im Anschluß an § 29 RKG. a. F. noch klargestellt, daß nur Monate rechnen, für die Beiträge entrichtet sind. Die Abs. 2 und 3 beruhen auf Beschl. erster Lesung des RT.Ausschusses. (Ber. S. 63, 64.) Eine einheitliche Wartezeit wie früher besteht nicht mehr.

2) Ersatzzeiten, mit Ausnahme der im § 75 Abs. 1 bezeichneten, werden zur Erfüllung der Wartezeit nicht angerech-

net (§ 73 Abs. 1). Die kurze Wartezeit bedeutet gleichwohl einen großen Vorteil der kn. PV., denn es ist zu berücksichtigen, daß nach Zurücklegung von 36 Beitragsmonaten nicht nur Steigerungsbeträge gewährt werden, sondern auch der Grundbetrag von 14 RM. monatlich.

3) Abs. 2 hat Fälle im Auge, in denen nach kurzer Pflichtvers. die Mitgliedschaft in der ArbPK. oder AngPK. nach § 77 freiwillig fortgesetzt wird. Die Wartezeit in Fällen der Weiterversf. bei den übrigen Vers. ist länger; sie beträgt in der JV. 500 Beitragswochen (§ 1278 RVO.), in der AV. für männliche Versicherte 150 Beitragsmonate (§ 53 Abs. 2 AVG.)

4) Abs. 3 bezieht sich auf die Selbstvers. in der Ang.PK. nach § 53. Auch hier ist die Wartezeit kürzer als die der AV. mit 180 Beitragsmonaten (§ 53 Abs. 3 AVG).

§ 73 [1]/[2]) (29).

(Abs. 1.) Zur Erfüllung der Wartezeit [3]) werden, unbeschadet des § 75, nur solche Monate angerechnet, für die Beiträge entrichtet worden sind. [4])

(Abs. 2.) [5]) Für die Berechnung der Leistungen [6]) werden als Beitragsmonate der Lohn- (Gehalts-) Klasse [7]), der der Versicherte zuletzt [8]) angehört hat, ohne daß Beiträge zu entrichten sind, die vollen Monate [9]) angerechnet, in denen das Mitglied wegen einer Krankheit [10]) zeitweise arbeitsunfähig und nachweislich verhindert gewesen ist, seine Berufstätigkeit fortzusetzen. Diese Monate werden jedoch nur denen angerechnet, die vorher berufsmäßig nicht nur vorübergehend in knappschaftlich versicherten Betrieben beschäftigt gewesen sind.

§ 24 Entw., § k Entw. d. Nov.

1) Die §§ 73, 74 entsprechen inhaltlich im allgemeinen den §§ 29, 30 RKG. a. F. In der Nov. vom 25. 6. 26 erscheinen sie in dem Abschnitt „Pensionsversicherung der Arbeiter“ unter

„Pflichtleistungen" in den §§ o und p; im Abschnitt „Pensionsversicherung der Angestellten" ist im § 11 auf die §§ o und p verwiesen. Bei der Neufassung sind die §§ o, p und 11 zusammengezogen und in den Abschnitt „D. Gemeinsame Vorschriften" verwiesen, wo sie sich an die Vorschriften über die Wartezeit natürlich anschließen.

2) Gegenüber dem § 29 RKG. a. F. ist die Anordnung des Stoffes im § 73 geändert. An die Spitze ist der auch bereits im § 72 Abs. 1 enthaltene Grundsatz gestellt, daß nur mit Beiträgen belegte Monate auf die Wartezeit angerechnet werden können.

3) Als „Wartezeit" im Sinne dieser Vorschrift gilt auch die erneute 6monatige PKMitgliedschaft im Sinne des § 78, nach deren Ablauf frühere Ansprüche wieder aufleben. (Vergl. § 78 Abs. 2.)

4) Die Vorschrift soll verhüten, daß die nur 36 Beitragsmonate betragende Wartezeit zum Teil durch Krankheit ohne Beitragsleistung erfüllt wird; nach Einführung des Grundbetrages hat sie erhöhte Bedeutung. Hat ein PK.Mitglied 2½ Jahre Beiträge entrichtet und im Anschluß daran 6 Monate hindurch krankgefeiert, so besteht mangels Erfüllung der Wartezeit kein Anspruch auf Leistungen der PV. Dagegen kann nach dem durch die Nov. neu eingeführten § 75 unter den dort bezeichneten Voraussetzungen die Wartezeit zum Teil oder auch ganz durch militärische Dienste in Mobilmachungs- oder Kriegszeiten erfüllt werden.

5) Ueber die Berücksichtigung sog. Ersatztatsachen bei Berechnung der V.Leistungen äußerte sich die Begr. zum RKG. (S. 48/49) wie folgt: „Die Anrechnung von Krankheitszeiten und sonstiger Ersatztatsachen auf Wartezeit und Dienstalter war bisher durch die Landesgesetze nicht geregelt. Infolgedessen zeigten die einschlägigen Vorschriften der Knappschaftssatzungen große Verschiedenheiten. Der Entwurf trifft nunmehr eine einheitliche Regelung im Anschluß an die Vorschriften der §§ 1393 und 1394 RVO., soweit diese auf Krankheitszeiten Bezug haben.

Die Anrechnung von Militär- und Kriegsdienstzeiten hat nur noch für die Vergangenheit Bedeutung, so daß die Vorschriften hierüber in die Uebergangsbestimmungen zu verweisen waren."

6) In der sonstigen Vers. findet eine Anrechnung von Krankheitszeiten nur für die Erhaltung der Anwartschaft (vgl. § 1281 Nr. 1 RVO., § 170 Abs. 1 Nr. 1 AVG.), nicht dagegen bei Feststellung der Leistungen statt.

7) Für ein Mitglied, das z. B. der Lohnklasse VII angehört, sind also Steigerungsbeträge der Lohnklasse VII anzurechnen. Volle Steigerungsbeträge sind auch für Monate anzurechnen, für die ein Bruchteil des Monatsbeitrages entrichtet ist (§ 131).

8) Das Wort „zuletzt" ist auf den Eintritt der Arbeitsunfähigkeit begründenden Krankheit, nicht etwa auf den Zeitpunkt der Invalidisierung zu beziehen.

9) „Da die Leistungen nach monatlichen Steigerungssätzen berechnet werden und auch die Beiträge monatlich zu zahlen sind, können nur volle Monate als Krankheitszeiten in Anrechnung kommen. Wenn also ein Mitglied nur an einem Tage des Monats knappschaftliche Arbeit geleistet hat oder etwa am letzten Tage des Monats verstorben ist, so ist dieser Monat nicht anrechnungsfähig, weil er nicht durch Krankheit voll gedeckt wird." (Begr. zum RKG. S. 49.)

Das G. ist hier der Rechtsprechung des RVA. über die Anrechnung von Krankheitswochen in der JVers. gefolgt, aus der folgende Entsch. angeführt seien: Nur ein von Montag bis einschl. Sonntag reichender Zeitraum ist als Beitragswoche anrechnungsfähig (AN. J. u. AV. 95 S. 433 Nr. 223). An dem Mangel des formellen Nachweises der Krankheit für einen Sonn- oder Feiertag darf die Anrechnungsfähigkeit der Krankheitswoche, in die der Sonn- oder Feiertag fällt, nicht scheitern. Nur darf nicht feststehen, daß an diesem Sonn- oder Feiertag versicherungspflichtige Beschäftigung tatsächlich ausgeübt worden ist (AN. 97 S. 269 Nr. 547 und 1900 S. 648 Besch. 811). Bei Festsetzung der früheren sog. Krankenrente können die ersten 26 Wochen vorübergehender Invalidität nur dann voll angerechnet werden, wenn die Krankheit mit einem Montag begonnen hat, in anderen Fällen dagegen nur mit 25 Wochen (AN. 1900 S. 673 Nr. 817). Die Woche, in die der Eintritt der Invalidität fällt, ist nicht anrechnungsfähig, weil die Krankheit nicht die volle Kalenderwoche gedauert hat (AN. 97 S. 381 Nr. 588). Diese Grundsätze sind auf die Anrechnung von Krankheitsmonaten bei der PV. entsprechend anzuwenden.

10) Krankheit ist im Sinne der PV. wie der KrV. jede Beeinträchtigung des Wohlbefindens, ein Zustand der Störung der normalen Körper- oder Geistestätigkeit, der entweder lediglich Heilbehandlung erfordert oder zugleich oder ausschließlich Arbeitsunfähigkeit zur Folge hat. Auf die Heilbarkeit der Krankheit kommt es dabei nicht entscheidend an.

§ 74 [1]) (30).

(Abs. 1.) Nicht angerechnet wird eine Krankheit, die sich das Mitglied vorsätzlich oder bei Begehung eines durch strafgerichtliches Urteil festgestellten Verbrechens oder durch schuldhafte Beteiligung bei Schlägereien und Raufhändeln [2]) zugezogen hat.

(Abs. 2.) Wenn die Krankheit ununterbrochen über ein Jahr dauert, wird die weitere Dauer nicht angerechnet. [3])

(Abs. 3.) Die Genesungszeit [4]) wird der Krankheit gleichgeachtet. Dasselbe gilt [5]) für die Dauer von zwei Monaten [6]) bei einer Arbeitsunfähigkeit, die durch eine Schwangerschaft oder durch ein regelmäßig verlaufenes Wochenbett veranlaßt ist. [7])

§ 25 Entw., § 1 Entw. d. Nov.

1) Vgl. Anm. 1 zu § 73.

2) Schuldhafte Beteiligung bei Schlägereien oder Raufhändeln ist nach der RVO. (§ 192 Nr. 2) auch ein Grund für Versagung des Krankengeldes. Nach der früheren Rechtsprechung zu §§ 192 und 1394 RVO. setzt der Begriff des Raufhandels

oder der Schlägerei voraus, daß beim Ausbruch der Tätlichkeiten mehrere Personen als widerrechtlich Handelnde auftreten. In Uebereinstimmung mit Hahn und Rosin wird aber angenommen werden müssen, daß der Begriff des Raufhandels oder der Schlägerei zwar eine Tätigkeit mehrerer, nicht aber notwendig eine wechselseitig widerrechtliche Tätigkeit voraussetzt (vgl. die eingehende Begr. dieser Auffassung bei Hahn, Handbuch der KrV., 8. Aufl., Anm. 7 zu § 192 RVO.), daß es vielmehr genügt, wenn bei wechselseitigen Tätlichkeiten auch nur der Versicherte schuldhaft gehandelt hat.

Der Nachweis einer „schuldhaften Beteiligung" obliegt dem VTräger. Der Nachweis wird dann nicht leicht zu führen sein, wenn ein bei Unruhen infolge Eingreifens der Polizei Verletzter behauptet, ohne seinen Willen in die Unruhen hineingezogen und nur als Neugieriger zugegen gewesen zu sein. Es wird jedoch angenommen werden dürfen, daß ein Neugieriger, der sich bei Vornahme widerrechtlicher Handlungen durch eine größere Volksmenge nicht entfernt, zur Bildung der Menge mit beiträgt und daher für die Gesamthandlung der Menge mitverantwortlich ist.

3) Die Beschränkung der Anrechnung auf ein Jahr tritt auch dann ein, wenn die Art der Krankheit in ihrem Verlauf gewechselt hat, wenn also verschiedene Krankheiten unmittelbar aufeinanderfolgen. Fruchtlose Arbeitsversuche, die zwischendurch gemacht werden sollten, begründen keine die Anwendung des Abs. 2 ausschließende Unterbrechung der Krankheit. Dagegen ist die Anrechnung mehrerer zeitlich getrennter Krankheiten nicht auf das Gesamtmaß von einem Jahr beschränkt (vgl. Rechtsprechung des RVA. zu § 1394 RVO., AN. 99 S. 75 Nr. 778 und 12 S. 1188 Nr. 1657).

4) Genesungszeit ist die an die eigentliche Krankheit sich anschließende Zeit, in welcher der Versicherte wegen der Nachwirkungen der überstandenen Krankheit seine Berufstätigkeit noch nicht fortsetzen kann oder noch schonungsbedürftig ist.

5) Die Vorschrift des Abs. 3 Satz 2 bezweckt, ein zu frühes, der Gesundheit schädliches Arbeiten weiblicher PKMitglieder nach

einer Niederkunft zu verhüten (vgl. § 137 Abs. 5 GewO.).

6) An Stelle der früher hier vorgesehenen acht Wochen sind durch die Nov. zwei Monate gesetzt. Der frühere Zweifel, ob die 8 Wochen als ein Beitragsmonat oder als zwei Beitragsmonate zu rechnen sind (vgl. erste Aufl. S. 139), ist damit behoben.

7) Ein ordnungswidriger Verlauf des Wochenbettes ist Krankheit und als solche über zwei Monate hinaus anrechnungsfähig. Darüber, welcher Teil der anrechnungsfähigen Zeit in die Zeit vor oder nach der Niederkunft zu legen ist, enthält das G. keine Vorschriften. Im Zweifel wird die Verteilung so vorgenommen werden können, wie sie für die Versicherte am günstigsten ist.

§ 75 [1]) (Neu).

(Abs. 1.) Die von dem Versicherten in Mobilmachungs- oder Kriegszeiten zurückgelegten Zeiten militärischer Dienste oder freiwilliger Kriegskrankenpflege bei der deutschen Wehrmacht [2]) gelten als Ersatzzeiten für die Erfüllung der Wartezeit [3]) und die Berechnung der Leistungen der Pensionskassen, wenn der Versicherte vor seinem Eintritt in diese Dienste knappschaftlich versichert war und zwischen dem Ausscheiden aus der knappschaftlichen Beschäftigung und dem Eintritt in die militärischen Dienste oder Krankenpflege kein längerer Zeitraum als drei Monate [4]) liegt.

(Abs. 2.) Bei der Berechnung der Leistungen ist für jeden vollen Ersatzmonat ein Steigerungsbetrag von 50 Reichspfennigen zu gewähren. Soweit auf Grund früherer landesgesetzlicher Vorschriften oder von Satzungsbestimmungen eine günstigere Regelung vorgeschrieben ist, bewendet es bei diesen Vorschriften. [5])

1) Der Paragraph beruht auf Beschlüssen zweiter Lesung des RT.-Ausschusses (Ber. S. 127, § 88 1 der Aussch.-Beschl.). Nach

der Stellung innerhalb des G. und dem Zusammenhang mit den allgemeinen Bestimmungen über die Wartezeit hat der Paragraph nicht den Charakter einer Uebergangsvorschrift. Da ihm nicht ausdrücklich rückwirkende Kraft beigelegt ist, könnte er, streng genommen, überhaupt nicht auf den Weltkrieg, sondern nur auf künftige Kriege bezogen werden. Aus dem Inhalt des Abs. 2, insbesondere aus der Festsetzung des geringen Steigerungsbetrages von 50 Pfg. und der Bezugnahme auf frühere landesgesetzliche Vorschriften muß aber gefolgert werden, daß er auch die Anrechnung von Kriegsdienstzeiten aus der Vergangenheit regeln soll. Mangels einer ausdrücklichen Vorschrift über die Rückwirkung ist aber daran festgehalten, daß die vorgesehene Anrechnung von Kriegszeiten nur für Mitglieder gilt, die nach dem 1. 7. 26 noch versichert waren.

2) Abweichend von § 1281 Nr. 4 RVO. werden bei „einer dem Deutschen Reiche verbündeten oder befreundeten Macht" zurückgelegte Dienstzeiten nicht berücksichtigt.

3) Hierin liegt eine Ausnahme von der allgemeinen Regel des § 73 Abs. 1.

4) Diese Regelung ist günstiger als die bisherige, auf einer E. des OSchG. vom 21. 3. 17 beruhenden Verwaltungsübung der Knappschaften. In dieser E. ist aufgeführt, daß die Mitgliedschaft nicht erlischt während einer für die Vorbereitungen zum Eintritt in den Kriegsdienst erforderlichen kurzen Uebergangszeit, daß aber ein Zeitraum von über 4 Wochen nicht mehr als eine solche kurze Uebergangszeit angesehen werden kann. Demgemäß sind bisher Kriegsdienstzeiten nicht angerechnet, wenn zwischen der Aufgabe der Bergarbeit und dem Eintritt in den Kriegsdienst mehr als 4 Wochen liegen.

5) Vergl. hierzu z. B. § 5 des Preuß. Kn. Kriegsgesetzes vom 26. 3. 15 (GS. S. 61). Danach sind die im Kriegsdienst verbrachte Zeit sowie die auf die Entlassung aus diesem Dienst folgenden 2 Monate voll zu berücksichtigen. In Anrechnung kommen Steigerungsbeträge der Lohnklasse, die dem gemäß §§ 243 ff. festgesetzten Durchschnittsverdienst entsprechen. (Vgl. § 246.)

§ 76 [1]) (46, 47).

(Abs. 1.) Mitglieder der Pensionskassen [2]), die, ohne berufsunfähig [3]) zu sein, aus der Versicherung [4]) ausscheiden [5]), sind berechtigt, sich das Recht auf die bis zum Tage des Ausscheidens erworbenen Ansprüche [6]) aus der Pensionsversicherung durch Zahlung einer Anerkennungsgebühr [7]) zu erhalten [8]), welche die Satzung festsetzt. [9])

(Abs. 2.) Die Rechte aus der Mitgliedschaft erlöschen, wenn der Ausgeschiedene die Anerkennungsgebühr innerhalb Jahresfrist [10]) nicht zahlt. [11]) Zeiten, in denen eine Beitragsstreitigkeit oder ein Verfahren über einen Anspruch aus der Pensionsversicherung schwebt, werden nicht in die Frist eingerechnet. [12])

§ 38 Entw.; §§ tt, uu Entw. d. Nov.

1) Der § 76 ist durch Zusammenziehung der früheren §§ 46, 47 entstanden. Seine jetzige Fassung beruht auf Beschlüssen des RT.Ausschusses erster Lesung (Ber. S. 64, § tt der Aussch.-Beschl.).

Mit der Zulassung von Anerk.Geb. schloß sich das RKG. a. F. an die früheren Landesgesetze an. Das Bestreben, erworbene Anwartschaften tunlichst zu erhalten, tritt auch in den sonstigen Versicherungsgesetzen hervor (vergl. §§ 1280 bis 1283 RVO., §§ 54, 55 AVG.). Beide kennen aber, abweichend vom RKG., Erhaltung der Ansprüche nur durch freiwillige Fortsetzung der V. Das Versicherungsgesetz für Angestellte vom 20. 12. 11 ließ im § 15 Zahlung von Anerk.Geb. nach 120 Beitragsmonaten zu; sie ist aber mit Wirkung vom 1. 1. 23 ab beseitigt worden (vergl. jetzt § 21 AVG.). Auch bei Beratung der Nov. im RT.Ausschuß ist von einem Regierungsvertreter ausgeführt worden, daß die Anerk.Geb., weil sie mit dem Umlageverfahren unvereinbar sei, beseitigt werden müsse, daß aber eine freiwillige Weiterversicherung in der

Form zugelassen werden könne, daß die Arbeiter nur halbe Beiträge zahlen (Ber. S. 8). Die Rücksicht auf die große Zahl der gegenwärtig vorhandenen erwerbslosen Bergarbeiter hat jedoch den Ausschlag dafür gegeben, an der Anerk.Geb. festzuhalten. Ueberwiegend wurde die Auffassung vertreten, daß man den Bergleuten die Aufhebung eines seit Jahrzehnten überlieferten alten Rechts nicht würde begreiflich machen können, und daß auch das Umlageverfahren kein Grund der Aufhebung sei. Aus ähnlichen Erwägungen ist ein Antrag, die Zahlung von Anerk.Geb. nur noch befristet — bis 31. 12. 29 — zuzulassen, abgelehnt worden (Ber. S. 128).

2) d. h. der Arb.PK. und der Ang.PK.

3) Vergl. Anm. 3 zu § 35 und Anm. 1 zu § 57.

4) Die von dem früheren § 56 abweichende Fassung des G. an dieser Stelle ist wenig klar. Unter „Versicherung" wird die Pflichtversicherung der Arbeiter nach § 28 und die Pflichtversicherung der Angestellten nach §§ 49 ff. zu verstehen sein. Ein Arbeiter scheidet „aus der Versicherung" aus, wenn er die Arbeit in einem kn. versicherten Betriebe aufgibt und sich nicht nach § 77 freiwillig weiterversichert. Bei den Angestellten dagegen entsteht die Frage, ob ein Ausscheiden aus der nach § 1 in Verbindung mit § 3 AVG. zu beurteilenden Pflichtversicherung auch dann vorliegt, wenn der Angestellte zwar in einem kn. versicherten Betriebe beschäftigt bleibt, aber die die VPflicht abschließende Verdienstgrenze überschreitet. Um zu einer zutreffenden Beurteilung dieser für die Angestellten außerordentlich bedeutungsvollen Frage zu gelangen, ist ein Zurückgehen auf die früheren gesetzlichen Vorschriften angezeigt: Das RKG. a. F. schloß sich an das Preußische Knappschaftsgesetz von 1912 an. Dieses bestimmte im § 33, daß Mitglieder der Pensionskassen, „welche aus der die Mitgliedschaft begründenden oder zu derselben berechtigenden Beschäftigung ausscheiden", Anerk.Geb. entrichten können. Dazu hat das frühere OSchG. unter dem 15. 11. 11 (Kompaß 1912 S. 103) entschieden, daß die Erhöhung des Jahresgehalts eines Werks-

beamten über die Verdienstgrenze hinaus während seiner Beschäftigung in einem knappschaftlichen Betriebe eine Aenderung des Beschäftigungsverhältnisses bedeutet, die das Ausscheiden des Beamten „aus der die Mitgliedschaft begründenden Beschäftigung" zur Folge hat, und daß daher ein solcher Beamter berechtigt ist, sich die bis zum Ausscheiden erworbenen Ansprüche an die PK. durch Zahlung von Anerk.Geb. zu erhalten. Das RKG. a. F. knüpfte die Entrichtung von Anerk.Geb. an die Voraussetzung des Ausscheidens „aus der knappschaftlichen Beschäftigung". Ein solches Ausscheiden liegt bei Angestellten, die zwar die Verdienstgrenze überschreiten, aber in ihrer Beschäftigung verbleiben, nicht vor. Der Angestellte hatte daher nur die Wahl, entweder doppelte Beiträge zur Ang.Abt. der PK. weiterzuzahlen (vergl. §§ 98 ff. RKG. a. F.) oder die V. aufzugeben mit der Folge, daß er seiner Rechte verlustig ging. Eine solche, für die Angestellten nachteilige Aenderung des früheren Rechtszustandes hatte das RKG. a. F. wohl nicht beabsichtigt. In einigen Bezirken ist daher tariflich vereinbart, daß die Arbeitgeber — ohne Anerkennung einer rechtlichen Verpflichtung — die Arbeitgeberbeiträge für solche Angestellten übernehmen, welche die Verdienstgrenze überschritten hatten, und in der Fachpresse der Angestellten ist wiederholt darauf hingewiesen worden, daß den Angestellten das Recht zur Entrichtung von Anerk.Geb. nach Ueberschreiten der Verdienstgrenze bei einer Aenderung des RKG. zweifelsfrei eingeräumt werden müsse. Wenn nun der Entw. der Nov. im § 11 bestimmte, daß Mitglieder der PK., die „aus der versicherungspflichtigen Beschäftigung" ausscheiden, zur Zahlung von Anerk.Geb. berechtigt sind, so muß als Absicht des Entw. daraus gefolgert werden, daß den bezeichneten Wünschen der Angestellten entsprochen werden sollte: Die Tätigkeit in einem kn. versicherten Betriebe, die von einem bisher versicherungspflichtigen Angestellten nach Ueberschreiten der Verdienstgrenze weiterverrichtet wird, ist keine „versicherungspflichtige" Beschäftigung, und der die Verdienstgrenze überschreitende Beamte scheidet aus der „versicherungspflichtigen“ Beschäftigung aus, kann also Anerk.Geb. zahlen. (Vergl. auch den Wortlaut des § 15 des alten Versicherungsgesetzes für Angestellte, der in gleichem Sinne ausgelegt worden ist.) Anscheinend infolge eines Redaktionsversehens sind jedoch in der Zusammenfassung der Aussch.-Beschl. erster Lesung die Worte „aus der versicherungspflichtigen Beschäftigung“ geändert worden in „aus der Versicherung“. Der Ber. ergibt nicht, daß eine solche Aenderung beschlossen worden wäre. Zu § tt des Entw. der Nov. lagen, abgesehen von dem in der Anm. 7 behandelten Antrag Nr. 421 Ziff. 2, nur folgende Anträge vor:

Nr. 421 Ziff. 1: im § tt Zeile 2 hinter den Worten „zu sein“ einzufügen „und ohne sonst versicherungspflichtig zu werden“.

Nr. 421 Ziff. 3: im § uu Zeile 1 hinter „§ tt“ einzufügen „Absatz 1“.

Nr. 441 Ziff. 5: die §§ tt und uu werden zu einem § tt zusammengezogen; die Worte „nach § tt“ im § uu zu streichen.

Ueber die Erledigung dieser Anträge sagt der Ber. wörtlich folgendes: „Zu § tt liegt der Antrag Nr. 441 Ziffer 5 vor, wonach die §§ tt und uu der Reichsregierungsvorlage zu einem § tt zusammengezogen werden sollen. Der Antrag wird angenommen und damit auch angenommen, daß im § uu die Worte „nach § tt“ gestrichen werden. Mit dieser Beschlußfassung ist der Antrag Nr. 421 Ziffer 3 erledigt. Der Antrag Nr. 421 Ziffer 2 wird abgelehnt und der Antrag Nr. 421 Ziffer 1 von den Antragstellern zurückgezogen.“ (Ber. S. 64.) Die Aenderung der Worte „aus der versicherungspflichtigen Beschäftigung“ ist hiernach tatsächlich nicht beschlossen worden, und sie kann nur durch Irrtum in das G. hineingekommen sein, wodurch eine bedauerliche Unklarheit entstanden ist.

Der Satzungsausschuß der Rkn. vertritt den Standpunkt, daß das Recht. Anerk.Geb. zu zahlen, nur solche Mitglieder haben, die die Arbeit aufgeben, und daß solche Mitglieder, die zwar die Verdienstgrenze überschreiten, aber weiter kn. Arbeit verrichten, sich nach § 77 freiwillig weiterversichern müssen. Zur Begründung ist angegeben, daß es nicht berechtigt sei, die Lasten der PV. der Angestellten hauptsächlich durch Beiträge der unter der Verdienstgrenze bleibenden Angestellten aufbringen zu lassen, während die höher besoldeten Angestellten nur die gering bemessene Anerk.Geb. zu zahlen hätten. Diese Begründung ist verständlich. Sie geht von ähnlichen Erwägungen aus wie der für die Arb.PK. zunächst gemachte Vorschlag, mit Rücksicht auf das Umlageverfahren die Zahlung von Anerk.-Geb. überhaupt zu beseitigen. Nachdem dieser Vorschlag aber für die Arb.PK. abgelehnt und für die Arb.PK. die Zahlung von Anerk.Geb. uneingeschränkt zugelassen ist, kann zweifelhaft sein, ob die Auslegung der Rkn. hinsichtlich der Ang.PK. dem Willen des G. entspricht. Eine baldige Klärung dieser Frage durch die Rechtsprechung ist dringend erwünscht.

5) Geht man entsprechend den Ausführungen unter 4) davon aus, daß „Versicherung" gleichbedeutend ist mit „versicherungspflichtiger Beschäftigung", so ist ein Ausscheiden aus der V. anzunehmen, wenn ein bestehendes Lohnarbeitsverhältnis (Anstellungsverhältnis) in der Weise gelöst wird, daß entweder eine ausdrückliche oder aus den Umständen zu entnehmende Willenserklärung des Arbeitnehmers festzustellen ist, die Arbeit (Beschäftigung) nicht wieder aufnehmen zu wollen, oder eine Willenserklärung des Arbeitgebers, den Arbeitnehmer nicht weiter als bei sich beschäftigt anzuerkennen. Entscheidend ist die endgültige Einstellung der Arbeit; ob das Vertragsverhältnis rechtlich beendigt ist, ist unerheblich. Bei gemeinsamer Arbeitsniederlegung (Streik) wird im allgemeinen der Wegfall der tatsächlichen Verfügungsmacht des Arbeitgebers als für Beendigung des Beschäftigungsverhältnisses ausschlaggebend angesehen. (Entsch. d. RVA. vom 29. 9. 22, AN. 23 S. 273.) Im Falle der Beurlaubung eines Mitgliedes aus der Beschäftigung für einen kürzeren, fest begrenzten Zeitraum tritt ein Ausscheiden nicht ein (vgl. E. des OSchG. i. K. vom

24. Nov. 1909 und vom 20. April 1910, Kompaß 1910 S. 51, 177).

6) Das RKG. a. F. sprach an dieser Stelle von dem „Recht auf Wiederaufnahme und auf Anrechnung der bis zum Ausscheiden erdienten Steigerungsbeträge". Ein Recht auf „Wiederaufnahme" in die PK. kommt nach Beseitigung des Gesundheitsattestes nicht mehr in Frage. Im übrigen bedeutet das jetzt eingeführte Wort „Ansprüche" auch nur, daß die Beitragsleistung der Ausscheidenden hinsichtlich der Ansetzung des Grundbetrages und der Steigerungsbeträge bei Eintritt eines Versicherungsfalles zu berücksichtigen sind. Um „Ansprüche" im streng versicherungstechnischen Sinne, etwa nach den Grundsätzen der Anwartschaftsdeckung (vgl. Anm. 2 zu § 132) handelt es sich nicht.

7) Die Entrichtung von Anerk.Geb. ist einmal erforderlich, damit die Rkn. bei Aufstellung der Bilanz übersehen kann und laufend unterrichtet bleibt, welche V. noch in Kraft sind. Zum anderen soll einem Mitglied, das die kn. Beschäftigung für längere Zeit unterbricht, durch Belastung mit einer wenn auch nur geringen Geldzahlung zum Bewußtsein gebracht werden, daß während der Arbeitsunterbrechung die unmittelbare Verbindung mit dem Bergbau und der kn. V. als einer besonderen Berufsvers. der Bergarbeiter gelöst war. Das erscheint wichtig, um in den Bergarbeitern das Standesgefühl und die Empfindung der Zugehörigkeit zu einer durch soziale Fürsorge bevorzugten Berufsgruppe zu stärken.

Nur durch die Zahlung von Anerk.Geb. — abgesehen von der freiwilligen Weiterversicherung — werden die Ansprüche erhalten und nicht etwa durch die Entrichtung von Beiträgen zur JV. Die Anträge, die bei Beratung der Nov. nach dieser Richtung gestellt wurden, darunter Antrag Nr. 421 Ziffer 2, betr. Gleichstellung der Pflichtvers. in der JV. mit der Zahlung von Anerk.Geb., sind abgelehnt worden (Ber. S. 64, 128, 129). Zu dem in zweiter Lesung gestellten Antrage, ausscheidende Mitglieder, welche die Anwartschaft in der reichsgesetzlichen JV. (§ 1280 RVO.) aufrechterhalten, von der Zahlung der Anerk.Geb. zu befreien, hat die Regierung ausgeführt, daß eine solche Regelung verwaltungstechnisch undurchführbar sei, denn sie erfordere, daß für jeden ausscheidenden Bergmann bei der Kn. ein Konto eingerichtet und dauernd fortgeführt werde, in der Erwartung, daß der Abgekehrte vielleicht nach 20 Jahren die Bergarbeit mal wieder aufnehme. Weiterhin hat die Regierung geltend gemacht, daß keine V. auf den Gewinn aus verfallenen Anwartschaften verzichten könne, und daß ohne einen solchen Gewinn die Beiträge erhöht werden müßten. Die Frage, wie bei den z. Zt. in großer Zahl vorhandenen erwerbslosen Bergarbeitern Härten vermieden werden können, werde bereits geprüft, sie sei aber nicht nur für die kn. V., sondern auch für die JV. und die AV. zu lösen. (Ber. S. 128 zu § 1.) Der RT.Ausschuß hat darauf in zweiter Lesung, nachdem der erwähnte Antrag zurückgezogen war, eine Entschließung angenommen, durch welche die Regierung ersucht wird, „dem Reichstag eine Vorlage zu unterbreiten, die für Erwerbslose oder vorübergehend Erwerbsunfähige die Schwierigkeiten in bezug auf die Entrichtung der Anerk.Geb. beseitigt." (Ber. S. 147.) Eine solche Vorlage ist bisher dem Reichstag noch nicht zugegangen. Die allgemeine gesetzliche Regelung wird abzuwarten sein. Bisher sind bereits viele Gemeinden der Bergbaubezirke dazu übergegangen, die Anerk.Geb. für erwerbslose Bergarbeiter aus Mitteln der Erwerbslosenfürsorge zu zahlen, ein Verfahren, das allgemein empfohlen werden kann.

Um auch Strafgefangenen die Ansprüche tunlichst zu erhalten, ist auf Veranlassung der Rkn. eine Anordnung an die Strafvollstreckungsbehörden ergangen, für Zahlung der Anerk.Geb. bei Strafgefangenen Sorge zu tragen.

8) Die Anerk.Geb.Zahler, zu denen ausscheidende Mitglieder auch schon während des Laufes der einjährigen Frist gehören, sind in Uebereinstimmung mit der Rechtsprechung des OSchG. i. K. (E. vom 16. Dez. 1913, Kompaß 1914 S. 108,

und vom 24. Okt. 1916, Kompaß 1917 S. 5) nicht als Mitglieder der PK. anzusehen, ihre Mitgliedschaft endet vielmehr mit der sie begründenden Beschäftigung. Die Anerk.Geb.Zahler stehen der Rkn. als forderungsberechtigte Gläubiger gegenüber, denen die durch das frühere VersVerhältnis erworbenen Ansprüche gegen den VersTräger zustehen (vgl. Begr. RKG. S. 53). Das RVA. Knappschaftssenat hat durch Entsch. vom 6. 11. 24 (AN. 25 S. 36, Kompaß 25 S. 23) diese Auffassung ausdrücklich bestätigt. In der Entsch. ist ausgesprochen, daß ein früheres Mitglied der PK. eines preußischen KnV., das die Bergarbeit vor dem 1. 1. 24 aufgegeben und seitdem Anerk.Geb. gezahlt hat, keinen Anspruch auf Invalidenpension nach § 26 RKG. (sog. Alterspension) hat, weil die Frage, ob Anspruch auf Invalidenpension besteht, nicht nach den Vorschriften des RKG., sondern nach dem früheren Preußischen Gesetze zu beurteilen ist. — Mit dem Grundsatz, daß Anerk.-Geb.Zahler keine PK.Mitglieder sind, ist unvereinbar die Bestimmung in § 49 der bisherigen Satzung des RKV., daß die Mitgliedschaft in der PK. erlischt, wenn der Versicherte aus der Beschäftigung in einem kn. Betriebe ausscheidet, wofern er nicht die Anerk.Geb. nach § 50 der Satzung zahlt.

Aus der Rechtsprechung des OSchG. i. K. sind noch folgende E. hervorzuheben, die für die Auslegung und Anwendung des § 76 Bedeutung behalten: Durch Zahlung von Anerk.Geb. können die Ansprüche auf PK.Leistungen nicht gesteigert werden, sondern sie werden nur in dem Umfange erhalten, wie sie dem Mitglied zur Zeit des Ausscheidens zustanden (E. vom 27. Febr. 1914, Kompaß 1914 S. 206). Die spezielle Grundlage tatsächlicher Art, aus der das spätere Recht auf eine PK.Leistung erwachsen soll (z. B. bei der Witwenpension die Heirat, bei der Erziehungsbeihilfe die Geburt des Kindes), muß beim Beginne der Anerk.Geb.Zahlung bereits vorhanden gewesen sein (E. vom 26. März 1914, Kompaß 1914 S. 207). Demnach besteht für die Witwe eines Anerk.Geb.-Zahlers, der erst nach dem Ausscheiden aus der kn. Beschäftigung geheiratet hat, kein Anspruch auf Witwenpension; ebenso sind Kinder, die erst nach dem Ausscheiden geboren sind, nicht zum Bezuge des Waisengeldes berechtigt.

9) Mit Rücksicht auf die in Anm. 6 geschilderte Zweckbestimmung der Anerk.Geb. kann ihr Betrag bei Festsetzung durch die Satzung niedrig gehalten werden; der Gesichtspunkt der Deckung entstehender Verwaltungskosten tritt zurück. Immerhin wird sie aber so bemessen werden müssen, daß sie ihre Zweckbestimmung erfüllt und dem Mitgliede fühlbar wird. Im § 50 der bisherigen Satzung ist die Festsetzung dem Vorstande des RKV. übertragen mit der Maßgabe, daß die Anerk.Geb. für die einzelnen BezKV. verschieden bemessen werden kann. Durch Vorstandsbeschluß vom 15. 1. 24 (Kompaß S. 26, 28) ist sie einheitlich auf 0,50 Goldmark (jetzt Reichsmark) festgesetzt. Nimmt ein Mitglied, das ausgeschieden war, vor Ablauf eines Jahres kn. Beschäftigung wieder auf, so ist es für die zurückliegende Zeit zur Entrichtung der satzungsgemäßen Anerk.Geb. verpflichtet. Diese Verpflichtung ist daraus zu folgern, daß die Erhaltung der kn. Rechte grundsätzlich an die Zahlung von Anerk.Geb. geknüpft ist, und würde zweckmäßig auch in der neuen Satzung der Rkn. ausgesprochen.

10) Abweichend von dem Entw. des RKG., der die Festsetzung der Frist der Satzung vorbehalten wollte, ist ihre Dauer im G. selbst auf ein Jahr festgelegt (Ber. RKG. S. 24).

11) Das Erlöschen der Rechte ist schlechthin an die Tatsache der Nichtzahlung von Anerk.Geb. geknüpft. Der mehrfach geäußerte Wunsch, die Verlusterklärung von einer vorgängigen Mahnung abhängig zu machen, hat nicht berücksichtigt werden können, weil in vielen Fällen der Aufenthalt des früheren Mitgliedes nicht bekannt ist. Nach der Rechtsprechung des OSchG. i. K. ist aber die Vorschrift über die Zahlung von Anerk.Geb. als eine solche des Privatrechts in dem Sinne anzusehen, daß der Fortfall der Rechte durch ein Uebereinkommen der Parteien, insbesondere durch nachträgliche Annahme der verspätet angebotenen Anerk.Geb. zugunsten des früheren Mitgliedes

wieder beseitigt werden kann (E. vom 19. Dez. 1916, Kompaß 17 S. 46). Nachträgliche Annahme von Anerk.Geb. wird namentlich bei unverschuldeter Säumnis des Einzahlers, bei Postsperre und ähnlichen vom Willen des Mitgliedes unabhängigen Umständen für zulässig erachtet werden können. Gesetzlich geregelt ist die nachträgliche Annahme von Anerk.Geb. zugunsten von Angestellten der Arbeitnehmerverbände im Art. 29 Abs. 2 des EG. — Die Zahlung der Anerk.Geb. kann, wenn nichts anderes bestimmt ist, mit Rechtswirkung an den Kn.-Aeltesten erfolgen; eine Satzungsvorschrift, daß die Gebühr unmittelbar an den KnV. zu zahlen ist, hat nur die Natur einer Ordnungsvorschrift, deren Nichtbeachtung die Zahlung nicht unwirksam macht (E. des OSchG. i. K. vom 14. Okt. 1913, Kompaß 13 S. 361).

12) Satz 2 des Abs. 2 ist dem § 1444 Abs. 3 RVO. nachgebildet, wonach Zeiten der bezeichneten Art den Weiterlauf der Fristen für die Nachentrichtung von Pflichtbeiträgen und freiwilligen Beiträgen zur JVers. (§§ 1442, 1443 RVO.) hemmen. „Die Uebernahme dieser Vorschrift erscheint zum Schutze der Anerk.Geb.Zahler angezeigt. Mit der Möglichkeit, daß ein Anerk.Geb.Zahler ein Streitverfahren nur zum Schein anhängig macht, um damit den Lauf der Frist zu hemmen, ist in Anbetracht des geringen Betrages der Anerk.Geb. ernsthaft nicht zu rechnen; besondere Vorschriften zur Regelung solcher Fälle erscheinen daher entbehrlich“ (Ber. RKG. S. 53).

§ 77 [1]) (Neu).

(Abs. 1.) Mitglieder der Pensionskassen, die, ohne berufsunfähig zu sein, aus der nach diesem Gesetze versicherungspflichtigen Beschäftigung [2]) ausscheiden, sind berechtigt, die Mitgliedschaft in ihrer Pensionskasse fortzusetzen (Weiterversicherung). Zur Weiterversicherung sind Beiträge der Lohn- oder Gehaltsklasse [3]) zu entrichten, die der Hälfte [4]) des Arbeitsverdienstes entspricht, nach welchem das Mitglied zuletzt versicherungspflichtig beschäftigt war. Die Weiterversicherung in einer höheren Lohn- oder Gehaltsklasse ist zulässig.

(Abs. 2.) Unbeschadet der Vorschriften des § 76[3]) erlöschen die Rechte aus der Mitgliedschaft zur Pensionsversicherung, wenn nach Ablauf des Kalenderjahrs, in welchem der Versicherte aus der versicherungspflichtigen Beschäftigung ausgeschieden ist, weniger als zwölf Beitragsmonate während je zweier aufeinanderfolgender Kalenderjahre zurückgelegt worden sind.

1) Die Vorschrift des § 77 beruht auf Beschlüssen des RT.Ausschusses (Ber. S. 64, § uu der Aussch.-Beschl.). Sie führt abweichend von dem bisherigen Rechtszustande (vgl. Anm. 4 zu § 28) die freiwillige Weiterversicherung sowohl für Arbeiter wie für Angestellte ein und schließt sich damit hinsichtlich der Angestellten an die Vorschriften des AVG. an.

2) Die Worte „aus der nach diesem Gesetz versicherungspflichtigen Beschäftigung" werden an dieser Stelle in dem gleichen Sinne auszulegen sein wie die Worte „aus der Versicherung" im § 76 (vergl. Anm. 4 zu § 76). Namentlich ist bei Angestellten ein Ausscheiden „aus der versicherungspflichtigen Beschäftigung" im Falle des Ueberschreitens der Verdienstgrenze von 6000 RM. anzunehmen, da der Wortlaut des § 76 sich an dieser Stelle mit dem des § 21 AVG. deckt und anerkanntermaßen ein Ausscheiden aus der versicherungspflichtigen Beschäftigung im Sinne des § 21 AVG. auch durch Ueberschreiten der Verdienstgrenze erfolgen kann.

3) Trotz ausdrücklicher Erwähnung von Gehaltsklassen (der AngPK.) neben Lohnklassen (der ArbPK.) dürfte in Satz 2 des Abs. 1 hauptsächlich an Arbeiter gedacht sein, die aus der kn. Arbeit überhaupt ausscheiden, nicht dagegen an Angestellte, die nach dem Ueberschreiten der Gehaltsgrenze in der kn. Beschäftigung verbleiben. Darauf deutet auch die Fassung des letzten Halbsatzes des zweiten Satzes im § 77 Abs. 1 hin: „nach welchem das Mitglied zuletzt versicherungspflichtig beschäftigt war".

Die höchste Gehaltsklasse, in welcher ein Angestellter zuletzt versicherungspflichtig beschäftigt gewesen sein kann, ist die Gehaltsklasse F (mehr als 400 RM.). Es wird kaum die Absicht des G. gewesen sein, den Angestellten mit einem Einkommen von mehr als 6000 RM. jährlich die Entrichtung von Beiträgen (und zwar 12 Beiträgen innerhalb zweier Jahre) zur Gehaltsklasse D zu gestatten, die der Hälfte des Arbeitsverdienstes der Klasse F entsprechen würde. Vermutlich auf Grund dieser Erwägung hat sich der Satzungsausschuß der Rkn. auf den Standpunkt gestellt, daß § 77 Abs. 1 Satz 2 und Abs. 2 auf die in der Beschäftigung verbleibenden Angestellten mit einem 6000 RM. übersteigenden Gehalt nicht anwendbar seien. Da die Rkn. auch die Möglichkeit der Zahlung von Anerk.Geb. verneint, könnten daher solche Angestellte — streng genommen — ihre Ansprüche nur dadurch erhalten, daß sie volle Beiträge zu den Gehaltsklassen G oder H und zwar für jeden Monat der Beschäftigung entrichten. Daraus würde sich eine kaum tragbare Beitragsbelastung ergeben. Die Rkn. hat sich deshalb mit der Entrichtung von Beiträgen zur Gehaltsklasse F einverstanden erklärt, womit sie der im § 185 AVG. für die Angestellten gegebenen Regelung folgt.

4) Da die Beiträge nach § 117 zu $^3/_5$ von den Versicherten zu tragen sind, wäre es folgerichtig gewesen, an dieser Stelle $^3/_5$ des Arbeitsverdienstes statt der Hälfte zu setzen.

5) Die Bedeutung dieses Vorbehalts im Zusammenhang mit dem weiteren Inhalt des Abs. 2 ist nicht recht klar. Falls der Vorbehalt nicht auf einen vom G. gewollten inneren Zusammenhang der §§ 76 und 77 hindeuten soll, müssen beide Paragraphen als selbständig nebeneinander bestehend angesehen werden. In diesem Fall ist aber nur die Auslegung möglich, daß nach Ablauf der im § 76 Abs. 2 bezeichneten einjährigen Frist die Entrichtung freiwilliger Beiträge zur Fortsetzung der PV. nicht mehr zulässig ist. Ein am 1. 8. 26 ausgeschiedenes Mitglied, das bis zum 1. 8. 27 keine Anerk.Geb. zahlen sollte, würde also die Ansprüche nicht dadurch retten können, daß es

bis Ende 1928 noch 12 Monatsbeiträge entrichtet, obwohl hierdurch die Voraussetzungen des § 77 Abs. 2 dem Wortsinne nach erfüllt würden. Ist dagegen der Vorbehalt so aufzufassen, daß ausscheidenden Mitgliedern ein Wahlrecht zwischen Zahlung von Anerk.Geb. nach § 76 und freiwilliger Weiterversicherung nach § 77 eingeräumt werden soll, so könnten in dem gedachten Falle 12 Monatsbeiträge in der Zeit zwischen dem 1. 8. 27 und 31. 12. 28, vorbehaltlich des § 135, noch rechtswirksam entrichtet werden. Die Rkn. vertritt die Auffassung, daß § 77 Abs. 2 nur auf solche Anerk.Geb.Zahler Anwendung findet, bei denen die einjährige Frist nicht abgelaufen ist. Sie scheint also davon auszugehen, daß sich die Entrichtung von 12 Monatsbeiträgen auf den ganzen in Frage kommenden Zeitraum verteilen muß, und daß nicht ein ganzes Jahr von Beiträgen frei bleiben darf. Gegen diese Auslegung kann angeführt werden, daß, abweichend vom § 54 AVG., im § 77 Abs. 2 nicht die Zurücklegung einer bestimmten Zahl von Beitragsmonaten „während eines Kalenderjahres" vorgeschrieben ist. Die Fassung des § 77 Abs. 2, wonach „während je zweier aufeinanderfolgender Kalenderjahre" 12 Beitragsmonate zurückgelegt werden müssen, schließt sich an § 1280 RVO. an. Nach allgemeiner Auffassung genügt es zur Anwendung des § 1280 RVO. nicht, daß die erforderlichen freiwilligen Beiträge vor Ablauf der Anwartschaftsfrist entrichtet werden, weil die Frage, binnen welcher Frist Marken rechtswirksam entrichtet werden können, durch die §§ 1442 bis 1445 RVO. erschöpfend geregelt ist. Entsprechende Vorschriften hinsichtlich freiwilliger Beiträge (vergl. § 1443 RVO.) fehlen im RKG.; der dem § 1442 RVO. nachgebildete § 135 kann nur auf Pflichtbeiträge bezogen werden. Mangels abweichender Vorschriften wird man deshalb zu dem Ergebnis gelangen müssen, daß Entrichtung von 12 Monatsbeiträgen (g. F. in einer Summe) unmittelbar vor Ablauf der Anwartschaftsfrist — in dem angeführten Falle also im Monat Dezember 1928 — zur Erhaltung der V. genügt. Ein solches, von den sonstigen Versicherungsgesetzen stark abweichendes Ergebnis erscheint aber wenig befriedigend. Klärung dieser Zweifelsfrage durch die Rechtsprechung ist daher erwünscht. — Keinesfalls kann der durch die Nov. eingefügte § 77 Anwendung finden bei solchen Anerk.Geb.Zahlern, die schon vor dem 1. 7. 26 ausgeschieden waren; diesen ist also die Weiterversicherung nach den neuen Vorschriften schlechthin versagt.

§ 78 [1]) (48).

(Abs. 1.) [2]) Wird ein früheres Mitglied der Pensionskassen der Reichsknappschaft oder eines früheren deutschen Knappschaftsvereins [3]) wieder versicherungspflichtig in einem knappschaftlich versicherten Betriebe, so leben seine früheren Ansprüche einschließlich der für die Zeit vor dem 1. Januar 1924 erworbenen Ansprüche [4]) aus der Pensionsversicherung nach sechsmonatiger Mitgliedschaft wieder auf.

(Abs. 2.) Stirbt ein Mitglied während dieser sechsmonatigen Wartezeit [5]), so sind seinen Angehörigen die Leistungen aus der Pensionsversicherung zu gewähren, die ihnen zuständen, wenn die Ansprüche des Verstorbenen an seinem Todestage nach Abs. 1 wieder aufgelebt wären.

§ 40 Entw., § vv Entw. d. Nov.

1) § 78 hat gegenüber der alten Fassung einige Aenderungen erfahren, durch die ihm rückwirkende Kraft beigelegt ist. Näheres hierüber s. Anm. 4.

2) Bereits in den Landesgesetzen waren Vorschriften enthalten, die verhüten sollten, daß Mitglieder, die nur vorübergehend aus ihrer Beschäftigung ausscheiden, ohne AnerkGeb. zu zahlen, ihre Ansprüche dauernd verlieren. Der Entw. d. RKG. sah in Uebereinstimmung mit § 34 Abs. 3 des Preuß. KnG. die Dauer eines Jahres für die erneute Mitgliedschaft vor, die als eine Art Bewährungsfrist für den Nachweis der Fähigkeit zu dauernder Verrichtung kn. Arbeit gedacht ist. Im RTAus-

schuß wurde bei der Beratung des RKG. der Antrag gestellt, die Worte „nach einjähriger Mitgliedschaft" zu streichen. Mit Rücksicht auf regierungsseitig geäußerte Bedenken wurde der Antrag abgelehnt, die Dauer der erneuten PKMitgliedschaft jedoch auf 6 Monate verkürzt. (Ber. RKG. S. 25.) Wegen der Bedeutung dieser Verkürzung in der Uebergangszeit 1923/24 s. erste Auflage Anm. 1 zu § 48.

3) Die Worte „oder eines früheren deutschen Knappschaftsvereins" sind im Zusammenhang mit der Ausdehnung des Wiederauflebens von Anwartschaften aus der Zeit vor dem 1. 1. 24 (vgl. Anm. 4) durch Beschluß der Vollsitzung vom 9. 6. 26 (sten. Ber. S. 7408 zu § vv) eingefügt worden.

4) Der Ausschußbericht ergibt nichts über die Gründe für die in der zweiten Ausschußlesung (Ber. S. 129) beschlossene Einschaltung der Worte „einschließlich der für die Zeit vor dem 1. Januar 1924 erworbenen Ansprüche". Vermutet werden darf, daß die Einschaltung erfolgt ist, um gegenüber der Rechtsprechung des RVA. das Wiederaufleben auch von Anwartschaften aus früherer Zeit zu ermöglichen. Aus der Fassung des früheren § 48 Abs. 1: „Tritt ein früheres Pensionskassenmitglied, dessen Rechte nach § 47 erloschen sind . . .", insbesondere aus der Verweisung auf § 47 RKG. a. F. hat der Kn.Senat des RVA. in Entscheidungen vom 7. 5. 25, IIa Kn. 13/25, und vom 19. 11 25, II a Kn. 436/25, gefolgert, daß § 48 RKG. a. F. nur auf Mitglieder des RKV. und damit nur auf Fälle Anwendung findet, die unter der Geltung des RKG. eintreten, bei denen also das Erlöschen und Wiederaufleben der Rechte aus der Mitgliedschaft nach dem 1. 1. 24 liegen, daß dagegen hinsichtlich der vor dem 1. 1. 24 verloren gegangenen PK.Ansprüche die früheren gesetzlichen Vorschriften maßgebend bleiben, wonach verlorene Ansprüche erst nach Ablauf eines Jahres wieder auflebten. Demgemäß hat der Kn.Senat den auf frühere Anwartschaften gestützten Pensionsanspruch einer Witwe, deren Ehemann nur bis zu seinem Tode am 22. 10. 24 Mitglied des RKV. gewesen war, abgelehnt. Durch die jetzige Fassung des G. wird

klargestellt, daß in solchen Fällen auch vor dem 1. 1. 24 liegende Dienstzeiten durch erneute 6monatige Mitgliedschaft wieder aufleben. Da keinerlei zeitliche Beschränkung vorgesehen ist, muß sogar angenommen werden, daß Ansprüche, die vor dem 1. 1. 08 erworben waren und verloren sind, unter die neue Vorschrift fallen, obwohl eine rückwirkende Anwendung des § 34 Abs. 3 des Preuß. KnG. auf Fälle, in denen bereits vor dem 1. 1. 08 Knappschaftsmitglieder Ansprüche auf PK.Leistungen verloren hatten, ausdrücklich ausgeschlossen gewesen ist. — Vergl. hierzu Steinbrinck-Reuß Preuß. Knappschaftsgesetz, 3. Auflage Anm. 5 zu § 34. — Die Einbeziehung der Anwartschaften vor dem 1. 1. 24 hat demnach eine außerordentlich weittragende Bedeutung. Liegen die Voraussetzungen des § 77 Abs. 1 in der neuen Fassung vor, so kommt eine Anwendung der alten Vorschriften über Anrechnung von Dienstzeiten, auf die im Art. 29 Abs. 1 EG. verwiesen ist, sowie der Vorschriften des Art. 29 Abs. 3 EG. über Anrechnung von Dienstjahren, die vor der Zeit des Bestehens eines Gegenseitigkeitsverhältnisses durch Uebertritt zu einem anderen Verein verloren sind, nicht in Frage. Die Rücksicht auf die weittragende Bedeutung hat auch wohl den Satzungsausschuß der RK. zu der Einnahme des Standpunktes bestimmt, daß unter die Vorschrift im § 78 nur Mitglieder fallen, die am 1. 7. 26 noch versichert waren, und daß ein Wiederaufleben erst nach 6monatiger Mitgliedschaft, verbracht nach dem 1. 7. 26, eintrifft. Bei Mitgliedern, die etwa bis zum 1. 12. 26 aus der PV. ausscheiden sollten, würden also nicht die neuen Vorschriften des § 78, sondern die bisherigen Vorschriften des § 48 mit der dazu ergangenen Rechtsprechung des RVA. maßgebend sein.

5) Aus der Bezeichnung der erneuten 6monatigen Mitgliedschaft als einer „Wartezeit" im gesetzestechnischen Sinne ist zu folgern, daß die allgemeinen Grundsätze hinsichtlich Erfüllung der Wartezeit auch hier gelten. Demgemäß können Krankheitszeiten (§ 73 Abs. 2) nicht auf die erneute 6monatige Mitgliedschaft angerechnet werden.

6) „Abs. 2 ist aus der Satzung des Saarbrücker KnV. entnommen, nach dessen Erfahrung die Anwendung dieser Vorschriften zu Gunsten von Hinterbliebenen segensreich gewirkt hat". (Begr. RKG. S. 53.) Ihre Anwendung kommt namentlich bei tödlichen Unfällen in Frage.

§ 79 [1]) (27).

(Abs. 1.) Hat das Mitglied sich die Berufsunfähigkeit beim Begehen einer Handlung, die nach strafrechtlichem Urteil ein Verbrechen [2]) oder vorsätzliches Vergehen [2]) ist, zugezogen, so kann die Invalidenpension [3]) ganz oder teilweise versagt werden. [4])

(Abs. 2.) Die Verletzung bergpolizeilicher Vorschriften gilt nicht als Vergehen im Sinne des Abs. 1. [5])

(Abs. 3.) Die Invalidenpension kann den im Inland wohnenden Angehörigen ganz oder teilweise überwiesen werden [6]), wenn das Mitglied deren Unterhalt bisher ganz oder überwiegend aus seinem Arbeitsverdienste bestritten hat.

(Abs. 4.) Die Invalidenpension kann auch versagt werden, wenn wegen Abwesenheit oder eines anderen in der Person des Mitglieds liegenden Grundes kein strafgerichtliches Urteil ergeht.

§ 22 Entw., § f Entw. d. Nov.

1) Der Inhalt des § 79 entspricht dem § 1254 Abs. 2, 3 RVO. Die dem § 1254 Abs. 1 RVO. nachgebildete Vorschrift in § 21 des Entw, RKG., daß keinen Anspruch auf JP. hat, wer die Berufsunfähigkeit vorsätzlich herbeiführt, ist vom Reichstagsausschuß als überflüssig gestrichen, weil niemand sich vorsätzlich verstümmle (Ber. RKG. S. 18). Durch die Nov. ist § 79 an den gehörigen Platz gestellt worden.

2) Vgl. hierzu die Begriffsbestimmung im § 1 des Strafgesetzbuchs für das Deutsche Reich.

3) Neben der JP. hätte in diesem Paragraphen, entsprechend

dem sonstigen Sprachgebrauch d. G., überall Ruhegeld erwähnt werden müssen (vgl. auch § 26 Abs. 2 AVG.).

4) Die Bezirksverwaltung entscheidet nach freiem Ermessen, ob und in welchem Umfange die JP. versagt werden soll, und erteilt darüber einen anfechtbaren Bescheid nach § 193. Vom Geschäftsausschuß und von den weiteren Instanzen ist gegebenenfalls nachzuprüfen, ob und inwieweit die Versagung angemessen ist.

5) Nach der Höhe der im Allgem. Bergges. für die Preuß. Staaten angedrohten Strafen stellen sich Zuwiderhandlungen gegen bergpolizeiliche Vorschriften, die in anderen Ländern als „Uebertretungen" gelten, in Preußen als „Vergehen" dar. Die Vorschrift des Abs. 2 ist nach dem Vorbilde des § 1254 Abs. 2 RVO. aufgenommen, um nicht die preußischen Bergleute gegenüber Bergleuten in anderen Ländern zu benachteiligen. Die RVO. und das AVG. sprechen von bergpolizeilichen „Verordnungen", was jedoch keinen sachlichen Unterschied bedeutet.

6) Da die Angehörigen keinen Anspruch auf die Pension haben, ist hier ein formloser Bescheid zu erteilen.

§ 80 [1]/[2]) (49).

(Abs. 1.) [3]) Der Anspruch auf Zahlung der Invalidenpension, des Ruhegeldes und des Kindergeldes beginnt, unbeschadet des § 86 [4]), mit dem ersten Tage des Monats, in welchem die Voraussetzungen des § 35 oder des § 57 [5]) vorliegen, frühestens jedoch [6]) mit dem ersten Tage des Monats, in welchem das Krankengeld wegfällt. [7])

(Abs. 2) [8]) Läßt sich der Beginn der Berufsunfähigkeit nicht feststellen, so ist der Monat maßgebend, in welchem der Antrag [9]) auf Bewilligung der Invalidenpension [10]) gestellt ist.

(Abs. 3.) [11]) Der Anspruch auf Zahlung der Invalidenpension nach §§ 36, 37 und des Ruhegeldes nach

§§ 58, 59 beginnt mit dem ersten Tage des Monats, in welchem der Antrag gestellt ist.[12])

(Abs. 4.) Die Umrechnung einer Pension oder eines Ruhegeldes bei dem Ausscheiden eines Invaliden aus der Arbeit in einem knappschaftspflichtigen Betrieb erfolgt nur, wenn erneut zwölf Monatsbeiträge entrichtet worden sind.[13])

§ 41 Entw., § ww Entw. d. Nov.

1) Gegenüber der alten Fassung ist § 80 geändert, indem die Vorschriften über den Beginn des Anspruchs für Invalidenpension (Ruhegeld) und Alterspension (Altersruhegeld) von einander getrennt sind und Abs. 4 neu eingefügt ist.

2) Zu den §§ 80 bis 82 ist allgemein zu bemerken, daß zur Vereinfachung der Berechnung die laufenden Leistungen aus der PV. stets für volle Monate gezahlt werden. Hierin weicht das G. von den früheren KnSatzungen ab. Auch die RVO. und das AVG. in früherer Fassung hatten Zahlung von Teilbeträgen der Monatsrenten vorgesehen, wenn der VersFall im Laufe eines Monats eintrat. Durch G. vom 13. Juli 1923 sind jedoch die sog. Spitzrenten überall beseitigt. Das RKG. und die übrigen Vers.G. stimmen demnach insoweit überein.

3) Abs. 1 entspricht im allgemeinen dem § 1256 Satz 1 RVO. und § 31 Satz 1 AVG.; abweichend ist jedoch das Kindergeld besonders erwähnt.

4) Die Worte „unbeschadet des § 86" sind durch die Nov. eingefügt. Vgl. § 1256 im Zusammenhang mit § 1253 RVO.

5) Die Voraussetzungen der §§ 35, 57 sind: Vollendung des 65. Lebensjahres oder Eintritt dauernder Berufsunfähigkeit oder Fortdauer von Berufsunfähigkeit nach Wegfall des Krankengeldes bezw. (bei Angestellten) nach Ablauf von 26 Wochen. Das Vorliegen dieser Voraussetzungen ist von der entscheidenden Stelle — Bezirksverwaltung (vgl. § 193) — zu prüfen und im Pensionsbescheid festzusetzen. Dabei sind hinsichtlich des Begriffes Berufsunfähigkeit die in der Anm. 3 u. 6 zu § 35, Anm.

3 und 6 zu § 57 dargelegten Grundsätze zu beachten. Fällt der Zeitpunkt, von dem ab bei objektiver Betrachtung die Berufsfähigkeit als dauernd aufgehoben anzusehen ist (vgl. E. des OSchG. i. K. vom 16. Dez. 1908, Kompaß 09 S. 60), in den Lauf eines Monats, vielleicht auf den letzten Tag, so ist die Pension vom ersten Tage dieses Monats ab zu gewähren.

6) In vielen Fällen kann eine Feststellung über dauernde oder vorübergehende Berufsunfähigkeit erst getroffen werden, nachdem das Mitglied längere Zeit krank gefeiert hat. Nach dem RKG. a. F. waren bei dauernder Berufsunfähigkeit in solchen Fällen Krankengeld und Invalidenpension für die Krankenfeierzeit nebeneinander zu zahlen. (Vgl. erste Aufl. Anm. 3 zu § 49). Das ist durch die Nov. dahin geändert, daß IP. für dauernde oder vorübergehende Berufsunfähigkeit erst nach Wegfall des Krankengeldes zu zahlen ist. Für die Zeit des Ueberganges von der aktiven Mitgliedschaft zur Invalidität sind also Doppelleistungen ausgeschlossen. Feiert aber der Invalide, der noch arbeitet und der KrK. angehört, späterhin krank, so erhält er mangels abweichender Vorschrift das Krankengeld neben der IP.

Bei Feststellung der IP oder des Ruhegeldes werden die Krankenfeierzeiten mit Steigerungsbeträgen nach § 73 Abs. 2 angerechnet, ohne Rücksicht darauf, ob es sich um dauernde oder vorübergehende Berufsunfähigkeit handelt. Aus diesem Grunde kommt auch, abweichend von dem früheren Rechtszustande (vgl. erste Aufl. a. a. O.) eine Umrechnung der Pension beim Uebergang von vorübergehender zu dauernder Berufsunfähigkeit nicht in Frage. (Vgl. Anm. 9 zu § 35.)

7) Krankengeld im Sinne dieser Vorschrift ist jedes Krankengeld aus einer gesetzlichen KrK. (§ 225 Abs. 1 RVO.) oder aus einer Ersatzkasse (vgl. § 15 Abs. 4). Auch das aus einer Ortskrankenkasse oder andern KrK. gezahlte Krankengeld für Erwerbslose (vgl. §§ 20 ff. der Ver. über Erwerbslosenfürsorge i. d. F. vom 16. 2. 24 RGBl. I S. 127, 386) ist trotz der Geringfügigkeit des Betrages hierher zu rechnen.

8) Abs. 2 entspricht dem § 1256 Satz 2 RVO., § 31 Satz 2 AVG.

9) Der Antrag auf Bewilligung der JP. ist bei dem für das Mitglied zuständigen KnAeltesten oder Angestelltenältesten oder bei der Bezirksverwaltung zu stellen (vgl. § 165 Abs. 1, § 167 Abs. 3, § 168 Abs. 2, § 191). Einem bei anderer Stelle, etwa beim VA., gestellten Antrag wird die Rechtswirkung nach Abs. 2 nicht beigelegt werden können; denn eine dem § 1616 RVO. entsprechende Vorschrift — wonach die oberste Verwaltungsbehörde anordnen kann, daß Ansprüche auf Leistungen der JVers. auch bei einer anderen Behörde als dem VA. angemeldet werden dürfen — ist im RKG. nicht enthalten. Gibt das VA. einen irrtümlich bei ihm gestellten Antrag auf kn. Leistungen weiter, so ist für den Beginn der Zahlung der Monat als maßgebend zu betrachten, in dem der weitergegebene Antrag bei der Bezirksverwaltung eingegangen ist.

10) Hinter Invalidenpension ist einzuschalten „oder des Ruhegeldes".

11) Abs. 3, der den Beginn der AP. bezw. des Altersruhegeldes besonders regelt, ist durch die Nov. eingefügt. Die Einfügung soll verhindern, daß Mitglieder, die die Voraussetzungen für die AP. erfüllt haben und den Antrag auf Gewährung der AP. zunächst nicht stellen, die Nachzahlung für einen längeren Zeitraum — g. F. bis zu einem Jahre nach § 86 — beanspruchen, was in der Vergangenheit zu Unträglichkeiten infolge Nachzahlung hoher Summen an einzelne Alterspensionäre geführt hat. (Vergl. hierzu E. des RVA. vom 23. 4. 25, A. N. S. 281 Nr. 2884.) Die Vorschrift bezieht sich sowohl auf die gesetzliche AP. (Altersruhegeld) wie auf die etwa durch Sondervorschriften bezw. Anordnung des RAM. (§§ 37, 59) eingeführten Leistungen dieser Art.

12) Da an dieser Stelle nicht die Worte aus Abs. 1 „frühestens jedoch mit dem ersten Tage des Monats, in welchem das Krankengeld wegfällt" wiederholt sind, könnte man der Auffassung zuneigen, daß ein krankfeierndes Mitglied, welches nach

Erfüllung der Voraussetzungen die AP. beantragt, Krankengeld und AP. von der Antragstellung ab nebeneinander beanspruchen kann. Der etwaige Einwand, daß bei einem Krankfeiernden AP. nicht bewilligt werden könne, weil nicht feststehe, ob er nach Ablauf der Krankheit zu nicht gleichwertiger Arbeit übergehe, ginge fehl, denn ein Krankfeiernder erfüllt zweifellos schon während der Krankfeierzeit die Voraussetzung, daß er „keine gleichwertige Lohnarbeit" verrichtet. An sich kann daher der Anspruch auf AP. für die Dauer einer Krankfeierzeit bestehen. Es ist aber zweifellos nicht die Absicht des G. gewesen, Alterspensionäre in dieser Beziehung günstiger zu stellen als Berufsinvaliden. Auch der Umstand, daß bei einem Alterspensionär mit Kindern AP. und KG. zusammenfallen, weist auf die Notwendigkeit der Ergänzung des Abs. 3 aus Abs. 1 hin. Denn es geht nicht an, AP. nach Abs. 3 vom Beginn der Krankheit und Kindergeld nach Abs. 1 vom Wegfall des Krankengeldes an zu zahlen. Bis zu einer etwaigen anderweitigen Entscheidung wird daher AP. ebensowenig neben Krankengeld zu zahlen sein wie JP. im Falle der Berufsinvalidität.

13) Abs. 4 beruht auf Beschlüssen zweiter Lesung des RT.-Ausschusses (Ber. S. 129 zu § ww). Die Vorschrift ist dadurch veranlaßt, daß Berufsinvaliden oder Alterspensionäre, die noch Arbeit in kn. vers. Betrieben verrichten, zur Beitragszahlung in der ArbPK. verpflichtet sind und berechtigten Anspruch auf Berücksichtigung dieser Beitragsleistung haben. Die Berücksichtigung erfolgt durch zusätzliche Anrechnung der neu erworbenen Steigerungsbeträge zu der bereits festgesetzten Leistung in Form eines auch sonst in der V. bekannten Ergänzungsbescheides (vgl. Anm. 2 zu § 28, Anm. 1 zu § 29). Es würde eine starke Belastung der Verwaltung bedeuten, wenn die Berufsinvaliden oder Alterspensionäre jederzeit die Umrechnung ihrer Pension und die Erteilung eines Ergänzungsbescheides beanspruchen könnten. Deshalb ist ein solcher Anspruch an die Voraussetzung geknüpft, daß erneut 12 Monatsbeiträge entrichtet sind. Eine

Beschränkung der Umrechnung auf die Fälle des Ausscheidens aus der Arbeit in einem knappschaftspflichtigen Betrieb ist aber wohl nicht beabsichtigt gewesen. Auch ein im Bergbau beschäftigter Berufsinvalide oder Alterspensionär wird nach Entrichtung von 12 Monatsbeiträgen die Umrechnung seiner Pension billigerweise beanspruchen können. Die RKn. beabsichtigt, die bei der Gesetzesfassung immerhin zweifelhafte Frage in der Satzung zu regeln. Empfänger von Ruhegeld oder Altersruhegeld können zur Beitragsleistung in der Ang.VK. nicht herangezogen werden (vergl. Anm. 5 zu § 49). Die Umrechnung eines Ruhegeldes kann daher nur bei solchen Ruhegeldempfängern in Frage kommen, die als Arbeiter in kn. vers. Betrieben tätig und zur Arb.VK. beitragspflichtig sind.

§ 81 (50, 33 Abs. 2).

(Abs. 1.) Der Anspruch auf Zahlung der Witwenpension beginnt für die Witwen der Mitglieder mit dem ersten Tage des Sterbemonats des Ehemanns, für die Witwen der Empfänger einer Invalidenpension oder eines Ruhegeldes mit dem ersten Tage des nächstfolgenden Monats.[1])

(Abs. 2.)[2]) Der Anspruch endet[3]), wenn die Witwe wieder heiratet oder stirbt, mit dem Ablauf des Wiederverheiratungs- oder Sterbemonats.

(Abs. 3.)[4]) Heiratet eine Witwe, so ist sie mit dem dreifachen Jahresbetrag[5]) ihrer Pension abzufinden. Verzichtet[6]) sie hierauf, so leben ihre Ansprüche unter Bedingungen, welche die Satzung[7]) bestimmt, beim Tode des nächsten Ehemanns wieder auf.

§§ 42, 28 Entw., § xx Entw. d. Nov.

1) Abs. 1 deckt sich inhaltlich mit § 1263 Satz 1 RVO., § 36 AVG.

2) Abs. 2 entspricht für den Fall der Wiederverheiratung

dem § 1298 Satz 1 RVO. (§ 63 AVG.), für den Fall des Todes dem § 1301 RVO. (§ 64 AVG.)

3) d. h. die Witwenpension fällt ohne weiteres fort; eines Entziehungsbescheides (vgl. § 88) bedarf es nicht.

4) Abs. 3 ist aus dem § 33 RKG. a. F. der besseren Anordnung wegen hierher — in den Abschnitt „Gemeinsame Vorschriften" — übernommen.

Der Entw. des RKG. wollte eine Abfindung der wiederheiratenden Witwe grundsätzlich ausschließen und nur die Satzung ermächtigen, für gewisse Fälle ein Wiederaufleben der Witwenpension zu bestimmen. Die Begr. (S. 50) bemerkte dazu:

„Die Witwenpension fällt ihrer Natur nach weg, wenn die Witwe wieder heiratet, also aufhört, Witwe zu sein. Die von mehreren Seiten gewünschte Abfindung der wiederheiratenden Witwe hat der Entw. nicht eingeführt. Die Abfindung wird nur einen verhältnismäßig geringen Betrag ausmachen, der wirtschaftlich nicht sehr zu Buche schlägt; auch das Bedenken, daß die Versagung der Abfindung das Bestehen wilder Ehen begünstige, kann für ihre Einführung nicht ausschlaggebend sein. Der Entw. sieht es vielmehr als eine wichtigere Aufgabe an, für die wiederverheiratete Witwe zu sorgen, wenn diese zum zweiten Male oder auch noch mehrere Male Witwe wird, und sieht deshalb als satzungsmäßig zulässig die Bestimmung vor, daß die Pension während der zweiten Ehe ruht, und daß beim Tode des zweiten Ehemannes der Anspruch aus der ersten Ehe auflebt. Aehnliche Vorschriften einzelner Knappschaftssatzungen haben sich nach den gemachten Erfahrungen als sehr segensreich erwiesen."

Abweichend von dieser Auffassung hat sich der Reichstag — vorbehaltlich der Möglichkeit eines Verzichts der Witwe (vgl. Anm. 6) — für die Abfindung, und zwar als Pflichtleistung, entschieden, wobei erwogen ist, daß die Gewährung einer Abfindungssumme die Eingehung einer zweiten Ehe erleichtere und das freie Zusammenleben verhindere (Ber. RKG. S. 23.)

5) Der dreifache Jahresbetrag war schon im RKG. a. F.

vorgesehen. Die RVO. schreibt abweichend im § 1298 Satz 2 hinsichtlich der Witwenrente aus der JV.Abfindung mit dem Betrag der Jahresrente, im § 588 Abs. 2 hinsichtlich der Witwenrente aus der UV. Abfindung mit $^{3}/_{5}$ des Jahresarbeitsverdienstes vor. Im § 63 des AVG. ist neuerdings (durch die Nov. vom 28. 7. 25) die Abfindung auf den dreifachen Jahresbetrag der Rente festgesetzt. Ist eine Witwe abzufinden, die außer der kn. Witwenpension reichsgesetzliche Witwenrente oder JRente bezieht, so wird der Berechnung die ungekürzte Witwenpension (trotz § 106 Abs. 1) zu Grunde zu legen sein, sofern sie nicht gleichzeitig nach § 1298 RVO. abgefunden wird.

6) Eine dem Satz 2 des Abs. 3 ähnliche Vorschrift über das Wiederaufleben der Witwenpension war schon in dem Entw. des RKG. enthalten (vgl. die unter Anm. 4 mitgeteilte Stelle der Begr.). Das G. hat die Vorschrift für den Fall des Verzichts der Witwe auf Abfindung übernommen, trotzdem im Ausschuß gegen ein Zurückgreifen auf die Auswirkungen der ersten Ehe das an sich triftige Bedenken erhoben war, daß die wiederheiratende Witwe durch die zweite Heirat restlos alle Beziehungen zum ersten Ehemann löse. Der Ausschuß hat den Gedanken, die Versorgung der Witwe über die zweite Ehe hinaus zu sichern, in den Vordergrund gerückt und hinsichtlich der Zulässigkeit des Verzichts (zur Ermöglichung des Wiederauflebens der Witwenpension) den Standpunkt eingenommen, daß es den interessierten Kreisen selbst überlassen bleiben müsse, ob sie sich abfinden lassen wollen oder nicht (Ber. RKG. S. 23).

Auch die Nov. hat die Vorschrift beibehalten, obwohl die sonstigen Vers.Gesetze ein Wiederaufleben der Ansprüche im Falle des Verzichts auf Abfindung nicht kennen. — Wegen der Rückwirkung vgl. § 250 Abs. 2.

7) Die bisherige Satzung der RKn. bestimmt im § 55 Abs. 2. daß der Anspruch in der früheren Höhe wiederauflebt, es sei denn, daß aus der neuen Ehe ein höherer Pensionsanspruch erworben wurde.

§ 82[1]) (51).

(Abs. 1.)[2]) Der Anspruch auf Zahlung des Waisengeldes beginnt für Waisen der Mitglieder mit dem ersten Tage des Sterbemonats des Vaters, für die Waisen der Empfänger einer Invalidenpension oder eines Ruhegeldes mit dem ersten Tage des nächstfolgenden Monats. Bei nachgeborenen Waisen beginnt der Anspruch mit dem ersten Tage des Geburtsmonats.

(Abs. 2.)[3]) Der Anspruch endet mit dem Ablauf des Monats, in dem die Voraussetzungen für seinen Wegfall eintreten oder die Waise heiratet.

(Abs. 3.)[4]) Die Zahlungen werden an den gesetzlichen Vertreter[5]) geleistet.

§ 43 Entw., § yy Entw. d. Nov.

1) § 82 entspricht inhaltlich dem bisherigen § 51. Neu ist die Vorschrift über nachgeborene Waisen. Sachlich belanglose Fassungsänderungen im Abs. 2 beruhen auf Beschlüssen zweiter Lesung des RT.Aussch. (Ber. S. 129, § yy der Aussch.-Beschl.)

2) Abs. 1 entspricht dem § 1263 Satz 1, 2 RVO., § 36 AVG.

3) Abs. 2 entspricht dem § 1299 RVO., § 63 Abs. 2 AVG. i. d. F. des Ges. vom 25. 6. 26 (RGBl. I S. 311). Die Fassung war zu erweitern mit Rücksicht auf die neuen Vorschriften über Waisengeld im § 34 Abs. 2, 56 Abs. 2. Abweichend von dem bisherigen Recht (vgl. erste Aufl. Anm. 2 zu § 51) begründet auch Heirat den Fortfall des Waisengeldes.

Das Waisengeld wird im allgemeinen durch formlosen Bescheid in Fortfall gebracht werden können; ein anfechtbarer Bescheid (§ 193) ist nur dann zu erteilen, wenn Streit über den Fortfall besteht, z. B. darüber, ob eine Waise von mehr als 15 Jahren sich in Berufs- oder Schulausbildung befindet oder ob Gebrechlichkeit vorliegt. Wegen Behandlung des Waisengeldes in der Uebergangszeit sind besondere Vorschriften getroffen. Vgl. namentlich § 251.

4) Abs. 3 hat die Bedeutung einer Ordnungsvorschrift und läßt den rechtlichen Charakter des Waisengeldes als einer selbständigen, der Waise selbst zustehenden Leistung unberührt. (Vgl. für die Waisenrente der RVO. E. des RVA. vom 20. März 1915, AN. S. 643 Nr. 2076.)

5) Gesetzlicher Vertreter ist nach den Vorschriften des BGB. die Mutter für ein eheliches Kind (§§ 1684, 1685, 1686 in Verbindung mit §§ 1630 ff.) — nicht für das uneheliche Kind § 1707 —, der Vormund für den Mündel (§§ 1773, 1793, 1896, 1901), der Pfleger für den Pflegebefohlenen (§§ 1628, 1794, 1909 ff.)

§ 83 [1]) (35).

(Abs. 1.) Witwenpension und Waisengeld werden auch dann gewährt, wenn das Mitglied oder der Empfänger einer Rente aus der Pensionsversicherung verschollen ist. Ein Vermißter gilt als verschollen, wenn während eines Jahres keine glaubhaften Nachrichten von ihm eingegangen sind und die Umstände seinen Tod wahrscheinlich machen.

(Abs. 2.) Der nach § 180 bestellte Ausschuß [2]) kann von den Hinterbliebenen die eidesstattliche Erklärung verlangen, daß sie von dem Leben des Vermißten keine anderen als die angezeigten Nachrichten erhalten haben.

§ zz Entw. d. Nov.

1) Die §§ 83 und 84, die durch die Nov. ihren Platz unter den „Gemeinsamen Vorschriften" gefunden haben, sind den §§ 1265, 1266 RVO. nachgebildet. Mit ihnen in Zusammenhang steht § 90.

2) Der Ausschuß tritt hier, wie überall, an Stelle des VA.

§ 84 (36).

Den Todestag Verschollener stellt die Bezirksknappschaft nach billigem Ermessen fest. Für die auf See Verschollenen gilt als Todestag der Tag des Unterganges des Schiffes. Ist das Schiff als verschollen anzusehen, so gilt als Todestag der Tag der Beendigung des Dienstverhältnisses nach § 53 Abs. 1 der Seemannsordnung.

§ aaa Entw. d. Nov.

§ 85[1]) (37).

Witwenpension, Waisengeld und Bestattungsbeihilfe werden solchen Personen[2]) nicht gewährt, die den Tod des Mitglieds oder des Empfängers einer Rente aus der Pensionsversicherung vorsätzlich herbeigeführt haben.

§ 30 Entw., § bbb Entw. d. Nov.

1) Die Vorschrift, die früher in dem Abschnitt „Pflichtleistungen" stand, ist zutreffend unter die „gemeinsamen Vorschriften" aufgenommen. Sie ist dem § 1267 RVO., § 39 AVG. nachgebildet und Ausfluß eines allgemeinen Grundsatzes, der auch im bürgerlichen Recht gilt (vgl. § 2339 BGB.).

2) Sind mehrere Berechtigte vorhanden und trifft sie nicht alle die Schuld, so bleibt der Anspruch der unbeteiligten bestehen. (Vgl. Begr. zu § 1252 des Entw. der RVO.).

§ 86[1]) (52).

Länger als ein Jahr rückwärts, vom ersten Tage des Monats an gerechnet, in[2]) welchem der Antrag eingegangen ist[3]), werden laufende Leistungen[4]) nicht gezahlt[5]), sofern nicht der Berechtigte durch Verhältnisse, die außerhalb seines Willens liegen[6]), verhindert worden ist, den Antrag rechtzeitig zu stellen. Der Antrag ist in diesem Falle binnen drei Monaten zu stellen, nachdem das Hindernis weggefallen ist.

§ 44 Entw., § ddd Entw. d. Nov.

1) § 86 entspricht dem § 1253 RVO., dessen Wortlaut die jetzige Fassung völlig angepaßt ist.

2) Im amtlichen Text steht an dieser Stelle „an"; es handelt sich um einen Druckfehler (vgl. § 1253 RVO.).

3) Es kommt auf die Stellung des Antrags bei der zuständigen Stelle an (vgl. Anm. 9 zu § 80).

4) Laufende Leistungen sind Invalidenpension bezw. Ruhegeld (Alterspension bezw. Altersruhegeld) einschließlich Kindergeld, Witwenpension und Waisengeld.

5) Es handelt sich nicht um eine Verjährung, sondern Verwirkung des Anspruchs, die von Amts wegen zu berücksichtigen ist (Ausschlußfrist!).

6) Solche Verhältnisse sind z. B. Mangel eines gesetzlichen Vertreters bei geschäftsunfähigen Personen, höhere Gewalt, schwere Erkrankung, auch unrichtige Belehrung durch Behörden (vgl. Entsch. d. RVA. v. 16. 10. 1917 Amtl. Nachr. 1917, S. 647), nicht aber Rechtsirrtum des Versicherten.

§ 87[1]) (53, 54).

(Abs. 1.) Ist beim Tode des Empfängers die fällige Leistung noch nicht abgehoben, so sind nacheinander bezugsberechtigt der Ehegatte, die Kinder[2]), der Vater, die Mutter, die Geschwister[3]), wenn sie mit dem Empfänger zur Zeit seines Todes in häuslicher Gemeinschaft[4]) gelebt haben oder von ihm wesentlich[5]) aus seinem Arbeitsverdienst unterhalten worden sind.

(Abs. 2.) Stirbt ein Versicherter oder ein zum Bezug einer Witwen- oder Witwerrente[6]) Berechtigter, nachdem er seinen Anspruch erhoben[7]) hatte, so sind zur Fortsetzung des Verfahrens[8]) und zum Bezuge der bis zum Todestage[9]) fälligen Beträge nacheinander berechtigt der Ehegatte, die Kinder[2]), der Vater, die Mutter, die Geschwister[3]), wenn sie mit dem Berechtigten zur Zeit seines Todes in häuslicher Gemeinschaft[4]) ge-

lebt haben oder von ihm wesentlich aus seinem Arbeitsverdienst unterhalten worden sind.

§§ 45, 46 Entw., § eee Entw. d. Nov.

1) Der § 87 ist durch Zusammenziehung der früheren §§ 53 und 54 entstanden. Der Entw. der Nov. enthielt lediglich einen Hinweis auf die §§ 1302, 1303 RVO., §§ 65, 66 AVG. Der RT.Ausschuß hat es für richtiger gehalten, die Vorschriften ihrem Wortlaut nach wiederzugeben, und dabei einige Aenderungen gegenüber der bisherigen Fassung der §§ 53, 54 beschlossen (Ber. S. 65). In der jetzigen Fassung stimmt § 87 im Wesentlichen mit den §§ 65, 66 AVG. überein. Außer auf häusliche Gemeinschaft wie in den Fällen der §§ 1302, 1303 RVO. können Ansprüche auch darauf gestützt werden, daß die an Stelle des Verstorbenen eintretenden Berechtigten von dem Verstorbenen wesentlich aus seinem Arbeitsverdienst unterhalten worden sind. Diese Milderung erscheint angebracht, weil das Verlangen des Bestehens häuslicher Gemeinschaft, worunter nach der Rechtsprechung ein räumliches Zusammenleben zu verstehen ist, in vielen Fällen, namentlich in Zeiten von Wohnungsmangel eine Härte bedeuten würde. (Vgl. Begr. RKG. S. 53).

Abs. 1 regelt den Fall, daß der die Leistung festsetzende Bescheid bereits zugestellt, die Zahlung aber noch nicht erfolgt war, während Abs. 2 den Fall betrifft, daß die Leistung zwar beantragt, aber noch nicht bewilligt war.

2) Mangels eines Hinweises auf § 22 kommen hier nur die ehelichen und die rechtlich als ehelich geltenden Kinder in Betracht. Sind mehrere Kinder vorhanden, so sind sie zu gleichen Teilen bezugsberechtigt.

3) Sind Berechtigte dieser Art nicht vorhanden, so tritt Erbfolge nach bürgerlichem Recht ein. (Vgl. Amtl. Nachr. des RVA. 1914 S. 694 Z. 1895.)

4) Häusliche Gemeinschaft erfordert im allgemeinen ein räumliches Zusammenleben, also Gemeinschaft von Tisch und Wohnung. Eine v o r ü b e r g e h e n d e Abwesenheit, z. B.

wegen Aufenthalts im Krankenhause oder auswärtiger Beschäftigung, hebt die häusliche Gemeinschaft nicht auf, sie wird nur aufgehoben durch eine **dauernde** Trennung, welche die Lösung der Lebensgemeinschaft bezweckt.

5) Im RKG. a. F. stand an dieser Stelle „ganz oder überwiegend". Der Ausdruck „wesentlich" ist aus dem AVG. übernommen. An anderer Stelle (z. B. § 22 Abs. 2, § 34 Abs. 2, § 40 Abs. 2) spricht das G. von „überwiegendem" Unterhalt. Wegen des Begriffes „überwiegend" vgl. Anm. 12 zu § 22. Abweichend davon dürfte eine „wesentliche" Unterhaltung schon dann vorliegen, wenn durch den Fortfall des Unterhaltsbeitrags eine Notlage der Familie eintritt.

6) Witwerrente kennt das RKG. nicht; sie ist hier versehentlich erwähnt.

7) Als erhoben kann nur der bei der zuständigen Stelle (vergl. Anm. 9 zu § 80) geltend gemachte Anspruch gelten. Die Rechtsnachfolge tritt nicht ein, wenn der Berechtigte stirbt, ohne seinen Anspruch angemeldet zu haben. Auch in solchen Fällen können jedoch Gemeinden und Fürsorgeverbände als Träger der Armenfürsorge nach § 105 Abs. 3 RKG. in Verbindung mit § 1537 RVO. Ersatz aus der Pension beanspruchen.

8) Der Tod des Antragstellers unterbricht das Verfahren. Damit eine Entscheidung ergehen kann, muß das Verfahren durch die nach § 87 Berechtigten oder gegen diese von der Bezkn. aufgenommen werden. Zur Fortsetzung des Verfahrens gehört auch die Einlegung von Rechtsmitteln.

9) Infolge des Grundsatzes, daß die Pensionen ausnahmslos für volle Monate zu zahlen sind (vergl. Anm. 2 zu § 80), stehen die fälligen Beträge dem Berechtigten bis zum Ablauf des Sterbemonats zu.

§ 88 [1]) (55, 58).

(Abs. 1.) [2]) Ist der Empfänger einer Invalidenpension oder eines Ruhegeldes infolge einer wesentlichen Aenderung [3]) in seinen Verhältnissen [4]) nicht mehr berufsunfähig, so ist ihm die Leistung zu entziehen. [5])

Der Entziehungsbescheid wird mit Ablauf des auf die Zustellung folgenden Monats[6]) wirksam.

(Abs. 2.)[7]) Nimmt der Empfänger einer Invalidenpension oder eines Ruhegeldes (§§ 36, 37, 58, 59) wieder regelmäßig eine gleichwertige Lohnarbeit auf, so fällt die Pension oder das Ruhegeld mit dem ersten Tage des Monats weg[8]), der auf den Monat folgt, in welchem die Beschäftigung wieder aufgenommen wurde. Das gleiche gilt entsprechend für die Kürzung der Pension in den Fällen des § 39, § 58 Abs. 2, § 59.[9]) Zu Unrecht bezahlte Beträge brauchen nicht zurückgefordert zu werden.[10])

§ 47 Abs. 1, § 49 Entw.; § *111* Entw. d. Nov.

1) § 88 ist durch die Nov. neu gefaßt. Die früheren §§ 55 und 58 sind in den Abs. 1 zusammengezogen. Im Abs. 2 ist der Wegfall der Alterspension und des Altersruhegeldes anderweit geregelt.

2) „Die Pensionsentziehung oder Reaktivierung ist in Uebereinstimmung mit § 1304 RVO. an die Voraussetzung geknüpft, daß ein KnInvalide infolge einer wesentlichen Aenderung in seinen Verhältnissen nicht mehr berufsunfähig ist." (Begr. RKG. S. 53.)

3) Die wesentliche Veränderung muß bereits eingetreten, nicht etwa nur nach sachverständigem Ermessen in bestimmter Zeit mit Sicherheit zu erwarten sein. Sie muß ausdrücklich festgestellt werden, und zwar auf Grund einer Vergleichung der Verhältnisse des Pensionsempfängers zur Zeit der Invalidisierung mit den Verhältnissen zur Zeit der Reaktivierung; dabei sind auch Leiden zu berücksichtigen, die erst in der Zeit der knappschaftlichen Berufsunfähigkeit entstanden sind (OSchG. i. K. vom 20. April 1915, Kompaß 15 S. 192).

4) Die Entziehung der Pension setzt eine Veränderung der körperlichen oder geistigen Verhältnisse voraus. Sie kommt hiernach in Frage nach Besserung der Krankheit oder der Ge-

brechen, infolge deren die Pension festgesetzt wurde, oder auch ohne eine objektive Besserung, wenn der Pensionsempfänger sich an den krankhaften Zustand oder das Gebrechen soweit gewöhnt hat, daß die Beeinträchtigung seiner Kräfte nicht mehr in dem früheren Umfange stattfindet. Dagegen kann eine nur veränderte (berichtigte) Kenntnis der an sich unveränderten Verhältnisse oder eine andere Beurteilung eines an sich im wesentlichen unveränderten körperlichen Zustandes nicht als eine die Pensionsentziehung rechtfertigende Veränderung angesehen werden (OSchG. i. K. a. a. O., AN. des RVA. 94 S. 159 Nr. 389). Wegen des Begriffes „Berufsunfähigkeit" vgl. im übrigen die in Anm. 3 zu § 35 wiedergegebene Rechtsprechung, wegen der Bedeutung eines Berufswechsels dieselbe Anm. vorl. Abs.

5) Die Vorschrift ist zwingend. Ueber die Entziehung entscheidet die Bezirksverwaltung nach § 193 durch anfechtbaren Bescheid. Gegen diesen ist Anrufung des Ausschusses (§ 180) und gegen die Entsch. des Ausschusses Berufung an das KOVA. gegeben. Im Berufungsverfahren ist der Zustand des Klägers, wie er zur Zeit der Berufungsentscheidung besteht, für diese zugrunde zu legen, also auch eine inzwischen etwa von neuem eingetretene Berufsunfähigkeit zu berücksichtigen.

Der Fall der Entziehung liegt nicht vor bei einer zeitlich beschränkten Invalidisierung, die in der Form zulässig ist, daß in einem nach Wiedereintritt der Berufsfähigkeit erlassenen Bescheide mit der Festsetzung der Pension gleichzeitig auch der Zeitpunkt des Fortfalls bestimmt wird.

6) Der Entw. des RKG. wollte abweichend von § 1308 RVO. die Entziehung mit Ablauf des Zustellungsmonats wirksam werden lassen, weil es nicht berechtigt sei, dem reaktivierten Bergarbeiter, der zur Verrichtung seiner Berufsarbeit fähig ist und nicht, wie unter Umständen der bisherige Empfänger einer Invalidenrente, einen Berufswechsel vornehmen muß, noch für einen längeren Zeitraum, unter Umständen für fast zwei Monate, neben dem Lohn die JP. zu zahlen. — (Begr. RKG. S. 53.) Bei der Beratung des RKG. wurde jedoch die Auf-

fassung vertreten, daß auch der Kn.-Invalide rechtzeitig wissen müsse, wie lange er noch mit der Pension zu rechnen habe. Demgemäß ist Uebereinstimmung mit der Fassung des § 1308 RVO. hergestellt (Ber. RKG. S. 26).

7) Abs. 2 behandelt den Wegfall der AP. (des Altersruhegeldes) bei Aufnahme gleichwertiger Arbeit und die Kürzung der AP. (des Altersruhegeldes) bei Verrichtung nicht gleichwertiger, aber regelmäßiger Lohnarbeit in Betrieben (vergl. Anm. 3 zu § 39). Die endgültige Fassung ist in der Vollsitzung des RT. vom 9. 6. 26 (sten. Ber. S. 7408 zu § III) beschlossen.

8) Eine Entziehung der AP. wegen Veränderung in den körperlichen oder geistigen Verhältnissen des Empfängers ist nicht zulässig. Die AP. muß aber in Wegfall kommen, wenn die Voraussetzungen für ihre Gewährung nicht mehr vorliegen, insbesondere, wenn gleichwertige Arbeit verrichtet wird. Demgemäß sah § 55 RKG. a. F. Entziehung für den Fall vor, daß der Empfänger der AP. „gleichwertige Lohnarbeit aufnimmt". Weil die AP. begrifflich nicht von der JP. verschieden ist (vergl. hierzu E. des RVA. vom 23. 4. 25, AN. S. 281 Nr. 2884), mußte nach bisherigem Recht die AP. ebenso wie die JP. in einem förmlichen Verfahren entzogen werden, und der Entziehungsbescheid wurde erst mit Ablauf des auf die Zustellung folgenden Monats wirksam. Daraus sind Unzuträglichkeiten entstanden. Die Bezirksverwaltung war genötigt, AP. (neben dem Lohn für gleichwertige Arbeit) unter Umständen noch für nahezu 2 Monate zu zahlen, auch wenn sie von dem Fortfall der Voraussetzungen der AP. unterrichtet war. Der Alterspensionär hatte es auch in der Hand, die Entziehung zu vereiteln, indem er während des Laufes der Frist nach § 58 RKG. a. F. vorübergehend zu nicht gleichvertiger Arbeit überging. Das G. bestimmt deshalb nunmehr, daß die AP. ohne weiteres mit Ablauf des Monats wegfällt, in dem gleichwertige Lohnarbeit aufgenommen wurde. Die Fortzahlung bis zum Monatsende läßt sich nicht umgehen, weil Bruchteile einer Monatsrente allgemein nicht gezahlt werden. Der Wegfall der

AP. wird durch formlosen Bescheid ausgesprochen.

9) Nimmt ein Alterspensionär nicht gleichwertige, aber regelmäßige Lohnarbeit in Betrieben auf, so bezieht er von der Arbeitsaufnahme an 25 % der AP. zu Unrecht, da sie nach § 39 zu kürzen sind. Diese 25 % sind daher in Wegfall zu bringen und zwar entsprechend dem gänzlichen Fortfall der AP. in dem Falle des Abs. 2 Satz 1 mit dem Ablauf des Monats, in dem die Arbeit aufgenommen wurde.

10. Vergl. die entsprechende Vorschrift im § 98. Die Entscheidung über die Zurückforderung ist in das Ermessen der Bezkn. gestellt; sie wird unter Berücksichtigung der besonderen Verhältnisse des Einzelfalles zu treffen sein.

§ 89 [1]) (56).

Wird bei Gewährung oder Entziehung einer Rente aus der Pensionsversicherung eine ärztliche Untersuchung oder eine Krankenhausbeobachtung [2]) angeordnet, so ist der nachgewiesene Lohnausfall zu erstatten.

§ ggg Entw. d. Nov.

1) Der Entw. der RKG. sah Erstattung von Lohnausfall nur bei Pensionsentziehung vor: „Der bisherige Uebelstand, daß Lohnausfall, der durch eine zum Zwecke der Pensionsentziehung angeordnete ärztliche Untersuchung oder Krankenhausbeobachtung entsteht, mangels einer gesetzlichen oder satzungsmäßigen Vorschrift gar nicht oder nur zum Teil erstattet werden kann, ist beseitigt; Voraussetzung der Erstattung von Lohnausfall ist aber, daß der KnInvalide bisher den Unterhalt von Angehörigen aus seinem Arbeitsverdienst ganz oder überwiegend bestritten hat." (Begr. RKG. S. 53.) Der RT.Ausschuß hatte bei Beratung des RKG. den Fall der Pensionsgewährung mit einbezogen und auch ledigen Mitgliedern einen Erstattungsanspruch eingeräumt. Zweck und Bedeutung der Aenderungen sind im RT.Ausschuß von einem Regierungsvertreter wie folgt erläutert: „Bisher habe die Auffassung bestanden, daß ein die Invalidisierung beantragendes PKMitglied zur einwandfreien Feststellung der Berufsunfähigkeit mit

beitragen und sich deshalb nötigenfalls auch einer Krankenhausbeobachtung ohne Anspruch auf Entschädigung unterziehen müsse. In Anbetracht der gegenwärtigen Verhältnisse sei jedoch vielleicht eine andere Beurteilung am Platze und der Anspruch auf Erstattung von Lohnausfall bis zu einem gewissen Grade als berechtigt anzuerkennen. Im Falle der Pensionsentziehung sehe der Entwurf Erstattung von Lohnausfall nur für Familienernährer und nicht für Ledige vor, weil einmalige ärztliche Untersuchungen regelmäßig so angesetzt werden, daß kein Lohnverlust entsteht, und bei Beobachtung im Krankenhaus voller Lebensunterhalt gewährt werde. Es könne aber zugegeben werden, daß auch den ledigen Personen bei einem mehrtägigen Aufenthalt im Krankenhaus kleinere Ausgaben (für Rasieren, Wäsche und dergl.) erwachsen, und es erscheine deshalb zweckmäßig, die Anregung des Vorl. RWR. zu übernehmen, wonach die Satzung die Höhe des zu erstattenden Betrags für Ledige bestimmt." Abweichend von dem hier erwähnten Vorschlage des RWR. hatte das RKG. a. F. den Betrag für Ledige im Ges. selbst festgelegt, und zwar auf die Hälfte des nachgewiesenen Lohnausfalls (Ber. RKG. S. 26). Bei Beratung der Nov. ist die Beschränkung des Lohnausfalles auf die Hälfte bei Ledigen gestrichen worden. Der Ausschuß war der Meinung, daß der Lohnausfall voll ersetzt werden müsse, da auch der Ledige in vielen Fällen entweder einen eigenen Haushalt oder eine Wohnung habe, deren Miete er aus der Hälfte des Lohnes kaum bestreiten könne (Ber. Nov. S. 65.)

Bei einzelnen BezKV. hat sich eine wohlwollende Praxis herausgebildet, wonach über die gesetzlichen Vorschriften hinaus Lohnausfall bei einmaliger Untersuchung oder Krankenhausbeobachtung auch erstattet wird, wenn diese zur Entscheidung über Bewilligung eines Heilverfahrens, wegen Tuberkuloseverdachtes oder aus ähnlichen Gründen stattgefunden haben. Ein Rechtsanspruch besteht in solchen Fällen jedoch nicht. (Vgl. auch noch § 104.)

2) Im Falle der Krankenhausbeobachtung wird für zulässig erachtet werden dürfen, daß von dem nachgewiesenen Lohn-

ausfall ein dem Werte der Verpflegung im Krankenhause entsprechender Betrag abgerechnet wird.

§ 90 [1]) (95).

Wird nachgewiesen, daß ein früheres Mitglied, das als verschollen [2]) galt, noch lebt, so wird die weitere Gewährung der Leistungen an seine Angehörigen eingestellt. [3]) Die zu Unrecht gezahlten Beträge werden nicht zurückgefordert. [4])

§ 50 Entw., § hhh Entw. d. Nov.

1) Die Vorschrift entspricht dem § 1310 RVO., § 71 AVG.

2) Verschollenheit: §§ 83, 84.

3) Die Vorschrift ist zwingend. Die Einstellung erfolgt durch anfechtbaren Bescheid (§ 193).

4) In Abweichung von der RVO. und den AVG. ist durch die Nov. ohne nähere Begründung die frühere Fassung „brauchen nicht zurückgefordert zu werden" geändert in „werden nicht zurückgefordert". (Ber. S. 66.) Danach ist die Zurückforderung unzulässig. An anderen Stellen ist die Fassung „brauchen nicht zurückgefordert zu werden" stehen geblieben bezw. neu eingeführt (vgl. § 98, § 88 Abs. 2).

§ 91 [1]) (60).

(Abs. 1.) Pension [2]) und Ruhegeld [3]) ruhen [4]), solange der Berechtigte eine Freiheitsstrafe von mehr als einem Monat verbüßt oder in einem Arbeitshaus oder in einer Besserungsanstalt untergebracht ist.

(Abs. 2.) Hat er im Inland Angehörige, die er ganz oder überwiegend aus seinem Arbeitsverdienst unterhalten hat, so wird ihnen die Rente [5]) überwiesen. [6])

§ 51 Entw., § iii Entw. d. Nov.

1) Die §§ 91 bis 94, betr. das Ruhen von Pension und Ruhegeld, entsprechen den §§ 1312 bis 1314 a RVO., §§ 72 bis 75 AVG. Der Entw. der Nov. erklärte lediglich diese Vorschriften für entsprechend anwendbar. Auf Beschluß des RT.-

Ausschusses ist jedoch der Wortlaut eingefügt worden (Ber. Nov. S. 66).

2) Der Ausdruck Pension umfaßt zweifelsfrei JP. und AP. Auch Witwenpension nach § 34 Abs. 1 Nr. 2, § 56 Abs. 1 Nr. 2 wird darunter zu verstehen sein. Dagegen können bezüglich des Waisengeldes Zweifel bestehen. Als Absicht des G. wird aber unterstellt werden müssen, mit dem Ausdruck „Pension" auch das Waisengeld zu erfassen, da die allgemeine Bezeichnung „Rente" in den einschlägigen Vorschriften der RVO. und des AVG. die Waisenrente in sich schließt. Auch die alte Fassung des § 60: „Das Recht auf laufende Leistungen ruht . . ." bezog sich auf Waisengeld.

3) Dazu gehört auch Altersruhegeld.

4) Das „Ruhen" wird durch anfechtbaren Bescheid der Bezkn. (§ 193) ausgesprochen.

5) Der Ausdruck „Rente" wird hier nicht nur nach dem Vorgang des § 1312 RVO., § 72 Abs. 2 AVG. auf JP. (AP) bezw. Ruhegeld (Altersruhegeld) sondern auch auf Witwenpension zu beziehen sein. Denn auch bei der Witwenpension kann die Voraussetzung vorliegen, daß die Berechtigte Angehörige unterhalten hat. Dagegen wird es beim Waisengeld an dieser Voraussetzung regelmäßig fehlen.

6) Die Ueberweisung erfolgt auf Antrag der Rentenberechtigten oder der berechtigten Angehörigen durch formlosen, die Ablehnung einer Ueberweisung durch anfechtbaren Bescheid (§ 193).

§ 92 [1]) (Neu).

Pension und Ruhegeld ruhen [2]), solange sich der berechtigte Inländer [3]) im Ausland aufhält und es unterläßt, der Reichsknappschaft [4]) seinen Aufenthaltsort mitzuteilen. Weist der Berechtigte nach, daß er ohne sein Verschulden die Mitteilung unterlassen hat, so lebt insoweit das Recht auf die Rente wieder auf.

§ 111 Entw. d. Nov.

1) Vgl. Anm. 1 zu § 91, ferner § 1313 RVO., § 73 AVG.

2) Vgl. Anm. 2 bis 4 zu § 91.

3) Auch die Rente eines Ausländers, der sich nicht gewöhnlich (vgl. § 93 Nr. 1) sondern nur vorübergehend im Ausland aufhält, wird nach § 92 zu ruhen haben, da nicht anzunehmen ist, daß das G. den Ausländer gegenüber dem Inländer habe bevorzugen wollen.

4) Die Mitteilung wird an die Verwaltung der Bezkn. zu richten sein, von der die Rente gezahlt wird.

§ 93 [1]) (61).

Pension und Ruhegeld ruhen [2]),

1. solange sich der berechtigte Ausländer freiwillig [3]) gewöhnlich [4]) im Ausland aufhält;
2. solange der berechtigte Ausländer wegen Verurteilung in einem Strafverfahren aus dem Reichsgebiet [5]) ausgewiesen ist. Das gleiche gilt für einen berechtigten Ausländer, der aus Anlaß der Verurteilung in einem Strafverfahren aus dem Gebiet eines deutschen Landes ausgewiesen ist, solange er sich nicht in einem anderen deutschen Lande aufhält.

§ 52 Entw., § III Entw. d. Nov.

1) Vgl. Anm. 1 zu § 91 sowie § 1314 RVO., § 74 AVG.

2) Vgl. Anm. 2 bis 4 zu § 91.

3) Freiwillig ist der Aufenthalt im Auslande, wenn seine Verlegung dorthin auf dem Willen des Berechtigten oder des gesetzlichen Vertreters (bei Waisen) beruht. Unfreiwillig ist der durch behördliches Eingreifen erzwungene Aufenthalt (§ 93 Nr. 2). Nach der Rechtsprechung des RVA. zu § 1313 RVO. (AN. 13 S. 735 Nr. 1762) liegt ein unfreiwilliger Aufenthalt u. a. vor, wenn der Berechtigte aus zwingenden gesundheitlichen Gründen ins Ausland gegangen ist und nicht zurückkehren kann.

4) Gewöhnlicher Aufenthalt im Ausland liegt nicht vor, wenn der Berechtigte die Absicht hat, in einer angemessenen Frist

ins Inland zurückzukehren (AN. 1905 S. 279).

5) Ausweisung aus dem Reichsgebiet findet nur in den Fällen des § 39 Nr. 2, der §§ 181 a, 284, 362 RStrGB. statt. Wegen anderer Straftaten kann nur die Ausweisung aus dem Landesgebiet von der Landespolizeibehörde verfügt werden.

§ 94 [1]) (62).

Die Reichsregierung kann mit Zustimmung des Reichsrats das Ruhen der Pension und des Ruhegeldes für ausländische Grenzgebiete oder für auswärtige Staaten ausschließen, deren Gesetzgebung Deutschen und ihren Hinterbliebenen eine entsprechende Fürsorge gewährleistet.[2])

§ 53 Entw., § iii Entw. d. Nov.

1) Vgl. Anm. 1 zu § 91 sowie § 1314a RVO., § 75 AVG.

2) Vergl. hierzu Verordnungen des RAM. über die Gewährung knappschaftlicher Leistungen in ausländischen Grenzgebieten (Holland) vom 21. 11. 24, RGBl. I S. 745, über die Gewährung von Leistungen der Sozialversicherung nach ausländischen Grenzgebieten (Republik Oesterreich und tschechoslovakische Republik) vom 7. 2. 25, RGBl. I S. 11 (abgedruckt bei Thielmann S. 29 u. 102), und hinsichtlich der JV. und der AV.Verordnung vom 24. 8. 25, RGBl. I S. 322 für die Schweiz.

§ 95 [1]) (Neu).

Für das Ruhen der Leistungen nach §§ 43, 64 [2]) gelten die Vorschriften des § 216 [3]) der Reichsversicherungsordnung entsprechend.

1) § 95 ist durch Beschluß in zweiter Lesung des RT.-Ausschusses eingefügt (Ber. S. 30, § iii 4 der Aussch.-Beschl.).

2) Die §§ 43 und 64 beziehen sich auf die Gewährung freier ärztlicher Behandlung und Arznei an Empfänger von JP. (AP.) und Ruhegeld (Altersruhegeld). Der § 95 betrifft demnach Sachleistungen, während sich die voraufgehenden §§ 91 bis 94 auf laufende Barleistungen (Renten) beziehen.

3) Der § 216 RVO. lautet:

„Die Krankenhilfe ruht

1. solange der Berechtigte eine Freiheitsstrafe verbüßt oder sich in Untersuchungshaft befindet oder in einem Arbeitshaus oder in einer Besserungsanstalt untergebracht ist; ist der Versicherte durch Krankheit arbeitsunfähig geworden und hat er von seinem Arbeitsverdienste bisher Angehörige ganz oder teilweise unterhalten, so ist ihnen das Hausgeld (§ 186) zu gewähren,
2. für Berechtigte, die sich nach Eintritt des Versicherungsfalls freiwillig ohne Zustimmung des Kassenvorstandes ins Ausland begeben, solange sie sich dort ohne diese aufhalten; für bestimmte Grenzgebiete kann die Reichsregierung mit Zustimmung des Reichsrats das Ruhen des Anspruchs ausschließen,
3. für berechtigte Ausländer, solange sie wegen Verurteilung in einem Strafverfahren aus dem Reichsgebiet ausgewiesen sind. Das gleiche gilt für berechtigte Ausländer, die aus Anlaß der Verurteilung in einem Strafverfahren aus dem Gebiet eines Landes ausgewiesen sind, solange sie sich nicht in einem anderen Lande aufhalten.

Hat der Berechtigte im Inland Angehörige, denen Familienhilfe zusteht, so ist diese zu gewähren."

§ 96 [1]) (63, 64).

(Abs. 1.) Die Reichsknappschaft kann [2]) Berechtigte, die sich freiwillig gewöhnlich [3]) im Ausland aufhalten, mit dem Dreifachen ihrer jährlichen Rente [4]) abfinden.

(Abs. 2.) Das gleiche gilt für Ausländer, die auf Grund der Anordnung einer deutschen Behörde das Reichsgebiet verlassen haben, sofern sie nicht aus Anlaß der Verurteilung in einem Strafverfahren aus dem Reichsgebiet ausgewiesen sind.

§§ 54, 55 Entw., § kkk Entw. d. Nov.

1) § 96 hat seine Fassung durch die Nov. erhalten; die früheren §§ 63 und 64 sind zusammengezogen und nach Inhalt und Fassung der durch G. vom 19. 7. 23 abgeänderten RVO. (§ 1317) angepaßt. Vgl. auch § 76 AVG.

2) Abweichend von der RVO. und dem RKG. in früherer Fassung, wonach die Abfindung zwingend vorgeschrieben war, ist sie jetzt wieder, wie in den Landesgesetzen (vgl. z. B. § 30 Abs. 5 des Preuß. KnG.) in das Ermessen der Rkn. gestellt, die Näheres zu bestimmen haben wird. Soll von der Befugnis der Abfindung Gebrauch gemacht werden, so hat die Bezirksverwaltung einen anfechtbaren Bescheid (§ 193) zu erteilen.

3) Vgl. Anm. 3 und 4 zu § 93.

4) Abweichend von RVO. und AVG. ist Abfindung nicht mit dem Kapitalwert vorgesehen, sondern sie ist auf den dreifachen Jahresbetrag der jährlichen Rente festgesetzt. Als „Rente" in diesem Sinne wird auch Waisengeld anzusehen sein.

§ 97 (65).

(Abs. 1.) [1]) Ist ein Antrag auf Leistungen aus der Pensionsversicherung endgültig abgelehnt worden, weil die gesetzlichen Voraussetzungen nicht erfüllt waren, so kann der Antrag erst ein Jahr, nachdem die Entscheidung zugestellt worden ist, vorher aber nur dann wiederholt werden, wenn glaubhaft bescheinigt wird, daß inzwischen Umstände eingetreten sind, die den Nachweis der Berechtigung auf den Bezug der Leistungen liefern.

(Abs. 2.) [2]) Ergibt die erneute Prüfung eines Anspruchs auf Leistungen aus der Pensionsversicherung, daß die Leistung mit Unrecht abgelehnt, entzogen, eingestellt oder unrichtig festgestellt worden ist, so muß eine neue Feststellung getroffen werden. [3])

§ 56 Entw., §§ lll Entw. d. Nov.

1) Abs. 1 entspricht dem § 1635 RVO., § 251 AVG. Er ist

nach Beschlüssen erster Lesung des RT.Ausschusses zur Novelle trotz Widerspruches aus der Mitte des Ausschusses eingefügt worden, weil diese Bestimmungen in der ganzen Rentenvers. vorhanden seien (Ber. S. 66, § 111 der Aussch.-Beschl.).

2) Abs. 2 entspricht dem § 1319 RVO. mit der bei Beratung der Nov. vom RT.Ausschuß (Ber. S. 66 zu § 111) ohne nähere Begründung beschlossenen Abweichung, daß eine neue Feststellung getroffen werden muß (nicht kann).

3) Ohne die Vorschrift des Abs. 2 wäre die Rkn. durch die Rechtskraft eines ablehnenden Bescheides, einer Pensionsentziehung usw. gegen erneute Ansprüche geschützt. Sie ist nunmehr abweichend von dem früheren Recht (vgl. erste Aufl. Anm. 2 zu § 65) verpflichtet, eine neue Feststellung zu treffen, wenn sich ergibt, daß ein früherer Bescheid objektives Unrecht enthält. Abweichend von der bisherigen Auffassung wird für zulässig erachtet werden dürfen, daß auch während eines schwebenden Berufungsverfahrens über den mit der Berufung verfolgten Anspruch ein neuer Bescheid erteilt wird.

§ 98 [1]) (66).

Leistungen, die vor rechtskräftiger Entscheidung nach dem Gesetze [2]) gezahlt werden mußten, brauchen [3]) nicht zurückgefordert zu werden.

§ 57 Entw., § mmm Entw. d. Nov.

1) Die Vorschrift entspricht dem § 1320 RVO.

2) Vgl. § 1690 Abs. 2, § 1710, § 1715 Abs. 1 Satz 2 RVO. in Verbindung mit § 195 RKG. Hauptsächlich handelt es sich um Fälle, in denen auf Grund eines Urteils des KOVA., das später in der Revisionsinstanz aufgehoben wird, vorläufig kn. Leistungen zu gewähren sind.

3) Die Entscheidung über die Zurückforderung steht im Ermessen der Bezkn. Eine Wiedereinziehung überhobener Beträge wird möglichst schonend zu bewirken sein. Vgl. die ähnlichen Vorschriften im § 88 Abs. 2, § 90 Satz 2.

§ 99 [1]) (38).

Treffen die Voraussetzungen für mehrere Renten aus der Pensionsversicherung zusammen [2]), so erhält der Berechtigte die Rente nach dem höchsten Betrage.

§ nnn Entw. d. Nov.

1) Der § 99 übernimmt aus dem alten § 38, der von dem Zusammentreffen mehrerer TZul. handelte, mit Beziehung auf die Leistungen der PV. den Grundsatz, daß nur die höchste Leistung gezahlt werden soll. Er beschränkt sich in seiner Fassung zweifelsfrei auf die Fälle des Zusammentreffens mehrerer Leistungen aus der PV., soweit sie nicht bereits in den Vorschriften über die Wanderversicherung (§§ 67 ff.) behandelt sind. Die Vorschriften über das Zusammentreffen von Leistungen der PV. mit Leistungen der JV. oder AV., die nach Beschlüssen des RT.Ausschusses in zweiter Lesung (Ber. S. 130) zunächst als Abs. 2 bis 5 in den § nnn der Nov. aufgenommen worden waren, sind an dieser Stelle durch Beschluß der Vollsitzung des RT. vom 9. 6. 26 (sten. Ber. S. 7408) gestrichen worden und in die §§ 106 ff. im siebenten Abschnitt „Beziehungen der Reichsknappschaft zu anderen Trägern der Reichsversicherung und zu anderen Verpflichteten" verwiesen. Der gleiche Grundsatz wie im § 99 hinsichtlich der PV. ist für das Zusammentreffen mehrerer Renten aus der JV. im § 1318 RVO. und für das Zusammentreffen mehrerer Renten aus der AV. im § 78 AVG. ausgesprochen.

2) Als mögliche Fälle des Zusammentreffens mehrerer Leistungen aus der PV. — abgesehen von den Fällen der Wanderversicherung — sind im Aussch.-Ber. S. 66 aufgeführt:

1. Ein Kind hat Anrecht auf Kindergeld aus Rechten des Vaters und der Mutter, wenn beide beschäftigt waren.
2. Eine Witwe kann Pension erwerben aus den Rechten des Ehemanns aus erster und zweiter Ehe. (Voraussetzung des Anspruchs auf Rechte aus der ersten Ehe ist nach § 81 Abs. 3 Verzicht auf Abfindung bei Eingehung der zweiten Ehe).

3. Eine Frau kann Anspruch haben auf JP. aus eigener Beschäftigung und auf Witwen pension aus der V. des verstorbenen Ehemanns (nicht Witwen rente, wie im Ber. irrtümlich angegeben ist).

4. Eine 17jährige Waise kann Anspruch haben auf WG. aus der V. des Vaters und auf JP. aus der eigenen V.

Der Fall zu 4 wird voraussichtlich nur selten vorkommen, da eine in Berufs- oder Schulausbildung befindliche Waise (über 15 Jahre) nur ausnahmsweise (vergl. Anm. 10 zu § 22) und gebrechliche Kinder wohl niemals der PV. unterliegen werden. Möglich ist aber noch, daß außer dem Anspruch auf KG. (Fall 1) auch der Anspruch auf WG. mehrere Male besteht, z. B. aus der V. der unehelichen Mutter und aus der V. des Stiefvaters oder Großvaters, wofern die Waise von dem Stiefvater oder Großvater überwiegend unterhalten worden war (vergl. § 22 Abs. 3 Nr. 5 und 6 in Verbindung mit §§ 35, 56).

In allen diesen Fällen ist der in Frage kommende höchste Pensionsbetrag zu zahlen.

§ 100 [1]) (Neu).

(Abs. 1.) Die Reichsknappschaft kann mit Genehmigung des Reichsarbeitsministers [2]) Mittel aufwenden, um allgemeine Maßnahmen zur Verhütung des Eintritts vorzeitiger Berufsunfähigkeit oder zur Hebung der gesundheitlichen Verhältnisse der versicherten Bevölkerung zu fördern oder durchzuführen.

(Abs. 2.) Die Genehmigung kann auch für Pauschbeträge erteilt werden.

1) Diese Vorschrift ist durch die Nov. eingefügt. Sie entspricht wörtlich dem § 49a AVG. (vergl. auch Abschnitt C des G. vom 28. 7. 25, RGBl. I S. 715 und Anm. 2 zu § 14).

2) Im Reichsarbeitsministerium ist mehrfach über Maßnahmen, die unter dem Stichwort „Gesundheitsfürsorge in

der Reichsversicherung“ zusammengefaßt sind, verhandelt worden. Dabei ist überwiegend anerkannt, daß die bestehenden Arbeitsgemeinschaften der Reichsversicherungsträger, die im wesentlichen auch schon Interessengemeinschaften mit den Trägern der Wohlfahrtspflege gebildet haben, die einheitliche Zusammenarbeit der beteiligten Kreise in den in Frage kommenden Beziehungen sicherstellen. Das Reichsarbeitsministerium wird Richtlinien über die Gesundheitsfürsorge aufstellen und demnächst zur Beratung bringen (vergl. die Zeitschrift „Die Betriebskrankenkasse“ 1926 S. 52 und 178).

Sechster Abschnitt.

Invalidenversicherung.

Vorbemerkung.

Die JVers. bildet einen selbständigen Versicherungszweig neben der PV. der Arbeiter. Ihre Einbeziehung in die Aufgaben des RKV. ist im Entw. des RKG. hauptsächlich damit begründet, daß mit Rücksicht auf die Eigenart der Verhältnisse des Bergbaues — die sich u. a. in einer verhältnismäßig scharfen Abgrenzung des in Betracht kommenden Personenkreises gegenüber anderen Berufsgruppen ausdrückt — sowie ferner mit Rücksicht auf die zahlreichen Wechselbeziehungen der PV. mit den übrigen Vers. die Zusammenfassung aller VersZweige (mit alleiniger Ausnahme der UV.) bei einem einzigen Vers.-Träger notwendig und zweckmäßig erscheine (Begr. S. 31). Der Rkn. ist durch das G. die Stellung einer Sonderanstalt im Sinne der §§ 1360 ff. RVO. für sämtliche Arbeiter in kn. vers. Betrieben beigelegt, soweit diese der JVers. unterliegen. Die früher bei LVAnstalten versicherten Arbeiter kn. Betriebe sind mit dem 1. 7. 24 (vgl. Bek. des RAM. vom 21. 1. 24, Kompaß S. 30) bei diesen Anstalten ausgeschieden und nunmehr bei der Rkn. versichert. (Vgl. auch Art. 39 bis 41 EG.).

§ 101[1]) (67, 68).

(Abs. 1.) Nach der Reichsversicherungsordnung

richtet sich, ob und für welche Arbeitnehmer die Beschäftigung in einem knappschaftlich versicherten Betriebe die Versicherungspflicht oder Versicherungsberechtigung begründet.[3])

[3]) (Abs. 2.) Für die Versicherungsfreiheit[4]) und die Befreiung von der Versicherungspflicht[5]) gelten die Vorschriften des Vierten Buches der Reichsversicherungsordnung.

(Abs. 3.) Die Vorschrift des § 15 Abs. 3 gilt entsprechend.[6])

§ 67 Entw., §§ 67, 68 Entw. d. Nov.

1) Im § 101 sind die bisherigen §§ 67 und 68 zusammengezogen. Die Fassung des Abs. 2 ist in der Vollsitzung des RT. vom 9. 6. 26 (Sten. Ber. S. 7409 zu § 67) festgestellt.

2) „Der Kreis der kn. beschäftigten Personen, die für den Fall der Invalidität und des Alters sowie zugunsten der Hinterbliebenen bei dem RKV. als Sonderanstalt versichert sind, wird hier durch eine allgemeine Bezugnahme auf die RVO. begrenzt." (Begr. RKG. S. 57). Für die VersPflicht gelten die §§ 1226 ff., für die VersBerechtigung (Selbstvers. und Weitervers.) die §§ 1243 und 1244 RVO. Angestellte gehören jetzt nur noch der Pensionsvers. der Angestellten an; die früher in gewissen Umfange bestehende Doppelvers. in der JVers. und der AV. ist durch Ges. vom 10. Nov. 1922 beseitigt. — Lehrlinge unterliegen der JVers. nach § 1226 Nr. 4 nur, soweit sie nicht nach dem AVG. versicherungspflichtig sind. Für die JVers. kommen nur die auf Zechenwerkstätten beschäftigten Lehrlinge in Betracht, während Bürolehrlinge der Pensionsvers. der Angestellten unterliegen. Vgl. § 49 RKG. in Verb. mit § 1 Abs. 1 Nr. 3 AVG.

3) Abs. 2 ist gegenüber dem bisherigen § 68 durch Bezugnahme auf die Vorschriften der RVO. vereinfacht. Es ist aber übersehen worden, die Vorschriften des § 68 Abs. 2, Satz 2 bis 4 zu übernehmen, so daß es jetzt an einer Vor-

schrift im RKG. darüber fehlt, welche Stelle über Anträge auf Befreiung von der IVPflicht entscheidet. Im § 67 des Entw. der Nov. war der § b der Nov. (§ 29 des G.) für anwendbar erklärt, dessen Absätze 3 und 4 die jetzigen Absätze 2 und 3 des § 29 enthielten. Im RT.Ausschuß wurde in zweiter Lesung zum § 67 beschlossen, für die V.Freiheit und die Befreiung von der V.Pflicht die Vorschriften des § b Abs. 2, 3 und 4 gelten zu lassen (Ber. S. 131), während in der ersten Lesung die in das G. übergegangene Fassung beschlossen worden war (Ber. S. 68). Anscheinend beruht die Wiederherstellung der Aussch.-Beschl. erster Lesung im G. darauf, daß man nicht durch Bezugnahme auf § b Abs. 2 des Entw. (§ 27 Abs. 1 des G.) die Empfänger von Reichs-IR. der Beitragsleistung zur IV. unterwerfen wollte (vergl. Anm. 4). Es wird aber auch ohne ausdrückliche Vorschrift angenommen werden dürfen, daß entsprechend dem bisherigen Rechtszustande und der Absicht des Entw. über Anträge auf Befreiung von der IVPflicht ein nach § 180 bestellter Ausschuß und auf Beschwerde das KOVA. endgültig entscheidet. Von der Vorschrift des § 1240 RVO. wird daher kein Gebrauch zu machen sein.

4) Von den Bestimmungen über VFreiheit haben die §§ 1234, 1235 RVO. für kn. vers. Betriebe nur geringe Bedeutung. Nach § 1236 RVO. ist vers.frei, wer invalide ist oder wer eine Invaliden-, Witwen- oder Witwerrente nach den Vorschriften des AVG. bezieht. Die Empfänger einer reichsgesetzlichen IR. sind also im Falle weiterer Beschäftigung in einem kn. vers. Betriebe von der Beitragsleistung zur IV. frei, während sie Beiträge zur PV. nach §§ 28, 29 entrichten müssen.

5) Die Befreiung von der V.Pflicht ist in den §§ 1237 bis 1239 RVO. geregelt. Besondere Bedeutung hat der Abs. 2 des § 1237, wonach auf seinen Antrag von der V.Pflicht befreit wird, wer Ruhegeld aus der AV. oder eine kn. Pension bezieht. Gegen die — bereits im § 68 RKG. a. F. vorgesehene — Ausdehnung der Befreiungsmöglichkeit auf Empfänger einer

kn. Pension war bei Beratung des RKG. das Bedenken geäußert worden, daß Arbeitgeber zwecks Ersparung der Beiträge zur JV. dazu übergehen könnten, Knappschaftsinvaliden nur noch zu beschäftigen, wenn sie sich von der JVPflicht befreien lassen. Um solche Bedenken zu zerstreuen, waren die Vorschriften über Befreiung von der JV.Pflicht den Vorschriften über Befreiung von KrV.Pflicht angepaßt, und § 138 Abs. 3 RKG. a. F. sah für die Befreiung von der KrV.Pflicht und der JV. Pflicht getrennte Abstimmung in den Gruppen der Arbeitgeber und Versicherten und eine Mehrheit in beiden Gruppen des Bezirksvorstandes vor (vergl. hierzu 1. Aufl. Anm. 3, 4 zu § 69). Diese Vorschrift ist durch die Nov. beseitigt (vergl. § 175). Es entscheidet also jetzt der Ausschuß — seine Zuständigkeit überhaupt vorausgesetzt — nach den für seine Abstimmung maßgebenden allgemeinen Vorschriften, d. h. mit Stimmenmehrheit (vergl. § 180 in Verbindung mit §§ 169, 175, 155). Im allgemeinen wird Ablehnung von Anträgen auf Befreiung von der JV.Pflicht nach § 1237 Abs. 2 RVO. zu empfehlen sein, weil nicht einzusehen ist, weshalb Empfänger von JP. oder AP., die noch arbeiten und bei Beschäftigung in kn. vers. Betrieben den PK.Beitrag entrichten müssen, von Beiträgen zur JV. befreit werden sollen.

6) Die Pflicht zur Meldung der Versicherten, deren Regelung die RVO. im § 1447 für das Einzugsverfahren der obersten Verwaltungsbehörde, im übrigen der VAnstalt, der Gemeinde oder dem Gemeindeverband überlassen hat, ist hier durch Bezugnahme auf § 15 Abs. 3 dem Arbeitgeber übertragen, der die bei ihm beschäftigten Personen gleichzeitig für sämtliche Vers.-Zweige anzumelden haben wird. Vgl. Begr. RKG. S. 57 u. Anm. 7, 10 zu § 15.

§ 102 [1]) (69).

(Abs. 1.) Versicherungsberechtigte können sich nur bei der Reichsknappschaft freiwillig versichern und beim Ausscheiden aus der Beschäftigung nur bei ihr die Versicherung fortsetzen. [2])

(Abs. 2.) **Versicherungspflichtige, die aus ihrer Beschäftigung ausscheiden, ohne sonst versicherungspflichtig zu werden, können sich gleichfalls nur bei der Reichsknappschaft weiterversichern.**[3])

§ 68 Entw.

1. In dem gegenüber dem bisherigen § 69 unveränderten § 102 „ist der Inhalt des § 1371 RVO. wiedergegeben, der auf den RKV. als gesetzliche Sonderanstalt an sich schon anwendbar ist, dessen Wiederholung mit dem vollen Wortlaut im RKG. sich aber zur Vermeidung von Zweifeln empfiehlt." (Begr. RKG. S. 57.)

2) Die hier in Betracht kommenden Vorschriften des § 1243 RVO. über die Selbstversicherung und deren Fortsetzung haben für die Rkn. nur geringe Bedeutung. Die frühere Nr. 1 des § 1243 — wonach Betriebsbeamte, Werkmeister und andere Angestellte mit einem Jahresarbeitsverdienst bis zu 3000 M. freiwillig in die Vers. eintreten konnten — ist fortgefallen, weil Angestellte nur noch der AV. angehören. Eine praktische Anwendung des § 1243 RVO. in Verbindung mit § 102 Abs. 1 RKG. ist nur für den Fall denkbar, daß Personen, die mit vorübergehenden Dienstleistungen im Sinne der zu § 4 Abs. 1 des IVersGes. (§ 1232 RVO.) ergangenen Bek. vom 27. Dez. 1899 (RGBl. S. 725) beschäftigt werden (z. B. die auf Zechen beschäftigten sog. Werkstudenten), der Vers. freiwillig beitreten und sie beim Ausscheiden aus der Beschäftigung fortzusetzen wünschen.

3) Die sog. Weiterversicherung ist im § 1244 RVO. geregelt. Voraussetzung für die Weiterversicherung bei der Rkn. ist das Ausscheiden aus versicherungspflichtiger Beschäftigung in einem kn. vers. Betriebe. Ob das Ausscheiden die Folge des Austritts aus einem kn. Betriebe oder des Aufrückens in ein nicht versicherungspflichtiges Dienstverhältnis ist, ist belanglos. Arbeitern, die in das Angestelltenverhältnis aufrücken, war früher die Weiterversicherung im allgemeinen nicht zu empfehlen (vgl. hierüber erste Aufl. S. 190/91). Unter Herrschaft der

neueren Vorschriften über die sog. Wanderversicherten (vgl. § 1254 a RVO., § 57 AVG.) machen viele Angestellten von der Weiterversicherung Gebrauch, um sich zu den Leistungen der AV. eine möglichst hohe Zusatzsteigerung aus der JV. zu sichern. Der RAM. hat mit Erlaß vom 1. 11. 25 auf die Zulässigkeit der Weiterverf. ausdrücklich hingewiesen. (Arb.Vers. S. 26 S. 9.) Auch nach den neuen Vorschriften des RKG. über Wanderversicherung (vgl. § 71) kann die Weiterverf. empfohlen werden. Das Recht zur Weiterverf. bei der Rkn. hört auf, wenn der Versicherte anderswo (bei einer LVAnstalt oder Sonderanstalt) versicherungspflichtig wird.

§ 103 [1]) (70).

[2]) (Abs. 1.) Die Reichsknappschaft gewährt als Sonderanstalt die Invalidenversicherung nach den Vorschriften der Reichsversicherungsordnung. [3])

(Abs. 2.) Die Vorschriften des § 1363 Satz 2 der Reichsversicherungsordnung finden keine Anwendung. [4])

§ 69 Entw.

1) Abs. 1 des § 103 entspricht dem bisherigen § 70. Abs. 2 ist durch die Nov. eingefügt. (Ber. S. 158, § 70 der Aussch.Beschl. 3. Lesung.)

2) „Mit dieser Vorschrift wird dem RKV. kraft Ges. die Stellung einer Sonderanstalt im Sinne der §§ 1360 ff der RVO. beigelegt. Einer Zulassung durch den Reichsrat bedarf es nicht. Diese ist überflüssig, weil die Voraussetzungen der §§ 1361 bis 1366, von denen die RVO. die Zulassung von Sonderanstalten abhängig macht, bereits in dem Entw. selbst zwingend vorgeschrieben sind, so die Gleichwertigkeit der Leistungen im § 69, die Gleichheit der Beiträge und deren Verhältnis zu den Beiträgen der RVO. im § 94, die Beteiligung von Vertretern der Versicherten an der Verwaltung im 10. Abschnitt und die Regelung des Verfahrens nach den Vorschriften der RVO. im 12. Abschnitt. Auf den RKV. als gesetzliche Sonderanstalt finden auch alle übrigen Vorschriften

der RVO. über Sonderanstalten Anwendung, so die §§ 1364, 1366 bis 1370 (zu § 1368 vgl. § 112 Abs. 2 RKG) 1372 mit den darin angezogenen Vorschriften, § 1373 und § 1374." (Begr. RKG. S. 57.) Der Hinweis der Begr. auf die §§ 1362 und 1363 RVO. trifft nicht mehr (vgl. Anm. 4).

3. Ueber die Leistungen der JVers. ist nachstehend ein kurzer Ueberblick gegeben:

Gegenstand der Versicherung ist der Anspruch auf Gewährung einer Rente für den Fall der Invalidität und der Anspruch der Hinterbliebenen des Versicherten auf bestimmte Bezüge.

A. Regel- oder Hauptleistungen.

1. Invalidenrente.

Invalidenrente erhält der Versicherte, der das Alter von 65 Jahren vollendet hat oder — ohne Rücksicht auf Lebensalter — infolge von Krankheit oder anderen Gebrechen dauernd invalide ist sowie die Wartezeit erfüllt und die Anwartschaft aufrechterhalten hat (§ 1251 RVO.). Unter gewissen Umständen geht der Anspruch auf die Rente ganz oder teilweise verloren (§ 1254 RVO.). Als invalide gilt, wer nicht mehr imstande ist, durch eine Tätigkeit, die seinen Kräften und Fähigkeiten entspricht und ihm unter billiger Berücksichtigung seiner Ausbildung und seines bisherigen Berufs zugemutet werden kann, ein Drittel dessen zu erwerben, was körperlich und geistig gesunde Personen derselben Art mit ähnlicher Ausbildung in derselben Gegend durch Arbeit zu verdienen pflegen (§ 1255 RVO.). Für nicht dauernd Invalide s. § 1255 Abs. 3.

Hat ein Versicherter Beiträge zur JVers. und zur AV. entrichtet (Wanderversicherter) und ist die Wartezeit für das Ruhegeld der Angestelltenversicherung erfüllt und die Anwartschaft nicht erloschen, so werden ihm nur die Leistungen der Angestelltenversicherung zuzüglich des Steigerungsbetrags der Invalidenversicherung (§ 57 des Angestelltenversicherungsgesetzes) gewährt, auch wenn er die Voraussetzungen für die Gewährung der Invalidenrente erfüllt hat (§ 1254a Abs. 1 RVO.).

2. Bezüge der Hinterbliebenen:

a) Witwenrente erhält die dauernd invalide Witwe nach dem Tode ihres versicherten Mannes (Näheres s. § 1258 a. a. O.).

b) Waisenrente erhalten die Kinder Versicherter nach näherer Vorschrift der §§ 1259 bis 1261 RVO. i. d. F. d. G. vom 25. 6. 26.

c) Witwenrente nach näherer Vorschrift des § 1261 RVO. i. d. F. dess. Ges. vom 25. 6. 26.

Zu 2 a bis c: Den Hinterbliebenen des Wanderversicherten werden, wenn die Wartezeit für die Hinterbliebenenrenten der Angestelltenversicherung erfüllt und die Anwartschaft nicht erloschen ist, nur die Leistungen der Angestelltenversicherung zuzüglich des Steigerungsbetrags der Invalidenversicherung (§§ 57, 59 des Angestelltenversicherungsgesetzes) gewährt, auch wenn die Voraussetzungen für die Gewährung der Hinterbliebenenrenten der Invalidenversicherung erfüllt sind. Im Falle des § 40 Satz 1 des Angestelltenversicherungsgesetzes steht den Hinterbliebenen der Anspruch auf die Hinterbliebenenrente der Invalidenversicherung zu, wenn deren Voraussetzungen erfüllt sind. (§ 1254 a Abs. 2 RVO.)

B. Ersatzleistungen.

1. Landwirtschaftlichen Rentenempfängern kann an Stelle eines Teiles der Rente unter bestimmten Voraussetzungen eine Sachleistung durch die Gemeinde gewährt werden. (Näheres s. §§ 1275, 1276 RVO.)

2. Unterbringung in einem Invaliden- oder Waisenhaus oder einer ähnlichen Anstalt (§ 1277 Abs. 1 a. a. O.).

3. Zahlung einer Abfindung nach dem Ermessen des Versicherungsträgers an den berechtigten Ausländer, der sich gewöhnlich im Ausland aufhält, in Höhe des Kapitalwertes seiner Bezüge. (§ 1317 RVO.). Einzelheiten über die Berechnung der Abfindungssumme in der „Ver. über Kapitalwerte von Renten aus der JV. vom 6. 3. 1924“ (Reichsministerialbl. Nr. 15 v. 14. 3. 1924).

C. Freiwillige Leistungen.

1. Laufende Barleistungen:

a) Der Versicherungsträger braucht Rentenbeträge nicht zurückzufordern, die er vor rechtskräftiger Entscheidung nach dem Gesetze zahlen mußte (§ 1320 a. a. O.).

b) Freiwillige neue Festsetzung von Leistungen, die mit Unrecht ganz oder teilweise abgelehnt, eingestellt oder zu niedrig festgestellt worden sind (§ 1319 a. a. O.).

2. Sachleistungen:

a) Gewährung eines Heilverfahrens für Versicherte oder für Invalidenrenten- und Witwenrentenempfänger zur Abwendung einer drohenden Invalidität oder — in diesem Falle auch für erwerbsunfähige Witwer — zur Wiederherstellung der Erwerbsfähigkeit; bei Unterbringung in einer Heilanstalt Gewährung eines Hausgeldes für die Angehörigen der bezeichneten Personen (§§ 1269, 1305, § 1271 RVO.).

b) Mit Genehmigung der Aufsichtsbehörde Aufwendung von Mitteln, um allgemeine Maßnahmen zur Verhütung des Eintritts vorzeitiger Invalidität unter den Versicherten oder zur Hebung der gesundheitlichen Verhältnisse der versicherungspflichtigen Bevölkerung zu fördern oder durchzuführen (§ 1274 RVO.).

Zu 2 a und b: Nach Abschnitt „C Gesundheitsfürsorge in der Reichsversicherung" des Gesetzes über Ausbau der A.- und JVers. und über Gesundheitsfürsorge in der Reichsversicherung vom 28. 7. 25 (RGBl. I 1925 S. 157) kann die Reichsregierung nach Anhörung der Versicherungsträger und der Aerzte oder ihrer Spitzenverbände mit Zustimmung des Reichsrats und eines 28gliedrigen Ausschusses des Reichstags Richtlinien erlassen, betr. das Heilverfahren in der Reichsversicherung und die allgemeinen Maßnahmen der Versicherungsträger zur Verhütung des Eintritts vorzeitiger Berufsunfähigkeit oder Invalidität oder zur Hebung der gesundheitlichen Verhältnisse der versicherten Bevölkerung. Diese Richtlinien sollen ferner das Zusammenwirken der Träger der Reichsversicherung untereinander und mit den Trägern der öffentlichen und freien Wohlfahrtspflege auf dem Gebiete des Heilverfahrens und der sozialen Hygiene regeln. Vgl. auch Anm. 2 zu § 100.

3. In diesem Zusammenhang sind noch die Verordnung über die Fürsorgepflicht vom 13. 2. 24 (RGBl. I S. 100) und die Reichsgrundsätze über Voraussetzung, Art und Maß der öffentlichen Fürsorge vom 4. 12. 24 (RGBl. I S. 765 ff.) zu erwähnen. Danach obliegt den Landes- bezw. Bezirksfürsorgeverbänden die Fürsorge für Rentenempfänger der J.- und AVers., soweit sie nicht den Versicherungsträgern obliegt (§ 1 b d. V.). Näheres über Art und Umfang der Fürsorge bestimmen die §§ 5, 6, 14—16 der Reichsgrundsätze. Die Unterstützungen der Rentenempfänger werden aus öffentlichen Mitteln bestritten. Es handelt sich um eine Maßnahme der sozialen Fürsorge, nicht um Leistungen einer Versicherung.

4. Nach § 1363 Satz 2 RVO. muß die Zahl der an der Verwaltung von Sonderanstalten beteiligten Versichertenvertreter mindestens dem Verhältnis der Beiträge der Versicherten zu denen der Arbeitgeber entsprechen. Abweichend von der KrV. und PV. verbleibt es in der JV. bei der gesetzlich (§§ 1362, 1432 RVO.) vorgeschriebenen Halbierung der Beiträge (vergl. § 140 RKG.). Die der Beitragsverteilung in der KrV. und PV. entsprechende Zusammensetzung der kn. Organe ($^3/_5$ Arbeitnehmer und $^2/_5$ Arbeitgeber) würde dem Grundsatz des § 1363 Satz 2 RVO. zuwider sein. Seine Geltung war daher auszuschließen, um nicht besondere paritätisch zusammengesetzte Organe für die Verwaltung der Invaliden- und Hinterbliebenenversicherungskasse bilden zu müssen.

§ 104 [1]) (Neu).

Wird bei Gewährung oder Entziehung einer Invalidenrente eine ärztliche Untersuchung oder eine Krankenhausbeobachtung angeordnet, so ist der nachgewiesene Lohnausfall zu erstatten. [2])

1) Der § 104 beruht auf Beschlüssen des RT.Ausschusses (Ber. S. 68, § 70 a der Aussch.-Beschl.). Zunächst war eine Erweiterung des § ggg des Entw. d. Nov. (§ 89 d. G.) da-

hin beantragt, daß Lohnausfall zu erstatten sei, wenn sich Beobachtungen oder Nachuntersuchungen auf reichsgesetzliche JR. beziehen. Dieser Antrag ist jedoch zurückgezogen und gehörigen Orts im Abschnitt Invalidenversicherung die Aufnahme einer entsprechenden Vorschrift beantragt worden, nachdem die Reichsregierung bemerkt hatte, daß in solchen Fällen nicht die kn. V., sondern die JV. den Lohnausfall tragen müsse (Ber. S. 65).

2) In der RVO. ist eine dem § 104 entsprechende Vorschrift nicht enthalten. Durch die Aufwendungen für Lohnausfall ist also die Rkn. gegenüber den sonstigen Trägern der JV. vorbelastet.

Siebenter Abschnitt.

Beziehungen der Reichsknappschaft zu anderen Trägern der Reichsversicherung und zu anderen Verpflichteten.

Vorbemerkung.

I.

Der siebente Abschnitt hat gegenüber dem RKG. a. F. weitgehende Aenderungen erfahren, die sich hauptsächlich auf die Fälle des Zusammentreffens mehrerer V.Ansprüche beziehen. Der Entw. des RKG. (S. 57) hatte zu der Frage der Gewährung sog. Doppelleistungen folgendes ausgeführt:

„Für die Regelung des Verhältnisses mehrerer Ansprüche aus dem RKG. zueinander sowie der Beziehungen des RKV. zu anderen VersTrägern und zu anderen Verpflichteten sind grundsätzlich die Vorschriften der RVO. übernommen. . . . Von den grundlegenden Vorschriften der Reichsversicherungsgesetze über das Verhältnis mehrerer VersAnsprüche zueinander abzuweichen, erscheint nicht angängig. Das RKG. als Sondergesetz kann namentlich nicht die vielumstrittene Frage lösen, ob es richtig ist, die Leistungen mehrerer Vers. unverkürzt nebeneinander zu gewähren, oder ob an dem Grundsatz der

Vermeidung von Doppelleistungen, soweit er im fünften Buche der RVO. durchgeführt ist, festgehalten werden muß. Die Entscheidung dieser grundsätzlichen Frage muß den Reichsversicherungsgesetzen vorbehalten bleiben; etwaige künftige Aenderungen dieser G. werden ohne weiteres auch für den RKV. als Träger der Vers. gelten."

Dieser Stellungnahme sind die Beschlüsse des RT. zum RKG. wenig gerecht geworden. Abweichend von den Vorschlägen des Entw. wurden Leistungen der KrV. und der PV. nebeneinander gewährt. Auch für das Zusammentreffen von Leistungen der PV. und der UV. wurde im § 77 RKG. a. F. der Grundsatz der Doppelleistung ausgesprochen und nur die Satzung ermächtigt, die Anrechnung eines Teils der TZul. zu bestimmen. (Näheres s. 1. Aufl. Vorbemerkung zum achten Abschnitt S. 204 bis 206.)

Eine Häufung von Renten trat besonders stark in die Erscheinung, nachdem aus der IV. der Begriff der TZul. beseitigt und die sog. Zulagen-Gesetzgebung der UV. durch die Vorschriften des Zweiten Gesetzes über Aenderungen in der UV. vom 14. 7. 25 ersetzt worden war. Leistungen der IV. und PV. waren unverkürzt nebeneinander zu zahlen — entgegen der Absicht des § 38 RKG. a. F. —, weil die Leistungen der IV. nicht mehr als „Teuerungszulage" oder „Rentenerhöhung" im Sinne des § 38 anzusprechen waren. In Anwendung des § 77 RKG. a. F. und § 60 Satz 3 der Satzung des RKV. konnten IPensionen bis zu $^1/_3$ gekürzt werden, weil die vor dem 1. 1. 24 festgesetzten Pensionen ganz und die nach dem 1. 1. 24 festgesetzten Pensionen bis auf einen geringen (für Steigerungsbeträge auszusondernden) Bruchteil als TZul. im Sinne des RKG. galten. Auf kn. WP. und kn. WG. dagegen waren die Kürzungsvorschriften nach der Rechtsprechung des RVA. (vergl. E. vom 6. 11. 24 AN. S. 221 Nr. 2826) im allgemeinen nicht anwendbar. Infolgedessen erhielten die Hinterbliebenen eines tödlich verunglückten Bergarbeiters Bezüge sowohl aus der UV. als aus der PV. und

JV. Die Summen dieser Bezüge gingen häufig über den Arbeitslohn des verstorbenen Ernährers hinaus, namentlich seitdem durch Art. 18 des G. vom 14. 7. 25 in Abänderung des früheren § 595 RVO. bestimmt war, daß die Renten der Hinterbliebenen vier Fünftel des Jahresarbeitsverdienstes (früher drei Fünftel) erreichen können.

Die Fälle der Ueberschneidung von Lohn und Renten waren nicht selten. Die Angabe im Ber. des Sozialpolitischen Ausschusses des RWR. (Nr. 1777 der Drucksachen des RT. S. 3), daß die berühmte „Knappschaftswitwe mit 5 Kindern und 286 RM. Monatspension" eine große Seltenheit und durchaus kein Regelfall sei, mag zutreffen, wenn man auf die Anzahl von 5 Kindern Gewicht legt. Es ist aber einwandfrei festgestellt, daß z. B. unter 152 Unfallwitwen, die bei der Sektion II der Knappschafts-Berufsgenossenschaft in der Zeit vom 1. 9. bis 31. 12. 25 in Zugang gekommen sind, 57, also stark 1/3, 3 und mehr Kinder hatten; die Berechnung der Bezüge dieser 152 Unfallwitwen hat ergeben, daß die Gesamtbezüge in 30,43 % der Fälle den Bruttoverdienst und in 42,03 % der Fälle den Nettoverdienst des verstorbenen Ernährers überstiegen. Weiterhin ergibt eine bis in das Jahr 1910 zurückreichende Statistik der Knappschafts-Berufsgenossenschaft, daß auf eine Unfallwitwe durchschnittlich 2,5 rentenberechtigte Kinder entfallen. Für die Witwe mit 2,5 Kindern belaufen sich aber allein schon die Unfallrenten nach §§ 588, 591 RVO. auf 70 v. H. des Jahresarbeitsverdienstes.

Daß in der Gewährung mehrerer Renten an denselben Berechtigten eine Ueberspannung des sozialen Gedankens lag, wurde in dem Entw. der Nov. anerkannt. Er suchte Abhilfe hauptsächlich durch zwei Maßnahmen zu schaffen: durch Aufstellung des Grundsatzes, daß der Grundbetrag für das Arbeitsleben des Versicherten nur einmal gezahlt werden soll, und durch Beschränkung der Gesamtbezüge aus der kn. PV. und aus anderen reichsgesetzlichen VZweigen auf eine durch den bisherigen Arbeitsverdienst gegebene Grenze (vergl. Begr. zur

Nov. S. 12—14). Bei den Beratungen im RT.Ausschuß ist die schon mehrfach erwogene Frage angeschnitten worden, ob man nicht durch Beseitigung der Reichs-JV. zu einer einheitlichen V. der Bergarbeiter gelangen könne, wodurch erheblich an Verwaltungskosten gespart würde. Dies Problem, dessen Schwierigkeiten hauptsächlich in dem Unterschied der Begriffe „Berufsunfähigkeit" und „Invalidität" sowie in der Inanspruchnahme des Reichszuschusses für die Leistungen der JV. beruhen, ist aber nicht weiter verfolgt worden (vergl. Ber. S. 23, 24, 26). Der Ausschuß ist vielmehr im wesentlichen den Vorschlägen des Entw. gefolgt. In sehr eingehenden Beratungen sind für die Regelung des Verhältnisses mehrerer V.Ansprüche zueinander Richtlinien gefunden worden, die sich in folgenden Sätzen zusammenfassen lassen:

> Pensionen werden beim Zusammentreffen mit Renten aus der JV., AV. oder UV. gekürzt. Grundbetrag und Kindergeld werden nur einmal gezahlt. Die Gesamtbezüge dürfen bei dem Invaliden den früheren Lohn nicht übersteigen; die Gesamtbezüge der Hinterbliebenen finden ihre Grenzen in einem Bruchteil des Lohnes.

Diese Grundsätze sind durch das sog. Initiativgesetz vom 25. 6. 26 auch auf das Gebiet der allgemeinen RentenV. übertragen.

Die Anwendung der neuen Vorschriften ist für die verschiedenen V.Gebiete von erheblicher finanzieller Tragweite. Allein in der PV. ist die Minderung der Ausgaben durch Kürzung von kn. Pensionen beim Zusammentreffen mit anderen Leistungen der Reichsversicherung, insbesondere mit Renten der UV., auf 6,5 Millionen RM .geschätzt (vergl. Anlage 5 zum Ausschuß-Ber. Nr. 2301 der Drucksachen des RT.). Dabei ist berücksichtigt, daß die Kürzungsvorschriften, vorbehaltlich des § 251 Abs. 2, auch für bereits laufende Leistungen gelten.

II.

Da in diesem Abschnitt die Beziehungen der PV. zur UV. von besonderer Bedeutung sind, wird nachstehend zunächst noch ein kurzer Ueberblick über die Leistungen der UV. gegeben:

Gegenstand der V. ist der Ersatz des Schadens, der durch Körperverletzung oder Tötung entsteht (§ 555 RVO.).

A. Laufende Leistungen.

a) Verletztenrente. — Dem Unfallverletzten ist für die Dauer der völligen oder teilweisen Erwerbsunfähigkeit eine nach dem Grade der Erwerbsunfähigkeit und nach dem Arbeitsverdienste abgestufte Rente zu gewähren (§§ 558 Nr. 3, 559a, 563 RVO. i. d. F. der zweiten Bekanntmachung der Fassung der RVO. vom 9. 1. 1926 — RGBl. I S. 9 ff.). Eine Rente wird nicht gewährt, wenn die nach der Unfallversicherung zu entschädigende Erwerbsunfähigkeit nicht über die dreizehnte Woche hinaus andauert (§ 559 RVO.). Die Verpflichtung zur Gewährung von Rente beginnt bei Verletzten, die auf Grund der Reichsversicherung gegen Krankheit versichert sind, mit dem Wegfall des Krankengeldes aus der Krankenversicherung, spätestens mit der 27. Woche nach dem Unfall, bei anderen Verletzten mit dem Tage nach dem Unfall. (§ 559 c RVO.) Ueber die Befugnis, den Beginn der Rente für bestimmte Personenkreise anders festzusetzen, vgl. § 559 1 RVO.

b) Pflegegeld. — Solange Verletzte infolge des Unfalles so hilflos sind, daß sie nicht ohne fremde Wartung und Pflege bestehen können, ist evtl. ein Pflegegeld von 20 bis 75 RM. monatlich zu gewähren (§ 558 c Abs. 2, Z. 2 RVO.).

c) Tagegeld, Familiengeld. — Während der Heilanstaltspflege oder Anstaltspflege erhält der Verletzte ein Tagegeld in Höhe von jährlich insgesamt einem Zwanzigstel des Jahresarbeitsverdienstes; ferner erhalten die Angehörigen ein Familiengeld in Höhe der Rente, die ihnen beim Tode des Verletzten zustehen würde. (§ 559 c Abs. 2 RVO.).

d) Hinterbliebenenrenten (Witwe § 588 RVO., Kinder und diesen gleichgestellten Personen § 591 RVO., Witwer § 589 RVO., Verwandte der aufsteigenden Linie § 593 RVO.), für die Hinterbliebenen des durch Betriebsunfall Getöteten vom Todestage an in Höhe eines Bruchteils des Jahresarbeitsverdienstes des Getöteten (§ 586 Nr. 2, §§ 588 bis 595,

RVO.). Die Kinderrenten nach § 591 werden bis zur Vollendung des 15. Lebensjahres gezahlt. Kinder, die infolge körperlicher oder geistiger Gebrechen außerstande sind, sich selbst zu unterhalten, erhalten die Rente, solange dieser Zustand dauert. Erhält das Kind nach Vollendung des 15. Lebensjahres Schul- oder Berufsausbildung, so wird die Rente für deren Dauer gewährt, jedoch nicht über das vollendete 21. Lebensjahr hinaus. Heiratet das Kind, so fällt die Rente weg. Für Stiefkinder und Enkel wird die Rente nur gewährt, wenn sie vor dem Tode von dem Versicherten überwiegend unterhalten worden sind (§ 591 RVO. i. d. F. d. G. zur Aenderung der RVO. und des AVG. vom 25. 6. 26 — RGBl. I S. 311 —). Voraussetzung für die Gewährung der Witwerrente und der Rente für die Verwandten aufsteigender Linie ist, daß der Verstorbene die Familienangehörigen ganz oder überwiegend bezw. wesentlich aus seinem Arbeitsverdienst unterhalten hat. Diese Renten werden im Gegensatz zur Witwen- und Kinderrente nur für die Dauer der Bedürftigkeit gewährt.

e) Zulagen. Schwerverletzte (Begriff: § 559 b) erhalten zu ihrer Rente für eheliche und diesen gleichgestellte Kinder eine Kinderzulage von je 10 v. H. der Rente. Die Kinderzulage wird bis zur Vollendung des 15. Lebensjahres gezahlt. Für gebrechliche Kinder, die sich nicht selbst unterhalten können, und für Kinder während der Schul- oder Berufsausbildung wird die Zulage für die Dauer des gebrechlichen Zustandes bezw. bis zum vollendeten 21. Lebensjahre gewährt, solange sie der Verletzte überwiegend unterhält. — Die Unfallrente darf einschließlich der Kinderzulagen den Jahresarbeitsverdienst nicht übersteigen; bei der Feststellung dieses Höchstsatzes werden Zuschläge, die mit Rücksicht auf die Kinderzahl gegeben werden, vom Jahresarbeitsverdienste nicht abgezogen (§ 559 b i. d. Fassung des Gesetzes zur Aenderung der RVO. und des AVG. vom 25. 6. 1926 — RGBl. I S. 311 —).

B. Einmalige Leistungen.

a) Sterbegeld in Höhe des fünfzehnten Teiles des Jahresarbeitsverdienstes (§ 586 RVO.), mindestens 50 RM. (s. V. über Festsetzung von Geldbeträgen in der UVers. vom 17. 5. 1924, RGBl. I S. 559),

b) Witwenabfindung in Höhe von $^3/_5$ des Jahresarbeitsverdienstes im Falle der Wiederverheiratung (§ 588 Abs. 2 RVO.),

c) Witwenbeihilfe in Höhe von $^2/_5$ des Jahresarbeitsverdienstes für Witwen Schwerverletzter (§ 559 b Abs. 1 RVO.), die keinen Anspruch auf Witwenrente haben, weil der Tod des Verletzten nicht Folge eines Unfalles war (§ 595 a RVO.).

C. Sachleistungen.

a) Dem Verletzten ist Krankenbehandlung vom Unfalltage ab nach näherer Vorschrift der §§ 558 bis 558 d, 561 RVO. zu gewähren. Die Krankenbehandlung umfaßt 1. ärztliche Behandlung, 2. Versorgung mit Arznei und anderen Heilmitteln, Ausstattung mit Körperersatzstücken, orthopädischen und anderen Hilfsmitteln, die erforderlich sind, um den Erfolg der Heilbehandlung zu sichern oder die Folgen der Verletzung zu erleichtern, und 3. die an die Stelle der Hilflosenrente getretene Pflege. Näheres über die Pflege vergl. § 558 c RVO. Als Krankenbehandlung kann Heilanstaltspflege und als Pflege Anstaltspflege nach näherer Vorschrift des § 558 b RVO. gewährt werden. Während der Heilanstaltspflege oder der Anstaltspflege fällt die Rente oder das Krankengeld aus der UV. weg (§ 559 e RVO.). Wird Heilanstaltspflege oder Anstaltspflege gewährt, so ist dem Verletzten ein Tagegeld in Höhe von jährlich insgesamt ein Zwanzigstel des Jahresarbeitsverdienstes zu zahlen. Ferner erhalten die Angehörigen des Verletzten ein Familiengeld in Höhe der Rente, die ihnen bei seinem Tode zustehen würde (§ 559 e Abs. 2 RVO.).

b) Berufsfürsorge nach näherer Vorschrift der §§ 558 Ziff. 2, 558 f RVO. Die Berufsfürsorge umfaßt 1. berufliche Ausbildung zur Wiedergewinnung oder Erhöhung der Erwerbsfähigkeit, insoweit der Verletzte durch den Unfall an der Ausübung seines Berufs oder eines Berufs, der ihm billigerweise zugemutet werden kann, wesentlich beeinträchtigt ist, nötigenfalls Ausbildung für einen neuen Beruf, 2. Hilfe zur Erlangung einer Arbeitsstelle (§ 558 f RVO.). Näheres über Zweck der Krankenbehandlung und Berufsfürsorge vergl. § 558 a.

c) Soziale Fürsorge für Schwerbeschädigte nach Maßgabe des Ges. über die Beschäftigung Schwerbeschädigter vom 6. April 1920 (RGBl. S. 458) i. d. F. der Bek. vom 12. Jan. 1923 (RGBl. I S. 57) — § 558 g Abs. 2 RVO. —.

D. Ersatzleistungen.

a) Bis zum Ablauf der 26. Woche nach dem Unfall kann anstelle der Rente ein Unfallkrankengeld nach näherer Vorschrift des § 559 d RVO. gewährt werden.

b) Unterbringung in einem Invaliden- oder Waisenhaus oder einer ähnlichen Anstalt statt Gewährung der Rente (§ 607 RVO.)

c) Kur und Verpflegung.

d) Abfindung

1. an Stelle der Verletztenrente von 10 oder weniger v. H. der Vollrente in Höhe des 3fachen Betrages der Jahresrente, wenn 2 Jahre seit dem Unfall vergangen sind (§ 616 Abs. 1 RVO.),
2. an Stelle der Verletztenrente von 25 und weniger v. H. der Vollrente durch Gewährung eines dem Werte der Jahresrente entsprechenden Kapitals (§ 616 Abs. 2 RVO.),
3. an Stelle der Rente bei Aufgabe des gewöhnlichen Aufenthalts im Inlande oder beim gewöhnlichen Aufenthalt im Ausland mit einem dem Werte der Leistungen entsprechenden Kapital (§ 617 Abs. 1 RVO.),

— Die Berechnung des Kapitalwerts für die Abfindungen zu 2 und 3 hat die Reichsregierung in der Verordnung über die Abfindungen für Unfallrenten vom 14. 6. 26 — RGBl. I S. 269 — geregelt. —

4. an Stelle der Rente zum Erwerb von Grundbesitz oder zur wirtschaftlichen Stärkung bereits vorhandenen eigenen Grundbesitzes (§ 618 a RVO.).

E. Mehrleistungen.

a) Laufende Barleistungen:

1. Gewährung einer besonderen Unterstützung an die in einer Heil- oder Pflegeanstalt untergebrachten Verletzten und deren Angehörige bei Bedürftigkeit; die Satzung kann die Unterstützung auch allgemein zubilligen (§ 559 c Abs. 3 RVO.).

2. Zeitweise Erhöhung der Teilrente bis zur Vollrente bei unverschuldeter Arbeitslosigkeit des Verletzten infolge des Unfalles (§ 562 RVO.).

3. Gewährung einer Witwen- oder Witwerrente, wenn die Ehe erst nach dem Unfall geschlossen worden und der Tod innerhalb des ersten Ehejahres eingetreten ist (§ 590 Abs. 2 RVO.).

4. Zahlung der nach längeren Zeitabschnitten zu entrichtenden Renten über das gesetzliche Ende hinaus noch für den Zeitabschnitt (§ 613 RVO.).

5. Neufestsetzung von Leistungen, die zu Unrecht ganz oder teilweise abgelehnt, entzogen oder eingestellt worden sind (§ 619 RVO.).

6. Die Genossenschaft braucht eine Entschädigung nicht zurückzufordern, die sie vor rechtskräftiger Entscheidung zahlen mußte (§ 620 RVO.).

b) Sachleistungen.

I. Laufende:

1. Mit Zustimmung des Verletzten Pflege auch dann, wenn er nicht infolge des Unfalls so hilflos ist, daß er nicht ohne fremde Wartung und Pflege bestehen kann, namentlich dann, wenn die Aufnahme des Verletzten in eine Heilanstalt geboten, aber nicht ausführbar ist, oder ein wichtiger Grund vorliegt, den Verletzten in seinem Haushalt oder in seiner Familie zu belassen (§ 558 c Abs. 4 RVO.).

2. Gewährung von Heilanstaltspflege als Krankenbehandlung und von Anstaltspflege als Pflege (§ 558 d RVO.).

3. Die Genossenschaft ist befugt, jederzeit ein neues Heilverfahren eintreten zu lassen, wenn zu erwarten ist, daß es die Erwerbsfähigkeit des Unfallrentners erhöht (§ 603 RVO.). Uebrigens kann auch der Verletzte sowie die Krankenkasse, der er angehört (als Krankenkassen gelten auch der Reichsknappschaftsverein als Träger der KrVers. und die Ersatzkassen — § 662 a —) die Wiederaufnahme des Heilverfahrens beantragen (§ 604 RVO.). Ist der Verletzte durch seine Krankenkasse in einer Heilanstalt mit genügenden Heileinrichtungen untergebracht, so darf er während des Heilverfahrens ohne seine Zustimmung in keine andere Anstalt gebracht werden (§ 605 Abs. 1 RVO.).

II. Einmalige.

Die Beschaffung von Arbeitsgelegenheit für Unfallverletzte nach Maßgabe der Vorschriften des § 843 Ziff. 3 RVO.).

F. Besondere Aufgaben.

Die Berufsgenossenschaften haben für Unfallverhütung zu sorgen und Unfallverhütungsvorschriften nach näherer Bestimmung der §§ 848 bis 889, 890 Abs. 1, 891 Abs. 2, 1031, 1032, 1199 bis 1217 RVO. zu erlassen.

§ 105 (76).[1])

(Abs. 1.) Was im Fünften Buche der Reichsversicherungsordnung für Krankenkassen (§ 225 der Reichsversicherungsordnung) vorgeschrieben ist, gilt auch für die Reichsknappschaft als Träger der Krankenversicherung, soweit dieses Gesetz nicht etwas anderes bestimmt.[2])

(Abs. 2.) Auf die Reichsknappschaft als Träger der Invalidenversicherung[3]) sind entsprechend anzuwenden die Vorschriften des Fünften Buches der Reichsversicherungsordnung über die Beziehungen der Träger der Kranken- und Unfallversicherung zu den Trägern der Invalidenversicherung (§§ 1518 bis 1526 der Reichsversicherungsordnung) sowie über die Beziehungen zu anderen Verpflichteten, soweit sie in den §§ 1527, 1531, 1536 bis 1543 geregelt sind.

[4]) (Abs. 3.) Für die Reichsknappschaft als Träger der Pensionsversicherung [5]) gelten die Vorschriften der §§ 1524, 1525, 1527, 1531, 1536 bis 1538, 1541 bis 1543 der Reichsversicherungsordnung entsprechend. Ersatzansprüche gegen die Reichsknappschaft sind bei dieser anzumelden. [6])

(Abs. 4.) Ueber Ersatzansprüche wird im Spruchverfahren nach der Reichsversicherungsordnung entschieden. Bei Ersatzansprüchen gegen die Reichsknappschaft bestimmt sich die Zuständigkeit des Versicherungsamts nach dem Sitze der Bezirksknappschaft oder der besonderen Krankenkasse; für das Rechtsmittel der Berufung ist das Knappschaftsoberversicherungsamt, für das Rechtsmittel der Revision der Knappschaftssenat des Reichsversicherungsamts zuständig. [7])

1) Im § 105 sind die Beziehungen der Rkn. zu anderen Trägern der Reichsversicherung und zu anderen Verpflichteten mit Ausnahme der in den §§ 106 Abs. 2, 107, 108 geregelten Beziehungen zwischen PV. und UV. behandelt.

2) Abs. 1 betrifft die Beziehungen der Rkn. als Trägerin der KrV. zur UV., zu Gemeinden und Trägern der Armenfürsorge und zu anderen Verpflichteten.

I. Krankenversicherung und Unfallversicherung.

Für die Beziehungen dieser Vers. zueinander gelten die gleichen Vorschriften wie bei KrK. im Sinne des § 225 RVO., nämlich §§ 1501 bis 1513 i. d. F. des Art. 100 des Zweiten G. über Aenderungen in der UV. vom 14. 7. 1925 — RGBl. I S. 97 —. Die §§ 1514 bis 1517 RVO. sind durch den gleichen Art. des G. vom 14. 7. 1925 weggefallen, nachdem vorher schon der § 1516 RVO. durch Art. 51 Nr. 49 EG. zum RKG. vom 23. 6. 1923 in Fortfall gekommen war. Wegen der früheren

Rechtslage vgl. erste Auflage Anm. 2 I zu § 76. Bemerkt sei, daß auch § 1509 Abs. 3 RVO. in jetziger Fassung abweichend von den früheren Vorschriften dem Ausschluß des Ersatzanspruches vorsieht, wenn er nicht spätestens drei Monate nach Beendigung der Leistungen geltend gemacht wird. Die Bezkn. und bes. KrK. müssen daher geeignete Vorkehrungen treffen, um die Rechtzeitigkeit der Anmeldung ihrer Ersatzansprüche zu sichern.

Das zweite G. über Aenderungen in der UV. vom 14. 7. 1925 hat auch die Beziehungen der Träger der KrV. und UV. auf eine neue Grundlage gestellt und namentlich die Ersatzansprüche aus Anlaß eines Betriebsunfalles einer Person, die gleichzeitig gegen Krankheit und Unfall versichert ist, neu geregelt. Die neuen Grundsätze gelten nach Art. 135 des G. vom 14. 7. 1925 vom 1. 1. 1926 an. Die bisherige Regelung der Beziehungen des RKV. als Träger der KrV. zu den Trägern der UV. (vgl. 1. Auflage S. 213/214) hat daher nur noch geschäftliches Interesse.

Aus den §§ 1501 ff. RVO. in ihrer Anwendung auf die Rkn. sei nachstehend das Wichtigste hervorgehoben:

In den §§ 1501 bis 1503 RVO. ist die Verpflichtung der KrK. zur Unterstützung der Träger der UV. bei der Durchführung der UV. gegen angemessene Entschädigung (§ 1501), zur Auskunft über die Behandlung und den Zustand des Verletzten (§ 1502) und zur Anzeige jeder durch Unfall hervorgerufenen Krankheit (§ 1503) geregelt. Die Anzeigepflicht hat insofern erhöhte Bedeutung, als nach § 1509 Abs. 4 RVO. die KrK. keinen Anspruch auf Ersatz für Aufwendungen für das Heilverfahren hat, wenn sie die Anzeige nicht rechtzeitig erstattet hat, abgesehen davon, daß die Unterlassung der Anzeige mit einer Ordnungsstrafe in Geld geahndet werden kann (§ 1503 Abs. 3).

Hinsichtlich der gegenseitigen Ersatzleistung wird in den §§ 1505, 1506 RVO. zwischen Aufwendungen für das Heilverfahren und denen für wiederkehrende Geldleistungen unterschieden. Bei dem Lastenausgleich für das Heilverfahren sind im § 1505 zwei Fälle vorgesehen:

1. Wenn der Anspruch des Verletzten auf Krankengeld aus der KrV. vor dem Ablauf der 8. Woche nach dem Unfall wegfällt, so gehen die Aufwendungen für das Heilverfahren bis zum Wegfall des Krankengeldes bezw. der Arbeitsunfähigkeit zu Lasten der KrK., soweit diese nicht über das hinausgehen, was die KrK. auf Grund der KrV. zu leisten hat. Falls ein Heilverfahren nach Wegfall des Krankengeldes gewährt wird, weil noch Heilbehandlung wegen der Unfallfolgen notwendig ist, ohne daß Arbeitsunfähigkeit besteht, geht es zu Lasten des Trägers der UV. Andererseits hat die KrK. die Kosten des Heilverfahrens bis zum Wegfall des Krankengeldes vor Ablauf der 8. Woche nach dem Unfall ohne Rücksicht darauf zu tragen, ob sie selbst oder der Träger der UV. das Heilverfahren durchgeführt hat. Im letzteren Falle muß die KrK. dem Träger der UV. Ersatz leisten. Gewährt in einem solchen Falle der Träger der UV. Leistungen, die über die Pflichtleistungen der KrK. hinausgehen, so hat sie ihm die KrK. nicht zu ersetzen.
2, Fällt der Anspruch des Verletzten auf Krankengeld nach dem Ablauf der 8. Woche nach dem Unfall weg, so gehen alle Aufwendungen für das Heilverfahren zu Lasten des Trägers der UV., ohne Rücksicht darauf, ob sie vor oder nach dem Ablauf der 8. Woche nach dem Unfall geleistet worden sind (§ 1505 Satz 2). Hat die KrK. das Heilverfahren durchgeführt, so muß ihr der Träger der UV. Ersatz leisten.

Der Lastenausgleich für wiederkehrende Geldleistungen ist im § 1506 RVO. geregelt. Hiernach trägt die KrK. die Aufwendungen für wiederkehrende Geldleistungen, die dem Verletzten während der ersten 8 Wochen nach dem Unfall gewährt werden, soweit sie nicht über das hinausgehen, was sie auf Grund der KrV. zu leisten hat, z. B. Tagegeld (§ 559 e RVO.). Die Aufwendungen für wiederkehrende Geldleistungen, die dem Verletzten vom Beginn der 9. Woche an gewährt werden, gehen zu Lasten des Trägers der UV. Zu Lasten der KrK. bleiben aber

1. für die Zeit, in der der Träger der UV. zur Gewährung einer Rente nicht verpflichtet ist, ihre Aufwendungen, die zwei Drittel des Grundlohns übersteigen. (Das wird häufig der Fall sein, da die RKn. infolge der Zuschläge zum Krankengeld nach § 22 RKG. unter Umständen ein Krankengeld in Höhe von drei Vierteln des Grundlohns zu zahlen hat.)
2. für die spätere Zeit ihre Aufwendungen, soweit sie über das hinausgehen, was der Träger der UV. auf Grund der UV. zu leisten hat. (Letzteres kommt in der Regel nur für Zeiten nach Ablauf der 26wöchigen Krankengeldbezugszeit — § 183 RVO. — in Betracht.)

Eine Sonderstellung nimmt der Lastenausgleich hinsichtlich des Sterbegeldes ein. Nach § 1508 RVO. geht das Sterbegeld aus der KrV. zu Lasten des Trägers der UV., soweit es das von ihm zu gewährende Sterbegeld nicht übersteigt.

In dem § 1509 Abs. 1 und 2 ist die gegenseitige Erstattungspflicht der Träger der UV. und der KrV. ausdrücklich festgestellt.

Nach § 1510 RVO. kann, ähnlich wie nach dem früheren § 1514, der Träger der UV. die KrK. mit der Durchführung der Krankenbehandlung und mit der Gewährung der während der Krankenbehandlung ihm obliegenden Geldleistungen an den Verletzten oder seine Angehörigen in dem Umfange beauftragen, den er für geboten hält. Der Träger der UV. hat die aus dem Auftrage erwachsenden Kosten zu ersetzen, soweit diese nicht nach den §§ 1505 bis 1509 RVO. selbst schon zu Lasten der KrK. gehen. Das RVA. gibt Bestimmungen darüber, welche KrK. beauftragt werden kann. Diese Bestimmungen sind am 27. 11. 25 (RAnz. Nr. 283) erlassen. Hiernach sind auch die RKn. als Trägerin der KrV. und ihre Organe den KrK. gleichgestellt worden, die mit der Durchführung der Krankenbehandlung beauftragt werden können.

Die §§ 1511 bis 1512 RVO. entsprechen den bisherigen §§ 1509 und 1515 RVO. Sie behandeln die Befugnis der KrK., die Feststellung von Unfallentschädigung zu betreiben und Rechtsmittel einzulegen, sowie die Zuständigkeit des VA. bei Streit zwischen den beiden VersTrägern aus § 1501 oder aus dem Auftrage (§ 1510). Streit über Ansprüche auf Ersatz oder Entschädigungen aus den §§ 1501, 1505 bis 1510 wird nach ausdrücklicher Vorschrift des § 1512 Abs. 2 im Spruchverfahren entschieden, wobei nach § 105 Abs. 4 RKG. bei Ersatzansprüchen gegen die Rkn. sich die Zuständigkeit des VA. nach dem Sitze der Bezkn. oder der bes. KrK. bestimmt; für das Rechtsmittel der Berufung ist das KOVA., für das Rechtsmittel der Revision der KnSenat des RVA. zuständig. Insoweit bestimmt das RKG. „etwas anderes" (§ 105 Abs. 1). (s. auch Anm. 7.)

Nach § 1513 RVO. kann das RVA. u. a. bestimmen, inwieweit Ersatz durch Pauschbeträge zu gewähren ist. Das ist geschehen durch folgende Bestimmungen über „Ersatzleistungen zwischen KrK., Ersatzkassen und Trägern der UV. (§§ 1504 bis 1510) und im Falle des § 1543 b der RVO." vom 10. 6. 26 (RAnz. Nr. 135, A. N. 1926 S. 292):

„Auf Grund der §§ 1513, 1543 b der RVO. wird bestimmt:

1. „Der Ersatz für Aufwendungen, die das Heilverfahren verursacht hat, wird durch Pauschbeträge geleistet.
2. Von den tatsächlichen Kosten der Krankenhauspflege, Heilanstaltspflege oder Anstaltspflege — ohne die durch Beförderung entstehenden Kosten — wird je die Hälfte als Unterhalt (§ 1507 Nr. 1 a. a. O.) und als Aufwendung für das Heilverfahren (§ 1507 Nr. 2 a. a. O.) gerechnet.
3. Bei offener Heilbehandlung wird für die Ersatzansprüche der Versicherungsträger und Ersatzkassen, die dem zwischen dem Verbande der Deutschen BGen. und dem Verbande der Deutschen landwirtschaftlichen BGen. einerseits und den Hauptkrankenkassenverbänden andererseits geschlossenen Krankenkassenabkommen vom 12. März 1926 beigetreten sind, ein Pauschbetrag von einer Reichsmark für jeden Tag der

Behandlungszeit, für die Ersatzansprüche der übrigen Versicherungsträger und Ersatzkassen, der zur Krankenhilfe verpflichteten Arbeitgeber und der zur Krankenfürsorge verpflichteten Träger einer Fürsorge nach § 440 der RVO. (§ 1543 b a. a. O.) ein Pauschbetrag von 70 Reichspfennigen festgesetzt.

4. Diese Bestimmungen treten mit Wirkung vom 1. Januar 1926 in Kraft."

Das vorstehend in Ziff. 3 bezeichnete Abkommen vom 12. 3. 26 ist zur gemeinsamen Förderung der Heilfürsorge für die Unfallverletzten und zur Regelung der sonstigen Beziehungen zwischen KrK. und Berufsgenossenschaften getätigt worden. Bekanntgegeben ist es u. a. in den A. N. des RVA. 1926, S. 286 ff. Der RKV. als solcher ist dem Abkommen nicht beigetreten. Der Vorstand hat aber am 8. 5. 1926 beschlossen, daß der RKV. für diejenigen BezKV. dem Krankenkassenabkommen beitreten soll, die den Beitritt wünschen. Das Recht, Sonderabmachungen mit einzelnen Berufsgenossenschaften zu treffen, soll nach § 22 Abs. 3 des genannten Abkommens von diesem Beschluß unberührt bleiben. Von diesem Recht werden die BezKn., die den Beitritt zu dem Abkommen nicht wünschen, zweckmäßig Gebrauch machen.

II. Krankenversicherung und öffentliche Unterstützung.

Die Ver. über die Fürsorgepflicht vom 13. 2. 24 — RGBl. I S. 100 —, die die öffentliche Armenfürsorge neu geregelt und eine Reihe öffentlich-rechtlicher Fürsorgeaufgaben den neu gebildeten Trägern der Fürsorgepflicht, den Bezirks- und Landesfürsorgeverbänden, übertragen hat, machte eine Aenderung der Bestimmungen der §§ 1531 ff. RVO. und §§ 81 ff. AVG. über die Ersatzansprüche der Armenverbände erforderlich. Bei der Neufassung der RVO. am 17. 12. 24 — RGBl. S. 779 — wurden in den §§ 1531 ff. die Fürsorgeverbände nur als „Träger der Armenfürsorge" (statt bisher Armenverbände) als ersatzberechtigt erklärt. Das gleiche geschah in der AV. durch Art. II, 8 und 9 des G. über Ausbau der AV. und JV. und über Gesundheitsfürsorge in der Reichsversicherung vom 28. 7. 25 (RGBl. S. 157) — vergl. §§ 80, 84 —. Dadurch ist klargestellt, daß die Fürsorgeverbände nur dann Ersatzansprüche aus Leistungen der Sozialversicherung geltend machen können, wenn sie als Träger der Armenfürsorge eingetreten sind. Für die Aufwendungen der sonstigen Fürsorgeaufgaben, namentlich der Sozialrentnerfürsorge (§ 1 b der Fürsorge-Verordnung) haben sie keinen Ersatzanspruch. Näheres hierüber s. Anm. 3 III und Anm. 5 II.

Wenn KrK.Mitglieder wegen Hilfsbedürftigkeit öffentlich unterstützt werden müssen, liegt Armenfürsorge vor. Die Fürsorgeverbände haben daher, wenn die sonstigen Voraussetzungen erfüllt sind, für ihre Aufwendungen Anspruch auf Ersatz. Nur die Minderjährigen machen eine Ausnahme; nach § 1 e der Fürsorge-Verordnung gehört „die Fürsorge für hilfsbedürftige Minderjährige" zu den Aufgaben der sog. gehobenen Fürsorge und nicht zur Armenfürsorge.

Für die Beziehungen der Träger der Armenfürsorge zu der KrV. gelten die §§ 1527, 1531 bis 1533, 1538 bis 1540. Die Verpflichtung der Gemeinden (nach § 3 Abs. 2 der Fürsorgeverordnung regelt das Land u. a., inwieweit die Gemeinden von den Fürsorgeverbänden zur Durchführung ihrer Aufgaben herangezogen werden können. Vgl. für Preußen § 15 Abs. 1 der „Preuß. Ausführungsverordnung zur Verordnung über die Fürsorgepflicht v. 13. 2. 1924" vom 17. April 1924 — GS. S. 210 —) oder der Träger der Armenfürsorge zur Gewährung von Armenfürsorge und öffentlichen Unterstützungen wird durch die RVO. und das RKG. an sich nicht berührt, jedoch steht den Trägern der öffentlichen Armenfürsorge Anspruch auf Ersatz aus den Vers.-Leistungen zu. Voraussetzungen des Ersatzanspruchs sind: Einheit des Leistungsgrundes, Gewährung der Armenfürsorge auf Grund gesetzlicher Pflicht, Hilfsbedürftigkeit des armenrechtlich Unterstützten, Identität der Person und Gleichzeitigkeit der Armenpflegeleistung mit dem Anspruch gegen die KrK. Grundsätzlich finden auch die Armenunterstützungen ihren

Ersatz aus gleichartigen Leistungen der KrV., insbesondere Begräbniskosten aus dem Sterbegeld (§ 1533 Nr. 1), Leistungen der Krankenpflege aus den entsprechenden Leistungen der KrV. (§ 1533 Nr. 2), sonstige Leistungen aus Krankengeld, Wochengeld, Schwangerengeld und Stillgeld. Ersatzanspruch besteht nur bis zur Hälfte der auf die Zeit der Armenunterstützung fallenden laufenden Leistungen der KrV. (§ 1533 Nr. 3, § 1535 a). Zugriff in voller Höhe ist zulässig auf etwa aufgelaufene rückständige Beträge (aber nur bis zur Höhe des nach § 1535 a dem Umfange nach begrenzten Ersatzanspruches) und auf solche für die Zeit des vollständigen Unterhalts in einer Anstalt; im übrigen unterliegen die laufenden Leistungen dem Zugriff nur in halber Höhe (§ 1533 Nr. 3, § 1535 b). Abweichend von § 1509 ist der Ersatzanspruch des Trägers der Armenfürsorge binnen einer Ausschlußfrist von sechs Monaten nach Ablauf der Unterstützung bei der KrK. geltend zu machen (§ 1539 RVO.). Streit über Ersatzansprüche wird nach näherer Bestimmung des § 105 Abs. 4 RKG. im Spruchverfahren der RVO. entschieden.

III. Krankenversicherung und zivilrechtliche Entschädigungsansprüche.

Hierfür gelten §§ 1542, 1543 RVO. Soweit Vers. gesetzlich, z. B. auf Grund der §§ 823, 825, 831, 836 bis 839, 618 BGB., aus dem Reichshaftpflichtgesetz, aus § 120 a der GewO. oder auf Grund des Reichsgesetzes über den Verkehr mit Kraftfahrzeugen, von Dritten Ersatz eines Schadens verlangen können, der ihnen durch Krankheit, Unfall, Invalidität, Berufsunfähigkeit oder durch den Tod des Ernährers erwachsen ist, geht, um eine doppelte Entschädigung des auf gleicher Ursache beruhenden Schadens zu verhindern, der Anspruch des Entschädigungsberechtigten auf die RKn. insoweit unmittelbar kraft Ges. über, als sie dem Entschädigungsberechtigten nach dem RKG. oder der RVO. Leistungen zu gewähren hat. Die frühere Streitfrage, ob gleiches bei Ansprüchen gilt, die aus Schwangerschaft und

Niederkunft erwachsen sind, ist durch Satz 2 des Abs. 1 im § 1542 RVO. in verneinendem Sinne entschieden.

IV. Krankenversicherung und Invalidenversicherung.

An sich folgt schon aus § 105 Abs. 1, daß die §§ 1518 bis 1520 RVO. gelten. Die Anwendbarkeit dieser Vorschriften ist aber im § 105 Abs. 2 noch besonders ausgesprochen (vgl. Anm. 3 zu I).

3) Hier kommen die Beziehungen der Kkn. als Trägerin der IVers. zur KnV. und UV., zu öffentlichen Unterstützungen und zu zivilrechtlichen Entschädigungsansprüchen in Betracht.

I. Invalidenversicherung und Krankenversicherung.

Es gelten die §§ 1518 bis 1520 RVO. über die Gewährung von Heilverfahren durch den Träger der IVers. Die praktische Bedeutung der Vorschriften ist gering, weil die Kkn. Trägerin sowohl der KrV. als auch der IVers. ist, und die Durchführung des Heilverfahrens wie die Durchführung der KrV. den Bezkn. obliegt. Ersatzansprüche aus der Gewährung von Heilverfahren und Streitigkeiten hierüber, die nach § 1520 Abs. 2 RVO. im Spruchverfahren zu entscheiden wären, können nicht entstehen; auf Grund des § 141 ist nur eine getrennte Buchung der die KrV. und die IVers. belastenden Aufwendungen für Heilverfahren vorzunehmen. Aus § 1518 RVO. ist die Vorschrift des Abs. 1 Satz 2 anwendbar, daß für die Dauer eines vom Träger der IVers. gewährten Heilverfahrens die IR. ganz oder teilweise versagt werden kann. § 1519 wird gar nicht oder nur selten zur Anwendung kommen; wenn die IR. eines ehemaligen KnMitgliedes von einer LVAnstalt festgesetzt wird, ist regelmäßig anzunehmen, daß das Mitglied vor der Festsetzung der IR. noch einer anderen KrK. als der Kkn. angehört hat, so daß diese andere Kasse die „letzte" Kasse im Sinne des § 1519 sein würde.

Im übrigen besteht der Grundsatz der Doppelleistung. Krankengeld wird also neben der IR. gezahlt, sei es, daß Vers., die bereits Krankengeld empfangen haben, von Beginn der Erkrankung ab die Dauerrente zuerkannt wird, sei es, daß ein noch der KrK. angehörender Invalide krankfeiert (vgl. Begr. z. RKG. S. 58).

II. Invalidenversicherung und Unfallversicherung.

Nach Beseitigung der Vorschriften über Versagung der JR. neben UR. durch G. vom 21. Juli 1922 haben Bedeutung nur noch die §§ 1524 bis 1526, wonach die Rkn. für ein Heilverfahren, das sie wegen einer durch Unfall verursachten Krankheit einleitet, einen Ersatzanspruch gegen den Träger der UV. hat.

III. Invalidenversicherung und öffentliche Unterstützung.

Vergl. Anm. 2 II. Nach § 1 Abs. 1 b und e der Verordnung über die Fürsorgepflicht vom 13. 2. 24 haben die Fürsorgeverbände „die nachstehenden öffentlich-rechtlichen Fürsorge-Aufgaben zu erfüllen: . . . . .

b) die Fürsorge für Rentenempfänger der Invaliden- und Angestelltenversicherung, soweit sie nicht den Versicherungsträgern obliegt, ...

e) die Fürsorge für hilfsbedürftige Minderjährige . . . .".

Außerdem liegt den Fürsorgeverbänden nach § 1 Abs. 2 der Fürsorgeverordnung „auch weiterhin die Armenfürsorge ob."

Falls hiernach hilfsbedürftige Rentenempfänger der JV. und AV. sowie Minderjährige, die aus der Sozialversicherung Leistungen beziehen, öffentlich unterstützt werden müssen, handelt es sich um die besondere sog. gehobene Fürsorge und nicht um Armenfürsorge. Da nach den §§ 80 ff. AVG. nur die „Fürsorgeverbände als Träger der Armenfürsorge" und nach §§ 1531 ff. RVO. nur die „Träger der Armenfürsorge" ersatzberechtigt sind, haben die Fürsorgeverbände keinen Ersatzanspruch für die Aufwendungen der gehobenen Sozialrentner- und Minderjährigen-Fürsorge. Dieser Grundsatz gilt jedoch nicht für alle Sozialrentner. Nach § 16 der auf Grund des § 6 Abs. 2 der Fürsorgeverordnung erlassenen „Reichsgrundsätze über Voraussetzung, Art und Maß der öffentlichen Fürsorge" vom 4. 12. 24 — RGBl. I S. 765 — sind „in entsprechender Weise wie die

Kleinrentner (§ 1 c der Fürsorgeverordnung) alte oder invalide oder berufsunfähig gewordene Rentner der Arbeiter- oder Angestelltenversicherung zu betreuen", d. h. diese Rentner erhalten im Falle der Hilfsbedürftigkeit gehobene Fürsorge. Nach den amtlichen Erläuterungen des RAM. zu den Reichsgrundsätzen vom 13. 12. 24 — Reichsarbeitsblatt 24 (amtlicher Teil) S. 494 ff. — gehören zu den Sozialrentnern im Sinne des § 16 der Reichsgrundsätze:

1) auf dem Gebiete der Invalidenversicherung
   a) die Empfänger einer Invalidenrente (§ 1255 RVO.); . . .
   b) die Empfänger einer Witwen- oder Witwerrente (§§ 1258, 1260 RVO.); . . . . .

3) auf dem Gebiete der knappschaftlichen Versicherung
   a) die Empfänger einer Invalidenpension (§§ 25, 26 des Reichsknappschaftsgesetzes);
   b) die Empfängerinnen einer Witwenrente (Witwenpension), die berufsunfähig oder invalide oder 65 Jahre alt sind; . . .

Die diesen Personen im Falle der Hilfsbedürftigkeit zu gewährende Fürsorge ist hiernach gehobene Fürsorge und nicht Armenfürsorge. *Für die den Rentnern der Invalidenversicherung gewährten Unterstützungen ist also den Fürsorgeverbänden ein Ersatzanspruch auf die Renten durchweg nicht mehr eingeräumt.* Eine Ausnahme von diesem Grundsatz besteht nur in den Fällen, in denen öffentliche Fürsorge vor Festsetzung und Bewilligung der Renten gewährt worden ist. Alle Unterstützungen bis zur Zustellung des Rentenbescheides sind als Armenfürsorge anzusehen, die bis dahin einen Ersatzanspruch der Fürsorgeverbände begründet (s. Urteil des OVA. Mannheim vom 25. 9. 25 — Zeitschrift für Heimatwesen 1926 S. 111 —; vergl. auch Hoffmeister in „Monatsschrift für Arbeiter- und Angestelltenversicherung" Heft 5 1926 Sp. 248, der in Fällen dieser Art „gehobene Fürsorge" nur insoweit annimmt, als die öffentliche Unterstützung die Renten übersteigt). Hiernach gibt es Sozialrentner, die Armenfürsorge erhalten können, und infolgedessen ist schon aus diesem Grunde eine Entscheidung des RVA., Knappschaftssenat, vom 9. 7. 1925 — II a Kn. 221/25 —, die annimmt, daß § 1531 RVO. bei Beschränkung auf die Armenfürsorge insofern praktisch bedeutungslos sei, als von Fürsorgeverbänden Sozialrentnern Unterstützung gewährt wird, nicht für zutreffend zu erachten. (Ebenso KOVA. Dortmund vom 17. 9. 26 Nr. E 226.)

Bei öffentlicher Unterstützung hilfsbedürftiger minderjähriger Rentenempfänger, mögen sie Invaliden- oder Hinterbliebenenrenten (Waisenrente) beziehen, muß diese Unterstützung auf Grund der gehobenen „Fürsorge für hilfsbedürftige Minderjährige" nach § 1 e der Fürsorgeverordnung gewährt werden, und sie ist daher ebenfalls keine einen Ersatzanspruch begründende Armenfürsorge.

Der Grundsatz, daß für die den Rentnern der JV. gewährten öffentlichen Unterstützungen den Fürsorgeverbänden nur ausnahmsweise ein Ersatzanspruch eingeräumt werden kann, führt häufig zu wenig befriedigenden Ergebnissen, namentlich in den Fällen, in denen ledigen oder alleinstehenden Sozialrentnern Anstaltsbehandlung gewährt wird. Da nach § 14 Abs. 1 Satz 2 in Verbindung mit § 16 der Reichsgrundsätze Anstaltsbehandlung an Sozialrentner ausdrücklich als gehobene Sozialrentnerfürsorge vorgesehen ist, haben die Fürsorgeverbände für diese Leistung keinen Ersatzanspruch. Der Sozialrentner behält also, obwohl er für die Zeit der Angestelltenbehandlung in der Regel keine Aufwendungen für seine Person zu machen hat, seine volle Rente. In Fällen dieser Art werden die Fürsorgeverbände sich zweckmäßig nach § 224 Abs. 2 RKG. (§ 119 Abs. 2 RVO.) die Rente des in der Anstalt Unterzubringenden ganz oder teilweise mit Genehmigung der Gemeindebehörde übertragen lassen. In verschiedenen Fälle wird aber auch dieser Ausweg nicht gangbar sein. Zudem ist zu beachten, daß die Rentenübertragung nach § 224 Abs. 2 RKG. nur „ausnahmsweise" zu genehmigen ist, d. h., wenn sie im wohlverstandenen Interesse des Berechtigten erfolgt. „Davon kann nicht die

Rede sein, wenn die Gewährung künftiger Leistungen nicht mehr in Frage kommt, sondern die Abtretung nur zur Befriedigung von Aufwendungen erfolgen soll, die zu Gunsten des Berechtigten in der Vergangenheit gemacht worden sind" (E. des RVA. vom 11. 11. 16, A. N. 1916 S. 265). In Fällen dieser Art ist die Genehmigung der Rentenübertragung zu versagen.

Falls Fürsorgeverbände Ersatz aus Renten der JV. beanspruchen können, kommen hierfür die §§ 1536 bis 1541 RVO. in Anwendung. Die Voraussetzungen für einen Ersatzanspruch des Trägers der Armenfürsorge sind die gleichen wie in der KrV. (vgl. oben Anm. 2 zu II); nur Einheit des Leistungsgrundes wird nicht gefordert. Ersatz darf nur aus den Renten beansprucht werden (§ 1536). Der Ersatzanspruch besteht auch, wenn der Hilfsbedürftige stirbt, ohne die Rente beantragt zu haben (§ 1537). Für den Umfang des Ersatzanspruches und das Maß des Zugriffs gelten entsprechend die §§ 1535 a, 1535 b (vgl. oben Anm. 2 zu II).

IV. Invalidenversicherung und zivilrechtliche Entschädigungsansprüche.

Es gelten die §§ 1542, 1543 RVO. Auf Anm. 2 zu III wird verwiesen.

4) Der frühere Abs. 3 des § 76 bezog sich auf den RKV. nur als Träger der AV. im Sinne des AVG. Er war in etwas veränderter Fassung in die Novelle (vgl. daselbst Art. 8 Buchst. b) übernommen, ist aber bei der Neufassung des RKG. gestrichen worden. Die Beziehungen der PV. — einschließlich der PV. der Angestellten — zu den sonstigen Vers.-Zweigen sind im Abs. 3 geregelt.

5) Abs. 3 behandelt die Beziehungen der PV. zu den übrigen VersZweigen wie folgt:

I. Pensionsversicherung und Unfallversicherung (für den Fall der Gewährung von Heilverfahren aus der PV.; im übrigen vgl. §§ 106 Abs. 2, 107, 108).

Die §§ 1524 und 1525 RVO. gelten entsprechend (vgl. oben

Anm. 3 zu II). § 1526 ist in § 105 Abs. 3 RKG. nicht mit angeführt; daß Streit über Ersatzansprüche im Spruchverfahren der RVO. entschieden wird, folgt aber aus § 105 Abs. 4.

II. Pensionsversicherung und öffentliche Unterstützung.

Für das Verhältnis zu Gemeinden und Trägern der Armenfürsorge gilt im wesentlichen das zu Anm. 3 III Gesagte. Auch die den Empfängern einer JP. (§§ 35, 36, 37) bezw. eines Ruhegeldes (§§ 57, 58, 59) und den Empfängerinnen einer Witwenpension (§§ 34, 56), die berufsunfähig oder invalide oder 65 Jahre alt sind, gewährten öffentlichen Unterstützungen sind gehobene Sozialrentnerfürsorge, für die die Fürsorgeverbände keinen Ersatzanspruch haben. Das Gleiche gilt hinsichtlich der Fürsorgeaufwendungen für minderjährige Empfänger von PK.-Leistungen. Lediglich die öffentlichen Unterstützungen an Witwen, die nicht berufsunfähig oder invalide oder nicht 65 Jahre alt sind, können Armenfürsorgeleistungen sein und einen Ersatzanspruch begründen. Insoweit weicht die Rechtslage von der der Rentner der JVers. ab. Ebenso wie bei der JVers. haben die Fürsorgeverbände für Unterstützungen, die sie vor Bewilligung der PK.Leistungen gewährt haben, einen Ersatzanspruch.

Die Voraussetzungen für den Ersatzanspruch sind die gleichen wie in der JVers. (Einheit des Leistungsgrundes ist nicht erforderlich). Ersatz kann nur aus den den Renten der JVers. entsprechenden kn. Leistungen: JP., Ruhegeld und Witwenpension beansprucht werden. Für den Umfang des Ersatzanspruches und das Maß des Zugriffs gelten die §§ 1535 a und 1535 b RVO. entsprechend (vgl. oben Anm. 2 zu II). Da § 1539 RVO. im § 100 Abs. 3 RKG. nicht mit angeführt ist, bleibt die Frage offen, innerhalb welcher Frist ein Ersatzanspruch der Fürsorgeverbände auf PKLeistungen geltend zu machen ist. Man wird eine Ausschlußfrist von sechs Monaten annehmen müssen, da keinerlei Grund für eine Abweichung von § 1539 ersichtlich ist und in sehr vielen Fällen Ersatz aus der JVers. und der PV. gleichzeitig beansprucht wird.

III. Pensionsversicherung und zivilrechtliche Entschädigungsansprüche.

Die §§ 1542 und 1543 RVO. sind schon durch das RKG. vom 23. 6. 23 (§ 76 Abs. 4) für entsprechend anwendbar erklärt worden. Damit war eine in der Landesgesetzgebung oft empfundene Lücke ausgefüllt. Nach dem früheren, durch Art. 51 Nr. 49 EG. zum RKG. vom 23. 6. 23 fortgefallenen § 1544 RVO. galten die §§ 1542 und 1543 für KnV. nur als Krankenkassen; von einer Ausdehnung der Vorschriften auf die KnV. als Pensionskassen hatte die RVO. abgesehen, um nicht in die Zuständigkeit der Landesgesetzgebung einzugreifen oder durch Einbeziehung anderer als reichsgesetzlicher VersTräger Vorschriften zu treffen, die über ihren Rahmen hinausgehen würden (vgl. Begr. zum RKG. S. 59 Ziff. 8). Die Anführung der §§ 1542 und 1543 im § 105 Abs. 3 stellt den Rechtsübergang nach § 1542 (vgl. oben Anm. 2 zu III) auch hinsichtlich der PKLeistungen sicher.

Ueber das Verhältnis der PV. zur JVers. enthielt das RKG. keine Vorschriften. Die Leistungen bestanden nebeneinander, wie sich aus dem Aufbau der beiden Vers. im Rahmen des Ges. ergab. Die früheren §§ 1321 und 1322 RVO., die eine Ermäßigung der JP. und kn. Hinterbliebenenbezüge beim Zusammentreffen mit reichsgesetzlichen Bezügen gleicher Art zuließen, sind entsprechend der Absicht des Entw. (Begr. RKG. S. 59 Ziff. 5) und eines im Reichstagsausschuß zu § 70 Abs. 2 gestellten Antrags (Ber. S. 28, 29) durch Art. 51 Nr. 41 und 42 EG. z. RKG. fortgefallen. Von dieser Rechtslage ist die Nov. in erheblichem Maße abgewichen. Vgl. die §§ 106 und 108 und die dort gegebenen Erläuterungen. Sonstige Beziehungen zwischen PV. und JVers. sind in den Vorschriften über Wanderversicherung im § 68 Abs. 2 und im § 70 enthalten.

Für das Verhältnis der PV. zur AV. sind u. a. die Vorschriften über Wanderversicherung (§§ 66, 68 bis 70), sowie § 109 Abs. 2 maßgebend; desgl. hinsichtlich des Ruhens der PV.Leistungen die Bestimmungen der §§ 106, 108.

6) Satz 2 des Abs. 3 hat nur die Bedeutung einer Ordnungsvorschrift und schließt nicht aus, daß die Rkn. den Bezkn. oder bes. KrK. die Entgegennahme von Ersatzansprüchen und die Entscheidung hierüber überträgt.

7) Abs. 4 gilt für sämtliche Ersatzansprüche, die aus der Anwendung der in Abs. 1 bis 3 angezogenen Vorschriften entstehen können. Die Bestimmung, daß sich bei Ersatzansprüchen gegen die Rkn. die Zuständigkeit des AV. nach dem Sitze der Bezkn. oder der bes. KrK. richtet, schließt eine Aenderung der §§ 1773, 1774 RVO. in sich. Sie ist zur Erleichterung des Geschäftsverkehrs der Bezkn. und bes. KrK. getroffen, die ohne eine solche Vorschrift bei Streit über Ersatzansprüche von Gemeinden oder Trägern der Armenfürsorge vor den VAe. des Wohnorts oder Beschäftigungsorts des Vers. Recht nehmen müßten; diese VAe. können vom Sitz der kn. Stelle weit entfernt liegen und werden dann mit Anwendung des RKG. kaum jemals befaßt sein. Aus ähnlichen Erwägungen ist im Interesse einer einheitlichen Rechtsprechung die Zuständigkeit des KOVA. und des KnSenats beim RVA. für den Rechtsmittelzug festgelegt.

§ 106 [1]) (Neu).

(Abs. 1.) [2]) Wird neben einer Rente aus der Pensionsversicherung eine Rente aus der Invaliden- oder Angestelltenversicherung gewährt [3]), so ruht der Grundbetrag der Rente aus der Pensionsversicherung [4]), soweit er den Grundbetrag der Rente aus der anderen Versicherung nicht übersteigt. [5])

(Abs. 2.) [6]) Tritt neben das Kindergeld aus der Pensionsversicherung eine Kinderzulage oder ein Kinderzuschuß aus einer anderen Versicherung, so ruht das Kindergeld, soweit es den Betrag der Kinderzulage oder des Kinderzuschusses nicht übersteigt. [7])

§ nnn Abs. 2 Entw. d. Nov.

1) § 106 beruht auf Beschlüssen des RT.Ausschusses zu

§ nnn des Entw. der Nov. (§ 99 des G.). Vergl. Anm. 1 zu § 99 und Ber. über die Vollsitzung des RT. vom 9. 6. 26, sten. Ber. S. 7409.

2) Abs. 1 enthält den aus der Regierungsvorlage übernommenen Grundsatz, daß im Falle des Zusammentreffens von Leistungen der PV. mit Leistungen der JV. oder AV. der Grundbetrag der Rente aus der PV. ruht. Bei den Ausschußberatungen hat die Regierung ausgeführt, daß in der nur einmaligen Gewährung des Grundbetrages keine Unbilligkeit erblickt werden könne, weil eine Entlastung der PK. herbeigeführt werden solle, die wiederum zu einer Ermäßigung der Beiträge führte. Gegenüber diesen Ausführungen konnte der Einwand, daß die Anrechnung des Grundbetrages zu Gunsten der PK. bei einer freiwilligen Weiterversi. ungerecht sei, nicht durchdringen (Ber. S. 67).

3) Ein solcher Fall liegt auch vor, wenn die Witwe eines PKMitgliedes aus eigener (nicht kn. versicherter) Beschäftigung Anspruch auf JR. hat. In diesem Fall ist der Grundbetrag aus der Reichs-V. zu zahlen, dazu treten die Steigerungsbeträge aus der eigenen JV. der Witwe und die Steigerungsbeträge aus der kn. V. des Ehemanns.

4) Es tritt also eine entsprechende Ermäßigung der Leistungen der PV. ein. Der Grundbetrag wird aus der JV. oder AV. gewährt.

5) Der Grundbetrag bei der JP. und JR. sowie beim Ruhegeld der PV. und AV. ist gleich (14 RM. bezw. 40 RM. monatlich). Auch bei der WP. in der Arb.PK. und Ang.PK. deckt sich der Grundbetrag ($^{6}/_{10}$), ebenso bei Waisen der AngPK. ($^{5}/_{10}$). Dagegen beträgt der Grundbetrag beim kn. WG. 2,80 RM. ($^{1}/_{5}$) gegen 7,00 RM. ($\frac{1}{2}$) bei der reichsgesetzlichen Waisenrente. Treffen WG. und Waisenrente zusammen, ruht von dem WG. der Betrag von 2,80 RM. In allen diesen Fällen ruht der Grundbetrag der Pensionsleistung ganz. Es ist daher nicht ersichtlich, auf welche Fälle der Vorbehalt „soweit

er den Grundbetrag der Rente aus der anderen Versicherung nicht übersteigt" zu beziehen ist.

6) Der Grundsatz, daß KG. nur einmal zu gewähren ist, hat im Ausschuß keine Beanstandung erfahren (Ber. S. 70). Wegen der Höhe der Kinderzulagen in den einzelnen V.Zweigen vergl. Anm. 1 zu § 40.

7) Hier kann der Fall vorkommen, daß kn. KG. den Kinderzuschuß zur URente übersteigt. Beträgt z. B. der Kinderzuschuß (10 % der URente) 6,00 RM., so ruht kn. KG. nur in Höhe von 6,00 RM., während 1,50 RM. zu zahlen sind.

§ 107 [1/2]) (77).

(Abs. 1.) Ist die Berufsunfähigkeit Folge eines entschädigungspflichtigen Unfalls [3]), so ruht der Teil des Grundbetrags der Invalidenpension oder des Ruhegeldes aus der Pensionsversicherung, der dem vom Versicherten bezogenen Teil der Vollrente aus der Unfallversicherung entspricht. [4]) Gilt die Berufsunfähigkeit wegen Verschlimmerung der Unfallfolgen nachträglich als Folge des Unfalls, so darf die Ruhensvorschrift nicht zur Kürzung des bisherigen Gesamtrentenbetrags angewendet werden. [5])

(Abs. 2.) Ist der Tod des Versicherten Folge eines entschädigungspflichtigen Unfalls, so ruht neben der Rente aus der Unfallversicherung der Grundbetrag der Hinterbliebenenrente aus der Pensionsversicherung. [6])

(Abs. 3.) Das Ruhen tritt erst ein, wenn die Unfallrente tatsächlich gewährt wird. [7]) Der Betrag, der ruht, darf den Betrag der Unfallrente nicht übersteigen.

(Abs. 4.) Die Vorschriften in Abs. 1 und 2 finden keine Anwendung, wenn der Grundbetrag nach § 106 Abs. 1 ruht. [8])

1) Die §§ 107 und 108 regeln die Beziehungen der PV. zur UV., insoweit diese nicht bereits (für den Fall der Gewährung

von Heilverfahren durch die Rkn.) im § 105 Abs. 3 behandelt sind. Das Verhältnis zwischen PV. und UV., namentlich auch im Falle des Hinzutretens von Leistungen der IV. oder AV., ist bei Beratung der Nov. Gegenstand einer sehr eingehenden Aussprache gewesen. Dabei sind die schon in der Vorbemerkung erwähnten Richtlinien aufgestellt worden, die eine wesentliche Veränderung der Grundsätze des bisherigen § 77 bedeuten. (Vgl. hierüber und über die Entstehung des § 77 1. Aufl. S. 221 bis 223.) Die endgültige Fassung der jetzigen §§ 107 und 108 beruht auf Beschlüssen der Vollsitzung des RT. vom 9. 6. 26 (Sten. Ber. S. 409).

2) § 107 stellt den Grundsatz auf, daß bei sog. Unfallinvaliden der dem Hundertsatz der Vollrente entsprechende Teil des Grundbetrages und bei Unfallhinterbliebenen der volle Grundbetrag der kn. Hinterbliebenenrente ruht. (Vgl. entsprechende Vorschriften im § 1311 RVO. und § 71a AVG.) Eine über § 107 hinausgehende Beschränkung der PK.Leistungen tritt ein, wenn die Voraussetzungen des § 108 vorliegen. Das wird bei Hinterbliebenen regelmäßig dann der Fall sein, wenn Witwe und 2 Kinder vorhanden sind; bei hohem Dienstalter können sogar schon die Bezüge der Unfall-Witwe mit 1 Kinde den im § 108 festgesetzten Höchstbetrag überschreiten. Bei Unfallverletzten kommt die Vorschrift des § 108 regelmäßig zur Anwendung, wenn die Erwerbsbeschränkung mehr als 66²/₃ % beträgt und ein höheres Dienstalter vorliegt. Die Bedeutung des § 107 tritt hiernach hinter der des § 108 zurück.

3) Der Kausalzusammenhang ist in jedem Fall streng zu prüfen. Fehlt es an dieser Voraussetzung, so ist die Anrechnung des Grundbetrages oder eines Teils desselben ausgeschlossen. Zu den entschädigungspflichtigen Unfällen im Sinne dieser Vorschrift gehören auch die Berufskrankheiten, die nach den Vorschriften der UV. zu entschädigen sind (vergl. Ber. S. 70 und Anm. 3 zu § 35).

4) Beträgt z. B. die URente 50 % der Vollrente (vgl. § 559 RVO.), so ruht die IP. mit der Hälfte des Grund-

betrages aus der PV. = 7,00 RM., das Ruhegeld mit der Hälfte des Grundbetrages aus der AV. = 20 RM.

5) Diese Vorschrift wird dahin aufzufassen sein, daß für rückliegende Zeiten keine Kürzung vorgenommen werden darf. Vom Augenblick der Feststellung ab, daß Berufsunfähigkeit Unfallfolge ist, tritt aber das Ruhen des Grundbetrages oder eines Teiles insoweit ein, als sich nicht die bisherigen Gesamtbezüge dadurch verringern.

6) Es ruhen also $^{6}/_{10}$ des Grundbetrages bei der WP., $^{5}/_{10}$ beim WG. der AngPK., $^{2}/_{10}$ beim WG. der ArbPK.

7) Solange die URente noch nicht festgestellt ist, sind die kn. Leistungen zu gewähren. Nach Feststellung der URenten können aber Ueberzahlungen an kn. Leistungen im Wege der Aufrechnung nach § 226 gedeckt werden.

8) Die Vorschrift soll Zweifel darüber ausschließen, ob beim Zusammentreffen mit Leistungen der UV. und JV. eine über die Vorschriften des § 106 Abs. 1 hinausgehende Beschränkung der Pensionsleistungen eintritt. Das ist nicht der Fall. An sich ist selbstverständlich, daß der Grundbetrag nur einmal ruhen kann.

§ 108 [1/2]) (77).

(Abs. 1.) Neben Renten aus der Invaliden-, Angestellten- oder Unfallversicherung [3]) ruht die Invalidenpension oder das Ruhegeld aus der Pensionsversicherung, soweit die Gesamtbezüge [4]) den durchschnittlichen Jahresarbeitsverdienst [5]) der höchsten [6]) Lohn- oder Gehaltsgruppe übersteigen, welcher der Pensions- oder Ruhegeldempfänger angehört hat. [7])

(Abs. 2.) Neben Renten aus der Invaliden-, Angestellten- oder Unfallversicherung [3]) ruht die Witwenpension, soweit die Gesamtbezüge fünfzig [8]) vom Hundert, das Waisengeld, soweit die Gesamtbezüge zwanzig vom Hundert [8]) des nach Abs. 1 maßgebenden Jahresarbeitsverdienstes übersteigen. Treffen mehrere Hinterbliebenenrenten aus der Pensionsversicherung mit Renten aus den anderen Versicherungen zusammen, so ruhen sie nach dem Verhältnis ihrer Höhe, soweit die Gesamtbezüge aller Hinterbliebenen achtzig vom Hundert [10]) des nach Abs. 1 maßgebenden Jahresarbeitsverdienstes übersteigen. [11])

1) Vergl. Anm. 1 zu § 107.

2) § 108 setzt Höchstgrenzen der Sozialbezüge beim Zusammentreffen mehrerer Renten (PV., JV., AV., UV.) fest: Bei einem Invaliden oder Ruhegeldempfänger dürfen die Gesamtbezüge den durchschnittlichen Jahresarbeitsverdienst der höchsten Lohn- oder Gehaltsgruppe nicht übersteigen, welcher der Pensions- oder Ruhegeldempfänger angehört hat. Die Gesamtbezüge einer Witwe (ohne Kind) dürfen 50 v. H., die Gesamtbezüge einer Waise 20 v. H., die Gesamtbezüge einer Witwe mit Kindern 80 v. H. des erwähnten Jahresarbeitsverdienstes nicht übersteigen. Erforderlichenfalls sind die kn. Leistungen so zu ermäßigen (oder ganz in Wegfall zu bringen), daß die Höchstgrenzen innegehalten werden.

Entsprechende Vorschriften sind für die JV. in den §§ 1311a bis 1311 b RVO., für die AV. in den §§ 71 b bis 71 c AVG. getroffen. Bei Hinterbliebenen von Kn.Mitgliedern kann der Fall eintreten, daß nicht nur die kn. Leistungen, sondern auch die Leistungen der JV. neben URenten zu kürzen sind (vergl. 2. Beispiel in Anm. 11). Die finanzielle Wirkung der neuen Vorschriften ist für die Betroffenen, namentlich für Unfallwitwen, empfindlich. Unfallwitwen erleiden zum Teil Kürzungen ihrer bisherigen Bezüge um ein Drittel bis zur Hälfte.

3) Es ist hier abweichend von § 107 nicht Voraussetzung, daß Berufsunfähigkeit, Invalidität oder Tod durch Betriebsunfall verursacht ist. Vielmehr sind Unfallrenten in jedem Fall zu berücksichtigen.

4) Nur Bezüge an Renten sind bei Feststellung der Höchstgrenze in Betracht zu ziehen. Arbeitslohn bleibt unberücksichtigt. Von der Reichsregierung befürwortete Anträge, auch den Ar-

beitslohn in die Gesamtbezüge einzubeziehen, sind im RT. abgelehnt worden. Zur Begründung der Ablehnung ist u. a. geltend gemacht, daß man nicht beweisen könne, ob nicht der Unfallinvalide im späteren Verlauf seines Lebens besser entlohnte Stellungen eingenommen haben würde, daß die Erfassung des Lohnes bei Anwendung der Ruhensvorschriften viel Verwaltungsarbeit verursachen würde, und daß man die Bergarbeiter nicht gegenüber anderen Berufen (z. B. Beamten auf Ruhegeld oder Wartegeld) benachteiligen dürfe (vergl. Aussch.Ber. S. 69 bis 72, 158, Sten.Ber. über die Vollsitzung des RT. vom 9. 6. 26 S. 7410).

5) Bei der Berechnung sind 100 % des durchschnittlichen Jahresarbeitsverdienstes zugrunde zu legen. Im RT.Ausschuß war beantragt worden, das Ruhen nicht eintreten zu lassen, solange die Gesamtrenten nicht 105 % des Arbeitsverdienstes überschreiten. Von anderer Seite wurde beantragt, 80 % des Jahresarbeitsverdienstes als Höchstgrenze festzusetzen. Beide Anträge sind abgelehnt worden (Ber. S. 68, 72, 158).

Unter Jahresarbeitsverdienst ist, wie an allen anderen Stellen des G., der Bruttoverdienst, nicht etwa der nach Abzug von Steuern und Gefällen verbleibende Nettoverdienst zu verstehen.

6) Die Einschaltung des Wortes „höchstens" ist im RT.-Ausschuß besonders beantragt und beschlossen worden (Ber. S. 68 und 72), um klarzustellen, daß das ganze Arbeitsleben des Versicherten in Betracht zu ziehen ist. Ein in dritter Lesung des RT.Ausschusses gestellter Antrag, nur den Höchstlohn zu berücksichten, den der Versicherte „im Laufe der letzten zehn Jahre vor Eintritt der Berufsunfähigkeit, wenn auch nur vorübergehend verdient hat", ist der Ablehnung verfallen (Ber. S. 158). Immerhin wird ein Höchstlohn, der nur ganz zufällig oder gelegentlich erreicht worden ist, außer Betracht bleiben dürfen, zumal das G. vom „durchschnittlichen" Jahresarbeitsverdienst der in Betracht kommenden Lohn- oder Gehaltsgruppe spricht. Der Durchschnittslohn wird regelmäßig an

Hand der Tarifverträge ermittelt werden können.

7) Die Anwendung des Abs. 1 sei an einem praktischen Beispiel erläutert, welches zugleich beweist, daß die neue gesetzliche Regelung für die Versicherten nicht ungünstig ist:

Ein Hauer mit 5 Kindern, der 15 Dienstjahre hat, wird durch Unfall 100 % erwerbsbeschränkt.

Die Unfallrente (Vollrente) beträgt monatlich	120,00 RM.
Zu der Unfallvollrente werden für die Kinder Kinderzulagen in Höhe von je 10 % der Vollrente gewährt = 5 × 12,00 RM. =	60,00 RM.
Die Invalidenrente ohne Kinderzuschüsse einschl. des Grundbetrages beträgt monatlich	25,00 RM.
Die Invalidenpension ohne Kindergeld einschl. des Grundbetrages beträgt monatlich	47,50 RM.

Es würden alsdann die Gesamtbezüge wie folgt gegenüberzustellen sein:

Unfallrente	120,00 RM.
Kinderzulage zur Unfallrente	60,00 RM.
Invalidenrente (der Grundbetrag ruht voll mit Rücksicht auf § 1311 Abs. 1 RVO., ferner ruhen die Kinderzuschüsse mit Rücksicht auf § 1311 c RVO. ganz)	11,00 RM.
Invalidenpension (der Grundbetrag ruht infolge des Zusammentreffens mit der Invalidenrente, ferner ruht das Kindergeld infolge des Zusammentreffens mit Kinderzuschüssen zur Invalidenrente) =	33,50 RM.
zusammen:	224,50 RM.

Die Lohngrenze beträgt 201,25 RM., sie wird um 23,25 RM. überschritten. Dieser Betrag ist an der Invalidenpension zu kürzen, so daß nicht 33,50 RM., sondern 10,25 RM. zu zahlen sind.

Von dem dem Invaliden verbleibenden Betrag von 201,25 RM. gehen irgendwelche Abzüge für Knappschaftsgefälle nicht ab, während ein Hauer im rheinisch-westfälischen Steinkohlenrevier bei 200 RM. Lohn zur Zeit monatlich an Beiträgen zur kn. V. und zur Erwerbslosenfürsorge 31,23 RM. außer Steuern zu entrichten hat. (Einkommensteuer ist von den Renten an sich ebenso wie vom Lohn zu zahlen. In einer Verfügung des Reichsfinanzministers vom 30. 5. 24, Nr. II C 2800, ist klargestellt, daß die kn. V. lediglich eine im Rahmen der allgemeinen Reichsversicherung stehende Sonderversicherung darstellt, und daß die wiederkehrenden Leistungen aus der PV. zwar zum steuerbaren Einkommen gehören, aber nicht zum Arbeitslohn und deswegen dem Steuerabzug nicht unterliegen. In welchem Umfange Renten aus der Sozialversicherung tatsächlich von der Einkommensteuer erfaßt werden, ist nicht bekannt.)

8) Im RT.Ausschuß ist eine Senkung des Höchstsatzes für die Witwe auf 40% beantragt, aber abgelehnt worden (Ber. S. 158).

9) Abweichend von den Beschlüssen des RT.Ausschusses (§ 77 c Abs. 2), worin nur eine Regel für das Zusammentreffen von Witwen- mit Waisenrente enthalten war, ist hier ein Höchstsatz für jede Waise angegeben, um auch den Fall des Zusammentreffens von Renten unter sich oder den Fall, daß nur eine Waise vorhanden ist, zu regeln (vergl. sten. Ber. S. 7409 zum § 77 c).

10) Im RT.Ausschuß ist beantragt, abweichend vom § 595 RVO., die Höchstbezüge der Hinterbliebenen auf 60 statt 80 v. H. festzusetzen; dieser Antrag ist abgelehnt (Ber. S. 69, 72).

11) Auch die Handhabung des § 108 Abs. 2 sei nachstehend an praktischen Beispielen erläutert:

1. Beispiel:

Witwe eines Tagesarbeiters, der 50 Dienstjahre hatte, mit 3 Kindern bezieht Witwenpension, Waisengeld und Waisenrente. Die Witwenpension beträgt mit Grundbetrag,

der in diesem Falle nicht ruht, weil keine Witwenrente bezogen wird, 65,70 RM.,
das Waisengeld ohne Grundbetrag 3×19,10 = 57,30 RM.,
die Waisenrente mit Grundbetrag 3×17,35 = 52,05 RM.,

die Gesamtbezüge somit 175,05 RM.

Die 80%-Grenze liegt bei 98,00 RM. Sie wird um 77,05 RM. überschritten. Der Betrag ist gleichmäßig an Witwenpension und Waisengeld zu kürzen nach folgender Formel

$$\frac{65{,}70 \times 77{,}05}{123} = 41{,}16 \text{ RM.} + \frac{57{,}30 \times 77{,}05}{123} = 35{,}89 \text{ RM.}$$

An der Witwenpension sind 41,16 RM., an dem Waisengelde insgesamt 35,89 RM. zu kürzen, der verbleibende Rest ist durch die Zahl der Waisen zu teilen.

2. Beispiel:

In demselben Falle bezieht die Witwe (Unfallwitwe) Unfallwitwenrente mit 24,50 RM., außerdem die reichsgesetzliche Witwenrente, die monatlich mit Grundbetrag 23,20 RM. beträgt, und für jedes Kind monatlich 24,50 RM. Unfallkinderrente. Die Gesamtbezüge würden an sich betragen:

Witwenpension ohne Grundbetrag	57,30 RM.,
Witwenrente ohne Grundbetrag, der nach § 1311 RVO. ruht,	14,80 RM.,
Waisengeld ohne Grundbetr. 3 × 19,10 RM. =	57,30 RM.,
Waisenrente ohne Grundbetrag, der nach § 1311 RVO. ruht, 3 × 10,35 RM. =	31,05 RM.,
Unfallwitwenrente	24,50 RM.,
Unfallkinderrente 3 × 24,50 RM. =	73,50 RM.,
zusammen	258,45 RM.

Die 80%-Höchstgrenze beträgt 98,00 RM., sie wird um 160,45 RM. überschritten. Dieser Betrag übersteigt zunächst die reinen kn. Bezüge (Witwenpension und Waisengeld) von 57,30 + 57,30 = 114,60 RM., die damit ganz in Wegfall kommen. Trotz dieser Kürzung wird die Grenze noch um 45,85 RM. überschritten. Die weitere Kürzung müßte an den Bezügen der JV. gleichmäßig vorgenommen werden. Diese betragen für sich 14,80 RM. + 31,05 RM. = 45,85 RM.; sie werden aber ebenfalls durch den noch anzurechnenden Restbetrag ganz getilgt. Bei diesem Beispiel kommen also sowohl die kn. als auch die reichsgesetzlichen Bezüge ganz in Wegfall, so daß die Witwe außer ihrer URente keinen Anspruch auf irgendwelche Leistungen aus der Pensions- oder JV. mehr hat, solange 3 Kinder an sich bezugsberechtigt sind. Das Verhältnis ändert sich beim Ausscheiden eines Kindes, weil dann die Unfallkinderrente für 1 Kind wegfällt und damit wieder Spielraum für die Zahlung kn. Renten entsteht. In diesem Falle würden zunächst die reichsgesetzlichen Bezüge wieder in Zugang kommen, soweit sie mit der URente zusammen die Höchstgrenze nicht überschreiten.

§ 109 [1]) (Neu).

(Abs. 1.) Hat ein Versicherter außer Beiträgen zur Reichsknappschaft auch Beiträge zur reichsgesetzlichen Invalidenversicherung entrichtet, so setzt jeder Versicherungsträger seine Leistungen fest. [2]) Jeder Versicherungsträger hat dem andern die Festsetzung einer Rente, ihr Ruhen oder ihren Wegfall unverzüglich mitzuteilen. [3])

(Abs. 2.) [4]) Hat ein Versicherter außer Beiträgen zur Reichsknappschaft auch Beiträge zur reichsgesetzlichen Angestelltenversicherung entrichtet, so setzt derjenige Versicherungsträger die Leistungen fest, an welchen zuletzt Beiträge entrichtet sind. War der Versicherte auch bei einer oder mehreren Ersatzkassen versichert, so sind sie vor Erteilung des Bescheids zu hören. Bei Streit wird in dem Vorverfahren entschieden, das dieses Gesetz vorschreibt.²) Der festsetzende Versicherungsträger erhält von dem andern Versicherungsträger den nach der nachgewiesenen Versicherungsdauer auf ihn entfallenden Teil des Grundbetrags²) und die für ihn angerechneten Steigerungsbeträge laufend erstattet.

1) Im § 109 sind die bisherigen §§ 80 bis 82 zusammengezogen; die Fassung beruht auf Beschlüssen des RT.Ausschusses (Ber. S. 72). Bei der Neufassung des G. sind die in der Beschlußfassung des Ausschusses getrennt gehaltenen Absätze 2 und 3 als inhaltlich zusammengehörig zu einem Abs. 2 zusammengezogen.

Die bisherigen Vorschriften gingen davon aus, daß bei einem Wandermitglied derjenige VTräger, dem das Mitglied zur Zeit des Eintritts des VFalls angehörte, die Leistungen aus allen Versicherungen (außer der UV.) festzusetzen habe. Insbesondere sollten auch Träger der IV. (LVAnstalten) g. F. die kn. Leistungen mit festsetzen. Dieser letztere Gedanke hat sich nicht bewährt, und die Praxis hat die bezüglichen Vorschriften des alten G. nicht beachtet (Ber. S. 72). Infolgedessen sind jetzt neue Vorschriften für die Festsetzung von Leistungen der IV. bei Wanderversicherten getroffen. Für die Festsetzung der Leistungen der AV. bleibt es im allgemeinen bei dem bisherigen Verfahren.

2) Die Vorschrift ist so aufzufassen, daß die RKn. in jedem Falle die Leistungen der Pensionsversicherung festsetzt. Sie setzt auch die Leistungen der Invalidenversicherung — unter Berücksichtigung der V. bei anderen VTrägern — dann fest, wenn zuletzt Beiträge zur IV. an sie entrichtet sind. Sind Beiträge zur IV. zuletzt an eine LVAnstalt entrichtet, so setzt diese die Leistungen unter Berücksichtigung der Beitragszeit bei der Reichsanstalt nach den allgemeinen Vorschriften der RVO. fest.

3) Diese Mitteilung ist notwendig im Hinblick auf die Ruhens- bezw. Kürzungsvorschriften der §§ 106 bis 108 RKG. Für kn. Dienststellen kommt eine Verpflichtung zur Mitteilung nur in Frage, wenn bei der Festsetzung der kn. Leistung feststeht, daß der Versicherte nach dem Ausscheiden aus der kn. Beschäftigung JVBeiträge zu einer anderen VAnstalt zahlte, so daß diese für die Festsetzung der reichsgesetzlichen Leistungen zuständig ist. Zweckmäßig wird eine entsprechende Mitteilung auch noch in der RVO. vorgeschrieben, wodurch die LVAnstalten auf die Pflicht zur Mitteilung besonders hingewiesen würden.

4) Für Wanderversicherte der AV. setzt in Uebereinstimmung mit dem bisherigen Rechtszustande der VTräger, an den zuletzt Beiträge entrichtet sind, sowohl die Leistungen der AV. wie die kn. Leistungen nach den Vorschriften über die Wanderversicherung (§§ 67 ff. RKG.) fest. Die sehr ins einzelne gehenden Vorschriften im bisherigen § 78 Abs. 2, 3, § 80 Abs. 2 und § 81 sind nicht übernommen, vielmehr ist nur bestimmt, daß etwa beteiligte Ersatzkassen vor der Erteilung des Bescheides (durch die Reichsanstalt oder die RKn.) zu hören sind, und daß bei Streit in dem Verfahren entschieden wird, welches das RKG. vorschreibt.

5) Diese Vorschrift muß auch auf den Fall bezogen werden, daß die Reichsanstalt festsetzt. In diesem Fall ist — abweichend vom § 252 AVG. — gegen den Bescheid der Reichsanstalt zunächst die Entscheidung des Ausschusses anzurufen. Im weiteren Instanzenzuge entscheiden KOVA. und Kn.Senat des RVA. (vergl. §§ 193, 195, 202 RKG.).

6) Nach den Vorschriften über die Wanderversicherung (§ 70) geht der Grundbetrag von 40 RM. ganz entweder zu Lasten der Reichsanstalt oder der RKn., je nachdem welche Wartezeit erfüllt ist. Eine Aufteilung des Grundbetrages pro rata temporis ist nicht vorgesehen, infolgedessen kommt nur eine laufende Erstattung von Steigerungsbeträgen in Frage. Zweckmäßig wird hierüber der RAM. näheres bestimmen (vergl.

§ 57 Abs. 3 AVG. und V. des RAM. über die Verrechnung der Beiträge der Wanderversicherten vom 25. 1. 23, RGBl. I S. 73).

§ 110 [1]) (Neu).

Gewährt ein Träger der Unfallversicherung einem Berechtigten, der eine Pension bezieht [2]), eine Rente oder Heilanstaltpflege (Anstaltpflege) aus der Unfallversicherung oder treten Aenderungen hierin ein, so hat er die Knappschaft unverzüglich zu benachrichtigen. [3]) Bei Verletztenrenten ist das Maß der Einbuße am Erwerbsfähigkeit anzugeben. [4])

1) Der § 110 beruht auf Beschlüssen des RT.Ausschusses erster Lesung und der Vollsitzung des RT. vom 9. 6. 26 (sten. Ber. S. 7410). Entsprechende Vorschriften sind für die JV. im § 1422 RVO., für die AV. im § 251 a AVG. getroffen.

2) Ob ein zu Leistungen der UV. Berechtigter eine kn. Leistung bezieht, ist dem Träger der UV. nicht ohne weiteres bekannt. Die Berufsgenossenschaften werden deshalb in ihren Meldeformularen die Frage aufzunehmen haben, ob der Verletzte oder seine Hinterbliebenen Leistungen aus der PV. beziehen oder zu beanspruchen haben.

3) Es handelt sich um eine gesetzliche Benachrichtigungspflicht. Anspruch auf Kostenersatz aus Anlaß der Benachrichtigung hat die Berufsgenossenschaft nicht.

4) Außer dieser Angabe ist für die Anwendung der Vorschriften in den §§ 106 bis 108 die Mitteilung der Höhe des Kinderzuschusses und der Höhe von Unfallhinterbliebenenrenten notwendig.

§ 111 (78).

(Abs. 1.) Versorgungsgebührnisse auf Grund des Reichsversorgungsgesetzes oder anderer Militärversorgungsgesetze dürfen vorbehaltlich des § 13 Abs. 2 des Reichsversorgungsgesetzes [5]) nicht auf Leistungen der Reichsknappschaft angerechnet werden.

(Abs. 2.) Für Ersatzansprüche der Reichsknappschaft an das Reich aus der Gewährung von Heilbehandlung, Krankengeld und Hausgeld gilt das Reichsversorgungsgesetz.[3])

§ 73 Entw.

1) „Die während des Krieges ergangenen sog. Knappschafts-Kriegsgesetze der Länder (vgl. z. B. §§ 8 und 1 der Preuß. Ges. vom 26. März 1915, GS. S. 61, und vom 24. April 1916, GS. S. 47/48) haben durch ausdrückliches Verbot die Anrechnung von Militärpensionen und Militärhinterbliebenenrenten, die aus Anlaß des Krieges gewährt werden, auf kn. Pensionen und Erziehungsbeihilfen ausgeschlossen. Die Anrechnung anderer, vor dem Kriege bewilligter Militärpensionen ist nach der Rechtsprechung des OSchG. i. K. (vgl. E. vom 16. Mai 1916, Kompaß 16 S. 160) nicht unzulässig. Der Entw. bestimmt nun allgemein, daß Versorgungsgebührnisse auf Grund des RVG. und anderer Militärversorgungsgesetze auf Leistungen des RKV. nicht angerechnet werden dürfen." (Begr. RKG. S. 60.)

2) Bei einer Krankheit, die Folge einer Dienstbeschädigung im Sinne des RVG. ist, besteht an sich sowohl die Leistungspflicht des Reichs wie der gesetzlichen KrV. (vgl. Anm. 3). Im allgemeinen wird Heilbehandlung durch die KrV. gewährt (§ 8 Abs. 3 RVG. i. d. F. vom 31. Juli 1925, RGBl. I S. 165). Neben Krankengeld werden die Bezüge der Reichsversorgung nicht gekürzt. Ein aus der KrK. gewährtes Hausgeld oder Krankengeld wird aber auf das Hausgeld der Reichsversorgung angerechnet (§ 13 Abs. 1, 2 a. a. O.). Auch auf das Sterbegeld der Reichsversorgung ist ein auf Grund anderer gesetzlicher Vorschriften zu zahlendes Sterbegeld (also Sterbegeld nach §§ 201 ff. RVO. und Bestattungsbeihilfe nach § 34 Abs. 1 Nr. 5, § 56 Abs. 1 Nr. 5 RKG.) anzurechnen (§ 34 Abs. 4 RVG.).

3) „In welchem Umfange der RKV. als Träger der KrV. Dienstbeschädigten im Sinne des RVG. Leistungen zu gewähren hat, bestimmt sich nach den §§ 8 ff. des RVG. Die Vorschriften

desselben Gesetzes (vgl. §§ 14 ff.) gelten für den Ersatzanspruch des RKV. an das Reich aus der Gewährung von Heilanstaltspflege, Krankengeld oder Hausgeld, und zwar sowohl in den Fällen, in denen der RKV. dienstbeschädigten Mitgliedern der KrK. die gesetzlichen und satzungsmäßigen Leistungen gewährt hat, als auch in den Fällen, in denen er nur nach den Vorschriften des RVG. (z. B. durch Fortsetzung der Heilbehandlung nach Ablauf der 26. Woche gemäß § 8 Abs. 3 Satz 2 des RVG.) eingetreten ist" (Begr. RKG. S. 60). Nach dem vierten Ges. zur Abänderung des RVG. vom 8. 7. 26 (RGBl. I S. 398) ist der Ersatzanspruch der KrK. aus § 14 RVG. bis 1. April 1927 befristet.

Achter Abschnitt.

Aufbringung und Verwaltung der Mittel.

I. Allgemeines.

§ 112 [1]) (83).

(Abs. 1.) Die Arbeitgeber und die Versicherten bringen die Mittel für die Versicherung [2]) auf.

(Abs. 2.) Für die Gewährung des Reichszuschusses zu den Leistungen der Invalidenversicherung gelten die Vorschriften der Reichsversicherungsordnung. [3])

§ 74 Entw.

1) Der bisherige § 83 ist unverändert in die Nov. übergegangen. Die im Ausschuß beschlossenen Zusätze zu § 83, betreffend die Bildung getrennter Abteilungen für Arbeiter und für Angestellte (Ber. S. 72, 132/34) sind bei der Neufassung des G. im § 17 Abs. 2 bis 7 und in den §§ 138, 141 wiedergegeben.

2) Wie Anm. 1 zu § 1 hervorhebt, hat das RKG. unter Ablehnung des Gedankens einer allgemeinen Volksfürsorge an dem Versicherungsprinzip festgehalten. Demgemäß bestimmt § 112 Abs. 1, daß die Mittel für die V. von den Arbeit-

gebern und den Versicherten aufgebracht werden. Ein bei Beratung der Nov. gestellter Antrag, die Beiträge zur PK. ausschließlich auf die Arbeitgeber umzulegen, ist abgelehnt worden. (Ber. S. 72 zu § 83.) Die Beiträge zur KrV. u. PV. sind aber anderweitig verteilt (§§ 117, 130).

3) Soweit die Rkn. als Sonderanstalt die JVers. durchführt, besteht wie bei den übrigen Trägern dieser V. der Anspruch auf den Reichszuschuß in der durch § 1285 RVO. bestimmten Höhe (jährlich 72 RM. für jede Invaliden-, Witwen- und Witwenrente, 36 RM. für jede Waisenrente.) Für die Verteilung der VLeistungen auf das Reich und die VTräger einschließlich der Rkn. gelten nach Beseitigung der früheren Vorschriften über Gemeinlast und Sonderlast die §§ 1403 bis 1406 RVO.

§ 113 [1]) (84).

(Abs. 1.) Die Erhebung [2]) der Beiträge [3/4]) erfolgt durch die Bezirksknappschaften oder die besonderen Krankenkassen. Die Reichsknappschaft kann die Erhebung der Beiträge den Bezirksknappschaften oder besonderen Krankenkassen entziehen, wenn diese nicht für eine ordnungsmäßige Erhebung und Abführung Sorge tragen. [5])

(Abs. 2.) Satzung und Sondervorschriften bestimmen das Nähere. [6])

§ 75 Entw.

1) Abs. 1 Satz 1 und Abs. 2 des § 113 entsprechen dem bisherigen § 84. Satz 2 des Abs. 1 ist durch die Nov. eingefügt.

2) Von der „Erhebung" der Beiträge ist zu unterscheiden die „Festsetzung" der Beiträge (vergl. für die KrV. § 120, für die PV. §§ 127 bis 129) sowie die dem Arbeitgeber obliegende Pflicht der „Einziehung" der Beitragsanteile der Versicherten (§ 114).

3) Das G. spricht hier nur von „Beiträgen", während im

§ 84 RKG. a. F. „Beiträge" und „Beitragsanteile" erwähnt wurden. Die Aenderung dürfte darauf beruhen, daß, abweichend von der bisherigen Ausdrucksweise des G. (vergl. 1. Aufl. Anm. 2 zu § 84), der Begriff „Beiträge" jetzt auch in der KrV. und PV. die Beitragsleistung beider Seiten umfaßt, so daß die nur vom Arbeitgeber oder nur vom Versicherten zu leistenden Beiträge, streng genommen, als „Beitragsteile" oder „Beitragsanteile" bezeichnet werden müßten, wie dies für den Beitrag zur JV. z. B. in den §§ 1432, 1458, 1491 RVO. geschieht. Im RKG. ist jedoch eine scharfe Trennung zwischen „Beiträgen" und „Beitragsanteilen" in diesem Sinne nicht durchgeführt (vergl. z. B. §§ 114, 117 Abs. 2, §§ 119, 130 bis 132).

4) Die Erhebung von Eintrittsgeldern zur KrK. oder zu den PK. ist abweichend von den früheren G. nicht mehr vorgesehen und daher unzulässig.

5) Die wichtige Aufgabe der Beitragserhebung war im § 84 RKG. a. F. für sämtliche VZweige den BezKV. und neben diesen für die KrV. den bes. KrK. als örtlichen Verwaltungsstellen des RKV. übertragen. Daran hat für den Regelfall auch die Nov. festgehalten. Auf Grund besonderer Erfahrungen ist aber für zweckmäßig erachtet worden, daß die Rkn. in gewissen Fällen die Erhebung der Beiträge an sich ziehen kann. Nach Mitteilungen im RT.Ausschuß ist es vorgekommen, daß die Bezirksvereine Anweisungen des RKV. hinsichtlich Erhebung der Beiträge zur PK. nicht befolgt haben. Um der Rkn. den genügenden Einfluß zu sichern, erhält sie nunmehr das Recht, die Erhebung der Beiträge den Bezkn. und den bes. KrK. zu entziehen und selbst zu übernehmen. Eine Regelung im umgekehrten Sinne, nämlich Beitragserhebung durch die Rkn. als Regel mit der Maßgabe, daß die Rkn. die Bezkn. mit der Erhebung beauftragen kann, hat der Ausschuß nicht für zweckmäßig erachtet in der Erwägung, daß „das Eigenleben der Bezirksvereine nicht beeinträchtigt" und die Zentralisierung nicht überspannt werden solle (Ber. S. 74). Vergl. noch die ähn-

lichen Vorschriften im § 120 Abs. 3, § 134 Abs. 2 und die der Rkn. gegenüber den Bezkn. eingeräumten Befugnisse in den §§ 174, 190.

6) Die Frage, ob die Beiträge als Monatsbeiträge zu entrichten sind, ist der Regelung durch Satzung oder Sondervorschriften entzogen (vergl. § 120 Abs. 1, § 131 Abs. 1, § 140 Abs. 1).

§ 114 [1]) (85).

(Abs. 1.) Die Arbeitgeber sind verpflichtet, die Beiträge oder Beitragsanteile der Versicherten [2]) von diesen einzuziehen und zugleich mit ihren eigenen Beiträgen oder Beitragsanteilen an die mit der Einziehung beauftragten Stellen [3]) abzuführen. Sie haften für die Einziehung und Abführung wie für eine eigene Schuld. [4]) Eingezogene, aber nicht abgeführte Beiträge sind dem Versicherten anzurechnen. [5])

(Abs. 2.) Die Versicherten sind verpflichtet, sich ihre Beiträge oder Beitragsanteile bei den Lohn- oder Gehaltszahlungen einbehalten zu lassen. Die Einbehaltungen sind auf die Lohn- oder Gehaltszeiten möglichst gleichmäßig zu verteilen. [6]/[7]).

(Abs. 3.) [8]) Ist ein Versicherter nicht während des ganzen Beitragszeitraums beschäftigt gewesen, so müssen mindestens drei Viertel des zur Auszahlung kommenden Lohnes oder Gehalts von Abzügen frei bleiben. Der nicht gedeckte Beitrag oder Beitragsanteil ist bei den nächsten Lohn- oder Gehaltszahlungen einzubehalten. Näheres bestimmen die Satzung und die Sondervorschriften.

§ 76 Entw.

1) § 85 entspricht inhaltlich den allgemeinen Vorschriften der §§ 393 bis 395, §§ 1426 ff., § 1432 RVO.

2) Abweichend von den Landesgesetzen (vgl. z. B. § 43 des

Preuß. KnG.) ist eine Verpflichtung der Arbeitgeber, auch Ordnungsstrafen, die gegen Mitglieder verhängt werden, von diesen einzuziehen, nicht vorgesehen. In Betracht kommen namentlich Strafen, die auf Grund des § 233 RKG. in Verbindung mit § 529 RVO. festgesetzt werden, oder sonstige Strafen zur Ahndung von Verstößen gegen die Satzung oder die Sondervorschriften. Strafen dieser Art können, wie nach der RVO., nur auf Grund der §§ 146, 28 RVO. wie Gemeindeabgaben beigetrieben werden, wofern ihnen nicht durch die Satzung die Eigenschaft außerordentlicher Beiträge oder von Beitragszuschlägen beigelegt wird, was unbedenklich zulässig erscheint. (Vgl. § 40 der bisherigen Satzung.)

3) Die Worte „die mit der Einziehung beauftragten Stellen" sind durch die Nov. mit Rücksicht auf die neue Fassung des § 113 (Abs. 1 Satz 2) an Stelle der früheren Worte „den Bezirksknappschaftsverein oder die besondere Krankenkasse" gesetzt worden (Ber. S. 75). Der Ausdruck „Einziehung" ist hier im Sinne von „Erhebung" gebraucht.

4) Die Haftung des Arbeitgebers erstreckt sich nur auf die von den beitrittspflichtigen, dagegen nicht auf die von den beitrittsberechtigten Mitgliedern zu entrichtenden Beiträge. Auch haftet der Arbeitgeber nur bis zu dem Betrage des von ihm jeweils zu zahlenden verdienten Lohns des Mitglieds (E. des OSchG. i. K. vom 25. Okt. 1911, Kompaß 12 S. 49).

5) Satz 3 des Abs. 1 ist bei Beratung des RKG. vom RT.Ausschuß eingefügt (Ber. RKG. S. 30). Die frühere Rechtsprechung hatte abweichend hiervon angenommen, daß aus der ungenügenden Erfüllung der Verpflichtung des Arbeitgebers, die Beiträge der bei ihm beschäftigten Mitglieder einzuziehen und an den KnV. abzuführen, Rechte der Mitglieder gegen den KnV. nicht entstehen (OSchG. i. K. vom 24. Aug. 1908, RL 20/08).

6) Die Zulässigkeit der Einziehung durch Einbehaltung bei den Lohnzahlungen ist mit Rücksicht auf die allgemeinen Vorschriften über Lohnpfändung und auf § 394 BGB. ausdrücklich

hervorgehoben. Streitigkeiten, die wegen der Anrechnung der Beiträge auf den Lohn entstehen sollten, sind für die KrV. und PV. nach § 194, für die JVers. nach § 197 Abs. 2 zu entscheiden.

7) Wegen der rechtlichen Stellung der Beiträge im Konkurse und bei der Zwangsvollstreckung in das unbewegliche Vermögen vgl. für das frühere Recht erste Aufl. Anm. 6 zu § 85, für das jetzige Recht § 143 Abs. 3.

8) Eine zu starke Beitragsbelastung der Versicherten, die nicht den ganzen Monat beschäftigt sind, wird durch Zerlegung der Monatsbeiträge vermieden (vgl. für die PV. Anm. 5 zu § 131). An dieser Stelle trifft das G. noch besondere Schutzbestimmungen, die zugleich eine Weiterentwicklung des schon im Abs. 2 des § 114 ausgedrückten Gedankens enthalten, daß bei der Einbehaltung der Beiträge vom Lohn schonend vorgegangen werden soll. Die Vorschrift des § 1433 RVO., wonach Abzüge, die bei einer Lohnzahlung unterblieben sind, nur bei der nächsten Lohnzahlung nachgeholt werden dürfen, ist nicht übernommen, weil die Beitragsrückstände unter Umständen so hoch sein können, daß zu ihrer Deckung auch auf spätere Lohnzahlungen zugegriffen werden muß. Die Reihenfolge, in der bei der Beitragsdeckung die verschiedenen VZweige zu berücksichtigen sind (Vorrang der KrKBeiträge vor den anderen Beiträgen usw.), wird zweckmäßig durch die Satzung oder die Sondervorschriften bestimmt. Die Regelung des Abs. 3 schließt nicht aus, daß der Kn. Beitragsausfälle entstehen, z. B. bei Personen, die nur kurze Zeit kn. Arbeit verrichten und dann zu einer anderen Beschäftigung übergehen. Solche Beitragsausfälle können jedoch unbedenklich getragen werden, weil durch vorübergehende Beschäftigung im allgemeinen keine Ansprüche auf laufende Leistungen erworben werden (vgl. Begr. RKG. S. 61).

§ 115 [1]) (86).

Unterbleibt die Anmeldung nach § 15 Abs. 3, § 28 Satz 2, § 49 Satz 2, § 101 Abs. 3, so kann die

Bezirksknappschaft[2]) oder die besondere Krankenkasse die Zahl der Versicherten, für welche Beiträge zu entrichten sind, nach ihrem Ermessen bestimmen.[3])

§ 77 Entw., Art. 9 Buchst. a Entw. d. Nov.

1) Die Vorschrift ist aus § 42 Abs. 3 des Preuß. KnG. übernommen; sie bildet neben den im § 233 angezogenen Strafvorschriften der §§ 530 und 1487 RVO. ein geeignetes Mittel, die ordnungsmäßige Erfüllung der Meldepflicht des Arbeitgebers zu sichern (vgl. Begr. RKG. S. 62).

2) d. i. der zuständige Abteilungsvorstand.

3) Die Fassung deckt auch den Fall der unvollständigen Anmeldung. Der Ausdruck „nach Ermessen" ist nicht gleichbedeutend mit „willkürlich" (RekBesch. vom 29. Juni 1878, Z. f. B. Bd. 19 S. 399).

§ 116[1]) (87).

Bei Arbeitsunfähigkeit[2]) sind für volle[3]) Kalendermonate, für die Krankenhilfe gewährt wird, keine Beiträge zu entrichten[4]), wenn nicht Anspruch auf Lohn oder Gehalt auch während der Krankheit besteht. Dasselbe gilt während des Bezuges des Wochen- und des Schwangerengeldes.[5])

§ 78 Entw., Art. 9 Buchst. b Entw. d. Nov.

1) Nach § 383 RVO. sind bei Arbeitsunfähigkeit für die Dauer der Krankenhilfe keine Beiträge zu entrichten. In der JVers. findet eine Anrechnung von Ersatzzeiten bei Berechnung der Renten nicht mehr statt, womit die Beitragsentrichtung bei Arbeitsunfähigkeit ebenfalls entfällt. „Der hiernach in der RVO. durchgeführte Grundsatz der Beitragsbefreiung für Krankheitszeiten muß auch von dem RKG. übernommen und folgerichtig auf die Beiträge zur PK. ausgedehnt werden, nachdem im § 24 (jetzt § 73 Abs. 2 d. G.) bereits bestimmt ist, daß für volle Krankheitsmonate die Steigerungssätze der PK. anzurechnen sind. Da es jedoch unberechtigt sein würde, Krankheitszeiten ohne Beitragsentrichtung

auch solchen Versicherten anzurechnen, die während der Krankheit Lohn oder Gehalt weiterbeziehen und bei Fortfall des Beitragsabzuges mehr an Entgelt erhalten würden als vor der Erkrankung, ist die Beitragsbefreiung auf die Fälle beschränkt, in denen Lohn oder Gehalt nicht weitergezahlt wird." (Begr. RKG. S. 62.)

2) Vgl. Anm. 2 a zu § 20.

3) „Die Freistellung von Beiträgen ist nur für volle Monate zugelassen, in welche die Krankheit fällt und für welche Krankenhilfe gewährt wird. Ist ein Monat nicht voll durch Krankheit gedeckt und hat während der übrigen Zeit, vielleicht auch nur an einem Tage Beschäftigung stattgefunden, so ist entsprechend dem Grundsatz, den das RVA. in der Revisionsentscheidung 443 (AN., Invaliditäts- und Altersversicherung, 1895 S. 223) für den Wochenbeitrag der JVers. aufgestellt hat, der volle Monatsbeitrag zu entrichten; ohne diese Beitragsentrichtung würde der Monat nicht anrechnungsfähig sein." (Begr. RKG. S. 62.) Die hier ausgesprochenen Grundsätze erleiden jedoch hinsichtlich der PV. jetzt eine Einschränkung durch § 131 Abs. 2.

4) Beiträge, die entgegen dieser Vorschrift erhoben sind, müssen zurückgezahlt werden. Wegen Entscheidung von Streitigkeiten s. Anm. 6 zu § 114.

5) Die früher gleichlautende Vorschrift der RVO. ist durch G. vom 27. März 1923 dahin geändert, daß für eine Versicherte während des Bezugs von Wochen- und Schwangerengeld Beiträge so lange nicht zu entrichten sind, als sie nicht gegen Entgelt arbeitet. Die Rechtslage nach dem RKG. und der RVO. stimmt also nicht völlig überein.

II. Beiträge zur Krankenversicherung.

§ 117 [1]) (Neu).

(Abs. 1.) Die Beiträge sind zu zwei Fünfteln von den Arbeitgebern und zu drei Fünfteln von den Versicherten zu tragen.

(Abs. 2.) **Versicherungsberechtigte[2]) haben neben den eigenen Beiträgen auch die der Arbeitgeber zu tragen.**

1) § 117 im Zusammenhang mit § 130 enthält eine der wesentlichsten Aenderungen der Nov. Das RKG. a. F. hatte an dem Grundsatz der meisten bisherigen KnG. festgehalten, wonach die Beiträge zur KrK. ebenso wie zur PK. von Arbeitgebern und Versicherten in gleicher Höhe zu entrichten sind (Halbierung der Beiträge). In Preußen bestand diese Regelung im Zusammenhang mit der paritätischen Verfassung seit 1. 1. 08. Den Ausgangspunkt für die jetzt beschlossene anderweitige Verteilung der Beiträge zur KrV. und PV. bildete die Aenderung der Organisation (vergl. §§ 147, 169). In der ersten Lesung des Ausschusses waren die die Organisation betreffenden Anträge nur mit geringer Mehrheit angenommen worden. Von den Gegnern der Anträge wurde namentlich eingewandt, daß gleichen Rechten gleiche Pflichten gegenüberstehen müßten, und daß bei einer Veränderung der Verfassung auch die Beiträge entsprechend geändert werden müßten, was noch den Aussch.-Beschl. erster Lesung nicht geschehen sei (Ber. S. 82 bis 84 zu § 113). In zweiter Lesung ist aus diesen Ausführungen die Folgerung gezogen und die Aenderung auch der Beiträge beantragt worden. Bei der allgemeinen Aussprache in der zweiten Lesung hat ein Abgeordneter bemerkt: „Die größeren Anteile an der Verwaltung halte er für so wichtig, daß er überzeugt sei, daß die Bergleute auch hierfür finanzielle Opfer bringen würden, sie würden lieber $^3/_5$ des Beitrags bei $^3/_5$ Anteil an der Verwaltung zahlen als den bisherigen Zustand beibehalten." Ein anderer Abgeordneter, der in erster Lesung gegen die Anträge, betreffend Aenderung der Verfassung, gestimmt hatte, hat in zweiter Lesung diesen Anträgen zugestimmt unter Abgabe der Erklärung, daß seine früheren Bedenken durch die anderweitige Verteilung der Beiträge behoben seien, daß er sich seine Stellung für das Plenum aber vorbehalten müsse, falls der Ausschuß Aenderung der Parität bei gleichbleibenden Beiträgen beschließen sollte (Ber. S. 142).

Die Erhöhung des Anteils der Versicherten an dem Gesamtbeitrag um 1/10 (jetzt 6/10 gegenüber bisher 5/10) ist beträchtlich und wird um so fühlbarer sein, als die bisherigen Gesamtbeiträge zur Deckung der neu eingeführten Leistungen werden erhöht werden müssen.

2) V.berechtigte Personen (vergl. § 15 Abs. 1 RKG., §§ 176, 310, 313, 313 a, 314, 380, 381 RVO. für die KrV., §§ 53, 77 RKG. für die PV.) haben aus eigenen Mitteln die vollen Beiträge (6/6) zu zahlen. Zu ihrem Arbeitgeber — soweit ein solcher überhaupt vorhanden ist — stehen sie nicht in rechtlichen Beziehungen.

§ 118 [1]) (89).

(Abs. 1.) [1]) Bei Familienhilfe (§ 205 b der Reichsversicherungsordnung) kann ein Zusatzbeitrag erhoben werden; diesen setzen die Sondervorschriften allgemein fest. Die Vorschriften der §§ 117, 119 bis 125 gelten hierfür nicht.

(Abs. 2.) Festsetzungen dieser Art bedürfen der Zustimmung der Aufsichtsbehörde (§ 189) [2]).

1) Die Vorschrift ist dem § 384 Abs. 2 und 3 RVO. nachgebildet. Im RKG. a. F. stand sie im Zusammenhang mit § 14 Abs. 3, betr. Gewährung der Familienhilfe an Familienangehörige, die an Orten wohnen, für die kein Vertragsverhältnis des RKV. mit Aerzten oder Apothekern besteht. Nachdem die Gewährung von Krankenpflege an Familienangehörige Pflichtleistung geworden ist, hat die Vorschrift Bedeutung nur noch für den Fall der Gewährung von Sterbegeld nach § 205 b Nr. 2 RVO. als Mehrleistung der Krankenkasse. Sie weicht insofern erheblich von der RVO. ab, als nach § 384 Abs. 2 „von den Versicherten mit Familienangehörigen" ein Zusatzbeitrag erhoben werden kann. Diese Vorschrift der RVO. ist damit begründet, daß es die an sich erwünschte Einführung der Familienhilfe fördern und den eigenen Wünschen der Mitglieder mit Familienangehörigen entsprechen kann, wenn sie die

Mehrkosten daraus ganz oder zum Teil durch Zusatzbeiträge übernehmen. Der RT.Ausschuß hat sich jedoch auf den Standpunkt gestellt, daß den Versicherten mit Familienangehörigen keine höheren Beiträge zugemutet werden dürfen, daß die Kosten der Familienunterstützung vielmehr allgemein getragen werden müßten (Ber. RKG. S. 31.) Falls die Sondervorschriften für Sterbegeld nach § 205 b Nr. 2 RVO. einen Zusatzbeitrag festsetzen, ist er also schlechthin von sämtlichen KrKMitgliedern zu entrichten, ohne Rücksicht darauf, ob sie Familienangehörige haben oder nicht. Das soll auch durch das Wort „allgemein" im zweiten Halbsatz zum Ausdruck gebracht werden.

2) Die Aufsichtsbehörde tritt hier an die Stelle des OVA. (Vgl. die allgemeine Vorschrift für die KrV. im § 27.)

§ 119 [1]) (90).

Die Beiträge der Versicherten [2]) sind in einem Bruchteil des Arbeitslohns, Gehalts oder Grundlohns oder in einem festen Satze so zu bemessen, daß sie unter Hinzurechnung der Beiträge der Arbeitgeber und sonstiger Einnahmen [3]) der Krankenkasse ausreichen, deren gesetzliche und durch die Sondervorschriften bestimmte Ausgaben zu decken [4]) und außerdem eine Rücklage im Mindestbetrage der durchschnittlichen Jahresausgabe der letzten drei Jahre anzusammeln und auch die Rücklage so hoch zu ergänzen. [5])

§ 80 Entw.

1) § 119 entspricht den früheren landesgesetzlichen Vorschriften (vgl. z. B. § 37 des Preuß. KnG.), jedoch ist nach dem Vorbild des § 385 RVO. die Erhebung der Beiträge auch in Bruchteilen (Hundertsteln) des Grundlohns vorgesehen, die jetzt gebräuchlichste Form der Beitragserhebung.

2) Die „Beiträge" der Versicherten im Sinne dieser Vorschrift sind gleich $^{2}/_{3}$ der „Beiträge" im Sinne des § 117 Abs. 1. Gemeint sind „Beitragsanteile".

3) Sonstige Einnahmen sind: Schenkungen, Zinsen aus dem

angesammelten Vermögen und Geldstrafen, die zur KrK. fließen, z. B. die nach § 233 in Verbindung mit § 529 RVO. festgesetzten Geldstrafen gegen Mitglieder wegen Verstoßes gegen die Krankenordnung oder gegen Anordnungen des Arztes.

4) Die KrVBeiträge sind so zu bemessen, daß sie die gesamten Ausgaben der KrK. einschließlich der Verwaltungskosten, vor Allem die gesetzlichen Regelleistungen einschließlich der Zuschläge zum Krankengeld und der Familienhilfe (§§ 22, 23) sowie etwaige Mehrleistungen decken. Ein Rückgriff auf das Vermögen der PK. der Rkn. zur Deckung von KrKVerbindlichkeiten ist an sich rechtlich möglich, wird aber kaum jemals vorkommen (vgl. Begr. zu § 11 des Entw. RKG. S. 40 und Anm. 4 zu § 8, Anm. 5 zu § 17).

5) Die Vorschrift über die Ansammlung einer Rücklage entspricht dem § 364 RVO. Zweck der Rücklage ist, eine vorübergehende erhebliche Steigerung der Ausgaben, wie sie z. B. bei Epidemien vorkommen kann, oder einen Ausfall an Beiträgen (bei Streiks oder Aussperrungen) auszugleichen, ohne daß eine Erhöhung der Beiträge notwendig wird. Für die Anlegung der Bestände gelten nach § 142 RKG. die Vorschriften der RVO. (§§ 26 bis 27 f). Die Anlegung muß so erfolgen, daß wenigstens ein namhafter Betrag sofort flüssig gemacht werden kann. Die Rücklage ist von dem Stammvermögen der Kasse getrennt zu halten und zu verrechnen.

§ 120 (91).

(Abs. 1.) Die Bezirksknappschaften oder besonderen Krankenkassen [1]) setzen die Beiträge als Monatsbeiträge [2]) fest.

(Abs. 2.) Die Festsetzung bedarf der Genehmigung der Reichsknappschaft. [3])

(Abs. 3.) Reichen die von der Bezirksknappschaft festgesetzten Beiträge nicht aus, so hat die Reichsknappschaft eine anderweitige Festsetzung anzuordnen.

Wird die Anordnung nicht befolgt, so setzt die Reichsknappschaft die Beiträge fest.[4])

§ 81 Entw.

1) Die Festsetzung der KrK. Beiträge ist grundsätzlich den Bezkn. oder bes. KrK. übertragen, weil sie in der Durchführung der KrV. im allgemeinen selbständig sind (vergl. Anm. 1 zu § 17). Ein bei Beratung der Nov. gestellter Antrag, die Festsetzung der KrK.Beiträge unter Ausschaltung der Bezkn. der Rkn. zu übertragen, ist abgelehnt worden (Ber. S. 75 bis 77). Vergl. auch Anm. 5 zu § 113.

2) Die Beiträge sind hier, wie in der PV. und JV., als Monatsbeiträge festzusetzen. Die allgemeine Festsetzung von Monatsbeiträgen (an Stelle der in der KrV. und JV. üblichen Wochenbeiträge) war in dem Entwurf des RKG. (vergl. die in der 1. Aufl. Anm. 4 zu § 84 abgedruckte Stelle der Begr. S. 61) eingehend begründet; sie hat sich bewährt. Falls die Beiträge in Hundertsätzen des Lohnes oder Gehalts zur Hebung kommen, hat die Möglichkeit der Zerlegung des KrK.Beitrags, worauf an der angeführten Stelle der Begr. besonders hingewiesen war, nur geringe Bedeutung, weil bei dieser Form der Beitragserhebung immer nur der im Laufe eines Monats wirklich verdiente, der Zahl der verfahrenen Schichten entsprechende Lohn berücksichtigt wird.

3) Der Entw. des RKG. sah keinerlei Mitwirkung des RK. bei der Festsetzung der Beiträge vor, um die Selbständigkeit der KrKVerwaltung nicht zu beschränken. Der Reichstag hat bei Beratung des RKG. die Einfügung des Abs. 2 beschlossen, obwohl von Regierungsseite darauf hingewiesen war, daß eine schnelle Anpassung der Beiträge an veränderte wirtschaftliche Verhältnisse (Erhöhung des Grundlohns und dergl.) notwendig werden könne, und daß die Beweglichkeit der Festsetzung durch die Genehmigung des RKV. stark beeinträchtigt werde (Ber. RKG. S. 31).

4) Abs. 3 ist durch die Nov. eingefügt (Ber. S. 135). Die

Einschaltung beruht auf ähnlichen Gründen wie die des § 113 Abs. 1 Satz 2. Vgl. Anm. 5 zu § 113.

§ 121 [1]) (92).

Die Mittel der Krankenkasse dürfen nur zu den durch die Sondervorschriften bestimmten Leistungen [2]), zur Füllung der Rücklage, zu den Verwaltungskosten [3]) und für Zwecke der besonderen oder allgemeinen Krankheitsverhütung [4]) verwendet werden.

§ 82 Entw.

1) § 121 entspricht dem § 363 Abs. 1 RVO., der zur Herbeiführung einer gleichen Rechtslage für die KrV. der Kn. übernommen ist.

2) Unter den Begriff der Leistungen im Sinne der Vorschrift fallen nicht nur solche, die einem einzelnen Versicherten nach Maßgabe der Sondervorschriften gewährt werden, sondern auch Aufwendungen allgemeiner Art, die allen Versicherten zugute kommen und die Gewährung der Leistungen erleichtern sollen, also Zwecken der KrV. dienen. Daher ist der Bau von Krankenhäusern gestattet, da die Gewährung der Krankenhauspflege Aufgabe der KrK. ist (vgl. für das frühere Recht in Preußen Erlaß des Ministers des Innern vom 25. Mai 1898, Ministerialblatt für die innere Verwaltung S. 146). Wegen Genehmigung der Aufsichtsbehörde vgl. Anm. 1 zu § 142.

Ein umfassende Tätigkeit für Personen, die der KrV. nicht angehören, obliegt den Bezkn. oder bes. KrK. bei Durchführung des RVG. (vgl. §§ 8 ff. daselbst). Die Kosten der zu gewährenden Heilbehandlung werden ganz oder zum Teil vom Reich erstattet (§ 14 a. a. O.).

3) Wie in der KrV., gehen auch in der PV. die Verwaltungskosten der Bezkn. zu deren Lasten (vergl. § 128 Abs. 1 Nr. 6).

4) Hier werden, obwohl durch die jetzige Fassung Zwecke „der besonderen Krankheitsverhütung" einbezogen sind, vorwiegend nur allgemeine Maßnahmen der Gesundheitsfürsorge in

Frage kommen, wie die Bekämpfung der Volkskrankheiten, Wohnungsfürsorge und dergl. Vorbeugende Maßnahmen, die die Entstehung künftiger Krankheiten bei einem einzelnen Mitgliede verhindern sollen, würden die Mittel der KrK. zu sehr belasten und bleiben daher der PV. oder IV. überlassen. Aufwendungen der KrK. für allgemeine Maßnahmen der bezeichneten Art sind auch nur insoweit zulässig, als nach Deckung aller gesetzlichen Pflichtleistungen die Beiträge dafür ausreichen (vergl. noch § 100 und Anm. 1 daselbst).

§ 122 [1]) (Neu).

Werden die gesetzlichen Regelleistungen [2]) der Bezirksknappschaft [3]) bei zehn vom Hundert des Grundlohns nicht gedeckt, so können die Beiträge nur auf übereinstimmenden Beschluß der Arbeitgeber und Versicherten [4]) noch weiter erhöht werden.

1) § 122 ist im Zusammenhang mit § 133 nach Beschlüssen des RT.Ausschusses dritter Lesung durch die Nov. eingefügt. Die §§ 122, 133 stehen im Zusammenhang mit den Verfassungsänderungen (§§ 147, 169). Bei Erörterung dieser Aenderungen war im Ausschuß eine getrennte Abstimmung bei allen Fragen, die von finanzieller Bedeutung sind, gewünscht worden. Diesen Wunsch haben die Mehrheitsparteien abgelehnt, weil damit für wichtige Angelegenheiten auf Umwegen die Parität wieder eingeführt würde. Der Ausschuß hat aber Sicherungen gegen ein übermäßiges Anwachsen der Beiträge in der KrV. und der PV. für erforderlich erachtet. In der KrV. soll diese Sicherung durch den dem § 389 RVO. nachgebildeten § 122 geboten worden (vergl. Ber. S. 159).

2) Zu den gesetzlichen Regelleistungen der BezKn. gehören auch die Zuschläge zum Krankengeld und die Familienhilfe (§§ 22, 23).

3) Wegen der bes. KrK. vergl. §§ 123, 124.

4) Vergl. § 175 Abs. 2 Nr. 1.

§ 123 [1]) (93).

Reichen die Mittel einer besonderen Krankenkasse nicht zur Deckung der laufenden Ausgaben [2]) aus, so sind die Arbeitgeber zur Leistung der erforderlichen Vorschüsse verpflichtet.

§ 83 Entw.

1) Die §§ 123 und 124 gelten nur für besondere KrK. Sie sind aus dem Preuß. KnG. übernommen und sollten nach der Absicht des Entw. des RKG. u. a. eine Maßnahme gegen die Errichtung bes. KrK. in Fällen bilden, in denen die vom Entw. angenommenen Voraussetzungen hierfür nicht vorliegen. Diese Bedeutung tritt stark zurück, nachdem die Bildung bes. KrK. schon durch die Vorschriften im § 18 erschwert worden ist (vgl. Anm. 1 zu § 18).

2) § 123 verpflichtet den Arbeitgeber zur Leistung von Vorschüssen für sämtliche laufenden Ausgaben, falls die Mittel unzureichend sind, geht also weiter als § 124, der sich nur auf die Sicherstellung der gesetzlichen Regelleistungen bezieht.

§ 124 (94).

Werden die gesetzlichen Regelleistungen einer besonderen Krankenkasse [1]) nicht durch die Beiträge gedeckt, nachdem diese für die Versicherten zehn vom Hundert [2]) des durchschnittlichen Arbeitslohns, Gehalts oder Grundlohns, wonach die Beiträge bemessen werden, erreicht haben, so müssen die Arbeitgeber die Zuschüsse zur Deckung der gesetzlichen Regelleistungen aus eigenen Mitteln leisten.

§ 84 Entw.

1) Auch bei der bes. KrK. gehören Zuschläge zum Krankengeld und Familienhilfe (§§ 22, 23) zu den gesetzlichen Regelleistungen.

2) Nach dem Vorgange des § 390 RVO. ist hier die Zuschußpflicht des Arbeitgebers wie bei Betriebskrankenkassen

vorgesehen, wenn Beiträge der Versicherten in Höhe von 10 v. H. unzureichend sind. (Vgl. § 122.)

§ 125 (95).

(Abs. 1.) Genügen die Beiträge nicht dem § 119, so sind sie zu erhöhen oder die Leistungen bis auf die gesetzlichen Regelleistungen zu mindern; laufende Leistungen bleiben unberührt.[1])

(Abs. 2.) Näheres bestimmen die Reichsknappschaft und die Sondervorschriften.[2])

§ 85 Entw.

1) Abs. 1 entspricht im Grundgedanken dem § 391 Abs. 1 RVO. Die Vorschrift gilt sowohl für Bezkn. wie für besondere KrK.

2) Abweichend von der RVO. sind Maßnahmen der Aufsichtsbehörde nicht vorgesehen. Gegebenenfalls greift die Rkn. kraft ihrer allgemeinen Aufsichtsbefugnis oder auf Grund des § 120 Abs. 3 ein; etwa erforderliche Aenderungen der Leistungen oder Beiträge sind dann von den Bezkn. mit Genehmigung der Rkn. durch die Sondervorschriften zu beschließen. (Begr. RKG. S. 62.) Erff. setzt die Rkn. von sich auch die notwendigen Beiträge fest.

§ 126[1]) (96).

Die Bezirksknappschaften und besonderen Krankenkassen haben der Aufsichtsbehörde (§ 189) alljährlich einen Rechnungsabschluß sowie die geforderten statistischen Nachweisungen einzureichen. Näheres bestimmt der Reichsarbeitsminister.[2])

1) Die Vorschrift ist dem § 367 RVO. nachgebildet, von einer Einzelaufzählung der einzureichenden Nachweisungen jedoch abgesehen.

2) Unter dem 22. Januar 1924, II[1] 296/24, hat der Reichsarbeitsminister bestimmt, daß für die Rechnungsführung der Krankenversicherung die Vorschriften der Verordnung über

Art und Form der Rechnungsführung bei Orts-, Land-, Betriebs- und Innungskrankenkassen vom 9. Oktober 1913 (Zentralblatt für das Deutsche Reich S. 1009) in der Fassung der Verordnung über Abänderung der Rechnungsführung bei Krankenkassen vom 25. November 1922 (Zentralblatt für das Deutsche Reich S. 1036) maßgebend sind (vergl. Kompaß 1924 S. 34). Inzwischen sind neue Vorschriften über das Muster für den Rechnungsabschluß ergangen durch Bekanntmachung über Abänderung der Rechnungsführung bei Krankenkassen vom 7. November 1924 (Reichsarbeitsblatt S. 449).

III. Beiträge zur Pensionsversicherung.

Vorbemerkung.

In diesem Unterabschnitt hat die Nov.., abgesehen von der anderweitigen Verteilung der PK.Beiträge (§ 130), wichtige Aenderungen namentlich durch Trennung von Gemeinlast und Sonderlast gebracht. Sie hat sich damit dem Vorbilde der reichsgesetzlichen IV. angeschlossen. Zwar ist in der IV. die buchmäßige Trennung von Gemeinvermögen und Sondervermögen seit dem Jahre 1921 fortgefallen, die Schaffung einer Gemeinlast ist aber für die Entwickelung der IV. von großer Bedeutung gewesen, und auch heute noch besteht in der IV. in dem Sinne eine Gemeinlast, daß nach § 1405 RVO. die Zahlungen, soweit sie nicht dem Reiche zur Last fallen, auf sämtliche VTräger nach Maßgabe ihrer Beitragseinnahmen im letzten Geschäftsjahr verteilt werden.

Wie in der IV. ist die jetzt vom RT. beschlossene Trennung von Gemeinlast und Sonderlast in der PV. auf die verschiedene Belastung der einzelnen Bezirke aus Renten und die großen Abweichungen in der Höhe der Beiträge zurückzuführen. Aus Tabellen, die von der Reichsregierung im RT.-Ausschuß vorgelegt sind, ergibt sich, daß stellenweise auf 100 Mitglieder 8,7 Pensionen entfallen, während in einzelnen Fällen auf 100 Mitglieder 30, 45, 61 Pensionen und im Durchschnitt auf 100 Mitglieder 29 Pensionen entfallen; dabei sind Witwenpensionen und

Waisengeld auf Invalidenpensionen umgerechnet. (In der JV. entfallen demgegenüber auf 100 Mitglieder nur 12 bis 14 Renten.) Ebenso stark sind die Abweichungen in den bisherigen PK.Beiträgen, die zwischen 4,75 bis 15 v. H. des Lohnes in den einzelnen Revieren schwankten. Dieser Zustand ist dadurch entstanden, daß die Satzung des RKV. die Aufbringung der Mittel zur Deckung der PK.Leistungen im wesentlichen den Bezkn. überließ. Nach § 71 der Satzung hatten die einzelnen BezkV. als Zuschläge aufzubringen u. a. die zur Deckung der TZul. erforderlichen Mittel; nur die Deckungsmittel für die Pflichtleistungen nach § 28 RKG. (Steigerungsbeträge) waren von den Bezkn. gleichmäßig aufzubringen. Da die vor dem 1. 1. 24 festgesetzten Pensionen ausschließlich und die nach dem 1. 1. 24 festgesetzten ganz überwiegend aus TZul. bestanden, waren einzelne Bezkn. mit hoher Rentenlast und zum Teil wenig rentablem Bergbau zur Aufbringung der erforderlichen Mittel nicht in der Lage (sog. notleidende Vereine). Infolgedessen mußte die Rkn. einspringen, die rechtlich für die Erfüllung der PK.Leistungen haftet. Sie hat den notleidenden Vereinen auf verschiedenen Wegen zu helfen gesucht, die sich teils aus rechtlichen Gründen, teils infolge praktischer Schwierigkeiten nicht als gangbar erwiesen. Die Gemeinlast soll nunmehr einen Ausgleich schaffen, indem grundsätzlich die Gesamtheit im Verhältnis des Lohnes die Lasten trägt (Aussch.Ber. S. 26 ff.). Dadurch werden die kn. Leistungen auch in Gebieten mit absterbendem Bergbau sichergestellt, und Vereine, die wegen des Mißverhältnisses zwischen der Zahl der Pensionäre und der aktiven Mitglieder Not leiden, werden entlastet. Im übrigen ist bei der Einführung der Gemeinlast noch erwogen, daß gegenüber der wachsenden Zahl von Pensionsempfängern die Belegschaft voraussichtlich noch weiter zurückgehen wird, und daß eine sorgsame Finanzgebarung geboten ist, um den Haushalt der kn. V. in Ordnung zu halten.

Die Frage der Lastenverteilung ist auch durch die Verhandlungen über AP. und Altersruhegeld beeinflußt worden.

Der RT.Ausschuß hat sich auf den Standpunkt gestellt, daß die Aufbringung der Kosten der AP. den Bezkn. zu überlassen sei, weil hier besondere Verhältnisse einzelner Vereine in Betracht kämen, hat es aber für richtig erachtet, von den PK.Mitgliedern, deren Tätigkeit Anspruch auf AP. begründet, einen besonderen Beitrag zu erheben, der über den zur Deckung der gewöhnlichen Leistungen (Gemeinlast) erforderlichen Beitrag hinausgeht.

Die vom RT. beschlossenen Neuerungen sind nicht ohne Widerspruch geblieben. U. a. ist eingewandt, daß man eine Gemeinlast nur für Bergbauzweige durchführen könne, die in sich ähnlich seien, vielleicht gruppenweise für Steinkohle, Erz, Braunkohle und Kali; es müsse berücksichtigt werden, daß die Arbeiter z. B. im Braunkohlenbergbau nicht unter solcher Gefährdung des Lebens arbeiten wie Steinkohlenarbeiter, und deshalb solle man die erhöhte Leistung der AP. nur den Arbeitern zugestehen, die unter solchen besonderen Verhältnissen arbeiteten (Ber. S. 27). Die Gemeinlast hat sich aber gegenüber diesen und anderen Einwendungen durchgesetzt und ist mit großer Mehrheit vom RT. beschlossen worden. Eine Ueberspannung der Zentralisierung ist dadurch vermieden, daß den einzelnen Bezkn. die Aufbringung der Beiträge für die AP., Verwaltungskosten, KrV. usw. belassen ist, um auf diese Weise ein bestimmtes Eigenleben und ein Interesse an der Beitragshöhe bei den Bezirksvereinen wachzuhalten (Ber. S. 76).

Von Bedeutung in diesem Zusammenhang ist noch die mehrfach angeschnittene Frage der Gewährung eines Reichszuschusses zu den Leistungen der PV. nach dem Vorbilde der JV. Der Sozialpolitische Ausschuß des RWR. hat sich auf den Standpunkt gestellt, daß zur Deckung eines Teiles der Lasten der PV. eine Reichsbeihilfe erforderlich sei, und mit 15 : 13 Stimmen einen Antrag angenommen, wonach zu den laufenden Leistungen der kn. PV. ein Reichszuschuß in gleicher Höhe wie in der reichsgesetzlichen JV. zu zahlen ist (Ber. des RWR. Nr. 1777 der Drucksachen des RT.

S. 3 und 6). Bei der Beratung im RT.Ausschuß sind ähnliche Anträge nicht gestellt. Ein in der dritten Lesung im Plenum eingebrachter Antrag auf Einschaltung eines den Reichszuschuß betreffenden § 83 a hat Ablehnung gefunden, nachdem sich der RAM. hauptsächlich wegen der finanziellen Aus- und Rückwirkungen gegen die Bereitstellung von Reichsmitteln ausgesprochen hatte. Auch aus der Mitte des RT. ist bemerkt worden, daß eine für eine bestimmte Gruppe von Arbeitern geschaffene Sonderversicherung sich aus eigener Kraft erhalten müsse (sten. Ber. über die Sitzung vom 22. 6. 26 S. 7510/11).

§ 127 (Neu).

(Abs. 1.) Von allen Bezirksknappschaften gemeinsam aufzubringen (Gemeinlast) sind die Deckungsmittel

1. für Invalidenpension nach § 35 und Ruhegeld nach § 57 in Höhe von achtzig vom Hundert [1]) aller Leistungen dieser Art,
2. für Witwenpension, Waisengeld und Bestattungsbeihilfe [2]),
3. für die Rücklage der Gemeinlast [3]),
4. für die Verwaltungskosten der Reichsknappschaft.

(Abs. 2.) [4]) Die Beiträge [5]) zur Gemeinlast setzt die Reichsknappschaft [6]) fest.

1) JP. und Ruhegeld sind nicht voll, sondern nur mit 80 v. H. in die Gemeinlast übernommen, damit die Bezkn. wegen der sie belastenden 20 v. H. an einer vorsichtigen Handhabung der Invalidisierung interessiert bleiben. Der mit Rücksicht auf notleidende Vereine im Ausschuß wiederholt geäußerte Wunsch, die JP. ganz in die Gemeinlast zu nehmen, ist in dieser Form nicht erfüllt. Den Wünschen der notleidenden Vereine kommt aber der bei den Beratungen im Plenum eingeschaltete Abs. 3 des § 128 entgegen (vergl. Anm. 2 zu § 128).

2) Die Hinterbliebenenrenten sind ganz auf die Gemeinlast übernommen, weil das Risiko des Anfalls dieser Renten (Sterb-

lichkeit der Mitglieder) in den verschiedenen Bezirken durchweg gleich ist, ebenso die Bestattungsbeihilfe.

3) Vergl. hierzu § 132 Abs. 1.

4) Schon nach bisherigem Recht gehörte die Festsetzung der PK.Beiträge zu den Aufgaben der Rkn. (vergl. Erklärung des Regierungsvertreters im RT.Ausschuß Ber. S. 74). Jedoch fehlte es an einer klaren Bestimmung hierüber im alten G., welches zwischen Beiträgen zur Deckung der Steigerungsbeträge und Zuschlägen zur Deckung der TZul. unterschied (vergl. § 70 der Satzung). Nunmehr ist klargestellt, daß die Rkn. die Beiträge festsetzt, was dem Gedanken der Gemeinlast entspricht.

5) Von den „Beiträgen" zur Gemeinlast sind zu unterscheiden die zur Deckung der Sonderlast erforderlichen „Zuschläge" (§ 128 Abs. 2). Eine scharfe Trennung zwischen „Beiträgen" und „Zuschlägen", zu denen noch „Zusatzbeiträge" im Falle des § 129 hinzukommen, ist aber nicht überall im G. durchgeführt (vergl. z. B. § 130, § 132 Abs. 3, §§ 135, 136).

6) D. i. der Abteilungsvorstand für Arb.Angel. bezw. für Angest.Angel. (§ 152).

§ 128 (Neu).

(Abs. 1.) Von den Bezirksknappschaften selbständig aufzubringen (Sonderlast) sind die Deckungsmittel

1. für die in ihrem Bezirke zu gewährenden Leistungen an Invalidenpension nach § 35 und Ruhegeld nach § 57 in Höhe von zwanzig vom Hundert [1]),
2. für Invalidenpension nach §§ 36, 37 und Ruhegeld nach §§ 58, 59 [2]),
3. für freie ärztliche Behandlung und Arznei für Knappschaftsinvaliden und Ruhegeldempfänger [3]),
4. für freiwillige Leistungen und Heilverfahren [4]),

5. für Erstattung von Lohnausfall (§ 89),

6. für ihre Verwaltungskosten.[5])

(Abs. 2.) Die Mittel für die Sonderlast sind durch Zuschläge[6]) zu den nach § 127 Abs. 2 festgesetzten Beiträgen aufzubringen. Die Zuschläge setzt die Bezirksknappschaft fest.[7]) Die Festsetzung bedarf der Genehmigung der Reichsknappschaft.[8])

(Abs. 3.)[9]) Ueberschreiten bei einer Bezirksknappschaft die Zuschläge die Grenze, welche die Reichsknappschaft festsetzt, so hat die Reichsknappschaft, wenn und solange die besonderen Umstände[10]) es erfordern, aus den Mitteln für die Gemeinlast die notwendige Beihilfe zu leisten.

1) Vergl. Anm. 1 zu § 127.

2) Die Zuteilung der AP. und des Altersruhegeldes an die Sonderlast ist nach dem Ausschuß-Ber. im wesentlichen durch die hohe Zahl der Alterspensionäre an der Ruhr (26 000 von insgesamt 33 000) bestimmt worden, obwohl sich diese Zahl unschwer aus der Verteilung der Belegschaft an der Ruhr (70 % unter Tage) erklärt und entgegen wiederholt aufgestellter Behauptung andere Bezirksvereine zu Beiträgen für die Alterspensionäre der Ruhr-Kn. nicht herangezogen worden sind. Ein Abgeordneter hat erklärt, daß er mit der Uebernahme der AP. auf die Sonderlast nur in Rücksicht auf die immer wiederkehrende Behauptung, daß die für die AP. aufgewandte Summe an der Ruhr von anderen Bezirksvereinen getragen werden müßte, einverstanden sei (Ber. S. 76). Es trifft zu, daß die Zahl der Alterspensionäre an der Ruhr gegenüber anderen Bezirken des Steinkohlenbergbaues (Schlesien, Sachsen) verhältnismäßig hoch ist. Die Gründe hierfür sind nicht hinreichend aufgeklärt. Für die Zukunft ist eine stärkere Inanspruchnahme der AP. aber auch in den anderen Gebieten zu erwarten. Den Bezkn. wird daher aus der AP. eine fühlbare Last erwachsen,

und hauptsächlich auch wohl mit Rücksicht hierauf ist die Vorschrift des Abs. 3 aufgenommen.

3) Vergl. §§ 43, 44, 64.

4) Vergl. §§ 45 bis 48, 65.

5) Die Verwaltungskosten der Bezirksvereine für die KrV. und die PV. waren schon bisher von den Bezirksvereinen selbst zu tragen (§ 75 der Satzung). Insoweit die Bezkn. die Geschäfte der Rkn. als Sonderanstalt zu erledigen haben, wird ein bestimmter Betrag gemeinsam für Verwaltungskosten und Heilverfahren ausgeworfen, der von der Rkn. den Bezkn. mitgeteilt wird. (Vergl. im übrigen wegen der Verteilung der Verwaltungskosten Rundschreiben Nr. 49 des RKV. vom 21. September 1925, Kompaß S. 183.)

6) Vergl. Anm. 5 zu § 127.

7) D. i. der Abteilungsvorstand für Arbeiter- bezw. Angestellten-Angelegenheiten (§ 173).

8) Das Genehmigungsrecht der Rkn. findet eine Ergänzung in der Vorschrift des § 134 Satz 2.

9) Abs. 3 beruht auf einem Beschluß der Vollsitzung des RT. vom 9. 6. 26 zu § 97 β (sten. Ber. S. 7411). Im RT.Ausschuß war man der Auffassung gewesen, daß besondere Vorschriften zu Gunsten notleidender Bezirksvereine nicht notwendig seien, weil schon § 97 d (§ 127 Abs. 2 des G.) die Möglichkeit biete, bei Festsetzung der Beiträge zur Gemeinlast auf besondere Verhältnisse einzelner Vereine Rücksicht zu nehmen. Ein Regierungsvertreter hat erklärt: Nach § 97 d Abs. 2 setzt der Vorstand der Rkn. die Beiträge zur Gemeinlast fest. Die Fassung sei allgemein, sie zwinge nicht zur starren Gleichmäßigkeit gegenüber allen Bezkn., sie lasse, wenn auch nur in engen Grenzen, Unterschiede in der Beitragshöhe zu. (Ber. S. 159). Diese Gedanken sind durch den erwähnten Beschluß der Vollsitzung nachträglich in das G. aufgenommen worden.

10) Nach der erwähnten Erklärung des Regierungsvertreters kommen als besondere Umstände dieser Art in Betracht: Art oder Leistungsfähigkeit des Bergbaues in einem Bezirke,

ungewöhnlich hohe Zahl der Leistungsempfänger im Verhältnis zur Zahl der aktiven Mitglieder usw. Damit ist anerkannt, daß einzelne Bezkn. auch aus wirtschaftlichen Gründen (Mangel der Rentabilität des Bergbaues, geringe Lohnhöhe) zu den notleidenden gerechnet werden können.

§ 129 [1]) (Neu).

Zur Deckung der Invalidenpensionen nach den §§ 36, 37, 58, 59 hat die Bezirksknappschaft einen Zusatzbeitrag [2]) für solche Versicherte [3]) festzusetzen, deren Beschäftigung den Anspruch auf diese Pensionen begründet. [4])

1) § 129 beruht auf einem Beschluß dritter Lesung des RT.Ausschusses (Ber. S. 159 zu § 97 γ). Die Erhebung eines Zusatzbeitrages für den Anspruch auf AP. (Altersruhegeld) bildet einen Bestandteil des in dritter Ausschußlesung hinsichtlich der Höhe der Leistungen zustande gekommenen Kompromisses. Die bisherige Heranziehung aller PK.Mitglieder zu einem einheitlichen PK.Beitrag — ohne Rücksicht darauf, ob sie AP. erlangen konnten oder nicht — hat viel Unzufriedenheit erregt, die durch die neue Vorschrift des § 129 beseitigt werden soll.

2) Auch auf den Zusatzbeitrag werden die Vorschriften des § 128 Abs. 2 Satz 3, § 134 für anwendbar zu erachten sein, so daß unter Umständen die Rkn. den Zusatzbeitrag festzusetzen haben wird.

3) Dazu gehören auch Versicherte, für welche die AP. durch Sondervorschriften (im Steinkohlenbergbau) oder durch Anordnung des RAM. eingeführt werden sollte. Das ergibt sich zweifelsfrei aus der vorhergehenden Bezugnahme auf die §§ 37, 59.

4) Als Absicht des G. muß angenommen werden, daß die Gewährung von AP. (Altersruhegeld) — abgesehen von den sonstigen Voraussetzungen — auch an die Entrichtung des Zusatzbeitrages geknüpft sein soll. Die Entrichtung dieses

Beitrags erbringt deshalb zugleich gewissermaßen den tatsächlichen Beweis für die Verrichtung der in Betracht kommenden Arbeiten (vergl. Anm. 8 zu § 36). Indessen werden andere Beweise (Bescheinigung der Zeche, Zeugnis von Arbeitskameraden und dergl.) nicht ohne weiteres ausgeschlossen werden können. Im Falle der Beibringung solcher Beweise entsteht die Frage, ob der Anspruch auf AP. abgelehnt werden kann. Im § 36 (§ 58) ist die Entrichtung des Zusatzbeitrags nicht ausdrücklich als Voraussetzung des Anspruchs erwähnt, man müßte denn das Wort „Beitragsmonate" so auffassen, daß darin der Zusatzbeitrag nach § 129 einbegriffen sein soll. Es empfiehlt sich, diese Frage in der Satzung zu klären.

§ 130 [1]) (97).

(Abs. 1.) Die Beiträge sind zu zwei Fünfteln von den Arbeitgebern und zu drei Fünfteln von den Versicherten zu tragen.

(Abs. 2.) Die Vorschrift des § 117 Abs. 2 gilt. [2])

1) Vergl. die Anm. 1 zu § 117.

2) Durch diesen Hinweis wird die Geltung der besonderen Vorschriften im § 77 Abs. 1 (Entrichtung von Beiträgen nach der Hälfte des Arbeitsverdienstes) nicht berührt.

§ 131 [1]) (98 Abs. 1).

(Abs. 1.) Die Mitgliederbeiträge und die Zuschläge sind in einem Bruchteil des Arbeitslohns, Gehalts oder des Endbetrages der Lohn- oder Gehaltsklassen oder in einem festen Satze [2]) als Monatsbeiträge [3]) zu bestimmen. Der Beitragsmonat umfaßt den Zeitraum vom ersten bis zum letzten Tage des Kalendermonats. [4])

(Abs. 2.) [5]) War der Versicherte nicht den ganzen Beitragsmonat hindurch knappschaftlich tätig, so ist nur ein Bruchteil des Monatsbeitrags zu entrichten. Das Nähere bestimmt die Satzung.

1) Abs. 1 des § 131 entspricht mit geringen Aenderungen

(vergl. Anm. 2) dem bisherigen Abs. 1 des § 98; Abs. 2 ist durch die Nov. eingefügt.

2) Auch in der PV. ist, wie bei der KrV., wahlweise die Bestimmung der Beiträge in Bruchteilen des Arbeitslohns, Gehalts oder in festen Sätzen zugelassen. Daneben ist jetzt auch die Bemessung in Bruchteilen (Prozenten) des Endbetrages der Lohn- oder Gehaltsklassen (statt bisher des Grundlohns) möglich. Ein Antrag, die Bemessung nur in der letzterwähnten Form zuzulassen, ist im RT.Ausschuß abgelehnt, nachdem ausgeführt war, daß das G. verschiedene Möglichkeiten der Beitragsfestsetzung vorsehen müsse (Ber. S. 77/78). Anerkannt wurde, daß Arbeitern, die nur einen Bruchteil des Monats gearbeitet haben, nicht der volle Monatsbeitrag abgehalten werden solle, und aus dieser Erwägung ist die Vorschrift in Abs. 2 entstanden. Ferner sind bei den Ausschußberatungen die Vorzüge der Festsetzung und Erhebung des PK.Beitrags nach einem Hundertsatz vom Gesamtlohn — wie bei der KrV. und bei den Steuern — erörtert worden. Dabei ist vor allem auf die günstigen Erfahrungen vieler KrK. mit dieser Art der Beitragsfestsetzung und auf die zu erwartende wesentliche Vereinfachung der Verwaltungsarbeit bei den Betrieben und bei den Bezln. hingewiesen worden. Auf der anderen Seite ist das Bedenken geäußert, daß bei summarischer Berechnung der PK.Beiträge nach dem Gesamtlohn die Uebersicht verloren gehen werde, in welcher Lohnklasse der betreffende Arbeiter seinen Beitrag entrichtet habe (Ber. S. 77). Dieses Bedenken erscheint begründet. In der PV. kann nicht auf eine individuelle Beitragsnachweisung für den einzelnen Versicherten unter Bezeichnung der in Betracht kommenden Lohnklassen verzichtet werden, weil sich die Leistungen nach der Zahl der entrichteten Beiträge und nach den durchlaufenen Lohnklassen richten. Vielleicht wird sich aber, wie im RT.Ausschuß angedeutet wurde, die individuelle Beitragsnachweisung auch bei Festsetzung der Beiträge in Prozenten des Gesamtlohns durchführen lassen, etwa indem die Unterverteilung der von den Werken in Prozenten des

Gesamtlohns abgeführten Beiträge auf KrV., PV. und JV. den Bezirksverwaltungen übertragen wird, vorbehaltlich der von Kn.Organen auf den Werken vorzunehmenden Nachprüfung der Richtigkeit der Beitragsberechnung. Jedenfalls bedarf das Problem der Vereinfachung der Beitragseinziehung und der Gefälleabrechnung ernsthafter Prüfung durch alle Beteiligten.

3) Vergl. Anm. 2 zu § 120.

4) Der Entw. des RKG. a. F. S. 63 bemerkte zur Begründung dieser Vorschrift folgendes: „Entsprechend dem Vorgang in § 1387 Abs. 3 RVO. empfiehlt es sich, zur Vermeidung von Zweifeln Beginn und Ende der Beitragsperiode im Gesetz selbst genau zu bestimmen. Der Beitragsmonat umfaßt jeweils den Zeitraum vom ersten bis zum letzten Tage des Kalendermonats. Wird innerhalb dieser Zeitspanne an irgendeinem Tage, ohne Unterschied, ob Sonn- oder Feiertag oder Werktag, kn. Arbeit verrichtet, so ist dadurch sowohl für das Mitglied wie für den Arbeitgeber die Verpflichtung zur Leistung des vollen Monatsbeitrags zur PK. begründet, wofern nicht die Satzung oder die Sondervorschriften des BezKV. auf Grund des § 75 Satz 2 (§ 113 Abs. 2 d. jetzigen G.) etwas anderes bestimmen." Die Nov. hat es bei der bisherigen Vorschrift belassen, obwohl ihre Bedeutung durch Abs. 2 stark eingeschränkt ist.

5) Abs. 2 ist ohne besondere Begründung bei der ersten Lesung des RT.Ausschusses eingefügt (Ber. S. 77/78 zu § 98), und damit die schon jetzt gehandhabte sog. Beitragsdrittelung gesetzlich anerkannt. Auf Grund des § 84 RKG. a. F. hat der vorl. Vorstand des RKV. unter dem 13. Juni 1924 folgenden Beschluß gefaßt: „Haben Versicherte nicht während des ganzen Kalendermonats knappschaftliche Arbeit verrichtet, so zahlen Arbeitgeber und Versicherte nur einen Teil des Monatsbeitrages zur Pensionsversicherung und zur Invalidenversicherung. Die Teilung des Beitrages erfolgt, indem für je 10 zusammenhängende Kalendertage ein Drittel des Monatsbeitrags berechnet wird; überschießende Kalendertage werden für 10 Kalendertage

voll gerechnet. Die Bezirksknappschaftsvereine werden ermächtigt, von der Durchführung des Beschlusses Abstand zu nehmen. Zur Durchführung des Beschlusses gelten als 10 zusammenhängende Kalendertage die Zeiten vom 1. bis 10., vom 11. bis 20. und vom 21. bis zum Ende eines jeden Monats." Der Beschluß war zunächst befristet, ist aber später erneuert und im September 1925 auch auf die KrV. ausgedehnt worden, nachdem der Vorstand des RKV. beschlossen hatte, daß vorbehaltlich der Aenderung der Satzung (§ 69) die KrK.Beiträge gemäß § 90 RKG. a. F. auch in einem festen Satz erhoben werden können. Es ist anzunehmen, daß der Beschluß nunmehr in die Satzung der Kn. hineingearbeitet werden wird.

Wie schon in Anm. 7 zu § 73 bemerkt wurde, sind für Monate, in denen nur ein Bruchteil des Monatsbeitrags entrichtet ist, gleichwohl volle Steigerungsbeträge anzusetzen. Die bisherige Handhabung einzelner Vereine, bei Berechnung der Leistungen die Beitragsdrittel zusammenzuzählen (3 Drittel = 1 Beitragsmonat) und überschießende Drittel bei 2 überschießenden Beitragsdritteln auf volle Beitragsmonate aufzurunden, dagegen bei nur 1 überschießenden Beitragsdrittel abzurunden, kann nicht beibehalten werden.

Die Beitragsdrittelung gilt auch bei Uebertritt eines Angestellten von der RVAnstalt oder einer Ersatzkasse zur Ang.-PK. der Kn. im Laufe eines Monats. Zur Angest.PK. ist der der Zeit der kn. Beschäftigung entsprechende Bruchteil des Monatsbeitrags zu entrichten; für die Beitragsentrichtung zur AV. gelten die Vorschriften des § 184 AVG. über Teilbeschäftigte. Die Vorschrift des § 107 RKG. a. F., die sich im Abs. 2 auch auf die PV. der Angestellten bezog und doppelte Beitragsleistung beim Wechsel der VTräger ausschloß, ist durch die Nov. beseitigt.

§ 132 [1]) (99).

(Abs. 1.) [2]) Die Beiträge und Zuschläge der Mitglieder sind so zu bemessen, daß sie unter Hinzurechnung der Beiträge der Arbeitgeber und sonstiger Einnahmen der Pensionskassen ausreichen, alle Aufwendungen aus der Pensionsversicherung zu decken und außerdem eine Rücklage anzusammeln[3]) bis zur Höhe der durchschnittlichen Jahresausgabe jeder Pensionskasse[4]) während der letzten drei Jahre. Bis die Rücklage diese Höhe erreicht hat, ist alljährlich ein Zwanzigstel der Aufwendungen der Pensionsversicherung in die Rücklage einzulegen.[5]) Die Zinsen fließen der Rücklage so lange zu, bis sie in voller Höhe angesammelt ist.

(Abs. 2.) [2]) Der Reichsarbeitsminister kann auf Antrag der Reichsknappschaft genehmigen, daß ausnahmsweise Zuschläge zu der Rücklage in geringerer Höhe oder keine Zuschläge erhoben werden.[6])

(Abs. 3.)[7]) Genügen die Beiträge nicht den Vorschriften der Abs. 1 und 2, so sind sie entsprechend zu erhöhen oder die Leistungen entsprechend zu mindern.[8])

(Abs. 4.) [7]) Die Minderung kann sich auch auf die schon bewilligten oder rechtskräftig festgestellten Pensionskassenleistungen erstrecken, wenn sie nicht schon vor Inkrafttreten der Minderung fällig geworden sind.[9])

(Abs. 5.) [7]) Unterläßt die Reichsknappschaft, die nach Abs. 3, 4 erforderliche Abänderung der Satzung zu beschließen, so hat der Reichsarbeitsminister die Beschlußfassung anzuordnen. Wird die Anordnung nicht befolgt, so ändert der Reichsarbeitsminister von sich aus die Satzung von Amts wegen mit rechtsverbindlicher Wirkung.[10])

(Abs. 6.) [7]) Müssen zur Aufrechterhaltung oder Wiederherstellung der Leistungsfähigkeit der Pensionskasse ihre Einnahmen schleunig vermehrt oder ihre Ausgaben vermindert werden, so kann der Reichsarbeitsminister, vorbehaltlich des im Abs. 5 vorgeschriebenen

Verfahrens sofort vorläufig die Beiträge erhöhen oder die Pensionskassenleistungen vermindern.[10])

1) Die auf Beschlüssen des RT.Ausschusses erster Lesung beruhenden Absätze 1 und 2 ersetzen den bisherigen Abs. 2 des § 98. Der bisherige § 99 war nach dem Vorschlage im Art. 9e des Entw. der Nov. zunächst fortgefallen. Durch Beschluß der Vollsitzung vom 9. 6. 26 sind aber die 4 Absätze des § 99 als Abs. 3 bis 6 dem § 99 der Aussch.Beschl. — § 132 des G. — angefügt worden (vergl. sten. Ber. S. 7411).

2) Die Vorschriften in Abs. 1 und 2 im Zusammenhang mit der Streichung des bisherigen § 98 Abs. 2 bedeuten die völlige Abkehr von der Anwartschaftsdeckung und den Uebergang zum reinen Umlageverfahren.

Für das Verständnis dieser Frage sei zunächst das Wesen und die Bedeutung der verschiedenen Beitragsverfahren erläutert: Bei dem Umlageverfahren wird der Betrag der in einem abgelaufenen Zeitraum, z. B. einem Jahre, erwachsenen Ausgaben auf die Beitragspflichtigen umgelegt; es wird also in jedem Jahre lediglich die auf dieses Jahr fallende Rate der bereits bewilligten Pensionen aufgebracht. Bei dem Kapitaldeckungsverfahren nach Perioden werden die Beiträge für eine bestimmte Reihe von Jahren im voraus berechnet, und zwar unter Zugrundelegung der rechnungsmäßigen Kapitalwerte derjenigen Pensionen, die in dieser Periode voraussichtlich zu bewilligen sein werden; es wird also durch die Beiträge eines jeden Jahres das Kapital aufgebracht, das ausreicht, aus seinen Zinsen und durch seine allmähliche Aufzehrung die im Laufe dieses Jahres neu entstehenden Pensionen bis zum Fortfall der letzten Pensionsrate zu entrichten. Bei dem Prämiendurchschnittsverfahren oder Anwartschaftsdeckungsverfahren werden die Beiträge auf der Grundlage bemessen, daß der Gesamtwert aller zu erwartenden Beiträge gleichkommt dem Gesamtwert aller zu erwartenden Pensionen; es wird also durch die Beiträge das Kapital aufgebracht, das ausreicht, um aus seinen

Zinsen und durch seine allmähliche Aufzehrung alle durch die jeweiligen Beitragszahlungen entstehenden Anwartschaften auf Pensionskassenleistungen zu realisieren.

Die verschiedene Grundlage der vorgenannten drei Verfahren tritt zunächst bei der Beitragserhebung in die Erscheinung: Zur Bestreitung der gleichbleibenden PKLeistungen werden beim Umlageverfahren anfänglich geringe Beiträge erhoben, die indessen dem Anschwellen der tatsächlichen Ausgaben entsprechend rasch und stark steigen. Beim Kapitaldeckungsverfahren werden zunächst mäßig hohe Beiträge erhoben, die später dem Steigen des Kapitalwerts der zu bewilligenden Pensionen entsprechend langsam und mäßig steigern. Beim Anwartschaftsdeckungsverfahren werden die Beiträge in dauernd gleichbleibender Höhe erhoben; sie gehen anfänglich über die nach dem Kapitaldeckungsverfahren und namentlich nach dem Umlageverfahren zu erhebenden Beiträge erheblich hinaus, bleiben indessen später in entsprechendem Maße hinter den nach diesen Verfahren zu erhebenden Beiträgen zurück. Weiter tritt die verschiedene Grundlage der drei Verfahren im Falle der Aufhebung einer PK. in die Erscheinung. In einem solchen Falle würden beim Anwartschaftsdeckungsverfahren sowohl das zur Deckung der bereits bewilligten Pensionen erforderliche Kapital (Deckungskapital) als auch ein weiteres Kapital vorhanden sein, das ausreichen würde, die bis zum Tage der Aufhebung der PK. erwachsenen Anwartschaften auf künftige PKLeistungen seinerzeit zu realisieren (Prämienreserve). Beim Kapitaldeckungsverfahren nach Perioden würde nur das zur Deckung der bereits bewilligten Pensionen erforderliche Kapital vorhanden sein, die Anwartschaften auf künftige PKLeistungen dagegen würden ausfallen. Bei dem Umlageverfahren wäre überhaupt nichts vorhanden, so daß nicht nur die Anwartschaften auf künftige PKLeistungen, sondern auch die bereits bewilligten Pensionen völlig ausfallen müßten.

Früher sind in der Reichs-Renten-V. (JV. und AV.) die Mittel zur Deckung der Leistungen nach dem Anwartschaftsdeckungsverfahren erhoben worden. Für das Preuß. KnG. galt das Verfahren der Kapitaldeckung nach Perioden. Bei Beratung des RKG. und des G. über Aenderungen des AVG. und der RVO. vom 13. 7. 23 (RGBl. I S. 636) im Sommer des Jahres 1923 sind unter Hinweis auf den fortschreitenden Währungsverfall ernste Bedenken gegen die Beibehaltung des Anwartschaftsdeckungsverfahrens erhoben worden. Vergl. hierzu die eingehenden Darlegungen in der ersten Aufl. Anm. 3 zu § 98 S. 250/51. Trotz dieser Bedenken wurde bis zu einem gewissen Grade an der Anwartschaftsdeckung festgehalten und zwar in der JV. und AV. für die sog. Stammleistungen, während die Mittel für die Rentenerhöhung im Wege der Deckung des jeweiligen Zahlungsbedarfs aufgebracht wurden. Infolge der zunehmenden Entwertung der Stammrente und des schließlich völligen Ueberwiegens der sog. Rentenerhöhungen kam die Anwartschaftsdeckung mit der Zeit gänzlich in Fortfall. Jetzt ist in der JV. und AV. das reine Umlageverfahren eingeführt, um nicht die notleidende Wirtschaft zu stark mit Beiträgen zu belasten. Im RKG. a. F. wurde Anwartschaftsdeckung für die festen Leistungen (Steigerungsbeträge nach § 28) vorgeschrieben, während die Teuerungszulagen (§ 31) im Wege der Umlage aufzubringen waren (vergl. hierzu 1. Aufl. a. a. O. und Anm. 1 und 2 zu § 31). Rücksichten auf die bedrängte Lage des Bergbaus haben aber von vornherein den Vorstand der Rkn. bestimmt, den Beitrag für die Steigerungssätze niedrig zu halten (vgl. Anm. 1 zu § 40), und seit dem 1. 10. 25 haben mit Zustimmung der Aufsichtsbehörde die Bezkn. Zahlungen an die Rkn. für Steigerungssätze überhaupt nicht mehr geleistet. Tatsächlich besteht demnach gegenwärtig auch in der kn. PV. das Umlageverfahren, so daß mit den neuen Vorschriften der bestehende Zustand lediglich anerkannt wird.

3) Satz 1 des Abs. 1 schließt sich in der Anordnung und im Aufbau ganz an § 119, betreffend die Beiträge zur KrK., an, jedoch ist eine Rücklage nicht „im Mindestbetrage" der durchschnittlichen Jahresausgabe der letzten drei Jahre, sondern nur

„bis zur Höhe" dieser Jahresausgabe vorgeschrieben.

4) Für die Arb.PK. und Ang.PK. sind die Rücklagen getrennt anzusammeln und zu verwalten.

5) In Anl. 5 zum Aussch.-Ber. ist unter Ziffer IV der Betrag der jährlichen Ablieferung an die Rkn. auf 7 Millionen RM. angegeben. Es ist also eine Jahresausgabe beider PK. von 140 Millionen Mark zu Grunde gelegt, der eine Rücklage in gleicher Höhe entsprechen würde. Diese Summe wird, wenn man von den vorhandenen, nicht sehr erheblichen Reserven (vergl. Anm. 6) absieht, unter Berücksichtigung der der Rücklage zufließenden Zinsen schätzungsweise in 10 bis 12 Jahren erreicht sein.

6) Ueber die Handhabung dieser Vorschrift hat sich der RAM. in der Sitzung des RT. vom 8. 6. 26 dahin geäußert, daß mit Rücksicht auf vorhandene hohe Ueberschüsse weitere Rücklagen vor der Hand nicht erforderlich seien, und daß daher das Reichsarbeitsministerium von der Rücklagenpflicht auf Antrag „selbstverständlich" befreien werde (sten. Ber. S. 7368). Auch in der Sitzung vom 22. 6. 26 ist bemerkt worden, daß durch die eingehaltenen Beiträge und ferner durch die Reserven, die jetzt schon angesammelt sind, der Bedarf für die PV. vollkommen genügend gesichert sei (sten. Ber. S. 7511). Die hier angedeutete Absicht, von der Rücklagepflicht in weitgehendem Maße zu befreien, obwohl die Vorschriften über die Rücklage an sich schon sehr milde sind, muß Bedenken erregen, wenn man erwägt, daß der im Jahre 1924 angesammelte Ueberschuß von 69 Millionen RM. schon im Laufe des Jahres 1925 auf 34 Millionen RM. zurückgegangen war (vergl. Ausführungen des Abgeordneten Dr. Moldenhauer in der Sitzung vom 9. 6. 26, sten. Ber. S. 7400), und daß nach den Erfahrungen der Bezkn. die Reserven ständig weiter abnehmen. Eine V.Einrichtung, die 300- bis 400 000 Rentenberechtigte (einschl. der Waisen) zu betreuen hat — in den Beilagen I und II zum Aussch.-Ber. ist allein für die Arb.PK. die Zahl der Pensionäre (einschl. Alterspensionäre) auf 131 343

und die Zahl der Witwen auf 96 759 angegeben — muß auf ausreichende Rücklagen Bedacht nehmen, damit die Auszahlung der Renten in jedem Falle sichergestellt ist.

7) Die Absätze 3 bis 6 (bisher § 99) geben im wesentlichen den § 41 des Preuß. KnG. wieder, soweit dieser auf die PK.Beiträge Bezug hat, und lehnen sich zugleich nach Fassung und Inhalt an die §§ 387, 391 RVO. an (vergl. Ber. zum RKG. S. 63).

8) Wie schon in Anm. 1 bemerkt wurde, sah der Entw. der Nov. den Fortfall des bisherigen § 99 vor. Maßgebend dafür war hauptsächlich wohl die Erwägung, daß es ein innerer Widerspruch sei, in demselben G. einen Rechtsanspruch auf PK.-Leistungen einzuführen und doch eine Minderung dieser Leistungen einschließlich der bereits rechtskräftig festgestellten in gewissen Fällen vorzusehen. Der Sozialpolitische Ausschuß des RWR. hat solche Bedenken nicht gehegt, denn er hat einstimmig den Antrag angenommen, daß der Vorstand der Rkn. mit $^{2}/_{3}$ Mehrheit die Leistungen in dem erforderlichen Maße herabsetzen kann, wenn nach seiner Ansicht die Beiträge eine unerträgliche Höhe annehmen (RT.Drucksache Nr. 1777 S. 6). Auch für den Beschluß der Vollsitzung des RT., betreffend Wiederherstellung des § 99, dürfte der Gedanke leitend gewesen sein, daß gegenüber einer untragbaren Beitragslast eine Minderung der Leistungen das geringere Uebel ist.

9) „Der Fall des Abs. 2 (jetzt Abs. 4), der auch die Minderung bereits bewilligter oder rechtskräftig festgestellter PK.-Leistungen zuläßt, soweit letztere nicht bereits vor Inkrafttreten der Minderung fällig geworden sind, wird voraussichtlich kaum eintreten, nachdem neue, von dem Preuß. KnG. abweichende Deckungsgrundsätze eingeführt worden sind; gleichwohl empfiehlt sich die Uebernahme auch dieser Vorschrift des preußischen Ges., weil sich die Entwickelung des Bergbaues in der Zukunft nicht mit Sicherheit voraussehen läßt, und weil eine Leistungsminderung auch bei freiwilligen PKLeistungen der BezKV. notwendig

werden kann.“ (Begr. RKG. S. 63.)

10) Während § 125 Maßnahmen der Aufsichtsbehörde wegen Erhöhung der Krankenkassenbeiträge oder Minderung der Leistungen nicht vorsieht, sind für die Pensionskassen die im Abs. 5 und 6 des § 132 näher bezeichneten Anordnungen des RAM. gegenüber der Rkn. zu treffen, wenn die Einnahmen der PK. die Ausgaben nicht decken und die Satzung nicht geändert wird. Eine Uebertragung dieser Maßnahmen auf die Landesbehörden nach § 189 kommt nicht in Frage.

§ 133 [1] (Neu).

Der Reichsarbeitsminister setzt mit Zustimmung des Reichsrats [2] für die Beiträge und Zuschläge die Grenzen fest, die nur auf übereinstimmenden Beschluß in den Gruppen der Arbeitgeber und der Versicherten überschritten werden dürfen.

1) § 133 ist gleichzeitig mit § 122 vom RT.Ausschuß in dritter Lesung beschlossen worden (Ber. S. 159). Die Einführung der itio in partes für die Beschlußfassung über Beiträge, die eine bestimmte Höhe überschreiten, soll hier, wie in der KrB., ein übermäßiges Anwachsen der Beitragslast verhüten. Abweichend von § 122 ist ein Höchstbetrag der Beiträge für die PV. nicht im G. festgelegt. Die Festlegung ist nicht für durchführbar erachtet und zwar weder im gegenwärtigen Augenblick noch bis zum 1. Januar 1930, von welchem Tage ab (vgl. § 38 Abs. 3, § 60 Abs. 3) die Satzung den nach 25 Dienstjahren anzusetzenden Steigerungsbetrag bis auf 1 v. H. erhöhen kann. (vergl. Ber. S. 159). Die Festsetzung der Grenzen wird unter Berücksichtigung der wirtschaftlichen Lage der kn. vers. Betriebe vorzunehmen sein.

2) Mitglieder des Sozialpolitischen Ausschusses des RT. haben gewünscht, daß auch die Anhörung dieses Ausschusses im G. vorgeschrieben werde. Der Wunsch ist mit Rücksicht auf verfassungsrechtliche Bedenken jedoch nicht weiter verfolgt worden, nachdem ein Vertreter der Regierung zu

Protokoll erklärt hatte, „daß der Reichsarbeitsminister vor der Festsetzung der Beitrags- und Zuschlagsgrenze den Sozialpolitischen Ausschuß des Reichstags hören werde". (Ber. S. 159).

§ 134 (Neu) [1])

Sind die nach § 128 Abs. 2 festgesetzten Zuschläge [2]) unzureichend, so sind sie entsprechend zu erhöhen. Nimmt die Bezirksknappschaft die Erhöhung nicht oder nicht ausreichend vor, so setzt die Reichsknappschaft die Zuschläge fest.

1) Der in erster Lesung des RT.Ausschusses (Ber. S. 78 zu § 100) beschlossene § 134 enthält für die PV. ähnliche Vorschriften wie der die KrV. betreffende § 120. Inhaltlich deckt er sich zum Teil mit § 132 Abs. 3.

2) Hierher werden auch Zusatzbeiträge nach § 129 zu rechnen sein (vergl. Anm. 2 zu § 129).

§ 135 (101) [1])

Beiträge zur Pensionskasse sind unwirksam, wenn sie nach Ablauf von zwei Jahren, falls aber die Beitragsleistung ohne Verschulden des Mitglieds [2]) unterblieben ist, nach Ablauf von vier Jahren seit der Fälligkeit [3]) entrichtet werden. [4])

1) Zu §§ 135 und 136: Die Vorschriften sind dem § 1442 Abs. 1 und § 1444 RVO. (§ 187 Abs. 1, § 189 AVG.) nachgebildet. Sie sind in das RKG. a. F. aufgenommen, weil das Fehlen solcher Vorschriften als Mangel empfunden worden war. Nicht übernommen sind die Vorschriften über Nachentrichtung freiwilliger Beiträge (§ 1443 RVO., § 188 AVG.), obwohl durch die Nov. die freiwillige Versicherung (vgl. §§ 53, 77) eingeführt ist. Vgl. auch Anm. 5 zu § 77.

2) Ob ein Verschulden des Mitgliedes vorliegt, muß von Fall zu Fall entschieden werden. In der Rechtsprechung zu § 1442 RVO. ist ein Verschulden nicht angenommen, wenn die Beitragsleistung im Hinblick auf die unrichtige Belehrung einer

amtlichen Stelle (z. B. Auskunft des BA., Belehrung durch den Kontrollbeamten) oder im Hinblick auf eine früher ergangene Entscheidung in einer Streitsache des Vers. unterblieben ist (AN. 04 S. 361 Nr. 1118, 04 S. 362 Nr. 1119).

3) Nach § 114 Abs. 2 sind die Beiträge der Mitglieder gelegentlich der Lohn- oder Gehaltszahlungen einzuziehen. Daraus wird jedoch nicht gefolgert werden dürfen, daß die Beiträge (der Arbeitgeber und Mitglieder) bei der Lohnzahlung fällig sind, vielmehr wird die Fälligkeit durch den Zeitpunkt bestimmt werden, zu dem die Beiträge nach der Satzung oder den Sondervorschriften an die mit der Erhebung beauftragten Stellen (§ 114 Abs. 1) abzuführen sind. Von diesem Zeitpunkt ab läuft die zweijährige oder vierjährige Frist.

4) Von den Ausschlußfristen des § 135 ist die Verjährungsfrist nach § 144 Abs. 1 zu unterscheiden. § 135 behandelt nur die von den Vers. ausgehende freiwillige Nachbringung von Beiträgen, § 144 dagegen das Recht der Rkn., rückständige Beiträge zwangsweise beizutreiben. Die Fristen sind von verschiedener Art und nach der tatsächlichen Gestaltung auch von verschiedener Dauer. Ist sowohl die Ausschlußfrist des § 135 wie die Verjährungsfrist des § 144 verstrichen, so können Beiträge weder gefordert noch geleistet noch angenommen werden.

§ 136 (102).[1])

(Abs. 1.) Der Entrichtung der Beiträge im Sinne des § 135 steht gleich

1. die von der Bezirksknappschaft an den Arbeitgeber gerichtete Mahnung,[2])
2. die Bereiterklärung des Arbeitgebers oder des Mitglieds zur Nachentrichtung gegenüber der Bezirksknappschaft,

wenn demnächst die Beiträge in einer angemessenen Frist[3]) entrichtet werden.

(Abs. 2.) Zeiträume, in denen eine Beitragsstreitigkeit oder ein Verfahren über einen Anspruch aus der

Pensionsversicherung schwebt,[4]) werden in die Fristen des § 135 nicht eingerechnet.[5])

(Abs. 3.) Diese Tatsachen (Abs. 1, 2) unterbrechen[6]) auch die Verjährung rückständiger Beiträge (§ 144).

1) Vgl. Anm. 1 zu § 135.

2) Ein förmliches Mahnverfahren ist nicht erforderlich, vielmehr genügt einfache Aufforderung zur Entrichtung der Beiträge.

3) Die Dauer der Frist ist je nach Lage des Einzelfalles zu bemessen.

4) Das Verfahren schwebt von der Anmeldung des Anspruchs bis zur rechtskräftigen Entscheidung.

5) Es handelt sich hierbei um eine den §§ 202 ff. BGB. nachgebildete Hemmung des Laufs oder Ablaufs der Ausschlußfristen des § 135; die Zeit, während deren die Hemmung bestand, ist den Fristen hinzuzurechnen.

6) Die Unterbrechung der Verjährung bedeutet — abweichend von der Hemmung der Ausschlußfristen nach Abs. 2 —, daß die Verjährungsfrist wieder von Anfang an zu laufen beginnt.

§ 137 (103). [1]) [2])

Tritt ein Mitglied von einer Pensionskasse zu der anderen über, so ist der Beitrag zu dieser vom ersten Tage des folgenden Monats ab[3]) zu entrichten.

§ 91 Entw.

1) Aenderungen der Fassung durch die Nov. (vgl. Ber. S. 78 zu § 103) sind nur formeller Art.

2) Die Vorschrift ist getroffen, um die Entrichtung doppelter Beiträge, die an sich aus § 131 Abs. 1 Satz 2 zu folgern sein würde (vgl. Anm. 2 zu § 131), für den Fall zu verhüten, daß der Uebergang in den Lauf eines Monats fällt (vgl. Begr. RKG. S. 63).

3) Fällt der Uebergang auf den ersten Tag eines Monats, so ist der Beitrag für diesen Monat zu der PK. zu zahlen, zu der das Mitglied übertrat.

§ 138 (104). [1])

Die Bezirksknappschaften buchen die Beiträge und Zuschläge für die beiden Pensionskassen getrennt. [2])

§ 92 Entw.

1) Die Vorschrift ist durch die Nov. neu gefaßt (Ber. S. 78 zu § 104).

2) An anderer Stelle des G. — im § 141 — ist allgemein ausgesprochen, daß die Rechnungsführung für die verschiedenen Zweige und Abteilungen der Vers. getrennt zu besorgen ist. Hieraus folgt bereits, daß die Beiträge (§ 127 Abs. 2) und Zuschläge (§ 128 Abs. 2, § 129) für die Arb.PK. und Ang.PK. getrennt zu buchen sind. Im § 138 bestimmt das G. nach dem Vorgang des § 28 Abs. 1 des Preuß. KnG. noch besonders, daß die Beiträge gesondert gebucht und verwaltet werden müssen. Die ArbPK. kann also nicht zur Deckung von Verbindlichkeiten der AngPK. herangezogen werden und umgekehrt. Für die Uebergangszeit 1923/24 bemerkte die Begr. zum RKG. (S. 64) noch Folgendes: „Die getrennte Buchung und Verwaltung der Beiträge ist auch wegen der verschiedenen Vermögenslage der beiden Abteilungen notwendig: Die Angestelltenabteilung wird nicht nur ohne Fehlbetrag aus der Vergangenheit, sondern mit dem Vermögen ins Leben treten, das aus den nach dem Anwartschaftsdeckungsverfahren berechneten Beiträgen für die Angestelltenmitglieder der bisher als Ersatzkassen zugelassenen KnV. angesammelt ist." Vgl. auch Art. 37 EG. und Anm. 1 zu § 7.

§ 139 (105). [1])

Tritt ein Mitglied [2]) während eines Beitragsmonats in eine andere Bezirksknappschaft über, so hat für den Uebergangsmonat der Arbeitgeber, der das Mitglied in dem Monat zuerst beschäftigt hat, die vollen Beiträge [3]) nach den Sätzen der für ihn zuständigen Bezirksknappschaft zu zahlen.

§ 93 Entw.

1) „Gibt ein PKMitglied im Laufe eines Monats die Be-

schäftigung in einem kn. Betriebe auf, so sind durch die bisher verrichtete Arbeit die Beiträge einschließlich der Zuschläge zugunsten desjenigen BezKV. fällig geworden, innerhalb dessen die Arbeit verrichtet wurde. Es erscheint folgerichtig, daß der bisherige Arbeitgeber die Beiträge an den für ihn zuständigen BezKV. in der durch dessen Sondervorschriften bestimmten Höhe entrichtet, und zwar ohne Rücksicht darauf, ob das Mitglied etwa, was im Augenblick der Abkehr noch nicht feststeht, jedenfalls dem bisherigen Arbeitgeber nicht bekannt zu sein braucht, kn. Beschäftigung in einem anderen BezKV. wieder aufnimmt. Ist dies der Fall, so tritt die Beitragspflicht des neuen Arbeitgebers nach den für ihn in Betracht kommenden Sätzen erst mit dem ersten des auf den Uebergang folgenden Monats ein. (Vgl. die ähnliche Regelung im 1426 Abs. 2 RVO.) Das Recht des ersten Arbeitgebers, den von ihm abgeführten Beitrag des Mitgliedes von dessen Lohnguthaben einzubehalten, richtet sich nach § 76 (§ 114 d. G.) Abs. 2." (Begr. RKG. S. 64.)

2) Ohne Unterschied, ob Arbeiter oder Angestellter.

3) Von dem Monatsbeitrag trägt natürlich der Arbeitgeber $^2/_5$, das Mitglied $^3/_5$. Die Vorschrift des § 131 Abs. 2 ist zu beachten.

IV. Beiträge zur Invalidenversicherung.

§ 140 (106).

(Abs. 1.) Die Beiträge werden in der durch die Reichsversicherungsordnung vorgeschriebenen Höhe als Monatsbeiträge berechnet.[1]) Die Vorschrift des § 131 Abs. 1 Satz 2 gilt entsprechend.[2])

(Abs. 2.) Trifft ein Versicherter während eines Beitragsmonats von einer Landesversicherungsanstalt oder Sonderanstalt zur Reichsknappschaft über oder umgekehrt, so finden für den Uebergangsmonat die Vorschriften des § 1290 der Reichsversicherungsordnung bei Berechnung der Versteigerungsleistungen keine Anwendung.[3])

§ 94 Entw.

1) Die Bestimmung ist getroffen, um Gleichmäßigkeit der Beitragsentrichtung zu sämtlichen Versicherungszweigen innerhalb der kn. V. zu erzielen. Da die RVO. die Beiträge zur JVers. als Wochenbeiträge festsetzt, sind die gesetzlichen Wochenbeiträge in Monatsbeiträge umzurechnen. Nähere Bestimmungen hierüber sowie über eine etwaige Zerlegung des Monatsbeitrags für den Fall, daß versicherungspflichtige Arbeit nicht während eines ganzen Monats verrichtet wird, sind gemäß § 114 Abs. 3 in der Satzung oder in den Sondervorschriften der Bezkn. zu treffen (vgl. Begr. RKG. S. 64). Der in Anm. 5 zu § 131 mitgeteilte Beschluß vom 13. 6. 24 bezieht sich auch auf die Beiträge zur JV. Wie in der PV. wird in der JV. ein nicht voll durch Beiträge gedeckter Monat bei Berechnung der Leistungen mit vollem Steigerungssatz zu berücksichtigen sein, indem 20% des Beitrags (vgl. § 1289 RVO.) für den ganzen Monat angesetzt werden. Das bedeutet eine Vergünstigung gegenüber der Vers. bei anderen Vers.Trägern.

2) Durch Bezugnahme auf § 131 Abs. 1 Satz 2 ist klargestellt, daß auch für die JVers. der Beitragsmonat die Zeit vom ersten bis zum letzten Tage des Kalendermonats umfaßt (vgl. Anm. 2 zu § 131).

3) „Tritt ein Vers. durch Beschäftigungswechsel während eines Beitragsmonats von einer LVAnstalt oder einer anderen Sonderanstalt zum RKV. über oder umgekehrt, so ist der Monatsbeitrag zum RKV. auch dann zu zahlen, wenn für den Vers. Wochenbeiträge zu einem anderen VersTräger bereits gezahlt worden sind oder nach den Vorschriften der RVO. (§§ 1426, 1387 Abs. 3) oder nach der Satzung einer Sonderanstalt noch entrichtet werden müssen. Es erscheint billig, daß ein solcher Vers. bei Feststellung der VersLeistungen den zum RKV. entrichteten Monatsbeitrag auch dann angerechnet erhält, wenn in denselben Monat Wochenbeiträge zugunsten anderer VersTräger hineinfallen. Da für LVAnstalten — abweichend von den Sonderanstalten (vgl. § 1372 RVO.) — § 1290 RVO. zwingend

vorschreibt, daß für jede Beitragswoche nur ein Beitrag zählt und überzählige Marken ausscheiden, ist für die gedachten Fälle die Anwendung des § 1290 ausdrücklich ausgeschlossen." (Begr. RKG. S. 64.)

V. Rechnungsführung. Vermögen.

§ 141 (108).[1])

Die Bezirksknappschaften besorgen die Rechnungsführung im Auftrage der Reichsknappschaft[2]) getrennt für die verschiedenen Zweige und Abteilungen[3]) der Versicherung.[4])

§ 95 Entw.

1) „Diese Vorschrift ist eine selbstverständliche Folge der Vereinigung mehrerer VersZweige bei dem RKV." Eine Vermischung der Vermögen der verschiedenen VersZweige ist unzulässig; diese müssen vielmehr getrennt voneinander gebucht und verwaltet werden. „Die Einheitlichkeit der Haftung des RKV. als eines einzigen Rechtssubjekts für sämtliche VersLeistungen wird durch die Vorschrift nicht berührt. Praktisch ist jedoch die Haftung des buchmäßig gesonderten Vermögens einer Abteilung, z. B. der PK., für die Leistungen einer anderen Abteilung, z. B. der Invaliden- und Hinterbliebenenversicherungskasse, ohne Bedeutung, weil die getrennt zu erhebenden und zu verwaltenden Beiträge einer jeden Abteilung so bemessen sind, daß sie die dauernde Erfüllbarkeit der Leistungen dieser Abteilung sicherstellen." (Begr. RKG. S. 64.) Vergl. auch Anm. 4 zu § 8.

2) Die im RT.Aussch. (Ber. S. 79) beschlossene Einschaltung der Worte „im Auftrage der Reichsknappschaft" bedeutet keine sachliche Aenderung gegenüber dem bisherigen Abs. 1 des § 108.

3) Vgl. § 17 Abs. 2 für die KrV., § 138 und Anm. 2 daselbst für die PV.

4) Die bisherigen Vorschriften im Abs. 2 und 3 des § 108,

betreffend Kosten für freiwillige Leistungen und Heilverfahren sowie die Verwaltungskosten der Bezkn. sind infolge Einbeziehung dieser Kosten in die gesetzliche Sonderlast (§ 128 Abs. 1 Nr. 4 und 6) fortgefallen.

§ 142 (109).

(Abs. 1.) Für die Anlegung des Vermögens gelten die Vorschriften der Reichsversicherungsordnung. Die Satzung bestimmt Näheres.[1])

(Abs. 2.) Die Bezirksknappschaften und besonderen Krankenkassen verwalten das Vermögen der Krankenkasse sowie den aus Zuschlägen nach § 128 Abs. 2 angesammelten Vermögensteil im Auftrag der Reichsknappschaft selbständig.[2])

§ 96 Entw.

1) Der Entw. des RKG. wollte die Regelung der Vermögensverwaltung der Satzung des RKV. überlassen (vgl. Begr. S. 65). Der Reichstag hat jedoch im Hinblick auf die im Jahre 1923 schon schwebenden allgemeinen Erörterungen über eine anderweitige Anlegung des Vermögens der Träger der Sozialversicherung beschlossen, die Vorschriften der RVO. gelten zu lassen mit der Maßgabe, daß die Satzung des RKV. Näheres bestimmt (Ber. RKG. S. 33). Die durch G. vom 13. 7. 23 eingefügten neuen Vorschriften über die Anlegung des Vermögens der V.Träger sind in den jetzigen §§ 26, 27, 27 a bis 27 f RVO. enthalten. Diese ermöglichen für die Vermögensverwaltung eine größere Wertbeständigkeit der Anlage und sichern einen höheren Ertrag. Die früheren Vorschriften über die Mündelsicherheit sind fortgefallen. Näheres s. 1. Aufl. Anm. 1 zu § 109.

Von besonderer Bedeutung sind die §§ 26 Abs. 2 und 27 c, die sich auf die Anlegung von Vermögen in inländischen Grundstücken und deren Genehmigung beziehen, sowie die §§ 27 d und 27 e, die für die Erwerbung von Grundstücken und die Errichtung von Gebäuden über einen vom RAM. festgesetzten Kaufpreis (Kostenbetrag) hinaus die Genehmigung der Aufsichtsbehörde vorschreiben. Festsetzungen des RAM. zu §§ 27 d und e sind bisher nicht ergangen. Daraus kann, wie schon in der Anm. 3 zu § 8 bemerkt wurde, nicht gefolgert werden, daß bis zum Erlaß der Festsetzungen die Erwerbung von Grundstücken oder die Errichtung von Gebäuden in jedem Falle der Genehmigung bedarf. Es bleibt zu prüfen, ob für Grundstückserwerbungen nach § 27 c die Genehmigung der Aufsichtsbehörde in allen Fällen erforderlich ist. Der § 27 c bezieht sich zweifelsfrei auf „Anlegung von Vermögen" in inländischen Grundstücken. Aber nicht jeder Grundstückserwerb ist Vermögensanlage. Unter Anlegung von Vermögen ist nach allgemeiner Auffassung eine jede, auf eine gewisse Dauer berechnete Verwendung von Vermögensstücken zum Zwecke der Kapitalsnutzung oder Kapitalsaufbewahrung zu verstehen. An der Voraussetzung der Kapitalsnutzung oder Kapitalsaufbewahrung fehlt es u. E., wenn ein V.Träger ein Grundstück für die Errichtung eines Verwaltungsgebäudes oder eines Krankenhauses erwirbt, denn dabei handelt es sich nach bisher allgemein anerkannter Ansicht um die Aufwendung von Mitteln des V.Trägers zur Erfüllung laufender Aufgaben der V., um „Verwaltungsaufwand", nicht um Vermögensanlage (vergl. Erlaß des Ministers für Handel und Gewerbe vom 28. 5. 98 in Arb.-Versorgung Nr. 35 S. 544, und Schulz, Kommentar zur RVO., 6. Aufl. Anm. 9 zu § 26). In einem Beschluß vom 9. 12. 24 (AN. 1925 S. 78), betr. den Erwerb des Grundstücks durch eine Berufsgenossenschaft zwecks Beschaffung eines eigenen Verwaltungsgebäudes, wozu die Mittel überwiegend aus Beitragsvorschüssen und zum Teil einem Kredit bei einem Geldinstitut entnommen waren, ist der erkennende Senat des RVA. „davon ausgegangen, daß im vorliegenden Falle nach § 27 c und § 27 d RVO. die Genehmigung zu dem Grundstückserwerb durch das RVA. erforderlich ist". Eine nähere Begründung dieser Annahme ist aber nicht gegeben, insbesondere ist die Frage der Anwendbarkeit des § 27 c unter dem Gesichtspunkt, ob sich der Erwerb des Grundstücks als Anlegung von Vermögen darstellt, nicht erörtert. Aus dieser Entscheidung des RVA. kann daher eine klare Stellungnahme zu der hier behandelten Frage nicht entnommen werden. Bis auf weiteres, insbesondere bis zur Festsetzung eines Höchstbetrages durch den RAM., wird deshalb an der Auffassung festzuhalten sein, daß Grundstückserwerbungen für Verwaltungszwecke nicht genehmigungspflichtig sind.

Nach § 27 a RVO. ist die Beleihung von Gruben, Brüchen und Bergwerken nicht zulässig. Für besondere Fälle kann die oberste Verwaltungsbehörde Ausnahmen zulassen. Von dieser Ausnahmevorschrift wird zu Gunsten der Beleihung kn. vers. Betriebe Gebrauch zu machen sein.

2) Die Bezkn. sind in der Verwaltung des Vermögens der KrK. und der Sonderlast, die bes. KrK. in der Verwaltung ihres Vermögens an sich selbständig. Die Selbständigkeit findet aber ihre Grenze in den Vorschriften über die Festsetzung der Beiträge zur KrV. und PV. (vergl. § 120 Abs. 2 und 3, §§ 125, 128 Abs. 2, 134). In jedem Falle handelt es sich rechtlich um Vermögen der Rkn., dessen Verwaltung kraft G. den Bezirksvereinen bezw. bes. KrK. übertragen ist (vergl. auch Anm. 3 und 5 zu § 9 und das dort angeführte Rundschreiben der Rkn. vom 26. 6. 25). Im einzelnen wird die Verwaltung des Vermögens der KrK. und der Sonderlast durch die Satzung der Rkn. zu regeln sein.

§ 143 [1]) (110).

(Abs. 1.) Rückstände [2]) und Geldstrafen [3]) werden wie Gemeindeabgaben beigetrieben. [4]) Nach den landesgesetzlichen Vorschriften regelt sich auch, ob Einwendungen die Zahlungspflicht aufschieben.

(Abs. 2.) Soweit es nicht schon landesgesetzlich vorgeschrieben ist, kann die Satzung bestimmen, daß dem Beitreibungsverfahren ein Mahnverfahren vorangeht und dafür eine Mahngebühr erhoben wird. Diese wird wie die Rückstände beigetrieben. Die Festsetzung ihres Betrags bedarf der Genehmigung des Reichsarbeitsministers.

(Abs. 3.) Rückstände haben das Vorzugsrecht des § 61 Nr. 1 der Konkursordnung.[5]) Bei der Zwangsversteigerung oder Zwangsverwaltung eines Bergwerkseigentums, eines unbeweglichen Bergwerksanteils, einer selbständigen Kohlenabbau-Gerechtigkeit oder einer Salzabbau-Gerechtigkeit gehören die Beiträge, die auf Grund des Reichsknappschaftsgesetzes zu leisten sind, zu den öffentlichen Lasten.[6])

§ 99 Entw.

1) § 143 entspricht im Abs. 1 und 2 und Satz 1 des Abs. 3 dem § 28 RVO. Satz 2 des Abs. 3 ist durch die Nov. eingeschaltet.

2) Rückstände im Sinne dieser Vorschrift sind nur Beträge, die die Kn. oder die Bezkn. zu fordern berechtigt sind, wie Beiträge, Kosten, Vorschüsse, Zuschüsse, Anerkennungsgebühren. Nicht dazu gehören Rückstände an Pensionen oder Renten.

3) Die Einfügung der Worte „und Geldstrafen" an dieser Stelle beruht auf Beschluß erster Lesung des RT. Aussch. (Ber. S. 79 zu § 110). Die Fälle, in denen Geldstrafen verhängt werden können, sind in Anm. 9 zu § 11 aufgeführt.

4) Das Verfahren der Beitreibung richtet sich nach den für Gemeindeabgaben geltenden landesgesetzlichen Vorschriften, in Preußen nach den Ver. vom 15. Nov. 1899, betr. das Verwaltungszwangsverf. wegen Beitreibung von Geldbeträgen (GS. 1899 S. 545) i. d. F. der Ver. vom 16. 5. 23, 28. 11. 24 und 13. 10. 25 (GS. 23 S. 271, 24 S. 771, 25 S. 153). Zur Einleitung der Zwangsbeitreibung bedarf es keines vollstreckbaren Titels, sondern nur des Ersuchens der Bezkn. oder der bes. KrK., welches den vollstreckbaren Titel ersetzt.

5) Die Rückstände rangieren in der ersten Klasse des § 61 der Konkursordnung mit rückständigen Forderungen des Haus-,

Dienst- usw. Personals an Lohn, Kostgeld und anderen Bezügen.

6) Ueber die rechtliche Stellung rückständiger Beiträge bei der Zwangsvollstreckung in das unbewegliche Vermögen für das frühere Recht vergl. erste Aufl. Anm. 6 zu § 85. Die bei der früheren Rechtslage möglichen Zweifel über die Anwendbarkeit landesgesetzlicher Vorschriften sind durch den Beschluß zweiter Lesung des RT.Ausschusses (Ber. S. 136 zu § 110) behoben. Es ist klargestellt, daß bei der Zwangsversteigerung oder Zwangsverwaltung eines Bergwerkseigentums oder grundstücksgleichen Abbaurechts die auf Grund des RKG. zu leistenden Beiträge zu den öffentlichen Lasten im Sinne des § 10 Abs. 1 Nr. 3 und des § 156 Abs. 1 des Reichsgesetzes über die Zwangsversteigerung und die Zwangsverwaltung vom 20. 5. 98 (RGBl. S. 713) gehören, also ein Recht auf Befriedigung in der dritten Klasse gewähren. Durch die Aufnahme dieser neuen Vorschrift hat der RT.Ausschuß den in der ersten Lesung eingebrachten und als Material für die zweite Lesung zurückgestellten Antrag auf Einschaltung eines neuen § 110 a: „Der Eigentümer eines knappschaftlich versicherten Betriebes ist verpflichtet, wegen rückständiger Beiträge oder Zuschläge die Zwangsvollstreckung in die zu dem Betriebe gehörigen Grundstücke und Rechte, für welche die sich auf Grundstücke beziehenden Vorschriften gelten, zu dulden" für erledigt erklärt. Daraus, daß der Ausschuß die Aufnahme einer solchen Bestimmung im Hinblick auf Satz 2 des Abs. 3 im § 143 für entbehrlich gehalten hat, darf gefolgert werden, daß nach dem jetzigen Gesetz entgegen der Entscheidung des Kammergerichts vom 1. 8. 25 (Z. f. B. Bd. 65 S. 112) allgemein ein dinglicher Anspruch gegen den Bergwerkseigentümer gegeben ist, daß also auch wegen der Beitragsrückstände eines Pächters die Zwangsvollstreckung in das Bergwerkseigentum betrieben werden kann. Dafür spricht insbesondere auch der Wortlaut des Satz 2 im Abs. 3, wonach „die Beiträge, die auf Grund des Reichsknappschaftsgesetzes zu leisten sind", ganz allgemein, also ohne Unterscheidung, ob es sich um die Beitragsschuld des

Bergwerkseigentümers selbst oder eines Pächters handelt, zu den öffentlichen Lasten gehören. Nach einer Entscheidung des Landgerichts Bochum ist die Frage, ob der Bergwerkseigentümer für Beitragsrückstände eines Pächters als Schuldner dinglich mithaftet, der Nachprüfung im ordentlichen Rechtswege sowie im Zwangsversteigerungsverfahren entzogen; darüber haben vielmehr die kn. Instanzen: Ausschuß, KOVA. und Kn.Senat des RVA. im Rahmen eines Streites über die Beiträge (§§ 194, 197) zu entscheiden. Die kn. Instanzen werden ihre Entscheidung unter Beachtung der angeführten Gesichtspunkte zu treffen haben. Vergl. zu dieser Frage auch Dr. Wolff, Z. f. B. Bd. 66 S. 379, Dr. Hundemer in Z. f. B. Bd. 67 S. 69.

§ 144 (111).[1]

(Abs. 1.) Der Anspruch auf Rückstände[2]) verjährt, soweit sie nicht absichtlich hinterzogen worden sind, in zwei Jahren[3]) nach Ablauf des Kalenderjahrs der Fälligkeit.

[4]) (Abs. 2.) Der Anspruch auf Rückerstattung von Beiträgen verjährt in sechs Monaten nach Ablauf des Kalenderjahrs, in dem sie entrichtet worden sind.

[5]) (Abs. 3.) Der Anspruch auf Leistungen nach diesem Gesetze verjährt für die Krankenversicherung in zwei Jahren nach dem Tage der Entstehung, im übrigen in vier Jahren nach der Fälligkeit.[6])

§ 100 Entw.

1) § 144 entspricht im allgemeinen dem § 29 RVO.

2) Rückstände s. Anm. 3 zu § 143.

3) Die Frist ist eine Verjährungsfrist nicht des bürgerlichen, sondern des öffentlichen Rechts. Die Verjährung ist daher nicht wie nach § 222 BGB. nur im Wege der Einrede geltend zu machen, sondern von Amts wegen zu berücksichtigen. Die Beitreibung verjährter Rückstände darf nicht veranlaßt werden.

4) Die in Abs. 2 des § 29 RVO. vorbehaltene Geltung des § 1446 Abs. 2 und der §§ 1462, 1464 RVO., betr. Beiträge zur JVers., die in der irrtümlichen Annahme der Vers.-Pflicht entrichtet sind, ist vom G. nicht übernommen, da diese Vorschriften auf Sonderanstalten keine Anwendung finden. Ein im RT.Ausschuß gestellter Antrag, die Geltung des Abs. 2 auf irrtümlich geleistete Beiträge zu beschränken, ist abgelehnt worden (Ber. RKG. S. 33).

5) Im Abs. 3 ist übereinstimmend mit § 223 Abs. 1 RVO. vorgesehen, daß Ansprüche auf Leistungen der KrV. in zwei Jahren nach dem Tage der Entstehung verjähren, während alle übrigen Ansprüche auf V.Leistungen, und zwar abweichend von § 35 Abs. 1 des Preuß. KnG. auch die Ansprüche an die PK. in vier Jahren nach der Fälligkeit verjähren (Begr. RKG. S. 65).

6) Ansprüche auf Pensionen und Renten werden fällig, wenn sie nach ordnungsmäßiger Anmeldung in dem gesetzlich vorgeschriebenen Verfahren festgestellt sind; von dem Zeitpunkt der Feststellung ab läuft die Verjährung (vergl. Helms in Arbeiterversorgung 1921 S. 621).

VI. Ueberwachung.[1])

§ 145.

(Abs. 1.) Die Bezirksknappschaften überwachen[2]) die rechtzeitige und vollständige Entrichtung der Beiträge.

(Abs. 2.) Die Arbeitgeber[3]) haben den Organen und den Beauftragten der Bezirksknappschaft Auskunft zu geben über die Zahl der Beschäftigten, ihren Arbeitsverdienst und die Dauer ihrer Beschäftigung. Sie haben die Geschäftsbücher oder Listen, aus denen diese Tatsachen hervorgehen, während der Betriebszeit an Ort und Stelle vorzulegen. Auch die Versicherten haben über Art und Dauer ihrer Beschäftigung sowie ihren Arbeitsverdienst Auskunft zu geben.

(Abs. 3.) Die Bezirksknappschaft kann die Arbeitgeber und die Versicherten durch Zwangsstrafen in Geld[4]) zur Erfüllung ihrer Pflichten (Abs. 2) anhalten. Auf Beschwerde entscheidet das Knappschaftsoberversicherungsamt endgültig.[5])

1) Die nach Beschlüssen des RT.Ausschusses erster Lesung (Ber. S. 79 zu § 111 a) eingefügten Vorschriften über die Beitragsüberwachung sind den §§ 1465, 1466 RVO., §§ 199, 200 AVG. nachgebildet. Im bisherigen RKG. waren solche Vorschriften nicht enthalten, ihre Einführung hat sich nach Erfahrungen der Vergangenheit als notwendig erwiesen.

2) Es handelt sich um eine Pflicht der Ueberwachung, deren Durchführung g. F. durch Maßnahmen des Vorstandes der Rkn. nach § 174 erzwungen werden kann.

3) Die Arbeitgeber können nach § 233 Abs. 2 in Verbindung mit § 1494 RVO. die Auskunftspflicht auf Angestellte ihres Betriebs übertragen und werden dann unter Umständen durch die Strafvorschriften des Abs. 3 nicht berührt.

4) Strafrahmen von 1 bis 100 RM. Vgl. Anm. 9 zu § 11.

5) Vergl. die entsprechende Vorschrift in §§ 200 Abs. 4, 294 AVG.

Neunter Abschnitt.

Verfassung.

I. Reichsknappschaft.

Vorbemerkung.

Auf Grund der Vorschriften des RKG. umfaßt die Reichsknappschaft als Unterabteilungen die Bezirksknappschaften. Sie bedient sich derselben bei Durchführung der Versicherung als örtlicher Verwaltungsstellen oder, wie der

§ 9 in seiner jetzigen Fassung sagt, sie errichtet sie „als Verwaltungsstellen". Durch diese Vorschrift in Verbindung mit §§ 7 u. 8 RKG. ist sowohl für das RKG. als für die Nov. ausgesprochen, daß die Rkn. der einzige und zwar mit Rechtspersönlichkeit ausgestattete Träger der gesamten der Rkn. zugewiesenen Versicherung ist, während die Bezirksknappschaften nur den Charakter von Verwaltungsorganen haben und der juristische Persönlichkeit entbehren.

Die Verfassung der Rkn. und die der Bezkn. sind im neunten Abschnitte geregelt und zwar die der Rkn. in den §§ 146 bis 164, die der Bezkn. in den §§ 165 bis 182. Hinsichtlich dieser Regelung sind folgende allgemeine Bemerkungen vorauszuschicken:

Nach der Begr. des RKG. a. F. (S. 7) beruht die Verfassung des RKV. auf den beiden Grundgedanken der Selbstverwaltung und der Parität zwischen Werksbesitzern und Arbeitnehmern. Beide Gedanken sind, wenn auch im einzelnen mit Unterschieden, seit der in der Mitte des 19. Jahrhunderts erfolgenden Umbildung der Knappschaften, insbesondere auch seit dem Preußischen Gesetze über die Vereinigung der Berg-, Hütten- und Salinenarbeiter vom 10. April 1854 (GS. S. 139) in der Mehrzahl der deutschen Knappschaftsvereine in Geltung gewesen. Von dem bewährten Grundsatze der Selbstverwaltung bei der neuen Organisation des RKV. abzugehen und eine Einrichtung mit behördlichem Gepräge, ähnlich den LVAnstalten und der RVAnstalt für Angestellte, zu schaffen, lag keine Veranlassung vor. Eine solche Verfassung würde auch dem ganzen Geiste der kn. V. widersprechen und das alte Recht der Versicherten, im weitesten Maße an der Verwaltung ihres Trägers mitzuwirken, schädigen (Begr. S. 65). Die Selbstverwaltung tritt namentlich in den Vorschriften (des RKG. a. F.) über den Erlaß der Satzungen (§§ 7, 8, 14) und Sondervorschriften (§ 9) und über die Befugnisse der Aufsichtsbehörde (§§ 8 Abs. 2, 151, 152 in Verbindung mit §§ 30 ff. RVO.) in Erscheinung. Dem im RKG. a. F. anerkannten Grundsatze der Parität entsprach es, daß der RKV. zu gleichen Teilen von den Arbeitgebern und den Versicherten verwaltet wurde. Die Verwaltung erfolgte durch die aus diesen beiden Gruppen gewählten Vertreter. Ueber die Wahlen, namentlich der Versichertenvertreter, gibt das Gesetz eingehende Vorschriften, die insbesondere bezwecken, einen Ausschluß der Minderheitsparteien von der Verwaltung zu verhüten, und zu diesem Zwecke im weitesten Umfange die Wahl nach den Grundsätzen der Verhältniswahl sichern. Wie in den früheren Landesgesetzen, so ist auch im RKG. die bewährte Einrichtung der „Knappschaftsältesten" beibehalten und in besonderer Weise ausgestaltet worden.

Diese Grundsätze der Verfassung der Rkn. sind durch die Novelle von 1926 insofern geändert worden, als die Parität beseitigt worden ist. Die Organe der Rkn. und der Bezkn. sind nicht mehr zu gleichen Teilen aus Arbeitgebern und Arbeitern oder Angestellten gebildet, sondern sie bestehen nach § 147 je zu $^2/_5$ aus Vertretern der Arbeitgeber und je zu $^3/_5$ aus Vertretern der Versicherten. Durch diese Vorschrift wird den Vertretern der Versicherten in sämtlichen Organen die Mehrheit gegenüber den Arbeitgebern gesichert, die letzteren erhalten mehr oder weniger, wenigstens für die nächste Zeit, die Bedeutung von beratenden Gutachtern.

Außer dieser wichtigsten Aenderung der Organisation ist hervorzuheben, daß nicht mehr, wie bisher, der einheitliche Vorstand (Bezirksvorstand) und die einheitliche Hauptversammlung (Bezirksversammlung) die Organe der Rkn. und der Bezkn. bilden, sondern daß durch die Novelle eine Zweiteilung der Organe stattgefunden hat. Schon nach der grundsätzlichen Vorschrift des § 146 sind für die Rkn. neben dem Vorstande zwei Abteilungsvorstände und ebenso zwei Hauptversammlungen (eine für die Arbeiterangelegenheiten, die andere für die Angestelltenangelegenheiten) vorgeschrieben worden und entsprechend dieser Regelung erhalten nach § 165 auch die Bezkn. neben dem Bezirksvorstand je zwei Abteilungsvorstände und Hauptversammlungen für die Arbeiter- und Angestellten-Angelegenheiten. In diesen Abteilungsorganen liegt der Schwerpunkt der inneren Geschäftstätigkeit der Rkn. und der Bezkn.; um aber eine einheitliche Vertretung der Rkn. und der Bezkn. nach außen und ein zur Erledigung „gemeinsamer" Geschäfte und zur Entscheidung von Zuständigkeitsfragen berufenes Organ zu schaffen, sind sowohl in der Rkn. wie in den Bezkn. neben und im gewissen Sinne über den Abteilungsvorständen besondere (Gesamt-) Vorstände und „vereinigte Hauptversammlungen" („vereinigte Bezirksversammlungen") vorgesehen worden.

Auf diesen beiden durch die Nov. eingeführten Aenderungen der Organisation beruhen die bei den einzelnen Bestimmungen des Gesetzes zu erörternden Aenderungen der Einzelvorschriften.

Im übrigen ist aus den Anmerkungen zur 1. Auflage folgendes zu wiederholen:

„Die Ausführung der Beschlüsse des RKV. und der BezKV. und bes. KrK. kann natürlich nicht durch die ehrenamtlichen Mitglieder der verschiedenen Organe erfolgen. Das Gesetz schreibt deswegen die Bildung einer Verwaltung beim RKV. aus leitenden Beamten und gleicheingerichtete Verwaltungen bei den BezKV. vor. Diesen leitenden Beamten muß, damit sie arbeiten können, die Befugnis, den Vorstand zu vertreten, eingeräumt werden." (Begr. zum RKG. S. 65.) Auch die Einrichtung dieser „Verwaltung" ist nichts Neues; namentlich das Preußische KnG. hatte in seinem § 56 bereits vorgeschrieben, daß die laufende Verwaltung durch die Satzung einem oder mehreren Vorstandsmitgliedern oder Beamten („der Verwaltung") übertragen werden könne und hatte die Tätigkeit und Befugnisse in der Verwaltung des näheren geregelt. (Zu vgl. Steinbrinck-Reuß, Anmerkung 2 zu § 56). Dementsprechend bestanden bei den meisten größeren Vereinen derartige Verwaltungen.

In die Geschäftsführung des Reichsknappschaftsvereins und der Bezirksknappschaftsvereine war schon nach den Bestimmungen des RKG. ein „Vertrauensmann" der Versicherten zu übernehmen. Diese Einrichtung hat die Nov. beibehalten, indessen dahin geändert, daß in die „Leitung der Verwaltung" je ein Vertrauensmann der versicherten Arbeiter und Angestellten möglichst als leitender Angestellter zu übernehmen ist.

§ 146 [1]) (112).

(Abs. 1.) Organe der Reichsknappschaft sind der Vorstand sowie die Abteilungsvorstände und Hauptversammlungen für Arbeiter- und Angestelltenangelegenheiten.[2])

(Abs. 2.) Die Mitglieder der Organe werden auf Grund von Vorschlagslisten wirtschaftlicher Vereinigungen (§ 184)[3]) nach den Grundsätzen der Verhältniswahl auf die Dauer von vier Jahren gewählt.[4]) Die Gewählten bleiben nach Ablauf dieser Zeit im Amte, bis ihre Nachfolger eintreten. Wiederwahl ist zulässig.[5]) Die Reichsknappschaft erläßt eine Wahlordnung.[6])

§ 101 Entw.

1) Der § 146 entspricht dem § 112 des RKG., ändert diesen indes dadurch, daß er neben dem Vorstande der Rkn. die Abteilungsvorstände und Hauptversammlungen für Arbeiter- und Angestellten-Angelegenheiten einführt und außerdem im Abs. 2 die Vorschrift des früheren § 128 Abs. 1 über die vierjährige Wahlzeit wiedergibt.

2) Es entspricht dem deutschen Bürgerlichen Rechte, insbesondere den §§ 26 und 32 BGB., daß die Rkn. als vornehmste Organe einen Vorstand und eine Mitgliederversammlung, Hauptversammlung genannt, hat. Wie bereits in der Vorbemerkung zum 9. Abschnitt ausgeführt ist, hat aber die Nov., obgleich sie an dem Grundsatze der einheitlichen juristischen Person der Rkn. festhält, neben dem Vorstande noch zwei Abteilungsvorstände, je einem für die Arbeiter- und Angestellten-Angelegenheiten, vorgeschrieben und dieser Zweiteilung entsprechend die bisher bestehende einheitliche Hauptversammlung in zwei Hauptversammlungen, je eine für die Arbeiter- und die Angestellten-Angelegenheiten zerlegt. Es bestehen danach für die Rkn. 5 Hauptorgane: der Vorstand, die beiden Abteilungsvorstände und die

beiden Hauptversammlungen. Die Vorschriften über Zusammensetzung, Wahl und Aufgaben dieser Organe sind in den folgenden Paragraphen geregelt.

Die Gründe dieser Aenderung liegen in der Verschiedenheit der Rechtsstellung der Angestellten und der Arbeiter. Schon das RKG. hatte für die Angestellten Bestimmungen getroffen, die unter Berücksichtigung ihrer Verhältnisse und Ansprüche für sie eine gewisse Sonderstellung schufen. Für eine Berücksichtigung der Angestellten in den Organen des RKV. und der BezKV. war durch die §§ 113, 114, 119, 120, 123, 127, 129, 132, 133, 134, 135, 136, 140 und 143 gesorgt. Diesen Rechtszustand zu ändern hatte bereits der Entw. der Nov. ins Auge gefaßt, indem er in seinem fünften Abschnitt eine scharfe Trennung der Pensionskassen für Arbeiter und für Angestellte vorgeschlagen hatte; auch hatte er im zehnten Abschnitt einige abändernde Bestimmungen über die Wahl der Angestelltenvertretung und die Vertretung der Angestellten im Vorstande des RKV. und der BezKV. angeregt. Der Reichstag hat die Trennung grundsätzlich auch auf die Krankenkassen übertragen und ist hinsichtlich der organisatorischen Bestimmungen weit über den Entw. hinausgegangen. Schon in der ersten Lesung des Ausschusses wurde (vgl. Ber. S. 81, 82) ein Antrag Nr. 449 angenommen, der als Organe des RKV. „die Vorstände und Hauptversammlungen der Abteilungen für Arbeiter und Angestellte" bezeichnet hatte. In der 2. Lesung erfuhr dieser Beschluß eine Aenderung: Der einheitliche Vorstand und die einheitliche Hauptversammlung wurden infolge der Annahme des Antrages 551 wiederhergestellt (Ber. S. 137 bis 139), wobei der Gesichtspunkt betont wurde, daß eine völlige Trennung der Vorstände und Hauptversammlungen praktisch undurchführbar sei, daß bei Kompetenzstreitigkeiten eine zur Entscheidung zuständige Stelle fehle und daß ein einheitliches, zur Vertretung des Vereins nach außen berechtigtes Organ aus juristischen und praktischen Gründen unentbehrlich sei. In der 3. Lesung wurden gegen den Beschluß der 2. Lesung wiederum Bedenken erhoben, und es wurde schließlich der Vermittlungsantrag 640 Ziffer 2 angenommen (Ber. S. 160/161). Dieser Beschluß ist in der Vollversammlung des Reichstags (Sten. Ber. S. 7354, 7368, 7375, 7376, 7379 und 7445) angenommen worden, hat aber ebendaselbst durch die §§ 152, 162 eine nähere Ausgestaltung erfahren.

3) Wegen der wirtschaftlichen Vereinigungen vgl. § 184.

4) Beibehalten ist aus dem früheren Recht die Vorschrift, daß die Wahl der Mitglieder sämtlicher Organe nach den Grundsätzen der Verhältniswahl erfolgen müsse. Diese Grundsätze dürfen, nachdem dies Wahlsystem durch seine gegenüber dem Mehrheitswahlsystem bestehenden, allgemein anerkannten Vorzüge bei den Wahlen der Reichs- und Landesvertretungen, bei den meisten Wahlen innerhalb der sozialen VTräger, bei den Wahlen der Betriebsräte (§ 18 Abs. 2 des Betriebsrätegesetzes vom 20. Febr. 1920) und bei zahlreichen anderen Wahlen zur Geltung gelangt ist, als bekannt vorausgesetzt werden. Sie ist aber nur dort anwendbar, wo mehrere Personen gewählt werden sollen; handelt es sich nur um eine zu wählende Person, so ist die Verhältniswahl begrifflich ausgeschlossen. Die früher vielfach vertretene Ansicht, daß die Anwendung der Verhältniswahl davon abhängig sei, daß mindestens drei Personen zu wählen seien, ist neuerdings auch in der Gesetzgebung aufgegeben worden (z. B. Preußisches Gesetz, betr. die Einführung der Grundsätze der Verhältniswahl für die Wahl der Vertrauenspersonen des Ausschusses zur Auswahl der Schöffen und Geschworenen, vom 3. März 1922, GS. S. 49).

Aus der reichen Literatur über die Verhältniswahl sind zu erwähnen: Dr. Ernst Cahn: Das Verhältniswahlsystem in den modernen Kulturstaaten, Berlin 1909; Luschka: Die Verhältniswahl im deutschen Verwaltungsrecht, Karlsruhe 1905; Stiller: Die Grundlagen und Ziele der Verhältniswahl, Berlin 1903; Schulz: Die Wahl, insbesondere die Verhältniswahl, in der sozialen Versicherung, u. a. m.

5) Die Sätze 2 und 3 des Abs. 2 entsprechen den Vorschriften des früheren § 128 Abs. 2 und 3.

6) Der Satz 4 des Abs. 2 nimmt die für die Hauptversammlung gegebene Vorschrift des früheren § 124 auf, dehnt

sie aber allgemein auf die Wahlen der Organe der Rkn. aus.

Die nähere Ausgestaltung der Wahlvorschriften nach den Grundsätzen der Verhältniswahl ist Aufgabe der Wahlordnungen. Als Beispiele kommen in Frage, aus früherer Zeit einmal die „Vorschläge zur Regelung des Wahlverfahrens bei den Gewerbegerichten nach den Grundsätzen der Verhältniswahl", sodann die „Muster zur Aufstellung von Ortsstatuten für Kaufmannsgerichte" (Ministerialblatt der Preußischen Handels- und Gewerbeverwaltung 1902 S. 165 und 1904 S. 417), aus neuester Zeit insbesondere die vom RVA. erlassenen Wahlordnungen für die Wahl der nichtständigen Mitglieder des RVA. vom 10. Dez. 1922 (AN. S. 460 ff.), für die Wahl der nichtständigen Mitglieder der Landesversicherungsämter vom 10. Dez. 1922 (a. a. O. S. 472 ff.), für die Wahlen der Beisitzer der OVAe. vom 11. Dez. 1922 (a. a. O. S. 484 ff.), für die Wahlen der Vertreter der Versicherten für die Unfallverhütung bei der Knappschaftsberufsgenossenschaft vom 12. Dez. 1922 (a. a. O. S. 506 ff.). Der RKV. hat unterm 12. August 1924 eine Wahlordnung für die Wahl der Vertreter in der Hauptversammlung des RKV. und unterm 20. April 1924 eine Wahlordnung für die Wahl der Knappschaftsältesten und Angestelltenältesten erlassen. (Vgl. Kompaß 1924 S. 64/86 und Thielmann S. 125).

Welches Organ der Rkn. die in Abs. 2 Satz 4 erwähnte Wahlordnung zu erlassen hat, ist nicht gesagt; nach § 151 Abs. 1 und 2 wird sie vom Vorstande der Rkn. erlassen werden müssen, wenn nicht die Satzung ihren Erlaß den Abteilungsvorständen überträgt.

§ 147 [1]) (113).

(Abs. 1.) Die Organe bestehen je zu zwei Fünfteln aus Vertretern der Arbeitgeber und je zu drei Fünfteln aus Vertretern der Versicherten. [2])

(Abs. 2.) Für die Vertreter werden Ersatzmänner in gleicher Zahl gewählt.

(Abs. 3.) Die Satzung bestimmt das Nähere.

§ 102 Entw., Art. 10a Entw. der Nov.

1) Der § 147 beruht auf den Beschlüssen des Soz.-Pol. Ausschusses des RT. Bereits in der ersten und zweiten Lesung war der Grundsatz angenommen, daß Vorstand und Hauptversammlungen zu je $^2/_5$ aus Vertretern der Arbeitgeber und zu $^3/_5$ aus Vertretern der Versicherten bestehen sollte. (Ber. d. Nov. S. 82 bis 84, 139 bis 142). In der dritten Lesung erhielt der Paragraph die oben wiedergegebene Fassung (Ber. S. 161). Der in der Regierungsvorlage zu § 113 Abs. 1 gemachte Vorschlag (Entw. Art. 10a) ist durch die Einrichtung besonderer Angestellten-Organe hinfällig geworden.

2) Durch den § 147 ist die schon durch das Preußische KnG. vom 10. April 1854 (GS. S. 139) eingeführte, seitdem beibehaltene und im RKG. auf den RKV. ausgedehnte „Parität" zwischen Arbeitgebern und Arbeitnehmern beseitigt. In den Verhandlungen des Soz.-Pol. Ausschusses wurde von den Vertretern der neuen Regelung bei Beratung des Antrages Nr. 450 ausgeführt, daß die gesetzlich vorgeschriebene Gleichstellung der Arbeiter mit den Arbeitgebern tatsächlich nicht bestanden habe, daß die Arbeitgeber namentlich das RKG. durch ihr Vorgehen gewissermaßen sabotiert hätten (insbesondere durch Nichteinrichtung der Familienkrankenkasse und Nichtgewährung der Steigerungssätze bei einer Dienstzeit von mehr als 25 Jahren) und daß die Arbeitgeber deshalb selbst die Schuld daran trügen, daß eine Aenderung in dem Verhältnis der Vertretungen beider Seiten eingeführt werden müsse. In der Beratung wurde auch die Bestimmung des Art. 161 Reichsverfassung, nach der das Reich ein umfassendes Versicherungswesen unter maßgebender Mitwirkung der Versicherten schaffen soll, erwähnt. (Vgl. dazu die zutreffenden Ausführungen des Regierungsvertreters auf S. 80 des Ber.). Von den Anhängern der Parität wurde ausgeführt, daß der Antrag Nr. 450 eine scharfe Kampfansage gegen das Unternehmertum darstelle, daß er bei den Unternehmern das Gefühl der Entrechtung wachrufen müsse

und daß bei Annahme des Antrages auch hinsichtlich anderer Versicherungszweige, namentlich der AV., die Möglichkeit bestände, daß auch bei ihnen eine gleiche Zusammensetzung der Organe verlangt und durchgeführt werden könne. (Ber. S. 82/84, 139/142, 161). Nachdem in der zweiten Lesung mit der Frage der Vertretung in den Organen auch die Frage des Verhältnisses der Beiträge behandelt und hierbei dem bisherigen § 88 Abs. 1 die Fassung gegeben war, daß die Beiträge zu $^{2}/_{5}$ von den Arbeitgebern und zu $^{3}/_{5}$ von den Versicherten zu tragen seien (Ber. S. 134), wurde der Antrag 450 unter Ablehnung aller abweichenden Anträge angenommen. Er ist Gesetz geworden (vgl. Sten.Ber. des RT. S. 7353, 7363, 7364, 7382, 7383, 7411 bis 7414, 7445).

Die Aufhebung der gesetzlichen Parität im Knappschaftswesen ist natürlich eine sehr folgenschwere Maßregel, umsomehr als sie nicht nur den Vorstand und die Abteilungsvorstände, sondern auch die Hauptversammlungen betrifft und als sie nach § 169 auch auf die Bezkn. ausgedehnt ist. Die in § 155 Abs. 2 vorgesehene getrennte Abstimmung in den Gruppen der Arbeitgeber und Versicherten und die für diese Fälle vorgeschriebene Mehrheit in beiden Gruppen enthält nur in sehr engen Grenzen eine Einschränkung des Uebergewichts der Versichertenvertreter. In ihrer Bedeutung geht die neue Regelung auch über die Bedeutung des § 332 RVO. (Krankenversicherung) weit hinaus, schon, weil sie sich auf das ganze, im RKG. geordnete Gebiet bezieht, und weil sie im einzelnen, z. B. bei der Errichtung und Aenderung der Satzung die Stellung der Arbeitgeber ungünstiger regelt, als in der KrV. Die Hauptversammlungen und die Bezirksversammlungen fassen ihre Beschlüsse mit einfacher Stimmenmehrheit (§§ 162, 179), die früheren Vorschriften des § 126 Satz 1 und 2 und des § 142 sind durch die Bestimmungen zu §§ 162, 179 ersetzt worden.

Ob die neue Regelung zum Besten der Rkn. und zur Beförderung des sozialen Friedens beitragen wird, bleibt abzuwarten. Inwieweit sie auch auf andere Versicherungszweige ausgedehnt werden wird, dürfte sich bald entscheiden.

§ 148 [1]) (Neu).

(Abs. 1.) Der Vorstand besteht aus den Mitgliedern der Abteilungsvorstände. [2]) [3])

(Abs. 2.) Bei der Abstimmung haben die Mitglieder des Abteilungsvorstandes für Angestelltenangelegenheiten ein Sechstel der Stimmen, die nach der Satzung dem Abteilungsvorstande für Arbeiterangelegenheiten zustehen [4]).

(Abs. 3.) Satzung und Geschäftsordnung bestimmen das Nähere.

1) Der § 148 Abs. 1 beruht auf den Beschlüssen der dritten Lesung des Soz.-Pol. Ausschusses (Ber. Nov. S. 161, § 113 a der Aussch.-Beschl.), die Absätze 2 und 3 beruhen auf dem Beschluß der zweiten Plenarsitzung des RT. (vgl. Sten. Ber. S. 7445).

2) Eine Wahl des Vorstandes ist also nicht erforderlich. Kraft Gesetzes sind die sämtlichen Mitglieder der Abteilungsvorstände (§ 146) Mitglieder des „Gesamtvorstandes". Dasselbe wird man ungezwungen von den Ersatzmännern der Mitglieder der Abteilungsvorstände annehmen müssen (§ 149).

3) Die Vorschrift des Abs. 1 sichert eine gewisse Kontinuität zwischen den Maßnahmen des Vorstandes und der Abteilungsvorstände, zwischen der Vertretung und der Geschäftsführung (Ber. S. 161, Ausführungen des Regierungsvertreters).

4) Durch die Vorschrift des Abs. 2 soll verhindert werden, daß in dem Gesamtvorstande die Mitglieder des Abteilungsvorstandes für Arbeiterangelegenheiten durch eine etwaige übereinstimmende Stellungnahme der Arbeitgeber und der Mitglieder des Abteilungsvorstandes für Angestelltenangelegenheiten überstimmt werden. Vgl. noch Anm. 3 und 4 zu § 162.

§ 149 [1]) (114).

Die Mitglieder der Abteilungsvorstände und ihre Ersatzmänner werden von den Vertretern in den Hauptversammlungen gewählt, und zwar wählen Arbeitgeber, Arbeiter und Angestellte getrennt. Mindestens zwei Drittel der Vertreter der Versicherten müssen Knappschaftsälteste oder Angestelltenälteste sein. Ein Drittel kann aus sonstigen oder ehemaligen Mitgliedern der Reichsknappschaft oder der früheren Knappschaftsvereine entnommen werden, die freiwillige Beiträge zur Krankenversicherung oder Pensionsversicherung oder Anerkennungsgebühren zur Erhaltung der Ansprüche auf Pensionskassenleistungen zahlen.[2][3][4])

§ 103 Entw., Art. 10 b Entw. der Nov.

1) Die jetzige Fassung des § 149 ist durch die Beschlüsse des Soz.-Pol. Ausschusses festgestellt. (Ber. Nov. S. 84, 143). Sie beruht auf dem neuen, in § 146 festgestellten Grundsatze über die Organe der Rkn. und enthält in Verbindung mit § 147 die Vorschriften über die Bildung der Abteilungsvorstände. Die Wahl der Mitglieder dieser Vorstände erfolgt nunmehr durch die beiden Hauptversammlungen nach den Grundsätzen der Verhältniswahl und nach der von der Rkn. auf Grund des § 146 Abs. 2 Satz 3 erlassenen Wahlordnung getrennt nach den drei Gruppen. Die Gewählten sind gleichzeitig Mitglieder des Gesamtvorstandes.

2) Die Sätze 2 und 3 enthalten, wie schon die Abs. 2 und 3 des früheren § 114, eine Durchbrechung des Grundsatzes, daß nur Knappschaftsälteste zu Mitgliedern des Vorstandes gewählt werden können und ermöglichen die Wahl anderer, im Satz 3 bezeichneter Personen. Die Einführung des Wortes „sonstigen" durch die Nov. erweitert den Kreis der zu Versichertenvertretern wählbaren Personen, da nunmehr außer den ehemaligen Mitgliedern des RKV. auch die vorhandenen Mitglieder gewählt werden können.

3) Wegen der freiwilligen Zahlung von Beiträgen zur KrV. vgl. § 117 Abs. 2, sowie § 381 Abs. 2 RVO. Wegenn der freiwilligen Beiträge der PV. vgl. § 77, § 130 Abs. 2 wegen der An-

erkennungsgebühren vgl. § 76 und die Uebergangsbestimmung im EG. Art. 29, Abs. 2.

4) Die in der ersten Auflage gegebene Uebersicht über den **Ausbau der kn. Organe auf der Seite der Versicherten** erfährt unter Berücksichtigung der Vorschriften der Nov. folgende Gestalt: (Alle Wahlen erfolgen nach den Grundsätzen der Verhältniswahl und getrennt nach Arbeitern und Angestellten).

1. Die aktiv wahlberechtigten versicherten Arbeiter und Angestellten (§§ 167 und 168) wählen nach Maßgabe der §§ 167 und 168 und der von der Rkn. erlassenen Wahlordnung (§ 167 Abs. 1 Satz 2) aus ihrer Mitte

die Knappschaftsältesten und die Angestelltenältesten,

deren Wählbarkeit durch die §§ 166, 167, 168 und gegebenenfalls durch die Satzung (§ 166 Abs. 1) bestimmt wird.

2. Die Knappschaftsältesten und Angestelltenältesten wählen nach § 177 und der auf Grund des § 165 Abs. 4 und des § 146 Abs. 2 zu erlassenden Wahlordnung aus ihrer Mitte

die Vertreter der Versicherten in den beiden Bezirksversammlungen,

deren Wählbarkeit durch den § 166 und die Satzung bestimmt wird. Mindestens ²/₃ der Vertreter der Versicherten müssen Knappschaftsälteste oder Angestelltenälteste sein.

3. Die Vertreter der Versicherten in den Bezirksversammlungen wählen nach der Wahlordnung (§ 146 Abs. 2)

a) **die Vertreter der Versicherten im Bezirksvorstande (§ 171) und ihre Ersatzmänner, damit gleichzeitig die Mitglieder des Bezirksvorstandes;** mindestens zwei Drittel der Vertreter der Versicherten müssen Knappschaftsälteste oder Angestelltenälteste sein (§ 149 Satz 3 gilt).

b) **die Mitglieder der beiden Hauptversammlungen und ihre Ersatzmänner** (§ 160). Wahlordnung nach § 146 Abs. 2.

4. Die Mitglieder der beiden Hauptversammlungen wählen nach § 149 und der Wahlordnung (§ 146 Abs. 2)

die Mitglieder der beiden Abteilungsvorstände des Rkn. und damit zugleich die Mitglieder des Vorstandes des Rkn. (§ 148 Abs. 1).

Wählbarkeit der Mitglieder der Vorstände vgl. § 149 Satz 2, 3.

§ 150 (115).

Die Reichsknappschaft hat das Ergebnis jeder Wahl und jede Aenderung in der Zusammensetzung der Vorstände binnen einer Woche dem Reichsarbeitsminister anzuzeigen. [1])

§ 104 Entw.

1) Der RAM. muß als Aufsichtsbehörde (§ 189) jederzeit über die Zusammensetzung des Vorstandes unterrichtet sein. Es ist deshalb die dem § 6 der RVO. entsprechende Vorschrift des § 150 getroffen worden. Bei Nichtbeachtung dieser Vorschrift würde nach § 189 Abs. 1 des Ges. und § 31 Abs. 3 RVO. die Aufsichtsbehörde die Befugnis haben, die Mitglieder des Vorstandes durch Geldstrafen zur Befolgung der Vorschrift anzuhalten.

§ 151 [1]) (116).

(Abs. 1.) Der Vorstand vertritt die Reichsknappschaft gerichtlich und außergerichtlich. Er hat die Stellung eines gesetzlichen Vertreters. [2]) [3]) [4])

(Abs. 2.) Er besorgt die Geschäfte der Reichsknappschaft, die nicht durch Gesetz oder Satzung den Abteilungsvorständen oder den Hauptversammlungen vorbehalten oder den Bezirksknappschaften übertragen sind. [5]) Er überwacht den Geschäftsgang.

(Abs. 3.) Die Satzung kann bestimmen, daß der Umfang der Vertretungsmacht des Vorstandes mit Wirkung gegen Dritte zugunsten der Abteilungsvorstände beschränkt wird oder daß auch einzelne Vorstandsmitglieder die Reichsknappschaft vertreten können. [6])

(Abs. 4.) Zum Nachweis seiner Vertretungsmacht erhält der Vorstand eine Bescheinigung des Reichsarbeitsministers über die den Vorstand bildenden Personen.[1][2])

(Abs. 5.) Der Vorstand gibt sich eine Geschäftsordnung.

§ 105 Entw.

1) Der § 151 beruht auf den in dritter Lesung gefaßten Beschlüssen des Soz.-Pol. Ausschusses (Ber. Nov. S. 161/162).

2) Der § 151 Abs. 1 entspricht wörtlich dem Abs. 2 des früheren § 116. Er enthält die rechtliche Grundlage für die Rechtsstellung des (Gesamt-) Vorstandes und für sein Verhältnis zu den Abteilungsvorständen. Sie gibt entsprechend dem § 26 BGB. dem (Gesamt-) Vorstande die Vertretung nach außen und die Stellung eines gesetzlichen Vertreters. Die Worte: „hat die Stellung eines gesetzlichen Vertreters" beruhen auf der Erwägung, daß der Vorstand einen Teil der Vereinsorganisation selbst bildet und daher dem Vereine nicht wie einer fremden dritten Person gegenüber steht, etwa wie ein Bevollmächtigter dem Vollmachtgeber oder der Vormund dem Mündel. Man hat deshalb die Fassung gewählt, daß alle Befugnisse eines gesetzlichen Vertreters dem Vorstande zustehen (Staudinger, Kommentar zum BGB., Bd. 1, Anm. 8 zu § 26). Die dem allgemeinen Rechte entsprechende Bestimmung des Abs. 1 ist allerdings durch zahlreiche Vorschriften namentlich im Abs. 2 und 3 durchbrochen; jedoch wird man diese Vorschriften als Ausnahmen von der allgemeinen Vorschrift des Abs. 1 ansehen und dementsprechend streng auslegen müssen. Soweit also die gesetzliche Vertretungsmacht nicht unzweideutig durch derartige Bestimmungen eingeschränkt oder aufgehoben ist, muß es bei dem Grundsatz des § 151 bewenden.

3) Wegen der Form der Erklärungen des Vorstandes nach außen vgl. § 158. Sollte die Satzung entsprechend dem Abs. 3 die Vertretungsmacht des Vorstandes zugunsten der Abteilungs-

vorstände beschränken, so dürfte sie für die Erklärungen der Abteilungsvorstände entsprechende Bestimmungen zu treffen haben.

4) Nach § 31 BGB. ist jeder Verein für den Schaden verantwortlich, den der Vorstand, ein Mitglied des Vorstandes oder sein sonstiger verfassungsmäßiger Vertreter durch eine in Ausführung der ihnen zustehenden Verrichtungen begangene, zum Schadensersatz verpflichtende Handlung einem Dritten zufügt. Da diese Vorschrift eine ganz allgemeine, auch für juristische Personen des öffentlichen Rechts geltende Vorschrift über die außervertragliche Haftung einer juristischen Person darstellt (§ 89 des BGB.), so ist sie auch auf den Vorstand, die Abteilungsvorstände usw. der Rkn. anzuwenden.

5) Der Abs. 2 überträgt ähnlich wie früher der § 116 Abs. 1 in Verfolg des Absatzes 1 des § 151 die Besorgung der Geschäfte der Rkn. dem Vorstande, schränkt aber diese Uebertragung erheblich ein, indem er von der Geschäftsbesorgung diejenigen Geschäfte ausschließt, die durch Gesetz oder Satzung den Abteilungsvorständen oder den Hauptversammlungen vorbehalten oder den Bezkn. übertragen sind. Gesetzliche Bestimmungen dieser Art finden sich z. B. in § 17, der die KrV. den Bezkn. überträgt, im § 113, der die Erhebung der Beiträge, im § 191, der die Feststellung der Leistungen, im § 219, der die Zahlung der Leistungen den Bezkn. überträgt, sodann (allgemeiner) im § 141 u. a. m.

6) Der Abs. 3 bietet die Möglichkeit, auch die auf Abs. 1 und 2 beruhende **Vertretungsmacht** des Vorstandes mit Wirkung gegen Dritte einzuschränken. Der Grundsatz, daß der Vorstand die Rkn. gerichtlich und außergerichtlich, also nach außen zu vertreten hat, kann also durch die Satzung unter Umständen in empfindlichem Maße beeinträchtigt werden. Daß nach § 152 die Abteilungsvorstände von der Vertretung des Vereins nach außen ausgeschaltet seien und nur für die Führung der Geschäfte, also für die inneren Verhältnisse des Vereins in Frage kämen, also nichts anderes seien, als ein Geschäftsausschuß (vgl. Erklärung eines Regierungsvertreters in der dritten Le-

sung des Soz.-Pol. Ausschusses, Ber. S. 161) ist für den Fall, daß die Satzung von der Befugnis des Abs. 3 Gebrauch macht, nicht zutreffend. Wenn durch die Satzung der Umfang der Vertretungsmacht des Vorstandes zu Gunsten der Abteilungsvorstände mit Wirkung gegen Dritte beschränkt werden kann, so liegt die rechtliche Möglichkeit vor, daß unter Umständen die Abteilungsvorstände auch nach außen hin („gegen Dritte") innerhalb des Rahmens der Satzung Erklärungen abgeben, die für die Rkn. verbindlich sind. Dadurch wird nach außen hin eine gewisse Rechtsunsicherheit ermöglicht, die umso größer wird, als die in Abs. 4 vorgeschriebene Bescheinigung sich nur auf die den Vorstand bildenden Personen, nicht auf die nach Abs. 3 durch die Satzung zur Vertretung des Vereins ermächtigten Abteilungsvorstände erstreckt.

Die Bestimmung, daß durch die Satzung auch einzelnen Vorstandsmitgliedern die Vertretung der Rkn. übertragen werden kann, fand sich bereits in § 151 Abs. 4 des RKG. und war dem in der Praxis bewährten § 57 Abs. 1 des Preußischen KnG. nachgebildet.

Die Vorschrift des § 182, daß auch Erklärungen der Bezkn. unter den dort bezeichneten Voraussetzungen verbindlich sein können, ist durch die Nov. nicht geändert worden.

7) Die Vorschrift des Abs. 4 entspricht dem § 151 Abs. 3 RKG. Die Bescheinigung ist nach §§ 230, 231 gebührenfrei. (Begr. des RKG. S. 66.

8) Die früher für die Geschäftsführung der Knappschaftsvorstände im Preußischen Knappschaftsrecht wichtige Frage, ob die KnV. zum Erwerbe von Grundstücken der Genehmigung der Aufsichtsbehörden bedürften (KnG. von Steinbrinck-Reuß, Anm. 9 zu § 55), ist für die Rkn. dadurch im verneinenden Sinn entschieden, daß deren Rechtsfähigkeit auf einem neben dem BGB. bestehenden Reichsgesetze beruht. (Art. 7, § 1. Abs. 2 des Preußischen Ausführungsgesetz zum BGB.) Für die Bezkn. erledigt sich diese Frage dadurch, daß diese nicht mehr juristische Personen sind. Vgl. im übrigen Anm. 3 zu § 8.

§ 152 [1]) (Neu).

(Abs. 1.) Zur Führung der Geschäfte der Reichsknappschaft sind, getrennt nach Arbeiter- und Angestelltenangelegenheiten, die Abteilungsvorstände berechtigt und verpflichtet. [2]) Jeder Vorstand führt die Geschäfte seiner Abteilung selbständig. Für die Geschäfte, die über den Wirkungskreis einer Abteilung hinausgehen (gemeinsame Geschäfte), ist der Vorstand zuständig; er entscheidet Streit über die Zuständigkeit.

(Abs. 2.) Satzung und Geschäftsordnung bestimmen das Nähere.

1) Der § 152 beruht auf den Beschlüssen der 3. Lesung des Soz.-Pol. Ausschusses (Ber. Nov. S. 162, § 116a der Aussch.-Beschl.) und denen der Vollversammlung des RT. in 2. Lesung, (Sten. Ber. S. 7445).

2) Die Einrichtung der beiden Abteilungsvorstände (vgl. § 146 Abs. 1 und die Anm. 2) macht es notwendig, das Verhältnis dieser Abteilungsvorstände zu einander und zum (Gesamt-) Vorstande abzugrenzen. Man wird in dieser Beziehung die Vertretung nach außen von der inneren Geschäftsführung unterscheiden müssen. Die erstere gebührt dem (Gesamt-) Vorstande, soweit nicht die Satzung auf Grund des § 151 Abs. 3 Einschränkungen zu Gunsten der Abteilungsvorstände vorgeschrieben hat. Dann ist die Satzung entscheidend. Im Innern gebührt die Geschäftsführung, soweit es sich um Arbeiterangelegenheiten handelt, dem Abteilungsvorstande in Arbeiterangelegenheiten, soweit es sich um Angestelltenangelegenheiten handelt, dem Abteilungsvorstande für Angestelltenangelegenheiten. Ist hiernach der Charakter der zu erledigenden Geschäfte klar und gehen die betreffenden Geschäfte über den Wirkungskreis einer Abteilung nicht hinaus, so ist die Zuständigkeit der Abteilungsvorstände zweifellos und die Zuständigkeit des (Gesamt-) Vorstandes ausgeschlossen. Es wird aber zahlreiche Geschäfte geben, die über den Wirkungskreis einer

Abteilung hinausgehen und nach Abs. 1 Satz 3 in den Geschäftskreis des Vorstandes fallen. Derartige gemeinsame Geschäfte gibt es ihrer Natur nach von vornherein wie z. B. die im § 2 Abs. 3, 4, im § 11, im § 13 Abs. 1, im § 204 usw. bezeichneten Geschäfte. Abgesehen von diesen wird es aber in der Praxis häufig vorkommen, daß die Regelung einer Frage, die sich zunächst nur auf Arbeiterangelegenheiten oder aber auf Angestelltenangelegenheiten bezieht, unter Umständen eine Tragweite annimmt, durch die sich die Frage als eine über den Wirkungskreis des betreffenden Abteilungsvorstandes hinausgehende darstellt. (Z. B. kann die Frage, ob ein Arbeiter in einem knappschaftlichen Betriebe beschäftigt ist — § 1 Abs. 1 —, auch die Interessen der Angestelltenabteilung berühren.) Die Abteilungsvorstände werden deshalb sorgfältig darauf zu achten haben, daß die ihrer Entscheidung unterliegenden Fragen in ihrer Tragweite nicht die anderen Abteilungen berühren. Gegebenenfalls werden sie die betreffenden Fragen dem (Gesamt-) Vorstande übertragen müssen.

Wird ein Geschäft hiernach von einer gesetzlich oder satzungsgemäß unzuständigen Stelle vorgenommen, so kann seine Rechtsgültigkeit bestritten werden.

§ 153 [1]) (117).

(Abs. 1.) Die Vorstandsmitglieder haften der Reichsknappschaft für getreue Geschäftsverwaltung wie Vormünder ihren Mündeln. [2]) Die Reichsknappschaft kann auf Ansprüche aus der Haftung nur mit Genehmigung der Aufsichtsbehörde verzichten. Diese kann die Haftung an Stelle und auf Kosten der Reichsknappschaft geltend machen.

(Abs. 2.) Ein Vorstandsmitglied, das vorsätzlich zum Nachteil der Reichsknappschaft handelt, wird mit Gefängnis bestraft. Daneben kann auf Verlust der bürgerlichen Ehrenrechte erkannt werden. Hat das Vorstandsmitglied die Handlung begangen, um sich oder einem anderen einen Vermögensvorteil zu verschaffen, so kann neben der Gefängnisstrafe auf Geldstrafe erkannt werden.

(Abs. 3.) Bei Beratung über solche Gegenstände, welche das Privatinteresse eines Vorstandsmitgliedes oder seiner Angehörigen berühren, muß sich das Vorstandsmitglied der Teilnahme an der Beratung und Abstimmung enthalten, auch sich während der Beratung aus dem Sitzungszimmer entfernen.

§ 106 Entw.

1) Der § 153 beruht in seiner jetzigen Fassung auf den Beschlüssen der ersten Lesung des Soz.-Pol. Ausschusses (Ber. Nov. S. 85). Er ist dem § 23 RVO. nachgebildet.

2) Vgl. hierzu die §§ 1833 ff. BGB. Danach haftet ein Vormund dem Mündel für den aus einer Pflichtverletzung entstehenden Schaden, wenn ihm ein Verschulden zur Last fällt. Sind für den Schaden mehrere nebeneinander verantwortlich, so haften sie als Gesamtschuldner (§§ 421 ff. BGB.). Ein Verschulden liegt sowohl bei Vorsatz, als auch bei Fahrlässigkeit vor. Wegen der Fahrlässigkeit vgl. § 276 Abs. 1 BGB. Ein Verschulden kann schon in dem Geschehenlassen einer schädigenden Maßnahme anderer Personen, in der mangelhaften Aufsicht über Beamte, Angestellte usw. liegen. Indes macht § 153 nicht das Organ, also den Vorstand, haftbar, sondern nur die einzelnen Mitglieder (vgl. Kommentar zur RVO. von Hanow, Anm. 4 zu § 23 RVO.).

§ 154 [1]) (Neu).

(Abs. 1.) Der Vorsitzende des Vorstandes kann gegen ein Mitglied des Vorstandes (Abteilungsvorstandes), das sich der Erfüllung seiner Pflichten [2]) entzieht, eine Ordnungsstrafe in Geld verhängen. [3]) Er hat die Strafe zurückzunehmen, wenn nachträglich eine genügende Entschuldigung nachgewiesen wird.

(Abs. 2.) Auf Beschwerde entscheidet die Aufsichtsbehörde endgültig.

1) Der § 154 beruht auf den Beschlüssen erster Lesung des Soz.-Pol. Ausschusses (Ber. S. 85, § 117 a der Aussch.Beschl.). Er ist dem § 19 Abs. 2 RVO. nachgebildet. Wegen der Höhe der Geldstrafen vgl. Art. II der VO. vom 6. Februar 1924 über die Vermögensstrafen und Bußen (RGBl. I S. 44) in Verbindung mit § 2 der VO. vom 12. Dezember 1924 (RGBl. I S. 775). Danach ist für alle Geldstrafen ein Mindestbetrag von einer Mark, ein Höchstbetrag von eintausend Mark festgesetzt.

2) D. h. Pflichten, die dem Vorstandsmitgliede auf Grund des RKG. oder der Satzung als Vorstandsmitglied obliegen.

3) Näheres vgl. Kommentar zur RVO. von Hanow, Anm. zu § 19.

§ 155 [1]) (118).

(Abs. 1.) Der Vorstand (Abteilungsvorstand) beschließt und wählt mit einfacher Stimmenmehrheit.[2]) Bei Stimmengleichheit gilt ein Antrag als abgelehnt.

(Abs. 2.) Eine getrennte Abstimmung in den Gruppen der Arbeitgeber und Versicherten ist erforderlich für

1. die Festsetzung von Beiträgen über die nach § 133 festgesetzten Grenzen hinaus,[3])
2. die Anstellung leitender Angestellten ausschließlich des Vertrauensmannes der Versicherten.[4])

Zur Beschlußfassung ist in beiden Gruppen eine Mehrheit erforderlich.

(Abs. 3.) [5]) Ueber einen abgelehnten Antrag ist auf Verlangen der Antragsteller innerhalb eines Monats nochmals abzustimmen. Wird der Antrag wiederholt abgelehnt, so können die Antragsteller, wenn die Entscheidung von erheblicher Wichtigkeit für die Reichsknappschaft ist, innerhalb eines Monats nach der wiederholten Abstimmung die Entscheidung des Reichsarbeitsministers anrufen.

§ 107 des Entw., Art. 10 c Entw. der Nov.

1) Der § hat seine jetzige Fassung durch die Beschlüsse zweiter und dritter Lesung des Soz.-Pol. Ausschusses erhalten. (Ber. Nov. S. 85/87, 144, 162.)

2) Die Vorschrift des Abs. 1 hat angesichts der in § 147 vorgeschriebenen anderweitigen Feststellung des Zahlenverhältnisses der Arbeitgeber und der Versicherten eine besondere Bedeutung. Sie sichert in allen wichtigen grundsätzlichen Fragen der Seite der Versichertenvertreter die Mehrheit und damit die Gewißheit, ihren Willen den Arbeitgebern gegenüber zum Beschlusse zu erheben. Das gilt auch von Wahlen, namentlich den Wahlen des Vorsitzenden (vgl. § 163). Eine Schranke ist nur in den Fällen des Abs. 2 gesetzt, bei denen die sogenannte „itio in partes" gilt. Für die in Abs. 2 bezeichneten Geschäfte ist also eine Mehrheit beider Gruppen notwendig. Die frühere Vorschrift des § 118 Abs. 2 über die Notwendigkeit einer Mehrheit von $^{2}/_{3}$ der Stimmen (bei der grundsätzlichen Auslegung von Satzungsbestimmungen) ist gestrichen; also auch über diese unter Umständen nicht unwichtige Frage entscheidet die einfache Stimmenmehrheit. Auch der Vorschlag der Regierungsvorlage, eine getrennte Abstimmung stattfinden zu lassen, wenn eine $^{2}/_{3}$ Mehrheit in einer der Gruppen es verlangt, ist abgelehnt worden. Damit ist die Herrschaft der Versicherten-Vertreter in den Vorständen für das ganze Gebiet der Rkn. zur gesetzlichen Vorschrift geworden.

3) Vgl. hierzu den § 133 und die Anmerkungen.

4) Vgl. hierzu den § 157. Da hier die Vertrauensmänner als leitende Angestellte bezeichnet werden, würde ihre Anstellung unter die getrennte Abstimmung des § 2 Ziff. 2 fallen; um diese auszuschließen, ist für die Vertrauensmänner eine besondere Ausnahme vorgesehen worden.

5) Der Abs. 3 ist zwar dem Abs. 4 des früheren § 118 nachgebildet worden. Die Anrufung des RAM. ist aber nunmehr

ohne Rücksicht darauf zulässig, ob 1/3 der Arbeitgeber- oder Versicherten-Vertreter zu den Antragstellern gehören. Daß der abgelehnte Antrag mit Stimmengleichheit abgelehnt sein müsse, wenn die Anrufung der Entscheidung des RAM. zulässig sein solle, war vom Soz.-Pol. Ausschuß beschlossen, ist aber nach den Beschlüssen des RT. in zweiter Lesung gestrichen worden (vgl. Sten. Ber. S. 7446).

Die Entscheidung des RAM. muß sich darauf beschränken, zu bestimmen, ob der Antrag angenommen worden ist oder nicht. Zu Aenderungen ist der RAM. nicht berechtigt.

§ 156 [1]) (120).

Der Vorstand (Abteilungsvorstand) kann die Erledigung bestimmter Aufgaben besonderen Ausschüssen übertragen.[2]) [3]) Solche Ausschüsse werden nach § 147 zusammengesetzt; ihre Mitglieder werden in getrennter Wahl von den Vertretern der Arbeitgeber und der Versicherten im Vorstand (Abteilungsvorstand) nach den Grundsätzen der Verhältniswahl aus deren Mitte gewählt.

§ 109 Entw.

1) Die Einschaltung des Wortes: „Abteilungsvorstand" beruht auf den Beschlüssen des Soz.-Pol. Ausschusses in dritter Lesung. (Ber. Nov. S. 162.)

2) Die Befugnis des Vorstandes zur Bildung von Ausschüssen für die Erledigung bestimmter Aufgaben ist praktisch sehr wichtig, weil dadurch eine gründliche Prüfung der Aufgaben unter gleichzeitiger Schonung der Arbeitskräfte ermöglicht wird. Welche Aufgaben unter diese Befugnis fallen, ist nicht gesagt, der Vorstand kann also außer den Ausschüssen, deren Bildung das Gesetz selbst vorschreibt, noch andere Ausschüsse bilden und wird dies häufig tun. Die im § 161 der Hauptversammlung vorbehaltenen Ausschüsse sind der Bildung durch den Vorstand entzogen.

3) Ob den Ausschüssen die Erledigung einzelner bestimmter

Aufgaben oder die ständige Bearbeitung und Erledigung bestimmter, vielleicht ständig wiederkehrender Angelegenheiten übertragen werden soll, bleibt dem Ermessen des Vorstandes überlassen. Die nach Vorschrift des Gesetzes gebildeten, mit der Erledigung bestimmter Aufgaben betrauten Ausschüsse sind in allen Fällen befugt, die ihnen übertragenen Aufgaben selbständig zu erledigen.

§ 157 [1]) (121).

Die Satzung kann bestimmen, daß die Besorgung laufender Geschäfte [2]) der Vorstände einem oder mehreren Vorstandsmitgliedern oder leitenden Angestellten der Verwaltung [3]) übertragen wird. In die Leitung der Verwaltung der Reichsknappschaft ist möglichst als leitender Angestellter [4]) je ein Vertrauensmann der versicherten Arbeiter und Angestellten zu übernehmen. [5]) Er wird von der Reichsknappschaft [6]) auf Grund einer Vorschlagsliste wirtschaftlicher Vereinigungen von Arbeitnehmern (§ 184) gewählt, die mindestens drei Namen enthalten muß.

§ 110 Entw.

1) Der § 157 entspricht dem früheren § 121; seine jetzige Fassung beruht auf den Beschlüssen der dritten Lesung des Soz.-Pol. Ausschusses (Ber. Nov. S. 79).

2) Also der mit der regelmäßigen Geschäftsführung verbundenen, zu ihrer Aufrechterhaltung notwendigen Geschäfte.

3) Eine solche „Verwaltung" ist durch § 6 der Satzung des RKV. eingesetzt worden.

4) Die obligatorische Einführung eines „Vertrauensmannes der Versicherten" war bereits in § 121 Satz 2 RKG. vorgeschrieben. Die Satzung des RKV. hatte in ihrem § 4 Abs. 2 die entsprechende Bestimmung getroffen. Nunmehr ist für den (Gesamt-) Vorstand die Uebernahme von zwei Vertrauensmännern, des einen für die Arbeiter- des anderen für die Angestellten-Sachen vorgeschrieben worden, und zwar erfolgt die

Uebernahme nicht mehr wie früher, in die „Geschäftsführung" sondern in die „Leitung der Verwaltung". Augenscheinlich soll damit ausgedrückt werden, daß die Vertrauensmänner nicht nur an der Erledigung der laufenden Geschäfte (vgl. Anm. 2) beteiligt sein sollen, sondern darüber hinaus an allen überhaupt zur Verwaltung des Rkn. gehörenden Geschäften. Ueber den Begriff der „leitenden Angestellten" vgl. Erlaß des RAM. im Reichsarbeitsblatt vom 24. Januar 1926, S. 25; Kompaß 1926, S. 62.

5) Die Vertrauensmänner sollen „möglichst als leitende Angestellte" übernommen werden. Vgl. hierzu § 155 Abs. 2, Ziffer 2 und Anm. 4; „möglichst" d. h., wenn die zu berücksichtigenden Verhältnisse es gestatten. Die Anwendung der in § 155 Abs. 2 Ziffer 3 für die Anstellung leitender Angestellten vorgeschriebene getrennte Abstimmung ist aber bei der Uebernahme der Vertrauensmänner durch dieselbe Bestimmung ausgeschlossen worden.

6) D. i. der zuständige Abteilungsvorstand (§ 152).

§ 158 (122).

(Abs. 1.) Nach außen sind Erklärungen für die Reichsknappschaft verbindlich, wenn sie von einer oder mehreren den Vorstand vertretenden Personen nach näherer Bestimmung der Satzung gezeichnet sind. [1])

(Abs. 2.) In welcher Form Erklärungen mit verbindlicher Wirkung für Arbeitgeber und Versicherte abzugeben und bekanntzumachen sind, bestimmt die Satzung. [2])

§ 111 Entw.

1) „Selbstverständlich kann die Zeichnungsbefugnis für den Vorstand nur den leitenden Beamten (der Verwaltung), die besonders sorgfältig ausgewählt werden, übertragen werden.

Damit die Beschlüsse des Vorstandes nach außen in bindenden Erklärungen in Erscheinung treten können, muß dieser die Personen bezeichnen, die befugt sind, solche Erklärungen abzugeben. Der Satzung kann es überlassen bleiben, die Form dieser Erklärungen zu bestimmen." (Begr. zum RKG. S. 66.) Die bisherige Satzung des RKV. hat in ihrem § 5 von dieser Bestimmung Gebrauch gemacht.

2) Solche Erklärungen werden häufig notwendig werden. Die Satzung wird dafür sorgen müssen, daß die Bek. derartiger Erklärungen in einer Weise erfolgt, die den Beteiligten eine sichere Kenntnis ihres Inhalts vermittelt (bestimmte Zeitungen, Anschlag auf den Werken und dergl.).

§ 159 [1]) [2]) (Neu).

(Abs. 1.) Verstoßen Beschlüsse der Organe der Reichsknappschaft gegen Gesetz oder Satzung, so hat sie der Vorsitzende des Vorstandes (Abteilungsvorstandes) durch Beschwerde an die Aufsichtsbehörde zu beanstanden. [3]) [4])

(Abs. 2.) Die Beschwerde bewirkt Aufschub.

1) Der § 159 ist auf Grund der Beschlüsse erster Lesung des Soz.-Pol. Aussch. (Ber. Nov. S. 89) dem Gesetze eingefügt worden (§ 122 a der Aussch.Beschl.).

2) Der § 159 entspricht dem § 8 der RVO. Das Nähere darüber vgl. Kommentar der RVO. von Hanow, Anm. zu § 8.

3) Der Abs. 1 legt dem Vorsitzenden des Vorstandes eine schwere Pflicht auf. Er muß die Beschlüsse sämtlicher Organe der Rkn. auf ihre Gesetzmäßigkeit und Satzungsgemäßheit prüfen und, wenn sie gegen Gesetz und Satzung verstoßen (was nicht immer leicht ist festzustellen), beanstanden. Die Nichtbeachtung dieser Pflicht macht, wenn sie schuldhaft erfolgt, den Vorsitzenden u. U. wirtschaftlich verantwortlich.

4) Die Vorschrift des § 7 der Satzung der RKV. verpflichtete den Vorsitzenden nur zu einer Ueberwachung des Geschäftsganges.

§ 160 [1]) [2]) (123).

Die Mitglieder der Hauptversammlungen für Arbeiterangelegenheiten und für Angestelltenangelegenheiten sowie die Ersatzmänner werden auf Grund von Vorschlagslisten wirtschaftlicher Vereinigungen (§ 184)[3]) in getrennter Wahl durch die Vertreter der Arbeitgeber und der versicherten Arbeiter und Angestellten in den Bezirksversammlungen gewählt.

1) Der § 160 entspricht der Hauptsache nach dem § 123 Abs. 1 des RKG. Seine Fassung beruht auf den Beschlüssen der 3. Lesung des Soz.-Pol. Ausschusses, Ber. Nov. S. 163.

2) Die §§ 160 bis 162 regeln die Hauptversammlungen der Rkn. Wie bisher bleiben die Hauptversammlungen entsprechend den Mitgliederversammlungen des BGB. das oberste Organ der Rkn. Jede hat für ihren Bereich die den Hauptversammlungen nach § 161 obliegenden Aufgaben zu erfüllen. Wegen der über den Wirkungskreis der Hauptversammlungen der Abteilungen hinausgehenden Geschäfte vgl. § 151 Abs. 2 und Anm. 2 daselbst.

Die Wahl der Mitglieder erfolgt nach den Grundsätzen der Verhältniswahl auf die Dauer von vier Jahren. (§ 146 Abs. 2.) Das aktive Wahlrecht wird durch § 160, das passive ebenfalls nach § 160 geregelt. Die Wahlordnung wird nach § 146 Abs. 2 erlassen. Die Zusammensetzung richtet sich nach § 147, die Aufgaben nach § 161, die Beschlußfassung nach § 162. Wegen des Vorsitzenden vgl. § 163.

3) Vgl. § 184.

§ 161[1]) (125).

(Abs. 1.) Den Hauptversammlungen bleibt vorbehalten:[2])

1. Erlaß und Aenderung der Satzung,[3])
2. die Wahl der Abteilungsvorstände,
3. die Wahl je eines Ausschusses[4])[5])
   a) zur Prüfung und Abnahme der Jahresrechnung,
   b) zur Ausübung der Befugnis, Ansprüche der Reichsknappschaft gegen Vorstandsmitglieder

oder Angestellte aus deren Geschäftsführung durch besondere Beauftragte zu verfolgen,

c) zur Begutachtung allgemeiner knappschaftlicher Fragen.

(Abs. 2.) Für die Zusammensetzung der Ausschüsse (Abs. 1 Nr. 3) und die Wahl ihrer Mitglieder gelten die Vorschriften des § 156 entsprechend.[3])

§ 114 Entw., Art. 10 d des Entw. d. Nov.

1) der § 161 entspricht dem § 125 RKG., hat indessen in der ersten Lesung des Soz.-Pol. Ausschusses einige Aenderungen erfahren (Ber. Nov. S. 90, 144).

2) Die hier bezeichneten Angelegenheiten können also den Hauptversammlungen nicht entzogen werden, auch nicht durch die Satzung.

3) Es ist in der Nov. nicht ausdrücklich vorgeschrieben, ob „die Satzung" (vgl. § 11) von den vereinigten Hauptversammlungen (§ 162 Abs. 2) zu beschließen ist. Da aber der Erlaß einer Satzung, ebenso wie regelmäßig ihre Aenderung die Interessen beider Abteilungen unmittelbar oder mittelbar berühren wird, muß man ihn, von möglichen oder seltenen Ausnahmefällen (bei Aenderung) abgesehen, als „gemeinsame Angelegenheit" den vereinigten Hauptversammlungen zuweisen. Daß auch über die Satzung und deren Aenderung (in den Hauptversammlungen) mit einfacher Stimmenmehrheit entschieden wird, ist im § 162 vorgeschrieben.

Das Gesetz braucht neben dem Ausdruck „die Satzung" zuweilen den Ausdruck: „die Satzungen" (§ 166 u. a. m.). Es handelt sich aber bei dem letzteren Ausdruck nur um einen im allgemeinen Sprachgebrauch nicht selten angewandten Ausdruck, nicht um den Ausdruck eines gesetzgeberischen Willens dahin, daß **mehrere Satzungen**, vielleicht für beide Abteilungen, erlassen werden müssen. Ein solcher Wille würde sich mit der sonstigen Terminologie des Gesetzes (vgl. u. a. §§ 11, 12, 13, 14, 15, 16, 24, 38, 42, 45, 47, 60, 76, 81, 151,

157, 161, 167 Abs. 4, 180, 183, Art. 5 und 6 EG.) nicht vereinigen lassen, abgesehen davon, daß der § 11 den Erlaß einer Satzung vorschreibt. Eine Abweichung von der letzteren Vorschrift hätte einer ausdrücklichen und unzweifelhaften Bestimmung bedurft.

4) Zu vgl. § 156.

5) Auch die Hauptversammlung hat, wie der Vorstand, die Befugnis — und zwar für die unter 3 a bis c bezeichneten Gegenstände die ausschließliche Befugnis —, Ausschüsse zu bilden. Auch diese Ausschüsse erledigen die ihnen übertragenen Geschäfte selbständig (zu vgl. Anm. 1 zu § 156).

6) Also Verhältniswahl und getrennte Wahl der Vertreter der Arbeitgeber- und Versichertenvertreter.

§ 162 [1]) (126).

(Abs. 1.) Beschlußfassungen und Wahlen erfolgen in den Hauptversammlungen mit einfacher Stimmenmehrheit.

(Abs. 2.) Für Angelegenheiten, die über den Wirkungskreis der Hauptversammlung einer Abteilung hinausgehen (gemeinsame Angelegenheiten), sind die vereinigten Hauptversammlungen [2]) zuständig. Der Vorsitzende des Vorstandes ist zugleich Vorsitzender der vereinigten Hauptversammlung.

(Abs. 3.) Bei der Abstimmung haben die Mitglieder der Hauptversammlung für Angestelltenangelegenheiten ein Sechstel der Stimmen, die nach der Satzung der Hauptversammlung für Arbeiterangelegenheiten zustehen. [3]) Die Mitglieder der Hauptversammlung für Angestelltenangelegenheiten, die hiernach stimmberechtigt sind, bezeichnet das Los. [4])

(Abs. 4.) Satzung und Geschäftsordnung bestimmen das Nähere.

§ 125 Entw.

1) Der § 162 beruht auf den Beschlüssen der zweiten Lesung des Soz.-Pol. Ausschusses (Ber. Nov. S. 90) und den Beschlüssen der Vollversammlung des Reichstages in zweiter Lesung (Sten. Ber. S. 7446.)

2) Für die Hauptversammlungen der Abteilungen war ebenso wie für die Abteilungsvorstände ein Organ zu bestimmen, das bei gewissen Angelegenheiten, den „gemeinsamen Angelegenheiten" zuständig ist. Dies Organ ist die „vereinigte Hauptversammlung". Die Bedingungen für ihren Zusammentritt sind die gleichen, wie im § 152 für den der Abteilungsvorstände (vgl. Anm. zu § 152).

3) Zu dieser Bestimmung ist in der dritten Lesung des Gesetzentwurfs im Plenum des RT. die Frage aufgeworfen worden, wie diese Bestimmung gemeint sei: ob sie bedeute 5 plus 1 gleich 6 oder 6 plus 1 gleich 7? Die Frage ist durch den Regierungsvertreter dahin beantwortet worden, daß nur die letztere Auffassung, also 6 plus 1 gleich 7, richtig sein könne, denn wenn die Angestellten ein Sechstel der Stimmen der Arbeiter darstellten, dann stellten die Angestellten ein Siebentel der Gesamtheit dar. (Sten. Ber. des RT. S. 7512.)

4) Da innerhalb der vereinigten Hauptversammlung zwischen Arbeitgebervertretern und Versichertenvertretern nach § 147 das Verhältnis von 2 : 3, zwischen Hauptversammlung für Arb.Angel. und Hauptversammlung für Angest.Ang. das Verhältnis von 6 : 1 gewahrt sein muß, ist nur eine Gesamtzahl von Stimmen möglich, die sowohl durch 5 als auch durch 7 teilbar ist, also 35, 70, 105 usw. Stimmen. Die Gesamtzahl der Mitglieder in den beiden Hauptversammlungen kann größer sein. Z. B. könnten der Hauptversammlung für Arbeiter 24 Arbeitgeber und 36 Arbeiter, der Hauptversammlung für Angestellte 6 Arbeitgeber und 9 Angestellte angehören = 75 Vertreter. In diesem Falle würden aber 2 Arbeitgeber und 3 Angestellte aus der Hauptversammlung für Angestellte bei Abstimmung in der vereinigten Hauptversammlung nicht stimmberechtigt und durch das Los auszuscheiden sein. — Das

gleiche Zahlenverhältnis wie in den vereinigten Hauptversammlungen muß im Gesamtvorstand (vergl. § 148) gewahrt sein. Auch im Gesamtvorstand werden daher mindestens 35 Stimmen vertreten sein müssen.

§ 163 [1]) (127).

(Abs. 1.) Der Vorstand (Abteilungsvorstand) der Reichsknappschaft wählt aus seiner Mitte in ungetrennter Wahlhandlung den Vorsitzenden des Vorstandes (Abteilungsvorstandes) sowie zwei Stellvertreter je aus den Vertretern der Arbeitgeber, Arbeiter und Angestellten. [2])

(Abs. 2.) [3]) Erhält kein Mitglied die für seine Wahl erforderliche Stimmenmehrheit, so wird die Wahl auf einen anderen Tag anberaumt. Kommt die Wahl auch in der zweiten Sitzung nicht zustande, so gelten die beiden Mitglieder, welche die höchsten Stimmenzahlen erhalten haben, mit der Maßgabe als gewählt, daß sie den Vorsitz unter gegenseitiger Stellvertretung abwechselnd je für ein Jahr zu führen haben. Die Reihenfolge bestimmt sich nach der höchsten Stimmenzahl, bei Stimmengleichheit entscheidet das Los. Für die Wahl der Stellvertreter gelten diese Vorschriften entsprechend.

Der Paragraph ist neu.

1) Der § 163 beruht auf den Beschlüssen der ersten und zweiten Lesung des Soz.-Pol. Ausschusses (Ber. Nov. S. 90, 163) und den Beschlüssen der zweiten Lesung des RT. (Sten. Ber. S. 7446.) Er ist dem § 328 RVO. nachgebildet.

2) Es werden also gewählt: ein Vorsitzender und 2 Stellvertreter. Diese drei Personen werden verteilt auf die Arbeitgeber, die Arbeiter und die Angestellten. Sie müssen sämtlich dem Vorstande (Abteilungsvorstande) angehören. Ihre Wahl erfolgt in ungetrennter Wahlhandlung. Das war auch früher

rechtens (vgl. § 127 RKG. in Verbindung mit § 180 RKG.), hat aber bei der jetzigen Zusammensetzung der Vorstände die Bedeutung, daß die Vorstandsmitglieder aus den Gruppen der Arbeiter und Angestellten nunmehr auch den auf die Arbeitgeber entfallenden Vorsitzenden oder Stellvertreter bestimmen können.

3) Der Abs. 2 ist durch die Nov. eingefügt worden (vgl. Anm. 1).

§ 164 (127 Abs. 3).

Der Vorsitzende des Abteilungsvorstandes ist zugleich Vorsitzender der entsprechenden Hauptversammlung.

II. Bezirksknappschaften.

§ 165 [1/2]) (129).

(Abs. 1.) Die Verwaltung der Bezirksknappschaft führen unter Mitwirkung von Knappschaftsältesten und Angestelltenältesten [3]) der Bezirksvorstand sowie die Abteilungsvorstände und die Bezirksversammlungen für Arbeiter- und Angestelltenangelegenheiten. [4])

(Abs. 2.) Besondere Krankenkassen müssen einen besonderen Vorstand und eine besondere Hauptversammlung haben.

(Abs. 3.) Die Mitglieder der Organe der Bezirksknappschaften und der besonderen Krankenkassen werden nach den Grundsätzen der Verhältniswahl gewählt. [5])

(Abs. 4.) Die Vorschriften des § 146 Abs. 2 gelten entsprechend. [6/7])

1) Zu §§ 165—182. Diese Paragraphen regeln die Organisation der Bezkn., also der „Verwaltungsstellen", deren sich die Rkn. zur Durchführung der V. nach § 9 bedient. Wie bereits oben (Vorbem. vor §§ 146 bis 182) bemerkt ist, fehlt diesen Bezkn. die

Rechtspersönlichkeit. Ihre Stellung entspricht vielmehr der Stellung der bei den Berufsgenossenschaften, insbesondere auch der Knappschaftsberufsgenossenschaft gebildeten, durch die RVO. (§§ 678 Ziff. 2, 679, 713 u. a.) und die Satzungen der Berufsgenossenschaften (zu vgl. Satzung der Knappschaftsberufsgenossenschaft §§ 25—29 u. a.) geordneten Sektionen (vgl. die Begr. des RKG. S. 32 und 39). Trotz des Mangels der Rechtsfähigkeit überträgt das G. den Bezkn. zahlreiche Aufgaben, wie z. B. die Durchführung der KrV., die Gewährung der freiwilligen Leistungen, die Verwaltung gewisser Vermögensteile in mehr oder weniger ausgedehnter Weise, und da ihnen die Feststellung der den Mitgliedern zu gewährenden Leistungen auf allen Gebieten der V. ebenso wie die Auszahlung der Leistungen übertragen ist, haben sie den Mitgliedern gegenüber ungefähr dieselbe wichtige Stellung und Tätigkeit, wie sie den früheren Einzelknappschaftsvereinen zukamen.

2) Der § 165 beruht auf den in dritter Lesung gefaßten Beschlüssen des Soz.-Pol. Ausschusses (Ber. Nov. S. 134). Ein in zweiter Lesung gestellter Antrag, nach dem die Verwaltung der Bezkn. „im Auftrage und auf Anweisung der Rkn." geführt werden sollte, ist abgelehnt worden. (Ber. S. 92.)

3) Vgl. §§ 166 ff.

4) Auch für die Bezkn. ist demnach die in § 146 für die Rkn. eingeführte Einrichtung eines (Gesamt-) Vorstandes und zweier Abteilungsvorstände vorgeschrieben. Wegen der Gründe vgl. Anm. 1 zu § 146.

5) Wegen der Verhältniswahl vgl. Anm. 3 zu § 146.

6) Also hinsichtlich der Verhältniswahl, der Wahlzeit, der Weiterdauer der Amtszeit, der Wiederwahl und der durch die Rkn. zu erlassenden Wahlordnung. Auch die Wahlordnung für die Aeltesten wird von der Rkn. erlassen. (§ 167 Abs. 1 Satz 2.)

7) Wegen der besonderen Krankenkassen vgl. § 183.

§ 166 [1]) (130).

(Abs. 1.) Wählbar als Aelteste, als Vertreter der Versicherten und als Vertreter der Arbeitgeber in die Bezirksvorstände und in die Bezirksversammlungen sind nur volljährige Deutsche, die den in den Satzungen bestimmten Voraussetzungen genügen. [2]/[3])

(Abs. 2.) Nicht wählbar ist:

1. wer infolge strafgerichtlicher Verurteilung die Fähigkeit zur Bekleidung öffentlicher Aemter verloren hat oder wegen eines Verbrechens oder Vergehens, das den Verlust dieser Fähigkeit zur Folge haben kann, verfolgt wird, wenn gegen ihn das Hauptverfahren eröffnet ist,
2. wer infolge gerichtlicher Anordnung in der Verfügung über sein Vermögen beschränkt ist.

(Abs. 3.) Wählbar als Vertreter der Arbeitgeber sind auch Personen, die mit der Leitung knappschaftlich versicherter Betriebe betraut oder in der Verwaltung dieser Betriebe angestellt sind. Ferner sind wählbar die Mitglieder des Aufsichtsrats einer landesrechtlichen Gewerkschaft, einer Aktiengesellschaft oder Gesellschaft mit beschränkter Haftung, die knappschaftliche Unternehmungen betreibt. [4])

§ 121 Entw., Art. 10 e Entw. d. Nov.

1) Der § 166 entspricht dem § 130 RKG., hat aber seine jetzige Fassung durch die Beschlüsse der ersten Lesung des Soz.-Pol. Ausschusses erhalten. (Ber. Nov. S. 92.)

2) Die Einrichtung der Aeltesten, die bereits durch das Preußische G. vom 10. April 1854 vorgesehen war, und seitdem als bewährt beibehalten ist, ist auch von der Nov. übernommen worden. Die näheren Vorschriften darüber sind in den §§ 166, 167 enthalten. Das G. stellt eine Reihe

besonderer Voraussetzungen für die Wählbarkeit der Aeltesten auf. Hierzu kann die Satzung noch weitere Voraussetzungen vorschreiben. Dies hat die Satzung des RKV. vom $\frac{30.\ 11.\ 23}{17.\ 12.\ 24}$ in Anlehnung an die Satzungen der früheren Knappschaftsvereine getan.

3) Die Vorschriften über die Wählbarkeit der Aeltesten und Versicherungsvertreter sowie der Arbeitgebervertreter im Bezirksvorstande und in der Bezirksversammlung gelten auch für die Versicherten- und Arbeitgebervertreter in der Hauptversammlung der Kn. Es folgt dies aus § 166 Abs. 1. Auf die im § 149 bezeichneten Mitglieder des Vorstandes und ihre Ersatzmänner, soweit sie den Arbeitgebern angehören und den Aeltesten entnommen sein müssen, finden die Vorschriften des § 166 ebenfalls Anwendung; das gleiche gilt von den im § 149 Satz 3 bezeichneten Vorstandsmitgliedern, die wegen ihrer Eigenschaft als „Versichertenvertreter" (§§ 147 und 149 Satz 3) unter § 166 fallen.

4) Der Kreis der als Arbeitgebervertreter wählbaren Personen war bereits durch das RKG. gegenüber der früheren, namentlich der preußischen Gesetzgebung (zu vgl. § 53 Abs. 1 und 4, § 61 Abs. 1 des Preuß. KnG.) erweitert worden.

Eine weitere Erweiterung ist durch Abs. 3 insofern erfolgt, als auch „die Mitglieder landesrechtlicher Gewerkschaften" für wählbar erklärt worden sind. Hierzu vgl. z. B. die auf dem Preußischen Gesetze über Aufsichtsräte bei Berggewerkschaften vom 24. Mai 1923 (GS. S. 268) beruhenden §§ 128 a bis 128 l des Allgemeinen Preußischen Berggesetzes, das Bayrische Gesetz über Aenderung des Berggesetzes vom 9. Februar 1924 und das Sächsische Gesetz zur Abänderung des Allgemeinen Berggesetzes vom 9. Februar 1924.

§ 167 [1]) (131).

(Abs. 1.) Die Knappschaftsältesten werden innerhalb von Sprengelwahlgruppen auf Grund von Vorschlagslisten wirtschaftlicher Vereinigungen (§ 184) von den volljährigen versicherten Arbeitern, welche die bürgerlichen Ehrenrechte haben, in geheimer und unmittelbarer Abstimmung[2]) nach den Grundsätzen der Verhältniswahl aus ihrer Mitte gewählt.[3/4]) Die Reichsknappschaft erläßt die Wahlordnung, die Bezirksknappschaft bestimmt die Sprengelwahlgruppen. Die Knappschaftsältesten müssen, vorbehaltlich des Abs. 2, Mitglieder der Arbeiterpensionskasse, der deutschen Sprache in Wort und Schrift mächtig sein und innerhalb des Sprengels wohnen. Für besondere Krankenkassen können die Sondervorschriften bestimmen, daß die Knappschaftsältesten bei ihnen gewählt werden.

(Abs. 2.) Knappschaftsinvaliden können gewählt werden, wenn sie Pflichtbeiträge oder freiwillige Beiträge zur Krankenversicherung zahlen.[5])

(Abs. 3.) Die Knappschaftsältesten haben im allgemeinen das Recht und die Pflicht, die Befolgung der Satzung und der Sondervorschriften durch die versicherten Arbeiter zu überwachen und die Rechte der Arbeiter gegenüber der Reichsknappschaft wahrzunehmen.

(Abs. 4.) Die Satzung, die Sondervorschriften oder eine besondere Dienstanweisung[6]) regeln ihre Dienstobliegenheiten.

(Abs. 5.) Die Wahlzeit dauert vier Jahre. Die Vorschriften des § 146 Abs. 2 Satz 2 und 3 gelten entsprechend.

§ 122 Entw.

1) Die jetzige Fassung, insbesondere die Streichung der Sätze 2 und 3 im ersten Absatz und die an Stelle des früheren 4. Satzes des Abs. 1 gesetzte Bestimmung des jetzigen Satzes 2 beruht auf den Beschlüssen erster Lesung des Soz.-Pol Aus-

schusses (Ber. Nov. S. 92), die Einschaltung der Worte „auf Grund von Vorschlagslisten wirtschaftlicher Vereinigungen" beruht auf den Beschlüssen der 3. Lesung des Plenums des RT.

2) Aktiv wahlberechtigt sind also alle diejenigen Arbeiter, welche

volljährig,
versichert,
im Besitze der bürgerlichen Ehrenrechte

sind. Versichert sind diejenigen, welche einer oder mehreren der Abteilungen der Rkn. angehören.

3) Wählbar sind diejenigen nach Anm. 1 aktiv wahlberechtigten Arbeiter, welche den allgemeinen Erfordernissen des § 166 entsprechen und außerdem

der deutschen Sprache in Wort und Schrift mächtig sind,
innerhalb des Sprengels wohnen,
den etwa in der Satzung bestimmten besonderen Voraussetzungen (§ 166 Abs. 1) genügen (Begr. zum RKG. S. 67).

Außerdem unter den gleichen Voraussetzungen die in Abs. 2 bezeichneten Knappschaftsinvaliden.

4) Schon das RKG. hatte in § 131 Abs. 1 die Verhältniswahl für die Aeltestenwahl vorgeschrieben, obgleich der Entw. des RKG. die Entscheidung darüber, ob die Verhältniswahl eingeführt werden solle, wegen gewisser Schwierigkeiten (vgl. Begr. des RKG. S. 67) der Satzung überlassen wollte. Die Nov. von 1926 hat die Verhältniswahl beibehalten und nur die Sätze 2 und 3 des Abs. 1 aufgehoben und eine Aenderung des Satzes 4 daselbst vorgenommen. Sowohl im Ausschuß wie im Plenum des RT. sind Anträge gestellt worden, welche auf Beseitigung der Verhältniswahl abzielten und eine Mehrheitswahl einführen wollten. Zur Begründung wurde angeführt, daß nach dem jetzigen Verfahren selbst in Sprengeln, in denen ein Kandidat bis zu 78 v. H. der Stimmen erhält, nicht dieser Kandidat, sondern ein anderer Aeltester gewählt worden sei, was im krassen Widerspruch zu der Tatsache stehe, daß der Kn.-

Aelteste Vertrauensmann der Versicherten sein solle. Die Anträge sind jedoch abgelehnt worden (Ber. S. 29, sten. Ber. S. 7446). — Da die Verhältniswahl ausgeschlossen ist, wenn es sich, wie bei den bisherigen Sprengelwahlen, lediglich um eine zu wählende Person handelt, so sind sowohl im früheren § 131 als im § 167 Sprengelwahlgruppen, d. h. Vereinigungen mehrerer Aeltestensprengel zu Wahlgruppen, vorgeschrieben worden. Die Bestimmung dieser Gruppen ist Sache des Bezirksvorstandes.

5) vgl. § 117.

6) Die hier gedachte „Dienstanweisung" für die Aeltesten soll zwar nach der Begr. zum RKG. (S. 67) durch den Bezirksvorstand ergehen, es ist aber nicht ausgeschlossen, daß der Vorstand der Rkn. die allgemeinen, bei allen Bezkn. zu beachtenden Grundsätze auch hinsichtlich dieser Dienstanweisung aufstellt.

§ 168 (132).

(Abs. 1.) Für die Wahl der Angestelltenältesten gelten die Vorschriften des § 167 Abs. 1 entsprechend; die Mitglieder der Angestelltenpensionskasse sind zur Teilnahme an der Wahl berechtigt und wählbar.[1]) Angestellteninvaliden oder Empfänger von Ruhegeld der Angestelltenversicherung können als Angestelltenälteste gewählt werden, wenn sie die Voraussetzung des § 167 Abs. 2 erfüllen.[2])

(Abs. 2.)[3]) Die Angestelltenältesten haben gegenüber den versicherten Angestellten die im § 167 Abs. 3 bezeichneten Aufgaben. Die Vorschriften des § 167 Abs. 4, 5 gelten entsprechend.

§ 123 Entw.

1) Es gelten für die Wahlen der Angestelltenältesten also die Vorschriften des § 167 Abs. 1, sowohl hinsichtlich der aktiven und der passiven Wahlfähigkeit als auch hinsichtlich des Wahlverfahrens. Nur tritt an Stelle der Mitgliedschaft bei der Arb.PK.

die bei der Ang.PK. Auch die Angestelltenältesten müssen innerhalb des Sprengels wohnen. Die Bildung der Sprengelwahlgruppen ist Aufgabe des Bezirksvorstandes, die Wahlordnung wird von der Rkn. erlassen (§ 167 Abs. 1 Satz 2), (zu vgl. Anm. 3 zu § 167). § 166 gilt auch für die Wählbarkeit der Angestelltenältesten.

2) Zu vgl. Anm. 2 zu § 167.

3) Zu Abs. 2 vgl. Anm. 4 und 5 zu § 167.

§ 169 [1]) (133).

(Abs. 1.) Die Organe bestehen je zu zwei Fünfteln aus Vertretern der Arbeitgeber und je zu drei Fünfteln aus Vertretern der Versicherten. [2])

(Abs. 2.) Für die Vertreter werden Ersatzmänner in gleicher Zahl gewählt.

(Abs. 3.) Satzung und Sondervorschriften bestimmen das Nähere.

§ 124 Entw.

1) Der § 169 beruht auf den Beschlüssen dritter Lesung des Soz.-Pol. Ausschusses (Ber. Nov. S. 163). Der § 133 RKG. ist durch die jetzigen §§ 169 und 170 hinfällig geworden, ebenso der Vorschlag der Reg.-Vorl. in Art. 10 f.

2) Vgl. die gleichlautende Vorschrift für die Organe der Rkn. in § 147 und die Anmerkungen daselbst.

§ 170 [1]) (133).

(Abs. 1.) Der Vorstand der Bezirksknappschaft besteht aus den Mitgliedern der Abteilungsvorstände. [2])

(Abs. 2.) Die Vorschriften des § 148 Abs. 2 u. 3 gelten entsprechend. [3])

1) Der § 170 Abs. 1 beruht auf den Beschlüssen dritter Lesung des Soz.-Pol. Ausschusses (Ber. Nov. S. 163). Der Abs. 2 ist bei der 2. Plenar-Lesung des RT. hinzugefügt worden. (Sten. Ber. S. 7446).

2) Vgl. die gleichlautende Vorschrift für den Vorstand der Rkn. in § 148 und die Anmerkung daselbst.

3) Aus der entsprechenden Anwendung des § 148 Abs. 2 ist zu folgern, daß im Vorstand der Bezkn. mindestens 35 Stimmen vertreten sein müssen (vergl. Anm. 4 zu § 162). Das bedeutet eine unerwünschte, nach dem G. aber unvermeidbare Vergrößerung der Vorstände, namentlich bei kleineren Bezkn. Auf der Seite der Arbeitgeber wird sich eine Verringerung der Vertreterzahl dadurch ermöglichen lassen, daß Arbeitgebervertreter bestimmt werden, die sowohl der Arb.- wie der Angest.-Abt. angehören. Bei Abstimmungen im Gesamtvorstand sind die Stimmen dieser Arbeitgeber dann doppelt zu zählen (vergl. die entsprechenden Vorschriften im § 135, § 136 Abs. 2 RKG. a. F.). Wenn z. B. der Arb.Abt. 18 Arbeiter und 12 Arbeitgeber, der Angest.Abt. 3 Angestellte und 2 Arbeitgeber angehören, so können die Arbeitgebervertreter in der Angest.Abt. aus den 12 Arbeitgebervertretern in der Arb.Abt. entnommen werden. Alsdann sind 21 Versichertenvertreter und 12 Arbeitgebervertreter vorhanden gleich 33. Bei der Abstimmung im Gesamtvorstand haben aber die 12 Arbeitgebervertreter 14 Stimmen gegenüber 21 Stimmen der Versichertenvertreter.

§ 171 [1]) (134).

Die Mitglieder der Abteilungsvorstände und ihre Ersatzmänner werden auf Grund von Vorschlagslisten wirtschaftlicher Vereinigungen [2]) (§ 184) von den Vertretern in den Bezirksversammlungen gewählt, und zwar wählen Arbeitgeber, Arbeiter und Angestellte getrennt. Mindestens zwei Drittel der Vertreter der Versicherten müssen Knappschaftsälteste oder Angestelltenälteste sein. Die Vorschrift des § 149 Satz 3 gilt entsprechend.

§ 125 Entw., Art. 10 g Entw. d. Nov.

1) Der § 171 Satz 1 beruht auf den Beschlüssen dritter Lesung des Soz.-Pol. Ausschusses (Ber. Nov. S. 163). Der Abs. 2 des früheren § 134 ist in Wegfall gekommen.

2) Vgl. § 184.

§ 172 [1]) (135).

(Abs. 1.) Der Vorstand der Bezirksknappschaft besorgt die Geschäfte der Bezirksknappschaft, die nicht durch Gesetz, Satzung oder Sondervorschriften den Abteilungsvorständen oder den Bezirksversammlungen vorbehalten sind. [2]/[3]) Er überwacht den Geschäftsgang.

(Abs. 2.) Der Vorstand gibt sich eine Geschäftsordnung.

1) Der § 172 beruht auf den Beschlüssen dritter Lesung des Soz.-Pol. Ausschusses (Ber. Nov. S. 163, 164).

2) Das Verhältnis zwischen dem Bezirksvorstande und den Abteilungsvorständen der Bezkn. ist also in derselben Weise geregelt, wie das zwischen dem Vorstand der RK. und den Abteilungsvorständen der Rkn. (§ 151 Abs. 2) eine Uebertragung der Vertretungsmacht an die Abteilungsvorstände, wie sie § 151 Abs. 3 für die Abteilungsvorstände der Rkn. zuläßt, ist indes hier nicht vorgesehen (vgl. indes Anm. 3).

3) Wegen der Erklärungen des Bezirks-Vorstandes vgl. § 182. Die Bezkn. können nach Abs. 2 des § 182 auch nach außen verbindliche Erklärungen abgeben, sofern diese den dort vorgeschriebenen Voraussetzungen genügen.

§ 173 [1]) (Neu).

(Abs. 1.) Zur Führung der Geschäfte der Bezirksknappschaft sind, getrennt nach Arbeiter- und Angestelltenangelegenheiten, die Abteilungsvorstände berechtigt und verpflichtet. Jeder Vorstand führt die Geschäfte seiner Abteilung selbständig. Für Geschäfte, die über den Wirkungskreis einer Abteilung hinausgehen (gemeinsame Geschäfte) ist der Bezirksvorstand zuständig; er entscheidet Streit über die Zuständigkeit.

(Abs. 2.) Sondervorschriften und Geschäftsordnung bestimmen das Nähere.

(Abs. 3.) Die Vorschriften der §§ 153, 159 gelten.

1) Der Paragraph beruht auf den Beschlüssen der dritten Lesung des Soz.-Pol. Ausschusses (Ber. Nov. S. 168, § 135 a der Aussch.-Beschl.) und (Abs. 1 Satz 2) auf den Beschlüssen der zweiten Plenar-Beratung des RT. (vgl. Sten. Ber. Sp. 7447). Der frühere § 136 RKG. ist wegen der Neuregelung in Wegfall gekommen.

2) Der § 173 dehnt die für die Abteilungsvorstände der Rkn. gegebenen Vorschriften des § 152 auf die Abteilungsvorstände der Bezkn. aus. Zur Vertretung nach außen sind die Abteilungsvorstände nicht befugt; auch eine Uebertragung der Vertretungsmacht durch Satzung ist nicht zulässig, da die Vorschrift des § 147 Abs. 3 nur für die Abteilungsvorstände der Rkn. gegeben ist.

§ 174 [1]) (137).

(Abs. 1.) Der Vorstand der Reichsknappschaft kann gegen Mitglieder der Bezirksvorstände, die sich der Erfüllung ihrer Pflichten entziehen, eine Ordnungsstrafe in Geld verhängen. Er hat die Strafe zurückzunehmen, wenn nachträglich eine genügende Entschuldigung nachgewiesen wird.

(Abs. 2.) Auf Beschwerde entscheidet die Aufsichtsbehörde endgültig.

1) Der § 174 beruht auf den Beschlüssen der ersten und zweiten Lesung des Soz.-Pol. Ausschusses (Ber. Nov. S. 94 und 195). Er entspricht dem § 154, an Stelle des Vorsitzenden des Vorstandes der Rkn. ist jedoch hier der Vorstand der Rkn. getreten, der über die Verhängung der Ordnungsstrafen mit einfacher Stimmenmehrheit nach § 155 entscheidet.

§ 175 [1]) (138).

(Abs. 1.) Für die Beschlußfassung der Bezirksvorstände gelten die Vorschriften des § 155 Abs. 1 und 3 entsprechend. [2])

(Abs. 2.) Eine getrennte Abstimmung in den

Gruppen der Arbeitgeber und Versicherten ist erforderlich für

1. die Festsetzung von Beiträgen der Krankenversicherung über zehn vom Hundert des Grundlohns,
2 die Festsetzung von Beiträgen und Zuschlägen über die nach § 133 festgesetzten Grenzen hinaus,
3. die Anstellung leitender Angestellten ausschließlich des Vertrauensmannes der Versicherten.

Zur Beschlußfassung ist in beiden Gruppen eine Mehrheit erforderlich.

§ 129 Entw., Art. 10 h Entw. der Nov.

1) Der § 175 hat seine jetzige Fassung, insbesondere im Abs. 2, durch die Beschlüsse der dritten Lesung des Soz.-Pol. Ausschusses erhalten (Ber. Nov. S. 164).

2) Grundsätzlich beschließt (und wählt) der Bezirksvorstand mit einfacher Stimmenmehrheit. Das im § 138 Abs. 2 RKG. a. F. vorgeschriebene Erfordernis einer Mehrheit von zwei Dritteln der Stimmen ist weggefallen; die durch §§ 169, 175 gesicherte Mehrheit der Arbeiter und Angestellten erfährt also nur noch durch die in Abs. 2 vorgeschriebene getrennte Abstimmung eine gewisse Einschränkung. Die in Abs. 2 aufgeführten Fälle sind aber andere, als die im früheren § 138 Abs. 3 RKG. bezeichneten Fälle. (Vgl. Anm. 2 und 4 zu § 155.)

Der Vorschlag des Reg.-Entw. (unter Art. 10 h), der eine getrennte Abstimmung in den Gruppen der Arbeitgeber und Versicherten vorsah, wenn eine Zweidrittelmehrheit in einer der Gruppen es verlangt, ist durch die Streichung des früheren Abs. 2 und die Annahme des jetzigen Abs. 2 hinfällig geworden.

§ 176 [1]) (139).

Die Bezirksvorstände erhalten eine Bescheinigung der Reichsknappschaft über ihre Zusammensetzung.

§ 130 Entw.

1) Der § 176 entspricht dem früheren § 139, hat aber seine

jetzige Fassung durch die Beschlüsse erster und zweiter Lesung des Soz.-Pol. Ausschusses (Ber. S. 95 und 145) erhalten. Er gibt für die Bezirksvorstände die gleiche Vorschrift, wie der § 151 für den Vorstand der RKn., nur daß die Bescheinigung von der Rkn. erteilt wird.

§ 177 [1]) (140).

(Abs. 1.) Die Vertreter der Arbeitgeber in den Bezirksversammlungen und ihre Ersatzmänner werden von den Arbeitgebern aus deren Mitte, die Vertreter der Versicherten und ihre Ersatzmänner von den Knappschaftsältesten und Angestelltenältesten auf Grund von Vorschlagslisten wirtschaftlicher Vereinigungen (§ 184) nach den Grundsätzen der Verhältniswahl aus deren Mitte gewählt. Die Vorschriften des § 146 Abs. 2 gelten entsprechend.

(Abs. 2.) Sowohl die Arbeitgeber als auch die Versichertenvertreter können sich in den Bezirksversammlungen durch besonders hierzu bevollmächtigte Personen vertreten lassen. [3])

§ 131 Entw.

1) Der § 177 entspricht dem § 140 des RKG. a. F. (vgl. dazu § 171).

2) Der Abs. 1 hat seine jetzige Fassung in der Vollsitzung des Reichstags vom 12. Juni 1926 erhalten (Stenogr. Ber. S. 7512).

3) Die Bestimmung des Entw. (§ 131 Abs. 2 Satz 2), daß als Vertreter eines Aeltesten nur wiederum ein gleichartiger Aeltester bevollmächtigt werden dürfe, um zur Teilnahme an der Bezirksversammlung berechtigt zu sein, ist vom Sozialpolitischen Ausschuß des Reichstags gestrichen worden (Ber. zum RKG. S. 39). Dadurch ist die Möglichkeit geschaffen worden, daß Personen, die dem Knappschaftswesen fernstehen oder dem Bezkn. nicht angehören und denen die für die Wählbarkeit vor-

geschriebenen Voraussetzungen fehlen, an den Bezirksversammlungen teilnehmen und deren Beschlüsse entscheidend beeinflussen.

§ 178 (141).

Die Bezirksversammlungen haben folgende Aufgaben:

1. Wahl der Vertreter zu den Hauptversammlungen der Reichsknappschaft,
2. Erlaß und Aenderung der Sondervorschriften,
3. Wahl eines Ausschusses zur Prüfung und Abnahme der Krankenkassenjahresrechnung.

§ 132 Entw.

§ 179 [1]) (142).

Für Beschlußfassungen und Wahlen der Bezirksversammlungen gelten die Vorschriften des § 162 entsprechend. [2])

§ 133 Entw.

1) Der § 179 entspricht dem § 142 Satz 1 des RKG. a. F.; er hat seine jetzige Fassung in der zweiten Plenar-Sitzung des RT. (vgl. Sten. Ber. S. 7447) erhalten. Der Satz 2 dieses Paragraphen ist in der ersten und zweiten Lesung des Soz.-Pol. Ausschusses (Ber. S. 95 und 145) gestrichen worden. Der § 162 regelt also die Beschlußfassung auch der Bez.-Vers. erschöpfend.

2) Eine entsprechende Anwendung des § 162 Abs. 3 Satz 2 — wonach das Los für Mitglieder der Bezirksversammlung für Angest.Ang. zu bezeichnen haben würde, die stimmberechtigt sind — kommt für die nach § 253 einzuberufenden außerordentlichen Bezirksversammlungen nach der vom Vorstand der Rkn. erlassenen Wahlordnung (Kompaß 1926 S. 119) nicht in Frage; denn in dieser Wahlordnung ist das Stimmenverhältnis mit 5 bezw. 10 Vertretern der Angest.Abt. gegenüber 30 bezw. 60 Vertretern in der Arb.Abt. derart verteilt, daß zur Wahrung des Stimmverhältnisses von 1 : 6 sämtliche Vertreter der Angest.Abt. stimmern müßten.

§ 180 [1]) (143).

(Abs. 1.) Die Satzung kann bestimmen, daß die Besorgung laufender Geschäfte der Bezirksvorstände einem oder mehreren Mitgliedern der Bezirksvorstände oder leitenden Angestellten der Bezirksverwaltung übertragen wird. [2]) Zu den laufenden Geschäften gehört die Entscheidung über Ansprüche der Versicherten, soweit nicht die Entscheidung über Leistungen der Pensionskasse einem Ausschuß vorbehalten ist, über den Satzung und Sondervorschriften Näheres bestimmen.

(Abs. 2.) Die Ausschüsse werden nach § 169 zusammengesetzt; sie sind getrennt für Arbeiter und für Angestellte zu bilden. [3]) Die Mitglieder der Ausschüsse werden in getrennter Wahl von den Vertretern der Arbeitgeber und der Versicherten in den Bezirksvorständen aus deren Mitte oder aus den in die Bezirksvorstände wählbaren Personen nach den Grundsätzen der Verhältniswahl gewählt.

(Abs. 3.) In die Leitung der Verwaltung der Bezirksknappschaften ist möglichst als leitender Angestellter je ein Vertrauensmann der versicherten Arbeiter und Angestellten zu übernehmen. Die Wahl der Vertrauensmänner erfolgt für jede Bezirksknappschaft durch deren Vorstand auf Grund von Vorschlagslisten, die gemeinsam durch die wirtschaftlichen Vereinigungen von Arbeitnehmern (§ 184) eingereicht werden und mindestens je drei Namen enthalten müssen. [4])

§ 139 Entw.

1) Der § 180 entspricht dem früheren § 143, hat aber einige redaktionelle Aenderungen und — entsprechend dem § 157 in Abs. 3 die Aenderung erfahren, daß die Vertrauensmänner nicht in „die Geschäftsführung“, sondern in die „Leitung der Ver-

waltung" der Bezkn. zu übernehmen sind. (Ber. S. 145, 146). Zu vergl. Anm. 5 zu § 157, wegen der Wahl der Vertrauensmänner den § 175 Abs. 2 Ziffer 3 und wegen der wirtschaftlichen Vereinigungen den § 184.

2) Zu vgl. § 157 und die Anm. Die bisherige Satzung des RKV. hat in ihrem § 21 eine derartige Bezirksverwaltung und im § 20 Abs. 2 einen Vertrauensmann der Versicherten eingesetzt.

3) „Ausschüsse werden wohl zweckmäßig in allen BezKV. gebildet werden müssen, um den Vorstand von den regelmäßig wiederkehrenden Entscheidungen zu entlasten. Wie bisher in den meisten KnV. werden diese Ausschüsse für bestimmte Bezirke zu errichten sein und dort die laufenden VGeschäfte, soweit sie nicht von der Verwaltung zu erledigen sind, bearbeiten. Außerdem wird man zweckmäßig noch Ausschüsse für besondere Sachgebiete (Vermögensausschuß, Kurausschuß, Personalausschuß usf.) bilden." (Begr. zum RKG. S. 68.)

Wegen des Ausschusses für die Entscheidungen über Streitfälle über Leistungen der KrK. vgl. § 192, wegen des Ausschusses für die Entscheidungen über Leistungen der PK. vgl. § 193 Abs. 2. Vgl. auch noch §§ 26, 29, 30, 83.

4) Vgl. § 157 und die Anm. 4, 5 und 6.

§ 181 [1]) (144).

Für die Wahl der Vorsitzenden der Bezirksvorstände, der Bezirksversammlungen und der Ausschüsse sowie für den Vorsitz in den Bezirksversammlungen gelten die Vorschriften der §§ 163, 164 entsprechend. [2]) [3])

§ 135 Entw.

1) Der § 181 entspricht dem früheren § 144, seine jetzige Fassung beruht auf den Beschlüssen erster und zweiter Lesung des Soz.-Pol. Ausschusses (Ber. Nov. S. 95 und 196).

2) Der § 163 Abs. 1 wird hier also ausgedehnt auf die Wahlen des Vorsitzenden der Bezirksversammlungen und der Ausschüsse. Zu vgl. Anm. 1 daselbst.

3) Zu vgl. § 163 und Anm. 2 daselbst.

§ 182 (145).

(Abs. 1.) Alle Erklärungen der Bezirksvorstände ergehen im Auftrag der Reichsknappschaft. Sie sind für diese verbindlich, wenn sie von den im Abs. 2 vorgesehenen Personen und in der im Abs. 3 vorgeschriebenen Form vollzogen werden. [1])

(Abs. 2.) Nach außen sind Erklärungen, die von der Bezirksknappschaft für die Reichsknappschaft abgegeben werden, verbindlich, wenn sie von einer oder mehreren zur Zeichnung befugten Personen nach näherer Bestimmung der Sondervorschriften gezeichnet sind.

(Abs. 3.) In welcher Form Anordnungen der Bezirksvorstände oder der Bezirksverwaltung mit verbindlicher Wirkung für Abeitgeber und Versicherte zu erlassen und bekanntzumachen sind, bestimmen die Sondervorschriften. [2])

§ 136 Entw.

1) „Der Bezirksvorstand arbeitet als Unterorgan des RKV., der sich seiner als örtlicher Verwaltungsstelle bei Durchführung der V. (§ 9) bedient. Es muß ihm daher durch das G. eine Vertretungsbefugnis nach außen übertragen werden, und seine Erklärungen müssen für den RKV. verbindlich sein." (Begr. zum RKG. S. 68.)

2) Zu vgl. § 158 und Anm. 2 daselbst. Es wird im Interesse der Beteiligten liegen, die Bekanntmachung derartiger Anordnungen tunlichst in gleicher Weise erfolgen zu lassen wie die Bekanntmachung der im § 158 bezeichneten Erklärungen des Vorstandes der Rkn.

III. Besondere Krankenkassen.

§ 183.

Für besondere Krankenkassen gelten die Vorschriften der §§ 165 bis 182 mit folgender Maßgabe:

1. Sind die Wahlen der Knappschaftsältesten und Angestelltenältesten nicht durch die Satzung den besonderen Krankenkassen übertragen, so finden keine besonderen Wahlen der Aeltesten statt, vielmehr gilt die Wahl in der Bezirksknappschaft auch für die Krankenkasse.
2. Durch die Satzung kann bestimmt werden, daß an Stelle von Aeltesten sämtliche Versicherten, die volljährig und im Besitze der bürgerlichen Ehrenrechte sind, an der Hauptversammlung der Krankenkasse teilnehmen.

IV. Wirtschaftliche Vereinigungen.

§ 184 [1]) (Neu).

Wirtschaftliche Vereinigungen von Arbeitnehmern im Sinne dieses Gesetzes sind solche Verbände, die einem Gesamtverband angehören, der als Benennungskörper für den Vorläufigen Reichswirtschaftsrat anerkannt ist. [2])

1) der § 184 ist in der dritten Plenar-Beratung des G. als § 150 a vom RT. eingefügt worden. (Sten. Ber. S. 7512.)

2) Vgl. Art. 165 Abs. 3 der Reichsverfassung und Ver. vom 4. Mai 1920 (RGBl. S. 858).

Nach einem den Kn. mitgeteilten Schreiben des RAM. vom 19. 7. 26 an die Zentralarbeitsgemeinschaft der industriellen und gewerblichen Arbeitgeber und Arbeitnehmer Deutschlands ist für die Ermittelung der beteiligten Verbände und Gesamtverbände eine Verordnung nicht notwendig, es genügt vielmehr tatsächlich festzustellen:

1. welche Gesamtverbände bei der Bildung des Vorläufigen Reichswirtschaftsrats auf der Arbeitnehmerseite als Be-

nennungskörper aufgetreten und in dieser Eigenschaft anerkannt worden sind, und

2. welche Verbände einem solchen Gesamtverbande angehören. Als Benennungskörper für den vorläufigen Reichswirtschaftsrat sind folgende Gesamtverbände anerkannt, die der am 15. November 1918 begründeten „Zentralarbeitsgemeinschaft der Industriellen und gewerblichen Arbeitgeber und Arbeitnehmer Deutschlands“ angehörten und im vorläufigen Reichswirtschaftsrat vertreten sind:

Allgemeiner Deutscher Gewerkschaftsbund,
Allgemeiner freier Angestelltenbund,
Gesamtverband der christlichen Gewerkschaften Deutschlands,
Gesamtverband deutscher Angestelltengewerkschaften,
Verband der Deutschen Gewerkvereine (Hirsch-Duncker),
Gewerkschaftsbund der Angestellten.

Die Einzelverbände, die von diesen Gesamtverbänden erfaßt werden, sind im 30. Sonderheft zum Reichsarbeitsblatt (Ausgabe 1925) ersichtlich.

Der Gesamtverband der christlichen Gewerkschaften Deutschlands und der Gesamtverband deutscher Angestelltengewerkschaften sind außerdem noch in einer Spitzenorganisation, dem „Deutschen Gewerkschaftsbund“ vereinigt, ebenso der Verband der Deutschen Gewerkvereine (H-D) und der Gewerkschaftsbund der Angestellten im „Gewerkschaftsring deutscher Arbeiter-, Angestellten- und Beamtenverbände“.

In der Fachpresse der Angestellten-Gewerkschaften, die keinem der bezeichneten Gesamtverbände angehören, ist die Vorschrift des § 184 als verfassungswidrig beanstandet; sie soll namentlich gegen die Art. 151 und 159 der Reichsverfassung verstoßen. Diese Gewerkschaften sind der Ansicht, daß die Schlußabstimmung im Plenum des RT. über die Kn.Nov. anders ausgefallen sein würde, wenn auf den verfassungsändernden Charakter des § 184 hingewiesen worden wäre. Ein Antrag auf Aenderung der Vorschrift ist im Reichstag eingebracht.

V. Dienstrecht der Angestellten und Arbeiter.

Vorbemerkung.

Die Erörterungen über das Dienstrecht der KnAngestellten haben bei den Vorverhandlungen über das RKG. und bei dessen Beratung im vorl. Reichswirtschaftsrat und Reichstag einen breiten Raum eingenommen.

Der Entw. zum RKG. (S. 68 ff.) schildert die geschichtliche Entwicklung der Frage und begründet die Notwendigkeit einer einheitlichen Regelung des Dienstrechts im Rahmen des RKG. wie folgt:

„Mit der Schaffung des RKV. fallen die kleineren Vereine fort, und die nebenamtliche Erledigung der Bürogeschäfte durch Werksbeamte wird wesentlich eingeschränkt werden. Wie in der allgemeinen Begründung ausgeführt wurde, hält der Entwurf an dem bewährten Grundsatz der ehrenamtlichen Selbstverwaltung fest. Dabei muß aber dem Umstande Rechnung getragen werden, daß zur Bewältigung der umfangreichen Geschäfte sowohl beim RKV. wie bei den BezKnV. unter und neben den Organen der Selbstverwaltung Beamte in erheblicher Zahl tätig werden müssen, für welche diese Tätigkeit den Haupt- und Lebensberuf bildet. Eine einheitliche Regelung der Rechts- und Dienstverhältnisse der Knappschaftsbeamten erscheint geboten. Dabei ist es nicht angängig, Vorschriften der Reichsversicherungsgesetze über die Beamten anderer VTräger schlechthin zu übernehmen, weil sich entsprechend dem verschiedenen Gepräge und Aufbau der sozialen VTräger und unter dem Einfluß der geschichtlichen Entwickelung die Anstellungsverhältnisse der Beamten außerordentlich verschieden gestaltet haben ... Mit dem RKV. wird ein neues Versicherungsgebilde geschaffen, für das es an einem Vorbilde fehlt. Die Anstellungs- und Dienstverhältnisse der Angestellten dieses VTrägers sind so zu ordnen, wie es den besonderen Aufgaben, Bedürfnissen und Verhältnissen des RKV. entspricht. Dabei sind die grundlegenden

Aenderungen des Arbeitsrechts zu beachten, die durch die neuere Gesetzgebung, insbesondere durch die Verfassung des Deutschen Reiches vom 11. August 1919 und das Betriebsrätegesetz vom 4. Februar 1920, herbeigeführt sind."

Der Entwurf beabsichtigte, den hauptamtlich beschäftigten Büro-, Kanzlei- und Unterbeamten nach dem Vorbild des § 1348 RVO., betreffend die Beamten der LVAnstalten, Rechte und Pflichten der Reichsbeamten beizulegen. Sowohl Reichswirtschaftsrat wie Reichstag haben jedoch die „Verbeamtung" beanstandet. (Näheres hierüber s. erste Aufl. S. 308/09). Der Reichswirtschaftsrat hat eine Regelung nach dem Vorbilde des § 104 des Versicherungsgesetzes für Angestellte (jetzt § 103 AVG.) vorgeschlagen. Die Abänderungsanträge im Reichstagsausschuß haben sich ungefähr in der gleichen Richtung bewegt. Daraufhin hat die Reichsregierung erklärt, daß sie keinen Wert mehr auf die von ihr vorgeschlagene Regelung lege, daß sie aber gegen Einzelheiten in den Abänderungsvorschlägen Bedenken habe, weil die Angelegenheit noch nicht spruchreif sei: Es sei eine generelle Neuregelung des Dienstrechts der Angestellten der VTräger in Aussicht genommen, weil in den gegenwärtig für die verschiedenen VTräger bestehenden Vorschriften nicht nur sachlich unbegründete Unterschiede, sondern auch Unklarheiten beständen, z. B. über das Verhältnis von Dienstordnung zum Tarifvertrag und von Dienstordnung zum Betriebsrätegesetz. Aus Anlaß der Beratungen des RKG. die außerordentlich wichtige und politisch stark umstrittene Angelegenheit nach der einen oder anderen Richtung hin jetzt zu regeln, erscheine bedenklich. Deshalb werde auch für das RKG. die neutrale Fassung vorgeschlagen, die im AVG. vom 10. Nov. 1922 (§ 104) beschlossen worden sei. (Vgl. Ber. RKG. S. 40/41). Entsprechend dieser vom Reichstagsausschuß gebilligten grundsätzlichen Stellungnahme sind die Vorschriften dahin gestaltet, daß die Anstellungs- und Dienstverhältnisse der Kn.-Angestellten durch eine vom RKV. aufzustellende Dienstordnung geregelt werden, die vorbehaltlich eines etwa abgeschlossenen Tarifvertrags die Gehaltsbezüge, die Grundsätze für Anstellung, Dienstentlassung, Ruhestandsversorgung und Hinterbliebenenfürsorge festzusetzen hat. Nach dieser Regelung bleiben die Kn.-Beamten Privatangestellte.

Die im RKG. beschlossene Regelung ist als eine zwischenzeitliche anzusehen, deren Dauer von dem Zustandekommen der beabsichtigten generellen Neuordnung des Angestelltendienstrechts bei den sozialen Vers.-Trägern abhängig ist.

Zur Vorbereitung dieser Neuordnung hat der RAM. unter dem 29. Dezember 1923 Richtlinien aufgestellt (vergl. Arb.-Versorgung 1925 S. 37), die sich auch auf den RKV. sowie die Bez.-Vereine beziehen und ziemlich eng an das RKG. anschließen, namentlich in dem Vorschlage, daß die allgemeinen Anstellungs- und Dienstverhältnisse vorbehaltlich etwa abgeschlossener Tarifverträge durch eine Dienstordnung zu regeln sind, und daß die Dienstordnung vom VTräger unter Mitwirkung des Angestelltenrats festgestellt wird. In einem an die Regierungen der Länder gerichteten Begleiterlaß hat der RAM. besonders betont, daß bei der beabsichtigten Neuregelung das Selbstverwaltungsrecht der VTräger im allgemeinen keine Beschränkung erfahren, vielmehr möglichst noch weiter ausgebaut werden soll. Gegen die „Richtlinien" ist von einigen Seiten Widerspruch erhoben, namentlich aus Angestelltenkreisen, welche die Beamteneigenschaft wünschen. Zur Zeit ruht die Angelegenheit, sodaß mit der alsbaldigen Einbringung einer Gesetzesvorlage nicht zu rechnen ist; die Vorschriften des RKG. werden deshalb voraussichtlich noch für längere Dauer Bestand haben.

Nach Inkrafttreten des RKG. sind alsbald Verhandlungen zwischen dem RKV. und den sog. Spitzen-Gewerkschaften der Angestellten zwecks Abschlusses eines Tarifvertrages eingeleitet worden. Ein sog. Reichs-Tarifvertrag ist unter dem 13. August 1924 zustande gekommen. In einigen Beziehungen (Höhe der Besoldung, Urlaub usw.) wird der Reichs-Tarifvertrag durch Bezirks-Tarifverträge ergänzt. Der Reichs-Tarifvertrag kann von den Parteien mit zweimonatiger Frist zum Quartalsersten gekündigt werden. Unter dem 5. März 1926 hat der Reichs-

Tarifvertrag Aenderungen erfahren, die mit Wirkung vom 1. April 1926 in Kraft getreten sind.

Außer dem Tarifvertrag sind von den Vertragsparteien eine Dienstordnung (vergl. § 185 Anm. 1), eine Schlichtungsordnung, die das schiedsgerichtliche Verfahren bei Erledigung von Streitigkeiten aus dem Tarifvertrage regelt, sowie einheitliche Muster von Anstellungsverträgen vereinbart worden.

Das Verhältnis von Tarifvertrag zur Dienstordnung ergibt sich aus § 186 Abs. 1. Da die Dienstordnung nur „vorbehaltlich eines etwa abgeschlossenen Tarifvertrages" gilt, hat der Tarifvertrag den Vorrang.

§ 185 (147).

(Abs. 1.) Die Anstellungs- und Dienstverhältnisse der Angestellten [1]/[2]) der Reichsknappschaft, der Bezirksknappschaften und der besonderen Krankenkassen werden vorbehaltlich der Vorschrift im § 186 durch eine Dienstordnung [3]) geregelt. Wer der Dienstordnung unterstehen soll, wird durch schriftlichen Vertrag angestellt [4]). Läuft eine Bestimmung des Anstellungsvertrags der Dienstordnung zuwider, so ist sie nichtig. [5])

(Abs. 2.) [6]) Für Angestellte, die nur auf Probe, zu vorübergehender Dienstleistung oder zur Vorbereitung beschäftigt werden, gilt die Dienstordnung nur, soweit sie es ausdrücklich vorsieht.

(Abs. 3.) [7]) Für Inhaber des Zivildienstscheins darf ein Vorrecht bei der Stellenbesetzung nicht vorgeschrieben werden, auch nicht gemäß § 11 Abs. 2 a des Wehrmachtsversorgungsgesetzes in der Fassung der Bekanntmachung des Wehrmachtsversorgungsgesetzes vom 19. September 1925 (Reichsgesetzbl. I S. 349).

§§ 138 und 142 Entw. RKG.

1) Die in der Begr. des Entw. des RKG. (S. 69/70) gemachte Unterscheidung zwischen dauernd im Hauptamt beschäftig-

ten Büro-, Kanzlei- und Unterbeamten und geschäftsleitenden Beamten ist im G. nicht aufrechterhalten. Für die Anstellung leitender Angestellter gelten jedoch die bes. Vorschriften im § 155 Abs. 2 Nr. 2 und im § 175 Abs. 2 Nr. 3.

2) Zu den Angestellten im Sinne des § 185 gehören auch die mit der Krankenkontrolle oder mit sonstigen Aufgaben des Außendienstes betrauten Angestellten (sog. Krankenbesucher oder Ermittlungsbeamte) sowie die hauptamtlich tätigen Angestellten der Krankenhäuser, Genesungsheime, Heil- und Pflegeanstalten. Technische Angestellte wie Architekten, Maschinisten, Heizer, Gärtner, Laboranten, Bademeister und das Pflegepersonal in Krankenhäusern usw. gehören dagegen nicht zu den KnAngestellten. Auf diese Gruppen sind auch der Reichstarifvertrag, der einen besonderen Kündigungsschutz vorsieht, und die Bezirkstarifverträge nicht erstreckbar. Da sie keine mit den Aufgaben der Kn. unmittelbar zusammenhängende Tätigkeit ausüben, muß ihnen gegenüber grundsätzlich an der Möglichkeit der Kündigung festgehalten werden. Das gleiche gilt für die Verwalter oder Verwalterinnen von Kurhäusern oder Erholungsheimen, soweit sie nicht etwa aus dem Stande der KnAngestellten hervorgegangen sind. Ebensowenig zählen zu den Angestellten Aerzte, die als sog. Oberärzte bei den Verwaltungen oder in Krankenhäusern oder Heilanstalten beschäftigt sind, sowie Beamte, die eine höhere wissenschaftliche Tätigkeit ausüben, wie Baubeamte, Statistiker, Mathematiker und dergl. Für die Beurteilung der Rechtsverhältnisse der letzterwähnten Gruppen kommt lediglich der Anstellungsvertrag in Betracht.

Zu den KnAngestellten gehören nach dem allgemeinen Sprachgebrauche auch Pförtner, Kanzleidiener, Boten, Aktenträger und dergl. Insoweit diese Angestellten vorher Mitglieder der PK. der Kn. gewesen sind, erhalten sie im Falle der Berufsunfähigkeit nicht doppelte Bezüge auf Grund des Anstellungsvertrages und aus der PV., vielmehr bestimmt der Tarifvertrag für Boten usw. wie für Krankenbesucher, daß das Ruhegehalt aus dem Anstellungsvertrage um die

Hälfte der Knappschaftspension gekürzt wird. Das Gleiche gilt für die Hinterbliebenenbezüge.

3) Näheres über die Dienstordnung s. Anm. 1, 2 zu § 186.

4) Vgl. die entsprechenden Vorschriften im § 354 Abs. 1, § 692 RVO. Die Rkn. hat mit den Angestellten-Gewerkschaften Muster von Anstellungsverträgen sowohl für die der Dienstordnung unterstehenden Angestellten wie für Hilfsarbeiter vereinbart.

5) Bei den Verhandlungen im Reichstagsausschuß ist anerkannt, daß „für besonders wichtige Stellen Abweichungen von der Dienstordnung möglich sein müßten, und zwar sowohl in bezug auf Gehalt, Dienstalter und Ruhestandsversorgung; es handle sich auch darum, besonders qualifizierte Leute für wichtige Stellen zu erhalten." (Ber. RKG. S. 42.) Werden also mit qualifizierten Bewerbern Vereinbarungen getroffen, die mit der Dienstordnung an sich in Widerspruch stehen, findet Satz 3 des Abs. 1 keine Anwendung.

6) Abs. 2 ist dem § 351 Abs. 2, § 690 Abs. 2 RVO. nachgebildet. Die hier bezeichneten Angestellten unterstehen der Dienstordnung im allgemeinen nicht, ihre Rechtsverhältnisse sind vielmehr nach dem mit ihnen abgeschlossenen Privatdienstvertrag zu beurteilen. Ueber ihre Stellung enthält die Begr. zum RKG. (S. 73) folgende Ausführungen:

„Die Bezüge dieser Angestellten sind, soweit nicht etwa ein Tarifvertrag abgeschlossen werden sollte, unter der durch § 78 Nr. 2 des Betriebsrätegesetzes geregelten Mitwirkung der Angestelltenräte festzusetzen, die nach Artikel 165 der Reichsverfassung und den Vorschriften des Betriebsrätegesetzes zu bestellen sind. Die Angestelltenräte haben auch die übrigen durch das Betriebsrätegesetz ihnen zugewiesenen Befugnisse in der Wahrnehmung der wirtschaftlichen und sozialen Angelegenheiten der Angestellten. Mit Rücksicht auf die gesetzlich geregelte Mitwirkung der Angestelltenräte bei Regelung des Dienstverhältnisses erscheint es entbehrlich, in den Entw. Einzelvorschriften über den Inhalt des Anstellungsvertrags, wie über Kündigung, Entlassung, Urlaub,

Regelung der Arbeitszeit und dergl., aufzunehmen. Im Falle der Kündigung haben die Angestellten das Recht des Einspruchs gemäß §§ 84 ff. des Betriebsrätegesetzes. Die Behandlung sonstiger Einzelstreitigkeiten ist gleichfalls im Betriebsrätegesetze — § 78 Nr. 4 — geregelt, so daß auch von Sondervorschriften über die Erledigung von Streitigkeiten aus dem Dienstverhältnis abgesehen werden kann."

Der Reichstarifvertrag vom $\frac{13.\ 8.\ 1924}{5.\ 3.\ 1926}$ hat jedoch die Angestellten, die auf Probe, zu vorübergehender Dienstleistung oder zur Vorbereitung beschäftigt sind, in die tarifliche Regelung einbezogen; er bezeichnet sie, da sie nur in einigen Beziehungen der Dienstordnung unterstehen, als außerdienstordnungsmäßige Angestellte.

7) Abs. 3 ist durch die Nov. eingefügt. Nach § 11 des Wehrmachtsversorgungsgesetzes i. d. F. d. Bekanntmachung vom 19. September 1925 (RGBl. I S. 349) haben die Inhaber des Zivildienstscheines nach Maßgabe besonderer Grundsätze Anwartschaft auf Anstellung bei Reichs-, Landes- und Kommunalbehörden sowie bei sonstigen öffentlichen Körperschaften und bei Betrieben des Reichs usw. Durch ausdrückliche Vorschrift im § 11 Abs. 1 Satz 2 sind die KrK. und Berufsgenossenschaften von dem Einstellungszwang ausgenommen. Durch die neue Vorschrift des Abs. 3 wird nunmehr die bevorrechtigte Berücksichtigung der Zivilversorgungsberechtigten auch bei der Knappschaft aufgehoben. Es ist jedoch nicht Absicht der Vorschrift, daß Versorgungsberechtigte als Knappschaftsangestellte überhaupt nicht berücksichtigt werden sollen (vergl. Ber. S. 90).

§ 186 (148).

Die Dienstordnung stellt die Reichsknappschaft [1]) auf; sie hat vorbehaltlich eines etwa abgeschlossenen Tarifvertrags [2]) die Gehaltsbezüge, die Grundsätze für Anstellung, Dienstentlassung, Ruhestandsversorgung und Hinterbliebenenfürsorge [3]) zu regeln.

§§ 139 und 140 Entw. RKG.

1) Mangels einer entgegenstehenden Vorschrift, wie sie von der Verwaltung und Rechtsprechung für Dienstordnungen der KrK. und Berufsgenossenschaften in den §§ 355/356 und §§ 690 ff. RVO. gefunden wird (vergl. E. des RVA. vom 11. 6. 1924, A. N. 1924 S. 158 Nr. 3176 — abweichend Kammergericht vom 11. 10. 1924 in Arb. Versorgung 1925 S. 55 — und Erl. des Preuß. Ministers für Volkswohlfahrt vom 12. 3. 1925, abgedruckt in Volkswohlfahrtsministerialblatt S. 123), ist die Dienstordnung zwischen dem Vorstande des RKV. und der Vertretung der Angestellten zu vereinbaren (vergl. auch den in der Vorbemerkung vor § 185 erwähnten Vorschlag in den Richtlinien des RAM. vom 29. 12. 1923). Die Mitwirkung der Angestellten richtet sich nach den allgemeinen Vorschriften der Reichsverfassung und des Betriebsrätegesetzes. Bei Beratung des RKG. im Reichstagsausschuß war ein Antrag gestellt worden, der darauf hinauslief, unter der Bezeichnung „Gesamtvertretung der Angestellten" nach dem Vorgang im § 61 des Betriebsrätegesetzes eine Sondervertretung des Angestellten zu bilden und hierfür den Weg einer Ver. des RAM. zu wählen, in der auch die Befugnisse der Gesamtvertretung gegenüber den Einzelvertretungen der BezKV. abgegrenzt werden sollten. (Vgl. als Beispiel einer solchen Ver. die vom 26. 3. 24 über die Bildung von Betriebsräten im Bereiche des Reichsarbeitsministeriums RGBl. I S. 383). Der Antrag ist jedoch nicht weiter verfolgt worden (vgl. Ber. RKG. S. 41/42). Daraus ist zu folgern, daß die Bildung einer Gesamtvertretung nicht der Absicht des G. entsprechen würde. In welcher Weise und in welchem Umfang eine Beteiligung der Angestellten stattfinden soll, ist aus dem Bericht nicht ersichtlich. Die in der Frage liegenden Schwierigkeiten sind bei Abschluß des Reichstarifvertrags dadurch umgangen worden, daß die Parteien eine Dienstordnung auf Grund des § 147 RKG. a. F. vereinbart und für deren Inhalt den Tarifvertrag gemäß § 78 Ziff. 3 BRG. für maßgebend erklärt haben. Die so vereinbarte Dienstordnung ist alsdann in einer

Sitzung des Vorstandes des RKB. vom 17. 6. 1925 beschlossen worden. Durch dieses Verfahren dürfte allen in Betracht kommenden gesetzlichen Vorschriften Genüge geschehen sein.

2) Ueber das Verhältnis von Tarifvertrag und Dienstordnung vergl. die Vorbemerkung vor § 185 letzter Absatz. Allgemeine Ausführungen hierüber s. bei Breithaupt „Die Beamten und Angestellten der Reichsversicherung" S. 50 ff. u. S. 171 ff. Für die Auslegung der Worte „vorbehaltlich eines etwa abgeschlossenen Tarifvertrages" sind auch die im Reichstagsausschuß hierüber geführten Verhandlungen von Bedeutung. Ein Ausschußmitglied hat ausgeführt, daß ihm das auf dem Betriebsrätegesetz beruhende Recht auf Mitwirkung bei Regelung der dienstlichen Verhältnisse nicht weit genug gehe, und ein Regierungsvertreter hat dargelegt, daß der Tarifvertrag die wertvollste Quelle für die Fortführung des Arbeiter- und Angestelltenrechts sei. In der eingehenden Aussprache über einen (abgelehnten) Antrag auf Streichung des Vorbehalts ist aber sowohl aus der Mitte des Ausschusses wie von der Regierung erklärt worden, daß eine Festlegung für die künftige Gesetzgebung hier nicht beabsichtigt sei und nicht erfolge, daß vielmehr nur der bestehende Zustand anerkannt werde (Ber. RKG. S. 42).

3) Gehaltsbezüge, Ruhestandsversorgung, Hinterbliebenenfürsorge sind durch den Reichs-Tarifvertrag bezw. durch die Bezirks-Tarifverträge in Anlehnung an die für Reichsbeamte geltenden Vorschriften geregelt. Ueber Anstellung und Dienstentlassung sowie ferner über Pflichten der Angestellten und Ordnungsstrafen verhält sich die Dienstordnung vom 17. 6. 1925.

§ 187 (149).

(Abs. 1.) Die Angestellten werden nach den Vorschriften dieses Gesetzes versichert.[1]) Aus der Pensionsversicherung scheiden sie, soweit nicht die Dienstordnung[2]) etwas anderes bestimmt, aus, sobald ihnen durch die Dienstordnung Anspruch auf Ruhestandsversorgung und Hinterbliebenenfürsorge eingeräumt wird; die bis zum Ausscheiden erworbenen Ansprüche können durch Zahlung von Anerkennungsgebühren erhalten werden.[3])

(Abs. 2.) Angestellte dürfen nicht ehrenamtliche Mitglieder der Vorstände der Reichsknappschaft, der Bezirksknappschaften oder der besonderen Krankenkassen sein.[4])

§ 141 Entw.

1) Infolge dieses allgemeinen Grundsatzes gelten alle einschlägigen Vorschriften des RKG. und der RVO., z. B. §§ 169, 712 RVO., betr. VersFreiheit in der KrV., §§ 51—52 RKG., betr. Befreiung von der PV. Infolge Beseitigung der Doppelversicherung der Angestellten entfällt ohne weiteres auch die Vers. nach dem AVG., so daß eine Entscheidung nach § 11 Abs. 3 AVG. darüber, ob eine Anwartschaft auf Ruhegeld usw. als gewährleistet anzusehen ist, oder Entscheidungen über Befreiungsanträge nach §§ 14 ff. AVG. nicht mehr in Frage kommen. § 49 RKG. gilt an sich, seine Anwendung wird jedoch dadurch eingeschränkt, daß die KnAngestellten nach Erlangung der Anwartschaft auf Ruhegeld und Hinterbliebenenversorgung aus der Dienstordnung kraft Gesetzes (Satz 2 in Abs. 1 des § 187) aus der PV. ausscheiden.

2) oder der Tarifvertrag (vgl. § 186 und Anm. 2 daselbst).

3) Für die aus der PV. ausscheidenden KnAngestellten gelten die gleichen Vorschriften wie für alle anderen AnerkGebZahler (vgl. § 76 und Anm. 8 daselbst). Zufolge der allgemeinen Vorschrift in Abs. 1 haben die Ausscheidenden auch das Recht der Weiterverf. in der AngPK. nach der neuen Vorschrift des § 77; von diesem Recht Gebrauch zu machen dürfte aber kaum von Vorteil sein, weil nach dem Reichstarifvertrag alle Versicherungsansprüche an die PK. auf Ruhegehalt und Hinterbliebenenbezüge aus dem Anstellungsvertrag angerechnet werden. Der Anspruch auf etwaige freiwillige Leistungen der PK. wird bereits durch Anerkgeb. erhalten.

4) Abs. 2 entspricht dem § 21 Abs. 4 RVO.

§ 188 (150).

Die in Diensten der Reichsknappschaft, der Bezirksknappschaften oder der besonderen Krankenkassen beschäftigten Arbeiter werden nach den Vorschriften dieses Gesetzes versichert.[1]) Die Vorschrift des § 187 Abs. 2 gilt entsprechend.[2])

§ 143 Entw.

1) Es kommen hauptsächlich das Haus- und Pflegepersonal in Krankenanstalten, Heizer, Handwerker usw. in Betracht. Daß die Rkn. als VersTräger für diese Personen eintritt, liegt nahe, weil sie sonst bei den Ortskrankenkassen und LVAnstalten zu versichern wären. Die Wahrnehmung ihrer wirtschaftlichen Interessen nach den Vorschriften des Betriebsrätegesetzes obliegt den Arbeiterräten.

2) Vgl. Anm. 4 zu § 187.

Zehnter Abschnitt.

Aufsicht.

§ 189[1]) (151).

(Abs. 1.) Die Aufsicht über die Reichsknappschaft, die Bezirksknappschaften und die besonderen Krankenkassen[2]) führt der Reichsarbeitsminister.[3]) Für ihre Handhabung gelten die Vorschriften der §§ 30 bis 34 der Reichsversicherungsordnung.

(Abs. 2.) Bei Beschwerden über die Geschäftsführung der Reichsknappschaft entscheidet der Reichsarbeitsminister[3]) endgültig.

(Abs. 3.) Der Reichsarbeitsminister soll mit der Aufsicht über die Bezirksknappschaften und besonderen Krankenkassen die zuständigen Landesbehörden betrauen.[4])[5]) Erstreckt sich eine Bezirksknappschaft oder eine besondere Krankenkasse über Gebiete mehrerer

Länder, so ist die Behörde des Landes zuständig, in dessen Gebiete die Verwaltung der Bezirksknappschaft ihren Sitz hat. Wegen der Aufsicht über die besonderen Krankenkassen bestimmt der Reichsarbeitsminister Näheres.

§ 144 Entw.

1) Die jetzige Fassung des § 189 beruht auf den Beschlüssen der ersten und zweiten Lesung des Sozialpolitischen Ausschusses (Ber. Nov. S. 96 und 146).

2) Die früher das Knappschaftswesen regelnden Landesgesetze übertrugen die Aufsicht über die KnV. den Oberbergämtern oder Bergämtern (Preuß. KnG. §§ 65 bis 68, Sächsisches KnG. §§ 214 ff., Bayerisches Berggesetz § 242). Sie bestimmten den Inhalt dieses Aufsichtsrechts im allgemeinen dahin, daß die Oberbergämter die Beobachtung der für die Tätigkeit der KnV. in Betracht kommenden Ges. und der Satzungen zu überwachen haben, daß ihnen die Bestätigung der Vereinssatzungen nach Maßgabe des Gesetzes obliegt und daß sie die Befolgung der gesetzlichen und Satzungsvorschriften durch Ordnungsstrafen gegen die Vorstandsmitglieder erzwingen können. (Einzelheiten: zu vgl. a. a. O.)

3) „Die allgemeine Aufsicht über den RKV., einschl. der BezKnV. und bes. KrK. als örtlicher Verwaltungsstellen, kann nur von einer Reichsbehörde geführt werden. Das Ges. überträgt sie dem RAM., in dessen Zuständigkeitsbereich die sozialen Versicherungsangelegenheiten fallen. Für die Ausübung der Aufsicht sollen die allgemeinen Vorschriften der §§ 30 bis 34 der RVO. gelten. Das Aufsichtsrecht erstreckt sich mithin darauf, daß Ges., Satzung und die Sondervorschriften der Bezirksvereine beachtet werden. Die Mittel, deren sich der RAM. bei Handhabung der Aufsicht bedienen kann, ergeben sich aus den §§ 31 bis 34 a. a. O. Das Aufsichtsrecht schließt naturgemäß die Entscheidung über Beschwerden gegen die Geschäftsführung der RKV. in sich.“ (Begr. zum RKG. S. 74.)

Im einzelnen enthalten die §§ 30 bis 34 RVO. folgende Vorschriften:

„§ 30. Das Aufsichtsrecht der Aufsichtsbehörde erstreckt sich darauf, daß Gesetz und Satzung so beobachtet werden, wie es der Zweck der Versicherung erfordert. Das gilt nicht, soweit die Versicherungsträger nach ihrem Ermessen zu verfügen berechtigt sind.

Die Aufsichtsbehörden sind, soweit sie Landesbehörden sind, an allgemeine Weisungen der obersten Verwaltungsbehörde ihres Landes, soweit sie Reichsbehörden sind, an allgemeine Weisungen des zuständigen Reichsministers gebunden. Der Reichsarbeitsminister kann für die Ausübung des Aufsichtsrechts Richtlinien erlassen.

§ 31. Die Aufsichtsbehörde kann jederzeit die Geschäfts- und Rechnungsführung des VersTrägers prüfen.

Die Mitglieder seiner Organe, seine Vertrauensmänner, Beamten und Angestellten haben der Aufsichtsbehörde oder ihren Beauftragten auf Verlangen alle Bücher, Rechnungen, Belege und Verhandlungen sowie die von ihnen verwahrten Urkunden, Wertpapiere und Bestände vorzulegen und alles mitzuteilen, was zur Ausübung des Aufsichtsrechts gefordert wird.

Die Aufsichtsbehörde kann die im Abs. 2 Bezeichneten, vorbehaltlich des § 985 Abs. 2, durch Zwangsstrafen und in Geld anhalten, das Gesetz und die Satzung zu befolgen.

§ 32. Die Aufsichtsbehörde kann verlangen, daß die Organe zu Sitzungen einberufen werden; wird dem nicht entsprochen, so kann sie die Sitzungen selbst anberaumen und die Verhandlungen leiten.

§ 33. Sie entscheidet, unbeschadet der Rechte Dritter und soweit das Gesetz nichts anderes vorschreibt, bei Streit über Rechte und Pflichten der Organe und ihrer Mitglieder, über die Auslegung der Satzung und über die Gültigkeit der Wahlen.

§ 34. Der Aufsicht unterstehen auch die vom VersTräger errichteten oder unterhaltenen Genesungsheime, Heil- und Pflegeanstalten und Einrichtungen für Berufsfürsorge.

Die Aufsichtsbehörde kann zu ihren Besichtigungen Vertreter der Arbeitgeber und der Versicherten zuziehen."

Zur Auslegung dieser Vorschriften vgl. Hanow, Kommentar zur RVO., Anm. zu §§ 30—34; Hahn, Handbuch der Krankenversicherung, Anm. zu §§ 30—34, Hoffmann, Handkommentar zur RVO., Anm. zu §§ 30—34, und die oben mitgeteilte Stelle der Begr.

4) „Da eine zentrale Stelle die Aufsicht nicht innerhalb des gesamten Reichsgebiets unmittelbar ausüben kann und von örtlich zu erledigenden Geschäften entlastet werden muß, ist nach dem Vorbilde des § 110 der RVO. vorgesehen, daß der RAM. die Aufsicht über die BezKV. und bes. KrK. den zuständigen Landesbehörden übertragen soll. Dadurch wird die Fühlung der bisher zuständigen Behörden mit dem Knappschaftswesen erhalten und zugleich die Möglichkeit geboten, ihre Erfahrungen und ihre Kenntnis örtlicher Verhältnisse sowie etwaiger Besonderheiten des Bergbaues in einzelnen Ländern zum Nutzen des RKV. zu verwerten. Die letzte Entscheidung in strittigen oder zweifelhaften Fragen wie z. B. über die Knappschaftspflicht eines Betriebes nach § 2 Abs. 3 des Entw. bleibt jedoch stets dem RAM. vorbehalten; auch sind seine Anweisungen für die Ausübung des Aufsichtsrechts durch die Landesbehörden bindend. Welche Landesbehörde zuständig ist, ergibt sich aus den Verfassungsvorschriften des betreffenden Landes. Erstreckt sich der Bezirk eines KnV. oder einer bes. KrK. über mehrere Länder, so ist die Behörde des Landes zuständig, in dem die Bezirks- oder Krankenkassenverwaltung ihren Sitz hat." (Begr. RKG. S. 74.) Der Inhalt der den Landesbehörden übertragenen Aufsicht bestimmt sich im allgemeinen nach Abs. 1, soweit nicht durch die Anweisungen des RAM. oder durch das Verhältnis der Kn. zu den BezKn. Aenderungen eintreten.

5) Auf Grund des § 151 Abs. 3 RKG. in Verbindung mit Artikel 9 des EG. zum RKG. hat der RAM. unterm 28. Dezember 1923 folgende Verordnung erlassen:

„Einziger Artikel.

Bis zur Bildung der Bezirksknappschaftsvereine führt die zuständige Landesbehörde die Aufsicht über die bisherigen Knappschaftsvereine weiter."

(Vgl. Z. f. B. Bd. 65 S. 52, Kompaß 1924 S. 20, Thielmann S. 52.) Diese Verordnung beschränkt sich also auf die Zeit bis zur Bildung der Bezirksknappschaftsvereine. Sie ist aber auch über diesen Zeitpunkt hinaus mit Einwilligung des RAM. angewandt worden.

Nach der Annahme der Anträge, auf denen die jetzige Fassung des § 189 beruht, durch den Soz.-Pol. Ausschuß hat der Regierungsvertreter den Ausschuß ersucht, zu erklären, daß der Ausschuß aus der durch die Abstimmung erfolgten Aenderung des Gesetzes den Ländern nicht das Recht geben wolle, für die Aufsichtspflicht, falls sie vom Reichsarbeitsministerium damit beauftragt würden, irgendwelche finanziellen Ersatzansprüche an das Reich herleiten zu können. Der Ausschuß hat eine solche Erklärung einstimmig abgegeben. (Ber. Nov. S. 97.)

§ 190 [1]) (152).

(Abs. 1.) Beschwerden über die Geschäftsführung der Bezirksknappschaften sind bei der Reichsknappschaft und in weiterer Instanz beim Reichsarbeitsminister anzubringen. Der Reichsarbeitsminister entscheidet in Angelegenheiten von grundsätzlicher Bedeutung nach Anhörung der im § 189 Abs. 3 bezeichneten Landesbehörde. [2])

(Abs. 2.) Beschwerden über die Geschäftsführung der besonderen Krankenkassen sind bei der Bezirksknappschaft anzubringen. Ueber Beschwerden gegen deren Stellungnahme wird nach Abs. 1 entschieden.

(Abs. 3.) Der Reichsarbeitsminister kann Angelegenheiten von nicht grundsätzlicher Bedeutung dem Reichsversicherungsamte zur Entscheidung übertragen. [3])

§ 145 Entw.

1) Die jetzige Fassung des § 190 insbesondere die Hinzufügung der Abs. 2 und 3 beruht auf den Beschlüssen erster und zweiter Lesung des Soz.-Pol. Ausschusses. (Ber. Nov. S. 97 und 146.)

2) „Der hier vorgesehene Instanzenzug bei Behandlung von Beschwerden über die Geschäftsführung der Bezkn. ergibt sich aus dem Aufbau der Rkn. und dem Aufsichtsrecht des RAM. Die Anhörung der Landesbehörde in Angelegenheiten von grundsätzlicher Bedeutung erscheint angezeigt, um durch sachkundige Beratung eine zutreffende, den Bedürfnissen der Praxis und etwaigen Sonderverhältnissen entsprechende Entscheidung zu gewährleisten." (Begr. zum RKG. S. 74.)

3) Die Uebertragung von Entscheidungen über „Angelegenheiten von nicht grundsätzlicher Bedeutung" an das RVA. ist neu. Es wird nicht immer leicht sein, die Frage, ob eine Angelegenheit von grundsätzlicher Bedeutung ist oder nicht, zutreffend zu beantworten.

Elfter Abschnitt.

Feststellung der Leistungen.[1])

§ 191 [2]/[3]) (153).

(Abs. 1.) Die Leistungen der Reichsknappschaft werden vorbehaltlich der Vorschrift des Abs. 3 auf Antrag festgestellt. Die Feststellung geschieht durch die Bezirksknappschaften oder die besonderen Krankenkassen im Auftrag der Reichsknappschaft.[4])

(Abs. 2.) Minderjährige, die das sechzehnte Lebensjahr vollendet haben, können selbständig den Antrag für sich stellen und ihn selbständig verfolgen.[5])

(Abs. 3.) Ueber die Berechtigung zum Bezuge von Leistungen der Pensionsversicherung kann auch ohne Antrag entschieden werden.[7]/[8])

§ 146 Entw., Art. 11a Entw. d. Nov.

1) Zu §§ 191 bis 203. „Das Verfahren schließt sich grundsätzlich für alle Versicherungszweige an die Vorschriften der RVO. an, die damit auch für die PV. Geltung erlangen. Nur das Verfahren bei Feststellung der Leistungen durch die BezknV. ist in Anlehnung an den bisherigen Rechtszustand zum Teil abweichend von der RVO. geordnet, insbesondere findet eine Mitwirkung des VA. nicht statt.

Gegen Bescheide des BezknV. (des Ausschusses) ist das Rechtsmittel der Berufung an ein besonderes OVA. im Sinne der RVO., das KOVA., gegeben. Gegen Urteile des KOVA. ist in Sachen der PV. der Arbeiter (jetzt auch in Sachen der Angestellten) schlechthin, in Sachen der KrV. und der JVers. mit den sich aus der RVO. ergebenden Beschränkungen die Revision an das RVA. zulässig. Dieses entscheidet durch einen besonderen Senat, Knappschaftssenat (jetzt Senate), zu dem als Vertreter der Arbeitgeber und der Versicherten Angehörige kn. Betriebe zugezogen werden." (Begr. zum RKG. S. 34.)

2) Der § 191 entspricht dem § 153 RKG., nur daß dem Vorschlage des Entw. der Nov. in Art. 11a entsprechend, in Abs. 3 statt des Wortes: „Pensionskasse" das Wort: „Pensionsversicherung" gesetzt worden ist (vgl. Ber. S. 97 und 146).

3) Der frühere § 161, der sich auf die Feststellung der Leistungen der Angestelltenversicherung bezog, ist wegen der anderweitigen Regelung der PV. nach dem Vorschlag unter Art. 11a des Entw. gestrichen worden. (Ber. S. 97 und 146.)

4) „In Erweiterung des nach § 1545 RVO. für die KrV. und die JVers. geltenden Grundsatzes schreibt der Entw. für sämtliche VersLeistungen vor, daß sie auf Antrag festgestellt werden, macht dabei jedoch bezüglich der PKLeistungen den unter Abs. 3 näher begründeten Vorbehalt. Der Antrag auf Feststellung der Leistungen hat die Bedeutung einer rechtsbegründenden Tatsache und ist namentlich für die Vererblichkeit des Anspruchs maßgebend." (Begr. zum RKG. S. 74.)

5) Diese Vorschrift ergibt sich aus dem allgemeinen Verhältnisse der Bezkn. und der bes. KrK. zur Rkn. Sie sind nicht selbständige VersTräger, sondern geschäftsführende Organe, Verwaltungsstellen der Rkn. (zu vgl. §§ 165 ff. und die Anm. daselbst).

6) Vgl. die gleichen Vorschriften der RVO.: § 1650 Abs. 3, § 1658 Abs. 2, § 1679 Abs. 1, § 1698 und § 1701 sowie den § 214 Abs. 5 AVG.

7) Die hier vorgesehene Ausnahme von der allgemeinen Regel des Abs. 1 empfiehlt sich nach praktischen Erfahrungen, um bei PKMitgliedern, die länger als 26 Wochen krankfeiern und ihre kn. Invalidisierung nicht beantragen, das Beitragskonto (durch Buchung der Krankheitswochen und Zeiten nachgewiesener Berufsunfähigkeit) regeln zu können. (Begr. zum RKG. S. 74.)

8) Hinsichtlich der sog. Alterspension hat der Kn.-Senat des RVA. entschieden, daß die Gewährung dieser Pension einen Antrag voraussetzt (Entsch. d. RVA., Kn.-Senat, in Sachen K. gegen RKV. vom 23. April 1925, II a Kn. 22/25, Kompaß 1925 S. 281). Diese Entscheidung ist damit begründet, daß nach nach dem § 26 RKG. a. F. die Voraussetzung der Berufsunfähigkeit nur als vorhanden angesehen werden muß, wenn und soweit der Versicherte sich auf die Erfüllung der Voraussetzungen des § 26 beruft und daraus einen Anspruch auf Pensionsgewährung herleitet. Auch ergebe die Begründung zu § 153 Abs. 3, daß bei dieser Vorschrift nur an die Pensionierung wegen tatsächlich eingetretener Berufsunfähigkeit gedacht worden sei, und der Wortlaut des § 26 lasse überdies klar erkennen, daß die Vermutung der Berufsunfähigkeit nur im Falle eines Antrags auf Pensionierung gelten solle, da dort ausdrücklich bestimmt sei, daß Berufsunfähigkeit als vorhanden angesehen werden solle, wenn der Antragsteller die Voraussetzungen erfüllt habe.

§ 192 [1]) (154).

(Abs. 1.) Bei Streit über Leistungen der Krankenversicherung entscheidet auf Antrag in erster Instanz ein nach § 180 bestellter Ausschuß.

(Abs. 2.) Die Vorschriften des § 1551 Abs. 2, 3 der Reichsversicherungsordnung gelten entsprechend.[2])

1) Der alte § 154 ist vom Sozialpolitischen Ausschusse des RT. eingefügt worden (Ber. 1923 S. 43). Ein „Streit über Leistungen der Krankenkasse" wird anhängig, wenn der die Leistungen Beanspruchende die Nichtbewilligung einer KrKLeistung für unbegründet hält und deshalb den Antrag auf Entscheidung des Ausschusses stellt. Ein ausdrücklicher, die Leistung ablehnender Bescheid wird durch die Verwaltung nicht erteilt; es gibt deshalb hinsichtlich der Leistungen der KrK. keinen förmlichen, der Rechtskraft fähigen Bescheid wie nach § 194 über das Versicherungsverhältnis und die Beiträge zur KrK. oder nach § 193 über die Leistungen der PK. Demgemäß ist der Antrag auf Entscheidung des Ausschusses nach § 192 bis zur eingetretenen Verjährung des Anspruchs auf die Leistung der KrK. zulässig.

2) Im RKG. a. F. befand sich Abs. 2 mit der Erweiterung, daß auch § 1551 Abs. 4 RVO. (inzwischen geändert) entsprechende Anwendung fand, als Abs. 2 im § 155. Er war durch den Soz.-Pol. Ausschuß des RT. 1923 eingefügt worden (Ber. zum RKG. S. 72). Der § 1551 RVO. führt in seinen Absätzen 2 und 3 die einzelnen Leistungen auf, die „als Leistungen der Krankenversicherung gelten".

§ 193 1/2 (155).

(Abs. 1.) Ueber die Leistungen aus der Pensionsversicherung entscheidet die Verwaltung der Bezirksknappschaft.[3])

(Abs. 2.)[4]) Gegen den Bescheid der Verwaltung kann die Entscheidung eines nach § 180[5]) bestellten Ausschusses angerufen werden.[6]) Der Ausschuß entscheidet nach Stimmenmehrheit. Bei Stimmengleichheit gilt ein Antrag als abgelehnt.[6])

(Abs. 3.) Der Antrag auf Entscheidung des Aus-

schusses ist binnen einem Monat nach Bekanntgabe des Bescheids der Verwaltung schriftlich bei dieser anzubringen.[1])

§ 147 Entw., Art. 11 a Entw. d. Nov.

1) Der § 193 entspricht dem § 155 des RKG., nur daß im Abs. 1, entsprechend dem Vorschlag des Reg.-Entw. (Art. 11 a) an Stelle des Wortes: „Pensionskasse" das Wort „Pensionsversicherung" gesetzt ist, daß ebendaselbst die Worte „oder der besonderen Krankenkasse" gestrichen und schließlich die Worte: „vorbehaltlich der §§ 80 und 156" durch den Soz.-Pol. Ausschuß beseitigt worden sind. (Ber. S. 97 und 146). Wegen der Bedeutung der Beseitigung des § 156 vgl. Anm. 2.

2) Ueber das Verfahren bei Feststellung der Leistungen bemerkt die Begr. zum RKG. S. 74/75 Folgendes: „Das Verfahren ist in Anlehnung an den bisherigen landesgesetzlichen Rechtszustand, zum Teil abweichend von der RVO., geregelt. Die Abweichungen beziehen sich namentlich auf die Leistungen der KrV. und der PV., für deren Festsetzung in der Hauptsache die Grundsätze des Preuß. KnG. übernommen sind. Nach den §§ 56 ff. des Preuß. Ges. entscheidet die Verwaltung über alle Ansprüche der Vers., sofern nicht der Vorstand die Entscheidung sich selbst oder einem nach näherer Bestimmung der Satzung bestellten Ausschuß vorbehalten hat; die Entscheidung über Anträge auf Invaliditätserklärung sowie die Festsetzung der aus der PK. zu gewährenden Unterstützungen bleibt indessen stets dem Vorstand oder dem Ausschusse vorbehalten. In den Fällen, wo zunächst die Verwaltung entscheidet, kann die Entscheidung des Vorstandes oder Ausschusses angerufen werden. Gegen den Bescheid des Vorstandes oder Ausschusses, mag dieser erstmalig über PKLeistungen zu entscheiden oder in anderen Angelegenheiten die Entscheidung der Verwaltung nachzuprüfen haben, ist in allen Fällen die Berufung auf schiedsgerichtliche Entscheidung gegeben. Hiernach findet eine Mitwirkung des VA., wie z. B. bei Streit über Leistungen der KrV. nach §§ 1636 ff. RVO., nicht statt. An die Stelle des VA. tritt — gewissermaßen als

erste Instanz des sonst üblichen Rechtszuges — der Geschäftsausschuß, der durch seine paritätische Zusammensetzung die Gewähr fur eine sachgemäße Erledigung sowohl strittiger Ansprüche aus der KrV. als auch der Anträge auf In. Invalidisierung bietet. An diesem bewährten Verfahren hält der Entw. grundsätzlich fest, und er erweitert die Zuständigkeit der Verwaltung, die sich nach Schaffung größerer BezknV. durchweg aus wohlgeschulten Kräften zusammensetzen wird, gegenüber dem bisherigen Rechtszustande dadurch, daß er die Entscheidung eines Ausschusses nur bezüglich der JP. (oder des Ruhegeldes) und nach dem Vorbilde des § 1624 RVO., der die mündliche Verhandlung über Anträge auf Leistungen der JVers. regelt, auch nur für solche Fälle vorbehält, in denen die Bezirksverwaltung und das PKMitglied über den Eintritt des Versicherungsfalles oder die Voraussetzungen des Anspruchs (Mitgliedschaft, Wartezeit usw.) nicht einig sind. Die Entscheidung der Verwaltung auch über PKLeistungen bildet demnach die Regel, die des Ausschusses die Ausnahme. Bedenken gegen die so erweiterte Zuständigkeit der Verwaltung, durch die zugleich die Ausschüsse eine wünschenswerte Entlastung erfahren, bestehen nicht und sind namentlich nicht vom Standpunkt der Versicherten gegen die Uebertragung der ersten Entscheidung über Invalidisierungsanträge in nicht strittigen Fällen geltend zu machen, weil in solchen Fällen ja dem Antrage des Mitgliedes stattgegeben wird. Sollte in einem Einzelfalle die Pension unrichtig berechnet sein oder sonst die Festsetzung einer Leistung zu Anständen Anlaß geben, so hat das PKMitglied das Recht der Berufung nach § 150."

Das vorstehend geschilderte Verfahren ist hinsichtlich der PV. durch die Nov. (Ber. S. 146) dahin geändert worden, daß über alle Ansprüche an erster Stelle die Bezirksverwaltung entscheidet und zwar, abweichend von dem bisherigen § 156, der fortfällt, über Ansprüche auf JP. oder Ruhegeld auch dann, wenn die Bezirksverwaltung nicht mit dem Berechtigten über die Bewilligung einig ist, wenn sie also den Anspruch ablehnen zu müssen glaubt. Diese Aenderung ist auf Grund von Erfahrungen der Praxis vorgeschlagen worden. Vielfach ist nämlich von den Verwaltungen Uebereinstimmung mit dem Berechtigten, z. B. hinsichtlich des Dienstalters oder des Beginns der JP., angenommen worden, ohne daß Uebereinstimmung vorlag. Auf Einspruch des Berechtigten mußte dann nachträglich eine Entscheidung des Geschäftsausschusses herbeigeführt werden. Die Aenderung empfiehlt sich ferner wegen der Gleichförmigkeit des Verfahrens mit dem der KrV. und aus der Erwägung, daß im Falle der Anrufung des Geschäftsausschusses die Verwaltung noch Ermittelungen tatsächlicher Art anstellen kann, die nach dem bisherigen Verfahren regelmäßig in der Berufungsinstanz vorgenommen werden mußten. Durch die Neuregelung wird daher voraussichtlich eine Entlastung der KOVAe. eintreten. Daß das Verfahren bei Wegfall (Entziehung) der Leistungen der PV. das gleiche ist wie bei der Bewilligung, ist im G. nicht ausdrücklich ausgesprochen, muß aber ohne weiteres unterstellt werden.

3) Die Worte „oder der besonderen Krankenkasse" im bisherigen § 155 waren irrtümlich aus dem § 147 Abs. 1 Entw., der sich auf die Leistungen der Krankenkasse und der Pensionskasse bezog, übernommen worden. Sie sind jetzt gestrichen worden. Der Vorbehalt zu Gunsten der §§ 80 und 156 ist mit Rücksicht auf die veränderte Rechtslage in Wegfall gekommen.

4) Die Ausschüsse nach § 180 sind auf Grund des § 169 aus 2 Vertretern der Arbeitgeber und 3 Vertretern der Versicherten zusammenzusetzen. Sie sind demnach stärker besetzt als die KOVAe., die je aus einem unparteiischen Vorsitzenden, einem Vertreter der Arbeitgeber und einem Vertreter der Arbeitnehmer bestehen, und die Versichertenvertreter haben in den Ausschüssen die ausschlaggebende Stellung.

5) Ueber die rechtliche Bedeutung der Entscheidungen des Ausschusses über Gewährung oder Entziehung der JP. (früher § 156) hatte das frühere Preußische Oberschieds-

gericht in Knappschaftsangelegenheiten folgende grundsätzliche Entscheidungen getroffen:

a) Die Entscheidungen sind wie Urteile der ordentlichen Gerichte erster Instanz in bürgerlichen Rechtsstreitigkeiten mit dem Rechtsmittel der Berufung anfechtbar, werden aber wie diese ohne die rechtzeitig erfolgte Anfechtung rechtskräftig. Sie stehen auch in ihrer sachlichen Bedeutung den Urteilen der ordentlichen Gerichte erster Instanz gleich. (E. d. OSchG. i. K. vom 25. Mai 1910 — RL 197/09 — Z. f. B. 52 S. 150, Kompaß 1910 S. 197, und vom 15. Nov. 1911 — RL 230/11 — Kompaß 1912 S. 18.)

b) Die Entscheidungen sind „relativ rechtskräftig", d. h. die Vereinsorgane sind nicht befugt, ihre Bescheide über die unter § 56 Abs. 2 des Preuß. KnG. fallenden Angelegenheiten nach ihrer Bekanntgabe an die Beteiligten noch einseitig zu deren Nachteil zu ändern. Eine solche Aenderung ist auch dann unzulässig, wenn die Rechtsmittelfrist noch nicht verstrichen ist. Es gilt also der gleiche Rechtszustand wie für die Feststellungsbescheide der Unfallberufsgenossenschaften. (E. d. OSchG. i. K. vom 15. Nov. 1911 — RL 230/11 — Kompaß 1912 S. 19 und Handbuch der Unfallversicherung Bd. 1 S. 496 Anm. 1.)

c) Ist über einen Pensionsanspruch durch rechtskräftigen Bescheid entschieden, so kann das betreffende Mitglied nicht verlangen, daß die Pension aufs neue festgestellt werde, weil bei Erlassung des Bescheides ein Teil der Dienstzeit nicht berücksichtigt worden sei. Denn der Pensionsanspruch ist ein einheitlicher: dem Grunde nach wird er erzeugt durch die Tatsachen der Mitgliedschaft und die Bergfertigkeit, dem Umfange (Betrage) nach durch das Dienstalter. (E. d. OSchG. i. K. vom 25. Mai 1910 — RL 197/09 —, Z. f. B. 52 S. 150 Kompaß 1910 S. 197.) Abweichend jetzt § 97 Abs. 2.

Bei der weittragenden Bedeutung der Entscheidungen des Ausschusses ist die Zusammensetzung aus 3 Vertretern der Versicherten und 2 Vertretern der Arbeitgeber nicht ohne Bedenken. Jedenfalls findet sich in der bisherigen Gesetzgebung

— man denke außer an die Spruchbehörden der Reichsversicherung an die Sondergerichte mit Laienbeisitzern, an Tarifliche Schiedsgerichte und dergl. — kein Vorgang für die Bildung rechtsprechender Stellen derart, daß die der rechtsuchenden Partei nahestehenden Mitglieder dieser Stellen von vornherein das Uebergewicht haben.

6) Diese aus dem alten G. übernommene Bestimmung, die sich auf den früher paritätisch zusammengesetzten Ausschuß bezog, hat kaum mehr Bedeutung. Sie kann nur zur Anwendung kommen, wenn einer der Versichertenvertreter fehlen sollte und die Arbeitgeber trotz nicht ordnungsmäßiger Besetzung der anderen Seite auf Abstimmung bestehen.

7) Ueber die Rechtsmittel gegen den Bescheid des Ausschusses (§§ 192 bis 194) vgl. § 195.

§ 194 [1]) (157).

Streit über das Versicherungsverhältnis oder die Beiträge zur Kranken- oder zur Pensionsversicherung entscheidet die Verwaltung [2]) der Bezirksknappschaft oder der besonderen Krankenkasse. Die Vorschriften des § 193 Abs. 2, 3 gelten entsprechend. [3]) [4])

§ 149 Entw., Art. 11 a Entw. der Nov.

1) Der § 194 entspricht dem § 157 RKG. nur daß entsprechend dem Vorschlage des Regierungsentwurfes (Art. 11 a) das Wort „Pensionskasse" durch das Wort „Pensionsversicherung" ersetzt und Satz 2 anders gefaßt ist." (Bericht S. 47 und 146.)

2) Die erste Entscheidung über die hier bezeichneten Streitfälle gebührt also der Verwaltung; gegen diese Entscheidung ist die Anrufung des in § 193 Abs. 2 bezeichneten Ausschusses zulässig.

3) Handelt es sich um die Frage der Zugehörigkeit eines Versicherten zur Angestelltenabteilung oder zur Arbeiterabteilung der PK., so war nach bisherigem Recht nicht der § 157, sondern der § 161 RKG. anzuwenden. Denn im letzteren Falle ist nach § 20 RKG. a. F. notwendig auch die Angestelltenversicherungspflicht

streitig, und es kann, da es sich im Grund um diese handelt, gemäß § 161 Abs. 2 RGK. nicht das Verfahren nach §§ 157 ff. a. a. O., sondern nur das in § 161 Abs. 2 a. a. O. vorgesehene Verfahren Platz greifen. Daß dies der Wille des Gesetzgebers gewesen ist, ergibt sich auch aus der Erwägung, daß § 161 Abs. 2 a. a. O. offensichtlich in der Absicht eingefügt worden ist, die Rechtsprechung über die Fragen der Angestelltenversicherung und insbesondere der Angestellteneigenschaft auch insoweit möglichst einheitlich zu gestalten. Entsch. des RVA. KnSenat vom 25. März 1926 in Sachen S. gegen B., II a Kn. 599/25 [5], A. N. des RVA. 1926 S. 260 Nr. 295. — Da der § 161 RKG. durch die Novelle in Wegfall gebracht ist, hat die vorstehende Entscheidung nur noch nach der grundsätzlichen Seite Bedeutung. Nach neuem Recht ist Streit über die Zugehörigkeit zur Arb.PK. oder Ang.PK. nach § 194 zu entscheiden.

4) Daraus, daß Abs. 3 des § 193 mit angezogen ist, ergibt sich, daß auch in den Fällen des § 194 die Anrufung des Ausschusses an die im § 193 Abs. 3 bezeichnete Ausschlußfrist von 1 Monat gebunden ist, worüber nach der bisherigen Fassung des § 157 Satz 2 Zweifel bestehen konnten.

§ 195 [1]) (158).

(Abs. 1.) Gegen den Bescheid des Ausschusses [2]) (§§ 192 bis 194) ist binnen einem Monat nach seiner Zustellung Berufung beim Knappschaftsoberversicherungsamt und gegen dessen Urteil mit den Beschränkungen nach Abs. 2 in derselben Frist die Revision beim Reichsversicherungsamte zulässig. [3/4])

(Abs. 2.) Für das Verfahren vor dem Knappschaftsoberversicherungsamt und vor dem Reichsversicherungsamte gelten die Vorschriften des Sechsten Buches der Reichsversicherungsordnung und deren sonstige Vorschriften über das Verfahren, soweit sie die Feststellung der Leistungen betreffen oder mitbetreffen. Ebenso gelten die Vorschriften über Wiederaufnahme des Verfahrens.[5])

§ 150 Entw.

1) „Für die Zulässigkeit der Berufung und Revision in Sachen der KrV. sind schlechthin die Vorschriften der RVO. übernommen. Demgemäß findet gegen die Entscheidungen des Ausschusses wie gegen Urteile des VA. nach §§ 1675 ff. die Berufung an das OVA. (Spruchkammer) und gegen die Urteile der Spruchkammer Revision an das RVA. nach § 1694 statt, soweit nicht nach § 1695 die Revision ausgeschlossen ist. Der gleiche Instanzenzug ist für die PV. vorgesehen, jedoch ohne Beschränkung hinsichtlich der Zulässigkeit der Revision." (Begr. zum RKG. S. 75.)

2) Also nur des Ausschusses; gegen die Bescheide der Verwaltung ist eine Berufung nicht gegeben. (Entsch. des RVA. Kn.-Sen. vom 23. April 1925 II a Kn 31, 25.)

3) Die Einlegung eines Rechtsmittels gegen eine Entscheidung lediglich zu dem Zwecke, einen im ersten Rechtswege nicht geltend gemachten Anspruchsteil im Wege neuer Anträge durchzusetzen, ist nach feststehender Rechtsübung nicht zulässig. (Vgl. Entsch. des RVA. 1056, Amtl. Nachr. 1903 S. 391). Diesen Standpunkt hat auch der Kn.-Sen. des RVA. in der Entscheidung vom 5. März 1925 (IIa Kn. 17/25) beibehalten (Z. f. B. Bd. 66 S. 535, Kompaß 1925 S. 119.)

4. „Auf das Verfahren in der Berufungs- und Revisionsinstanz finden sämtliche einschlägige Vorschriften der RVO. Anwendung. Abweichend von dem bisherigen Rechtszustande ist nunmehr auch die Möglichkeit gegeben, in nicht revisiblen Sachen der KrV. auf Grund des § 1693 der RVO. eine grundsätzliche Entscheidung des RVA. herbeizuführen. Auch die Vorschriften der RVO. (§§ 1717 ff.) über die Verweisung von Streitsachen an den Großen Senat finden Anwendung." (Begr. RKG. S. 75.)

5) §§ 1722 bis 1734 RVO.

§ 196 [1]/[2]) (159).

(Abs. 1.) Für Personen, die einen gesetzlichen Vertreter haben, wird der Bescheid vorbehaltlich der Vorschrift des Abs. 2 dem Vertreter zugestellt.

(Abs. 2.) Betreibt ein Minderjähriger, der das sechzehnte Lebensjahr vollendet hat, das Verfahren selbständig, so wird ihm der Bescheid zugestellt; der gesetzliche Vertreter erhält eine Abschrift des Bescheids. Betreibt dieser das Verfahren, so erhält er den Bescheid zugestellt; der Minderjährige erhält eine Abschrift des Bescheids.

(Abs. 3.) Für Personen, die durch einen Bevollmächtigten vertreten werden, wird diesem der Bescheid zugestellt.

(Abs. 4.) Sind mehrere Vertreter derselben Person vorhanden, so genügt die Zustellung oder Mitteilung einer Abschrift des zuzustellenden Schriftstücks (Abs. 2) an einen von diesen.

1) Der § 196 ist bei den Beratungen des RKG. vom Sozialpolitischen Ausschuß des RT. eingefügt worden. Es erschien notwendig,, besondere Vorschriften über die Zustellung des Bescheides zu treffen. Diese Vorschriften sind dem Ges. über Regelung des Verfahrens in Versorgungsangelegenheiten entnommen, jedoch mit der aus Abs. 2 ersichtlichen Aenderung (Ber. RKG. S. 43, 44).

2) Die Vorschriften des § 196 gelten nur für diejenigen Bescheide, die nach Maßgabe der Bestimmungen der §§ 192 bis 194 in KrK.- und PKAngelegenheiten erteilt werden. Es folgt dies aus der Stellung des § 196, aber auch daraus, daß in den Verhandlungen des Sozialpolitischen Ausschusses die Einfügung von besonderen Bestimmungen dieser Art zunächst nur für die Angelegenheiten der Krankenversicherung beantragt worden

ist (Ber. 1923 S. 43). Die gleiche Folgerung ergibt sich daraus, daß nach § 197 für die JVers. die Vorschriften der RVO., also einschließlich der Vorschriften über die Rechtsstellung der Minderjährigen, gelten. Der § 196 bedeutet also eine Besonderheit für die KrV. und PV.

§ 197 (160).

(Abs. 1.) Für die Feststellung der Leistungen der Invalidenversicherung einschließlich der Rechtsmittel und der Wiederaufnahme des Verfahrens gelten die Vorschriften der Reichsversicherungsordnung entsprechend. Die Vorbereitung und Begutachtung der Anträge nach §§ 1617 ff. der Reichsversicherungsordnung besorgt ein nach § 180 bestellter Ausschuß, die Feststellung der Leistungen nach § 1630 der Reichsversicherungsordnung die Verwaltung der Bezirksknappschaft. 1/2)

(Abs. 2.) Für die Entscheidung von Streit über das Versicherungsverhältnis oder die Beiträge zur Invalidenversicherung gelten die Vorschriften der §§ 1459 bis 1464 der Reichsversicherungsordnung entsprechend. An die Stelle des Versicherungsamts tritt ein nach § 180 bestellter Ausschuß, an die Stelle des Oberversicherungsamts das Knappschaftsoberversicherungsamt. 3)

§ 152 Entw.

1) „Für die Feststellung der Leistungen der JVers. gelten nach dem Entw. die Vorschriften der RVO. Die Vorbereitung der Anträge nach §§ 1617 ff. ist jedoch einem nach § 143 (jetzt § 180) zu bestellenden Ausschuß — an Stelle des VA. — übertragen und damit die auf Grund des § 112 in Verbindung mit § 1628 der RVO. bei einem großen Teil der KnV., namentlich den Sonderanstalten, schon jetzt bestehende und bewährte Einrichtung zur allgemeinen Vorschrift erhoben. Da die Stelle, die das Gutachten nach § 1623 abgibt, von der die Leistung festsetzenden Stelle ver-

schieden sein muß, ist die Feststellung der Leistungen der Verwaltung der BezKV. übertragen, der mithin für die JVers. die gleiche Aufgabe zufällt wie nach § 1630 dem Vorstande der LVAnstalt." (Begr. zum RKG. S. 76.)

2) An Stelle des Versicherungsamtes tritt also bei der Vorbereitung und Begutachtung der Anträge (§§ 1617 bis 1619, 1621, 1622, 1624 bis 1629 RVO.) der Ausschuß, an Stelle des Vorstandes der Versicherungsanstalt bei der Feststellung der Leistungen (§§ 1630 bis 1634 RVO.) die Verwaltung. Wegen der Rechtsmittel und des dabei zu beobachtenden Verfahrens gelten die Vorschriften der §§ 1675 ff., 1694 bis 1698, 1707 bis 1721 RVO. mit den sich aus §§ 199 ff. ergebenden Maßgaben; außerdem die Verordnungen über Geschäftsgang und Verfahren a) der VAe., vom 24. Dez. 1911, RGBl. S. 1107, b) der OVAe., vom 24. Dez. 1911, RGBl. S. 1085, c) des RVA., vom 24. Dez. 1911, RGBl. S. 1083. (Zu vgl. auch das G. vom 13. Juli 1923 über Aenderung des AVG. und der RVO., RGBl. I S. 636, Art. L I und VO. über Vereinfachungen in der Sozialvers. vom 30. 9. 23 RGBl. I S. 1057 A Art. V Nr. 3.)

3) Die Vorschrift des Abs. 2 hat ihre jetzige Fassung durch den Sozialpolitischen Ausschuß des RT. (1923) erhalten. Dadurch sind die Vorschriften der §§ 1459 bis 1464 RVO. nicht nur auf die Streitigkeiten über Beiträge, sondern auch für solche über das Versicherungsverhältnis mit der aus dem Texte ersichtlichen Maßgabe für entsprechend geltend erklärt worden (Ber. 1923 S. 44).

§ 198 (162).

(Abs. 1.) Ueber den Anspruch auf Leistungen ist ein schriftlicher Bescheid zu erteilen, der im Falle der Anerkennung die Höhe und Art der Berechnung ersehen läßt, im Falle der Ablehnung zu begründen ist.[1])

(Abs. 2.) Jeder Bescheid muß einen Vermerk darüber enthalten, wie er angefochten werden kann.[2])

§ 153 Entw.

1) Zu vgl. §§ 1583, 1631 RVO., § 249 AVG.

2) Zu vgl. § 1590 RVO.

§ 199 [1]) (163).

(Abs. 1.) Für den Bereich einer Bezirksknappschaft oder mehrerer Bezirksknappschaften werden Knappschaftsoberversicherungsämter nach den Vorschriften der Reichsversicherungsordnung über besondere Oberversicherungsämter gebildet. Die Arbeitgeberbeisitzer werden von den Arbeitgebervertretern, die Versichertenbeisitzer von den Versichertenvertretern in den Vorständen der Bezirksknappschaften nach den Grundsätzen der Verhältniswahl gewählt.

(Abs. 2.) Der Reichsarbeitsminister bestimmt Zahl, Sitz und Bezirk der Knappschaftsoberversicherungsämter sowie Näheres über die Wahl der Beisitzer. ²/³

§ 154 Entw.

1) „Wegen der Gründe, aus denen die RVO. die Errichtung besonderer OVAe. für bergbauliche Betriebe zugelassen hat, wird auf die allgemeine Begründung zum ersten Buche der RVO. (S. 33) und die besondere Begründung zu § 76 des Entw. S. 57 sowie namentlich auf den Kommissionsbericht Nr. 946 der Drucksachen des Reichstags, 12. Leg.-Periode 2. Session 1909 bis 1911 S. 155 bis 157, verwiesen. In Preußen sind auf Grund des § 63 der RVO. für die Betriebe der von den Oberbergämtern Halle, Clausthal, Dortmund und Bonn beaufsichtigten KnV. besondere OVAe. unter der Bezeichnung „Knappschaftsoberversicherungsämter“ in Angliederung an die genannten Oberbergämter errichtet. Demnach bestehen für sämtliche preuß. KnV., mit Ausnahme der schlesischen, KOVAe. Diesen ist auf Grund der RVO. die Erledigung aller in Sachen der UV. und der JVers. den OVAe. obliegenden Aufgaben und auf Grund des § 80 des Preuß. KnG. die schiedsgerichtliche Entscheidung der

ten. Streitigkeiten übertragen worden. KOVAe. oder „knappschaftliche Oberversicherungsämter“ mit ähnlicher Zuständigkeit bestehen in Sachsen, Bayern und anderen Ländern. Die Zusammenfassung der Rechtsprechung für sämtliche Versicherungszweige bei den KOVAe. hat sich nach allgemeinem Urteil bewährt. Der Entw. schreibt deshalb jetzt allgemein ihre Einrichtung nach den Vorschriften der RVO. über besondere OVAe. vor. Dabei regelt er die Wahl der Arbeitgeberbeisitzer in grundsätzlicher Uebereinstimmung mit § 75 Abs. 1 der RVO. dahin, daß sie von den Arbeitgebervorstandsmitgliedern des RKV. zu wählen sind. Dagegen sollen die Versichertenbeisitzer von den Aeltesten in den Vorständen der bei einem KOVA. beteiligten BezKV. gewählt werden. Darin liegt eine Abweichung von § 75 Abs. 2 der RVO., wo die Wahl der Versichertenbeisitzer durch sämtliche Knappschaftsältesten vorgesehen ist; die Vorschrift des § 75 Abs. 2 über die Verhältniswahl bleibt dagegen unberührt. Das Nähere über die Wahl der Beisitzer bestimmt der RAM., der auch Zahl, Sitz und Bezirke der KOVAe. festsetzt. Für ihre Errichtung gelten im übigen die allgemeinen Vorschriften der RVO. Sie können demnach an höhere Reichs- oder Staatsbehörden angegliedert oder als selbständige Behörde errichtet werden (vgl. § 64 a. a. O.).“ (Begr. RKG. S. 76/77.).

Nachdem zu den vorstehend benannten Preußischen KOVAe. noch das KOVA. zu Breslau getreten war (Bek. des M. f. H. u. G. vom 27. Dezember 1923 Z. f. B. Bd. 65 S. 116 und Kompaß 1924, S. 23), hat der RAM. die in Anm. 2 wiedergegebene Bekanntmachung erlassen.

2) Die Bekanntmachung des RAM. vom 7. 1. 24 (Deutscher Reichsanzeiger Nr. 23 vom 28. Januar 1924, abgedruckt bei Thielmann S. 55) bestimmt folgendes:

Auf Grund des § 163 Abs. 2 des RKG. vom 23. Juni 23 (RGBl. I S. 431) habe ich bestimmt, daß die nachstehend in ihren Bezirken bezeichneten Knappschaftsversicherungsämter die Geschäfte der höheren Spruch- und Beschlußbehörden für die Versicherungsleistungen nach dem RKG. wahrnehmen.

Knappschafts-oberversicherungsamt in:	Der Bezirk des Knappschaftsversicherungsamts erstreckt sich auf die
Bonn	Aachener Knappschaft, Niederrheinische Knappschaft, Brühler Knappschaft,
Dortmund	Ruhrknappschaft, Siegerländer Knappschaft,
Clausthal	Hannoversche Knappschaft, Thüringische Knappschaft,
Halle	Halberstädter Knappschaft, Mansfelder Knappschaft, Hallesche Knappschaft, Brandenburgische Knappschaft,
Breslau	Niederschlesische Knappschaft, Oberschlesische Knappschaft,
München	Süddeutsche Knappschaft,
Freiberg	Sächsische Knappschaft,
Darmstadt	Gießener Knappschaft,

Diese Bekanntmachung hat durch Erlaß des RAM. vom 16. Febr. 1924 (Deutscher Reichsanzeiger Nr. 51 v. 29. Februar 1924, abgedruckt bei Thielmann S. 55) insofern eine Abänderung erfahren, als der Bezirk Bonn auf die Siegerländer Knappschaft ausgedehnt und entsprechend der Bezirk Dortmund auf die Ruhrknappschaft beschränkt ist.

Im Anschluß an diese Bekanntmachung hat der M. f. H. u. G. für die Preußischen KnOV.-Aemter die Bekanntmachung vom 22. Januar, 26. Februar 1924 erlassen. (Z. f. B. Bd. 65 S. 116, Kompaß 1924 S. 30).

3) Außerdem hat der RAM. auf Grund des § 163 Abs. 2

RKG. unterm 22. Dez. 1923 eine Wahlordnung für die Wahl der Beisitzer der KnOV.-Aemter erlassen. (Deutscher Reichsanzeiger Nr. 297, Z. f. B. Bd. 65 S. 527, Kompaß 1924 S. 20.)

§ 200 [1/2]) (164).

Die Knappschaftsoberversicherungsämter nehmen nach diesem Gesetze und der Reichsversicherungsordnung die Geschäfte der höheren Spruch- und Beschlußbehörde für die Versicherungsleistungen nach diesem Gesetze wahr. Näheres bestimmt der Reichsarbeitsminister.[3])

§ 155 Entw., Art. 11 d Entw. d Nov.

1) Der § 200 entspricht dem § 164 des RKG., es sind jedoch infolge der veränderten Regelung der Angestelltenversicherung gemäß dem Vorschlag des Entwurfs (Art. 11 d) die Worte „und dem Angestelltenversicherungsgesetz" gestrichen worden (Ber. 97 und 146).

2) Hier ist die sachliche Zuständigkeit der KOVAe. geregelt, soweit die Vers. nach dem RKG. in Betracht kommt. Für die KrV., die PV. der Arbeiter und Angestellten sowie für die JVers. haben die KOVAe. sämtliche Aufgaben, deren Erledigung im Spruchverfahren oder Beschlußverfahren den OVAe. obliegt. Nähere Bestimmungen über die Zuständigkeit sind dem RAM. vorbehalten. Diese werden sich z. B. darauf zu erstrecken haben, ob die KOVAe. an Stelle der allgemeinen OVAe. auch entscheiden sollen bei Streit über Ersatzansprüche zwischen der Rkn. als Trägerin der KrV. und anderen gesetzlichen KrK. (vgl. §§ 219, 220, 222, 224, 1775 der RVO.) oder über Ansprüche der Rkn. gegen eine Gemeinde oder einen Träger der Armenfürsorge (vgl. §§ 1531 bis 1533 der RVO.). Ferner wird hinsichtlich des Personenkreises zu bestimmen sein, ob die Zuständigkeit der KOVAe. für Ansprüche aus der JVers. auch dann begründet ist, wenn der Antragsteller bei Geltendmachung des Anspruchs oder bei Einlegung der Berufung nicht mehr im Bezirk des KOVA. wohnt oder beschäftigt ist. Zur Vermeidung von Zweifeln, wie sie in dieser Richtung hervorgetreten sind

(vgl. z. B. wegen der Zuständigkeit bei Streit mit Armenverbänden Revisionsentscheidung des RVA. vom 17. Mai 1915, AN. S. 548 Ziff. 2033), wird es sich empfehlen, die Zuständigkeit in ähnlicher Weise genau zu umgrenzen, wie dies für die preuß. KOVAe. auf Grund des § 61 Abs. 2 der RVO. durch Erlasse des Preußischen Ministers für Handel und Gewerbe vom 13./23. Dez. 1913 (HMBl. 1913 S. 647, 1914 S. 12) geschehen ist.

Die Zuständigkeit der KOVAe. auf dem Gebiete der UV. ist nicht durch das RKG. zu regeln. Hierfür bewendet es bei den Vorschriften der RVO. und den bisher getroffenen Anordnungen der obersten Verwaltungsbehörde.

3) Hierzu ist die folgende Verordnung des RAM. vom 8. Dez. 1923 (RGBl. S. 1184) ergangen:

„Auf Grund des § 164 RKG. vom 23. Juli 1923 wird verordnet:

§ 1.

Für den Geschäftsgang und das Verfahren der Knappschaftsversicherungsämter gelten die Vorschriften der Verordnung über Geschäftsgang und Verfahren der Oberversicherungsämter vom 24. Juli 1911 (RGBl. S. 1095) entsprechend. In Streitsachen aus der AV. sind die Bestimmungen der §§ 3—9 der Verfahrensordnung für die Kammern der AV. vom 31. Dez. 1922 (RGBl. S. 959) entsprechend anzuwenden.

§ 2.

Diese Verordnung tritt mit dem 1. Januar 1924 in Kraft." (Z. f. B. Bd. 65 S. 52).

Die in § 1 dieser Verordnung angezogenen Bestimmungen sind abgedruckt bei Thielmann S. 109 und 116.

§ 201 [1]) (165).

Die Kosten der Knappschaftsoberversicherungsämter trägt das Land, worin der Sitz ist. Dieses erhält die Kosten von der Reichsknappschaft und sonst beteiligten Versicherungsträgern erstattet. Die Reichsknappschaft verteilt ihren Anteil an den Kosten auf die Bezirksknappschaften und besonderen Krankenkassen. Näheres bestimmt der Reichsarbeitsminister.[2])

§ 156 Entw.

1) „Aus den allgemeinen Vorschriften der RVO. folgt, daß die Länder die Kosten der Einrichtung und Unterhaltung der KOVAe. zu tragen haben, daß sie aber ihre sämtlichen Aufwendungen nach Abzug der zur Landeskasse fließenden Einnahmen von den beteiligten VersTrägern erstattet erhalten. Erstreckt sich ein KOVA. über Gebiete mehrerer Länder, so erscheint zweckmäßig, daß das Land des Sitzes die Kosten übernimmt, vorbehaltlich der Erstattung. Neben dem RKV. kommen als beteiligte VersTräger die Berufsgenossenschaften in Betracht, die auch fernerhin nach den bestehenden Vorschriften (vgl. für Preußen Erl. des Ministers für Handel und Gewerbe vom 29. Dez. 1913, betr. Kosten der KOVAe., HMBl. 1914 S. 13) zur Kostentragung heranzuziehen sind. Der auf den RKV. entfallende Kostenanteil wird nach einem vom Reichsknappschaftsvorstand aufzustellenden geeigneten Maßstabe, etwa nach dem Verhältnis der Beteiligung an der Gesamtzahl der von dem KOVA. in einem Geschäftsjahr erledigten Spruch- und Beschlußsachen, auf die BezKV. und bes. KrK. umzulegen sein." (Begr. zum RKG. S. 77.)

2) Vgl. hierzu die Verordnung des RAM. vom 30. Januar 1924 (RGBl. 1924 I S. 41) über die Tragung der Kosten der Knappschaftsoberversicherungsämter (Z. f. B. Bd. 65 S. 173 und Kompaß 1924 S. 38) und die Bestimmungen des Preuß. M. f. H. u. G. vom 4. April 1924 über die Gerichtshaltungskosten der Preußischen Knappschaftsoberversicherungsämter (Z. f. B. Bd. 65 S. 226).

§ 202 [1]) (166).

(Abs. 1.) Das Reichsversicherungsamt nimmt nach diesem Gesetze und der Reichsversicherungsordnung die Geschäfte der obersten Spruch- und Beschlußbehörde

30*

für die Versicherungsleistungen nach diesem Gesetze wahr.[2])

(Abs. 2.) Für die Aufgaben der knappschaftlichen Versicherung werden bei dem Reichsversicherungsamte Knappschaftssenate[3]) gebildet. Die Senatspräsidenten sollen in der Regel besondere Kenntnisse und Erfahrung auf dem Gebiete des Bergwesens und der knappschaftlichen Versicherung besitzen. Vertreter der Arbeitgeber und der Versicherten im Knappschaftssenat können nur Personen sein, die nach § 149 wählbar sind;[4]) dabei sollen als Versichertenvertreter in Arbeitersachen Vertreter der Arbeiter, in Angestelltensachen Vertreter der Angestellten berufen werden.

(Abs. 3.) Die Kosten der Knappschaftssenate werden dem Reiche von der Reichsknappschaft nach Grundsätzen erstattet, welche die Reichsregierung nach Anhörung des Reichsrats und der Reichsknappschaft festsetzt.[5]) Je am Ende des Kalendervierteljahrs hat die Reichsknappschaft angemessene Abschlagszahlungen zu leisten. Die Vorschrift des § 201 Satz 3 gilt entsprechend.

§ 157 Entw., Art. 11 d u. e des Entw. der Nov.

1) Der § 202 entspricht dem § 166 RKG., hat jedoch in seinem Abs. 2 wesentliche Aenderungen gegen früher erfahren. Sie beruhen auf dem Entwurf der Nov. (Art. 11 e) und den Beschlüssen erster und zweiter Lesung des Soz.-Pol. Ausschusses (Ber. S. 97 und 147).

2) Danach gehört zur Zuständigkeit des RVA. die Rechtsprechung höchster Instanz für sämtliche der Rkn. obliegenden Vers.-Leistungen. „Damit erwächst dem schon ohnehin stark belasteten RVA. eine weitere Aufgabe. Eine übermäßige Belastung der vorhandenen Senate muß vermieden werden. Außerdem ist zu erwägen, daß für eine sachgemäße Entscheidung gerade

der kn. PKStreitigkeiten eine genaue Kenntnis bergbaulicher Verhältnisse und bergmännischer Verrichtungen notwendig ist; nur wer die an einen Bergmann unter Tage oder über Tage zu stellenden Anforderungen kennt, wird den Eintritt von Berufsunfähigkeit im gesetzlichen Sinne zutreffend beurteilen können. In Weiterentwickelung des schon von der RVO. anerkannten Gedankens, daß die Schaffung besonderer Spruchstellen für die VersAngelegenheiten der Bergarbeiter notwendig und nützlich ist, sieht der Entw. deshalb die Bildung eines besonderen Senats beim RVA. (Knappschaftssenat) vor, der mit sachkundigen Personen zu besetzen ist. Der besondere Senat wird sowohl Spruchsachen wie Beschlußsachen (vgl. z. B. § 181 Abs. 2 des Entw.) zu erledigen haben." (Begr. RKG. S. 77/78.) Wegen des Geschäftsganges und des Verfahrens des RVA. vgl. Verordnung vom $\frac{\text{24. Dezember 1911 (RGBl. 1083)}}{\text{14. Dezember 1923 (RGBl. I S. 1199)}}$ (abgedr. bei Thielmann S. 121.)

3) Zu der Bildung mehrerer Knappschaftssenate bemerkt die Begr. der Nov. auf S. 67 Folgendes:

> „Durch die Vorschrift unter c wird die Errichtung weiterer Knappschaftssenate ermöglicht, da die Zahl der bestehenden Knappschaftssenate auf die Dauer nicht ausreichen wird, um die Streitsachen aus der knappschaftlichen Versicherung zu erledigen. Es ist zu erwarten, daß beim Inkrafttreten der Uebergangsvorschriften des Artikel 13 ein starkes Anwachsen der Streitsachen eintreten wird."

4) Die Worte: „nach § 149 wählbar sind," sind an Stelle der früheren Worte: „Angehörige knappschaftlicher Betriebe" getreten. Die Vertreter der Arbeitgeber und der Versicherten im Knappschaftssenate müssen deshalb den in § 149 aufgestellten Erfordernissen genügen.

5) Die Vorschrift des Abs. 3, daß die Rkn. die Kosten des RVA. zu tragen hat, beruht auf dem Gedanken, daß die zur

Durchführung der kn. Sonderversicherung erforderlichen Mittel von dieser aufgebracht werden müssen.

§ 203 [1]) (167).

Die Angehörigen knappschaftlicher Betriebe (§ 202) [2]) werden in getrennter Wahl von den Vertretern der Arbeitgeber und der Versicherten [3]) im Vorstand der Reichsknappschaft nach den Grundsätzen der Verhältniswahl gewählt. Der Reichsarbeitsminister bestimmt Näheres. [4])

§ 159 Entw.

1) Hierzu bemerkte die Begr. zum RKG.:

„Die zu den Sitzungen des Knappschaftssenates oder des OSchG. zuzuziehenden sachkundigen Beisitzer werden zweckmäßig von den Vertretern der Arbeitgeber und den Aeltesten im Vorstande des RKV. gewählt, da die allgemeinen Vorschriften der §§ 89 ff. der RVO., § 143 des AVG. naturgemäß keine Anwendung finden können. Die Vertreter der Arbeitgeber und Versicherten beim RVA. werden als Stellvertreter der nichtständigen Mitglieder des RVA. im Sinne des § 87 Abs. 2 der RVO. zu wählen sein. Im übrigen sind die Einzelheiten der Wahl und des Wahlverfahrens der Bestimmung des RAM. vorbehalten." (Begr. zum RKG. S. 78.)

2) Hier sind die im § 202 gestrichenen Worte: „Die Angehörigen knappschaftlicher Betriebe" nicht in gleicher Weise ersetzt worden, wie in § 202. Das ist jedenfalls ein Redaktionsfehler; was das Gesetz meint, ist trotz dieses Fehlers zu erkennen.

3) An Stelle der „Aeltesten" im § 159 Entw. sind hier, wie auch sonst, die „Vertreter der Versicherten" getreten; die Verhältniswahl ist auch hier vorgeschrieben worden (Ber. zum RKG. S. 75).

4) Vgl. die Wahlordnung für die Wahl der Beisitzer des Knappschaftssenats vom 5. Januar 1924 (Reichsanzeiger vom 9. Januar 1924, Z. f. B. Bd. 65 S. 55, abgedr. auch bei Thielmann S. 118 ff.).

Zwölfter Abschnitt.

Verhältnis zu Aerzten, Zahnärzten, Krankenhäusern und Apotheken.

Vorbemerkung.

Das RKG. a. F. enthielt über das Verhältnis der Rkn. zu Aerzten usw. nur die kurze Vorschrift des § 18. Durch die Nov. ist diese Vorschrift erweitert, außerdem sind neue Vorschriften über Schiedsstellen aufgenommen. Der RT.Ausschuß hat es deshalb entsprechend einem in zweiter Lesung gestellten Antrage (Ber. S. 112) für zweckmäßig erachtet, aus den Vorschriften über das Verhältnis zu den Aerzten einen besonderen Abschnitt zu bilden und diesen an eine andere Stelle des Ges. hinter den Abschnitt über die Feststellung der Leistungen zu bringen.

Ueber das Verhältnis der Rkn. zu Aerzten usw. enthielt die Begr. des RKG. S. 42 folgende allgemeine Ausführungen, die auch heute noch von Bedeutung sind: „Da der RKV. sich nicht auf die KrV. beschränkt, sondern auch Träger der PV., der JV. und der AV. wird, ist von einer gesetzlichen Regelung des Verhältnisses zu den Aerzten, die als Pensionskassenärzte und Vertrauensärzte für die übrigen Versicherungszweige über besondere Kenntnisse und Erfahrungen verfügen müssen, ebenso abzusehen, wie sich die RVO. und das AVG. einer Regelung des Verhältnisses der Aerzte zu den Trägern der JV. und der AV. enthalten haben. Zudem steht eine grundsätzliche Aenderung der Vorschriften der RVO. über das Verhältnis zu den Aerzten usw. bevor. Ob diese Vorschriften den besonderen Verhältnissen des Knappschaftswesens Rechnung tragen werden, läßt sich noch nicht übersehen. Es erscheint deshalb notwendig, von einer Bezugnahme auf die Vorschriften der RVO. abzusehen und die Regelung des Verhältnisses zu Aerzten, Zahnärzten, Krankenhäusern und Apotheken dem RKV. vorzubehalten, der hierbei die besonderen innerhalb der BezKV. bestehenden Verhältnisse zu berücksichtigen haben wird." Die in der damaligen Begr. vorausgesehenen Aenderungen der RVO. sind inzwischen ergangen. Während bei Erlaß der RVO. von der Schaffung von Schiedseinrichtungen zwischen KrK. und Aerzten abgesehen war, sind solche Einrichtungen durch das sog. Berliner Abkommen getroffen, das zwischen den Organisationen der KrK. und Aerzte unter dem 23. 12. 1913 auf die Dauer von 10 Jahren abgeschlossen ist. Da eine Verständigung über Verlängerung dieses Abkommens im Jahre 1923 nicht erzielt wurde, hat die Gesetzgebung eingegriffen und im § 18 der Ver. über Aerzte und KrK. vom 30. Oktober 1923 (RGBl. I S. 1051) bestimmt, daß die Vorschriften des Berliner Abkommens weitergelten. Damit sind die durch das Abkommen geschaffenen Einrichtungen: Reichsausschuß für Aerzte und KrK., Vertragsausschuß im Bezirk jedes Versicherungsamts, Schiedsämter und Reichsschiedsamt in das G. übergegangen (vergl. §§ 368 a bis 368 t RVO.). Die Zuständigkeit dieser Einrichtungen für die Kn. ist mit Rücksicht auf den Inhalt des § 18 RKG. a. F. von Anfang an verneint worden. Auch bei Beratung der Nov. hat man davon abgesehen, die Kn. diesen Einrichtungen zu unterstellen. Der RT.Ausschuß hat es aber, entgegen dem Votum des RWR. (vergl. RT.-Drucksache Nr. 1777 S. 10), für zweckmäßig erachtet, nach dem Vorbilde der §§ 368 l ff. RVO. besondere Schiedsstellen bei den KOVAe. und ein Oberschiedsamt beim RVA. zur Erledigung von Streitigkeiten zwischen der Kn. und den Aerzten zu bilden; diese Schiedsstellen sollen dazu dienen, ein gutes Verhältnis zwischen der Kn. und den Aerzten zu wahren oder, wo ein solches nicht bestehen sollte, herbeizuführen.

Einen großen Raum in den Erörterungen über die Kn.-Nov. hat die Frage der freien Arztwahl eingenommen. Sowohl im Vorl. RWR. als im Ausschuß und im Plenum des RT. sind umfangreiche Anträge gestellt, welche die freie Arztwahl bei der Kn. hauptsächlich mit der Begründung forderten, daß 80 v. H. der versicherten Bevölkerung dem V.-

Zwang unterliegen, und daß durch gesetzliche Einführung der Familienhilfe in der kn. V. rund 2 Millionen Personen (Angehörige der KrK.Mitglieder) der freien ärztlichen Tätigkeit entzogen würden, wodurch die Existenzbasis der Aerzte eine weitere Einschränkung erleide. Die Anträge sind abgelehnt. Bei ihrer Erörterung ist geltend gemacht, daß bei den allgemeinen KrK. (§ 225 RVO.) nach §§ 368, 369 RVO. grundsätzlich alle Arztsysteme gleichberechtigt sind, und daß man durch Einführung der obligatorischen freien Arztwahl die Kn. unter ein Ausnahmerecht stellen würde. Des weiteren ist darauf hingewiesen, daß bei dem gegenwärtigen Ummeldesystem, wonach sich der Versicherte jedes Halbjahr in einem Umkreis von 4 Kilometern einen anderen Arzt wählen kann, in den meist dichtbevölkerten Bergbaubezirken eine genügende Auswahl unter den Aerzten gesichert sei. Als ausschlaggebend für die Ablehnung der Anträge ist aber angesehen, daß die überaus schwierige Frage des Arztsystems nicht im Rahmen eines Sondergesetzes gelöst werden könne, daß vielmehr grundsätzlich die Regelung der kommenden Reform der KrV. vorbehalten bleiben müsse. Dabei ist von verschiedenen Seiten betont, daß mit Ablehnung der zu der Kn.Nov. gestellten Anträge nicht endgültig zur Frage der Einführung oder Nichteinführung der freien Arztwahl überhaupt Stellung genommen werde.

Was die Familienhilfe anbelangt, so hat sich der RT.-Ausschuß auf den Standpunkt gestellt, daß gelegentlich der Einführung dieser Leistung die Zahl der zur Familienbehandlung zugelassenen Aerzte eine angemessene Vermehrung erfahren müsse, und folgende Entschließung angenommen: „die Reichsregierung zu ersuchen, dahin zu wirken, daß die Bezirksknappschaftsvereine und die besonderen Krankenkassen bei der Einführung der Familienhilfe für eine entsprechende Vermehrung der behandelnden Aerzte und besonders für eine genügende Berücksichtigung der Aerzte, die die Familienmitglieder bisher behandelt haben, Sorge tragen." (Vergl. wegen der freien Arztwahl Ber. S. 19 bis 23, S. 112 bis 115; sten. Ber. S. 7388 ff.)

§ 204 (18).

(Abs. 1.) Das Verhältnis zu Aerzten,[1]) Zahnärzten, Zahntechnikern,[2]) Krankenhäusern und Apotheken regelt die Reichsknappschaft nach den örtlichen Verhältnissen der Bezirksknappschaften. Für das Verhältnis zu Apotheken gelten die Vorschriften der §§ 375, 376 der Reichsversicherungsordnung entsprechend.[3])[4])[5])

(Abs. 2.)[6]) Die Vorschriften der §§ 370, 370a, 372, 373 der Reichsversicherungsordnung[7]) gelten entsprechend. An Stelle des Oberversicherungsamts ist die Aufsichtsbehörde,[8]) an Stelle der obersten Verwaltungsbehörde[9]) der Reichsarbeitsminister zuständig.

§ 15 Entw.

1) Vergl. hierzu Vorbemerkung.

2) Das Wort „Zahntechniker" ist bei Beratung des RKG. vom RT.Ausschuß eingefügt (Ber. S. 8). Eine sachliche Aenderung gegenüber dem Entw. bedeutet die Einschaltung nicht, wie sich aus nachstehenden Ausführungen der Begr. RKG. S. 42 ergibt: „Im übrigen schließt sich § 15 (jetzt § 204 Abs. 1) im Wortlaut an die Ueberschrift zu den §§ 368 ff. RVO. an. Aus dem Wortlaut ist nicht zu folgern, daß Zahntechniker nicht zur Behandlung von Zahnkrankheiten zugelassen werden sollten. Die Gewährung ärztlicher Behandlung nach § 182 Nr. 1 in Verbindung mit §§ 122 und 123 RVO. gehört zu den Regelleistungen der KrK., die nach § 14 Abs. 1 des Entwurfs (jetzt § 20) von den BezKV. oder bes. KrK. als Mindestleistungen zu gewähren sind. Die Vorschrift des § 123 RVO., wonach bei Zahnkrankheiten mit Ausschluß der Mund- und Kieferkrankheiten die Behandlung außer durch Zahnärzte mit Zustimmung des Versicherten auch durch Zahntechniker gewährt werden kann, ist deshalb anwendbar, ohne daß dies einer ausdrücklichen Erwähnung bedürfte."

Entsprechend dem § 123 RVO. und den zu dessen Ausführung erlassenen Bestimmungen der obersten Verwaltungsbehörden können nur staatlich geprüfte Zahntechniker zugelassen werden. Die Voraussetzungen der Zulassung sind für Preußen durch Erlaß vom 2. Dezember 1913 (HMBl. S. 638), abgeändert durch Erlaß vom 26. März 1919 (HMBl. S. 133) und Erlaß vom 14. Oktober 1920 (VMBl. S. 369), geregelt. Diese Erlasse gelten für Bezkn. und bes. KrK. mit der Maßgabe, daß, soweit KOVAe. bestehen, deren Vorsitzende für die Entscheidung über die Anerkennung als Zahntechniker im Sinne der RVO. zuständig sind, und daß für die Entscheidung darüber, ob durch Beschränkung auf Zahnärzte die zahnärztliche Versorgung erschwert sein würde, an Stelle des Versicherungsamts das KOVA. tritt, welches von einer Anhörung des Kreisarztes absehen kann.

Nach E. des RVA. vom 24. 8. 23 (AN. S. 272) ersetzen Zahntechniker den Zahnarzt nur dann, wenn sie nach § 123 zur selbständigen Behandlung von Kassenmitgliedern zugelassen sind. Dies ist in Preußen nur der Fall, wenn nach der Entscheidung des OVA. die Voraussetzungen des § 370 RVO. bezüglich der Zahnärzte vorliegen oder wenn die zahnärztliche Versorgung der Kassenmitglieder durch den Mangel an Zahnärzten so erschwert ist, daß die Beschränkung auf die Zahnärzte den berechtigten Anforderungen des Erkrankten nicht entsprechen würde (vergl. Erl. des Preuß. Ministers für Volkswohlfahrt vom 2. 7. 25, VMBl. S. 303).

3) Satz 2 ist bei der Beratung des RKG. vom Plenum des Reichstags eingefügt (Stenogr. Ber. S. 11304) und stellt klar, daß auch die Rkn. gemäß § 375 RVO. Vorzugsbedingungen wegen Lieferung von Arznei und freiverkäuflicher Arzneimittel vereinbaren kann, und daß ferner die Vorschriften des § 376 RVO. über den Abschlag von den Preisen der Arzneitaxe sowie über den sog. Handverkauf gelten. Seit 1905 besteht für das Deutsche Reich eine einheitliche Arzneitaxe. Gegenwärtig gilt die durch Reichsratsbeschluß vom 18. 12. 1924 fest-

gesetzte Deutsche Arzneitaxe 1925, die durch Bekanntmachung des Ministers für Volkswohlfahrt vom 23. 12. 1924 (Deutscher Reichsanzeiger Nr. 303 vom 24. 12. 1924) vom 1. Januar 1925 ab für das Preußische Staatsgebiet in Kraft gesetzt ist und nach Bekanntmachung vom 24. 12. 1925 (Reichsanzeiger Nr. 302 vom 28. 12. 1925) bis auf weiteres in Kraft bleibt. Die Bekanntmachung vom 23. 12. 1924 hat ferner für die reichsgesetzlichen und die knappschaftlichen Krankenkassen die Gewährung des Abschlags von den Preisen der Arzneitaxe und den sog. Handverkauf geregelt. Bei monatlichen Rechnungsbeträgen bis zu 25,00 RM. braucht der Apotheker einen Abschlag nicht zu gewähren. Von dem 25,00 RM. übersteigenden Rechnungsbetrage hat er 7 v. H. nachzulassen, wenn die Rechnung innerhalb 10 Tagen nach ihrem Eingang bei der Kassenstelle beglichen wird. Werden Arzneien nur gegen Barzahlung abgegeben, so sind von den Verkaufspreisen in jedem Fall 7 v. H. nachzulassen. Hinsichtlich des Handverkaufs sind die höheren Verwaltungsbehörden angewiesen, die Preise der Deutschen Arzneitaxe in Verbindung mit dem Abschlag als die nach § 376 Abs. 2 der RVO. festzusetzenden Höchstpreise gelten zu lassen.

4) Der Verkehr mit Arzneimitteln ist geregelt durch V. vom 22. 10. 01 (RGBl. S. 308) und deren Ergänzungen. Hinsichtlich der Selbstabgabe ist die Ergänzung dieser V. vom 9. 12. 24 (RGBl. S. 277) zu beachten, wonach Zubereitungen und Stoffe, die dem Verkehr außerhalb der Apotheken entzogen sind, auch von KrK., Genossenschaften, Vereinen oder ähnlichen Körperschaften oder Gesamtheiten an ihre Mitglieder nicht verabfolgt werden dürfen.

5) Wegen Lieferung frei verkäuflicher Arzneimittel können Verträge auch mit Drogenhändlern abgeschlossen werden (Begr. S. 42). Im Falle des Abschlusses solcher Verträge können die Versicherten gezwungen werden, diese Arzneimittel ausschließlich aus bestimmten Drogenhandlungen zu beziehen.

6) Abs. 2 ist durch die Nov. eingefügt (Ber. zu § 18 S. 20, 23).

7) Nach §§ 370, 370 a RVO. kann eine KrK. auf Antrag widerruflich ermächtigt werden, statt der Krankenpflege oder sonst erforderlichen ärztlichen Behandlung eine bare Leistung zu gewähren, falls bei einer KrK. die ärztliche Versorgung dadurch ernstlich gefährdet wird, daß die Kasse keinen Vertrag zu angemessenen Bedingungen mit einer ausreichenden Zahl von Aerzten schließen kann, oder daß die Aerzte den Vertrag nicht einhalten. Die §§ 372, 373 enthalten Vorschriften für den Fall, daß bei einer KrK. die ärztliche Behandlung oder Krankenhauspflege nicht den berechtigten Anforderungen der Erkrankten und Wöchnerinnen genügt. Diese Vorschriften sind schon bisher auf den RKV. für anwendbar erachtet worden, weil sie sich inhaltlich mit den Leistungen der Kassen an die Versicherten befassen (vergl. Thielmann Reichsknappschaftsrecht Anm. zu § 370 RVO.). Die Anwendung von Maßnahmen auf Grund der bezeichneten Vorschriften kann u. a. in Frage kommen, wenn infolge der Haltung von Aerzten oder Krankenhäusern die Durchführung der Familienhilfe nach § 23 auf Schwierigkeiten stoßen sollte.

8) Vergl. hierzu Anm. 2 zu § 27. Weshalb die Entscheidung der Aufsichtsbehörde und nicht dem KOVA. übertragen ist, mit dessen gesetzlichen Aufgaben (vergl. § 200) die hier in Frage kommenden Entscheidungen sich nahe berühren, ist nicht ersichtlich.

9) In den Fällen des § 370 Abs. 3 und § 372 Abs. 2.

§ 205 [1]) (Neu).

(Abs. 1.) Für den Bezirk jedes Knappschaftsoberversicherungsamts [2]) wird bei diesem [3]) ein Schiedsamt gebildet. Es besteht aus dem Vorsitzenden des Knappschaftsoberversicherungsamt oder seinem Stellvertreter als unparteiischen Vorsitzenden [4]) und je zwei Beisitzern aus der Zahl der zugelassenen Aerzte [5]) und der Vertreter der Bezirksknappschaften.

(Abs. 2.) Ueber die Beisitzer und ihre Stellvertreter haben sich die beteiligten Organisationen der Aerzte[6]) und die beteiligten Bezirksknappschaften zu einigen. Mangels einer Einigung bestellt sie die für die Aufsicht über die Bezirksknappschaft zuständige Landesbehörde.[7]) Die Amtsdauer der Beisitzer beträgt fünf Jahre; wiederholte Bestellung ist zulässig.

(Abs. 3.)[6]) Die Tätigkeit der Beisitzer des Schiedsamts ist ehrenamtlich. Die Landesbehörde kann bestimmen, daß ihnen eine Entschädigung im Sinne des § 21 Abs. 2 der Reichsversicherungsordnung gewährt wird.

1) § 205 entspricht im allgemeinen dem § 368 1 RVO.

2) Diese Vorschrift ist zwingend. Die Bildung eines Schiedsamts für eine von mehreren zu demselben KOVA. gehörenden Bezkn. ist also auch dann nicht zulässig, wenn die Verhältnisse der einzelnen Bezkn. untereinander sehr verschieden liegen sollten.

3) Unbeschadet ihrer Angliederung an die KOVAe. sind die Schiedsämter selbständige Gerichte (vergl. E. des Reichsschiedsamts, AN. 1925 S. 233).

4) Der Vorsitzende des KOVA. oder sein Stellvertreter ist geborener Vorsitzender des Schiedsamts. Ein bei Beratung der Nov. gestellter Antrag, wonach sich die Beisitzer und ihre Stellvertreter über den Vorsitzenden und seinen Stellvertreter einigen sollten, ist abgelehnt worden (Ber. S. 21).

5) Unter „zugelassenen Aerzten“ werden alle für die Bezkn. tätigen Aerzte zu verstehen sein, mit Ausnahme der Oberärzte usw., die sich in einem festen Anstellungsverhältnis befinden.

6) Welche Organisationen der Aerzte beteiligt sind, steht nicht ohne weiteres fest. Sie werden nach § 211 vom RAM. zu bezeichnen sein.

7) Vergl. § 189 Abs. 3.

3) Abs. 3 entspricht dem Art. 3 Abs. 8 der Ausf.-Best. des RAM. zur Ver. über Aerzte und Krankenschwestern vom 14. 11. 24 RGBl. I S. 743.

§ 206 [1]) (Neu).

(Abs. 1.) Das Schiedsamt ist zur Entscheidung bei Streit über die Bedingungen eines Arztvertrags sowie zur Entscheidung von Streitigkeiten aus abgeschlossenen Arztverträgen zuständig. [2]) Streitigkeiten über vermögensrechtliche Ansprüche [3]) gehören nicht zur Zuständigkeit des Schiedsamts.

(Abs. 2.) Die Entscheidungen des Schiedsamts sind mit Gründen zu versehen.

1) § 206 entspricht im allgemeinen dem § 368 m RVO.

2) Das Schiedsamt hat eine doppelte Aufgabe. Es wirkt als Schlichtungsausschuß bei Streit über die Bedingungen eines Arztvertrages und als rechtsprechendes Organ (Schiedsgericht) bei Streitigkeiten aus abgeschlossenen Arztverträgen. Die Aufgaben der allgemeinen Schiedsinstanzen nach der RVO. sind in der Entscheidung des Reichsschiedsamts vom 27. 1. 25 (AN. 1925 S. 205) dahin umschrieben, daß sie nicht ausschließlich rechtsprechende Organe sind, sondern in weitem Umfange, ähnlich wie die Schlichtungsausschüsse, eine friedewirkende, auf zweckmäßigen Interessenausgleich gerichtete Tätigkeit ausüben.

3) Hierunter fallen z. B. Honorarforderungen, Pensionsansprüche.

§ 207 (Neu).

(Abs. 1.) Gegen die Entscheidungen der Schiedsämter ist Berufung an das Oberschiedsamt zulässig. [1])

(Abs. 2.) Das Oberschiedsamt wird beim Reichsversicherungsamt gebildet. Es besteht aus unparteiischen Mitgliedern einschließlich des Vorsitzenden und deren Stellvertretern sowie aus ehrenamtlichen Vertretern der zugelassenen Aerzte und der Reichsknappschaft oder der Bezirksknappschaft und deren Stellvertretern in der nötigen Zahl.[2])

(Abs. 3.) Den Vorsitzenden und seinen Stellvertreter bestellt der Präsident des Reichsversicherungsamts auf die Dauer von fünf Jahren; wiederholte Bestellung ist zulässig. Der Vorsitzende ist in der Regel den Direktoren oder Senatspräsidenten des Reichsversicherungsamts zu entnehmen.[2])

(Abs. 4.) Ueber die weiteren unparteiischen Mitglieder und ihre Stellvertreter haben sich die beteiligten Organisationen der Aerzte und die Reichsknappschaft zu einigen. Mangels einer Einigung bestellt sie der Präsident des Reichsversicherungsamts. Die Amtsdauer beträgt fünf Jahre; wiederholte Bestellung ist zulässig. Die unparteiischen Beisitzer und ihre Stellvertreter sollen in der knappschaftlichen Versicherung erfahren sein; mindestens die Hälfte von ihnen soll die Befähigung zum Richteramte oder zum höheren Verwaltungsdienste haben.[2])

(Abs. 5.) Die Vertreter der Aerzte und ihre Stellvertreter werden auf die Dauer von fünf Jahren von den beteiligten Organisationen der Aerzte gewählt. Die Vertreter der Reichsknappschaft werden für die gleiche Dauer von der Reichsknappschaft benannt.[2])

(Abs. 6.) Das Oberschiedsamt entscheidet in der Besetzung mit dem Vorsitzenden, zwei weiteren unparteiischen Mitgliedern, von denen außer dem Vorsitzenden das eine Mitglied die Befähigung zum Richteramte oder zum höheren Verwaltungsdienste haben muß, und je drei Vertretern der Aerzte und der Reichsknappschaft. Der Präsident des Reichsversicherungsamts kann an Stelle des Vorsitzenden selbst den Vorsitz führen. Das Oberschiedsamt ist beschlußfähig, auch wenn von den Vertretern der Aerzte und der Reichsknappschaft nur je zwei an der Verhandlung teilnehmen.[2])

1) Abweichend von § 368 o Abs. 3 RVO. ist Berufung unbeschränkt zulässig.

2) Die Abs. 2 bis 6 entsprechen durchweg dem § 368 n RVO.

§ 208[1]) (Neu).

(Abs. 1.) Die Berufung ist binnen einem Monat nach Zustellung der Entscheidung[2]) bei dem Oberschiedsamt einzulegen. Die Vorschriften des § 129 Abs. 2, 3 der Reichsversicherungsordnung gelten entsprechend. Die Berufung bewirkt Aufschub, bei Streit über die Höhe der Vergütungen, jedoch nur hinsichtlich des streitigen Teils; bis zur Entscheidung über die Berufung ist die Vergütung im übrigen in der Höhe fortzuzahlen, in der sie vor Erlaß der angefochtenen Entscheidung gewährt wurde.

(Abs. 2.) Die Berufung kann ohne mündliche Verhandlung durch Beschluß der drei unparteiischen Mitglieder des Oberschiedsamts verworfen werden, wenn diese über die Unzulässigkeit einig sind. Entsprechendes gilt für eine nicht rechtzeitig eingelegte Berufung.

1) Abs. 1 entspricht dem Abs. 2, Abs. 2 dem Abs. 5 des § 368 o RVO.

2) Der Mangel der verspäteten Einlegung der Berufung ist von Amts wegen zu beachten und kann nicht durch Privatvereinbarung geheilt werden. Vgl. Entscheidung des Reichsschiedsamts vom 13. 5. 24 AN. 25 S. 234.

§ 209 (Neu).

Für den Geschäftsgang und das Verfahren sowie die Tragung der Kosten bei den Schiedsämtern und bei dem Oberschiedsamte gelten die auf Grund des § 368 p der Reichsversicherungsordnung erlassenen Verordnungen [1]) entsprechend. Das Reichsversicherungsamt kann nach Bedarf abweichende Bestimmungen erlassen. [2])

1) Vgl. Ver. des RVA. über Geschäftsgang, Verfahren und Tragung der Kosten der Schiedsämter (Schiedsamtsordnung) vom 8. 4. 25, AN. S. 198 und Ver. über Geschäftsgang usw. des Reichsschiedsamts (Reichsschiedsamtsordnung) vom 17. 2. 25, AN. S. 192 in geänderter F. vom 27. 8. 26 (Reichsanz. Nr. 202 vom 31. 8. 26).

2) Der Vorbehalt ist gemacht, um Besonderheiten bei den kn. Schiedsstellen berücksichtigen zu können.

§ 210 [1]) (Neu).

(Abs. 1.) Die endgültigen Entscheidungen der Schiedsämter und des Oberschiedsamts sind für beide Teile bindend. Kommt eine Partei der Entscheidung nicht nach, so haftet sie der andern für den ihr entstehenden Schaden.

(Abs. 2.) Kommt die Reichsknappschaft oder eine Bezirksknappschaft einer für sie nach Abs. 1 bindenden Entscheidung nicht nach, so ist sie durch die zuständige Aufsichtsbehörde zur Befolgung anzuhalten.

(Abs. 3.) Kommt ein Arzt einer für ihn nach Abs. 1 bindenden Entscheidung ohne einen in seiner Person liegenden und von den Vertragsbedingungen unabhängigen wichtigen Grund nicht nach, so kann ihn das Schiedsamt auf Antrag der anderen Partei [2]) auf eine Dauer bis zu fünf Jahren von der Zulassung bei allen Bezirksknappschaften des Schiedsamtsbezirkes [3]) oder einem Teile desselben ausschließen. Der Antrag kann auch von der ärztlichen Vereinigung, die Partei gewesen ist oder welcher der Arzt angehört, gestellt werden.

1) § 210 entspricht dem § 368 r RVO.

2) d. i. die Kkn. oder die Bezkn.

3) Eine im RT.Ausschuß gegebene Anregung, die Ausschlußmöglichkeit auf den ganzen Bereich der Kkn. auszudehnen, ist nicht weiter verfolgt worden, nachdem die Reichregierung darauf hingewiesen hatte, daß die Feststellung der entsprechenden Vorschrift im § 368 r Abs. 3 einstimmig gutgeheißen sei.

§ 211 [1]) (Neu).

Der Reichsarbeitsminister kann Ausführungsbestimmungen zu den §§ 205 bis 210 erlassen; er kann die beteiligten Organisationen der Aerzte (§ 205 Abs. 2 und § 207 Abs. 4) näher bezeichnen.

1) Vgl. § 368 s RVO. und die Ausf.-Best. des RAM. zur Ver. über Aerzte und Krankenkassen vom 14. 11. 24 (RGBl. I S. 743).

Dreizehnter Abschnitt.

Auszahlung der Leistungen. [1])

I. Auszahlung durch die Post.

§ 212 (168).

(Abs. 1.) Alle laufenden Leistungen, mit Ausnahme der Krankenkassenleistungen, [2]) können auf Anweisung der Bezirksvorstände oder der Verwaltung der Bezirksknappschaft durch die Post gezahlt werden, und zwar in der Regel durch die Postanstalt, in deren Bezirk der Empfänger zur Zeit des Antrags wohnte. Die Zahlstelle wird ihm von der Verwaltung der Bezirksknappschaft mitgeteilt.

(Abs. 2.) Verzieht der Empfänger, so kann er bei der Bezirksknappschaft oder bei der Postanstalt des alten Wohnorts beantragen, daß die Zahlung an die Postanstalt des neuen Wohnorts überwiesen wird. [3])

§ 160 Entw.

1) Zu §§ 212 bis 219.

„Gegenwärtig zahlen die Kn. die Barleistungen unmittelbar oder durch Vermittelung der Werke an die Berechtigten. Große Kn., wie z. B. der Allgemeine KnV. in Bochum, haben besondere Zahlbüros eingerichtet, von denen nicht nur Krankengeld, Sterbegeld, Hausgeld usw., sondern auch in periodischen Zahlterminen laufende Leistungen (Pensionen und Renten) gezahlt werden. Der Entw. will den Bezkn. und bes. KrK., denen die Auszahlung der Leistungen obliegt, möglichste Freiheit für eine zweckdienliche Regelung lassen. Nach dem Vorbilde der Reichsversicherungsgesetze läßt er für laufende Leistungen auch die bisher nicht übliche Auszahlung durch die Post zu; ausgenommen von dieser Zahlungsart bleiben jedoch alle KrKLeistungen sowie alle einmaligen Leistungen (Begräbnisbeihilfe aus der PK., Abfindungen), die unmittelbar von den Bezkn. oder bes. KrK. zu zahlen sind. Die für den Fall der Auszahlung durch die Post in den Entw. aufgenommenen Vorschriften sind den §§ 726 ff., 1383 ff. der RVO. und den §§ 313 ff. des AVG. nachgebildet; die Vorschrift über eine der Post zu gewährende Vergütung entspricht dem § 316 des letzteren Gesetzes." (Begr. zum RKG. S. 78.)

2) Zu vgl. § 219 wegen der Krankenkassenleistungen; im übrigen vgl. § 80 der Satzung der RKV.

3) Zu vgl. § 1383 Abs. 2 RVO.

§ 213 (169).

Jede Person, die berechtigt ist, ein öffentliches Siegel zu führen, ist befugt, die bei den Zahlungen erforderlichen Bescheinigungen zu erteilen und zu beglaubigen. [1])

§ 161 Entw.

1) Zu vgl. § 1384 RVO. Danach sind zur Erteilung und Beglaubigung der Bescheinigungen befugt nicht nur Beamte (Bezirksvorsteher, Beamte der Armenpflege, Schiedsmänner, Standesbeamte, Steuereinnehmer, Gemeinde- (Guts-) Vorsteher, Polizeibeamte, Kontrollbeamte der VersAnstalten), sondern auch Geistliche, falls sie nicht schon Beamte sind (KommBer. zur RVO. IV S. 174). Zur Beglaubigung von Bescheinigungen in eigenen Angelegenheiten sind diese Personen aber nicht befugt.

§ 214 (170).

Die obersten Postbehörden können von der Reichsknappschaft einen Vorschuß einziehen.[1]) Er wird nach Wahl der Reichsknappschaft vierteljährlich oder monatlich an die von der Post bezeichneten Kassen abgeführt und darf nicht den Betrag übersteigen, der an Leistungen auf Grund dieses Gesetzes im laufenden Geschäftsjahr voraussichtlich zu zahlen ist.

§ 162 Entw.

1) Zu vgl. § 1385 RVO.

§ 215 (171).

Die der Post zu gewährende Vergütung wird vom Reichsrat nach Anhörung der Reichsknappschaft festgesetzt[1])

§ 163 Entw.

1) Zu vgl. § 316 AVG. frühere Fassung, wonach — abweichend von den Vorschriften der RVO. — der Postverwaltung ebenfalls eine Vergütung gewährt wurde. § 316 ist durch G. vom 10. 9. 22 gestrichen. Die RVA. muß aber auch heute noch der Post ihre Tätigkeit vergüten. Im Falle des § 215 muß die Rkn. gehört werden.

§ 216 (172).

Der Reichsarbeitsminister kann bestimmen, wie an

Empfänger zu zahlen ist, die sich gewöhnlich im Ausland aufhalten.[1])

§ 164 Entw.

1) Zu vgl. § 1386 RVO., wo dem RVA. die gleiche Befugnis beigelegt ist. In der Regel haben ausländische Empfänger Bescheinigungen der zuständigen ausländischen Behörden beizubringen, die der Legalisation durch die deutsche Gesandtschaft oder den deutschen Konsul bedürfen. Ob und wieweit an dieser Regel festzuhalten ist oder ob Ausnahmen zuzulassen sind, hat der RAM. zu bestimmen.

II. Abrechnung mit der Post.

§ 217[1]) (173).

Die obersten Postbehörden teilen der Reichsknappschaft mit, was die Post im verflossenen Geschäftsjahr auf Anweisung der Bezirksknappschaften gezahlt hat.

§ 165 Entw.

1) Zu vgl. § 1407 RVO. Auf Grund der von der Post gemachten Mitteilungen erfolgt die Zahlung der Beträge nach Maßgabe des § 218.

§ 218 (174).

Binnen zwei Wochen nach Empfang der Mitteilung muß die Reichsknappschaft den Betrag aus den bereiten Mitteln zahlen.[1])

§ 166 Entw.

1) Zu vgl. § 1408 Abs. 1 RVO. Die Rkn. hat dafür Sorge zu tragen, daß „bereite", also nicht angelegte Mittel rechtzeitig vorhanden sind.

III. Auszahlung durch die Bezirksknappschaften.

§ 219[1]) (175).

Krankenkassenleistungen und alle einmaligen Leistungen werden durch die Bezirksknappschaft oder die besondere Krankenkasse ausgezahlt. Dies gilt auch für die laufenden Leistungen nach § 212 Abs. 1, wenn deren Auszahlung nicht der Post übertragen ist. Die Sondervorschriften bestimmen Näheres.

§ 167 Entw.

1) Zu vgl. § 212 Vorbem. Die im § 219 bezeichneten Leistungen können also nicht durch die Post ausbezahlt werden. Ihre Auszahlung muß unmittelbar an die Berechtigten oder durch Vermittelung der Werke oder in sonst üblicher geeigneter Weise erfolgen.

Vierzehnter Abschnitt.

Sonstige Vorschriften.

I. Rechtshilfe.

§ 220 (176).

Die öffentlichen Behörden sind verpflichtet, den Ersuchen zu entsprechen, die im Vollzuge dieses Gesetzes von Versicherungs- und anderen öffentlichen Behörden sowie von der Reichsknappschaft, von den Bezirksknappschaften und den besonderen Krankenkassen an sie ergehen, namentlich vollstreckbare Entscheidungen zu vollstrecken. [1])

§ 168 Entw.

1) Zu vgl. § 115 Abs. 1 RVO. Auch das Preuß. KnG. hatte im § 85 Abs. 1 eine ähnliche Vorschrift. Voraussetzung der Gewährung der Rechtshilfe ist, daß die Ersuchen „im Vollzuge dieses Gesetzes" ergehen und eine Rechtshilfe erfordern. Näheres vgl. Hanow, Reichsversicherungsordnung, Anm. 6 zu § 115, Hahn, Handbuch der Krankenversicherung, Anm. 1 bis 7 zu § 115.

§ 221 (177).

Diese Rechtshilfe haben auch die Reichsknappschaft, die Bezirksknappschaften und die besonderen Krankenkassen einander und anderen Trägern der Reichsversicherung sowie den Behörden und Fürsorgeverbänden zu leisten. [1/2/3])

§ 169 Entw.

1) Erweiterung des § 220; zu vgl. § 116 RVO. Zu dieser Rechtshilfe ist auch die Uebersendung von Akten der VersTräger an andere VersTräger zu rechnen. Zu vgl. Rundschreiben des RVA. vom 3. März 1895, AN. 95 S. 163, Entsch. des OVG. vom 10. März 1910, Entsch. Bd. LVI S. 410.

2) Bei Ablehnung dieser Rechtshilfe durch die Rkn. oder die Bezkn. ist die Beschwerde an den Vorstand der Rkn. oder an den RAM. gegeben (vgl. §§ 190, 189 Abs. 2).

3) Die Armenverbände sind durch die „Fürsorgeverbände" der Verordnung über Fürsorgepflicht vom 13. Februar 1924 (RGBl. I S. 100) ersetzt worden.

§ 222 (178).

Tagegelder, Reisekosten, Gebühren für Zeugen und Sachverständige und alle anderen baren Auslagen, die aus der Rechtshilfe erwachsen, werden von der Reichsknappschaft, von den Bezirksknappschaften und besonderen Krankenkassen als Verwaltungskosten erstattet. [1/2])

§ 170 Entw.

1) Zu vgl. § 117 RVO. Handelt es sich bei der Leistung der Rechtshilfe durch eine Behörde um die Erfüllung einer Aufgabe, die der Behörde durch Ges. als eigene Aufgabe zugewiesen ist, so haben die im § 222 bezeichneten Stellen die Kosten der Rechtshilfe nicht zu erstatten (Anweisung des RVA. vom 12. Nov. 1891 AN. 92 S. 13). Dieser Grundsatz erscheint auch für den Bereich des RKG. gerechtfertigt.

2) Es handelt sich also immer nur um die Erstattung barer

Auslagen, zu denen u. a. auch die Portokosten gehören. (Zu vgl. Hahn, Handbuch der Krankenversicherung, Anm. zu § 117 RVO., Schulz-Hartmann, Kommentar zum AVG., Anm. 1 zu § 319. Von der Erledigung der Erstattungspflicht kann die Gewährung der Rechtshilfe nicht abhängig gemacht werden.

II. Leistungen.

§ 223 [1]) (179).

Leistungen, die nach diesem Gesetze gewährt werden, und die durch den Uebergang des Anspruchs darauf ersetzten Unterstützungen sind keine öffentlichen Armenunterstützungen.

1) Der § 223 fehlte im Entw. des RKG., er ist vom Sozialpolitischen Ausschuß des Reichstags zugefügt worden (Ber. RKG. S. 45 und 75). Er entspricht dem § 118 RVO. und dehnt die hier getroffene Bestimmung auf die sämtlichen Leistungen des RKG. aus.

§ 224 [1]) (180).

(Abs. 1.) Die Ansprüche auf die Leistungen der Versicherung nach diesem Gesetze können mit rechtlicher Wirkung übertragen, verpfändet und gepfändet werden nur wegen

1. eines Vorschusses, den der Berechtigte auf seine Ansprüche vor Anweisung der Leistungen vom Arbeitgeber oder von der Reichsknappschaft, den Bezirksknappschaften oder von der besonderen Krankenkasse erhalten hat;
2. der im § 850 Abs. 4 der Zivilprozeßordnung bezeichneten Forderungen;
3. der Forderungen der nach § 1531 der Reichsversicherungsordnung ersatzberechtigten Gemeinden

und Träger der Armenfürsorge [2]) sowie Arbeitgeber und Kassen, die an ihre Stelle getreten sind; die Uebertragung, Verpfändung und Pfändung ist nur in Höhe der gesetzlichen Ersatzansprüche zulässig;

4. rückständiger Beiträge, die nicht seit länger als drei Monaten fällig sind.

(Abs. 2.) Ausnahmsweise darf der Berechtigte auch in anderen Fällen den Anspruch mit Genehmigung seiner Gemeindebehörde [3]) ganz oder zum Teil auf andere übertragen.

§ 171 Entw.

1) Zu vgl. § 119 RVO. und § 91 AVG. Eine ähnliche Bestimmung hatte auch § 35 Abs. 2 des Preuß. KnG. Der § 224 trifft nach Wortlaut und Absicht alle Leistungen des RKG. Er gibt, ebenso wie die angezogenen Vorschriften der RVO. und des AVG., nur Ausnahmen von der bestimmten Regel, daß die Ansprüche auf die Leistungen der Vers. nach dem RKG. nicht übertragen, verpfändet oder gepfändet werden können. Diese Regel muß als eine Vorschrift öffentlichen Rechts, die also durch Parteierklärung nicht beseitigt werden kann, angesehen werden (vgl. Hahn a. a. O., Anm. 1a zu § 119 RVO., Hanow, RVO., Anm. 5 zu § 119).

2) „Fürsorgeverbände" vgl. Anm. 3 zu § 221.

3) Der § 119 Abs. 2 RVO. überträgt diese Genehmigung dem VA. Da diese Behörde für die nach dem RKG. Vers. nicht in Betracht kommt, hat das Ges. an ihrer Stelle die Gemeindebehörde eingesetzt, die auch um deswillen geeignet erscheint, weil sie die bei der Genehmigung zu berücksichtigenden Verhältnisse, namentlich auch die Familienverhältnisse, des Berechtigten am besten kennt (Begr. zum RKG. S. 78). Die Genehmigung wird nur dann zu erteilen sein, wenn sie den berechtigten Interessen des Anspruchsberechtigten entspricht.

§ 225 [1]) (181).

(Abs. 1.) Für die Gewährung von Sachleistungen an Trunksüchtige, die nicht entmündigt sind, gelten die Vorschriften der §§ 120, 121 der Reichsversicherungsordnung mit der Maßgabe, daß an Stelle des Versicherungsamts ein nach § 180 bestellter Ausschuß die Anordnung von Sachleistungen erläßt und daß die Mitteilung an den Versicherungsträger unterbleibt. Der Ausschuß entscheidet auch bei Streit zwischen der Gemeinde und dem Bezugsberechtigten.

(Abs. 2.) Auf Beschwerde entscheidet das Knappschaftsoberversicherungsamt endgültig.

1) Der Paragraph fehlte im Entw. des RKG. Er ist vom Sozialpolitischen Ausschuß des Reichstags hinzugefügt worden (Ber. 1923 S. 45, 75). Zu vgl. §§ 120 und 121 RVO. Personen, die auf Grund des § 6 Nr. 3 BGB. nach den Vorschriften der ZPO. wegen Trunksucht entmündigt sind, stehen in bezug auf ihre Geschäftsfähigkeit den über sieben Jahre alten Minderjährigen gleich, erhalten also einen Vormund (§§ 114, 1896 BGB.).

§ 226 [1/2/3]) (182).

(Abs. 1.) Die Ansprüche auf Leistungen aus der Kranken- und Pensionsversicherung dürfen nur aufgerechnet werden auf

Ersatzforderungen für Beträge, die der Berechtigte in den Fällen des § 1542 der Reichsversicherungsordnung, § 105 Abs. 2, 3 dieses Gesetzes oder aus der reichsgesetzlichen Unfallversicherung bezog, aber an die Knappschaft zu erstatten hat,

geschuldete Beiträge,

gezahlte Vorschüsse,

zu Unrecht gezahlte Leistungen,

Kosten des Verfahrens, die der Berechtigte zu erstatten hat,

Geldstrafen, die die Reichsknappschaft, die Bezirksknappschaften oder besonderen Krankenkassen verhängt haben.

(Abs. 2.) Ansprüche auf Krankengeld dürfen nur bis zur Hälfte aufgerechnet werden.

§ 172 Entw.

1) Der § 226 entspricht dem § 182 RKG., doch ist in den Eingangsworten das Wort „Pensionsversicherung" an Stelle des früheren Wortes: „Pensionskasse" getreten und im ersten Unterabsatz die Bezugnahme auf den § 91 AVG. gestrichen worden, beides wegen der Aenderung der Angestelltenversicherung.

2) Der § 226 entspricht mit den durch die Sachlage gebotenen Ergänzungen dem § 223 Abs. 2 RVO. Auch diese Vorschrift galt bereits nach § 35 Abs. 3 des Preuß. KnG. für das preußische Knappschaftswesen (zu vgl. Steinbrinck-Reuß, Anm. 8 und 9 zu § 35). Zu beachten ist, daß hinsichtlich der Aufrechnung der Rentenansprüche aus der JVers. auch der § 1324 RVO. besondere Vorschriften gibt und daß diese Vorschriften auch für den Bereich der Rkn. gelten, weil diese als Sonderanstalt (§ 103) die JVers. nach der RVO. gewährt. Deshalb ist gemäß dem § 1372 Nr. 12 RVO. die erwähnte Vorschrift des § 1324 zu berücksichtigen. (Begr. zum RKG. S. 78). Zu vgl. auch § 92 AVG.

3) Der § 226 enthält, abweichend von dem § 223 RVO. und dem § 92 AVG., keine Vorschriften über die Verjährung der Ansprüche auf die Leistungen des Vereins, weil diese Vorschriften bereits im § 144 Abs. 3 getroffen sind.

III. Fristen.

§ 227 1) 2) (183).

Für Fristen gelten die Vorschriften der §§ 124 bis 134 der Reichsversicherungsordnung.

1) Der Paragraph fehlte im Entw. zum RKG. Er ist vom Sozialpolitischen Ausschuß des Reichstags hinzugefügt worden (Ber. z. RKG. S. 45, 76).

2) Zu vgl. Art. 45 EG. zum RKG.

IV. Zustellungen.

§ 228 [1]) (184).

(Abs. 1.) Zustellungen, die eine Frist in Lauf setzen, können durch eingeschriebenen Brief geschehen. [2]/[3])

(Abs. 2.) Der Postschein begründet nach zwei Jahren seit seiner Ausstellung die Vermutung dafür, daß in der ordnungsmäßigen Frist nach der Einlieferung zugestellt worden ist. [3])

§ 173 Entw.

1) Zu vgl. § 135 RVO., § 331 AVG.

2) Unter Abs. 1 fallen alle Schriftstücke, deren Inhalt (Entscheidung) binnen einer bestimmten Frist durch ein Rechtsmittel angefochten werden kann. Sie „können" durch eingeschriebenen Brief rechtswirksam zugestellt werden, doch ist die Zustellung in anderer Form keineswegs ausgeschlossen. Entscheidend ist immer, daß das Schriftstück in den Besitz des Empfängers gelangt ist und daß der Tag der Behändigung einwandsfrei erwiesen werden kann. (Zu vgl. im übrigen Hahn, Krankenversicherung, Anm. 1 bis 6 zu § 135 RVO., Hanow, RVO., Anm. 3 bis 8 zu § 135 RVO.)

3) Das RVA. hat die Vorschriften des § 155 UVG., denen der § 228 nachgebildet ist, auch auf die Benachrichtigung von den Terminen zur mündlichen Verhandlung für anwendbar erklärt, obwohl von dieser Benachrichtigung ein Fristablauf nicht abhängt (vgl. Handbuch der Unfallversicherung Bd. I Anm. 1 zu § 155 UVG.).

§ 229 [1]) (185).

(Abs. 1.) Wer nicht im Inland wohnt, hat auf Verlangen einen Zustellungsbevollmächtigten zu benennen. (Abs. 2.) Ist der Aufenthalt unbekannt oder wird der Zustellungsbevollmächtigte nicht in der gesetzten Frist benannt, so kann die Zustellung durch einwöchigen Aushang in den Geschäftsräumen der Bezirksknappschaft oder der besonderen Krankenkasse ersetzt werden; die Frist darf nicht kürzer als ein Monat sein.[2])

§ 174 Entw.

1) Zu vgl. § 136 RVO., § 332 AVG.

2) Diese „öffentliche Zustellung" ist vom RVA. auch auf die Benachrichtigung von den Terminen zur mündlichen Verhandlung für anwendbar erklärt worden (vgl. Anm. 3 zu § 228, Handbuch für Unfallversicherung Bd. I Anm. 1 zu § 155 UVG.).

V. Gebühren und Stempel.

§ 230[1]) (186).

Gebühren- und stempelfrei sind, soweit dieses Gesetz und die Reichsversicherungsordnung nichts anderes vorschreiben, alle Verhandlungen und Urkunden, die bei der Reichsknappschaft, bei den Bezirksknappschaften oder besonderen Krankenkassen und Versicherungsbehörden erforderlich werden, um die Rechtsverhältnisse zwischen der Reichsknappschaft, den Bezirksknappschaften oder besonderen Krankenkassen einerseits und den Arbeitgebern oder Versicherten oder ihren Hinterbliebenen anderseits zu begründen oder abzuwickeln.

§ 175 Entw.

1) Zu vgl. § 137 RVO., § 333 AVG.

§ 231[1]) (187).

Dasselbe gilt für die außergerichtlichen Verhandlungen und Urkunden dieser Art sowie für solche privatschriftlichen Vollmachten und amtlichen Bescheinigungen, die nach diesem Gesetze zum Ausweis und zu Nachweisungen erforderlich werden.

§ 176 Entw.

1) Zu vgl. 138 RVO., § 334 AVG.

VI. Steuerfreiheit.

§ 232 [1]) (188).

Das Vermögen der Reichsknappschaft ist von Reichs-, Landes- und Kommunalsteuern und Abgaben in dem gleichen Umfang befreit wie das Vermögen anderer reichsgesetzlicher Versicherungsträger.

§ 177 Entw.

1) „Zur Vermeidung von Zweifeln ist hier ausdrücklich bestimmt, daß die Rkn. hinsichtlich der Besteuerung ihres Vermögens und im Postverkehr die gleichen Befreiungen, Erleichterungen oder Vergünstigungen genießt wie die übrigen Träger der sozialen Vers." (Begr. zum RKG. S. 78.)

VII. Verbote und Strafen.

§ 233 (189).

(Abs. 1.) Die Vorschriften der §§ 139 bis 145, 147, 148 der Reichsversicherungsordnung gelten entsprechend. [1])

(Abs. 2.) Außerdem gelten entsprechend [2]) die Vorschriften der

§§ 529 bis 536 [3]) der Reichsversicherungsordnung vorbehaltlich der §§ 180, 181, für die Krankenversicherung,

§§ 1487 bis 1490, 1492 bis 1494 der Reichsversicherungsordnung für die Pensionsversicherung und für die Invalidenversicherung.

§ 179 Entw.

1) Damit sind die allgemeinen Vorschriften des ersten Buches der RVO. über Verbote und Strafen auch auf das Knappschaftswesen für anwendbar erklärt (zu vgl. „Die Reichsversicherungsordnung in ihrer jetzigen Fassung" von H. Schulz, 6. Aufl., Vorbem. vor § 139: „Verbote und Strafen").

2) „Als besondere Strafvorschriften für die einzelnen Versicherungszweige gelten nach Abs. 2 die einschlägigen Vorschriften
des zweiten Buches der RVO. für die KrV.,
des vierten Buches der RVO. für die PV. und die JVers."
(Begr. zum RKG. S. 79.)

3) Wegen der Höhe der Geldstrafen vgl. Anm. 1 zu § 153.

§ 234 [1]) (190).

(Abs. 1.) Für die Festsetzung von Strafen nach § 529 der Reichsversicherungsordnung ist die Verwaltung der Bezirksknappschaft oder der besonderen Krankenkasse zuständig.

(Abs. 2.) Gegen die Entscheidung der Verwaltung kann binnen einem Monat nach der Bekanntgabe die Entscheidung eines nach § 180 bestellten Ausschusses angerufen werden.

(Abs. 3.) Auf Beschwerde gegen den Bescheid des Ausschusses entscheidet das Knappschaftsoberversicherungsamt endgültig.

§ 180 Entw.

1) „Abweichend von § 529 RVO. ist hier bestimmt, daß die Straffestsetzung nicht dem Vorstand der Bezkn. oder der bes. KrK., sondern der Verwaltung obliegt, gegen deren Entscheidung Anrufung des Ausschusses zulässig ist. Die Beschwerde gegen die Entscheidung des Ausschusses geht statt an das VA. — das auch sonst keinerlei Zuständigkeit auf Grund des RKG. hat — an das KOVA.; dieses entscheidet endgültig." (Begr.

zum RKG. S. 79.) Wegen der Bedeutung und Tragweite des § 529 RVO. vgl. Hoffmann, KrV., Anm. 1 bis 4 zu § 529; Hahn, KrV., Anm. 1 bis 4 zu § 529.

§ 235 [1]) (191).

(Abs. 1.) Im übrigen setzt die Strafen, soweit nicht die Gerichte zuständig sind, der Vorstand der Reichsknappschaft, Bezirksknappschaft oder besonderen Krankenkasse fest.

(Abs. 2.) Auf Beschwerde gegen die Straffestsetzung entscheidet das Knappschaftsoberversicherungsamt, soweit Strafen von der Reichsknappschaft festgesetzt sind, der Knappschaftssenat beim Reichsversicherungsamt (Beschlußsenat) [2]) endgültig.

§ 181 Entw.

1) „Die Festsetzung von Strafen gegen Arbeitgeber oder deren Vertreter oder Beauftragte ist Sache der Vorstände des RKV., der BezKnV. oder der bes. KrK. Auf Beschwerde gegen Straffestsetzungen entscheidet im allgemeinen wie nach § 190 a. F. das KOVA. endgültig; die Entscheidung über Beschwerden gegen Straffestsetzungen des RKV. muß jedoch einer zentralen Stelle vorbehalten bleiben, wofür der Knappschaftssenat beim RVA. geeignet erscheint." (Begr. zum RKG. S. 79.)

2) Die Einschiebung des Wortes „(Beschlußsenat)" beruht auf den Beschlüssen des Sozialpolitischen Ausschusses (Ber. zum RKG. S. 45).

§ 236 [1]) (192).

Die gerichtlich erkannten Geldstrafen fließen zur Landeskasse, die anderen Geldstrafen zur Kasse der Bezirksknappschaft oder der besonderen Krankenkasse.

§ 182 Entw.

1) „Hier ist in Uebereinstimmung mit dem Grundsatz des § 146 RVO. bestimmt, daß die Geldstrafen in die Kasse des

VersTrägers, und zwar der BezKV. oder der bes. KrK., fließen, mit Ausnahme der gerichtlich erkannten Strafen, die an die Landeskasse abzuführen sind." (Begr. zum RKG. S. 79.)

VIII. Ausländische Gesetzgebung.[1/2])

§ 237 (193).

(Abs. 1.) Soweit andere Länder eine der Versicherung nach diesem Gesetz entsprechende Fürsorge durchgeführt haben, kann die Reichsregierung mit Zustimmung des Reichsrats unter Wahrung der Gegenseitigkeit vereinbaren, in welchem Umfang für Betriebe, die aus dem Gebiete des einen Landes in das des anderen übergreifen, sowie für Versicherte, die zeitweise in Gebieten des anderen Landes beschäftigt werden, die Fürsorge nach diesem Gesetz oder nach den Fürsorgevorschriften des anderen Landes geregelt werden soll.

(Abs. 2.) Auf demselben Wege kann bei entsprechender Gegenleistung die Versicherung von Angehörigen eines anderen Landes abweichend von den Vorschriften dieses Gesetzes geregelt und die Durchführung der Fürsorge des einen Landes im Gebiete des anderen erleichtert werden. In diesen Vereinbarungen darf die nach diesem Gesetze bestehende Beitragspflicht des Arbeitgebers nicht ermäßigt oder beseitigt werden. Solche Vereinbarungen sind dem Reichstag mitzuteilen.

(Abs. 3.) Diese Vorschriften gelten entsprechend für eine Fürsorge, die an Stelle der Versicherung nach diesem Gesetze tritt.

§ 183 Entw.

1) Zu vgl. §§ 157, 158 RVO., §§ 358, 359 AVG.

2) Ueber die Vereinbarungen mit ausländischen Staaten vgl. die RVO. in ihrer jetzigen Fassung von H. Schulz, 6. Aufl.,

Anm. 1 zu § 157, ferner Gesetz vom 8. 7. 26 (RGBl. I S. 355) über das Uebereinkommen zwischen dem Deutschen Reiche und der Republik Oesterreich über die Durchführung der Sozialversicherung (einschl. der kn. PV. bezw. BundesladenPV.) im zwischenstaatlichen Verkehr.

§ 238 [1]) (194).

Die Reichsregierung kann mit Zustimmung des Reichsrats anordnen, daß gegen Angehörige eines andern Landes und ihre Rechtsnachfolger ein Vergeltungsrecht angewendet wird.

§ 184 Entw.

1) Zu vgl. die in Anm. 1 zu § 237 angezogenen Stellen der RVO. und des AVG.

Fünfzehnter Abschnitt.

Uebergangsvorschriften.

Vorbemerkung.

Das G. über Abänderung des RKG. vom 25. 6. 26 ist nach Artikel 16 Buchst. a Abs. 1 mit dem 1. Juli 1926 in Kraft getreten. Dieser auf die Verkündung (28. 6. 26) unmittelbar folgende Termin ist gewählt worden, um nicht die Versicherten auf die Leistungen der Familienhilfe und die Zuschläge zum Krankengeld warten zu lassen. Für die Umbildung der Organe ist in besonderen hierauf bezüglichen Vorschriften ein längerer Zeitraum vorgesehen.

Bei der Neufassung des RKG. sind die in Art. 16 Buchst. a Abs. 2, 3, Buchst. b bis l, Art. 17 bis 19 des G. vom 25. 6. 26 enthaltenen Uebergangsvorschriften als 15. Abschnitt unter fortlaufender Nummerfolge der Paragraphen am Schluß des G. angehängt; dabei ist die Reihenfolge der Vorschriften zum Teil geändert.

Art. 15, der sich auf Art. 29 Abs. 3 EG. z. RKG. bezieht, ist bei der Wiedergabe dieses Art. im EG. berücksichtigt. Der in den Text des „Reichsknappschaftsgesetzes“ nicht übernommene Art. 16 Buchst. a Abs. 1 sowie der die Redigierung betreffende Art. 20 sind im Anhang abgedruckt.

§ 239. 1)

(Abs. 1.) Hüttenwerke und sonstige Betriebsanstalten oder Gewerbsanlagen, die am 1. Juli 1926 auf Grund des Artikel 17,I des Einführungsgesetzes zum Reichsknappschaftsgesetze vom 23. Juni 1923 (Reichsgesetzbl. I S. 454) der Reichsknappschaft angehören, 2) können 3) auf gemeinschaftlichen Antrag des Arbeitgebers und der Mehrheit der Versicherten eines jeden selbständigen Betriebs, die hierüber geheim abstimmen, 4) aus der knappschaftlichen Versicherung ausscheiden.

(Abs. 2.) Der Antrag ist bei der Reichsknappschaft 5) innerhalb einer Frist von drei Monaten, vom 1. Juli 1926 ab gerechnet, einzureichen.

(Abs. 3.) 6) Die Reichsknappschaft kann das Ausscheiden unter der Bedingung genehmigen, daß ihr der Arbeitgeber den Kapitalwert für die Pensionen, die sie für ehemalige Versicherte des Betriebs gewährt, erstattet und ihr eine angemessene Entschädigung für die von den ausscheidenden Versicherten in dem Betrieb erworbenen Anwartschaften leistet. Das Nähere bestimmt der Reichsarbeitsminister; 7) er kann auch Teilzahlungen zulassen.

8) (Abs. 4.) Die ausgeschiedenen Versicherten können sich nach den §§ 76, 77 9) weiterversichern.

Art. 13 Buchst. e Entw. d. Nov.

1) Der Entw. der Nov. (S. 17) begründet die Vorschrift wie folgt: „Auf Wunsch des Reichsverbandes der Deutschen Industrie, Fachgruppe Bergbau, soll den Hüttenwerken und sonstigen Betriebsanstalten, die zur Zeit dem Reichsknappschafts-

verein angehören, nochmals Gelegenheit gegeben werden, sich über ihr Verbleiben in der knappschaftlichen Versicherung schlüssig zu machen. Dem Reichsknappschaftsverein dürfen natürlich die bereits entstandenen Lasten nicht ohne Gegenleistung der etwa ausscheidenden Betriebe verbleiben." Die endgültige Fassung des § 239, die auf einem Beschluß erster Lesung des RT.Ausschusses beruht (Ber. S. 98/101 zu Art. 13 e), ist durch die Vorschriften der §§ 3 bis 5 über das Ausscheiden der Betriebe von geringem Umfang und der Industrie Steine und Erden stark beeinflußt worden. Insbesondere ist, wie im § 5, Schadloshaltung der Rkn. wegen des Ausfalls an Beiträgen vorgesehen.

2) Vergl. Anm. 3, 4 zu Art. 17 EG.

3) Voraussetzung des Ausscheidens ist die Erfüllung der im Abs. 3 bezeichneten Bedingungen. Aber auch bei Erfüllung dieser Bedingungen kann die Rkn. die Zustimmung zu dem Ausscheiden versagen.

4) Vergl. Anm. 4 zu § 3.

5) Abweichend von §§ 3, 4 ist der Antrag an die Rkn. und nicht an den RAM. zu richten, die Rkn. hat auch nach Abs. 3 die Entscheidung.

6) Die Vorschriften in Abs. 3 entsprechen im allgemeinen dem § 5. Abweichend soll für bereits laufende Pensionen der Kapitalwert erstattet werden. Es ist jedoch anzunehmen, daß die Rkn. die Vorschriften gleichmäßig handhaben und daher auch im Falle des § 239 für laufende Pensionen eine „angemessene Entschädigung" fordern wird. Im übrigen vergl. Anm. 4 bis 6 zu § 5.

7) Der RAM. bestimmt Näheres nur über die Entschädigung, nicht über sonstige Voraussetzungen des Ausscheidens.

8) Abweichend von Art. 18 EG. bleiben die der PK. angehörenden Versicherten eines jetzt ausscheidenden Betriebes nicht für ihre Person Mitglieder der Pensionskassen der Rkn. mit dem Recht, in einem beliebigen späteren Zeitpunkt auszuscheiden und zur Zahlung von Anerk.Geb. überzugehen. Vielmehr scheiden sie sofort kraft G. aus der PV. aus, sie haben aber das

Recht, Anerk.Geb. zu zahlen oder sich nach § 77 weiterzuversichern.

9) Der Ausdruck „weiterversichern" kann an sich nur auf § 77 bezogen werden. Daß aber auch das Recht der Zahlung von Anerk.Geb. zugestanden werden soll, muß aus der Bezugnahme auf § 76 sowohl an dieser Stelle wie im § 240 Satz 2 gefolgert werden. Es handelt sich um eine sprachliche Ungenauigkeit.

§ 240. [1])

Die auf Grund des Artikel 18 Abs. 1 Satz 1 des Einführungsgesetzes zum Reichsknappschaftsgesetze vom 23. Juni 1923 (Reichsgesetzbl. I S. 454) der Reichsknappschaft noch angehörenden Mitglieder [2]) können ihr Ausscheiden aus der Versicherung nur noch innerhalb einer Frist von drei Monaten, vom 1. Juli 1926 ab gerechnet, anzeigen. Die Weiterversicherung nach den §§ 76, 77 ist zulässig. [3])

1) § 240 beruht auf einem Beschluß 1. Lesung des RT.-Ausschusses (Ber. S. 99, 101).

2) Diese Mitglieder hatten nach dem bisherigen Abs. 1 des Art. 18 EG. das Recht, der Bezkn. „ihr Ausscheiden aus der knappschaftlichen Versicherung anzuzeigen". Das Ausscheiden war nicht zeitlich begrenzt, konnte vielmehr noch erklärt werden, nachdem ein Mitglied schon längere Zeit der PK. angehört hatte (vergl. erste Auflage Anm. 2 zu Art. 18 EG. S. 389). In Verfolg des allgemeinen Strebens, der Flucht aus der Kn. entgegenzuwirken, ist die Möglichkeit des Ausscheidens jetzt befristet. Bei der Befristung dürfte mit erwogen sein, daß von dem Recht des Ausscheidens nach dem bisherigen Art. 18 Abs. 1 EG. in erheblichem Umfange Gebrauch gemacht ist, und daß die Rkn. für Pensionsempfänger, die aus den Belegschaften der gemäß Art. 17, 18 EG. seit dem 1. 1. 24 ausgeschiedenen Betriebe hervorgegangen sind, 30 bis 40 000 RM. monatlich auf-

zuwenden hat (vergl. Anm. 1 zu § 5). Die jetzt noch vorhandenen PK.Mitglieder und die Werke, bei denen sie in Arbeit stehen, sollen dauernd zur Beitragsleistung herangezogen werden, wenn das Ausscheiden nicht bis spätestens 30. 9. 26 erfolgt.

Nicht geklärt ist durch die Nov. das Verhältnis der jetzt noch der PV. angehörenden und eventl. in ihr verbleibenden Arbeitnehmer ausgeschiedener Betriebe zur Krankenversicherung. Der Entw. der Nov. hatte im Art. 13 unter Buchstabe f vorgesehen, daß solche Arbeitnehmer Mitglieder der Pensionskasse der Rkn. werden, und diesen Vorschlag mit „dem Wunsche der beteiligten Versicherten, welche durch die Zugehörigkeit zur Krankenversicherung der Reichsknappschaft Nachteile erleiden können" begründet (Entw. d. Nov. S. 17). Aus welchen Gründen diese Vorschrift bei Beratung der Uebergangsbestimmungen nicht behandelt ist und infolgedessen in das G. keine Aufnahme gefunden hat, ist nicht ersichtlich. Es bleibt weiterhin zweifelhaft, ob die hier fraglichen Arbeitnehmer auch die Krankenversicherung und Invalidenversicherung bei der Rkn. durchzuführen haben, wie in der ersten Auflage Anm. 2 zu Art. 18 EG. S. 388 angenommen war, oder ob sie bei der Ortskrankenkasse (Betriebskrankenkasse) gegen Krankheit und bei der LVAnstalt gegen Invalidität zu versichern sind. Soweit bekannt, sind diese Mitglieder bisher durchweg den KrK. und LV.-Anstalten überwiesen worden. Dieser Zustand, der dem Wunsche der Versicherten selbst und der Arbeitgeber entspricht, wird weiterhin stillschweigend geduldet werden können.

3) Vergl. Anm. 9 zu § 239.

§ 241.[1])

Die auf Grund der Vorschriften des Angestelltenversicherungsgesetzes bei der Reichsknappschaft freiwillig Weiterversicherten oder Selbstversicherten werden der Reichsversicherungsanstalt für Angestellte[2]) überwiesen. Die Reichsknappschaft hat an die Reichsversicherungsanstalt die seit dem 1. Januar 1924 entrichteten Beiträge abzüglich zehn vom Hundert abzuführen. Die Versicherten können die Versicherung nach den Vorschriften des Angestelltenversicherungsgesetzes nur bei der Reichsversicherungsanstalt für Angestellte fortsetzen.

1) Die Vorschrift beruht auf Beschlüssen zweiter Lesung des RT.Ausschusses (Ber. S. 149, 151 Art. 13 Buchst. i). Sie bezieht sich auf eine verhältnismäßig geringe Anzahl von Angestellten, die bei der Rkn. nur nach den Vorschriften des AVG. (vergl. § 71 RKG. a. F.) als „knappschaftlich nicht berechtigte" Mitglieder versichert waren, weil sie die gesundheitlichen Voraussetzungen für die Aufnahme in die PV. nicht erfüllten, und die sich nach dem Ausscheiden aus der Tätigkeit in einem kn. vers. Betriebe bei der Rkn. weiterversichert haben (§ 73 Abs. 2 RKG. a. F.). Ferner kommen in Betracht freiwillig nach dem AVG. bei der Rkn. Versicherte, die die Selbstversicherung nach § 73 Abs. 1 a. a. O. fortsetzten. Diese Gruppen von Angestellten haben Anspruch nur auf Leistungen der AV. und nicht der PV., da sie niemals Beiträge zur PV. entrichtet haben. Es erschien zweckmäßig, sie der Reichsanstalt zu überweisen, so daß bei der Rkn. künftig nur Angestellte versichert sind, die der PV. angehören oder angehört haben.

2) Diese hat die Leistungen nach den Vorschriften des AVG. auch für die Zeit der V. bei der Rkn. zu gewähren und erhält dafür die zur Rkn. gezahlten Beiträge abzüglich 10 v. H. für Verwaltungskosten.

§ 242. [1])

In den am 1. Juli 1926 laufenden Versicherungsfällen der Krankenversicherung werden von diesem Tage an die Leistungen nach den Vorschriften dieses Gesetzes berechnet.

1) Die vom Plenum des RT. beschlossene Vorschrift ist dem Art. 30 EG. zur RVO., Art. 27 EG. zum RKG. nachgebildet. Sie ist während der Uebergangszeit namentlich für die Gewäh-

rung von Familienzuschlägen zum Krankengeld nach § 22 von Bedeutung.

Vorbemerkung zu den §§ 243 bis 246.

Die §§ 243 bis 246, die sich über die Berechnung der am 1. 7. 26 laufenden Pleistungen und der bis zum 1. 7. 26 erworbenen Anwartschaften der an diesem Tage vorhandenen aktiven Mitglieder der Arb.PK. verhalten, beruhen in der Hauptsache auf dem in der zweiten Lesung des RT.Aussch. angenommenen Antrag Nr. 596 zu Buchst. b, c und k (Ber. S. 148 bis 151).

Im allgemeinen besteht der Grundsatz, daß laufende Renten jeweils nach dem Recht gewährt werden, unter dem sie entstanden sind. Wie aber schon bei dem Inkrafttreten des RKG. mit dem 1. 1. 24 alle Renten nach den neuen Vorschriften berechnet worden sind, um die bis dahin bestehende Vielgestaltigkeit der Leistungen nach Zusammensetzung und Höhe zu beseitigen, so hat man auch bei Beratung der Kn.Novelle für zweckmäßig erachtet, die neuen Vorschriften auf die laufenden Renten anzuwenden, damit auch diese, wie künftig neu anfallenden Renten, sich aus Grundbetrag, Steigerungssätzen und Kindergeld zusammensetzen, wodurch zugleich die Anwendung der neuen Ruhensvorschriften beim Zusammentreffen mit anderen Leistungen ermöglicht wird. Gewisse Schwierigkeiten bot hierbei die Berechnung der Steigerungsbeträge. Die Anwendung des neuen Lohnstufensystems (§ 32) für rückliegende Zeiten, insbesondere die der Inflation wurde für undurchführbar erachtet: nicht nur würde die Ermittelung der Lohnklassen nach dem früheren Lohn ein ungeheures Maß von Verwaltungsarbeit (Rückfragen bei den Zechen und sonstige Feststellungen) verursacht haben, sondern das Ergebnis wäre vermutlich auch wenig zuverlässig gewesen und in vielen Fällen beanstandet worden. Auch der in der Unfallvers. beschrittene Weg, für Pensionsempfänger einen sog. Doppelgänger zu suchen (vgl. Zweites Ges. über Aenderungen in der UV. 17. 7. 25) erschien nicht gangbar. Bei dieser Sachlage blieb nach übereinstimmender Ansicht der Reichsregierung und der Mehrheit des RT.Ausschusses nur die Lösung übrig, daß auf Grund der bisherigen Löhne in jeder Bezkn. ein Durchschnittsjahresarbeitsverdienst festgesetzt wird und von diesem Durchschnittsverdienst die Steigerungsbeträge nach den im G. festgelegten Hundertsätzen errechnet werden. Der gleiche Weg ist für die Berechnung der in der Vergangenheit erworbenen Anwartschaften der am 1. 7. 26 vorhandenen Aktiven gewählt werden. Nach Annahme der Reichsregierung kommt bei Anwendung dieses Verfahrens unter Berücksichtigung der derzeitigen Löhne für den Reichsdurchschnitt die Lohnklasse V in Betracht. Rechnet man zu den sich danach ergebenden Renten den Kinderzuschuß hinzu, so sind nach den neuen Vorschriften die Bezüge im allgemeinen höher als nach dem bisherigen Recht. (Vgl. die eingehenden Darlegungen des Regierungsvertreters S. 100 des Ber.)

Im Ausschuß ist auch ein Vorschlag des Reichswirtschaftsrats erörtert worden, der dahin ging, für die Vergangenheit die bisherigen Renten einfach bestehen zu lassen (unter Anrechnung von Steigerungssätzen nach 25 Dienstjahren) und nur die Kürzungsvorschriften auf diese Renten anzuwenden (Ber. a. a. O.). Der Ausschuß hat aber der Neu-Festsetzung der Renten nach dem Durchschnittsjahresarbeitsverdienst den Vorzug gegeben.

Infolge der Umrechnung aller Renten und Anwartschaften nach einem Durchschnittsverdienst bleibt für eine nicht gerade kurze Uebergangszeit der in der Vorbemerkung vor § 32 erörterte Nachteil bestehen, daß das Verhältnis zwischen Rente und früherem Lohn sehr verschieden ist: Der ehemalige Tagesarbeiter bezieht dieselbe Pension wie der ehemalige Hauer mit gleichem Dienstalter. Dieser Nachteil wird aber durch die Vorteile des Umrechnungsverfahrens voll ausgeglichen. Die Vorteile beruhen abgesehen von der Ersparung an Verwaltungsarbeit vor allem darin, daß alle laufenden Renten und alle Anwartschaften nach vollkommen einheitlichen Grundsätzen berechnet werden (vgl. Ber. a. a. O.).

§ 243.

(Abs. 1.) Die am 1. Juli 1926 laufenden Leistungen der Arbeiterpensionskasse, die auf Grund der §§ 25, 26, 32, 33 und 34 des Reichsknappschaftsgesetzes vom 23. Juni 1923 (Reichsgesetzbl. I S. 431) oder der bis zum 1. Januar 1924 gültigen Satzungen früherer deutscher [1]) Knappschaftsvereine festgesetzt sind, werden nach den Vorschriften dieses Gesetzes berechnet. [2]) Dabei ist die Lohnklasse maßgebend, die dem durchschnittlichen Jahresarbeitsverdienste der am 1. Juli 1926 vorhandenen aktiven Mitglieder entspricht. [3])

(Abs. 2.) [4]) Sind weniger als sechzig [5]) Beitragsmonate in der Pensionsversicherung nachgewiesen und treffen Leistungen der Pensionsversicherung mit Leistungen der Invalidenversicherung zusammen, so darf die nach den Vorschriften dieses Gesetzes umgerechnete Leistung der Pensionsversicherung nicht geringer sein als die nach den bisherigen Vorschriften [6]) zu gewährende Leistung der Pensionsversicherung.

(Abs. 3.) Dem Berechtigten ist ein neuer Bescheid zu erteilen. [7]) Gegen den Bescheid findet nur die Beschwerde nach § 193 Abs. 2 statt. [8]) Nachzahlungen für Zeiten vor dem 1. Juli 1926 werden nicht geleistet. [9]) Schwebende Fälle [10]) unterliegen den Vorschriften dieses Gesetzes. Die Nichtanwendung dieser Vorschriften ist auch dann ein Revisionsgrund, wenn das Knappschaftsoberversicherungsamt sie noch nicht anwenden konnte. [11])

1) Die Einschaltung des Wortes „deutscher" in der jetzigen Fassung, die von dem zum Vergleich heranzuziehenden Abs. 1 in Art. 29 des EG. z. RKG. abweicht, ist nicht besonders be-

gründet. Sie dürfte auf der Absicht beruhen, daß bei der Umrechnung auch Pensionen berücksichtigt werden, die von früheren Elsaß-lothringischen Knappschaftsvereinen oder von dem jetzt Polnischen Oberschlesischen Knappschaftsverein festgesetzt sind, soweit eine Leistungspflicht der Rkn. nach den hierfür in Betracht kommenden besonderen Vorschriften besteht. Ueber die Verhältnisse der Lothringer Pensionäre vgl. Ver. vom 24. 3. 24 (RGBl. I S. 371) und Wißmann: Das Reichsknappschaftsgesetz in der Praxis Nr. 87. Nach dem dort mitgeteilten Beschluß des Vorstandes der Rkn. vom 27. 9. 24 werden bei aus Elsaß-Lothringen zugewanderten Mitgliedern unter gewissen Voraussetzungen die in Elsaß-Lothringen erworbenen Dienstjahre bei Berechnung der Pensionen berücksichtigt. Ueber die Verhältnisse der Pensionsberechtigten des früheren Oberschlesischen, heute Polnischen Knappschaftsvereins, die in Deutschland wohnen, vgl. Wißmann a. a. O. Nr. 88 und 89 und E. des RVA. vom 1. 7. 26, abgedruckt in „Die Knappschaft" (Berlin) S. 132.

2) Das Wort „berechnet" kann an sich nach dem strengen Wortsinn nur auf die anderweitige Zusammensetzung der Renten aus Grundbetrag und Steigerungssätzen bezogen werden, soll aber nach den in der Vorbemerkung angeführten Erklärungen der Regierungsvertreter (Ber. S. 100) offenbar auch die Gewährung von Kindergeld mit dem festen Satz von 7,50 RM. monatlich bedeuten, der über das bisherige Kindergeld von 10 % der Steigerungsbeträge weit hinausgeht. Uebrigens war in der ersten Ausschußlesung der Antrag ausdrücklich gestellt und angenommen, daß zu der JP. der Kinderzuschuß zu gewähren ist (Ber. S. 98 Antrag Nr. 486 Abs. 2, S. 101). Auch die Anwendung der neuen Kürzungsvorschriften (beim Zusammentreffen von Leistungen der PV. mit anderen Leistungen) wird unter den Begriff der „Berechnung nach den Vorschriften dieses Gesetzes" fallen. Daneben ist die Anwendung der Kürzungsvorschriften auf laufende Renten aus § 251 Abs. 1 zu folgern.

3) Einzelheiten über die Feststellung s. im § 244.

4) Abs. 2 beruht auf einem Beschluß 2. Lesung des RT.-Aussch. Bei Beratung der Uebergangsvorschriften ist die Auffassung vertreten worden, daß bisher gewährte Renten allgemein nicht verringert werden sollten, daß es aber in keinem Falle angängig sei, jüngeren Invaliden mit geringem Dienstalter die ohnehin geringen Bezüge durch Anrechnung des Grundbetrages zu schmälern. Gegen das Verlangen, daß die umgerechnete Rente einschl. des etwa gewährten Kindergeldes nicht niedriger sein dürfe als der Gesamtbetrag der bisherigen Geldleistungen, sind unter Hinweis auf Erfahrungen bei der UV. von der Regierung Einwendungen erhoben worden; der Anregung, bei jüngeren Invaliden Kürzungen zu vermeiden, hat die Regierung jedoch zugestimmt, worauf Abs. 2 beschlossen worden ist (Ber. S. 148/150).

5) Ein Antrag, die Zahl 60 durch 180, evtl. durch 120 zu ersetzen, ist im RT.Aussch. abgelehnt worden (Ber. a. a. O.). Bei der zweiten Plenarberatung hat der Abg. Karsten Zahlenbeispiele dafür angeführt, daß auch Invaliden mit höherem Dienstalter durch die neuen Vorschriften empfindlich geschädigt würden, und hat die im RT.Aussch. abgelehnten Anträge wiederholt. Die Anträge sind jedoch erneut abgelehnt, vermutlich auf Grund der Erwägung, daß es sich bei den etwa Geschädigten durchweg um Unfallinvaliden handelt, die außer JP. und JR. auch UR. beziehen und für den Minderbetrag an Renten in dem Kindergeld einen Ausgleich erhalten. (Vgl. Sten. Ber. über die Vollsitzung vom 10. 6. 26 S. 7447—7449.)

6) Das G. drückt sich hier nicht sehr klar aus. Offenbar ist nicht beabsichtigt, daß bei jeder künftigen Lohnerhöhung die Rente nach den Vorschriften des alten G. neu festgestellt und die erhöhte Rente gezahlt werden soll. Sondern die Vorschrift ist dahin zu verstehen, daß eine bei Anwendung der neuen Vorschriften vom 1. 7. 26 ab sich ergebende geringere Rente auf den bisherigen Rentenbetrag erhöht und der bisherige Rentenbetrag dauernd weitergezahlt wird.

7) Eine einfache Mitteilung genügt nicht. Vielmehr ist ein

förmlicher Bescheid zu erteilen, der die Belehrung enthält, wie er angefochten werden kann.

8) Gemeint ist die Anrufung des Geschäftsausschusses nach § 193 Abs. 2. Ein weiteres Rechtsmittel ist nicht für notwendig erachtet worden, weil es sich nicht um die erneute Prüfung der materiell-rechtlichen Voraussetzungen eines Anspruchs handelt, sondern lediglich um die Umrechnung bereits festgestellter Renten auf der Grundlage des früher ermittelten und in den früheren Rentenbescheiden durchweg ziffernmäßig angegebenen Dienstalters. (Vgl. Ber. S. 151.)

9) Satz 2 im Abs. 3 bezieht sich nach Inhalt und Zusammenhang zweifellos nur auf die Umrechnung laufender Renten und schließt Nachzahlungen namentlich in den Fällen aus, in denen Pensionsempfänger ein Dienstalter von mehr als 25 Dienstjahren nachgewiesen hatten. Aus der in Anm. 7 zu § 38 erwähnten Entsch. des RVA., wonach auch schon bisher Dienstzeiten nach 25 Jahren berücksichtigt werden mußten, können daher irgendwelche Forderungen für rückliegende Zeiten nicht geltend gemacht werden.

10) Die Sätze 3 und 4 im Abs. 3 fallen vollständig aus dem Zusammenhang heraus. Während sich die §§ 243 bis 245 ihrem ganzen sonstigen Inhalte nach ausschließlich auf die Umrechnung der am 1. 7. 26 laufenden Leistungen der Arb.PK. beziehen, bringen die erwähnten Sätze Vorschriften über die Behandlung „schwebender Fälle", d. h. solcher Fälle, in denen das den Anspruch begründende Ereignis vor dem 1. 7. 26 eingetreten war, die Leistung aber noch nicht rechtskräftig festgestellt ist. In dem vom RT.Ausschuß angenommenen Antrag Nr. 596 (vgl. Vorbemerkung) waren die beiden Sätze in einem besonderen Abs. f des Art. 13 enthalten, der auf die Vorschriften über die Berechnung der vom Tage des Inkrafttretens des G. ab zu gewährenden Leistungen der Arb.PK. und der Ang.PK. (Abs. c und e) folgte. In der gleichen Reihenfolge erscheinen die Sätze in Artikel 16 Abs. g der Nov. vom 25. 6. 26. Weshalb bei der Neufassung des Ges. die Reihenfolge geändert und ein

unmittelbarer Zusammenhang mit den Umrechnungsvorschriften hergestellt ist, ist nicht ersichtlich. Schwebende Fälle gehören nicht zu den laufenden Leistungen. Bei richtiger Anordnung hätten die bezüglichen Vorschriften als besonderer, auf die Arb.PK. und Ang.PK. bezüglicher Paragraph hinter dem § 249 eingeschaltet werden müssen.

Für die Auslegung ist jedenfalls davon auszugehen, daß die Vorschriften über „schwebende Fälle" außerhalb des Zusammenhangs mit den Umrechnungsvorschriften betrachtet und angewendet werden müssen. Nach einer vom Vorstande der Rkn. gegebenen Weisung ist bei Bearbeitung der schwebenden Fälle bis zum 30. 6. 26 das alte Recht und vom 1. 7. 26 ab das neue Recht anzuwenden; es sind also getrennte Berechnungen der Versicherungleistungen für die Zeit vor und nach dem Stichtag aufzustellen. Diese Art der Erledigung dürfte der Absicht des G. entsprechen, wenn sie auch mit dem Wortlaut nicht ohne weiteres vereinbar ist. Die Absicht des G. würde klarer, als geschehen, zum Ausdruck gekommen sein, wenn wie in Artikel 19 Abs. 2 des G. zur Aenderung der RVO. und des AVG. vom 25. 6. 26 (RGBl. I S. 311) bestimmt worden wäre, daß f ü r d i e Z e i t n a c h d e m I n k r a f t t r e t e n des neuen G. alle Ansprüche seinen Vorschriften unterliegen.

11) Satz 4 enthält eine Vorschrift, wie sie sich in allen Uebergangsvorschriften der neuen Vers.G. findet.

§ 244. [1])

(Abs. 1.) Der durchschnittliche Jahresarbeitsverdienst wird für jede Bezirksknappschaft durch einen Ausschuß festgestellt, der aus einem vom Vorsitzenden des zuständigen Knappschaftsoberversicherungsamts bestellten Obmann und je sechs Vertretern der Arbeitgeber und Versicherten besteht, die der Bezirksvorstand bestimmt.[2]) Der Ausschuß kann, sofern innerhalb der Bezirksknappschaft verschiedene Arten knappschaftlich versicherter Betriebe vorhanden sind, den durchschnittlichen Jahresarbeitsverdienst für die Betriebsarten verschieden bemessen. Mehr als drei Betriebsarten dürfen nicht unterschieden werden.[3])

(Abs. 2.) Der Festsetzung des durchschnittlichen Jahresarbeitsverdienstes wird der am 1. Juli 1926 gezahlte Entgelt[4]) zugrunde gelegt, und zwar wird ein monatlicher Entgelt mit zwölf, ein wöchentlicher Entgelt mit zweiundfünfzig, ein täglicher Entgelt mit dreihundert vervielfältigt. Ist ein Versicherter stundenweise beschäftigt, so ist als täglicher Entgelt der durchschnittliche Verdienst eines gleichartigen Arbeiters anzunehmen, der während des ganzen Arbeitstags beschäftigt ist. Zuschläge, die mit Rücksicht auf den Familienstand und die Kinderzahl gegeben werden, bleiben dabei außer Ansatz. Der Jahresarbeitsverdienst der jugendlichen und weiblichen Mitglieder bleibt außer Ansatz.

(Abs. 3.) Die Kosten der Ausschüsse trägt die Reichsknappschaft.

1) Die Vorschriften des § 244 über die Bildung der Festsetzungsausschüsse sind dem Art. 142 des Zweiten G. über Aenderungen in der UV. vom 17. 7. 25 nachgebildet.

2) Der Bezirksvorstand ist in der Bestimmung der Vertreter völlig frei. Irgendwelchen besonderen Erfordernissen brauchen die Vertreter nicht zu genügen.

3) Diese Vorschrift schließt sich an § 28 RKG. a. F., § 52 der bisherigen Satzung des RKV. an, wonach für die Arbeiterabteilung der PK. drei Mitgliederklassen gebildet waren.

4) d. i. der Brutto-, nicht Netto-Arbeitsverdienst.

§ 245.

Das Knappschaftsoberversicherungsamt kann für die Feststellung des durchschnittlichen Jahresarbeitsverdienstes eine Frist bestimmen. Nach Ablauf der Frist kann es selbst den durchschnittlichen Jahresarbeitsverdienst feststellen.

§ 246.[1])

Bei Berechnung der vom 1. Juli 1926 ab neu zu gewährenden Leistungen der Arbeiterpensionskasse sind für Beitragsmonate vor dem 1. Juli 1926 Steigerungsbeträge entsprechend den nach § 243 Abs. 1 festgestellten Lohnklassen zu gewähren.

1) Vgl. hierzu Vorbemerkung.

§ 247. [1])

(Abs. 1.) Die am 1. Juli 1926 laufenden Leistungen der Angestelltenpensionskasse, die auf Grund der §§ 25, 26, 32, 33 und 34 des Reichsknappschaftsgesetzes vom 23. Juni 1923 (Reichsgesetzbl. I S. 431) oder der bis zum 1. Januar 1924 gültigen Satzungen früherer deutscher[2]) Knappschaftsvereine sowie auf Grund des § 71 des Reichsknappschaftsgesetzes vom 23. Juni 1923 und der §§ 24 und 25 des Angestelltenversicherungsgesetzes[3]) festgesetzt sind, werden nach den Vorschriften dieses Gesetzes berechnet.[4]) Dabei ist die Gehaltsklasse maßgebend, in welcher das Mitglied nach seinem Hauptberufe[5]) am 1. Juli 1926[6]) beitragspflichtig gewesen wäre.

(Abs. 2.)[7]) Als Beitragsmonat gelten auch alle Monate, in denen das Mitglied der Angestelltenpensionskasse der Reichsknappschaft, der Arbeiterpensionskasse eines früheren Knappschaftsvereins oder der Reichsknappschaft oder einer Beamtenpensionskasse eines früheren Knappschaftsvereins angehörte oder in denen es Beiträge zur reichsgesetzlichen Angestelltenversicherung geleistet hat oder eine Beschäftigung in knappschaftlich versicherten Betrieben nachweisen kann.[9]) Die Reichsknappschaft[8]) bestimmt das Nähere.[10])

(Abs. 3.) Die Vorschriften des § 243 Abs. 3 gelten.[11])

1) Der § 247, der die Umrechnung der Angestellten-Pensionen regelt, beruht wie die §§ 243 bis 245 auf dem in der zweiten Ausschuß-Lesung angenommenen Antrag Nr. 596 (unter Buchst. d und e Abs. 2). Vergl. Ber. S. 148/49. Von den §§ 243 bis 245 weicht er dadurch ab, daß für die Umrechnung der Angestellten-Pensionen nicht besonders festzusetzende Durchschnittsgehälter zu Grunde zu legen sind, sondern daß jeweils die Gehaltsklasse maßgebend ist, in der das Mitglied nach seinem Hauptberuf am 1. 7. 26 beitragspflichtig gewesen wäre. Danach findet bei dem einzelnen Angestellten die Höhe des von ihm bezogenen Gehalts in der Pension ihren Ausdruck.

2) Vgl. Anm. 1 zu § 243.

3) Das G. drückt sich an dieser Stelle nicht genau aus. „Auf Grund des § 71 des RKG. vom 23. 6. 23 und der §§ 24 und 25 AVG." sind nicht Leistungen der Angestelltenpensionskasse festgesetzt, sondern Leistungen der Angestelltenversicherung für solche (kn. nicht berechtigte) Angestellte, die mangels Erfüllung der gesundheitlichen Voraussetzungen in die Angestelltenabt. der PK. des RKV. nicht aufgenommen werden konnten und beim RKV. lediglich nach den Vorschriften des AVG. versichert waren. (Vgl. §§ 71 ff. RKG. a. F.) Es ist aber offenbar Absicht des G., daß auch die Leistungen der Angestelltenversicherung nach den neuen Vorschriften umgerechnet werden, und daß insoweit der Unterschied zwischen kn. berechtigten und kn. nicht berechtigten Angestellten fällt. (Besonderheiten für die kn. Berechtigten s. bei § 249 und Anm. 10 unten.) Der Satz 1 im Abs. 1 wird deshalb so zu verstehen und anzuwenden sein, als wenn er lautete: Die . . . Leistungen . . . ., die auf Grund . . . , früherer deutscher Knappschaftsvereine festgesetzt sind, sowie die am 1. Juli 1926 laufenden Leistungen der Angestelltenversiche-

rung, die auf Grund des § 71 .... und der §§ 24 und 25 .... festgesetzt sind, werden .... berechnet."

4) Vgl. Anm. 2 zu § 243.

5) Die Frage, was als Hauptberuf gilt, wird im Einzelfalle nach der ganzen Laufbahn des Angestellten zu beurteilen sein. In Anlehnung an die Grundsätze, die das RVA. in der in Anm. 15 zu § 36 mitgeteilten Entscheidung zum Begriff „nicht nur vorübergehend" im Sinne des bisherigen § 26 RKG. aufgestellt hat, wird angenommen werden dürfen, daß bei Bergbauangestellten Hauptberuf diejenige Tätigkeit ist, die das Ziel und den regelmäßigen Abschluß der bergbaulichen Tätigkeit bildete.

6) Im Antrag Nr. 596 Buchst. d war an dieser Stelle das Datum des 1. Juli 1924 vorgesehen, weil von diesem Tage ab der RKV. die AV. allgemein übernommen hat, und in der Angestelltenabt. der PK. die Bildung von Klassen entsprechend den Gehaltsklassen der AV. (vgl. § 28 Abs. 2 Nr. RKG. a. F., § 52 Abs. 2 der bisherigen Satzung des RKV.) durchgeführt ist. Die Regierung wollte an dem 1. Juli 1924 festhalten, weil die seit diesem Tage gezahlten Gehälter genau festzustellen seien und sich in den Steigerungsbeträgen auswirkten. Der Ausschuß hat jedoch den 1. Juli 1926 eingesetzt. Die Aenderung ist damit begründet worden, daß seit dem 1. Juli 1924 eine starke Umgruppierung der Gehälter besonders im Bergbau eingetreten ist und daß infolge der Beseitigung des Gleitens der Renten die Aufbesserung der Gehälter für inzwischen pensionierte Angestellte nicht als Erhöhung der Pension in die Erscheinung treten würde (Ber. S. 150/51). Bei der jetzigen Fassung ergibt sich die Zuteilung der einzelnen Gruppen von Angestellten (nach dem Hauptberuf) zu den Gehaltsklassen des § 54 zwanglos aus den am 1. Juli 1926 gültigen Tarifverträgen und den darin festgelegten Gehaltssätzen.

7) Abs. 2 hat einen für die Angestellten außerordentlich günstigen Beschluß des Vorstandes des RKV. vom 28. 1. 25 (abgedruckt im Kompaß S. 35) übernommen. In die-

sem Beschluß ist der Gesichtspunkt, daß der Anspruch auf Leistungen an sich durch Zahlung von Beiträgen erworben wird, völlig zurückgetreten und als entscheidend für die Begründung des Anspruchs angesehen die Tatsache der Verrichtung einer Tätigkeit in kn. vers. Betrieben, die nach heutiger Auffassung als Angestelltentätigkeit gilt; ob das betreffende Mitglied der Beamtenpensionskasse eines Knappschaftsvereins oder (etwa weil eine Beamtenpensionskasse nicht bestand) der Arbeiterpensionskasse angehört hat, ob es überhaupt nicht Knappschaftsmitglied und seit dem 1. 1. 1913 nur bei der Reichsversicherungsanstalt versichert war, ist dabei völlig gleichgültig. Wenn das G. jetzt bestimmt, daß als Beitragsmonate auch alle Monate gelten, in denen das Mitglied „eine Beschäftigung in knappschaftlich versicherten Betrieben nachweisen kann", so ist es dem Wortlaut nach über den Beschluß vom 28. 1. 25 noch hinausgegangen. Vgl. hierzu Anm. 8.

8) Gegenüber diesem ganz allgemein gehaltenen Wortlaut wird die einschränkende Auslegung Platz greifen müssen, daß es sich um eine im Sinne des AVG. versicherungspflichtige Angestelltentätigkeit gehandelt haben muß. Es kann nicht Absicht des G. gewesen sein, auch die Beschäftigung als Arbeiter auf die Dienstzeit in der AngPK. anzurechnen und mit Steigerungssätzen der in Betracht kommenden Gehaltsklasse zu berücksichtigen. An der Unterscheidung zwischen Arbeiterdienstjahren und Angestelltendienstjahren hatte der vorerwähnte Beschluß vom 28. 1. 25 festgehalten, um eine zu starke Belastung der Angestelltenabt. zu vermeiden. Nur der Inhalt dieses Beschlusses aber sollte im G. festgelegt werden. Das ist aus den in der ersten Ausschußlesung zum Art. 13 des Entwurfs der Nov. gestellten Anträge zu folgern. Einer dieser Anträge (Nr. 443 zu c) forderte die Anrechnung u. A. solcher Beitragszeiten, „während deren der Versicherte eine im Sinne dieses Gesetzes knappschaftsversicherungspflichtige Angestelltentätigkeit ausgeübt hat". (Ber. S. 97). An diesen für die zweite Lesung zurückgestellten Antrag hat sich der Antrag 596 Buchst. d

angelehnt; ihm muß also trotz der erweiterten Fassung die gleiche Absicht wie dem Antrag 443 unterlegt werden. Vgl. auch die in der zweiten Lesung gestellten Anträge Nr. 588 und Nr. 593 zu h Ver. S. 147/48. Es ist Sache der Rkn., über die Anwendung dieser Vorschrift nach Abs. 2 Satz 2 das Nähere zu bestimmen. (Vgl. Anm. 10.)

9) d. i. der Abteilungsvorstand für Angestelltenangelegenheiten (§ 152).

10) Von dieser Befugnis hat die Rkn. bereits Gebrauch gemacht. Sie hat den in Anm. 5 zu § 67 mitgeteilten Beschluß vom 14. 7. 26 über die Steigerungsbeträge gefaßt, der sich auch auf die Umrechnung der laufenden Pensionen bezieht. Sie hat ferner beschlossen, daß bei der Errechnung der Dienstjahre vorläufig im Sinne des Beschlusses vom 28. 1. 25 weiterzuverfahren ist (vgl. hierzu Anm. 8). Schließlich hat sie festgelegt, daß es hinsichtlich der Gewährung der Zusatzsteigerungen aus der AV. für die Zeit vom 1. 1. 1913 bis 31. 7. 21 (vgl. § 56 Abs. 2 AVG.) neben der Knappschaftspension bei dem Zustande vor dem 1. Juli 1926 verbleibt. Durch diesen Beschluß ist die Doppelversicherung, die das G., abgesehen von der Vorschrift des § 249, mit Rückwirkung in die Vergangenheit beseitigen wollte, bis zu einem gewissen Grade wiedereingeführt: Für die in dem Beschluß erwähnte Zeit (1. 1. 1913 bis 31. 7. 1921) werden nicht nur knappschaftliche Leistungen (Grundbetrag und Steigerungsbeträge nach § 60 RKG.) sondern nebenher auch Steigerungsbeträge der AV. gewährt. Auf diese Doppelleistung haben natürlich nur die kn. Berechtigten im bisherigen Sinne Anspruch.

11) Vgl. Anm. 7 bis 11 zu § 243.

§ 248.[1])

(Abs. 1.) Bei Berechnung der vom 1. Juli 1926 ab neu zu gewährenden Leistungen der Angestelltenpensionskasse sind für Beitragsmonate vor dem 1. Juli 1926[2]) Steigerungsbeträge entsprechend der Gehaltsklasse zu gewähren, in welcher das Mitglied nach seinem Hauptberufe am 1. Juli 1926[2]) beitragspflichtig[3]) war oder gewesen wäre, wenn es an diesem Tage seinen Hauptberuf ausgeübt hätte.

(Abs. 2.) Die Vorschriften des § 247 Abs. 2 gelten entsprechend.[4])

1) Für die Berechnung der in der Vergangenheit erworbenen Anwartschaften der am 1. 7. 26 vorhandenen aktiven Mitglieder der Ang.PK. enthält § 248 den gleichen Grundsatz wie § 246 für die Arb.PK. (vgl. Vorbemerkung von § 243). Jedoch ist auch hier, wie in § 247, die nach dem Hauptberuf für den 1. 7. 26 in Betracht kommende Gehaltsklasse maßgebend.

2) In dem Antrag Nr. 596 Buchst. e, der dem § 248 zu Grunde liegt (vgl. Ber. S. 149/151), war hier der 1. Juli 1924 vorgesehen. Aus den gleichen Gründen, wie sie in Anm. 6 zu § 247 angegeben sind, hat der RT.Ausschuß die Jahreszahl 1924 in 1926 geändert (Ber. S. 151).

3. Da die Gehaltsklasse maßgebend ist, in der das Mitglied beitrags**pflichtig** war oder gewesen wäre, können Angestellte, die nach dem 1. 7. 26 freiwillige Beiträge zur Gehaltsklasse G oder H (§ 55) entrichtet haben, nicht beanspruchen, daß sich die Steigerungsbeträge auch für die Zeit vor dem 1. 7. 26 nach diesen Gehaltsklassen richten.

4) Vgl. Anm. 7 bis 10 zu § 247.

§ 249.[1])

Sind für einen Versicherten seit dem 1. Januar 1924 bis zum Ablauf des 30. Juni 1926 neben Beiträgen zur Angestelltenpensionskasse Beiträge zur Angestelltenversicherung entrichtet worden (Doppelversicherung), so werden zu den Leistungen nach diesem Gesetze die Steigerungsbeträge der Angestelltenversicherung[2]) für die seit dem 1. Januar 1924 entrichteten Beiträge gewährt.

1) § 249 enthält eine Vorschrift zu Gunsten der früheren sog. knappschaftlich berechtigten Mitglieder der Angestelltenabt. der PK., die in der Zeit vom 1. 1. 24 bis 30. 6. 26 doppelt versichert waren und Beiträge außer zur PK. auch zur AV. in der durch das AVG. vorgeschriebenen Höhe zu entrichten hatten (§ 107 RKG. a. F.). Schon in der ersten Ausschußlesung wurde die Berücksichtigung der Beitragsleistung zur AV. durch zusätzliche Gewährung entsprechender Steigerungsbeträge gefordert (Ber. S. 97/98 Antrag Nr. 403 zu 3 und Nr. 391 zu g). Die Anträge wurden zurückgestellt und im Ausschuß nicht wieder aufgenommen. Die jetzige Bestimmmung des § 249 ist in der Vollsitzung vom 10. 6. 26 (Sten. Ber. S. 7449 zu Artikel 13 Buchst. e) beschlossen worden. Im G. vom 25. 6. 26 erscheint sie als Satz 3 im Abs. 1 des Art. 16 Buchst. e. Bei der Neufassung des G. ist sie in einen besonderen Paragraphen verwiesen.

2) Das sind 15 v. H. der für die Zeit seit dem 1. 1. 24 gültig entrichteten Beiträge (§ 56 Abs. 1 Satz 2 AVG.).

§ 250. [1/6]

(Abs. 1.) [2] Beim Tode der Angehörigen eines Knappschaftsinvaliden oder Ruhegeldempfängers oder der Empfänger von Witwenpension oder Waisengeld besteht Anspruch auf Beihilfe zu den Bestattungskosten nach § 34 Abs. 1 Nr. 5, § 56 Abs. 1 Nr. 5 auch dann, wenn die Berufsunfähigkeit oder der Tod des Versicherten vor dem 1. Januar 1924 [3]) eingetreten ist.

(Abs. 2.) [4]) Ist ein Versicherter vor dem 1. Januar 1924 verstorben, so gelten für die Witwe die Vorschriften des § 81 Abs. 3, falls sie nach dem 1. Januar 1924 heiratet oder wiederum Witwe wird.

1) § 250 beruht auf einem Beschluß der Vollsitzung des RT. vom 10. 6. 26 (sten. Ber. S. 7449).

2) Nach der bisherigen Rechtsprechung ist für die Beur-

teilung der Ansprüche aus dem V.Verhältnis eines PK.Mitgliedes das Recht maßgebend, unter dessen Herrschaft der Versicherungsfall eingetreten ist. Der Anspruch auf Bestattungsbeihilfe ist für die Angehörigen von Kn.Invaliden durch das RKG. vom 23. 6. 23, für die Empfänger von Witwen- und Waisengeld, d. h. für die Hinterbliebenen eines während der aktiven Mitgliedschaft zur PK.. Verstorbenen durch die Nov. vom 25. 6. 26 eingeführt. Nach den bisherigen Grundsätzen würde ein Anspruch auf Bestattungsbeihilfe für Angehörige eines Mitgliedes, das vor Inkrafttreten der die Bestattungsbeihilfe erweiternden Vorschriften berufsunfähig geworden oder verstorben ist, nicht bestehen, wenn nicht die Rückwirkung der neuen Vorschriften ausdrücklich ausgesprochen wird. Das ist in Abs. 1 geschehen.

3) Der Absicht der Rückwirkung entspricht es, für Hinterbliebene aktiver PK.Mitglieder (Empfänger von Witwenpension oder Waisengeld) Bestattungsbeihilfe zu gewähren, wenn der Tod des aktiven Mitgliedes nicht vor dem 1. 1. 24, sondern vor dem 1. 7. 26 eingetreten ist.

4) Zum § 33 Abs. 2 RKG. a. F. sind Entscheidungen ergangen, die miteinander im Widerspruch zu stehen scheinen. Durch Urteil vom 2. 10. 25 (AN. S. 392) hat der Kn.Senat der Witwe eines vor dem 1. 1. 24 verstorbenen PK.Mitgliedes, die nach dem 1. 1. 24 wieder geheiratet hat, den Anspruch auf Abfindung zuerkannt, weil die Wiederverheiratung ein selbständiges Ereignis darstelle, das den Anspruch auf Leistungen nach dem RKG. auslöse, wenn sie unter die Herrschaft dieses G. fällt. In einer späteren E. vom 7. 11. 25, IIa Kn. 449/25[5], hat der Senat die Auffassung abgelehnt, daß die Ansprüche einer Witwe, die nach dem 1. 1. 24 zum zweiten Mal Witwe geworden ist, aus dem V.Verhältnis des vor dem 1. 1. 24 verstorbenen ersten Ehemanns wieder aufleben, weil die Ansprüche nach dem zur Zeit des Versicherungsfalls, nämlich des Todes des ersten Ehemanns, geltenden Recht zu beurteilen seien. Abs. 2 schafft nunmehr eine übereinstimmende Rechtslage für die An-

sprüche auf Abfindung und Wiederaufleben der Ansprüche nach § 81 Abs. 3 und stellt die Rückwirkung außer Zweifel.

5) Insoweit sich das G. nicht ausdrücklich rückwirkende Kraft beigelegt hat, bleibt das frühere Recht maßgebend. So haben z. B. Hinterbliebene aus einer erst im Invalidenstande geschlossenen Ehe keinen Anspruch auf kn. Leistungen, wenn die frühere Satzung den Anspruch ausschloß, und nach dem 1. 1. 24 PK.Beiträge nicht mehr gezahlt sind.

§ 251. [1]

(Abs. 1.) [2] Soweit die Voraussetzungen für die Gewährung einer Leistung nach den Vorschriften dieses Gesetzes nicht mehr vorliegen, fällt sie mit dem 1. Juli 1926 weg.

(Abs. 2.) [3] Soweit die Voraussetzungen für den Anspruch auf Kindergeld und Waisengeld nach den Vorschriften dieses Gesetzes nicht mehr vorliegen, fallen die am 30. Juni 1926 noch laufenden Leistungen [4]) erst mit dem 1. Oktober 1926 weg.

1) Abs. 1 beruht auf einem Beschluß dritter Lesung des RT.Ausschusses (Ber. S. 164 zu Art. 13); Abs. 2 ist bei der Neufassung des RKG. eingefügt.

2) Die Vorschrift des Abs. 1 bezieht sich hauptsächlich auf Waisengeld und Kindergeld (vergl. Anm. 3). Aber auch sonst kann der Fall eintreten, daß eine Leistung in Anwendung der neuen Vorschriften fortfallen muß. Z. B. wird es nicht zulässig sein, in Fällen des Uebergangs zur Invalidität für Zeiten nach dem 1. 7. 26 JP. neben Krankengeld zu zahlen, weil nach § 80 Abs. 1 der Anspruch auf Zahlung der JP. frühestens mit dem ersten Tage des Monats beginnt, in welchem das Krankengeld wegfällt.

3) Da die Altersgrenze für den Bezug von Waisengeld und Kindergeld auf das 15. Lebensjahr herabgesetzt ist, müßten diese Leistungen an sich bei allen Kindern über 15 Jahre schon

vom 1. 7. 26 ab fortfallen, wofern es sich nicht um Kinder in Schul- oder Berufsausbildung oder um Gebrechliche handelt. Dasselbe würde nach den Vorschriften des sog. Initiativgesetzes für die reichsgesetzliche Waisenrente und den Kinderzuschuß zur JRente zu gelten haben. Um Härten durch plötzlichen Wegfall der Leistungen zu vermeiden, ist im Art. 19 Abs. 5 des Initiativgesetzes folgendes bestimmt: „Soweit die Voraussetzungen für den Anspruch auf Kinderzuschuß und Waisenrente aus der Invaliden- und Angestelltenversicherung nach den Vorschriften dieses Gesetzes nicht mehr vorliegen, fallen die am 30. Juni 1926 noch laufenden Leistungen erst mit dem 1. Oktober 1926 weg. Dies gilt für die vom Reichstag am 22. Juni 1926 beschlossene knappschaftliche Pensionsversicherung entsprechend." Die Vorschrift des letzten Satzes ist bei der Neufassung des RKG. in den § 251 Abs. 2 übernommen.

4) Die „am 30. Juni 1926 noch laufenden Leistungen" fallen erst mit dem 1. Oktober 1926 weg. Demnach sind die bisherigen Sätze an Waisengeld sowie an Kindergeld (10 % der Steigerungsbeträge ohne TZul. nach §§ 53, 59 der Satzung) und nicht etwa die neuen Sätze (an Kindergeld 7.50 RM. monatlich) zu zahlen.

§ 252.[1])

(Abs. 1.) Die auf Grund des Reichsknappschaftsgesetzes vom 23. Juni 1923 (Reichsgesetzbl. I S. 431) bestehenden Organe der Knappschaften bleiben auch nach dem 30. Juni 1926 im Amte, bis die auf Grund der Vorschriften dieses Gesetzes gewählten Organe ihr Amt antreten.

(Abs. 2.) Kommen in den bisherigen Organen die zur Durchführung dieses Gesetzes notwendigen Beschlüsse nicht zustande, so trifft der Reichsarbeitsminister die einstweiligen erforderlichen Anordnungen.[2])

1) Der § 252 beruht auf einem Beschluß 3. Lesung des

RT.Aussch. Zur Begründung hat ein Regierungsvertreter ausgeführt: „Vom Standpunkt der Verfassung sei es wünschenswert, das G. erst in Kraft treten zu lassen, wenn die neuen Verwaltungsorgane geschaffen seien; aber das würde drei Monate dauern. Solange könne man mit der Einführung der Familienhilfe nicht warten. Man werde deshalb den 1. Juli 1926 (für das Inkrafttreten) nehmen und dabei in Kauf nehmen müssen, daß noch einige Monate die alten Verfassungsorgane weiter beständen. Wenn sich Schwierigkeiten ergäben, müsse der Reichsarbeitsminister die notwendigen Anordnungen treffen" (Ber. S. 164 und Antrag Nr. 623 zu Artikel 14 S. 165).

2) Im RT.Ausschuß ist Anhörung des Ausschusses vor jeder Anordnung des RAM. gewünscht worden. Ein Regierungsvertreter hat dazu erklärt, daß der Ausschuß gehört werden solle, er könne aber nicht empfehlen, die Anhörung im G. ausdrücklich vorzuschreiben, weil dann die vorherige Anhörung zur Gültigkeit einer jeden, auch der kleinsten Verordnung gehören würde. Danach sind Anordnungen des RAM. auch ohne Anhörung des Ausschusses rechtsgültig.

§ 253. [1])

(Abs. 1.) Bis zum Ablauf des 28. August 1926 [2]) hat die Bezirksknappschaft außerordentliche Bezirksversammlungen der Vertreter der Arbeitgeber sowie der versicherten Arbeiter und Angestellten zu berufen. Die Zahl der Vertreter in jeder Bezirksversammlung setzt erstmalig die Wahlordnung (§§ 146, 165) fest. [3]) Die Bezirksversammlungen wählen die Vertreter zu den Hauptversammlungen. [4])

(Abs. 2.) Bis zum Ablauf des 28. Oktober 1926 hat die Reichsknappschaft die Hauptversammlungen (§ 146 Abs. 1) zu berufen. Die Zahl der Vertreter in jeder Hauptversammlung setzt erstmalig die Wahlordnung

(§ 146) fest.[3]) Die Hauptversammlungen beschließen den Inhalt der Satzungen und wählen die Abteilungsvorstände und ihre Ersatzmänner. Soweit ein Gegenstand der Satzung beide Abteilungen betrifft, wird der Beschluß von den vereinigten Hauptversammlungen gefaßt.[6]) Kommt kein Beschluß der Hauptversammlungen über die Satzungen zustande, so erläßt sie der Reichsarbeitsminister.[7])

1) Der Inhalt des § 253 ist in der Vollsitzung des RT. vom 10. 6. 26 beschlossen (Sten. Ber. S. 7449 zu Artikel 14). Das G. vom 25. 6. 26 sieht im Artikel 19 Einberufung außerordentlicher Bezirksversammlungen „innerhalb zwei Monaten" und der Hauptversammlungen „innerhalb vier Monaten" nach der Verkündung des G. vor. Bei der Neufassung sind entsprechend dem Verkündungsdatum (28. 6. 26) der 28. August bezw. 28. Oktober 1926 eingesetzt.

2) Dieser Termin hat nicht innegehalten werden können. Nach dem der Wahlordnung für die Wahlen der Vertreter zu den Hauptversammlungen beigegebenen Fristenkalender (Kompaß 1926 S. 129) müssen die Wahlen spätestens am 27. September 1926 stattgefunden haben.

3) Vgl. § 4 der Wahlordnung vom 14. Juli 1926 (Kompaß S. 119). Die Gesamtzahl der zu wählenden Vertreter (Arbeiterabt. und Angestelltenabteilung) ist bei der Ruhrknappschaft auf 70, bei allen anderen Bezkn. auf 35 festgesetzt. (Vgl. hierzu Anm. 4 zu § 162.)

4) Weitere Obliegenheiten haben die Bezirksversammlungen nicht. Namentlich wählen sie — abweichend vom Abs. 2 — noch nicht die Abteilungsvorstände. Diese können erst nach Erlaß der Satzung (Satzungen) durch die Hauptversammlungen der Rkn. (vgl. Abs. 2 Satz 2) in besonders einzuberufenden Sitzungen gewählt werden.

5) Nach § 4 der Wahlordnung vom 14. Juli 1926 (Kompaß S. 129) beträgt die Zahl in der Arbeiterabt. 24 Arbeit-

geberverteter und 36 Arbeitervertreter, in der Angestelltenabt. 4 Arbeitgebervertreter und 6 Angestelltenvertreter, insgesamt 70 Vertreter.

6) Die Vorschrift des Satz 3 entspricht dem Abs. 2 des § 162.

7) Vgl. Art. 6 EG. z. RKG. Die Wahl der Vorstände bleibt in jedem Falle den Hauptversammlungen überlassen.

§ 254.[1])

Der Reichsarbeitsminister kann mit Zustimmung des Reichsrats[2]) noch andere Uebergangsvorschriften erlassen.

1) Diese dem Art. 57 Abs. 1 EG. z. RKG. nachgebildete Vorschrift beruht auf einem Beschluß 3. Lesung des RT.-Aussch. (Ber. S. 165).

2) Die im RT.Aussch. beantragte Einschaltung der Worte „und eines Ausschusses des Reichstags" an dieser Stelle ist abgelehnt worden (Ber. a. a. O.). Vgl. hierzu die in Anm. 2 zu § 252 wiedergegebene Erklärung des Regierungsvertreters.

Einführungsgesetz
zum
Reichsknappschaftsgesetz.
Vom 23. Juni 1923 (RGBl. I S. 454).*)

Der Reichstag hat das folgende Gesetz[1]/[2]) beschlossen, das mit Zustimmung des Reichsrats hiermit verkündet wird:

1) Der Entwurf des Reichsknappschaftsgesetzes hatte ein besonderes Einführungsgesetz nicht vorgesehen. Die erforderlichen Schluß- und Uebergangsbestimmungen hatte er in seinem Abschnitt XV zusammengestellt. Der Sozialpolitische Ausschuß des Reichstags hat indessen nach Durchberatung des Abschnitts beschlossen, den ganzen Abschnitt als „Einführungsgesetz zum Reichsknappschaftsgesetz" zur Annahme zu empfehlen, und zwar um deswillen, weil die Aufnahme der Uebergangsbestimmungen eine unpraktische Belastung des Gesetzes darstellten. „Die Bestimmungen des 15. Abschnitts wurden deshalb ausgeschieden und nach Ergänzung und Umarbeitung als Initiativantrag des

*) Wo in den Anmerkungen zu den Vorschriften des Einführungsgesetzes Stellen aus der Begründung wiedergegeben sind, sind sie hinsichtlich der Jahreszahlen und der in ihnen angezogenen Vorschriften des Reichsknappschaftsgesetzes, des Einführungsgesetzes und der Begründung zu beiden Gesetzen dem Gesetzestexte alter Fassung und der amtlichen Begründung (Drucksache 4394 des Reichstags, I. Wahlperiode 1920/22) angepaßt worden.

Berichterstatters als Entwurf eines besonderen Einführungsgesetzes zum Reichsknappschaftsgesetz eingebracht." (Bericht S. 45 und 46). Das Plenum des Reichstags hat dies „Initiativgesetz" angenommen, der Reichsrat hat keinen Einspruch erhoben.

[2]) Die Novelle vom 25. Juni 1926 hat den Text des Einführungsgesetzes mit einer Ausnahme (Art. 29) unverändert gelassen. Sie hat aber durch die Vorschriften in §§ 239, 240 inhaltlich einige Aenderungen gebracht, die gehörigen Orts (vgl. Art. 17 und 18) hervorgehoben werden.

Erster Teil.

I. Allgemeines.

1. Inkrafttreten des Gesetzes.

Artikel 1.

Das Reichsknappschaftsgesetz tritt, soweit es sich um Maßnahmen zu seiner Durchführung handelt, sofort, im übrigen vorbehaltlich des Art. 9 mit dem 1. Januar 1924 in Kraft.[1])

1) Wegen der Invaliden- und Angestellten-Versicherung vgl. Anm. 2 zu Art. 57.

2. Durchführung des Gesetzes.[1])

a) Reichskommissar.

Artikel 2.

(Abs. 1.) Die Leitung der Maßnahmen zur Durchführung des Reichsknappschaftsgesetzes wird bis zur Wahl eines vorläufigen Vorstandes des Reichsknappschaftsvereins (Art. 5 Abs. 2) einem Reichskommissar übertragen, der auf Vorschlag des Reichsarbeitsministers vom Reichspräsidenten aus der Zahl der in den Vorstand des Reichsknappschaftsvereins wählbaren Personen ernannt wird.

(Abs. 2.) Bekanntmachungen des Reichskommissars ergehen mit rechtsverbindlicher Wirkung durch den Reichsanzeiger und den Kompaß.

§ 188 Entw. RKG.

1) Die in den Artikeln 2 bis 16 enthaltenen Vorschriften über die Durchführung des RKG. haben ihre Erledigung gefunden. Ihr Ergebnis besteht darin, daß, nachdem in der Gründungsversammlung (Art. 3, 4, 5, 6) eine Satzung nicht zustande gekommen war, der RAM. auf Grund des Art. 6 unterm 30. November 1923 eine Satzung erlassen und einen vorläufigen Vorstand bestellt hat, daß die Bezirksknappschaftsvereine usw. gebildet worden und die früheren Knappschaftsvereine, der Knappschaftliche Rückversicherungsverband zu Berlin-Charlottenburg und die Norddeutsche Knappschaftspensionskasse in Halle in Wegfall gekommen sind. Die Sondervorschriften für die einzelnen Bezirksknappschaftsvereine (Art. 9, 14) sind — wenigstens zum größten Teile — erlassen worden. Die vorgenannte, vom RAM. erlassene Satzung hat durch Beschlüsse der Hauptversammlung des RKV. vom 17. Dezember 1924 einige Ergänzungen erfahren. (Z. f. B. Bd. 65 S. 31 und Thielmann S. 81 ff.)

Bei dieser Sachlage können die ausführlichen Anmerkungen der 1. Auflage zu Art. 2 bis 7 weggelassen, diejenigen zu Art. 8 bis 23 wesentlich abgekürzt und auch die übrigen auf solche Bestimmungen beschränkt werden, die noch jetzt von Bedeutung sind. Im Bedarfsfalle muß auf die Bemerkungen der ersten Auflage zurückgegriffen werden.

b) Gründungsversammlung.

Artikel 3.

(Abs. 1.) Bis zu einem vom Reichskommissar festzusetzenden Zeitpunkt haben die bisherigen Knappschaftsvereine, soweit sie nicht nach Art. 20, 21 aufgelöst werden, Vertreter in gleicher Zahl für Arbeitgeber und Versicherte zu wählen, die zu einer Gründungsversammlung zusammentreten.

(Abs. 2.) Jeder teilnahmeberechtigte Verein mit über dreihundert bis zu zehntausend Mitgliedern stellt mindestens je einen Vertreter der Arbeitgeber und Versicherten. Größere Vereine bestellen für jede weiteren angefangenen fünfzehntausend Mitglieder einen weiteren Vertreter für jede Seite. Die Vereine mit weniger als dreihundert Mitgliedern erhalten gemeinsam je drei Vertreter von jeder Seite. Wo mehr als zehn Vertreter der Versicherten zu bestellen sind, müssen mindestens zehn vom Hundert Vertreter der Angestellten sein. Maßgebend ist die Zahl der am 31. Dezember 1922 vorhandenen Krankenkassenmitglieder.

(Abs. 3.) Die Vertreter werden getrennt von den Gruppen der Arbeitgeber und der Versicherten gewählt. Die Wahl der Versichertenvertreter erfolgt durch die Knappschaftsältesten nach den Grundsätzen der Verhältniswahl. Kleinere Vereine sind zur Durchführung der Verhältniswahl zu Wahlgruppen zusammenzulegen. Die Wahlordnung erläßt der Reichskommissar mit Zustimmung des Reichsarbeitsministers.

(Abs. 4.) In Höhe eines Viertels der nach Abs. 1 bis 3 zu wählenden Vertreter werden außerdem durch den Reichsarbeitsminister noch Vertreter der beteiligten Arbeitgeber- und Arbeitnehmerverbände bestellt. Bei letzteren sind die Organisationen der Angestellten in angemessenem Umfang zu berücksichtigen.

Entw. des RKG. §§ 189 und 190.

Artikel 4.

(Abs. 1.) Die Kosten der Teilnahme an der Gründungsversammlung werden von den Vereinen selbst getragen.

(Abs. 2.) Sowohl die Vertreter der Arbeitgeber als auch die der Versicherten können sich durch besonders hierzu bevollmächtigte Personen vertreten lassen.

Entw. des RKG. § 191.

Artikel 5.

(Abs. 1.) Der Reichskommissar beruft die Gründungsversammlung und führt darin den Vorsitz.

(Abs. 2.) Die Gründungsversammlung beschließt erstmalig über die nach § 7 des Reichsknappschaftsgesetzes vom Reichsknappschaftsvereine zu erlassende Satzung und wählt nach den Grundsätzen der Verhältniswahl einen vorläufigen Vorstand des Reichsknappschaftsvereins, der aus zehn Vertretern jeder Gruppe besteht; außerdem setzt sie erstmalig nach § 31 des Reichsknappschaftsgesetzes die Teuerungszulagen fest.

(Abs. 3.) Für die Beschlußfassung der Gründungsversammlung und die Wahl des vorläufigen Vorstandes gilt § 126 des Reichsknappschaftsgesetzes entsprechend.

Entw. des RKG. § 192.

Artikel 6.

Kommt kein[1]) Beschluß der Gründungsversammlung über die Satzung zustande, so erläßt sie der Reichsarbeitsminister; er bestellt gleichzeitig einen vorläufigen Vorstand[2]).

Entw. d. RKG. § 193.

1) Im amtlichen Gesetzestext heißt es: „Kommt ein Beschluß . . . zustande." Der hierhin liegende Druckfehler ist im obigen Satz berichtigt worden. (Vgl. Druckfehlerberichtigung RGBl. I S. 760.)

2) Die Satzung des RKV. ist, nachdem in der Gründungsversammlung ein Beschluß über sie nicht zustande gekommen war, unterm 30. November 1923 vom RAM. erlassen, auch ist ein vorläufiger Vorstand bestellt worden. (Vgl. Anm. 1 zu Art. 2.)

Artikel 7.

Der vorläufige Vorstand trifft die Maßnahmen zur weiteren Durchführung des Reichsknappschaftsgesetzes und führt die Geschäfte des Reichsknappschaftsvereins, bis ein Vorstand aus der Hauptversammlung nach § 114 des Reichsknappschaftsgesetzes gewählt ist. Die §§ 116 bis 118, §§ 120 bis 122, § 127 des Reichsknappschaftsgesetzes gelten entsprechend.

§ 194 Entw. d. RKG.

c) Bildung der Bezirksknappschaftsvereine. Vorläufige Wahrnehmung ihrer Aufgaben durch die bisherigen Knappschaftsvereine.

Artikel 8.[1]/[2])

Mit dem 31, Dezember 1923 hören vorbehaltlich des Art. 9 die bisherigen Knappschaftsvereine, Knappschaftskassen, Knappschaftskrankenkassen und besonderen Krankenkassen sowie der Knappschaftliche Rückversicherungsverband zu Berlin-Charlottenburg zu bestehen auf. Ihre Rechte und Verbindlichkeiten gehen unbeschadet der in den §§ 12, 109 Abs. 2 des Reichs-

knappschaftsgesetzes den Bezirksknappschaftsvereinen übertragenen Aufgaben auf den Reichsknappschaftsverein über. Das Vermögen wird von der bisher zur Aufsicht zuständigen Behörde festgestellt und dem Reichsknappschaftsverein überwiesen. Auf Grund der von dieser Behörde bestätigten Rechtsnachfolge sind die erforderlichen Umschreibungen im Grundbuche vorzunehmen; Steuern, Gebühren, Kosten und Auslagen dürfen aus Anlaß des Eigentumswechsels weder durch das Reich noch durch die Länder oder andere Steuerberechtigte in den Ländern erhoben werden.

§ 195 Entw. des RKG.

1) „Mit dem Inkrafttreten des Reichsknappschaftsgesetzes müssen die bisherigen Knappschaftsvereine zu bestehen aufhören, da neben dem Reichsknappschaftsverein kein Raum für sie ist, und die an ihre Stelle tretenden Bezirksknappschaftsvereine keine besondere Rechtspersönlichkeit besitzen. (Vgl. allgemeine Begründung S. 31.) Ebenso kommen die Aufgaben des Knappschaftlichen Rückversicherungsverbandes in Fortfall. An die Stelle der bisherigen Vereine und des Rückversicherungsverbandes tritt der Reichsknappschaftsverein, der als Rechtsnachfolger in ihre sämtlichen Rechte und Verbindlichkeiten eintritt. Um den Uebergang des Vermögens möglichst einfach zu gestalten und von jeglichen Kosten frei zu lassen, bestimmt der Entwurf, daß das Vermögen der Vereine und des Rückversicherungsverbandes von der für diese zuständigen Aufsichtsbehörde festgestellt und dem Reichsknappschaftsverein überwiesen wird. Soweit das Vermögen in Grundeigentum oder in Rechten an Grundstücken besteht, sind die erforderlichen Umschreibungen im Grundbuch auf Grund einer von der Aufsichtsbehörde auszustellenden Urkunde über die Rechtsnachfolge kostenfrei vorzunehmen. Das Eigentum und die Rechte an Grundstücken gehen somit ohne Beobachtung der sonst für die Uebertragung erforderlichen Formen — gewissermaßen im Wege einer Berichtigung des

Grundbuches — auf den Reichsknappschaftsverein über. Dieses Verfahren hat im § 2 des Staatsvertrages vom 31. März 1920 über den Uebergang der Staatseisenbahnen auf das Reich (RGBl. S. 773) ein Vorbild." (Begr. S. 81.)

2) Daß der RKV. — und nur dieser — Rechtsnachfolger der bisherigen, in Art. 8 genannten Knappschaftsvereine usw. ist, hat auch das RVA. (Knappschaftssenat) wiederholt, insbesondere in der Entscheidung vom 27. März 1925, II a Kn. 59/25 in Sachen G. wider den RKV. (Kompaß 1925 S. 142) angenommen. Die BezKnV. kommen als Rechtsnachfolger schon aus dem Grunde nicht in Frage, weil sie nicht rechtsfähig sind.

Die gleiche Auffassung hat der RKV. in der Vorstandssitzung vom 24. Februar 1926 (Kompaß 1926 S. 53) vertreten.

Auf den RKV. sind also mit dem 1. Januar 1924 sämtliche Rechte und Verpflichtungen der einzelnen KnV., KnKassen, KnKrankenkassen und besonderen KrK. sowie des KnRückversicherungsverbandes zu Berlin-Charlottenburg übergegangen. Daß nach Art. 9 die bisherigen KnV. für die dort bestimmte Zeit die Geschäfte der BezKV. weitergeführt haben, ändert an dieser Sachlage nichts. (Vgl. Anm. 1 zu Art. 9.)

Artikel 9.[1])

(Abs. 1.) Vom 1. Januar 1924 bis zu einer Zeit, die der vorläufige Vorstand des Reichsknappschaftsvereins festsetzt, längstens jedoch bis zum 31. Dezember 1924, führen die bisherigen Knappschaftsvereine im Auftrag und nach den Anweisungen des Reichsknappschaftsvereins die Geschäfte der Bezirksknappschaftsvereine. Namentlich obliegt ihnen die Feststellung und Auszahlung der Leistungen sowie die Erhebung der Beiträge nach dem Reichsknappschaftsgesetz und der Satzung. Die Aufgaben, die das Reichsknappschaftsgesetz der Bezirksversammlung, dem Bezirksvorstand und dem Ausschuß zuweist, nehmen die entsprechenden bisherigen Organe der Knappschaftsvereine wahr.

(Abs. 2.) Die bisherigen Knappschaftsvereine erlassen die Sondervorschriften nach § 9 des Reichsknappschaftsgesetzes bis zum 1. Januar 1924.

(Abs. 3.) Die Amtsdauer der Vertreter der Arbeitgeber und der Versicherten in den bisherigen Organen der Knappschaftsvereine sowie die Wahlzeit der bisherigen Knappschaftsältesten oder sonstigen Versichertenvertreter wird bis zur Durchführung der Wahlen auf Grund des Reichsknappschaftsgesetzes, längstens jedoch bis zum 31. Dezember 1924, verlängert.

§ 196 Entw. d. RKG.

1) „Hier kommt zum Ausdruck, daß die bisherigen Bezirksknappschaftsvereine vom 1. Januar 1924, dem Tage des Inkrafttretens des Gesetzes, bis zur Beendigung der Aenderungen in der Organisation, längstens jedoch bis zum 31. Dezember 1924, alle den Bezirksknappschaftsvereinen zugewiesenen Aufgaben zu erfüllen haben. Der Zeitpunkt, mit dem dieses gesetzliche Mandat der bisherigen Knappschaftsvereine erlischt, kann vom vorläufigen Vorstand des Reichsknappschaftsvereins je nach dem Maße der Zeit, die die Umbildung der Vereine zu Bezirksknappschaftsvereinen voraussichtlich in Anspruch nehmen wird, verschieden festgesetzt werden.

Die Uebertragung der gesetzlichen Aufgaben an die bisherigen Vereine hat nicht etwa die Rechtswirkung, daß sie als selbständige Versicherungsträger oder selbständige Rechtssubjekte weiter beständen, sie haben vielmehr für die Uebergangszeit als örtliche Verwaltungsstellen im Sinne des § 9 des Entwurfs des Reichsknappschaftsgesetzes die gleiche Stellung zum Reichsknappschaftsverein wie die Bezirksknappschaftsvereine, und sind bei Erfüllung ihrer Aufgaben an das Gesetz, die Satzung und die Anweisungen gebunden, die der Reichsknappschaftsverein durch seinen vorläufigen Vorstand erläßt. (Begr. RKG. S. 81.)

Artikel 10.

(Abs. 1.) Bis zu einer Zeit, die der vorläufige Vorstand des Reichsknappschaftsvereins festsetzt, treten die bisherigen Knappschaftsvereine entsprechend ihrer Beteiligung bei einem Bezirksknappschaftsvereine zu einer vorläufigen Bezirksversammlung zusammen.

(Abs. 2.) Die vorläufige Bezirksversammlung hat folgende Aufgaben:

1. Wahl eines vorläufigen Bezirksvorstandes nach Art. 13;
2. Festsetzung der Zahl der Vertreter beider Seiten in der Bezirksversammlung und im Bezirksvorstand nach § 133 und Beschlußfassung über die Wahlordnung nach § 134 Abs. 2, § 140 des Reichsknappschaftsgesetzes;
3. Festsetzung des Tilgungsbeitrags für den Bezirksknappschaftsverein nach Art. 31, 32;
4. Beschlußfassung über die Sondervorschriften, die an die Stelle der von den Einzelvereinen nach Art. 9 Abs. 2 erlassenen Sondervorschriften treten.

Außerdem beschließt sie über sonstige für die Bildung des Bezirksknappschaftsvereins erforderliche Maßnahmen.

§ 197 Entw. RKG.

Artikel 11.

Ist nur ein Verein bei einem Bezirksknappschaftsverein beteiligt, so bildet dessen Generalversammlung die vorläufige Bezirksversammlung. Gehören nur einzelne Betriebe dieses Vereins zu dem Bezirksknappschaftsvereine, so nehmen nur die für diese Betriebe[1]) in Betracht kommenden Arbeitgeber und

Knappschaftsältesten oder sonstigen Versichertenvertreter an der vorläufigen Bezirksversammlung teil.

§ 198 Entw. RKG.

1) Es muß „Betriebe“, nicht „Bezirke“ (wie im amtlichen Texte) heißen.

Artikel 12.

(Abs. 1.) Sind mehrere Knappschaftsvereine bei einem Bezirksknappschaftsvereine beteiligt, so nehmen für diese Vereine sämtliche Arbeitgeber und Knappschaftsältesten oder sonstigen Versichertenvertreter, die nach der Vereinssatzung die Generalversammlung des Vereins bilden, an der vorläufigen Bezirksversammlung teil; Art. 11 Satz 2 gilt entsprechend. Jeder Verein mit bis zu tausend Mitgliedern erhält eine Stimme, größere Vereine erhalten für jede weiteren vollendeten tausend Mitglieder eine weitere Stimme für jede Seite. Maßgebend ist die Zahl der am 31. Dezember 1922 vorhandenen Krankenkassenmitglieder. Die einem Vereine zustehende Stimmenzahl wird für jede Gruppe der Vertretung auf die anwesenden Vertreter gleichmäßig verteilt. Art. 4 Abs. 2 gilt entsprechend.

(Abs. 2.) Die Einberufung der vorläufigen Bezirksversammlung und die Vorbereitung der sonstigen für die Bildung des Bezirksknappschaftsvereins erforderlichen Maßnahmen obliegt nach näherer Anweisung des vorläufigen Vorstandes des Reichsknappschaftsvereins dem Verein, der über die größte Mitgliederzahl nach Abs. 1 verfügt. Der Vorsitzende dieses Vereins leitet die Verhandlungen. An den Verhandlungen nimmt ein Vertreter der Landesbehörde teil, der vom Reichsarbeitsminister auf Grund des § 151 Abs. 3 des

Reichsknappschaftsgesetzes die Aufsicht über den Bezirksknappschaftsverein übertragen ist.

§ 199 Entw. RKG.

Artikel 13.

(Abs. 1.) Die vorläufige Bezirksversammlung wählt getrennt aus den Gruppen der Arbeitgeber und der Versicherten einen vorläufigen Bezirksvorstand; die Vertreter der Arbeitgeber werden mit einfacher Stimmenmehrheit aus deren Mitte, die Vertreter der Versicherten nach den Grundsätzen der Verhältniswahl aus den Knappschaftsältesten oder sonstigen Versichertenvertretern der beteiligten Vereine und aus den nach § 132 des Reichsknappschaftsgesetzes wählbaren Angestellten gewählt. Für die Wahl der Versichertenvertreter erläßt der Reichskommissar eine vorläufige Wahlordnung. Die Landesbehörde (Art. 12 Abs. 2 Satz 3) bestimmt die Zahl der in den Vorstand zu berufenden Angestelltenältesten.

(Abs. 2.) Dem vorläufigen Bezirksvorstand obliegt die Vorbereitung der Wahlen der Knappschaftsältesten und Angestelltenältesten innerhalb des Bezirksknappschaftsvereins nach den Bestimmungen der Satzung und die Leitung dieser Wahlen.

§ 200 Entw. RKG.

Artikel 14.

(Abs. 1.) Für die Beschlußfassung der vorläufigen Bezirksversammlung gilt der § 142 des Reichsknappschaftsgesetzes entsprechend.

(Abs. 2.) Kommt kein Beschluß der vorläufigen

Bezirksversammlung zustande, so trifft die Landesbehörde (Art. 12 Abs. 2 Satz 3) die für die Durchführung der Bildung des Bezirksknappschaftsvereins erforderlichen Anordnungen.[1]/[2])

§ 201 Entw. RKG.

1) Hier wird der „Landesbehörde" eine ähnliche Befugnis übertragen wie dem Reichsarbeitsminister durch Art. 6. Die zuständige Landesbehörde wird vom RAM. bestimmt (vgl. Art. 12 Abs. 2 sowie § 189 Abs. 3 RKG.).

„Kommt ein übereinstimmender Beschluß beider Seiten nicht zustande, so greift die Landesbehörde ein, die mit amtlichen Maßnahmen die Bildung des Bezirksknappschaftsvereins zur Durchführung bringt. Gegen Einzelvereine, die den Anordnungen der Landesbehörde widerstreben sollten, kann auf Grund des § 151 Abs. 1 (a. F.) des Gesetzes, § 31 Abs. 3 RVO. mit Ordnungsstrafen vorgegangen werden." (Begr. S. 82.)

Die Anwendbarkeit der hier angezogenen Vorschriften ergibt sich daraus, daß es sich bei dem Art. 14 Abs. 2 um „Maßregeln zur Durchführung des Gesetzes" (Art. 1) handelt.

2) Solche Anordnungen sind mehrfach getroffen worden, haben aber jetzt keine Bedeutung mehr.

Artikel 15.

Arbeitgeber von Betrieben, deren Arbeitnehmer auf Grund der §§ 1, 2 des Reichsknappschaftsgesetzes neu in die Versicherung eintreten, sind verpflichtet, dem für sie zuständigen Bezirksknappschaftsverein und bis zu dessen Bildung dem bisherigen Knappschaftsvereine, dem die Vorbereitung der Bildung des Bezirksknappschaftsvereins obliegt, im Falle des Art. 14 Abs. 2 der Landesbehörde auf Verlangen die Zahl der beschäftigten Arbeitnehmer mitzuteilen und sonstige für die Vorbereitung der Bildung des Bezirksknappschaftsvereins erforderliche Angaben zu machen. Die §§ 189, 191, 192 des Reichsknappschaftsgesetzes gelten.

§ 202 Entw. RKG.

d) Durchführung der Wahlen.

Artikel 16.

Die Wahlen

der Knappschaftsältesten und Angestelltenältesten,

der Mitglieder der Bezirksversammlung und des Bezirksvorstandes der Bezirksknappschaftsvereine,

der Mitglieder der Hauptversammlung und des Vorstandes des Reichsknappschaftsvereins

nach dem zehnten Abschnitt des Reichsknappschaftsgesetzes sind jeweils bis zu der Zeit, die der vorläufige Vorstand des Reichsknappschaftsvereins festsetzt, spätestens bis zum 31. Dezember 1924 durchzuführen.

§ 203 Entw. RKG.

3. Regelung der knappschaftlichen Versicherung bei Hüttenwerken, sonstigen Betriebsanstalten oder Gewerbsanlagen, Salinen und bergbaulichen Verwaltungsstellen.

Artikel 17.[1]/[2])

Hüttenwerke und sonstige Betriebsanstalten oder Gewerbsanlagen, die auf Grund bisheriger landesgesetzlicher Vorschriften einem Knappschaftsverein angehören,[3]) scheiden mit dem 31. Dezember 1923 aus der knappschaftlichen Versicherung aus. Jedoch kann durch eine gemeinschaftliche Erklärung des Arbeitgebers und der Mehrheit der Arbeitnehmer eines jeden selbständigen Betriebs dieser Art die knappschaftliche Versicherung fortgesetzt werden. Die Erklärung ist dem Reichskommissar bis zu einer Zeit abzugeben, die dieser festsetzt. Sie begründet die dauernde Zugehörigkeit des Betriebs zum Reichsknappschaftsvereine. Der Betrieb gehört dem Bezirksknappschaftsverein an, in dessen Bereich er liegt.[1])

§ 204 Entw. RKG.

1) Zu Art. 17 ist unterm 23. Juni 1923 (RGBl. I S. 466) folgendes „Gesetz zur Abänderung des Einführungsgesetzes zum Reichsknappschaftsgesetz" ergangen:

„Der Reichstag hat das folgende Gesetz beschlossen, das mit Zustimmung des Reichsrats hiermit verkündet wird:

Artikel I.

In dem vom Reichstag am 12. Juni 1923 beschlossenen Einführungsgesetze zum Reichsknappschaftsgesetze fallen im Artikel 17 Satz 1 die Worte „nicht unter § 2 Abs. 2 des Reichsknappschaftsgesetzes fallen," und das Wort „aber" weg.

Artikel II.

Dieses Gesetz tritt gleichzeitig mit dem Einführungsgesetz zum Reichsknappschaftsgesetz in Kraft.

Berlin, den 23. Juni 1923.

Der Reichspräsident.
Ebert.

Der Reichsarbeitsminister.
Dr. Brauns."

Dieses Gesetz ist eine Folge der in der Vollsitzung des RT. vom 12. Juni 1923 zu § 2 Abs. 1 RKG. gefaßten Beschlüsse über das Ausscheiden der Betriebe der Industrie der Steine und Erden (Sten. Ber. S. 11304). Die Folge dieser Beschlüsse war, daß gewisse zu dieser Industrie gehörige Betriebe, die zwar bergmännisch, aber nicht unterirdisch geführt werden, sofern sie nicht unter § 2 Abs. 2 RKG. fallen, trotz ihrer Zugehörigkeit zu bisherigen landesgesetzlichen KnV. aus dem Geltungsbereiche des Art. 17 ausschieden. Um dieser nicht beabsichtigten Folge vorzubeugen, ist das oben abgedruckte Abänderungsgesetz vom 23. Juni 1923 ergangen (zu vergl. Sten.-Ber. über die Vollsitzung vom 15. Juni 1923 S. 11376, vgl. auch § 2 Anm. 6 RKG.).

2) Auch durch die Nov. von 1926 hat der Art. 17 eine Aenderung erfahren (vgl. dazu § 239).

3) Die im Art. 17 aufgeführten Betriebe gehören nach § 2 des RKG. dem RKV. nur an, wenn sie als Nebenbetriebe eines Betriebes mit diesem räumlich und betrieblich zusammenhängen. „Da jedoch die Zugehörigkeit zahlreicher Hütten und Salinen zu den Knappschaften geschichtlich begründet ist und die Arbeiterschaft dieser Betriebe in ihrer Mehrheit dringend die Beibehaltung der knappschaftlichen Versicherung wünscht, will der Entwurf zur Vermeidung jeglicher Härten die Fortsetzung der knappschaftlichen Versicherung ermöglichen. Dafür sind zwei Wege gangbar. Entweder bestimmt der Entwurf nach dem Vorgang des § 2 Abs. 2 des Preußischen Knappschaftsgesetzes vom 17. Juni 1912, daß die Hütten und Salinen in der knappschaftlichen Versicherung bleiben, auf gemeinschaftlichen Antrag der Arbeitgeber und Arbeitnehmer aber ausscheiden können, oder er bestimmt umgekehrt, daß die Hütten und Salinen ausscheiden, auf gemeinschaftlichen Antrag der Arbeitgeber und Arbeitnehmer aber die knappschaftliche Versicherung fortsetzen können. Der Entwurf hat sich für den letzteren Weg entschieden, weil auf dem ersten Wege die Beseitigung der knappschaftlichen Versicherung der Hütten und Salinen niemals zu erreichen sein würde. . . . Demgemäß bestimmt der Entwurf, daß Hüttenwerke, die

bisher einem Knappschaftsverein angehörten, mit dem 31. Dezember 1923 aus der knappschaftlichen Versicherung ausscheiden, daß jedoch durch eine gemeinschaftliche Erklärung des Arbeitgebers und der Mehrheit der Arbeitnehmer die knappschaftliche Versicherung fortgesetzt werden kann. Das von verschiedenen Seiten hiergegen geäußerte Bedenken, die Abstimmung der Arbeitnehmer könne zum Schaden der älteren Arbeiter wesentlich durch die jüngeren beeinflußt werden, die aus Abneigung gegen hohe Beiträge nicht für die Fortsetzung der knappschaftlichen Versicherung stimmen würden, ist an sich begründet, wird aber dadurch beseitigt, daß nach den Vorschlägen des Art. 18, auf dessen Inhalt und Begründung hier verwiesen wird, die am 1. Januar 1924 vorhandenen, bisher knappschaftlich versicherten Arbeitnehmer der Hütten usw. vollberechtigte Mitglieder des Reichsknappschaftsvereins bleiben, wofern sie nicht persönlich den Wunsch haben, auszuscheiden, und ihren Austritt aus der knappschaftlichen Versicherung ausdrücklich erklären. Durch diese Regelung ist jeder Benachteiligung älterer Hüttenarbeiter vorgebeugt." (Begr. RKG. S. 83.)

4) „Die gemäß Art. 17 abgegebene Erklärung begründet die dauernde Zugehörigkeit der Hütte zum Reichsknappschaftsverein. Diese steht für die Versicherung in allen Beziehungen einem knappschaftlichen Betrieb im Sinne des § 2 Abs. 1 des Entwurfes gleich; namentlich können Arbeitgeber und Arbeitnehmer auch zu besonderen Tilgungsbeiträgen auf Grund des Art. 33 herangezogen werden. Daß die Hütte dem Bezirksknappschaftsverein angehört, in dessen Bereich sie liegt, folgt aus der territorialen Abgrenzung der Bezirksknappschaftsvereine.

Die Erklärung über die Fortsetzung der knappschaftlichen Versicherung ist unwiderruflich, also für die ganze Zukunft bindend. Mit Rücksicht auf die ihr hiernach innewohnende weittragende Bedeutung und darauf, daß sie schon alsbald nach Erlaß des Gesetzes abgegeben werden muß, ist von mehreren Seiten der Wunsch geäußert worden, entweder allgemein eine längere Frist für die Erklärung einzuräumen oder denjenigen Hütten, die vorläufig beim Reichsknappschaftsverein bleiben, auch noch für einen späteren Zeitpunkt die Möglichkeit des Ausscheidens zu eröffnen. Dieser Wunsch wird damit begründet, daß nicht durch die gegenwärtig beteiligten Personen eine für alle Zeiten wirksame Entscheidung getroffen werden solle, zumal in der gegenwärtigen Zeit die künftige Gestaltung der wirtschaftlichen Lage außerordentlich schwer zu übersehen sei. Nach der Auffassung des Entwurfes kann diesen Wünschen nicht entsprochen werden. Wollte man den Zeitpunkt des Ausscheidens in das Belieben der Hütten stellen, so ist vorauszusehen, daß die Hütten dauernd beim Reichsknappschaftsverein bleiben, wogegen die bereits erörterten Bedenken bestehen, oder daß nur solche Werke ausscheiden, die sich günstig entwickeln, während zurückgehende Werke, also die ungünstigen Risiken, dem Reichsknappschaftsverein verbleiben. Es ist natürlich und innerlich begründet, daß die Entscheidung über Fortsetzung der knappschaftlichen Versicherung gelegentlich des Inkrafttretens des Reichsknappschaftsgesetzes getroffen wird, welches neue Grundsätze für die Versicherung aufstellt." (Begr. RKG. S. 84.) Vgl. auch E. des RVA. vom 20. 5. 26, abgedruckt in „Die Knappschaft" (Berlin) S. 132.

Artikel 18.[1/2])

(Abs. 1.) Insoweit eine Erklärung nach Art. 17 nicht abgegeben wird, werden die am 1. Januar 1924 vorhandenen Arbeitnehmer, die der Pensionskasse des Knappschaftsvereins angehören, Mitglieder des Reichsknappschaftsvereins mit den gleichen Rechten und Pflichten wie Arbeitnehmer knappschaftlicher Betriebe; sie können jedoch dem Bezirksknappschaftsverein oder, bis dieser gebildet ist, dem bisherigen Knappschaftsverein ihr Ausscheiden aus der knappschaftlichen Versicherung anzeigen. Die Mitgliedschaft der nicht ausscheidenden Arbeitnehmer besteht, solange sie in einem Betriebe der im Art. 17 bezeichneten Art beschäftigt sind. Für diese Arbeitnehmer haben die Arbeitgeber Beiträge oder Beitragsanteile zum Reichsknappschaftsvereine nach den Vorschriften des Reichsknappschaftsgesetzes zu zahlen.

(Abs. 2.) Die Versicherung der am 1. Januar 1924 vorhandenen Arbeitnehmer, die der Pensionskasse des Knappschaftsvereins nicht angehören oder die aus der knappschaftlichen Versicherung nach Abs. 1 ausscheiden sowie die Versicherung von Arbeitnehmern, die erst nach dem 31. Dezember 1923 die Arbeit aufnehmen, richtet sich nach den allgemeinen gesetzlichen Vorschriften.

(Abs. 3.) Die Erhebung der Beiträge für die Arbeitnehmer, die nach Abs. 1 in der knappschaftlichen Versicherung bleiben, sowie die Feststellung und Auszahlung der Leistungen obliegt dem Bezirksknappschaftsverein, in dessen Bereich die Hütte oder Anstalt liegt (übernehmender Bezirksknappschaftsverein). Dieser bewirkt auch die Auszahlung der Leistungen an die am 1. Januar 1924 vorhandenen Knappschaftsinvaliden, Witwen und Waisen, die aus der Arbeiterschaft der Hütte oder Anstalt hervorgegangen sind. Bis zur Bildung des Bezirksknappschaftsvereins tritt an dessen Stelle der bisherige Knappschaftsverein, dem die Hütte oder Anstalt angehört hat.

§ 205 Entw. RKG.

1) Zu Art. 18 Abs. 1 hat die Novelle von 1926 neue Vorschriften getroffen, vgl. § 240.

2) Nach der in Art. 18 getroffenen Regelung unterschied der Entw. des RKG. (S. 85) folgende Gruppe von Arbeitnehmern:

„1. Arbeitnehmer, die vor dem 1. Januar 1924 bei der einem Knappschaftsverein angehörenden Hütte eingetreten sind, die Pensionskassenmitgliedschaft erworben haben und nicht ihr Ausscheiden aus der knappschaftlichen Versicherung erklären. Sie bleiben für ihre Person Mitglieder der Pensionskasse des Reichsknappschaftsvereins und haben alle aus der Mitgliedschaft fließenden Rechte; u. a. sind sie zur Teilnahme an der Wahl der Knappschafts- oder Angestelltenältesten sowie der Mitglieder des Bezirksvorstandes und der Bezirksversammlung berechtigt und selbst wählbar. Sie bleiben Mitglieder des Reichsknappschaftsvereins, auch wenn sie Beschäftigung bei einer anderen Hütte aufnehmen, die bis zum 1. Januar 1924 einem Knappschaftsverein angehörte, sind also insoweit in der Freizügigkeit nicht beschränkt. Treten sie dagegen zu einer Hütte über, die nicht einem Knappschaftsverein angehört hat, oder zu einem sonstigen nicht knappschaftlichen Betriebe, so sind sie ebenso zu behandeln wie andere Pensionskassenmitglieder, die aus der knappschaftlichen Beschäftigung ausscheiden, können also nur die erworbenen Ansprüche durch Zahlung von Anerkennungsgebühren aufrechterhalten. Hinsichtlich der Beitragsentrichtung unterliegen sie den allgemeinen Vorschriften des Reichsknappschaftsgesetzes.

2. Arbeitnehmer, die zwar vor dem 1. Januar 1924 bei der Hütte eingetreten, mangels Erfüllung der satzungsmäßigen Voraussetzungen aber nicht Pensionskassenmitglieder geworden sind. Es besteht kein Grund, für diese Arbeitnehmer seitens des Reichsknappschaftsvereins die Durchführung der Krankenversicherung, der Invaliden- und Hinterbliebenenversicherung oder der Angestelltenversicherung zu übernehmen; sie stehen also zum Reichsknappschaftsverein in keinerlei Beziehungen. Für die Durchführung der Versicherung sind vielmehr die allgemeinen gesetzlichen Versicherungsträger (Orts- oder Betriebskrankenkassen, Landesversicherungsanstalten, Reichsversicherungsanstalt für Angestellte) zuständig.

3. Arbeitnehmer, die vor dem 1. Januar 1924 eingetreten und auch Pensionskassenmitglieder geworden sind, aber von dem Rechte des Ausscheidens aus der knappschaftlichen Versicherung Gebrauch machen. Das Ausscheiden ist nicht zeitlich begrenzt,

kann also auch noch erklärt werden, nachdem ein Arbeitnehmer zunächst Mitglied der Pensionskasse des Reichsknappschaftsvereins geworden und eine Zeitlang geblieben war. Für die Versicherung dieser Arbeitnehmer gilt nach ihrem Ausscheiden dasselbe wie zu 2; die bisher erworbenen Ansprüche auf Pensionskassenleistungen können sie durch Zahlung von Anerkennungsgebühren erhalten.

4. Arbeitnehmer, die erst nach dem 1. Januar 1924 bei der Hütte eintreten. Auch sie unterliegen hinsichtlich der Versicherung den allgemeinen Vorschriften.

Zugunsten der Arbeitnehmer zu 1 ist der Arbeitgeber zur Leistung der gesetzlichen Beiträge oder Beitragsanteile für sämtliche in Betracht kommenden Versicherungszweige verpflichtet. Die Belastung des Arbeitgebers mit den gesetzlichen Beiträgen — trotz Ausscheidens der Hütte aus der Gruppe der knappschaftlichen Betriebe — kann nicht als unbillig empfunden werden, weil für die vor dem 1. Januar 1924 eingestellten Arbeitnehmer die Beitragspflicht schon nach den bisherigen gesetzlichen Bestimmungen bestand und ein Anspruch des Arbeitgebers auf Befreiung von gesetzlich begründeten sozialen Verpflichtungen aus einer Aenderung des Gesetzes nicht hergeleitet werden kann. Die Einziehung der Beiträge von den Versicherten und die Abführung mit den Beiträgen des Arbeitgebers an den Bezirksknappschaftsverein richtet sich nach den allgemeinen Vorschriften des Entwurfs (§§ 83 ff.). Die Unbequemlichkeit des Verkehrs mit mehreren Versicherungsträgern für die Arbeiterschaft desselben Werks muß hingenommen werden und bedeutet keine ungebührliche Belastung des Arbeitgebers, zumal es sich um allmählich aussterbende Verhältnisse handelt.

Die Erhebung der Beiträge für die nach Abs. 1 in der knappschaftlichen Versicherung bleibenden Arbeitnehmer sowie die Feststellung und Auszahlung der Leistungen bei Eintritt des Versicherungsfalles obliegt dem Bezirksknappschaftsverein, in dessen Bereich die Hütte liegt. Der Bezirksverein hat ferner die Leistungen an die am 1. Januar 1924 vorhandenen Knappschaftsinvaliden, Witwen und Waisen zu zahlen, die aus der

Arbeiterschaft der Hütte hervorgegangen sind." Gegenüber dieser Darstellung sind die durch die Nov. herbeigeführten Aenderungen, namentlich §§ 77 und 240 zu beachten.

Artikel 19.[1])

Umfaßt der übernehmende Bezirksknappschaftsverein nicht die Mehrzahl der sonstigen Betriebe des bisherigen Knappschaftsvereins, dem der ausscheidende Betrieb angehörte, so ist ihm das Deckungskapital für die übernommenen, am 1. Januar 1924 laufenden Leistungen aus dem Vermögen des bisherigen Knappschaftsvereins in der durchschnittlich vorhandenen Höhe zu überweisen.

§ 206 Entw. RKG.

1) Wegen der Begründung zu diesem Artikel wird auf die Anm. 2 zu Art. 19 in der ersten Auflage verwiesen.

Artikel 20.[1])

(Abs. 1.) Ein Knappschaftsverein, der nur für einen einzelnen aus der knappschaftlichen Versicherung ausscheidenden Betrieb oder mehrere ausscheidende Betriebe besteht, ist unbeschadet der Vorschriften des Art. 18 mit dem 31. Dezember 1923 aufzulösen. Das Vermögen geht auf den Reichsknappschaftsverein über, soweit es zur Deckung laufender Leistungen erforderlich ist. Ein Vermögensüberschuß ist zum Besten der Arbeitnehmer des Werkes zu verwenden; die Verwaltung des Ueberschusses obliegt dem Arbeitgeber unter Mitbestimmung des Betriebsrats. Reicht das Vermögen nicht zur Deckung der laufenden Leistungen aus, so ist der Fehlbetrag vom Arbeitgeber und bei dessen Unvermögen von dem Lande zu decken, in dem der ausscheidende Betrieb liegt. Näheres ist durch Landesgesetz zu bestimmen.

(Abs. 2.) Für die Erhebung der Beiträge und Feststellung und Auszahlung der Leistungen gilt Art. 18 Abs. 3 entsprechend

§ 207 Entw. RKG.

1) Wegen der Begründung wird auf die Anm. 2 bis 4 zu Art. 20 in der ersten Auflage verwiesen.

Artikel 21.

Die Art. 17 bis 20 gelten entsprechend für Salinen, die nicht unter § 2 Abs. 2 des Reichsknappschaftsgesetzes fallen.

§ 208 Entw. RKG.

Artikel 22.[1]

Arbeitnehmer bei Syndikaten, Hauptverwaltungen und ähnlichen bergbaulichen Verwaltungsstellen bleiben in der knappschaftlichen Versicherung, sofern sie bisher Mitglieder der Pensionskasse eines Knappschaftsvereins waren und bei Inkrafttreten des Reichsknappschaftsgesetzes noch sind. Art. 20 Abs. 2 gilt entsprechend.

1) Art. 22 ist durch den Sozialpolitischen Ausschuß des RT. (vom 1923) dem G. eingefügt worden. Er bezweckt, die in ihm bezeichneten Arbeitnehmer in ihren bisher erworbenen Rechten zu schützen. Hinsichtlich der Hauptverwaltungen war dies unnötig, weil diese durch § 1 Abs. 2 RKG. auch jetzt noch in die kn. V. einbezogen sind (zu vergl. § 1 Abs. 2). Dagegen ist die beantragte Einbeziehung der Syndikate abgelehnt worden (Ber. RKG. S. 45), hinsichtlich ihrer also die Vorschrift des Art. 22 von Bedeutung.

4. Veränderungen in den Bezirken der Knappschaftsvereine.

Artikel 23

Werden bei Bildung der Bezirksknappschaftsvereine Betriebe eines bisherigen Knappschaftsvereins von diesem abgetrennt und einem Bezirksknappschaftsvereine zugeteilt, der nicht zugleich die übrigen Betriebe des bisherigen Knappschaftsvereins umfaßt, so ist zur Zahlung der am 1. Januar 1924 laufenden Leistungen an Knappschaftsinvaliden und die Hinterbliebenen ehemaliger Mitglieder, die bei Eintritt des Versicherungsfalls in den abgetrennten Betrieben beschäftigt waren, der die Betriebe übernehmende Bezirksknappschaftsverein verpflichtet. An diesen sind die betreffenden Akten des bisherigen Knappschaftsvereins abzugeben.

§ 209 Entw. RKG.

II. Krankenversicherung.

Artikel 24.[1])

(Abs. 1.) Scheiden Mitglieder einer Krankenkasse (§ 225 der Reichsversicherungsordnung) aus dieser infolge Versicherung beim Reichsknappschaftsverein aus, so findet zwischen der Krankenkasse und dem Bezirksknappschaftsverein oder der besonderen Krankenkasse eine Auseinandersetzung nach §§ 286 bis 297 der Reichsversicherungsordnung statt.

(Abs. 2.) Eine Auseinandersetzung nach den genannten Vorschriften findet auch statt, wenn in den Fällen des Art. 17 Mitglieder einer knappschaftlichen

Krankenkasse in eine Krankenkasse der im § 225 der Reichsversicherungsordnung bezeichneten Art übernommen werden.

(Abs. 3.) Der Reichsarbeitsminister bestimmt das zuständige Versicherungsamt und Oberversicherungsamt.

1) Art. 24 ist durch den Sozialpolitischen Ausschuß des RT. (von 1923) dem G. eingefügt worden, weil die in ihm bezeichneten Fälle sehr wohl möglich sind und für sie die Anwendbarkeit des im §§ 286 bis 297 RVO. geregelten Aus- RT. (1923) hinzugefügt worden (Ber. S. 45). Vgl. jetzt § 15 Abs. 4.

Artikel 25.[1])

(Abs. 1.) Angestellte, die am 1. Januar 1924 einer Ersatzkasse im Sinne der §§ 503 ff. der Reichsversicherungsordnung angehören, können auf ihren Antrag von der Versicherungspflicht beim Reichsknappschaftsvereine befreit werden.

(Abs. 2.) Der Antrag muß bis zum 30. Juni 1924 gestellt werden. Ueber ihn entscheidet der Vorstand des Bezirksknappschaftsvereins oder der besonderen Krankenkasse endgültig. Dem Antrag muß stattgegeben werden, wenn die Mitgliedschaft bei der Ersatzkasse bereits mehr als sechs Monate bestanden hat.

§ 210 Entw. RKG.

1) Abs. 2 Satz 2 ist vom Sozialpolitischen Ausschusse des RT. (1923) hinzugefügt worden (Ber. S. 45). Vgl. jetzt § 15 Abs. 4.

Artikel 26.[1])

(Abs. 1.) In den Sondervorschriften, welche die bisherigen Knappschaftsvereine nach Art. 9 Abs. 2 erlassen, dürfen keine Mehrleistungen der Krankenversicherung vorgesehen werden, die nach Art und Umfang beim bisherigen Knappschaftsvereine nicht schon vor dem 1. Januar 1923 gewährt worden waren.

(Abs. 2.) Kommt kein Beschluß über die Sondervorschriften bis zum 1. Januar 1924 zustande, so erläßt sie der vorläufige Vorstand des Reichsknappschaftsvereins.

§ 211 Entw. RKG.

1) Näheres zu Art. 26 vgl. Anm. 2 und 3 zu Art. 26 in der ersten Auflage.

Artikel 27.[1])

Für Versicherungsfälle, in denen am 1. Januar 1924 die Leistungspflicht eines Knappschaftsvereins oder einer knappschaftlichen Krankenkasse nach den für sie bisher geltenden Bestimmungen noch fortdauert, gelten vom 1. Januar 1924 ab die Vorschriften des Reichsknappschaftsgesetzes und die Sondervorschriften, soweit sie für den Berechtigten günstiger sind.

§ 212 Entw. RKG.

1) Diese sich auf schwebende Unterstützungsfälle der KrV. beziehende Vorschrift entspricht inhaltlich dem Art. 30 des EG. zur RVO.

III. Pensionsversicherung.

Artikel 28.

(Abs. 1.) Treten Arbeiter oder Angestellte, die bisher einer Werkspensionskasse, Betriebskasse oder ähnlichen Versicherungseinrichtung angehört haben, auf Grund der §§ 1, 2 des Reichsknappschaftsgesetzes neu in die knappschaftliche Versicherung ein, so können ihnen durch Vereinbarung zwischen dem Bezirksknappschaftsverein und der Kasse die in dieser erworbenen Ansprüche erhalten oder die Zeiten der Mitgliedschaft bei der Kasse gegen Ueberweisung eines entsprechenden Deckungskapitals auf die Wartezeit und die Beitragszeiten nach dem Reichsknappschaftsgesetz angerechnet werden. Dabei kann die Aufnahme in die Pensionskasse des Reichsknappschaftsvereins abweichend von § 19 des Reichsknappschaftsgesetzes geregelt werden. Die Abmachungen zwischen der Kasse und dem Bezirksknappschaftsverein unterliegen der Genehmigung des Reichsknappschaftsvereins.

(Abs. 2.) Haben die bis zum 1. Januar 1924 bei der Reichsversicherungsanstalt versicherten Angestellten einer Werkspensionskasse, Betriebskasse oder ähnlichen Versicherungseinrichtung angehört, die zu den Leistungen der Reichsversicherungsanstalt Zusatzleistungen gewährt, so können über die Erhaltung der in der Kasse erworbenen Ansprüche zwischen dieser und dem zuständigen Bezirksknappschaftsvereine Vereinbarungen getroffen werden, die der Genehmigung des Reichsknappschaftsvereins unterliegen.

§ 213 und § 223 Entw. RKG.

Artikel 29.[1])

(Abs. 1.)[2]/[3]) Mitglieder der Pensionskasse, die nach dem 31. Dezember 1923 Beiträge auf Grund des Reichsknappschaftsgesetzes gezahlt haben, oder deren Hinterbliebene erhalten bei Feststellung der Versicherungsleistungen Steigerungsbeträge für Zeiten, die vor dem 1. Januar 1924 liegen, angerechnet, wenn diese Zeiten nach den bisherigen landesgesetzlichen Vorschriften oder den bisherigen Satzungsvorschriften anrechnungsfähig waren. Näheres über die Anrechnung bestimmen die Sondervorschriften.

(Abs. 2.)[1]) Angestellte von Arbeitnehmerverbänden, die früher Pensionskassenmitglieder der Knappschaftsvereine waren, können auf Antrag verlorene Anwartschaften aus der Pensionsversicherung durch Zahlung von Anerkennungsgebühr wieder erwerben. Der Antrag muß bis zum 30. Juni 1924 gestellt werden.

(Abs. 3.)[2]) Früheren Pensionskassenmitgliedern der Knappschaftsvereine, die jetzt zum Reichsknappschaftsvereine gehören, werden bei der Pensionsversicherung nach der Satzung des Reichsknappschaftsvereins die Dienstjahre, die sie dadurch verloren haben, daß sie vor der Zeit des Bestehens eines Gegenseitigkeitsvertrags von einem Knappschaftsverein zu einem andern übertraten, angerechnet, wenn sie die Dienstjahre nachweisen.

§ 214 Entw. RKG.

1) Die Abs. 2 und 3 sind vom Sozialpolitischen Ausschusse des RT. (1923) hinzugefügt worden. Die Streichung der Worte in Abs. 3: „noch Bergarbeit verrichten und" beruht auf den Beschlüssen zweiter Lesung des Soz.-Pol. Ausschusses (1926) (Ber. S. 151), vgl. Art. 15 der Novelle.

2) „Die bisherigen Mitglieder der Pensionskasse eines Knappschaftsvereins treten mit sämtlichen von ihnen erworbenen Rechten in die Pensionskasse des Reichsknappschaftsvereins über, der nach der allgemeinen Begründung auch die Leistungen übernimmt und sicherstellt, auf die durch Beitragsentrichtung in der Vergangenheit ein Anspruch erworben wurde. Es bedarf also keiner ausdrücklichen Bestimmung, daß bisherige Rechte gewahrt

bleiben. Dagegen ist eine besondere Regelung der Anrechnung sog. Ersatztatsachen aus der Vergangenheit bei Feststellung der Versicherungsleistungen erforderlich. Als Ersatztatsachen kommen Krankheit sowie Militär- und Kriegsdienstzeiten in Betracht. Die Anrechnung der Kriegsdienstzeiten ist durchweg durch besondere Knappschaftskriegsgesetze der Länder geregelt (vergl. z. B. für Preußen § 5 des Knappschaftskriegsgesetzes vom 26. März 1915). Ueber die Anrechnung sonstiger Militärdienste, die im Frieden zur Erfüllung der gesetzlichen Militärpflicht geleistet sind, und von Krankheitszeiten enthielten weder die bisherigen Knappschaftsgesetze noch die Satzungen der einzelnen Vereine einheitliche Vorschriften. Der Entwurf sieht gleichfalls davon ab, hierfür allgemein gültige Regeln aufzustellen, bestimmt vielmehr, daß für die Anrechnung der vor dem 1. Januar 1924 liegenden Zeiten die bisherigen landesgesetzlichen Vorschriften und die Satzungsvorschriften der in Betracht kommenden Einzelvereine maßgebend bleiben. Infolge der Bezugnahme auf die bisherigen landesgesetzlichen Vorschriften wird nach Abschaffung der allgemeinen Wehrpflicht durch das Wehrgesetz vom 23. März 1921 die Aufnahme einer besonderen Vorschrift über die Anrechnung von Militärdienstzeiten entbehrlich. Die Bestimmung der Mitgliederklasse, deren Steigerungssätze anzurechnen sind, bleibt den Bezirksknappschaftsvereinen überlassen. Diese sind in der Regelung völlig frei; sie können bestimmen, daß für Militärdienstzeiten andere Steigerungssätze angerechnet werden als für Krankheitszeiten, und daß für Ersatztatsachen nur Bruchteile der Steigerungssätze in Anrechnung kommen." (Begr. RKG. S. 87). Vgl. Entsch. des RVA. vom 7. Mai 1925, Kompaß S. 160.

3) Wegen der übrigen Knappschaftskriegsgesetze vergl. Z. f. B. Bd. 57 S. 230/231.

4) Die Gründe, die zur Aufnahme dieser Vorschrift geführt haben, ergeben sich aus § 114 RKG. a. F., jetzt § 149. Vgl. Anm. 2, 3 zu § 149.

5) Der Entw. hatte davon abgesehen, in das frühere Mitgliedsverhältnis der Bergarbeiter zu den PK. der

einzelnen Vereine mit allgemeinen Vorschriften einzugreifen, weil es sich um schwer zu übersehende Sonderverhältnisse einzelner Bezirke (z. B. Niederschlesien) handle, deren Regelung zweckmäßig dem künftigen Bezirksknappschaftsvereine überlassen bleibe. (Begr. RKG. S. 88; Ber. S. 45.) Der Sozialpolitische Ausschuß hat diese Bedenken nicht geteilt.

6) Nachdem die Worte: „noch Bergarbeit verrichten und" in Wegfall gekommen sind, bedarf es eines Nachweises der Verrichtung von Bergarbeit nicht mehr. Aus dem Zusammenhang der Aenderung des Abs. 3. mit Erörterungen über die Anrechnung zurückliegender Dienstzeiten bei Angestellten wird gefolgert werden müssen, daß die Absicht des RTAusſch. dahin ging, der Aenderung rückwirkende Kraft beizulegen, sodaß die Anrechnung weiterer Dienstjahre auch bei bereits vor dem 1. 7. 26 festgestellten Pensionen in Frage kommen würde. Da aber die Rückwirkung im G. nicht ausdrücklich ausgesprochen ist, wird sie nach allgemeinen Grundsätzen verneint werden müssen. Im übrigen vergl. über die Auslegung des Art. 29 Abs. 3 die (in der Vorstandssitzung des RKV. vom 22. 5. 25 gebilligten) Richtlinien in der Zeitschrift „Die Knappschaft" (Bochum) 1925 S. 111.

Artikel 30.[1/2])

Ansprüche auf Leistungen, über die das Verfahren beim Inkrafttreten des Reichsknappschaftsgesetzes schwebt,[3]) unterliegen dessen Vorschriften.

1) Der Art. 30 beruht auf den Beschlüssen des Sozialpolitischen Ausschusses des RT. (Ber. S. 47.) Er ist von großer materieller Bedeutung für alle diejenigen Ansprüche auf PK.-Leistungen, über die das Verfahren beim Inkrafttreten des RKG. — in irgendeiner Instanz — schwebte. Da diese Ansprüche den Vorschriften des RKG. unterliegen, muß die Vorschrift von Amts wegen — also ohne Antrag — berücksichtigt werden. Das Verfahren bei schwebenden Ansprüchen ist durch Art. 45 hinsichtlich

der Feststellung der Leistungen, durch Art. 46 hinsichtlich der schwebenden Streitigkeiten geregelt.

Eine ähnliche Bestimmung enthält der § 193 des Invaliden-Versicherungs-Gesetzes vom 13. Juni 1889 (RGBl. S. 393).

2) Der Art. 30 enthält also eine Ausnahmevorschrift zugunsten der in ihm bezeichneten Ansprüche. Diese sollen, obgleich sie nach allgemeinen Rechtsregeln nach dem vor dem 1. Januar 1924 geltenden Rechte zu beurteilen sind, dem neuen, in den meisten Fällen wohl günstigerem Rechte unterworfen werden. Genügen sie den auf sie anwendbaren Vorschriften des neuen Rechtes, so sind sie ebenso anzuerkennen, wie die nach dem 1. Januar 1924 anhängig gewordenen Ansprüche gleicher Art.

3) Durch die Voraussetzung, daß über die betreffenden Leistungsansprüche das Verfahren „beim Inkrafttreten des RKG." schwebten, wird der Kreis der unter Artikel 30 fallenden Ansprüche klar und bestimmt begrenzt. Soll ein Anspruch nach Artikel 30 berücksichtigt werden, so muß er vor dem 1. Januar 1924 anhängig gemacht und darf an diesem Tage noch nicht rechtskräftig erledigt sein. Eine Ausdehnung auf andere Ansprüche ist bei der bestimmten Ausdrucksweise des Artikels 30 und bei dem Ausnahmecharakter dieser Vorschrift unzulässig.

Artikel 31. [1])

(Abs. 1.) Sind mehrere Knappschaftsvereine bei einem Bezirksknappschaftsvereine beteiligt, so stellt der Knappschaftsverein, dem die Vorbereitung der Bildung des Bezirksknappschaftsvereins nach Art. 12 Abs. 2 obliegt, auf Grund der Unterlagen, die ihm die Einzelvereine (einschließlich der nach Art. 20, 21 aufzulösenden Vereine) zur Verfügung stellen müssen, eine versicherungstechnische Abgleichung über die Werte der laufenden Leistungen der Einzelvereine auf, wobei die aus der Versorgung der Hinterbliebenen der vorhandenen Knappschaftsinvaliden entstehende Last zu brücksichtigen ist, und ermittelt den zur Kapitaldeckung dieser Leistungen erforderlichen Betrag nach einer vom Reichsknappschaftsvereine für das Ausscheiden aus dem Pensionsgenuß aufzustellenden Ausscheideordnung. Stichtag ist der 31. Dezember 1923.

(Abs. 2.) Ergibt die Abgleichung einen Fehlbetrag, so ist dieser durch einen Tilgungsbeitrag zu decken, der nach der Gesamtzahl der zur Zeit der Aufstellung der Abgleichung vorhandenen Pensionskassenmitglieder und unter Zugrundelegung eines Tilgungszeitraumes von dreißig Jahren seit 1. Januar 1924 bei gleichbleibender Mitgliederzahl errechnet wird und von den Arbeitgebern und Arbeitnehmern sämtlicher im Bezirke vorhandenen und künftig neu entstehenden knappschaftlichen Betriebe bis zur Beendigung des Tilgungszeitraumes zu zahlen ist. Der Tilgungsbeitrag wird von der vorläufigen Bezirksversammlung (Art. 10) festgesetzt und zusammen mit dem gesetzlichen Beitrag (§ 98 Abs. 2 des Reichsknappschaftsgesetzes) bis zur Bildung des Bezirksknappschaftsvereins von den Einzelvereinen, nach der Bildung des Bezirksknappschaftsvereins von diesem erhoben.

(Abs. 3.) Ergibt die Abgleichung einen Ueberschuß, so ist dieser dem Vermögensteil zuzuführen, der nach § 109 Abs. 2 des Reichsknappschaftsgesetzes von den Bezirksknappschaftsvereinen und bis zu deren Bildung nach Art. 9 Abs. 2 von den bisherigen Knappschaftsvereinen selbständig verwaltet wird. Für freiwillige Leistungen, die nach Art und Umfang bei dem bisherigen Knappschaftsvereine nicht schon vor dem

1. Januar 1923 gewährt worden waren, darf der Ueberschuß nicht verwandt werden.

§ 215 Entw. RKG.

1) Vgl. die Anm. 1 bis 4 der ersten Auflage.

Artikel 32.[1])

Die Bestimmungen des Art. 31 über die Erhebung eines Tilgungsbeitrags und die Verwendung eines Vermögensüberschusses gelten entsprechend für den Fall, daß nur ein Knappschaftsverein bei einem Bezirksknappschaftsverein beteiligt ist.

§ 216 Entw. RKG.

1) Vgl. Anm. 2 zu Art. 32 in der ersten Auflage.

Artikel 33.[1])

Der Vorstand des Reichsknappschaftsvereins kann Ausnahmen von der Entrichtung des Tilgungsbeitrags zulassen. Er kann anordnen, daß ein Ueberschuß, der sich bei der versicherungstechnischen Abgleichung nach Art. 31 zugunsten eines Einzelvereins ergeben hat, zum Besten der ehemaligen Mitglieder dieses Vereins verwandt wird, und daß zur Deckung eines Fehlbetrags bei einem Einzelverein Arbeitgeber und Arbeitnehmer der betreffenden Betriebe zu besonderen Tilgungsbeiträgen herangezogen werden. Näheres darüber ist in den Sondervorschriften des Bezirksknappschaftsvereins zu bestimmen.

§ 217 Entw. RKG.

1) Vgl. die Anm. 2 bis 5 zu Art. 33 in der ersten Auflage.

Artikel 34.[1])

Angestellte, die als beitrittspflichtige oder beitrittsberechtigte Mitglieder der Pensionskasse eines als Ersatzkasse zugelassenen bisherigen Knappschaftsvereins angehören, werden mit dem 1. Januar 1924 Mitglieder der Angestelltenabteilung der Pensionskasse des Reichsknappschaftsvereins. Die bisher beitrittsberechtigten Mitglieder haben neben den eigenen Beiträgen auch die der Arbeitgeber zu entrichten, solange sie nicht nach dem Reichsknappschaftsgesetze versicherungspflichtig sind.

§ 219 Entw. RKG.

1) Der Artikel regelt den Uebergang des bisher einer „Ersatzkasse" angehörigen Angestellten. Ueber diese Regelung bemerkt die Begr. zum RKG. S. 90 folgendes: „Insoweit Angestellte knappschaftlicher Betriebe bisher der Beamtenabteilung der Pensionskasse eines Knappschaftsvereins angehört haben, die als Ersatzkasse zugelassen ist, werden sie knappschaftlich berechtigte Mitglieder der Angestelltenabteilung der Pensionskasse des Reichsknappschaftsvereins, und zwar auch dann, wenn sie auf Grund bisheriger landesgesetzlicher Vorschriften (vergl. für Preußen § 27 Abs. 2 des Preußischen Knappschaftsgesetzes) zur Mitgliedschaft in der Pensionskasse berechtigt waren, während sie nach den Vorschriften des Entwurfs (§ 58) wegen der Höhe des Arbeitsverdienstes als neue Mitglieder in die Pensionskasse des Reichsknappschaftsvereins nicht aufgenommen werden könnten."

Artikel 35.[1])

Bei der Reichsversicherungsanstalt versicherte Angestellte aus dem Bezirk eines bisherigen Knappschaftsvereins der nicht als Ersatzkasse zugelassen ist, werden mit dem 1. Januar 1924 Mitglieder der Angestelltenabteilung der Pensionskasse des Reichsknappschaftsvereins, sofern sie nicht bereits berufsunfähig sind.[2])

§ 221 Entw. RKG.

1) Der § 221 des Entw. des RKG. hatte die Regelung der Verhältnisse der obenbezeichneten Angestellten entsprechend der allgemeinen Regelung der Angestelltenversicherungsgesetz (Entw. §§ 58 ff.) vorgeschlagen. Nachdem diese Regelung durch §§ 20 ff. des RKG. a. F. in anderer Weise erfolgt ist (vgl. 1. Aufl. Vorbem. zu § 19, Anm. 1 zu § 20), war eine andere Fassung der Vorschrift geboten.

2) Die Vorschrift des Art. 35 ist für die Frage, ob ein früher bei der RVAnstalt versicherter Angestellter aus dem Bezirk eines bisherigen KnV., der nicht als Ersatzkasse zugelassen war, Mitglied der Angest.Abt. der PK. (nach dem RKG.) werden muß, in erster Linie entscheidend. Sie geht als Sondervorschrift den allgemeinen Vorschriften vor. (Entsch. des RVA. Kn.-Senat vom 21. November 1924, Kompaß 1925 S. 51.)

Artikel 36.[1])

Gewährt ein bisheriger Knappschaftsverein, der nicht als Ersatzkasse zugelassen ist, den bisher bei der Reichsversicherungsanstalt versicherten Angestellten besondere Leistungen aus einer Zulagekasse, so haben die Sondervorschriften über die Verwendung des Vermögens der Zulagekasse zugunsten dieser Angestellten zu bestimmen.

§ 222 Entw. RKG.

1) Vgl. Anm. 2 zu Art. 36 in der ersten Auflage.

Artikel 37.[1])

Die bisherigen knappschaftlichen Ersatzkassen hören mit dem 31. Dezember 1923 als solche zu bestehen auf. Ihre Rechte und Verbindlichkeiten gehen auf den Reichsknappschaftsverein über. Für den Uebergang des Vermögens gelten Art. 8 Satz 3, 4 entsprechend.

§ 224 Entw. RKG.

1) Vgl. Anm. 2 zu Art. 36 in der ersten Auflage.

Artikel 38. [1])

Teuerungszulagen zu Leistungen der Pensionskasse, die von den bisherigen Knappschaftsvereinen gewährt werden, sind vom Inkrafttreten der Satzung des Reichsknappschaftsvereins ab nach den Vorschriften des § 31 des Reichsknappschaftsgesetzes zu gewähren.

§§ 218, 225 Entw. RKG.

1) Vgl. die Vorschriften im Art. 16 der Nov., §§ 243 ff.

IV. Invalidenversicherung.

Artikel 39.

(Abs. 1.) Der Reichsknappschaftsverein gilt als Sonderanstalt nach den §§ 1360 bis 1380 der Reichsversicherungsordnung. [1])

(Abs. 2.) Die bisher als Sonderanstalten zugelassenen Knappschaftsvereine einschließlich der Allgemeinen Knappschaftspensionskasse für Sachsen und die Norddeutsche Knappschaftspensionskasse zu Halle vorbehaltlich des Art. 40 hören mit dem 31. Dezember 1923 als Sonderanstalten zu bestehen auf. [2]) Ihre Rechte und Verbindlichkeiten als Sonderanstalten gehen auf den Reichsknappschaftsverein über. [3]) Für die Uebertragung des Vermögens gelten Art. 8 Satz 3, 4 entsprechend.

§ 226 Entw. RKG.

1) „Zur Vermeidung von Zweifeln während der Uebergangszeit wird hier ausdrücklich klargestellt, daß der Reichs-

knappschaftsverein ohne förmliche Zulassung durch den Reichsrat Sonderanstalt im Sinne der §§ 1360 bis 1380 der Reichsversicherungsordnung ist." (Begr. RKG. S. 91.)

2) „Die bisher als Sonderanstalten zugelassenen Knappschaftsvereine (Allgemeiner Knappschaftsverein in Bochum und Saarbrücker Knappschaftsverein) können auch in der Eigenschaft als Sonderanstalt nicht fortbestehen, weil sie insoweit in dem Reichsknappschaftsverein als Träger der Invaliden- und Hinterbliebenenversicherung aufgehen. Das gleiche gilt für die Norddeutsche Knappschaftspensionskasse zu Halle." (Begr. a. a. O.)

3) Nur hinsichtlich der als Sonderanstalten zugelassenen KnV. (Abs. 2) ist der RKV. Rechtsnachfolger ihrer Rechte und Verbindlichkeiten geworden. Für die Landesversicherungsanstalten ist das nicht der Fall. (Vgl. Entsch. des RVA. Kn.-Senat vom 27. März 1925 in Sachen G. wider RKV., II a Kn. 59/25, Kompaß 1925 S. 142.)

Artikel 40. [1])

(Abs. 1.) Die Norddeutsche Knappschaftspensionskasse in Halle besteht für die bei ihr beteiligten bisherigen Knappschaftsvereine bis zu einer Zeit, die der Vorstand des Reichsknappschaftsvereins festsetzt, längstens jedoch bis zum 31. Dezember 1932 als Abwicklungsstelle und örtliche Verwaltungsstelle im Sinne des § 9 Abs. 1 des Reichsknappschaftsgesetzes weiter. Näheres bestimmen die Sondervorschriften, welche die beteiligten Knappschaftsvereine nach § 9 Abs. 2 des Reichsknappschaftsgesetzes, Art. 9 Abs. 2 erlassen.

(Abs. 2.) Mit dem im Abs. 1 bezeichneten Zeitpunkte wird die Abwicklungsstelle der Norddeutschen Knappschaftspensionskasse aufgelöst.

§ 227 Entw. RKG.

1) Der Vorstand des RKV. hat am 24. Februar 1926 beschlossen, daß die Norddeutsche Knappschaftspensionskasse als

Abwickelungsstelle und örtliche Verwaltungsstelle mit dem 31. Dezember 1925 aufgehört hat zu bestehen und daß die noch zu erledigenden Arbeiten dieser Stelle der Mitteldeutschen Heilstätten-Gemeinschaft übertragen werden. (Kompaß 1926 S. 54.)

Artikel 41.

Soweit die Durchführung der Invalidenversicherung bisher einer Landesversicherungsanstalt oblag, haben nach dem 31. Dezember 1923 die Arbeitgeber die von ihnen aufbewahrten Quittungskarten an die nach § 1419 der Reichsversicherungsordnung zuständige Ausgabestelle abzugeben.

§ 228 Entw. RKG.

V. Beziehungen des Reichsknappschaftsvereins zu andern Versicherungsträgern und zu andern Verpflichteten.

Artikel 42.[1])

Besteht bei Versicherungsfällen, die vor dem 1. Januar 1924 eingetreten sind, für Leistungen des bisherigen Knappschaftsvereins ein Anspruch auf Ersatz aus der Unfallentschädigung, so gilt hinsichtlich der vom 1. Januar 1924 ab zu gewährenden laufenden Leistungen der Pensionskasse des Reichsknappschaftsvereins § 77 des Reichsknappschaftsgesetzes.[2])

§ 229 Entw. RKG.

1) Zu Art. 77 vgl. die grundsätzliche Entsch. des RVA. Kn.-Senat vom 6. November 1924 in Sachen D. gegen RKV. II a Kn. 96/24 (AN. S. 221, Kompaß 1925, S. 16), die den Grundsatz feststellt, daß eine Anrechnung der Teuerungs-

zulage im Sinne des § 77 RKG. nur nach Maßgabe und im Umfang des zweiten Satzes dieses Paragraphen zulässig ist.

2) Der § 77 RKG. ist durch die Novelle von 1926 in Wegfall gekommen; an seine Stelle sind die §§ 106 Abs. 2 bis 108 getreten.

Artikel 43.

Hat in einem Streitverfahren zwischen einem Armenverband und einem Empfänger von Pensionskassenleistungen oder einem Knappschaftsvereine wegen eines Ueberweisungsanspruchs auf Leistungen der Pensionsversicherung, der nach dem Gesetz über den Unterstützungswohnsitz erworben worden ist, am 1. Januar 1924 der Vorstand oder der Ausschuß des Knappschaftsvereins noch nicht entschieden, so wird die Sache an das nach § 76 Abs. 5 des Reichsknappschaftsgesetzes zuständige Versicherungsamt abgegeben; das weitere Verfahren richtet sich nach den Vorschriften des Sechsten Buches der Reichsversicherungsordnung.

§ 230 Entw. RKG.

VI. Rechts- und Dienstverhältnisse der Knappschaftsangestellten.

Artikel 44.

(Abs. 1.) Der Reichsknappschaftsverein tritt in die Vertragsverhältnisse ein, die am 1. Januar 1924 zwischen den bisherigen Knappschaftsvereinen, dem Knappschaftlichen Rückversicherungsverbande, der Norddeutschen Knappschaftspensionskasse und deren Beamten oder Angestellten bestehen.

(Abs. 2.) Bezüge sind fortzuzahlen, wenn sie vor dem 1. Januar 1923 vereinbart worden sind. Ansprüche auf Ruhegehalt und Hinterbliebenenbezüge bleiben erhalten.

§ 231 RKG.

VII. Verfahren.

Artikel 45.

Ist ein Verfahren auf Feststellung von Leistungen der Krankenversicherung oder der Pensionsversicherung am 1. Januar 1924 anhängig, so wird es weiter nach den Vorschriften des Reichsknappschaftsgesetzes durchgeführt; nach dessen Vorschriften richten sich auch die Fristen, sofern sie danach länger sind. Der Beginn der Fristen bestimmt sich nach dem alten Rechte.

§ 232 Entw. RKG.

Artikel 46. [1/2])

Streitigkeiten, die am Tage des Inkrafttretens des Reichsknappschaftsgesetzes bei den bisher zuständigen Stellen schweben, gehen mit diesem Tage auf die neuen nach dem Reichsknappschaftsgesetze zuständigen Stellen über.[3]) Dasselbe gilt auch für Anträge auf Leistungen, die beim Versicherungsamt an diesem Tage anhängig sind.[2])

1) Art. 46 ist durch den Sozialpolitischen Ausschuß des RT. hinzugefügt worden. Er stellt die Zuständigkeit der durch das RKG. bestimmten zuständigen Stellen für die bei dem Inkrafttreten dieses G. schwebenden Streitigkeiten fest; die bisher mit der Bearbeitung dieser Streitigkeiten beauf-

tragten Stellen verlieren danach mit dem gleichen Zeitpunkt ihre Zuständigkeit.

2) Der Art. 46 setzt voraus, daß es sich um schwebende Streitigkeiten handelt, die nach dem RKG. von anderen Stellen zu entscheiden sind, als denen, die bis zum Inkrafttreten des genannten G. zur Entscheidung zuständig waren. Er findet also keine Anwendung auf Streitigkeiten über Leistungsansprüche gegen eine Landesversicherungsanstalt, da zu derartigen Streitigkeiten die in den §§ 153 ff. RKG. bezeichneten besonderen Spruchstellen niemals berufen waren. (Entsch. des RVA., Kn.-Senat vom 27. März 1925 in Sachen G. wider RKV., IIa Kn. 59/25, Kompaß 1925, S. 142.)

Ob die Ansprüche gegen die Landesversicherungsanstalt oder gegen den RKV. zu richten sind, hängt im Einzelfall regelmäßig davon ab, ob der Antragsteller vor der Antragstellung zuletzt beim RKV. versichert gewesen ist oder nicht. (Entsch. des RVA. Kn.-Senat vom 10. Dezember 1925 in Sachen P. gegen RKV. IIa Kn. 445/25.)

3) Zu vergl. insbesondere §§ 1613 ff. RVO. Die weitere Behandlung der auf Leistungen gerichteten Anträge obliegt von dem in Satz 1 bezeichneten Zeitpunkte ab den im RKG. bezeichneten Stellen, insbesondere den BezKV. und besonderen KrK. (§ 153 a. F.).

Artikel 47.[1])

Soweit bisher keine Knappschaftsoberversicherungsämter bestanden haben, sind sie bis zum 1. Januar 1924 an Stelle bisher bestehender knappschaftlicher Schiedsgerichte zu errichten. Bis zur Wahl der Beisitzer nach den Vorschriften des Reichsknappschaftsgesetzes beruft sie der Vorsitzende aus dem Kreise der Wählbaren. Soweit bei den Knappschaftsoberversicherungsämtern am 1. Januar 1924 Beisitzer vorhanden sind, bleiben sie bis zum Eintritt der Neugewählten im Amte.

§ 234 RKG.

1) Vgl. Anm. 1 zu § 163 RKG. a. F., jetzt § 199.

Artikel 48. [1])

(Abs. 1.) Der Knappschaftssenat beim Reichsversicherungsamt ist bis zum 1. Januar 1924 zu bilden. Bis zum 31. Dezember 1927 kann der Reichsarbeitsminister im Ruhestande befindliche Reichs- oder Landesbeamte, die besondere Kenntnisse und Erfahrung auf dem Gebiete des Bergwesens und der knappschaftlichen Versicherung besitzen, zu Vorsitzenden des Knappschaftssenats bestellen. [2])

(Abs. 2.) Bis zur Wahl nach den Vorschriften des Reichsknappschaftsgesetzes werden die Vertreter der Arbeitgeber und der Versicherten vom Präsidenten des Reichsversicherungsamts aus dem Kreise der Wählbaren berufen. [3])

§ 236 Entw. RKG.

1) Zu vergl. Art. 46 EG. und § 166 RKG. a. F., jetzt § 202.

2) Satz 2 beruht auf den Beschlüssen des Sozialpolitischen Ausschusses des RT. (1923). Es tritt deshalb an Stelle des nach § 86 Abs. 2 RVO. in Verbindung mit § 166 Abs. 2 RKG. a. F. zur Ernennung des Senatspräsidenten befugten Reichspräsidenten bis zum 31. Dezember 1927 der Reichsarbeitsminister.

3) Zu vergl. § 166 RKG. a. F. und Gesetz über die Aenderung der Wahlen nach der Reichsversicherungsordnung vom 13. April 1922 (RGBl. I S. 435). Vergl. ferner Anm. 1 zu § 167 RKG. a. F., jetzt § 203.

Artikel 49. [1])

Gegen Entscheidungen, die vor dem 1. Januar 1924 rechtskräftig geworden sind, findet die Wiederaufnahme des Verfahrens nach den Vorschriften des Reichsknappschaftsgesetzes, der Reichsversicherungsordnung und des Angestelltenversicherungsgesetzes statt.[2])

§ 238 Entw. RKG.

1) Art. 49 bringt klar zum Ausdruck, daß die Wiederaufnahme des Verfahrens sich stets nach den Vorschriften des RKG., der RVO. und des AVG. richtet, nicht mehr, wie mangels besonderer landesgesetzlicher Vorschriften, nach der Zivilprozeßordnung, wie bisher z. B. in Preußen angenommen war. (Begr. RKG. S. 93.)

2) Es kommen in Betracht: § 158 Abs. 2 RKG. a. F., jetzt § 195 Abs. 2, §§ 1722 ff. RVO. Die Vorschriften des AVG scheiden jetzt aus.

Artikel 50.[1/2/3/4/5])

Der Reichsarbeitsminister bestimmt das Nähere über die Anwendung des Reichsknappschaftsgesetzes auf die Knappschaftsvereine des Saargebiets.

§ 239 Entw. RKG.

1) Ob und inwieweit die Vorschriften des RKG. auf die preußischen und bayerischen KnV. des Saargebiets Anwendung finden, ließ sich wegen der politischen Lage nicht durch das G. bestimmen; die Bestimmung war deshalb zweckmäßig dem RAM. zu übertragen. Für die Rechtslage kommen insbesondere die Vorschriften des dem Abschnitt IV des Friedensvertrages von Versailles beigefügten sogenannten „Saarstatuts" in Betracht.

2) Bestimmungen des RAM. zu Art. 50 sind bisher nicht ergangen. Er hat indes einer Vereinbarung vom 15. 4. 25 zugestimmt, die zwischen dem Vorstand des RKV. und dem Saarbrücker KnV. getroffen worden ist und Folgendes bestimmt:

„a) Durch die Versicherung in der Pensionskasse des Reichsknappschaftsvereins werden die beim Saarbrücker Knappschaftsverein erworbenen Anwartschaften erhalten. Dasselbe trifft umgekehrt zu. Diese Vereinbarung tritt rückwirkend vom 1. Januar 1923 in Kraft.

b) Frühere Pensionskassenmitglieder des Saarbrücker Knappschaftsvereins, die Mitglieder beim Reichsknappschaftsverein werden oder geworden sind, bekommen die Dienstjahre — die sie dadurch verloren haben, daß sie vor der Zeit des Bestehens des Darmstädter Gegenseitigkeitsvertrages von einem Knappschaftsverein zu einem anderen übertraten — nach der Satzung des Reichsknappschaftsvereins angerechnet, wenn sie noch Bergarbeit verrichten und die Dienstjahre nachweisen. Ebenso wird vom Saarbrücker Knappschaftsverein gehandelt, indem er obenerwähnte verlorene Dienstjahre anrechnet, wenn frühere Mitglieder des Reichsknappschaftsvereins Mitglieder des Saarbrücker Knappschaftsvereins werden oder geworden sind. Doch ist Voraussetzung, daß diese Bestimmung nur Anwendung findet auf Wandermitglieder, die beim Uebertritt in einen anderen Verein von diesem unter Beachtung aller Vorschriften des Darmstädter Gegenseitigkeitsvertrages hätten übernommen werden müssen, falls dieser Vertrag zur Zeit des Uebertritts schon Geltung gehabt hätte.

c) Jedes Mitglied des Saarbrücker Knappschaftsvereins wird, solange es seine Anwartschaften noch nicht verloren hat, ohne Antrag und ohne Rücksicht auf sein Lebensalter mit seinem erworbenen Dienstalter in die Pensionskasse des Reichsknappschaftsvereins aufgenommen, sofern es zur Berufsarbeit nicht bereits unfähig ist. Das Gleiche findet statt bei Mitgliedern des Reichsknappschaftsvereins, die nach dem Saarbrücker Knappschaftsverein wechseln.

Diese Vereinbarung gilt bis zum 31. Dezember 1926."

Ueber die gegenseitige Auszahlung von Pensionsanteilen ist vereinbart, daß Anteile der Saarbrücker Kn. an Pensionen, die der RKV. festsetzt, vom RKV. in Reichsmark auf Grund der Frankenwährung gezahlt werden, eine Regelung, die seit dem Kursrückgang des Franken bei den Wanderpensionären große Unzufriedenheit erregt. Anteile des RKV. an Pensionen, die der Saarbrücker Verein festsetzt, werden vom Saarbrücker Verein gezahlt, dem der RKV. die erforderlichen Beträge in

Reichsmark zur Verfügung stellt. (Näheres s. bei Wißmann „Das Reichsknappschaftsgesetz in der Praxis“ S. 142.)

3) Hinsichtlich der Gewährung der AP. an ehemalige Mitglieder der Saarbrücker Kn. hat der vorl. Vorstand des RKV. am 13. Juni 1924 beschlossen, daß bei der Entscheidung über die Gewährung der AP. die bei ehemaligen deutschen KnV. und denen des Saargebiets zugebrachten Dienstjahre im Sinne der Erfordernisse des § 26 RKG. a. F. zu berücksichtigen sind, ohne eine Verpflichtung zur Zahlung von Pensionsanteilen und T.Zul. zu übernehmen, welche auf die bei den genannten Vereinen zugebrachten Jahre entfallen. Aus Anlaß dieses Beschlusses sind viele Streitfälle entstanden. Wanderpensionäre, die bei Anwendung des Beschlusses die Voraussetzungen des § 26 RKG. a. F. erfüllt haben, verlangen Berücksichtigung der Saarbrücker Dienstjahre auch bei Berechnung der AP., indem sie sich darauf berufen, daß unter der Herrschaft der früheren Freizügigkeitsbestimmungen ihr Saarbrücker Dienstalter von dem Verein, zu dem sie abwanderten, übernommen sei. Nach E. des RVA. vom 20. 5. 26, abgedr. in „Knappschaft“ (Berlin) S. 133, ist ein solcher Anspruch nicht begründet. Neuerdings ist durch Ver. der Regierungskommission des Saargebiets vom 16. 9. 1925 (Amtsblatt der Regierungskommission S. 387) das im Saargebiet im allgemeinen noch geltende Preuß. KnG. vom 17. 6. 12 durch Einschaltung eines § 30a dahin geändert, daß Berufsunfähigkeit auch als vorhanden angesehen wird, wenn der Antragsteller das 55. Lebensjahr vollendet und im übrigen die Voraussetzungen erfüllt hat, wie sie im § 26 RKG. umschrieben sind. Hiernach werden Alterspensionäre, die das 55. Lebensjahr vollendet haben, mit Erfolg den Anspruch auf Zahlung von AP. auch für die im Saargebiet zurückgelegten Dienstjahre bei der Saar-Knappschaft geltend machen können.

4) Ein bei Beratung der Kn.Nov. im RT.Ausschuß gestellter Antrag, der RKn. die Sicherstellung aller Ansprüche aufzuerlegen, die in der Saar- (und Oberschlesischen) Knappschaft bis zur Beendigung des Krieges erworben sind, ist ab-

gelehnt worden, nachdem die Regierung ausgeführt hatte, daß die Annahme dieses Antrages die noch zu führenden Verhandlungen erschweren könne, und daß bisher alles geschehen sei, um die Renten in Saarbrücken (und in Oberschlesien) den im deutschen Gebiete gezahlten Renten gleichzustellen (Ber. S. 99). Demnach trägt auch weiterhin jede Kn. den eigenen Pensionsanteil. Für die Berechnung des Pensionsanteils der Rkn. nach den Vorschriften des RKG. vom 1. 7. 26 ist bestimmt worden, daß sich dieser Anteil aus dem vollen Grundbetrag und Steigerungsbeträgen zusammensetzen soll; es wird so verfahren, als wenn das betr. Mitglied ausschließlich bei der Rkn. versichert gewesen wäre.

5) Erwähnt sei noch, daß zur Milderung der Notlage der Knappschaftspensionäre des Saargebiets der RAM. aus Reichsmitteln den Betrag von 1,5 Millionen RM. als Vorschuß auf den Anteil des Saarbrücker KnV. an der Aufwertungsmasse des früheren Knappschaftlichen Rückversicherungsverbandes zur Verfügung gestellt hat (vergl. Ber. über die Vorstandssitzung des RKV. vom 24. 2. 26, Kompaß S. 52). Falls der Anteil des Saarbrücker Vereins an der Aufwertungsmasse den Betrag von 1,5 Millionen RM. nicht erreichen sollte, ist der Unterschiedsbetrag vom Saarbrücker Verein zurückzuzahlen. Die zur Verfügung gestellte Summe ist nur für die Aufbesserung der Bezüge der Invaliden, Witwen und Waisen des Saargebiets bestimmt und darf nicht zu Gunsten früherer Saar-Bergarbeiter verwandt werden, die jetzt in anderen Bezirken wohnen (vergl. auch Ber. Röv. S. 99). Außerhalb des Saargebietes im Deutschen Reiche wohnende Rentenempfänger erhalten widerruflich Beihilfen nach Maßgabe der Bek. des RAM. vom 28. 9. 26, Reichsanz. Nr. 228.

Zweiter Teil.

(Von einer Wiedergabe der Artikel 51 bis 53 des Einführungsgesetzes ist abgesehen worden, weil die in ihnen vorgeschriebenen Aenderungen der Reichsversicherungsordnung und des Angestelltenversicherungsgesetzes bei der Neufassung dieser Gesetze berücksichtigt worden sind.)

Artikel 54.[1])

(Abs. 1.) Die Vorschriften anderer Reichsgesetze über Knappschaftsvereine oder Knappschaftskassen und über knappschaftliche Krankenkassen treten insoweit außer Kraft, als sie dem Reichsknappschaftsgesetze widersprechen.

(Abs. 2.) Die Vorschriften der Landesgesetze über knappschaftliche Versicherungseinrichtungen treten außer Kraft, soweit das Reichsknappschaftsgesetz nichts anderes vorschreibt.[2])

§ 186 Entw. RKG.

1) Der Art. 54 entspricht dem § 186 des Entw. des RKG., soweit nicht eine Aenderung der letzteren Bestimmung durch die vorhergehenden Art. 51 bis 53 bereits herbeigeführt ist. Im Falle des Art. 54 wird es sich namentlich um Vorschriften „anderer" als der in Art. 51 bis 53 behandelten Reichsgesetze handeln, die auf die KnV. als landesgesetzliche Einrichtungen und ihre bisherige Organisation Bezug haben. Ob und inwieweit ein Widerspruch solcher Vorschriften mit denen des RKG. besteht, kann nur im einzelnen Falle entschieden werden.

2) Die landesgesetzlichen Vorschriften über kn. Versicherungseinrichtungen (also Knappschaftsvereine, Knappschaftskassen, Knappschaftspensionskassen, knappschaftliche Krankenkassen usw.) treten naturgemäß mit dem Erlasse des RKG. außer Kraft. Sie können jedoch noch fortwirken, z. B. hinsichtlich der Anrechnung sogenannter Ersatztatsachen aus der Vergangenheit bei Feststellung der Leistungen der PK. (Art. 29 Abs. 1 und Begr. dazu). Hieraus findet der am Schlusse des Abs. 2 gemachte Vorbehalt seine Erklärung. (Begr. S. 80.)

Artikel 55.[1])

Soweit in Reichs- oder Landesgesetzen auf Vorschriften verwiesen ist, die durch dieses Gesetz oder das Reichsknappschaftsgesetz außer Kraft gesetzt oder verändert sind, treten an deren Stelle die entsprechenden Vorschriften des Reichsknappschaftsgesetzes.

§ 187 Entw. RKG.

1) Die Vorschrift enthält eine natürliche Ergänzung des Art. 54 dahin, daß an Stelle der bisherigen Vorschriften über das Knappschaftswesen, die nicht neben dem RKG. bestehen bleiben oder die durch dessen Inhalt abgeändert oder sonst beeinflußt werden, die entsprechenden neuen Vorschriften des RKG. treten. (Begr. S. 80.)

Artikel 56.

Die Vorschriften der Artikel 51 bis 55 treten mit dem im Artikel 1 bestimmten Tage in Kraft.

Dritter Teil.

Artikel 57.

(Abs. 1.) Die Reichsregierung kann mit Zustimmung des Reichsrats noch andere Einführungsbestimmungen erlassen und die in diesem Gesetz oder dem Reichsknappschaftsgesetze bestimmten Fristen ändern. [1/2])

(Abs. 2.) Die Bestimmungen sind durch das Reichsgesetzblatt zu veröffentlichen und dem Reichstag zur Kenntnis zu vorzulegen.

§ 240 Entw. RKG.

1) Diese Ermächtigung empfiehlt sich um deswillen, weil die Schwierigkeiten bei Durchführung des RKG. nicht im voraus in allen Punkten zu übersehen sind und weil für den Fall, daß die in den Uebergangsbestimmungen — also dem EG. — ein-

gesetzten Fristen nicht sollten innegehalten werden können, eine Ermächtigung der Reichsregierung zur Fristverlängerung geboten ist (vgl. Begr. S. 93).

2) Auf Grund des Art. 57 hat der RAM. durch Bek. vom 21. Januar 1924 (RGBl. I S. 34) folgendes bestimmt:

„Die Invaliden- und Angestelltenversicherung für die nach dem Reichsknappschaftsgesetz versicherten Personen wird, soweit sie noch nicht von den Knappschaftsvereinen durchgeführt wird, bis zum 30. Juni 1924 einschließlich von den bisher zuständigen Versicherungsträgern weitergeführt."

(Vgl. Z. f. B.. Bd. 65 S. 60 und Kompaß 1924 S. 30, Thielmann S. 81.)

Anhang.

Vorschriften des Gesetzes über Abänderung des Reichsknappschaftsgesetzes vom 25. Juni 1926, die in das „Reichsknappschaftsgesetz" in der Fassung der Bekanntmachung vom 1. Juli 1926 nicht übernommen sind.

Artikel 16.

a) (Abs. 1.) Dieses Gesetz tritt, soweit es sich um Maßnahmen zu seiner Durchführung handelt, sofort, im übrigen mit dem 1. Juli 1926 in Kraft.

Artikel 20.

(Abs. 1.) Der Reichsarbeitsminister wird ermächtigt, den Wortlaut des Reichsknappschaftsgesetzes in der gültigen Fassung unter fortlaufender Bezeichnung der Paragraphen durch das Reichsgesetzblatt zu veröffentlichen. Er kann dabei Vorschriften, die durch dieses Gesetz überholt werden, weglassen, Umstellungen und solche Aenderungen vornehmen, die nur die Fassung betreffen oder sich aus einer bereits eingetretenen Aenderung der Versicherungsgesetze ergeben. Er kann ferner die Bezeichnungen „Reichsknappschaftsverein" und „Bezirksknappschaftsverein" durch die Bezeichnungen „Reichsknappschaft" und „Bezirksknappschaft" sowie die Hinweise auf bestimmte Organe durch die allgemeine Bezeichnung „Reichsknappschaft" oder „Bezirksknappschaft" ersetzen.

(Abs. 2.) Er wird ferner ermächtigt, die seit dem 1. Januar 1924 eingetretenen Aenderungen der Reichsversicherungsordnung und des Angestelltenversicherungsgesetzes bei der Feststellung der gültigen Fassung des Reichsknappschaftsgesetzes zu berücksichtigen.

Sachregister.

(Die Zahlen beziehen sich auf die Seiten.)

A

B.

E

F

G

L

P

S

Guttentagsche Sammlung

Deutscher Reichs- und Preußischer Gesetze

einschließlich

de Gruyterſche Sammlung Deutscher Gesetze

(Handkommentare)

Systematisches Verzeichnis

Dezbr. 1928

Walter de Gruyter & Co., Berlin W 10 und Leipzig

Bürgerliches Recht

Bürgerliches Gesetzbuch

Band **Reichsgesetze:**

88/39. **Bürgerliches Gesetzbuch nebst Einführungsgesetz.** Von A. Achilles. In Verbindung mit F. André, O. Meyer, O. Strecker, K. v. Unzner herausgegeben von M. Greiff. 12. Auflage. — 1926. 24.—

84. **Sammlung kleinerer privatrechtlicher Reichsgesetze.** Von G. Müller. — 1903. 5.50

129. **Zivilrechtkriegsgesetze.** Von J. Fischer. — 1918. 1.50

116. **Kriegs-Zivil- und Finanzgesetze.** 3. Auflage. — 1915. 1.50

116 a. Desgl. Zweite Folge: Jahr 1915. — 1916. 1.20

Preußische Gesetze:

23. **Ausführungsgesetze zum Bürgerlichen Gesetzbuche.** Von P. Siméon. 3. Auflage. — 1914. 2.20

Textausgaben:

Bürgerliches Gesetzbuch nebst Einführungsgesetz. 16. Auflage. — 1928. 5.—

Schuldverhältnisse insbesondere

Reichsgesetze:

34. **Die Abzahlungsgeschäfte.** 3. Auflage von E. Wilke. — 1910. 1.20

93. **Sicherung der Bauforderungen.** Von E. Harnier. 3. Auflage. — 1912. 1.50

55. **Beschlagnahme von Lohn- und Gehaltsforderungen.** Von G. Meyer. 6. Auflage. — 1927. Mit Nachtrag 1928. 4.50

70. **Das Reichshaftpflichtgesetz.** Von G. Eger. — 1903. Vergriffen.
Als Ersatz: F. Seligsohn, **Haftpflichtgesetz.** — 1920. (Außerhalb der Sammlung.) 8.—, geb. 9.50

94. **Die Beamtenhaftpflichtgesetze des Reiches und der Länder.** Von H. Delius. 3. Auflage. — 1921. 3.20

52. **Rechte der Besitzer von Schuldverschreibungen.** Von H. Göppert. 2. Auflage von E. Trendelenburg. — 1915. 1.50

50. **Der Viehkauf (Viehgewährschaft).** Von H. Stölzle. 6. Auflage. — 1926. 15.—

90. **Das Internationale Privatrecht,** Die Haager Abkommen über. Von G. Bogeng. — 1908. 2.—
98. **Sechs Haager Abkommen über Internationales Privatrecht.** H. Dungs. — 1910. 1.50

Preußische Gesetze:

87. **Enteignung von Grundeigentum.** Von O. Meyer. 3. Auflage. — 1927. 5.50

Sachenrecht insbesondere

de Gruytersche Sammlung Deutscher Gesetze (Handkommentare):

Aufwertungsrecht von R. Michaelis. — 1926. Mit Nachtrag 1927. 16.—
Nachtrag einzeln —.30

Reichsgesetze:

135. **Erbbaurecht.** Von H. Günther. — 1919. 2.—
42. **Grundbuchordnung.** Von O. Fischer und R. Fischer. 9. Auflage. — 1927. 5.—
156. **Mietrecht und Wohnungsmangelgesetz.** Von O. Krieg. 4. Auflage. — 1928. 10.—

Textausgaben:

Aufwertungsgesetze mit Einleitung. Von R. Michaelis. — 1925. Mit Nachtrag 1927. 1.50
Reichsmietengesetz. — 1922. —.50

Familienrecht und Erbrecht

Reichsgesetze:

45. **Entmündigungsrecht.** Von P. Koll. — 1900. 1.20
58. **Recht der unehelichen Kinder.** Von H. Jastrow. — 1901. Mit Nachtrag 1925. 1.60
47. **Deutsches Vormundschaftsrecht.** Von M. Schultzenstein und P. Köhne. 2. Auflage. — 1901. Vergriffen.
124. **Todeserklärung Kriegsverschollener.** Von J. Partsch. — 1917. 2.—
59. **Beurkundung des Personenstandes und die Eheschließung.** Von F. Fidler. 2. Auflage. — 1912. 2.30

Preußische Gesetze:

8. **Nottestamente.** Von E. Kurtz. — 1904. 1.50

Handelsrecht

Reichsgesetze:

4. **Handelsgesetzbuch** ohne Seerecht. Von F. Litthauer und A. Mosse. 17. Auflage. Von E. Heymann. — 1926. 14.—
162. **Handelsrechtl. Nebengesetze.** Von O. Schreiber. — 1926. 14.—
169. **Bank- und Börsengesetze.** Von A. Nußbaum. — 1927. 11.—
41. **Börsengesetz.** Von Th. Hemptenmacher. 3. Auflage von O. Meyer. — 1915. 8.50
26. **Münz- und Notenbankwesen.** Von R. Koch. 7. Auflage von H. Schacht. — 1925. 14.—
117. **Darlehnskassengesetz.** Von H. Salomon u. K. Bud. — 1915. 1.80
40. Gesetz, betr. die **Pflichten der Kaufleute bei Aufbewahrung fremder Wertpapiere (Depotgesetz).** Von F. Lusensky. 3. Auflage. — 1916. Mit Nachtrag 1924/25. 1.—
24. **Aktiengesellschaft und Kommanditgesellschaften auf Aktien.** Von H. Keyßner und H. V. Simon. 7. Auflage. In Bearbeitung.
32. **Gesellschaften mit beschränkter Haftung.** Von L. Parisius, H. Crüger und A. Crecelius. 17. Auflage. — 1926. 3.50
29. **Erwerbs- und Wirtschaftsgenossenschaften.** Von L. Parisius, H. Crüger, A. Crecelius und Fr. Citron. 19. Auflage. — 1928. 4.—
51. **Hypothekenbankgesetz.** Von H. Göppert. 2. Auflage von H. J. Seidel. — 1911. Mit Nachtrag 1926. 2.20
100. **Kaligesetz.** Von B. Voelkel. — 1910. 2.40
167. **Verordnung gegen Mißbrauch wirtschaftlicher Machtstellungen** (Kartellgesetz). Von W. Staffel. — 1927. 3.50
115. **Das vertragliche Wettbewerbsverbot (Konkurrenzklausel).** Von G. Baum. — 1914. 3.—
113. **Postscheckgesetz.** Von J. Weiland. — 1914. Mit Nachtrag 1918. Vergriffen.
113 a. **Postscheckordnung.** Von J. Weiland. — 1914. Mit Nachtrag 1918. 1.50
85. **Scheckgesetz.** Von M. Apt. Vergriffen. Neue Auflage von W. Schmidt. In Bearbeitung.
    Kommentar von R. Michaelis. — 1927. (Außerhalb der Sammlung.) 16.—, geb. 18.—
5. **Wechselordnung.** Von J. Stranz und M. Stranz. 12. Auflage. — 1923. Mit Nachtrag 1926, enthaltend **Wechselstempelgesetz und Scheckgesetz.** 3.50
    Nachtrag einzeln —.60

36. **Privatrechtliche Verhältnisse der Binnenschiffahrt und Flößerei.** Von E. Löwe. 6. Auflage. — 1923. 4.—
19. **Die Seegesetzgebung.** Von W. E. Knitschky. 5. Auflage von O. Rudorff. — 1913. 8.—

Preußische Gesetze:

54. **Anlegung von Sparkassenbeständen in Inhaberpapieren.** Von H. Döhring. — 1914. 2.80
21. **Handelskammern.** Von F. Lusensky. 2. Aufl. — 1909. 3.—

Textausgaben:

Handelsgesetzbuch mit **Seerecht.** 11. Auflage. — 1924. 2.60
Wechselordnung. — 1908. Mit Anhang: Wechselprozeß und Ausführungsanweisung. — 1920. —.50

Versicherungsrecht

Reichsgesetze:

62. **Private Versicherungsunternehmungen.** Von H. Koenige. 3. Auflage von H. Koenige und A. Petersen. — 1927. 20.—
83. **Versicherungsvertrag.** Von P. Hager und E. Bruck. 6. Auflage. — 1928. Im Druck.
164. **Aufwertung von Versicherungsansprüchen.** Teil I: **Lebensversicherungen.** Von L. Berliner und E. Pfaffenberger. — 1926. 6.50
164 a. Desgl. Teil II: **Sach-** (Feuer-, Glas-, Wasser- usw.) **und Transportversicherung, Unfall- und Haftpflichtversicherung.** — 1926. Mit Nachtrag 1927. 3.50
Nachtrag einzeln —.30

Gewerberecht

Reichsgesetze:

6. **Gewerbeordnung** für das Deutsche Reich nebst **Kinderschutzgesetz** und **Hausarbeitsgesetz.** Von Fr. Hiller und H. Luppe. 21. Auflage. — 1928. 11.—
64. **Handel mit Drogen und Giften,** Gesetzsammlung, betr. den. Von H. Sonnenfeld. 3. Auflage. — 1926. 12.—
48. **Drogen-, Gift- und Farbenhandel außerhalb der Apotheken,** Gesetze, betr. den. Von J. Broh. — 1899. 1.20

130. **Ersatzlebensmittelverordnung.** Von H. E. Wendel. — 1918. 1.50
54. **Nahrungsmittelgesetze** mit Erläuterungen. Von Georg Lebbin. 2. Auflage in zwei Bänden.
a) I. **Lebensmittelgesetz** vom 5. Juli 1927 mit Nebengesetzen Margarine, Fleisch, Milch, Süßstoff, Essigsäure usw.). Von G. Lebbin und R. Gießner. — 1928. 8.50
b) II. **Getränkegesetze und Getränkesteuergesetze** (Wein, Bier, Branntwein, Mineralwasser). Unter Mitarbeit von R. Kniebe. — 1926. 10.—
65. **Weingesetz.** Von G. Lebbin. 2. Auflage. — 1909. Vergriffen.
71. **Kinderarbeit in gewerblichen Betrieben.** Von H. Spangenberg. 2. Auflage. — 1904. 1.20

Preußische Gesetze:

16. **Konzessionierung gewerblicher Anlagen.** Von W. v. Rüdiger. 2. Auflage. — 1901. Vergriffen.

Textausgaben:

Gewerbeordnung, Preußische Ausführungsanweisung zur. — 1904. 1.—

Arbeitsrecht

Reichsgesetze:

138 a. **Arbeiterschutz und Arbeitsrecht.** Von A. Günther. 2 Auflage. Teil I: **Arbeitszeitschutz.** Von R. Schneider und A. Günther. — 1927. 7.50
138 c. Teil II: **Schwerbeschädigtengesetz.** Von R. Schneider und A. Günther. — 1928. 8.—
138 b. **Betriebsrätegesetz.** Von A. Günther. — 1920. Vergriffen.
168. **Arbeitsgerichtsgesetz.** Von H. Depène. — 1927. 3.60
74. **Die Kaufmannsgerichte.** Von M. Apt. 3. Auflage. — 1904. Vergriffen.
112. **Kaufmannsgerichtsgesetz.** Von H. Depène. — 1914. 2.60
112 a. **Kaufmanns- und Gewerbegerichtsgesetz nebst Schlichtungsordnung.** (Ergänzungsband zu Bd. 112.) Von H. Depène. — 1924. 3.50
Die Bde. 112 und 112 a enthalten zusammen den vollständigen Text des Gewerbegerichtsgesetzes.

Preußische Gesetze:

58. **Arbeitsnachweis.** Von P. Wölbling. — 1920. 1.—

Sozialpolitische Gesetze

Reichsgesetze:

106—109. **Reichsversicherungsordnung.** Von F. Caspar und A. Spielhagen. 1913-1922. 4 Bände. Komplett. 18.—

161. **Reichsversicherungsordnung.** Von K. Lippmann. — 1925. 11.—

161 a. Desgl. **Ergänzungsband,** enthaltend die neue Fassung des **Unfallversicherungsgesetzes** sowie die Änderungen der übrigen Bücher der RVO. — 1926. 4.—

161 b. Desgl. **Zweiter Ergänzungsband.** 2., vermehrte Auflage nach dem Stand vom 1. Juli 1928. — 1928. —.80

155. **Reichsknappschaftsgesetz.** Von M. Reuß und F. Hense. 2. Auflage. — 1926. Mit Nachtrag 1927. 12.—

152. **Wohlfahrtsgesetze.** Von E. Behrend und H. Stranz-Hurwitz. Teil I. — 1923. 5.—

152 a. Desgl. Teil II. — 1925. 9.—

152 und 152 a zusammen bezogen 12.—

165. **Handbuch der Arbeitslosenfürsorge.** Von H. Schmeißer. Im Druck.

160. **Fürsorgepflicht.** Von E. Sandré. — 1925. 6.—

154. **Jugendwohlfahrt und Jugendgerichtsgesetz.** Von P. Drewes und E. Sandré. 2. Auflage von P. Drewes. — 1928. 11.—

Textausgaben:

Versicherungsgesetz für Angestellte. 2. Auflage. — 1927. 2.50

Geistig-gewerblicher Rechtsschutz

Reichsgesetze:

81. **Urheberrecht an Werken der bildenden Künste und der Photographie.** Von L. Fuld. 2. Auflage. — 1926. 6.—

60. **Das Urheberrecht an Werken der Literatur und der Tonkunst.** Von O. Lindemann. 4. Auflage. — 1921. 1.80

102. **Urheberrecht an Mustern und Modellen** und Schutz von **Gebrauchsmustern.** Von J. Neuberg. — 1911. 2.40

95. Die Berner Übereinkunft über **Internationales Urheberrecht.** Von H. Dungs. — 1910. 1.—

61. **Verlagsrecht.** Von B. Marwitz. 3. Auflage. — 1922. 1.60

22. **Patentgesetz.** Von R. Lutter. 9. Auflage. — 1928. 10.—

87a. **Das deutsche Warenzeichenrecht.** Von Freund und Magnus. 6. Auflage von Jüngel und Magnus.
Teil I: **Die internationalen Verträge.** — 1924. 9.—
Teil II: **Das deutsche Recht.** In Bearbeitung.

37. **Unlauterer Wettbewerb.** Von A. Pinner und A. Elster. 8. Auflage. — 1927. 5.—

Zivilprozeß

de Gruyters̈che Sammlung Deutscher Gesetze (Handkommentare):

Zivilprozeßordnung. Von R. Sydow, L. Busch und W. Krantz. 19. Auflage. — 1926. 25.—

Reichsgesetze:

14. **Gerichtsverfassungsgesetz.** Von R. Sydow. Fortgeführt von L. Busch. 10. Auflage. — 1925. 6.—

15. **Das deutsche Gerichtskostengesetz.** Von R. Sydow. Fortgeführt von L. Busch und O. Krieg. 11. Auflage. 1928. 7.50

17. **Gebührenordnung für Rechtsanwälte usw.** Von R. Sydow. Fortgeführt von L. Busch und O. Krieg. 13. Auflage. In Bearbeitung.

16. **Rechtsanwaltsordnung.** Von R. Sydow. 5. Auflage von M. Jacobsohn. — 1907. Mit Nachtrag 1910. Vergriffen.

80. **Gerichtliche Registerführung.** Von O. Lindemann. — 1906. 2.40

Preußische Gesetze:

17. **Preußisches Gerichtskostengesetz.** Von P. Siméon. 8. Auflage von O. Lindemann. — 1928. 8.—

35. **Geschäftsordnung für Gerichtsvollzieher.** Von E. Exner. — 1904. 3.—

Textausgaben:

Zivilprozeßordnung mit Gerichtsverfassungsgesetz und Einführungsgesetzen. — 1924. 3.50

Freiwillige Gerichtsbarkeit

Reichsgesetze:

46. **Freiwillige Gerichtsbarkeit.** Von H. Jastrow. 7. Auflage von H. Günther. — 1928. 9.—
76. **Die Rechtshilfe im Verkehr mit den ordentlichen Gerichten.** Von A. Friedländer. — 1906. 1.50
163. **Notariatsrecht.** Von F. Szkolny und L. Kober. — 1925. 8.50

Preußische Gesetze:

4. **Gebührenordnung für Notare** vom 28. Oktober 1922. Von J. Rausnitz. 6. Auflage. — 1925. 7.—
29. **Ärztliche Ehrengerichte, das Umlagerecht und die Kassen der Ärztekammern.** Von F. Fibler. — 1901. 1.50

Textausgaben:

Freiwillige Gerichtsbarkeit. — 1920. 1.—

Konkursordnung und Zwangsvollstreckung

Reichsgesetze:

13. **Konkursordnung und Anfechtungsgesetz.** Von R. Sydow. Fortgeführt von L. Busch und O. Krieg. 14. Auflage. — 1926. Mit Nachtrag 1927, enthaltend die **Vergleichsordnung.** 10.—
Nachtrag einzeln —.80
127. **Geschäftsaufsicht zur Abwendung des Konkurses.** Von G. Klien und E. Jaeger. — 1917. Durch Nachträge ergänzt. 3.—
43. **Zwangsvollstreckung.** Von J. Krech und O. Fischer. 9. Auflage von O. Fischer. — 1922. 8.50

Textausgaben:

Konkursordnung. 2. Auflage. — 1915. Mit Nachtrag 1927. 1.50
Nachtrag einzeln —.80

Strafrecht

Reichsgesetze:

2. **Strafgesetzbuch.** Von Fr. v. Liszt und E. Delaquis. 28. Auflage von E. Kohlrausch. — 1928. 8.—
9. **Sammlung kleinerer strafrechtlicher Reichsgesetze.** Von R. H. Kriegsmann. 3. Auflage. — 1910. 4.—
53. **Reichspreßgesetz.** Von A. Born. 3. Auflage. — 1924. 4.—
133. **Reichswuchergesetzgebung.** Von Ad. Lobe. — 1918. 2.80
67. **Militärstrafgesetzbuch.** Von A. Romen und E. Rissom. 3. Auflage. — 1918. Vergriffen.
173. **Schußwaffengesetz.** Von E. Wündisch. — 1928. 5.—

Preußische Gesetze:

34. Sammlung der wichtigsten **preußischen Strafgesetze.** Von O. Lindemann. 2. Auflage. — 1912. 3.50
86. **Polizeiverordnungen in Preußen.** Von O. Lindemann. 2. Auflage. — 1912. 2.50

Textausgaben:

Strafgesetzbuch. — 1925. 3.—

Strafprozeß

de Gruytersche Sammlung Deutscher Gesetze (Handkommentare):

Strafprozeßordnung und Gerichtsverfassungsgesetz. Von A. Feisenberger. — 1926. Mit Nachtrag 1927. 17.—
Nachtrag einzeln —.80

Reichsgesetze:

12. **Strafprozeßordnung und Gerichtsverfassungsgesetz.** Von E. Kohlrausch. 21. Auflage. — 1927. 7.50
158. **Strafprozeßordnung und Gerichtsverfassungsgesetz.** Alte und neue Fassung synoptisch gegenübergestellt. Von A. Feisenberger. — 1924. Mit Nachtrag 1927. 4.50
8. **Militärstrafgerichtsordnung.** Von A. Romen und E. Rissom. 2. Auflage. — 1918. 5.—
128. **Verhaftung und Aufenthaltsbeschränkung.** Von A. Romen. — 1917. 1.20
73. **Entschädigung für unschuldig erlittene Verhaftung und Bestrafung.** Von A. Romen. — 1904. 1.70

Textausgaben:

Strafprozeßordnung. 5. Auflage. — 1924. Mit Nachtrag 1927. 2.50

Öffentliches Recht

Staatsrecht

Reichsgesetze:

137. **Reichsverfassung.** Von A. Arndt. 3. Auflage. — 1927. 8.—
166. **Das deutsche Ausländerrecht.** Von W. Fraustädter und M. Kreutzberger. — 1927. 9.—
86. **Die Auslieferungsverträge des Deutschen Reiches.** Von A. Cohn. — 1908. 4.—
44. **Auswanderungswesen.** Von F. Stoerk. — 1899. 2.—
134. **Der Ostfrieden.** Von K. Strupp. — 1918. 3.—
111. **Reichs- und Staatsangehörigkeitsgesetz.** Von A. Romen. 2. Auflage. In Bearbeitung
141. **Sozialisierungsgesetze.** Von O. Reier. — 1920. 2.20
99. **Die Abkommen der Haager Friedenskonferenz.** Vergriffen. Jetzt: H. Wehberg, **Völkerbundakte.** — 1919. (Außerhalb der Sammlung.) 4.—

Preußische Gesetze:

1. **Die Verfassung des Freistaats Preußen.** Von A. Arndt. — 1921. 2.—
   Ausführlicher Kommentar von Fr. Stier-Somlo. — 1921. (Außerhalb der Sammlung.) 8.—

Textausgaben:

Verfassung des Freistaates Preußen. — 1921. —.60

Verwaltungsrecht

a) Reichsrecht

Reichsgesetze:

82. **Reichsbeamtengesetz.** Von A. Arndt. 3. Auflage. — 1923. Mit Nachtrag, enthaltend die Änderungen bis 1924. 3.50
122. **Belagerungszustand.** Von H. Pürschel. — 1916. 3.50
35. **Die Reichs-Eisenbahngesetzgebung.** Von W. Coermann. — 1895. Vergriffen.
66. **Die Eisenbahngesetzgebung.** Von W. Pietsch. 2. Auflage. — 1913. Vergriffen.
91. **Eisenbahn-Verkehrsordnung.** Von E. Blume. 4. Auflage von W. Weirauch. — 1928. 9.—

89. **Vogelschutzgesetz.** Von L. v. Boxberger. — 1909. 1.—
69. Reichsgesetz über die **Naturalleistungen der bewaffneten Macht im Frieden.** Von W. v. Hippel. — 1903. 1.—
114. **Waffengebrauch und Festnahmerecht des Militärs.** Von A. Romen und C. Rissom. — 1914. 1.80
142. **Wirtschaftliche Demobilmachung.** Von Gg. Fischbach. — 1920. 1.—
170. **Luftrecht.** Von R. Busse. 1928. 10.—
171. **Seewasserstraßenordnung.** Von J. Sebba. — 1928. 8.50
173. **Schußwaffen und Munition.** Von E. Wündisch. — 1928. 5.—

Preußische Gesetze:

48. **Zweckverbandsgesetz für Groß-Berlin.** Von L. Brühl, K. Gordan und W. Ledermann. — 1912. 4.—

b) Landesrecht

Preußische Gesetze:

50. **Gesetz, betr. die Anlegung und Veränderung von Straßen und Plätzen in Städten und ländlichen Ortschaften.** Von O. Meyer. — 1913. 3.—
46. **Austritt aus der Landeskirche.** Von H. Caro. — 1911. 2.40
2. **Preußische Beamtengesetzgebung.** Von K. Pfafferoth. 5. Auflage. — 1916. 2.40
51. **Das preußische Disziplinargesetz für die nichtrichterlichen Beamten.** Von E. v. Dultzig. — 1914. 4.20
25. **Preußische Kommunalbeamtengesetzgebung.** Von F. Kremski. — 1901. 3.—
22. **Anstellung und Versorgung der Kommunalbeamten.** Von W. Ledermann. 2. Auflage von L. Brühl. — 1914. 2.—
26. **Diensteinkommen der Lehrer und Lehrerinnen.** Von E. Cremer. — 1900. 2.20
12. **Allgemeines Berggesetz.** Von W. Schlüter und Fr. Hense. 4. Auflage. In Vorbereitung.
47. **Feuerbestattung.** Von W. Lohmann. — 1912. 1.50
28. **Die Fürsorgeerziehung Minderjähriger.** Von P. F. Aschrott. 3. Auflage. — 1917. 2.80
31a/b. **Die preußischen Gesindeordnungen.** Zwei Bände. Von St. Gerhard. 5.50
24. **Die Hinterlegungsordnung (1879).** Von G. Bartels. 2. Auflage. — 1908. 2.—
53. **Hinterlegungsordnung** von 1913. Von R. Hagemann. — 1914. 2.20

Steuerrecht

Reichsgesetze:

143. **Reichsabgabenordnung.** Von A. Nieberl. 2. Auflage. — 1927. Mit Nachtrag 1928. 12.—
126. **Besitzsteuergesetz.** Von A. Mrozek. Vergriffen.
151. **Einkommensteuer und Körperschaftsteuer.** Von A. Hollaender. — 1926. Mit Nachtrag, enthaltend die Änderungen vom 22. Dezember 1927. 24.—
77. **Das Erbschaftssteuergesetz.** Von B. Hendel. — 1920. Vergriffen. Neue Fassung von H. Schachian. 4. Auflage. — 1926. (Außerhalb der Sammlung.) 2.50
54 b. **Nahrungsmittelgesetze** mit Erläuterungen. Von Georg Lebbin. 2. Auflage in zwei Bänden. II. **Getränkegesetze und Getränkesteuergesetze** (Wein, Bier, Branntwein, Mineralwasser). Unter Mitwirkung von K. Kniebe. — 1926. 10.—
139. **Grunderwerbsteuergesetz.** Von O. Lindemann. 2. Auflage. — 1926. Mit Nachtrag 1927. 4.—
Nachtrag einzeln —.30
159. **Industriebelastungsgesetz.** Von H. Höpker. — 1925. 4.—
121. **Direkte Kriegssteuer.** Von A. Mrozek. — 1916. 3.50
131 a. **Reichsfinanzgesetzgebung 1918.** Bd. I: **Getränkesteuern.** Von G. Mayer. — 1918. 2.50
131 b. **Reichsfinanzgesetzgebung 1918.** Bd. II: **Einkommen, Umsatz** usw. Von G. Mayer. — 1919. 1.50
149. **Reichsnotopfergesetz.** Von A. Friedmann und R. Wrzeszinsky. — 1921. 4.—
18. **Reichsstempelgesetz.** Von P. Loeck. Vergriffen. Wird durch Kapitalverkehrssteuergesetz ersetzt. Erläuterte Ausgabe in Bearbeitung.
145. **Steuer- und Kapitalflucht.** Von E. H. Meyer. 2. Auflage. — 1921. 1.60
157. **Dritte Steuernotverordnung vom 14. Februar 1924** mit den Vorschriften über **Aufwertung.** 2. Auflage unter dem Titel: **Aufwertungsrecht.** Von R. Michaelis. — 1926. Mit Nachtrag 1927. 16.—
Nachtrag einzeln —.80
132. **Umsatzsteuergesetz.** Von O. Lindemann. 4. Auflage. — 1926. 10.—
110. **Wehrbeitragsgesetz.** Von A. Fernow. 2. Auflage. — 1913. 1.60

146. **Tabaksteuergesetz.** Von Fr. Wündisch. — 1920. Mit Nachtrag 1925. 4.—
Nachtrag einzeln 1.50
78. **Zigarettensteuergesetz.** Von W. Cuno. Vergriffen.
101. **Zuwachssteuergesetz.** Von W. Cuno. Vergriffen.
153. **Zwangsanleihegesetz.** Von H. V. Simon und W. Beutner. — 1923. 8.—

Preußische Gesetze:

20. **Die preußischen Erbschaftssteuergesetze.** Von U. Hoffmann. — 1905. 3.—
13. **Ergänzungssteuergesetz.** Von A. Fernow. 5. Auflage. 1914. 3.—
11. **Gewerbesteuergesetz.** Von A. Fernow. Vergriffen.
14. **Kommunalabgabengesetz.** Von F. Adickes. 6. Auflage von Falk. — 1922. 3.50
38. **Kreis- und Provinzialabgabengesetz.** Von F. Schmidt. — 1906. 1.20
18. **Preußisches Stempelsteuergesetz.** Von P. Loeck. 10. Auflage von K. Eiffler. — 1928. 13.—
61. **Preußische Verwaltungsgebührenordnung.** Von K. Eiffler. — 1925. Mit Nachtrag 1925. 6.—
27. **Warenhaussteuer.** Von G. Strutz. — 1900. 1.20

Textausgaben:

Erbschaftsteuergesetz. Neue Fassung von H. Schachian. 4. Auflage. — 1926. 2.50
Reichssteuergesetze 1925 (Steuerüberleitungsgesetz mit Durchführungsbestimmungen — Einkommensteuer, Körperschaftssteuer, Reichsbewertungsgesetz, Vermögensteuer, Erbschaftsteuer). — 1925. 4.—
Wehrbeitrag und **Besitzsteuer.** — 1913. —.50
Zuwachssteuergesetz. — 1911. —.50
—, **Ausführungsbestimmungen.** — 1911. —.40

FSC
www.fsc.org
MIX
Papier | Fördert
gute Waldnutzung
FSC® C083411

Kolibri 360 GmbH
Ferdinand-Jühlke-Straße 7
99095 Erfurt, Deutschland
produktsicherheit@kolibri360.de